旅游大数据中的隐私保护

汪永旗　著

ZHEJIANG UNIVERSITY PRESS
浙江大学出版社
·杭州·

图书在版编目(CIP)数据

旅游大数据中的隐私保护 / 汪永旗著. —杭州：
浙江大学出版社，2022.3
ISBN 978-7-308-22003-3

Ⅰ. ①旅… Ⅱ. ①汪… Ⅲ. ①旅游业－数据处理－个
人信息－隐私权－法律保护－研究 Ⅳ. ①F590-05

中国版本图书馆 CIP 数据核字(2021)第 235958 号

旅游大数据中的隐私保护

汪永旗　著

责任编辑	张　鸽(zgzup@zju.edu.cn)　殷晓彤
特约编辑	奚莱蕾
责任校对	季　峥
封面设计	续设计—黄晓意
出版发行	浙江大学出版社
	（杭州市天目山路 148 号　邮政编码 310007）
	（网址:http://www.zjupress.com)
排　版	杭州朝曦图文设计有限公司
印　刷	浙江省邮电印刷股份有限公司
开　本	710mm×1000mm　1/16
印　张	10.25
字　数	190 千
版 印 次	2022 年 3 月第 1 版　2022 年 3 月第 1 次印刷
书　号	ISBN 978-7-308-22003-3
定　价	58.00 元

内容简介

近年来,频频曝光的游客隐私泄露事件,为我国的旅游隐私安全问题敲响了警钟,也标志着旅游行业进入了个人隐私安全事故的多发期。如何保护和利用游客的隐私信息是旅游企业和旅游行业主管部门面临的挑战和机遇。

本书聚焦旅游大数据应用中社会强烈关注的游客隐私泄露和保护问题,研究旅游大数据特征及其应用场景、游客隐私披露的动机与途径、旅游大数据商业化应用中的隐私保护框架,分别从隐私保护的技术手段、法律手段和行业自律手段三个方面,探讨游客隐私保护的有效机制。全书分为五章,主要内容涉及旅游大数据的概念和应用、游客隐私保护框架及技术、旅游应用场景中的隐私保护技术、个人隐私的法律保护与旅游行业自律保护等。

本书主要面向高等院校旅游管理相关专业学生、文旅企业从业人员、旅游行业政府监管人员及广大研究数据安全隐私保护的科技工作者。

作者简介

汪永旗,男,浙江开化人,副教授。1995 年 7 月毕业于武汉测绘科技大学应用电子技术专业;2003 年 3 月毕业于杭州电子工业学院控制理论与控制工程专业机器人技术方向,获硕士学位。先后在政府部门、科技企业和高等院校从事软件开发、项目管理和教学研究工作。

主要研究方向为旅游大数据及隐私保护、旅游电子商务和智慧旅游技术,主持省部级及以上课题 4 项,公开发表论文 10 余篇。

前　言 Preface

随着互联网、云计算和物联网等技术的飞速发展，特别是人工智能等技术在旅游业中的应用，旅游业的大数据和人工智能时代已经到来。大数据已经成为旅游业最宝贵的无形资产，并为旅游业的发展带来了新契机。旅游大数据不仅是旅游监管部门进行行业监管、政策调整和资源整合等宏观管理的数据基础，而且也是旅游企业，特别是互联网旅游服务企业开展企业决策、精准营销和个性化服务等经营活动的有力工具。然而，大数据也是一把双刃剑，它在为旅游行业的发展带来强劲推动力的同时，也使得游客的隐私信息面临被泄露的风险。

近年来，频频曝出的个人隐私泄露事件为我们敲响了警钟。当你不断地接到某类旅游产品的精准营销电话时，当你发现你的住宿信息竟然可以被人在网站上搜索到时，当你通过 App 办理值机后发现自己的旅行画像可以被别人轻易掌握时，你会强烈地感到自己的隐私信息赤裸裸地暴露于网络环境下的不安。在大数据应用环境下，我国个人信息保护意识和手段的欠缺，主要体现在法律保护相对滞后、技术保护有待进一步研究和实践、行业自律体系构建亟须规范三个方面。

笔者及课题组成员自 2015 年开始对旅游大数据开展相关研究，随后专注于旅游大数据的隐私保护研究，在多年研究积累的基础上撰写了本书。本书基于对旅游大数据及游客隐私特征开展的研究，主要阐述旅游大数据隐私保护的三种手段：技术保护、法律保护和行业自律保护。

第 1 章绪论，介绍了旅游大数据隐私泄露问题出现的背景、研究意义以及国内外对大数据中隐私保护开展研究的情况。第 2 章先介

1

绍了旅游大数据的基础知识,然后讨论了旅游大数据的特征、数据的主要来源和应用类型。第3章阐述旅游大数据环境下游客隐私保护的技术框架和相关的保护技术,包括数据存储隐私保护技术和数据发布隐私保护技术,并给出了一个基于 Hadoop 平台的实例。第4章针对旅游应用场景,讨论对应的游客隐私保护技术,如旅游过程中位置隐私保护、旅游社交网络中的隐私保护和旅游数据挖掘等商业化应用中的隐私保护。第5章讨论个人信息隐私的法律保护和行业自律保护,介绍了国内外法律法规在个人信息隐私保护方面的发展过程和现状,重点介绍《中华人民共和国个人信息保护法》,并与国外相关法律进行比较,阐述了旅游行业保护隐私的自律机制和游客信息控制者的自律机制。

本书的撰写得到了许多专家的支持和帮助,与他们的讨论给了我许多启发。感谢江涛老师在法律保护研究方面给予的帮助。感谢程文锋博士提出了许多宝贵的改进意见。感谢研究团队成员长期的坚持和努力,在新的研究领域不断探索。感谢沈一凡、娄枫、严杰、王瑜铭和杨友芳老师。感谢阿里巴巴的昕巴、定静、妙枫和天向北等小伙伴及艺龙的 Tracy 在行业资讯和业务数据方面提供的支持。最后,要感谢我的家人,没有我的妻子在生活上和精神上给予的支持,我无法按时完成自己的撰写计划;感谢正在读初三的我的儿子小汪同学,每个夜晚在书房灯光下与我相互鼓励,共同进步。

本书的研究工作得到了浙江省哲学社会科学规划课题"大数据背景下游客隐私安全及保护机制研究"(19NDJC238YB)、浙江省"十三五"教学改革研究项目(JG20190743)的支持,浙江大学出版社对本书的出版给予了大力支持,在此一并致谢。

旅游大数据中的隐私保护是一个新兴的多学科交叉研究领域,涉及管理学、信息学和法学,许多概念和理论尚待进一步探讨,加之作者水平有限,撰写时间仓促,因此书中难免存在不足和疏漏之处,恳请读者批评指正。

作　者
2021 年 4 月

目 录 Contents

第3章　游客隐私保护框架及技术

第1章 绪 论

1.1 旅游大数据研究的意义

近年来,频频曝出的游客隐私泄露事件,为我国的旅游隐私安全问题敲响了警钟,也标志着旅游行业进入了个人隐私安全事故的多发期。

2013 年 10 月,一些快捷连锁酒店 2000 万多条住客的住宿信息遭到外泄,并被不法分子置于"查开房"等网站上供大家查询来牟利,用户只需输入姓名或身份证号,即可查询到住客的身份证号、生日、地址、手机号等信息。之后,这些信息被不断售卖扩散,甚至在国内知名电商平台上也能买到。这起隐私泄露事件给很多住客带来了严重的困扰,一些住客将相关酒店和保存住客信息的网络公司告上了法庭,如上海某区法院受理了王某某对某酒店管理公司的起诉。王某某本人因住宿信息泄露事件,生活受到巨大影响,其姓名、手机号码、家庭住址甚至车辆信息等个人隐私全部遭到泄露,迫不得已只能更改姓名、电话等多项个人信息,以避免遭受无休止的骚扰信息和电话。王某某据此索赔经济损失,要求其消除影响,停止侵害,并公开道歉。虽然法院最终以难以确认网上流传的住宿信息中所涉及的原告信息与被告系统中留存的入住信息等具有关联性为由驳回了原告的请求,但该事件也充分暴露了游客隐私泄露的危害性。

2015 年 5 月 28 日,携程旅行受到不明攻击,网站和 App 都无法打开,网络传言其全线酒店数据库被物理删除。在停止服务 8 个小时后,携程 App 和官方网站逐渐恢复正常。虽然携程在次日发布官方情况说明称,此次事件是由员工错误操作,删除了生产服务器上的执行代码导致的,未造成旅客信息泄露,但对于个人信息是否会被泄露,用户仍表示担忧。

2017 年 10 月,凯悦酒店称其支付系统遭黑客攻击,全球 11 个国家共 41 家凯悦酒店的住客信息遭到泄露,其中仅中国就有 18 家。受影响的主要是在同年 3 月 18 日至 7 月 2 日期间在该酒店使用信用卡或者借记卡付费的住客。泄露的信息包括持卡人姓名、卡号、有效期和内部验证码,未发现其他信息泄露。对此,凯悦酒店客服表示,如果客户发现信用卡或借记卡有盗刷的情况,建议及时联系发卡行。事实上,早在 2015 年 8 月,凯悦酒店就发生过一次波及 50 个国家 250 家酒店的信息泄露事件。

2018 年,航旅纵横 App 上线社交功能,用户在 App 上选座时,可以看到同乘旅客的个人信息。用户只要点击座位,就会出现选择该座位乘客的个人主页,通过观察主页信息及热力图,可以了解到该乘客的姓氏、来自哪里、常去哪些城市、旅行偏爱的航空公司,甚至星座等。

2018 年 8 月,华住集团旗下连锁酒店用户数据发生泄露。从网上发布的内容看,这批数据涉及华住集团旗下的 10 余个品牌酒店的住客信息。此次被兜售的酒店数据共有 3 个部分:第一部分为华住官网注册资料,包括用户的姓名、手机号、邮箱、身份证号、登录密码等,数据规模共 53GB,约 1.2 亿条记录;第二部分是酒店入住登记身份信息,包括住客姓名、身份证号、家庭住址、生日、内部 ID 号,共 22GB,含约 1.3 亿人的身份信息;第三部分是酒店住房记录,包括内部 ID 号、同房间关联号、姓名、卡号、手机号、邮箱、入住时间、离开时间、酒店 ID 号、房间号、消费金额等,共 66GB,约 2.4 亿条记录。从卖家在网上打包出售华住开房记录的截图来看,一名黑客在暗网中文论坛中以 8 个比特币或 520 门罗币(当时约 37 万元人民币)的标价出售华住旗下所有酒店的数据,数据总量高达 140G,约 5 亿条信息。该事件也是自 2013 年以来规模最大且影响最严重的一次旅客信息泄露事件。该事件因为涉及用户量太大,而且包含密码信息,被用于撞库的风险特别高,会影响很多个人或公司账号的安全。比如很多人会用相同的密码注册各种网站,密码泄露意味着不法分子或将用这个密码去尝试登录用户所有注册过的网站,以获取利益,甚至可能涉及利用用户的身份信息申请贷款。再如,利用大数据分析处理,黑色产业可以筛选出不同年龄段、不同地域的价值度高的人员敏感信息,进行"精准"营销,从而带来电话骚扰等问题。个人隐私也有可能被诈骗分子所利用。

另外,随着我国出境游持续升温,网上代办签证的业务日益红火。然而,网上代办签证的风险也较大,很容易泄露个人信息,其中的安全隐患不容忽视。比如办理某些国家的签证,除了需要提供基本的个人资料外,还需提供财产证明等更加私密的材料,如有车证明、房产证明或银行存款证明等,这些个人信息一旦泄露,后果更加严重。

综上所述,在旅游大数据的采集和应用中,如何保护和利用这些信息是旅游企业和行业主管部门面临的挑战和机遇。在这样的背景下,开展旅游大数据的隐私安全问题和保护机制研究,对整个旅游行业的健康发展具有典型和现实的意义。

1.2 旅游大数据研究的现状

针对大数据中个人信息安全和隐私保护的研究,国内外学者主要从三个方面展开:大数据中个人隐私信息的界定,大数据中个人隐私保护的技术手段,大数据中个人隐私保护的法律手段和行业自律手段。

1.2.1 个人隐私及信息隐私的界定

自 1890 年 Warrant 和 Brandeis[1] 发表《隐私权》开始,隐私信息的界定一直在不断演化,但至今也没有一个明确的既符合时代发展需求又符合实践检验的确切定义。隐私研究是一门典型的跨学科研究,它既是一个哲学、社会学、心理学、法学问题,也是一个经济学和信息学领域的问题。不同领域的研究者对隐私概念的界定,因研究视角不同而不同。

在某种意义上,隐私是多维的、动态的、灵活的,它随着生活经验的变化而变化,是伦理、秘密、匿名、安全等概念的重叠,同时也依赖特殊的情景,如时间、地点、职业、文化、理由,因此学术界至今无法给出一个通用的定义。大体上,Smith 等[2] 从价值和认知两个方面来定义隐私:基于价值,隐私是整合到社会道德体系中的一种人们所拥有的权利;基于认知,隐私跟个人的思想、感知和认知相关,而不是道德价值或规范。

1.2.1.1 基于价值的隐私界定

《隐私权》认为隐私是一种保持个人独处的权利(The Right to be Let Alone),即个人有权利选择在自己的住所等私密空间里不被监视和窥视,有权利选择远离他人的关注,有权利选择"独处",但并没有给出隐私权的明确定义,对隐私范畴的界定相对宽泛,也没有明确隐私保护的方式和途径[2]。Gross[3] 就指出,我们很容易感知隐私所面临的威胁,但却很难弄清楚其内涵。Gellman[4] 则认为隐私的范围非常广泛,几乎是一个无限的问题。尽管如此,《隐私权》对各国相关法律的制定和案件裁定具有非常深远的影响。

在经济学视角下,Bennett[5] 认为隐私是一种可以交换的商品,是个人或社会的相对价值,它可以被赋予经济价值从而用于个体或社会层次的成本效益分析。Bennett 的隐私商品论从一定程度上解释了当前普遍存在的个人隐私主动披露行为的机制。这里的隐私信息是交换成本,而收益可能是商品折扣、个性化服务和网络资源下载等。持有隐私商品论观点的人不在少数。如 2018 年 3 月,某网络公司负责人表示,中国人对隐私问题更加开放,会愿意用自身隐私来换取更便捷的互联网服务。这种言论通过媒体迅速发酵后,在网民中引起强烈反响,也遭到了多方批评。

1.2.1.2　基于认知的隐私界定

为了更好地对隐私进行实证研究,一些社会学家、心理学家从心理认知视角提出了隐私状态论和隐私控制论等观点。

(1)隐私状态论

从人们对隐私状态的主观感知来看,Westin[6]认为隐私是个体、团体和组织在交互过程中,自主决定何时披露、如何披露以及选择什么内容披露的一种诉求,是人们通过物理或者心理的方法,自愿从社会活动中临时退出的一种状态。从这个视角看,隐私是人们的一种内在需求,人们通过隐私来调整情绪以适应日常人际交往。Westin 提出了隐私的 4 种状态,即独处(Solitude)、亲密(Intimacy)、匿名(Anonymity)、缄默(Reserve)。独处是指个体远离他人的观察;亲密是指在小群体内,成员间更为亲密、放松和坦诚的关系;匿名是指在公共场所中隐藏真实身份,远离司法监管;缄默是指主观意愿上限制向他人披露自我的状态,这种主观意愿需要其他人给予认可和尊重。隐私的这 4 种状态从本质上而言是为了解决隐私如何实现的问题。同时,Westin 也提出了隐私的 4 种功能:自主权、情绪释放、自我评估、受保护的沟通。自主权是指个体主观上避免被他人操纵、控制或暴露的意愿;情绪释放是指释放社会生活中的压力;自我评估是指个体总结经验形成模式,并应用到个体事件的评估上;受保护的沟通是指设定人际交互的边界,披露信息给信任的沟通对象。

(2)隐私控制论

从社会学视角来看,隐私被认为是对他人接近自我的一种选择性控制,个体根据环境的变化来调整管理隐私的策略。从 20 世纪 70 年代开始,随着个人资料的计算机化、网络化,以个人信息控制权为核心的信息隐私权理论逐步确立。例如,Charles[7]指出,"乍一看,隐私似乎与保密相关,其目的是限制他人对自己的了解。事实上,他人对我们的了解越少,并不意味着我们具有的隐私就越多。隐私不仅是他人不知道我们的信息,更是指我们对自己相关信息的控制。之后,Arthur[8]也认为有效隐私权的一个基本特征是个人有能力控制与自己相关的信息的流动。Benzanson[9]也将个人信息控制权视为隐私权的核心内容。Jerry[10]将隐私归纳为三个方面:①物理空间,即个人免受外界侵扰的地域性独处范围;②选择,即个人不受干扰做出决定的能力;③个人信息流动,指对个人资料的收集、披露和使用的控制。

相对于其他隐私权理论,隐私控制论无疑更好地说明了资料隐私问题,它明确了资料保护的原因、目的和方法。在信息流动过程中,正是由于资料被过多、不合理地收集、使用和散播,个人对自身资料缺乏控制权,对信息流动缺乏参与能力,才导致个人隐私问题的产生。隐私控制论无法合理地界定信息的范围与控制的性质,将个人资料和信息流动上的利益界定为控制力,片面强调了隐私信息的个人性与个人价值,忽视了个人隐私资料的社会价值和隐私问题的社会性。

1.2.1.3　信息隐私

尽管对隐私没有一个能够被广泛接受的定义,但总体上,广义的隐私可分为物理隐私(physical privacy)和信息隐私(information privacy,或称资料隐私)两类。物理隐私指个人在物理空间上防止他人侵入。例如在身体方面,个人有权拒绝他人过于亲密的行为;在住所上,未经个人允许他人不得进入等。信息隐私指个人的基本资料、行动轨迹、消费数据等通过计算机或网络存储的个人资料信息。目前,学术界未能对物理隐私和信息隐私明确给出一个严格的边界。在信息系统领域,学者们普遍将广义的隐私限定为信息隐私。由于在互联网环境下很难侵犯到个人的物理隐私,因此本书所研究的旅游大数据在应用过程中的隐私问题一般指信息隐私。

个人信息隐私的界定一直比较困难,不少学者曾尝试界定个人信息控制的范围和性质。Stone 等[11]认为,信息隐私指用户对企图获取和利用其个人信息的控制能力。Parker 和 Bhatnagar[12]认为个人信息隐私是他人在何时可以感触我们不同部分的控制,即控制谁可以感知、查询和使用我们的信息。由此可见,控制权是信息隐私的核心,这样一来,我们在互联网中的任何接触都属于隐私的范畴。Noam[13]将信息隐私分为两类:保护个人免受无用信息的侵扰和对自己相关信息的控制力。这两者都限制个人信息的流通,前者限制信息流入,而后者则限制信息流出。更多的学者和立法部门将个人信息界定为与个人相关的信息。Murphy[14]认为个人信息包括与个人相关并可识别其身份的信息。欧盟的《资料保护指令》也将个人信息界定为与确定或者可确定的自然人相关的全部信息。

总体上,学术界对个人信息隐私的界定主要有两种思路:一种是从信息披露的角度来诠释的信息隐私;另一种是从传统的隐私权理论来论证的信息隐私。相对于前者,把个人信息当作一种隐私权的说法更好地说明了信息隐私问题,明确了资料保护的原因、目的和方法。信息隐私权理论把握了信息隐私问题的要害,即要加强个人对其信息流转的控制能力。

根据个人信息隐私收集和利用方式的不同,对信息隐私利用的特征可以分互联网出现之前和互联网阶段两个部分进行描述。1946 年,计算机的出现彻底革新了传统的信息收集、保存和处理方式。计算机存储和处理技术的高效使用,使得快速、廉价和大规模地收集、保存、处理个人资料成为可能。

在公共领域,政府部门通过人口普查等手段收集了大量的个人资料。如自

20世纪50年代起,欧美等发达国家的政府机关率先运用计算机技术建立个人资料库,并创立全国性的资料中心。1968年,瑞典政府建成了包含650万纳税人资料的中央数据库,并集成了人口登记、车辆登记、土地记录、治安档案、社会服务和就业等全国性的资料库。再如,美国联邦机关和机构共创建了2000多个个人资料库,资料库涉及社会保险、公共管理、教育、医疗、社会治安和国家安全等领域,其中的信息涉及个人生产生活的方方面面[15]。

在私企行业,西方发达国家日益激烈的市场竞争促使个人信贷、广告和营销等行业不断发掘个人信息的商业价值,个人资料处理行业也随之兴起。个人信息利用主要表现在个人信用信息的利用、定向营销(targeted marketing)和直接营销(direct marketing)方面。其中,信用报告机构取得的个人信用相关信息主要包括:①个人身份信息,如姓名、SSN、地址、电话号码等;②财务状况与雇佣信息,如个人收入、家庭收入、职业职务、工作单位和收入状况等;③信用历史记录,如已获取的信用贷款、贷款人、还款和欠款情况等;④公共记录中的信息,如破产、纳税、诉讼和判决等。除银行外,保险公司、雇佣者、租赁人甚至国家机关都是信用报告机构的客户,个人信息被各个行业广泛利用。

自20世纪90年代以后,迅猛发展的互联网逐渐成为人们购物和信息交互的新平台,个人信息的利用也进入了爆炸性发展阶段,信息隐私保护问题越来越成为人们关注的焦点。同时,互联网不仅成为企业收集、利用个人信息的新平台,也成为企业向消费者散播商业信息的新方式,是转移和买卖个人信息的大市场。逐渐地,个人信息的利用进入了大数据应用甚至人工智能应用阶段,致使信息隐私保护面临着更大的挑战[16-20]。

1.2.1.4 游客的信息隐私

旅游行为包括食、住、行、游、购、娱六个方面。在互联网时代,特别是移动互联网时代,旅游行为会产生大量的旅游相关数据,包括个人基本资料、位置信息、消费数据、餐饮禁忌和旅行偏好等。对于旅游企业和相关主管部门,旅游大数据越来越成为其进行精准营销、公司决策和市场管理等的重要资源,但在这些宝贵的大数据资源中隐藏着游客多角度、多方位个人相关隐私数据泄露的风险。有些隐私一旦泄露,后果会非常严重,如身份资料、财产、未成年家庭成员、旅行行程等敏感的隐私资料。旅游大数据的个人隐私信息具有以下一些特点[21-24]。

(1)个人信息的复杂性

在旅游活动中,个人隐私信息涉及内容非常广泛。为了能够较为全面地了解在旅游活动中的个人隐私信息情况,按照个人信息的收集途径和使用目的,可将游客的个人隐私信息归纳为以下几类。①个人基本信息,如姓名、性别、年龄、身份证号、电话号码、籍贯、工作单位、电子邮件、家庭地址、职称职务等描述公民个人及家庭基本情况的信息。②为旅行安全采集的特征信息,如特殊病史、民族、餐饮禁忌、婚姻与家庭成员、头像、身高、体重、旅行目的、旅行偏好等。③个人旅游活动产生的信息,如旅游住宿、旅行日志、旅行位置信息、旅行卡/银行卡、QQ/邮箱/微博/微信、社交圈等。④个人财产及信用信息,如出境旅游需提供的收入情况、财产状况、借贷记录、纳税情况、遵纪守法情况等。⑤上网浏览及在网络旅游社区遗留痕迹信息,如 IP 地址、Cookie、网络日志、旅游攻略、旅游点评信息等。

（2）个人信息的敏感性

旅游消费大多由线上和线下消费组成,旅游行为又包含食、住、行、游、购、娱多个方面,时间跨度长,地理范围广,信息种类多,因此旅游大数据包含了大量的个人隐私信息,其中不乏敏感信息。从上述个人隐私信息分类可以看出,如为旅游安全或特殊旅游需要而采集的个人病史、家庭成员及联系方式等信息,出境旅游提供的个人或家庭财产收入证明、房产证明等信息,一旦泄露,将会给个人留下极大的安全隐患;如果被不法分子利用,可能会直接或间接地对个人的人身和财产造成损害。

（3）个人隐私泄露途径的多样性

目前,旅游企业普遍缺乏对游客个人资料的保护意识,个人隐私保护技术的应用也远落后于电信、金融等行业。旅游活动中个人隐私泄露可归结为以下几种原因。①旅游企业和网络平台缺乏自律:在旅游电子商务中,企业缺乏行业自律规范,不能妥善管理游客个人隐私信息。②利益驱动:个人或组织非法窃取游客在旅游活动中的个人隐私,用于贩卖。③个人原因:游客个人的安全意识薄弱,自我保护技能不足。④技术原因:旅游网络平台管理系统有信息技术安全缺陷。

1.2.2　大数据时代游客隐私保护面临的挑战

随着“智慧城市”概念的提出及其应用的不断深化,旅游产业也进入“智慧旅游”时代。互联网、物联网、人工智能等新技术在旅游六要素,即食、住、行、游、购、娱相关领域得到了大量应用。“人、机、物”三元世界在智慧旅游空间中交互、融合产生出的旅游大数据,为企业带来了巨大的机遇。事实证明,旅游大数据已经成为大型互联网旅游企业的宝库,其合理利用也给向游客提供个性化服务等带来诸多便利。但大数据是一个多元的宝藏,数据类型、数据来源、采集方式多样化,数据对象之间有什么关系,数据采集者、管理者、使用者都无从知晓。应用不同的大数据处理技术、方法,不同的大数据利用目的,可能会从同一个“数据宝藏”中得到不同的数据结果,而这些结果最终会揭示怎样的“数据秘密”却无法预测。这些结果包含大量的个人隐私信息,而这些隐私信息一旦泄露会给游客个人带来很大的困扰。因此,如何在旅游大数据的采集、存储、应用过程中合理保护游客隐私,是一个非常重要的问题,同时也是一个非常困难的问题。

在大数据背景下的游客隐私保护涉及大数据技术、国家政策法规、行业自律及个人隐私保护意识等方面[25-29]。下面简要阐述几个方面的挑战和研究问题。

第一,游客隐私保护范围难以确定。由于隐私的界定是随着信息技术的发展而不断变化的,同时还要考虑到旅游行业具体应用背景,因此对于游客的哪些信息需要得到怎样程度的保护很难界定。

第二,侵犯游客隐私的行为难以认定。在旅游大数据应用中,侵犯个人隐私的行为复杂多样,隐私信息的利用过程很可能经过很长的挖掘加工链条,在整个隐私泄露过程中到底谁该负什么责任难以厘清。

第三,隐私管理和保护面临技术挑战。个人信息的利用包括信息的收集、存储、使用以及发布等过程。在每一个过程中,信息隐私都存在泄露的风险。如何在不同的过程中采用适当的隐私保护技术来有效保护个人隐私信息,是一项复杂且艰巨的任务。由于大数据应用场景不断变化,数据关联越来越复杂,在大数据利用的不同阶段和环境下,采用什么样的技术手段迅速构建隐私保护机制,而不影响数据的使用,在技术上极具挑战。

第四,个人隐私保护政策与经济发展之间的平衡问题。宏观上,隐私保护政策和信息经济发展是一对矛盾的统一体。欧洲各国和美国在处理这两者之间的关系上有着明显的差异。欧洲国家更关注个人信息的保护,而美国更注重以政策促进信息经济的发展。借助欧美的经验,我国如何制定个人信息保护政策,平衡信息经济发展与个人隐私权保护之间的关系,值得学界和业界深入探讨和研究。

第五,个人隐私保护的行业自律问题。在个人信息保护的法律和政策制定相对滞后的情况下,旅游企业特别是互联网旅游企业的行业自律是一种非常重要的个人隐私保护方式。目前,我国旅游企业任重道远,在行业自律规范、第三方权威机构认证和信息控制者自律等方面亟待完善。

第六,隐私保护意识与软件使用权限问题。相比较于欧美等发达国家,我国互联网用户的个人隐私保护意识并不强,"以个人信息交换软件服务"是普遍现象。企业为了提高市场竞争力,同时也为了向用户提供相应的服务,往往要求用户在注册时提供一些包括个人敏感信息在内的数据,而这些数据的传输或使用过程缺乏保护,导致个人隐私泄露事件频繁发生,威胁个人安全。如何规范软件(特别是 App 应用)的使用权和对用户信息的采集行为,提高我国互联网用户的信息隐私保护意识,是当前迫切需要研究的问题。

1.2.3　旅游大数据个人隐私保护的技术手段

大数据的安全和隐私保护技术主要包括大数据自身的安全保护技术及大数据服务信息安全的保护技术两部分,关键技术主要有威胁发现技术、匿名保护技术和数据溯源技术等。

1.2.3.1　基于旅游大数据的威胁发现技术

由于大数据分析技术的出现,企业可以超越以往的"保护—检测—响应—恢复"(PDRR)模式,更主动地发现潜在的安全威胁。相比于传统技术方案,基于大数据的威胁发现技术分析内容的范围更大、时间跨度更长。

1.2.3.2　旅游社交网络匿名保护技术

旅游社交网络产生的数据是大数据的重要来源之一,同时包含了大量的用户隐私信息。社交网络中的典型匿名保护需求为用户标识匿名与属性匿名(又称点匿名),即在数据发布时隐藏用户的标识与属性信息,此外还有用户间关系匿名,即在数据发布时隐藏用户间的关系。目前的边匿名方案大多基于边的增删方案和基于超级节点对图结构进行分割和集聚操作的方案。

1.2.3.3　数据溯源技术

数据集成是大数据前期处理的步骤之一。由于数据来源的多样化,所以有必要记录数据的来源及其传播、计算过程,为后期的挖掘与决策提供辅助支持。同时,数据溯源技术应用于大数据安全与隐私保护还要注意数据溯源与隐私保护之间的平衡,以及数据溯源技术自身的安全性问题。

1.2.4　旅游大数据个人隐私保护的法律手段和行业自律手段

在隐私保护的手段方面,Belanger 等[24]提出了隐私保护要实现完整性、认证和保密 3 个目标,从而有效保护个人隐私。在法律手段和行业自律手段方面,欧美多个国家基于本国互联网和大数据行业的发展需要制定了不同的政策,如在欧盟以法律手段为主,而在美国则以行业自律为主、法律为辅。

近年来,我国不断出台有关个人信息保护的立法文件,对于个人信息保护的规定分散在多个法律法规的条文中。这些法律法规包括《民法典》《网络安全法》《电子商务法》《消费者权益保护法》《广告法》等法律,也包括《关于加强网络信息保护的决定》《电信和互联网用户个人信息保护规定》《信息安全技术个人信息安全规范》(GB/T 35273—2020)等规定和规范性文件。

2020 年 10 月,全国人民代表大会常务委员会发布了《中华人民共和国个人信息保护法(草案)》征求意见稿,就个人信息保护有关的立法问题向社会公开征求意见。2021 年 8 月 20 日,十三届全国人民代表大会常务委员会第三十次会议表决通过《中华人民共和国个人信息保护法》,自 2021 年 11 月 1 日起施行。这部法律的出台是我国从原有的以法律、司法解释、行政法规、规范性文件等多方位保护个人信息实践迈向体系化实施立法的重要一步,必将对今后我国个人信息隐私保护产生重大影响。

当前,我国对个人隐私保护的研究主要集中在对网络隐私的保护方面,对大数据环境下个人隐私的新特点研究还较少,对保护手段方面的研究仍处于初级阶段,而针对旅游大数据中的个人隐私特点和保护手段方面的研究才刚起步。

参考文献

[1] Warren SD,Brandeis LD. The right to privacy[J]. Harvard Law Review,1890,4(5):193-220.

[2] Smith HJ ,Dinev T ,Xu H . Information privacy research:an interdisciplinary review [M]. Society for Information Management and The Management Information Systems Research Center,2011:989-1015.

[3] Gross H. "The Concept of Privacy"[J]. n. y. u. l. rev,1967.

[4] Gellman R. Does privacy law work? [C]// Technology and privacy. 1997.

[5] Bennett CJ . The political economy of privacy:a review of the literature [R]. Hackensack:Center for Social and Legal Research,1995.

[6] Westin AF . Privacy and freedom[J]. Michigan Law Review,1968,66(5).

[7] Charles F. Privacy[J]. 77 YaleLJ,1968:475-483.

[8] Miller AA . The assault on privacy:[M]. University of Michigan Press,1971:25.

[9] Benzanson Randall P. The Right to Privacy Revisited:Privacy,News,and Social Change,1890-1990 [J]. California Law Review,1992,80(5):1133-1175.

[10] Kang,Jerry. Information privacy in cyberspace transactions. [J]. Stanford Law Review,1998,50:1193.

[11] Stone EF,Gueutal HG,Gardner DG,et al. A field experiment comparing information privacy values,beliefs,and attitudes across several types of organizations[J]. Journal of Applied Psychology,1983,68(3):459-468.

[12] Park I,Bhatnagar A,Rao HR. Assurance seals,on-line customer

satisfaction, and repurchase intention [J]. International Journal of Electronic Commerce, 2010, 14(3):11-34.

[13] Noam E . Privacy and Self-Regulation : Markets for Electronic Privacy Director[R]. Columbia Institute of Tele-information,1997.

[14] Murphy RS. Property Rights in Personal Information:An Economic Defense of Privacy[J]. GeoL J,1996,84:2381-2383.

[15] Flaherty DH. Privacy and Government Data Banks:An International Perspective [M]. London:Mansell,1979:105-106.

[16] Agre PE, Rotenberg M. Technology and Privacy: The New Landscape [M]. Cambridge:MIT Press, 1997.

[17] Margulis ST. Three theories of privacy:An overview in Privacy Online [M]. Berlin:Springer,2011:9-17.

[18] Fung BC,Wang K,Fu AW. Introduction to Privacy-Preserving Data Publishing: Concepts and Techniques[M]. Chapman and Hall/CRC,2010.

[19] Miyazaki AD,Fernandez A. Internet Privacy and Security:An Examination of Online Retailer Disclosures[J]. Journal of Public Policy Marketing,2000,19 (1):54-61.

[20] Norton TB. The Creation and Analysis of a Website Privacy Policy Corpus [C]. 54th Annual Meeting of the Association for Computational Linguistics,2016.

[21] Anton AI,Earp JB,Young JD. How Internet users privacy concerns have evolved since 2002[J]. Security Privacy,IEEE,2010,8(1):21-27.

[22] Montjoye D,Hidalgo CA,Verleysen M. Unique in the crowd:The privacy bounds of human mobility[J]. Nature Scientific Reports,2013,3(2):1-5.

[23] Bansal G,Zahedi F,Gefen D. The moderating influence of privacy concern on the efficacy of privacy assurance mechanisms for building trust:A multiple-context investigation [C]// International Conference on Information Systems. DBLP, 2008. Australian:AIS,2008:14-17.

[24] Belanger F,Hiller JS,Smith WJ. Trustworthiness in electronic commerce: The role of privacy,security,and site attributes[J]. Journal of Strategic Information Systems,2002,11(3):245-270.

[25] 特雷莎·M·佩顿,西奥多·克莱普尔. 大数据时代的隐私[M].上海:上海科学技术出版社,2017.

[26] 朱宝丽,马运生.个人金融信息管理:隐私保护与金融交易[M].北京:中国

社会科学出版社,2018.

[27] 李延舜.大数据时代信息隐私的保护问题研究[J].河南社会科学,2017,25 (4):67-73.

[28] 金元浦.论大数据时代个人隐私数据的泄露与保护[J].同济大学学报(社会科学版),2020,31(3):18-29.

[29] 段伟文.人工智能时代的价值审度与伦理调适[J].中国人民大学学报,2017,31(6):11.

第2章　旅游大数据的概念与应用

　　自从 20 世纪 80 年代阿尔文·托夫勒等人提出大数据时代即将到来之后,人们对大数据的认识和研究不断深入。随着移动互联网、云计算和物联网等技术的出现和广泛应用,大数据逐渐成为学界和业界研究的热点。几乎所有世界级的互联网企业都将业务触角延伸到了大数据产业,各国政府也纷纷将大数据应用列入国家发展战略。大数据逐渐从最初互联网公司专业人士口中的术语,演变成了决定我们现实数字生活方式的通用词。

　　对大数据的研究和应用极大地促进了行业和企业的发展。大数据作为很多企业最核心的资源,已成为企业发展最重要的决策依据。在国内,大数据的应用从最初的金融、电信、医疗、零售等行业快速地渗透到了各行各业中。

　　旅游行业是大数据应用的极大受益者。如大数据实现了个体出游方式的个性化定制;实现了餐饮业线上线下模式的改造,彻底改变了传统的经营方式;实现了住宿资源的整合差异化发展,民宿业取得了快速发展等。旅游业是人、物、网高度关联的行业,旅游大数据具有数量大、结构复杂和信息敏感等特点,开展旅游大数据研究对增强旅游企业竞争力、促进企业个性化发展、提高监管部门统筹预警能力、开展旅游精准扶贫等都具有重大意义。

2.1　大数据

2.1.1　大数据的发展历程

　　早在 20 世纪 80 年代,"大数据"(big data)这个词就在美国出现了。鉴于计算机和通信技术的快速发展,未来学家阿尔文·托夫勒在他的《第三次浪潮》一书中就提出了"大数据时代即将到来"的论述,并将大数据热情地赞颂为"第三次浪潮的华彩乐章"。

　　21 世纪初,随着互联网和 Web 2.0 的普及,特别是移动互联网的出现和社交网络的广泛应用,数据规模呈现指数级增长,人们才提出了"海量数据"(large scale data)概念。此后,由于非结构化数据的爆炸性增长,传统的数据处理手段难以应对巨大的数据处理需求,一种新的数据处理方法被 Google 等互联网公司提出和应用,并为公司带来了巨大效益。这时,"大数据"才逐渐成为广泛传播的流行词汇。

2.1.1.1 学术研究领域

2008 年,*Nature* 就推出了"Big data"专刊,从网络经济学、互联网应用技术、超级计算、生物医药大数据、环境大数据等多个方面探讨海量数据处理面临的挑战。2011 年,*Science* 也推出了数据处理(dealing with data)专刊,讨论数据洪流(data deluge)问题,指出了利用这些数据的重要性,认为大数据若能得到有效的组织和利用,将会对社会发展起到巨大的推动作用。2012 年,欧洲信息学与数学研究协会会刊 *ERCIM News* 推出"Big data"专刊,介绍了欧洲科研机构开展研究所取得的创新成果。专刊特别讨论了数据管理、数据密集型研究等创新技术。

在国内,学者们对大数据的探讨和研究也逐渐兴起。2012 年,香山科学会议组织了一场主题为"大数据科学与工程——一门新兴的交叉学科?"的研讨会,从信息技术、经济、管理、社会、生物等多个学科领域,就大数据的理论与工程技术、应用方向、跨学科协作方式等重要问题进行了讨论。

2.1.1.2 政府关注领域

在学术界开展广泛研究的同时,大数据也引起了各国政府的极大关注。

2012 年,美国政府就推出了"大数据研究和发展计划(Big Data Research and Development Initiative)"。该计划从国家层面提出了要提高从大型复杂的数字数据中提取知识的能力,承诺加快大数据应用步伐,加强国家安全。根据该计划,美国国防部(Department of Defense,DOD)、能源部(Department of Energy,DOE)、卫生和公共服务部(Health and Human Services,HHS)等 6 个部门和相关机构宣布将投资 2 亿美元,以协同研究收集、存储、管理、分析、共享大数据的核心技术,扩大大数据技术研发和应用所需人才的培养。该计划特别强调了大数据技术事关国家安全和科技进步,将在未来几年中引发教育和学习的变革。

欧盟也有类似的举措。早在 2010 年,欧盟委员会就公布了"未来十年欧盟经济发展计划",即欧盟 2020 战略,认为数据是最重要的创新资源,数据的开放与共享将成为就业和经济新的增长点。2012 年,欧盟又提出了"云计算发展战略及三大关键行动建议",进一步规范了云计算标准,形成各国云计算的伙伴关系。2014 年,欧盟专门发布了"数据驱动经济战略",把大数据作为欧盟经济单列的行业。大数据为欧盟国家的经济增长和扩大就业做出了巨大贡献[1-3]。

我国政府也一直将大数据作为战略性发展产业加以关注。涉及大数据战略的文件主要有 2 个,分别为 2015 年国务院发布的《促进大数据发展行动纲要》和

2017 年工信部发布的《大数据产业发展规划(2016—2020)》。前者主要从国家层面建立起了促进大数据发展的联席会议制度,提出了"政府数据资源共享开放工程"等 10 大工程。后者是对前者的深化响应,从创新发展技术产品、提升行业应用能力、繁荣产业生态、健全产业支撑体系、夯实保障体系 5 个方面,设置了 7 项任务、8 个工程和 5 个保障措施,为我国的大数据产业发展做好了制度保障。

2.1.1.3　企业应用领域

企业是推动大数据技术不断发展的原动力。我们常说的大数据技术起源于 Google。搜索引擎的功能主要就是网页抓取和索引构建,而在这个过程中,有大量的数据需要存储和计算。为此,Google 设计了大数据处理的技术框架,并于 2004 年前后发表了 3 篇论文,分别介绍了分布式文件系统 GFS(Google File System,google 分布式文件系统)、大数据分布式计算框架 MapReduce 和 NoSQL 数据库系统 BigTable。这也就是我们经常听到的"三驾马车",即一个文件系统、一个计算框架和一个数据库系统。

Google 的大数据处理技术从真正意义上把数据处理从集中式的服务器处理阶段推向了集群化的分布式处理阶段。2006 年,天才程序员 Doug Cutting 基于 Google 的技术框架,启动了一个独立项目专门开发维护大数据技术,这就是赫赫有名的 Hadoop。Hadoop 包括分布式文件系统 HDFS(Hadoop Distributed File System,Hadoop 分布式文件系统)和大数据计算引擎 MapReduce。

Hadoop 发布之后,雅虎(Yahoo)很快就进行了应用。2007 年,我国百度和阿里巴巴也开始应用 Hadoop 进行大数据存储和计算。这时,雅虎的工程师觉得用 MapReduce 进行大数据编程太过繁琐,于是便开发了 Pig。编写 Pig 脚本虽然比直接用 MapReduce 编程容易,但是依然需要学习新的脚本语法,于是 Facebook 又发布了 Hive。这样,熟悉数据库的数据分析师和工程师便可以无门槛地使用大数据进行数据分析和处理了。Hive 出现后极大限度地降低了 Hadoop 的使用难度,使得其迅速得到开发者和企业的追捧。随后,众多 Hadoop 周边产品开始出现,大数据生态体系逐渐形成,大数据的技术体系如图 2-1 所示。

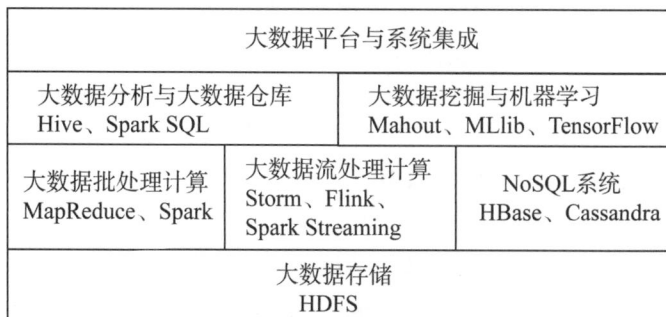

大数据平台与系统集成		
大数据分析与大数据仓库 Hive、Spark SQL	大数据挖掘与机器学习 Mahout、MLlib、TensorFlow	
大数据批处理计算 MapReduce、Spark	大数据流处理计算 Storm、Flink、 Spark Streaming	NoSQL系统 HBase、Cassandra
大数据存储 HDFS		

图 2-1　大数据的技术体系

2.1.2 大数据的概念与特征

大数据是信息技术行业的术语,正如 IT 领域很多新兴概念一样,大数据也没有一个统一和确切的定义。大数据的概念是在信息技术实践应用中形成和逐渐清晰的。自 Hadoop 项目诞生之后,"大数据(big data)"这个词逐渐得到计算机科学研究人员的认可,并引发了大量的讨论,学者和机构开始研究大数据的特征和定义。维基百科认为"大数据"是指在利用常用软件工具获得、管理和处理数据时所消耗的时长超过可容忍时间的数据集。这当然是一个非常笼统的说法。研究机构 Gartner 给出的定义是:大数据是海量、高增长和多样化的信息资产,需要用新的处理模式加以处理才能使之具有更强的决策力、洞察发现力和流程优化能力。

2011 年,麦肯锡研究院(Mckinsey Globe Institude,MGI)提出,大数据是一种规模大到在获取、存储、管理、分析方面大大超出传统数据库软件工具处理能力范围的数据集合,具有海量的数据规模、快速的数据流转、多样的数据类型和价值密度低四大特征。这是一个被普遍认可的定义,其中讲到的四大特征被广泛用于描述大数据的基本特点,即大数据的"4V"基本特征:规模化(volume),多样化(variety),高速性(velocity),价值密度低(value)。这 4 个特征把大数据与海量数据区分开来,海量数据只强调数据的量,而大数据不仅是大量的数据,更进一步指出数据的类型复杂、快速处理的要求和对数据的分析,最终获得有价值的信息。

2.1.2.1 海量的数据规模

数据规模化是大数据的基本属性。包括采集、存储和计算在内的数据量都很大。早在 2012 年,国际数据公司就设立了一个简单的评判标准,比如数据体量超过 100TB 才算得上是大数据。近年来,伴随着各种移动设备、物联网、云计算和云存储等技术的快速发展和大量应用,人和物的所有轨迹都可以被记录,数据被大量生产出来。移动互联网的核心网络节点是人,不再是网页,人人都成为数据的制造者,简讯、微博、照片、视频都是其数据产品。数据来自无数的自动化传感器、自动记录设备、交通监测、生产监测、环境监测、安防监控等,来自自动流程记录,以及刷卡机、收款机、不停车收费系统、各种办事流程登记等。大量自动或人为产生的数据通过互联网聚集到特定的机构,如互联网运营商、政府、银行、商场、企业、交通枢纽等,形成了大数据之海。全球大数据技术、产业、应用等多方面的发展呈现了新的趋势,也进入了新的阶段。

2.1.2.2 多样的数据类型

广泛的数据来源,决定了大数据类型的多样化。尽管以前计算机处理的数据量也很庞大,但那些通常是结构化数据,即被事先定义好结构的数据,它舍去一些应用中可以不考虑的细节,抽取了有用的信息,以便计算机存储、处理这些数据。然而,随着智能设备、传感器及社交协作技术的飞速发展,非结构化数据大量涌现。这些数据不仅包含传统的结构化数据,而且包含来自网页、点击流、社交媒体和传感器(主动或被动系统)等的原始、半结构化和非结构化的数据。在大数据传播中,数据格式变得越来越多样化,涵盖了文本、图片、音频、视频、模拟信号等不同类型;数据来源也越来越多样化,不仅包括组织内部的各个环节,也包括组织外部。例如,智能交通大数据不仅来自路网摄像头、传感器、轨道交通、公交、旅游交通、化危运输、停车、租车等运输行业的数据,还有来自地理信息系统和问卷调查等的数据。再如人工智能中应用的自然语言是一种更复杂、多样的数据来源,它不仅包含语言中的指代、省略、强调、重复等大量语言现象,还包括噪声、音变和口头语等语音现象。多样化的数据来源为大数据处理带来了巨大挑战,但这也是大数据的威力所在。

2.1.2.3　快速的数据流转

数据是具有时效性的,采集到的大数据如果不经过流转,最终只会过期报废。快速增长的数据量要求数据处理的速度也要相应地提升,才能使数据得到有效利用,否则不断激增的数据不但不能为解决问题带来优势,而且会成为快速解决问题的负担。同时,数据不是静止的,而是在互联网中不断流动的,且这种数据的价值通常是随着时间的推移而迅速降低的,如果数据不能及时得到有效的处理,就会失去价值。例如,我们采集到某位用户在网上服装商场的消费行为轨迹,如果该数据不能被快速流转、及时分析,那么本次所采集到的数据可能就会失去价值,因为这位用户不会每天都在买衣服。快速流转的数据就像是不断流动的水,只有不断流转才能保证数据的价值。

2.1.2.4　较低的价值密度

价值密度低是非结构化数据的重要特征。大数据价值密度相对较低,但浪里淘沙,弥足珍贵。传统的结构化数据是依据明确的应用目的,对事物进行抽象处理,记录中只包含该应用需要考虑的信息。大数据并没有明确的应用目的,它获取事物的全部细节数据,不对事物进行抽象、剔除、归纳等处理,直接保留所有的原始数据。虽然大数据能呈现事物的所有数据和全部细节,可以用来挖掘分析更多的有用信息,但也引入了大量没有意义甚至错误的信息。相对于结构化数据,以非结构化数据为主的大数据价值密度较低。例如,随着物联网的广泛应用,信息感知无处不在,但在连续不断的视频监控和传感采集过程中,有用的数据可能仅仅在一两秒内。因此,如何通过有效的大数据算法高效地完成对有价值数据的"提炼",是大数据处理的难题之一。

除上述提到的"4V"外,业界还有学者把大数据的基本特征从"4V"扩展到"5V""8V"或更多,比如准确性(veracity)、可视化(visualization)、合法性(validity)、动态性(vitality)等,如图 2-2 所示。另外,还有一种大数据特征的观点是"4V+1O",即在"4V"的基础上再加上 1 个"O",即数据在线(online),强调数据永远在线,能随时调用和计算,这也是大数据有别于传统数据的特性之一。

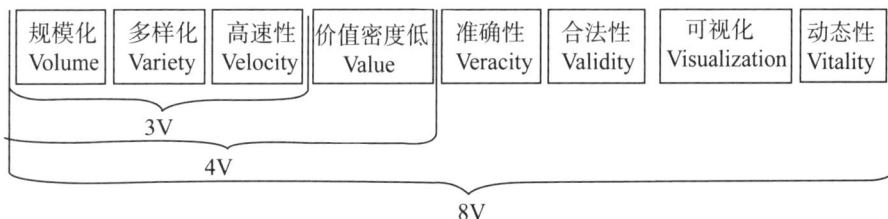

规模化 Volume	多样化 Variety	高速性 Velocity	价值密度低 Value	准确性 Veracity	合法性 Validity	可视化 Visualization	动态性 Vitality

3V

4V

8V

图 2-2 大数据的特征

2.2 旅游大数据

2.2.1 旅游大数据的概念

与大数据的概念难以定义一样,旅游大数据也没有形成一个统一的定义或概念解释。黎巎在《旅游大数据研究》一书中将旅游大数据定义为"旅游领域中那些'样本+总体'的全数据集,又指那些利用常用软件工具捕获、管理和处理数据所耗时间超过可容忍时间的数据集"[4]。该定义从数据领域和数据规模方面清楚地描述了旅游大数据。

实际上,旅游大数据在业界一般被看作是旅游业产生的各种类型数据的集合,它是大数据在旅游业中的一种业务形态,从数据存储类型、处理技术、数据价值等来看就是通常意义上的大数据,只是作为垂直细分行业的旅游业具有其特定的行业特点,因此旅游大数据会表现出鲜明的行业特征[5]。所以,我们可以把旅游大数据定义为:旅游活动中由互联网、传感仪器和智能设备等产生的多种类型的海量数据的集合,是一种规模很大,难以用传统数据挖掘工具进行有效地获取、存储、管理和分析的数据集合。

旅游大数据具有数据规模海量、数据流转快速、数据类型多样和价值密度较低等大数据的普遍特征,同时也具有地域性、敏感性、波动性等特征[6-9]。旅游大数据的来源主要是旅游行业从业者和消费者所产生的数据,包括来自酒店、景区、旅行社和旅游交通等涉旅企业的管理和业务数据,以及游客、导游等个人行为所产生的数据[10]。

2.2.2　旅游大数据的特征

作为大数据在垂直行业中表现的一种特定数据集合,旅游大数据具有大数据的一般特征,同时也具有其特有特征。

2.2.2.1　旅游大数据的一般特征

(1)数据规模海量

据世界旅游组织(UNWTO)《2019 年国际旅游报告》(*International Tourism Highlights 2019*)统计,在技术进步、新商业模式和旅游签证便利化等因素的促进下,2018 年国际游客人数同比增长了 5%,达到 14 亿人。该数据比UNWTO 预测的时间提前了两年达成。与此同时,旅游业产生的出口收入增长到 1.7 万亿美元,成为经济增长和发展的真正力量,也创造了更多、更好的就业机会,并成为创新和创业的催化剂。旅游业正在帮助数百万人创造更好的生活。

随着旅游业的蓬勃发展,以及新一代计算机技术、通信技术和传感技术的渗透,大量数据在旅游的过程中产生。如旅游前的互联网搜索、信息咨询、产品浏览预订,旅游中的行动轨迹、消费能力、消费偏好,旅游后的点评互动、游记攻略和转发分享等。规模庞大的文旅数据成为企事业单位非常重要的数据财富。

(2)数据类型多样

旅游大数据类型的多样性主要体现在数据结构类型和数据应用类型两个方面。

从数据结构类型来看,旅游大数据由结构化和非结构化数据组成。它既包括传统的结构化数据库,也包括非结构化和半结构化的数据,如图片、视频、音频、动画、虚拟仿真和位置信息等。

从数据应用类型来看,旅游大数据的来源非常广泛,数据类型众多。此处以用户原创内容(user generated content,UGC)数据源为例。用户原创内容数据主要指游客在行程中或行程后发布的游记、感受、攻略等信息。其内容就包括检索关键词、标题、正文、旅游投诉关键词、目的地关键词、用户基本信息、转发数量、评价数量、点赞数量、评价内容、旅游关键词、时间关键词、发布时间、粉丝基本信息、转发网友基本信息等。数据格式涵盖文本、图片、语音、视频等。这类数据包含社交、舆论和攻略等,数据量庞大、类型众多、非结构化严重。随着新技术的发展,智慧旅游技术的不断应用,以及旅游活动范围的拓展,未来旅游大数据的类型必将更加多样化。

(3)数据流转快速

旅游数据产生的速度快,数据处理的速度也要快,这就是旅游大数据的时效性。只有通过快速流转,在流转中快速处理、挖掘有用信息,旅游大数据才能展现出其真正的价值。此处以在线旅游网站(online travel agency,OTA)的消费大数据为例。在线旅游数据中包括酒店销售数据、机票产品销售数据、线路产品销售数据、景区销售数据、组合产品(酒＋景)销售数据等。这些数据包含大量有价值的信息,通过对销售大数据的及时处理分析,可以判断一位用户的消费能力、收入水平、消费偏好等,从而开展更精准的营销活动。目前,旅游销售大数据因可利用度高、数据相对更加真实的特点,已经成为在线旅游企业重要的数据财富。

(4)价值密度较低

随着 Web 2.0、自媒体技术、智慧旅游技术的广泛应用,用户原创内容和设备生成内容(device created content,DCC)成为旅游大数据的主要来源,这类数据量极其庞大,但可挖掘利用的有价值的数据比重很低。比如,在旅游点评、攻略、社交应用中,每天会产生大量的旅游相关视频数据,其中也包含一些有价值甚至高价值的数据,但因其价值密度很低,所以对于在线旅游或其他互联网旅游企业来说,这些视频数据的挖掘和分析难度很大。

2.2.2.2 旅游大数据的特有特征

(1)时域性

旅游活动往往是在一定时间和一定空间内进行的人的位移、交易、生活等一系列活动,在旅游活动期间产生的数据具有明显的时间和地域特性。随着移动通信设备的普及和智能景区系统的应用,位置大数据正成为旅游大数据的重要组成部分。通过对游客位置大数据的挖掘研究,从小处讲,一个景区可以掌握游客在不同景点的驻留时间、驻留人次,从而开展必要的经营活动;从大处讲,一个省市级区域可以由此掌握全国各地的游客对本地区最感兴趣的景区列表、类型及驻留时间等重要的统计数据。

(2)敏感性

出于对旅游活动安全保障的考虑,在旅游活动开始之前旅游代理机构往往要采集游客的个人信息,因此在旅游大数据中往往包含多种敏感的个人隐私资料。常见的有为旅游安全或特殊旅游定制需要而采集的个人病史、家庭成员及联系方式等信息,以及为出境旅游办理签证等而采集的个人或家庭收入证明、房产证明等信息。这些都是非常敏感的个人隐私,一旦泄露,会给游客留下极大的安全隐患。如果被不法分子利用,将会直接或间接地对游客个人的财产和人身安全造成威胁。

（3）波动性

旅游活动受季节、气候、节假日等因素的影响较大,旅游大数据因此也表现出明显的波动性。从时间上,自然资源类景区和户外娱乐类景区对气候、季节的依赖性较大。如北方的冰雪旅游只发生在冬季,青藏高原的旅游活动大多发生在夏季等。同时,我国的节假日对旅游业的影响非常大,如"五一"小长假、"十一"黄金周、春节黄金周等是旅游活动的高峰,也是旅游大数据产生和利用的高峰期。

2.3　旅游大数据的主要来源及表现类型

旅游大数据包括来自互联网旅游运营平台、线上旅游社交网站、旅游自媒体等的数据,及政府采集和统计数据、旅游企业信息系统数据、景区设备采集数据和其他涉旅相关的服务数据等,来源广泛,格式不一[11-14]。

2.3.1　在线旅游数据源

在线旅游是旅游电子商务行业的专业词语,指旅游消费者通过网络向旅游服务提供商预定旅游产品或服务,并通过网上支付或者线下付费,即各旅游主体可以通过网络进行产品营销或产品销售。自 1999 年到 2020 年,从旅游产品到内容攻略,从线上代理到线上平台,从携程、艺龙到美团、马蜂窝,在线旅游经过20 余年的发展,经历了萌芽期、发展期、爆发期,目前已到达成熟期。

近年来,有学者和业界专家认为在线旅游的身份已经发生改变,逐步从旅游代理向在线旅游平台(online travel platform,OTP)、在线旅游服务(online travel service,OTS)和在线旅游内容(online travel content,OTC)过渡,从依靠投资输血迅猛扩张抢用户,到精耕细作重服务和盈利。

在线旅游的互联网特性,决定了它是旅游大数据的主要生成者和使用者。21 世纪 10 年代,在线旅游数据已逐渐成为旅游大数据的主要来源之一。线上运营平台非常注重在线旅游数据的利用效率,因此在线旅游产生的大数据往往包含大量的结构化数据和半结构化数据,非常有利于数据挖掘和利用。

在线旅游的数据内容主要包括销售类数据和攻略评价类数据。销售类数据包括景区销售数据、酒店销售数据、线路产品销售数据、组合产品(机票＋酒店、酒店＋景区)销售数据等。攻略评价类数据包括:酒店住后点评、酒店位置、酒店交通情况、酒店周边生活便利情况、酒店费用;景区点评、景区位置、景区交通、景区周边、景区费用、景区预定条款、景区详情;线路渠道点评、线路设计、线路交通、用餐情况、线路费用、线路景点、线路住宿、线路赠送、线路出发时间、线路品质、线路行程时间、儿童因素、线路预定条款;组合产品(机票＋酒店、酒店＋景区)点评、组合产品名称、价格、时间。

作为反映线上运营情况的在线旅游大数据具有较高的挖掘价值。挖掘在线旅游网站的消费数据可以精准地勾画出某位用户的消费画像,判断其消费能力、收入水平、消费偏好等。旅游产品销售数据的优势在于数据的意义非常明确,可利用度高,数据相对更真实。

从企业角度看,在线旅游大数据可以为线上旅游企业带来巨大的利益,但从旅游大数据的全局角度来看,在线旅游大数据存在几个方面的局限性。①在线旅游数据存在很强的局部性,不同在线旅游平台之间的数据缺少关联,比如携程只有携程的数据,飞猪只有飞猪的数据,美团只有美团的数据。②在线旅游数据存在割裂性,不同在线旅游的用户数据无法比对,比如用户在搜索引擎上搜索了某个景区信息(ID1),又在同程艺龙上购买了景区门票(ID2),ID1 与 ID2 的信息没有连接。③在线旅游数据存在封闭性,很少有互联网公司愿意开放自己的数据,很难做到数据共享。

2.3.2 用户原创内容数据源

用户原创内容的概念最早起源于互联网领域,即用户将自己原创的内容通过互联网平台进行展示或者提供给其他用户。用户原创内容数据也是旅游大数据的主要来源之一。用户原创内容是伴随着以提倡个性化为主要特点的 Web 2.0 概念而兴起的,也可叫作用户创造内容(user created content,UCC)。它并不是某一种具体的业务,而是用户使用互联网的一种新方式,即由原来的以下载为主变成下载和上传并重。随着互联网运用的发展,互联网用户的交互作用得以体现,用户既是互联网内容的浏览者,也是互联网内容的创造者。用户原创内容网站可分为视频分享互联网、照片分享互联网、知识分享互联网、社区论坛和微博等。

第三方机构艾瑞咨询于 2013 年发布了《中国式用户原创内容白皮书》,书中指出中外用户原创内容的特点有较大不同,尤其体现在内容产出与社交模式上。由于文化背景、互联网环境和用户群体等不同,国外用户原创内容话题和对象变换更快,而中国式用户原创内容更多见网络红人、网络大咖影响,当一个意见领袖式人物出现时,会引起极大的共鸣与推崇,这样一个人物或事物可以满足网民多方面的需求,从而引来爆炸式的关注与追随。该特点同样可以在旅游用户原创内容中体现。

旅游用户原创内容数据是指游客在行程前、行程中和行程后发布的旅游咨询、旅游感受、旅游攻略和游记等信息,内容包括用户信息(性别、年龄结构、职业、毕业学校、学历、就职单位、用户关注、参与社群等)、检索关键词、目的地关键词、用户基本信息、转发数量、评价数量、点赞数量、评价内容、旅游关键词、时间关键词、发布时间、粉丝基本信息、转发网友基本信息、旅游投诉关键词。内容格式除了文本以外,还包含大量的图片、音频、视频等多媒体信息格式。

　　旅游用户原创内容数据来源主要分为两类:一类是旅游点评信息,主要来自于大众点评、知乎、豆瓣等平台;另一类是旅游攻略,主要来自于马蜂窝、穷游网、携程等网站。用户原创内容数据源覆盖面广、渗透率高,众多社交媒体覆盖了各个年龄段的各种群体,使用频度高、数据及时,即时通信的需求导致人人都可以随时随地进行沟通分享。数据量大、数据复杂,海量用户产生了海量的数据,除文字外,还包括视频社交和图片社交产生的大量非结构化数据。

　　总之,充分挖掘旅游大数据可以得到高价值的转发、关注、粉丝等重要信息,为企业经营服务。然而,这些数据非结构化严重,同时缺少交易数据,与其他数据的协同性较差,在对游客群体进行分析时,很难得出一个完整的游客画像,总体上限制了对其应用价值的挖掘。

2.3.3　其他企事业单位数据源

　　除在线旅游和用户原创内容数据来源外,旅游大数据还有一部分来源于政府和其他相关旅游企事业单位。这些数据主要有三个方面。①政府部门统计数据:如每个阶段旅游主管部门发布的旅游政策、旅游相关法律法规和行业统计数据。②旅游企业数据:包括旅游企业信息系统产生的运营情况、游客信息和行为相关数据,还有企业财务、运营等各种报表数据。③非旅游企业涉旅数据:旅游业是非常综合的产业,涉及许多产业合作与应用,包括通信、金融、互联网、交通、气象,甚至医疗救助等,这些行业中的涉旅数据也是旅游大数据的重要组成部分,合理挖掘利用游客位置、游览路径、搜索关键词等数据资源,能为旅游企业产品策划、精准营销等提供重要的依据。

2.4　旅游大数据的应用

2.4.1　市场分析与企业决策

　　从全球大数据应用市场结构来看,大数据应用在行业解决方案、计算分析服务、存储服务和数据库服务中占有较大的市场份额。其中行业解决方案是大数据最主要的应用服务之一。通过行业大数据分析,企业可以开拓市场和发现自身的问题,进而解决市场竞争中的重要问题。随着电子商务的发展,消费者通过网上购物产生的浏览记录、停留时间、收藏商品、价格区间等数据都可以被采集,并用于判断分析个体消费偏好、购买能力等。

在 Web 2.0 之后,网络消费数据也进入了大数据时代。购物网站、社交平台、游戏终端等都在产生大量的、不同格式的数据,这些数据往往包含相关行业市场发展现状、趋势、线索等。对这些大数据进行挖掘分析,有利于企业制定合适的营销策略等。

在目的地营销过程中,大数据已经发挥了重大作用。通过对包括总体消费情况、性别消费数据、游客来源地区、年龄段消费数据、时段消费数据、涉旅消费数据等的分析,景区可以进行品牌评估、选取投放客群和渠道的精准投放,以及开展营销效果评估等[15-16]。

2.4.2　公共服务与行业监管

在个性化旅游快速发展的今天,游客对旅游公共信息的形成、组合、传递等提出了新的要求。旅游大数据的应用能够为完善旅游公共服务提供支持,具体可以在以下两个方面实现旅游公共信息服务。

2.4.2.1　精准化旅游信息服务

游客在行程前、行程中、行程后都会留下"信息足迹",如行程前的目的地信息搜索、交通信息搜索行为,行程中的位移行为、消费行为,行程后的点评和分享行为。对旅游大数据的挖掘分析能够了解游客关注景点、旅游消费偏好等信息,从而更精准地为游客提供旅游信息服务。

2.4.2.2　个性化旅游信息服务

新媒体的普及应用为旅游公共信息的传递和传播提供了更多样的途径和呈现方式,如网站、手机应用、社交媒体、互动触摸屏、人工智能交互等。挖掘相关旅游大数据,可为游客提供个性化的旅游信息传递形式、个人偏好的信息界面,从而增加游客的分享率和对信息服务平台的黏度。

行业主管部门在为游客提供旅游信息服务的同时,还可以充分利用旅游大数据的全面性、真实性进行政策调控、科学治理,提升管理效率,优化旅游发展环境;通过构建基于旅游大数据的旅游服务评价体系和方法,实时动态地对旅游市场进行监督评价。如通过爬虫等大数据通用技术从各类平台抓取旅游相关信息,利用数据挖掘和文本挖掘技术对这类碎片化的文本数据进行多维度的分析,从而掌握某地区或目的地的舆情动态,并掌握游客的满意度、评价、旅游相关行业的运行情况,从而提升旅游主管部门的数据化监管能力。

2.4.3　旅游统计与市场调控

长期以来,旅游统计数据主要来源于数据填报和抽样调查,如在推算目的地旅游总收入时,主要通过采集酒店、景区、旅行社不同类型的人群比例,再按照抽样调查的消费数据计算不同类型游客每天的消费额并计算总消费额,以此推算目的地的旅游总收入。这种数据统计方法存在样本量有限、随机性大、数据残缺和分类不细等问题,进而导致相关部门对行业的管理决策和市场调控偏离实际的问题。旅游大数据的海量数据获取和强大的数据处理能力能够补充和优化现有旅游数据统计的不足。

2018 年 6 月,中国旅游研究院院长戴斌在为旅游数据与旅游统计专业技术人才高级研修班授课时指出:“虽然旅游大数据并不必然意味着全体样本,但只有将既有旅游统计与大数据有机结合,才有可能让旅游主管部门和市场主体进行战略决策时把整个旅游业看得清清楚楚、明明白白。新时期旅游数据和统计建设工作要在大旅游视野和大数据技术支持下进一步完善现有旅游统计体系,适应当前文旅融合、大众旅游、全域旅游等新时代旅游工作新特点,提供更加丰富、颗粒度更细、时效性更强的数据。要利用大数据不断完善传统旅游统计的组织方式和调查研究方法,不断提高统计数据的及时性和精准度,让人们看得见、用得着。同时,要加快制定和出台旅游大数据应用安全及技术规范,明确在挖掘游客位置、支付、搜索、订单等大数据时要充分保障游客隐私等权益,并引导各地遵循相同的标准、相同的方法实施旅游大数据接入和挖掘。”

2.4.4　应急预警与安全预测

旅游目的地预警系统在旅游高峰期、疫情暴发期、自然灾害时期等都发挥着重要的作用。云计算和旅游大数据技术的应用可以有效地提高旅游的应急情况的预警和预测能力。旅游目的地应急预测预警系统由两个核心部分组成:一是数据采集系统,二是预警模型和推演。数据采集系统采集包括游客、气象、交通、疫情、地震水文、重大事件等数据,并把这些数据通过统一接口、统一标准汇总输入到应急预测预警模型中,模型就可以根据大数据运算获得相关预警结论。

2.4.5　游客服务与定制旅游

旅游业的飞速发展正在改变人们的消费观念,消费升级和供给侧结构性改革给定制旅行创造众多新的可能。定制旅游站在游客消费升级的风口上,引发了众多从业者和投资者的共同关注。目前,由于客户需求分散、获客成本高昂、供应链资源整合困难等因素,定制旅游业务尚难以规模化。如何在保证个性化的同时,实现规模效益和降低获客成本是定制旅游当前面临的主要问题。但随着大数据技术的应用,很多实际问题得到了有效解决。如相关企业可以通过大数据挖掘精准聚集目标客户,生成游客画像,然后通过大数据中的消费数据定制解决方案,链接对应的渠道资源、酒店资源、景点资源等,从而满足用户的个性化旅游需求。

参考文献

[1] Pinto J. Analyzing big data is becoming a key competitive advantage[J]. PACE-Process & Control Engineering,2014,67(5):4.

[2] Mayer-Schonberger V,Cukier K. Big Data:A Revolution that Will Transform How We Live,Work and Think[M]. Boston:Houghton Mifflin Harcourt,2013.

[3] Shin DH,Choi MJ. Ecological views of big data:perspectives and issues [J]. Telematics and Informatics,2015,32(2):311-320.

[4] 黎巎.旅游大数据研究[M].北京:中国经济出版社,2018.

[5] 郭鹏.融合背景下的文化和旅游大数据发展思考[C]//中国旅游科学年会论文集,2019:433-436.

[6] Mountasser I,Ouhbi B,Frikh B,et al. Big data research in the tourism industry:Requirements and challenges[J]. International Journal of Mobile Computing and Multimedia Communications,2020,11(4):26-41.

[7] Li X,Pan B,Law R,et al. Forecasting tourism demand with composite search index[J]. Tourism Management,2017,59:57-66.

[8] Yang X,Pan B,Evans J,et al. Forecasting Chinese tourist volume with search data[J]. Tourism Management,2015,46:386-397.

[9] Ali R,Susanne B,Bela S. Sentiment analysis in tourism:capitalizing on big data[J]. Journal of Travel Research,2019,58(2):175-191.

[10] 张鹏顺.大数据时代旅游产业的发展——挑战、变革与对策研究[M].镇江:江苏大学出版社,2017.

[11] 张玉莲.论旅游第七要素——"知"[J].中南林业科技大学学报(社会科学版),2015,9(1):49-55.

[12] 李华敏.旅行社业转型升级发展研究——来自宁波的数据和案例[M].杭州:浙江大学出版社,2017.

[13] 陈晓艳,张子昂,胡小海,等.微博签到大数据中旅游景区客流波动特征分析——以南京市钟山风景名胜区为例[J].经济地理,2018,38(9):206-214.

[14] 宋廷山,郭思亮.旅游客流大数据统计模型构建与验证[J].统计与决策,2020,36(24):38-41.

[15] 曾忠禄,王兴.大数据在旅游研究中的运用——国际文献研究[J].情报杂

志,2020,39(10):165-168.

[16] 湛研.智慧旅游目的地的大数据运用:体验升级与服务升级[J].旅游学刊,
　　 2019,34(8):6-8.

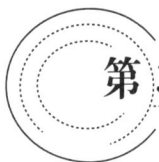

第3章　游客隐私保护框架及技术

　　与传统的隐私保护技术相比,旅游大数据环境下的游客隐私保护技术面临新的挑战。

　　其一,旅游大数据环境下数据来源多样化,数据生成者没有主动参与隐私保护。传统的隐私保护技术以被动式的保护技术为主,数据生产者相对较少,数据溯源相对较简单。但在大数据环境下,数据的爆炸式增长使得数据在产生、保存、发布和应用的各个阶段都面临着隐私泄露问题。游客的隐私保护仅仅依靠数据收集者的保护技术是不够的。同时,当数据攻击者通过内部攻击等方式窃取原始数据时,传统的被动式隐私保护技术将无法生效。

　　其二,大数据利用过程使隐私泄露风险大大增加。在传统的隐私保护技术中,数据集相对比较独立,各数据集间的关联较少。然而,在大数据环境下,由于某位游客的数据可能分布在大数据的多个来源中,并在技术上存在一定的关联,所以在对该大数据的发布应用中,数据融合造成的游客隐私泄露风险远高于传统的旅游数据应用带来的风险。

　　其三,缺乏隐私泄露后的补救措施。尽管在大数据的生成、收集和发布过程中相关利益方都在采取各种手段避免隐私泄露,但是隐私泄露事件仍然时有发生。这种情况就需要一种方法来减少隐私泄露造成的损失[1-3]。

　　为了更好地研究旅游大数据环境下游客隐私保护问题,本章提出了一种游客隐私保护的框架,该框架把游客隐私保护分为三个阶段,即数据收集阶段、数据存储阶段和数据发布阶段,并分别对三个阶段的大数据隐私保护技术进行介绍。

3.1　大数据环境下游客隐私保护框架

　　为了解决旅游大数据产生、存储、发布和利用过程中的游客隐私保护问题,本节提出了旅游大数据环境下的一种游客隐私保护框架。该框架以大数据的应用阶段为主线,分别从大数据载体、技术保护手段、法律法规和行业自律保护方面分析游客隐私保护问题[4-5]。该框架的具体设计如图 3-1 所示。

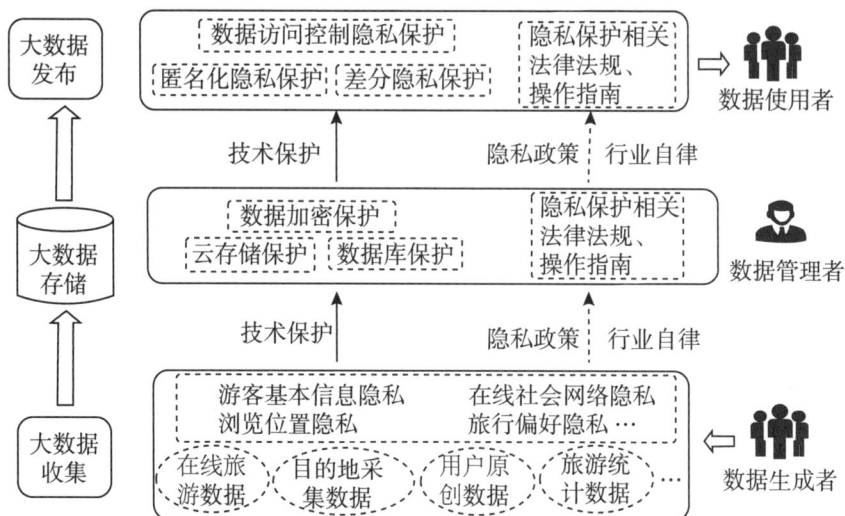

图 3-1　旅游大数据环境下的游客隐私保护框架

3.1.1　数据收集阶段

旅游大数据采集的过程是一个采集者(在线旅游、用户原创内容、景区等)与被采集者(游客)之间博弈的过程。一方面,采集者希望获得用户更多的数据信息,他们通过对用户在互联网上留下的印记开展数据挖掘、提炼与分析,以获取数据背后许多经济、金融、文化等有价值的信息,从而开展客户细分、精准营销、分类施策等经营行为,为企业或组织的运营提供更大的数据支持。另一方面,被采集者为了自身的安全,不便提供更多的个人信息,但为了获得更多的服务又不得不牺牲部分隐私信息。

大数据采集的方式除用户主动提供属于“明显知情”的情况以外,还包括一些“不知情”或“不完全知情”的采集方式,比如网站浏览内容、停留时间、移动设备定位和游览路径等;再比如一些 App 在提供服务时默认用户接受其提供的隐私保护条款。2017 年,用户在支付宝 App 中查阅本人年度账单时被默认勾选“我同意《芝麻服务协议》”,这件事引起较大反响,蚂蚁金服公司最终也公开道歉。

总之,在大数据采集阶段,对于个人隐私采集使用与保护,目前普遍存在着一些较大偏差甚至模糊的认识,需要相关的法律法规来制定相应的规范和标准,同时进行个人隐私数据采集的企业和组织也应加强行业自律。

3.1.2　数据存储阶段

尽管数据生成者和采集者为个体隐私保护做了大量的准备,但隐私泄露还是会发生。大数据的价值在于通过技术手段挖掘分析庞大数据集之间的关联性。存储阶段的数据保护主要是指对数据存储和管理的保护。保证数据存储过程中个人信息的安全是一切大数据应用的根本。存储阶段的数据保护包括保证数据的机密性、完整性和可用性,主要从数据的加密和访问控制两方面来实现。

存储阶段最重要的技术手段是数据加密保护。虽然数据加密技术历史悠久,但它仍是保护敏感信息最有效的方法。数据加密的作用是防止入侵者窃取或者篡改重要数据。按照密钥的算法,数据加密可分为对称加密算法和非对称加密算法。对称加密算法是指在加密和解密时使用相同的密钥,主要用于保证数据的机密性。其中,有代表性的算法是 20 世纪 70 年代的 DES(data encryption standard)算法。非对称加密算法又称公开密钥算法,其加密和解密使用的是不同的密钥,相对独立。该算法主要用于数字签名、身份认证等信息交换应用领域。非对称加密算法中较著名、应用较广泛的代表是 RSA 公开密钥密码体制(Rivest-Shamir-Adleman,RSA),此外还有数字签名算法(digital signature algorithm,DSA)、Elgamal、背包算法、Rabin、椭圆曲线加密算法等。

除加密技术外,存储阶段的数据保护技术还有数据库的个人隐私保护技术、云存储环境下的隐私保护技术。目前,针对数据加密和访问控制的研究已经比较成熟,保证数据库安全主要从物理安全、操作系统安全、数据库管理系统安全和数据库加密四个层面考虑[6-7]。然而,前三个层面往往还不足以保证数据的机密性,数据库加密能够使敏感信息以密文的形式存在从而受到保护,因此在保护数据库敏感数据时,应采取数据加密和访问控制的双重机制。

在大数据时代,虽然 MapReduce 技术广泛应用于相关的数据分析,已成为数据库的有力竞争者,但是 MapReduce 不能完全替代数据库,它们之间可以相互学习,并且走向集成,形成新的数据分析生态系统。

近年来,云计算以一种更实惠且更方便使用的方式加入数据存储、管理、共享以及分析领域。以部署和服务对象的范围为依据,我们可以把云计算分为公有云、私有云以及混合云;而从提供服务层次上可以分为基础架构即服务(infrastructure as a service,IaaS)、平台即服务(platform as a service,PaaS)、软件即服务(software as a service,SaaS)。作为大数据的基础存储平台,云存储的每种分类都有很多种隐私保护方法和技术,但是隐私泄露事件仍然时有发生,尤其是储存在公有云上的数据[8-10]。因此,研究者提出应该把隐私保护贯穿于云计算设计的每个阶段,并且制定比较细粒度的访问控制策略。

3.1.3　数据发布阶段

在个人隐私保护框架中,数据发布阶段的隐私保护尤为重要。如何在数据发布过程中,既能最大限度地提高发布效率,又能保证个人隐私信息不被泄露,不仅是数据发布者要考虑的重要问题,也是隐私保护研究领域的热点问题。

企业、组织和政府部门通过各种途径收集个人的相关信息进行分析,从而进行更高效的决策。在利益的驱动下,各企业和组织之间需要共享一些数据,在这些共享和发布的数据中不乏重要的个人信息,如果发布者没有考虑隐私问题或者未采取有效的隐私保护措施,就会对个人造成隐私泄露的困扰,给企业带来名誉和经济上的损失。

传统的数据库处理技术是在有数据需求的情况下才发布数据;而在大数据时代,数据在没有需求的情况下也会发送给授权的主体。前者被称为“拉(pull)”策略,后者被称为“推(push)”策略。因此,相关机构在大数据发布时不仅要有正确的发布策略,还要有合理的方法支持其发布给第三方的信息架构,在保证发布数据可用性的同时,也要保护好个人的隐私信息。目前,常用的大数据发布隐私保护方法有匿名化的个人隐私保护、数据访问控制隐私保护和差分隐私保护等[11-12]。

个人隐私保护是一个复杂的社会问题,除需要合理、有效的技术保护手段外,还需要结合我国的具体国情制定相关政策法规,在行业间形成规范和契约等来加以约束,以确保个人免遭隐私泄露造成的人身安全威胁以及财产损失。

3.2　数据存储隐私保护技术

存储过程中的数据保护主要指对数据的存储和管理过程的保护。数据存储和管理的安全是其他一切数据应用的根本。数据存储安全一般包括数据的机密性、完整性和可用性。本节内容将从数据的加密和访问控制两个方面阐述隐私数据存储的相关研究。

3.2.1　数据加密技术

数据加密技术(data encryption)有着悠久的历史,目前它仍是计算机系统保护敏感信息的一种可靠方法,其作用是防止入侵者获取或者篡改重要敏感数据。数据加密技术是指将一个明文信息(plain text)经过加密钥匙(encryption key)及加密函数转换,变成无意义的密文(cipher text),而接收方则将此密文经过解密函数、解密钥匙(decryption key)还原成明文。数据加密技术是网络安全技术的基石。按照加密的密钥算法,数据加密可分为对称加密算法和非对称加密算法[13]。

3.2.1.1 对称加密算法

对称加密算法应用较早,技术成熟。在对称加密算法中,数据发信方将明文(原始数据)和加密密钥一起进行特殊加密算法处理后,使其变成复杂的加密密文发送出去。收信方在收到密文后若想解读原文,则需要使用加密用过的密钥及相同算法的逆算法对密文进行解密,才能使其恢复成可读明文。在对称加密算法中,使用的密钥只有一个,发收信双方都使用这个密钥对数据进行加密和解密,这就要求解密方事先必须知道加密密钥。

最具有代表性的对称加密算法是 20 世纪 70 年代 IBM 公司提出的 DES(data encryption standard)算法。此后,相继出现许多改进算法,包括 3DES(triple DES)、RDES(randomized DES)、DEA(international data encryption algorithm)、GDES(generalized DES)、NewDES、Blowfish、FEAL 以及 RC5 等。2001 年,美国国家标准与技术研究院发布高级加密标准(advanced encryption standard,AES)取代了 DES,成为对称密钥加密中最流行的算法之一。

对称加密算法的优点是算法公开、计算量小、加密速度快、加密效率高,是目前用于信息加密的主要算法。对称加密算法的缺点:①交易双方都使用相同密钥,安全性难以保证;②密钥管理给用户带来负担,使用成本较高。由于每对用户每次使用对称加密算法时都需要使用其他人不知道的唯一密钥,这会使得收发双方所拥有的密钥数量呈几何级数增长,所以该算法仅适用于对数据进行加解密处理,提供数据的机密性,它不适用于分布式网络系统。

对称加密算法的常见应用模式有电子密码本模式(electronic code book,ECB)、密码分组链接模式(cipher block chaining,CBC)、加密反馈模式(cipher feedback mode,CFB)、输出反馈模式(output feedback mode,OFB)、计算器模式(counter Mode,CTR)等。表 3-1 对比了这 5 种应用模式的优缺点。

表 3-1　对称加密算法的常见应用模式

模式	优点	缺点
电子密码本模式（electronic code book，ECB）	(1)简单； (2)快速； (3)支持并行计算(加密、解密)	(1)明文中的重复排列会反映在密文中； (2)通过删除、替换密文分组可以对明文进行操作； (3)在对包含某些比特错误的密文进行解密时,对应的分组会出错； (4)不能抵御重放攻击
密码分组链接模式（cipher block chaining，CBC）	(1)明文的重复排列不会反映在密文中； (2)支持并行计算(仅解密)； (3)能够解密任意密文分组	(1)在对包含某些比特错误的密文进行解密时,第一个分组的全部比特以及后一个分组的相应比特会出错； (2)加密不支持并行计算
加密反馈模式（cipher feedback mode，CFB）	(1)支持并行计算(仅解密)； (2)能够解密任意密文分组	(1)加密不支持并行计算； (2)在对包含某些比特错误的密文进行解密时,第一个分组的全部比特以及后一个分组的相应比特会出错； (3)不能抵御重放攻击
输出反馈模式（output feedback mode，OFB）	(1)可事先进行加密、解密的准备； (2)加密、解密使用相同结构； (3)在对包含某些错误比特的密文进行解密时,只有明文中相应的比特会出错	(1)不支持并行运算； (2)在主动攻击这反转密文分组中的某些比特时,明文分组中相对应的比特也会被反转
计算器模式（counter mode，CTR）	(1)可事先进行加密、解密的准备； (2)加密、解密使用相同的结构； (3)在对包含某些错误比特的密文进行解密时,只有明文中相对应的比特会出错； (4)支持并行计算(加密、解密)	在主动攻击者反转密文分组中的某些比特时,明文分组中对应的比特也会被反转

图 3-2 以计算器模式为例,展示其加密过程。

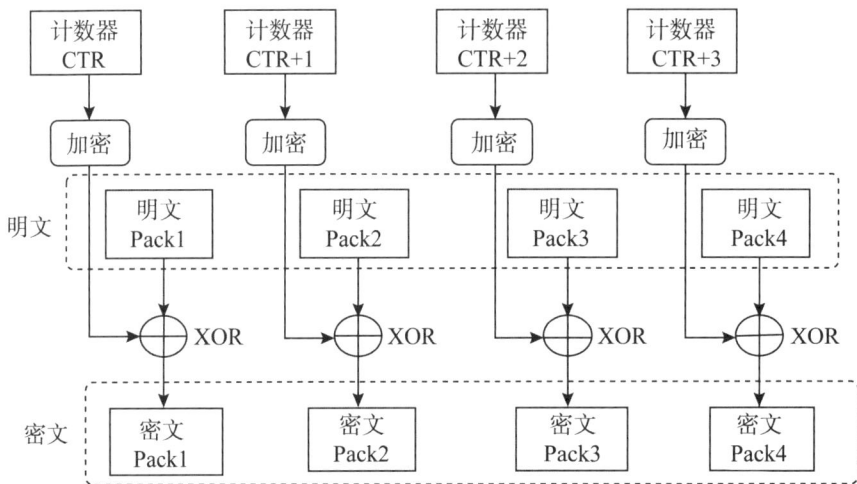

图 3-2　计算器模式的加密过程

3.2.1.2　非对称加密算法

非对称加密算法也称公开密钥算法,其加密和解密是相对独立的,使用不同的密钥。它主要用于数字签名、身份认证等信息交换领域。在公钥密码体制的算法中,RSA 最为知名且应用广泛,除此之外还有 DSA、背包算法、McEliece 算法、Diffe_Hellman、Rabin、零知识证明、椭圆曲线、Elgamal 算法等。

非对称加密算法需要两个不同的密钥,即公钥(publickey)和私钥(privatekey)。公钥与私钥是一对,如果用公钥对数据进行加密,只有用对应的私钥才能解密,加密和解密使用的是两个不同的密钥。这也正是非对称加密算法名称的由来。非对称加密算法实现机密信息交换的基本过程是:甲方生成一对密钥并将公钥公开,需要向甲方发送信息的其他角色(乙方)使用该密钥(甲方的公钥)对机密信息进行加密后再发送给甲方;甲方再用自己的私钥对加密后的信息进行解密。同理,甲方想要回复乙方时,可以使用乙方的公钥对数据进行加密,乙方则使用自己的私钥来进行解密。非对称加密算法的加密和解密过程如图 3-3 所示。

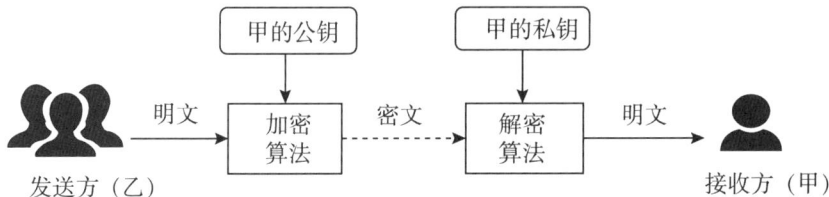

图 3-3　非对称加密算法的加密和解密过程

在数字签名应用中,甲方可以使用自己的私钥对机密信息进行签名后再发送给乙方,乙方再用甲方的公钥对甲方发送回来的数据进行验签。甲方只能用其私钥来解密由其公钥加密后的信息。非对称加密算法的保密性较好,它消除了最终用户交换密钥的需要。

非对称加密算法的优点是解决了密钥的管理问题,适应于网络的开放性要求,可方便地实现数字签名和验证,其缺点是算法复杂、加密数据的速度和效率较低。

3.2.1.3　两种算法的区别

对称加密算法和非对称加密算法的区别主要表现在两方面:一是用于消息解密的密钥值与用于消息加密的密钥值不同;二是与对称加密算法相比,非对称加密算法的复杂度更高,安全性也更高。我们用例子来说明这种优势。

小明采用对称加密算法使用密钥 K 加密消息并将其发送给李华,李华收到加密消息后,使用密钥 K 对其进行解密以恢复原始消息。这个过程中存在一个很严重的问题,即小明如何将用于加密消息的密钥发送给李华?

在具体应用中,小明在发送密钥给李华时必须通过独立的安全信息通道。这种使用独立安全信息通道来交换对称加密算法密钥的做法会带来更多的问题。首先,独立安全信道的带宽有限,不能直接用于发送原始消息。其次,小明和李华不能确定他们的密钥值可以保持多久而不被泄露,以及何时交换新的密钥。

当然,这些问题不只小明会遇到,李华和其他每个人都会遇到。他们都需要交换密钥并处理这些密钥的管理问题。为此,美国国家标准金融机构密钥管理(大规模)——ANSI X9.17-1985 规范了这个操作。如果小明要给大量的人发送消息,那么事情将更麻烦,他必须使用不同的密钥值来加密每条消息。例如,要给 100 个人发送通知,小明就需要给每个接收方加密一次消息,也就是要加密 100 次。显然,在这种情况下,使用对称加密算法来进行安全通信的工作量相当大。

非对称加密算法的主要优势就是只使用两个密钥。这两个密钥值在同一个过程中生成,称为密钥对,即公钥和私钥。用公钥加密的数据只能用与之对应的私钥来解密。私钥除持有者外无人知晓,而公钥却可通过非安全通道来发布。假如小明需要通过电子邮件给李华发送一个机密文件。首先,李华需要使用电子邮件将自己的公钥发送给小明,然后小明用李华的公钥对文件进行加密并通过电子邮件将加密消息发送给李华。由于任何用李华的公钥加密的消息都只能用李华的私钥来解密,因此即使监听者知道李华的公钥,也无法解密机密文件,文件也仍然是安全的。李华在收到加密文件后,可以用自己的私钥进行解密从而恢复原始文件。

数据加密技术能保证最终数据的安全性和准确性,但算法开销大,加密并不能防止数据外流,因此加密自身不能完全解决数据隐私保护的问题。大数据时代,数据加密算法作为隐私保护的一项关键技术,对已有算法的完善仍是目前研究的重点。新的加密算法也会随着新技术的出现得以发展。

3.2.2　数据库服务的隐私保护

当前,数据库仍然是信息系统的主体,如金融数据库存储的个人财务信息,医疗数据库存储的个人医疗历史信息,文旅数据库存储的游客出行、位置、消费信息等。数据库信息不但面临入侵者的威胁,而且也面临内部人员的威胁,主要包括未授权的数据查看、数据修改以及数据的不可用性。

3.2.2.1　数据库服务

当前,随着通信技术和网络技术的日益成熟,数据库服务越来越常见。为了降低管理成本和聘请专业管理人员的费用,越来越多的企业更愿意寻求一种能够提供基本硬件设施以外的数据管理服务,如提供容量计划、数据库管理系统、访问控制管理等,以减少企业自身维护、管理数据带来的开销。数据库服务(database as a service,DaaS),也称作数据库外包,是指数据拥有者将自身的数据库创建、访问、维护、升级和管理等任务委托给专门的第三方来管理。这个第三方被称为数据库服务提供者。数据库服务的框架结构如图 3-4 所示。

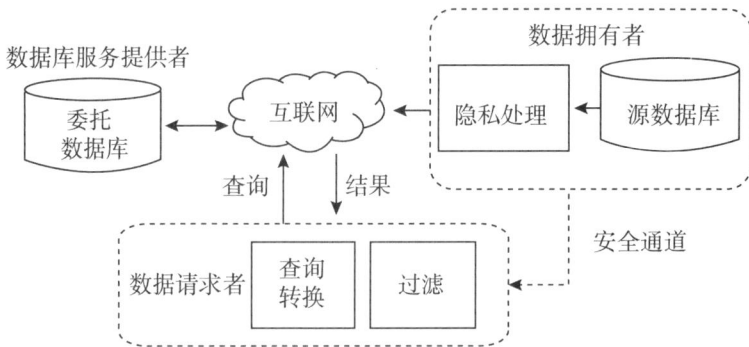

图 3-4　数据库服务的框架

在数据库服务框架中,有 3 个角色和 3 种数据。3 个角色分别是数据库服务提供者(DaaS provider,DSP)、数据拥有者(data owner,DO)和数据请求者(data requestor,Dreq);3 种数据是数据源、查询及结果和密钥信息[14-17]。

数据库服务提供者是指专业提供数据库服务的企业,负责维护客户委托管理的数据库,并能进行数据库的复制、备份等管理任务。有时,数据库服务提供者只是数据服务的提供者,并不能够保证数据的机密信息不被泄露,它甚至也有可能是数据库的攻击者。因此,为了防止数据库服务提供者在未获得授权的情况下访问委托数据库中的数据,数据库服务提供者从数据拥有者处接收的是经过用户隐私数据处理模块处理过的数据。数据库服务提供者可以根据数据拥有者提供的索引信息有效地响应数据请求者的查询,但是不能查看查询结果。

数据拥有者是指拥有数据库所有权的企业,它是数据的生产者和所有者。数据拥有者通常将经过处理模块处理后的数据,以保护用户隐私的方式委托给数据库服务提供者。为了提高对委托数据库的查询效率,数据拥有者需要提供一些辅助手段,如针对某些字段建立保护隐私的索引或采用保护隐私的访问控制授权等,以增强委托数据库的可用性。

数据请求者是一种查询转换器,它通过查询转换将用户的查询需求转换成数据库服务器可识别的查询,并将服务器返回的查询结果经过过滤处理,以实现保护用户隐私的目的。

框架图中涉及的 3 种数据传送操作是:数据拥有者与数据库服务提供者之间的数据库数据传送,数据请求者与数据库服务提供者之间的查询和结果传递,数据拥有者与数据请求者之间的密钥分发和验证传送。数据拥有者与数据请求者之间的密钥分发和验证传送主要是为了使数据请求者能够验证数据库服务提供者能正确并且完备地返回数据拥有者希望返回的数据。数据拥有者需要将验证的密钥或验证结构以安全的方式传送给数据请求者。

3.2.2.2 数据库服务中的隐私安全

数据库服务是一种基于互联网分布式的数据服务。不同于本地数据库的管理模式,它的隐私安全保护难度更高也更复杂。为了保证数据安全,并有效保护隐私,数据库服务框架中的每个部分都可能需要采用相应的手段来保证数据的机密性、完整性、完备性以及查询隐私保护[18-19]。

数据的机密性由框架图中的隐私数据处理模块实现。在委托给数据库服务提供者之前,数据拥有者需要对委托的数据进行隐私保护处理。经过处理的数据可以保证数据库的内容在没有授权的情况下不能被访问,即使是数据库服务提供者本身也不能访问,或者即使可以访问也无法得知确切的数据。隐私数据处理模块采用的可以是加密技术等。数据库服务提供的数据机密性保护主要包括两层含义:一是保护数据不被不可信的数据库服务提供者访问;二是保护数据不被未经授权的数据请求者访问。

数据的完整性也由框架图中的隐私数据处理模块实现。数据拥有者需要提供额外的机制来保证数据库服务提供者返回数据请求者的查询结果是完整的,并且没有被篡改。数据的完整性也存在两层含义:一是真实性(authenticity),即数据来源是真实取自数据拥有者的数据;二是完整性(integrity),即通常意义上的完整性,指数据未被未授权方修改。

数据的完备性由数据库服务提供者和数据拥有者共同实现。数据拥有者需要提供验证结构等额外机制来保证数据库服务提供者返回的查询结果是完备的,即查询在整个数据库上正确执行,并返回所有满足查询条件的数据记录。数据库服务提供者不能随意向委托数据库中增加或者删除记录。

查询隐私保护也称作隐私信息检索。根据数据库服务框架,数据库服务提供者无权查看数据请求者的查询结果,即数据请求者不想把他们的查询泄露给数据库服务提供者。为此,数据请求者需要在服务框架中增加查询转换和结果过滤模块,以保证在数据拥有者把数据委托给数据库服务提供者后,保护自己的查询意图,从而使数据库服务提供者不能分析数据请求者的查询目的和行为模式。

目前,数据库服务的安全与隐私保护问题是在数据库服务实际应用之前必须解决的问题。

3.2.3 云存储环境中的隐私保护

云计算不仅是信息时代继计算机、互联网后的又一种新产物,也是信息时代的一个大飞跃。由于云计算具有虚拟性、可扩展性、高性价比、高灵活性和高可靠性等特征,所以越来越多的企业和个人把数据存储在云端。云存储既节约了软硬件成本,又减轻了本地存储和维护的负担,而且能不受地理位置限制地随意访问。然而,数据的云存储可能会使数据的生产者和拥有者失去对数据的完全控制,这一风险也给云存储信息安全带来巨大的挑战。

3.2.3.1 云存储及其面临的隐私风险

造成云存储环境下数据安全和隐私泄露风险的主要原因是个人数据并非以一种完全加密的形式存储在云服务器中,因而面临着入侵者甚至内部人员对数据的威胁,从而产生个人隐私泄露的风险。

当前,云存储环境下的隐私泄露风险主要表现在以下几个方面:①云存储服务提供商没有完善的审计和监测技术,不能及时监测到所有入侵和违规操作;②云存储服务提供商可以记录用户的服务请求,并且推断用户的隐私信息;③数据存储管理员的错误操作可能导致用户隐私数据丢失;④内部员工或恶意用户为了经济利益窃取数据;⑤数据被其他有相同服务且没有被授权的用户访问等。

云数据从收集到销毁一般要经历产生、传输、使用、共享、存储、存档和销毁7个阶段,整个过程被称为云数据生态圈。在这个过程中的任何一个阶段,数据都存在安全问题和隐私泄露风险。至今,已经有许多关于云存储过程中隐私保护策略的研究:①针对云数据的产生阶段,Roy 等[20]基于分散信息流控制和差分隐私保护技术提出一个隐私保护系统 Airavat,该系统在 MapReduce 计算过程中可以阻止未经许可的隐私泄露。②针对云数据的传输和处理阶段,Mowbray 等[21]提出基于模糊处理的隐私管家来增强隐私保护。隐私管家把用户的隐私数据以加密的形式发送到云端,且处理时也是加密的数据,通过消除模糊处理来显示正确的结果。该方法不仅减少云数据被窃取的风险,也防止了未授权使用的现象。③针对云数据的使用阶段,Zhang 等[22]提出一种被称作 HPNGS 的噪声产生策略。该策略依据用户需求历史发生的概率产生需求噪声,使得所有噪声需求和真实需求达到相同的发生概率,这样服务提供商很难辨别哪个是用户的真实需求,从而达到保护用户隐私的目的。④针对云数据的存储和存档等阶段,Wang 等[23]提出云存储的隐私保护公共审计,在云上存储数据的用户或企业可以求助于第三方审计来检测数据的安全性。公共审计对用户数据的隐私不会增加新的威胁,已被证明是安全、高效的。

3.2.3.2　常用的数据隐私保护技术

目前,云计算中常用的数据隐私保护技术有两种:一是基于属性的访问控制技术,二是可检索加密技术。

(1)基于属性的访问控制技术

为了解决云计算环境下数据所有者将数据交给不可信的云服务来存储和管理时,用户隐私数据被泄露的问题,Sahai 等[24]在基于身份加密(identity-based encryption,IBE)技术的基础上,于 2005 年提出了基于属性的加密(attribute-based encryption,ABE)机制。ABE 机制是根据访问策略来制定访问结构,即用户所提交的属性集必须满足密文或密钥的访问策略才能对加密数据进行正确解密,得到所需明文。

如图 3-5 所示,数据拥有者首先基于属性的加密机制对原始数据(文件属性)进行加密,并将加密数据上传至云端。当用户提出访问数据要求时,云服务器将访问控制策略和对应的加密数据返回给用户,只有在用户持有数据拥有者签发的属性密钥和数据所对应的访问控制策略匹配成功时,用户才能成功对数据进行解密。根据访问策略结构的不同,基于属性的加密机制可分为基于密钥策略和基于密文策略两种。

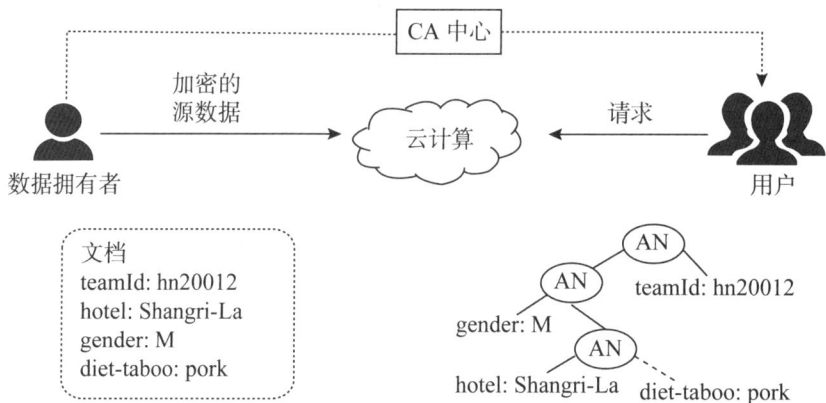

图 3-5　基于属性的加密机制

（2）可检索加密技术

在云存储环境中，为了确保存储数据中隐私的机密性，数据拥有者应先将敏感数据进行加密处理，再上传到云端存储。这样即使攻击者窃取了数据也无法解密，从而有效保护隐私数据。然而，加密技术虽然保证了数据的机密性，但也带来了数据可用性差的问题，给数据的查询带来困难。为了解决在云计算环境下加密数据的可用性问题，即提高查询效率等问题，Mittal 等[25]首次提出了可检索加密技术（searchable encryption，SE）。可检索加密技术使用户能够在密文上实现基于关键词的搜索，而不会向云服务器泄露用户的任何隐私数据，同时实现了隐私数据保护和数据的可用性。该方法是指数据拥有者首先将文件加密后上传至云服务器端存储，用户在通过网络进行检索时根据检索使用的关键词生成检索陷门（Trapdoor），云服务器根据用户所提交文件的索引表和陷门进行检索，并返回包含陷门关键词的密文文件，最后用户使用解密密钥对云服务器返回的密文进行解密（如图 3-6）。用户如果没有关键词陷门和解密密钥，就无法生成被服务器认可的检索请求。该方案在保护用户查询关键词的同时，也验证了检索用户的合法性。

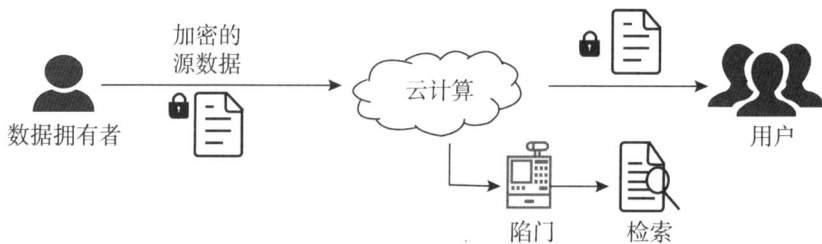

图 3-6　可检索加密技术工作原理

可检索加密技术不仅保护了云用户的隐私,而且借助了云计算强大的计算能力有效提高了检索效率。

3.3　数据发布隐私保护技术

数据发布是数据管理、挖掘、共享及应用中的重要环节。大数据处理过程是从大量的、无序的和多类的数据中挖掘和抽取潜在的、有价值的数据的过程。数据处理效果的好坏取决于数据本身的质量和处理技术是否合理。信息共享是指多个数据拥有者按照协议或规则进行数据交换,或面向公众公开发布。

在现实生活中,有很多组织、机构和企业需要对外发布相关数据。如上市公司定期发布财务报表,医疗机构定期发布医疗统计数据,旅游监管部门或研究机构每年发布国庆节等黄金周的旅游统计数据等。近年来,随着信息技术,特别是云计算、移动互联网技术的快速发展,数据的收集、处理和发布变得越来越方便,与此同时,也给个人隐私带来了威胁。例如,Sweeny[26]把美国选民信息中的邮政编码、性别、出生日期等字段与隐匿了个人标识的医疗信息表进行连接对比,发现超过 87％的公民身份可以被唯一标识。因此,在数据发布时如何有效防止个人隐私信息的泄露是大数据应用过程中的研究热点。

作为新兴的研究热点,数据发布中的隐私保护技术一直受到学术界和业界的关注。既往研究主要出现了数据加密、数据匿名、数据扰乱等隐私保护发布技术[27-29]。数据加密发布技术通过加密隐藏敏感信息的方式保护隐私,它虽然能有效保证数据的准确性和安全性,但计算开销大,较少应用于当前大数据发布的隐私保护。数据匿名发布技术是从 k-anonymity 模型发展而来的隐私保护技术,主要包括 l-diversity 和 t-closeness 模型,由于它能保证所发布数据的真实性和安全性而受到学术界的广泛关注和研究。数据扰乱发布技术是一种数据失真技术,主要通过添加噪声对发布的数据进行随机扰动使敏感数据失真,同时在统计意义上攻击者无论有何种背景知识也无法识别一条记录是否在原始数据表中,保证数据的统计不变性,以便继续对其进行统计分析操作。数据扰乱发布技术主要包括直方图发布技术、划分发布技术和采样发布技术,如图 3-7 所示。

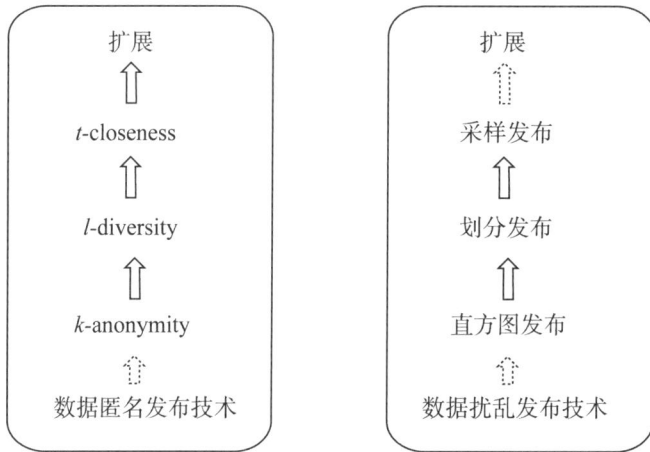

图 3-7　数据发布隐私保护技术

3.3.1　基于匿名模型的隐私保护数据发布技术

数据匿名发布技术是在 21 世纪初就开始出现的一种隐私保护技术,其中 k-anonymity 模型是最早提出的一种方法,在其基础上,相继出现了 l-diversity 模型、t-closeness 模型等隐私保护方法。目前,这些方法已经被应用在诸多领域,并且取得了不错的效果。本节分别介绍这三种方法。

3.3.1.1　匿名技术的相关背景知识

在以二维关系数据表为例介绍上述三种具体方法之前,我们有必要先了解二维表的基本概念。在关系数据库中,表是由行元组和列属性组成的一系列数据元素的集合,行元组往往可以表示某个人的记录信息,列属性则表示某个人的特征信息。按照特征信息是否为敏感属性,在数据发布前的表中,首先对用户数据类型进行分类。①标识符(identifier,ID)的属性是能唯一确定一条用户记录,在数据发布之前必须隐藏或删除。②准标识符(quasi-identifier,QI)是指不能唯一确定一条用户记录,但能够以较高的概率结合一定的外部信息确定一条用户记录;也可理解为单列并不能定位个人,但是多列信息可用来潜在地识别某个人。如前面所述的由邮政编码、性别、出生日期构成的属性集合就是准标识符。③敏感属性(sensitive attributes,SA),是表中需要保护的个人信息列,它一般无法唯一确定一条用户记录,如游客数据中的收入、疾病情况、护照信息等。④非敏感属性(non-sensitive attributes,NSA),是不属于以上三类的其他属性,一般指可以直接发布的信息。

隐私数据泄露可以分为多种类型。对不同的类型,可以采用不同的隐私数据泄露风险模型来衡量风险程度,以及对应不同的数据脱敏算法对数据进行脱敏。一般来说,隐私数据泄露类型包括以下三种。①个人标识泄露:指数据使用人员通过任何方式确认数据表中某条数据属于某个人。个人标识泄露最为严重,因为一旦发生泄露,数据使用人员就可以借此得到具体个人的敏感信息。②属性泄露:数据使用人员根据其访问的数据表了解到某个人新的属性信息。个人标识泄露肯定会导致属性泄露,但属性泄露也有可能单独发生。③成员关系泄露:数据使用人员可以确认某个人的数据存在于数据表中。成员关系泄露相对风险较小,个人标识泄露与属性泄露肯定意味着成员关系泄露,但成员关系泄露也有可能单独发生。

3.3.1.2　*k*-anonymity 模型

k-anonymity 模型是为解决链接攻击所导致的隐私泄露问题而提出的,它要求发布的数据中存在一定数量(至少为 k)的在准标识符上不可区分的记录,是一种衡量数据发布安全性的标准。k-anonymity 通过概括(对数据进行更加概括、抽象的描述)和隐匿(不发布某些数据项)技术,发布精度较低的数据,使得每条记录至少与数据表中其他 k-1 条记录具有完全相同的准标识符属性值,从而减少链接攻击所导致的隐私泄露[30-32]。

用 $T(Q_1, Q_2, \cdots, Q_d; S_1, S_2, \cdots, S_m)$ 来表达一张待发布的数据表,简称为 $T(d)$,其中 d 是准标识符的个数,而 m 是敏感属性的个数。k-anonymity 机制要求表中的每一条记录都至少与表中的 k-1 条记录的准标识符一致。令 $\pi_{QI}(T)$ 是表 $T(d)$ 在属性集合上的投影,表 $T(d)$ 在属性集下满足 k-anonymity,当且仅当 $\pi_{QI}(T)$ 中的任意一条记录都至少重复出现 k 次。在 π 运算符下,有相同准标识符的所有记录组成一个匿名组。对于一个给定的 k,每一个这样的匿名组都是一个 k-anonymity 组或者叫做一个等价类。

为了达到 k-anonymity 的安全要求,在发布数据时,最常用的匿名化技术是泛化和抑制。泛化是指对数据进行更抽象、更概括的描述;而抑制则是指发布时隐藏某些数据项。

假设表 3-2 是一张原始游客资料表的部分字段信息。

隐私数据脱敏的第一步是对所有可标识列进行移除或脱敏,使得攻击者无法直接标识用户。但是攻击者还是有可能通过多个准标识列的属性值识别特定个人。此外,攻击者还可能通过某个包含个人信息的开放数据库获得特定个人的准标识列的属性值,并与大数据平台数据进行匹配,从而得到特定个人的敏感信息。

表 3-2　某旅游团游客资料表

序号	姓名	性别	年龄	邮政编码	餐饮忌讳	疾病史
1	赵甲	男	21	310001	忌辛辣	心脏病
2	钱乙	男	22	310202	忌猪肉	心脏病
3	孙丙	女	28	310003	无	心脏病
4	李丁	男	30	324006	无	骨折
5	周戊	男	35	324010	忌辛辣	无
6	吴己	男	36	324002	无	心脏病
7	郑庚	女	40	313001	素食者	高血压
8	王辛	女	42	313003	无	高血压
9	冯壬	男	47	313005	忌猪肉	高血压

　　为了避免这种情况的发生,隐私数据脱敏通常还需要对准标识列进行脱敏处理,如可通过数据泛化技术,将准标识列数据替换为语义一致但更为通用的数据。以上述游客资料数据为例,数据泛化技术对邮编和年龄字段进行泛化,得到如表 3-3 所示的结果。

表 3-3　数据泛化后的游客资料

性别	年龄	邮政编码	餐饮忌讳	疾病史
男	20～30	310＊＊＊	忌辛辣	心脏病
男	20～30	310＊＊＊	忌猪肉	心脏病
女	20～30	310＊＊＊	无忌讳	心脏病
男	30～40	3240＊＊	无忌讳	骨折
男	30～40	3240＊＊	忌辛辣	无
男	30～40	3240＊＊	无忌讳	心脏病
女	≥40	313＊＊＊	素食者	高血压
女	≥40	313＊＊＊	无忌讳	高血压
男	≥40	313＊＊＊	忌猪肉	高血压

　　经过泛化后,有多条记录的准标识列属性值相同,所有准标识列属性值相同的行的集合被称为相等集。k-anonymity 要求,对于任意一行记录,其所属的相等集内记录数量不小于 k,即至少有 k-1 条记录准标识列属性值与该条记录相同。

　　k-anonymity 就是每个等价组（相等集）中的记录个数为 k 个，即针对大数据的攻击者在进行链接攻击时，对任意一条记录的攻击会同时关联到等价组中的其他 k-1 条记录。这种特性使得攻击者无法确定与特定用户相关的记录，从而保护了单个用户的隐私。

　　k-anonymity 技术能保证以下三点：①攻击者无法知道某个人是否在公开的数据中；②给定一个人，攻击者无法确认他是否有某项敏感属性；③攻击者无法确认某条数据具体对应的是哪个人（这一点有一前提，就是假设攻击者除准标识符信息之外对其他数据一无所知，但当所有游客的餐饮忌讳都是素食时，k-anonymity就起不到隐私保护作用）。

　　当然，k-anonymity 模型也存在着一些攻击方式。①同质化攻击：某个 k-anonymity 组内对应的敏感属性值也完全相同，这使得攻击者可以轻易获取想要的信息。②背景知识攻击：即使 k-anonymity 组内的敏感属性值并不相同，攻击者也有可能依据其已有的背景知识高概率获取其隐私信息。③未排序匹配攻击：当公开的数据记录与原始记录的顺序一样时，攻击者可以猜出匿名化的记录属于谁。例如攻击者知道在数据中郑庚是排在王辛之前，那么他就可以确认郑庚具有特定的疾病史。解决方法也很简单，在数据公开之前先打乱原始数据的顺序就可以避免这类攻击。④补充数据攻击：假如公开的数据有多种类型，如果它们的 k-anonymity 方法不同，那么攻击者可以通过关联多种数据推测用户信息。

3.3.1.3　l-diversity 模型

　　为了克服 k-anonymity 模型在面对同质攻击和背景知识攻击等情况而造成隐私信息泄露的缺陷，Machanavajhala 等[33] 于 2006 年提出了一个基于 k-anonymity 模型的增强模型——l-diversity 模型。l-diversity 要求发布数据中每个等价类中至少含有 l 种不同的敏感属性值，这样攻击者能推断出某一记录隐私资料的概率就低于 $1/l$。如表 3-4 中每个等价类都含有 3 个不同的敏感属性值，因此也是满足 3-diversity形式的。特别地，当 l 值为 1 时，l-diversity 模型等价于k-anonymity模型，因此数据发布者一般会采用较高的 l 值来避免隐私泄露。为了实现l-diversity，我们应该增加敏感属性的粒度或者增加噪音。与k-anonymity相似，l-diversity 模型也通过降低数据的效用来保护隐私。

表 3-4　一种 3-diversity 形式

性别	年龄	邮政编码	餐饮忌讳	疾病史
男	20～30	310＊＊＊	忌辛辣	骨折
男	20～30	310＊＊＊	忌猪肉	心脏病
女	20～30	310＊＊＊	无忌讳	高血压
男	30～40	3240＊＊	无忌讳	高血压
男	30～40	3240＊＊	忌辛辣	无
男	30～40	3240＊＊	无忌讳	心脏病
女	≥40	313＊＊＊	素食者	高血压
女	≥40	313＊＊＊	无忌讳	心脏病
男	≥40	313＊＊＊	忌猪肉	骨折

另外，l-diversity 还有以下两种形式。

（1）基于熵的 l-diversity 模型

在同一个等价类中，敏感数据分布的熵至少是 $\log(l)$，即敏感属性值的信息熵 $\mathrm{Entropy}(E) \geq \log(l)$，其中熵定义为：

$$\mathrm{Entropy}(E) = -\sum_{s \in S} p(Q,s) \times \log(p(Q,s)) \qquad （公式 3-1）$$

由该公式可以看出，Q 中的敏感属性值分布越均匀，熵值就越大，攻击者通过同质攻击或背景知识攻击获取记录中敏感属性值的概率就越低。

（2）递归 (c,l)-diversity

如果每个等价类 E 都满足以下公式，我们称发布数据表满足递归 (c,l)-diversity：

$$r_i < c(r_1 + r_2 + \cdots + r_m) \qquad （公式 3-2）$$

其中，r_i 表示第 i 频繁的敏感属性值的个数，c 是数据发布者给定的一个常量。递归 (c,l)-diversity 通过设定 c 值来保证每个等价类中不同敏感属性值的出现频度不会过于偏斜。所以递归 (c,l)-diversity 模型在数据安全性上要优于基于熵的 l-diversity 模型。

与 k-anonymity 一样，l-diversity 模型试图解决可能发生的属性泄露问题，虽然较 k-anonymity 有了很大的改进，但仍然有以下几点不足：①原始数据很难达到 l-diversity 模型的要求，实现难度大。假设原始表仅有一个敏感属性（例如是否有重大疾病史），且结果只有两个值（是、否）。如果有 10000 条记录，其中 9900 条记录的敏感属性值为"否"，只有 100 条记录的敏感属性值为"是"，为了达到2-diversity，至少要有 100 个等价类，信息损失很大。②l-diversity 不能有效阻止偏斜攻击(skewness attack)和相似性攻击(similarity attack)。偏斜攻击:在数据总体分布偏差较大时,即使满足 l-diversity 也不能阻止偏斜攻击。如果发布表中每个等价类中有重大疾病史的人数与没有重大疾病史的人数相等,发布表满足 2-diversity、熵2-diversity和递归(c,2)-diversity 的要求,但是如果攻击者能链接一个特定的游客到等价类中,断定这个游客有重大疾病史的概率为50%。相似性攻击:在等价类中的敏感属性值不同,但是语义上有相似性时,攻击者就能够获得很重要的信息。

3.3.1.4　*t*-closeness 模型

针对 l-diversity 存在的问题,综合敏感属性的分布,Li 等[34-35] 提出了 t-closeness 模型。该模型要求数据集中敏感属性在等价类内的分布与敏感属性值在匿名化表中总体分布的差异不超过 t,因此在等价类中敏感值的分布与整个数据集中的敏感值的分布相似。为度量等价类与匿名化数据表中敏感属性值的分布差异,陈晓宇等[35]引入了一种距离度量方式——EMD 距离(earth mover's distance,EMD)。该距离度量方式对数值型敏感属性值和类别型敏感属性值均定义了相应的计算方式,解决了隐私保护针对敏感属性值的偏斜性攻击和相似性攻击的问题。

如果敏感属性在一个等价类中的分布和该敏感属性在整个表中的分布之间的差异不超过某个阈值 t,则称该等价类满足 t-closeness。如果表中的所有等价类都满足 t-closeness,则称该表满足 t-closeness。

上述定义中提到的敏感属性值分布之间存在的差异指的是概率分布距离上的度量差异。目前,在 t-closeness 隐私保护方法中,最常使用的概率分布距离度量公式有 EMD、Hellinger 距离和 KL-散度等。

例:给定两个分布,$P=(p_1,p_2,\cdots,p_m)$,$Q=(q_1,q_2,\cdots,q_m)$,分别表示敏感属性在整个数据表中的分布(P)和敏感属性在等价类中的分布(Q)。$D[P,Q]$ 表示 P 与 Q 的差异距离。如果 $D[P,Q]<t$,则该等价类满足 t-closeness 模型。采用 EMD 度量距离的公式为:

$$D[P,Q]=\sum_{i=1}^{m}\frac{1}{2}\mid p_i-q_i\mid \qquad (公式\ 3\text{-}3)$$

针对 t-closeness 隐私保护方法中数据泛化机制带来的信息损失量较大的不足,陈晓宇等基于模糊理论提出一种模糊 t-closeness 隐私保护方法。在模糊聚类的基础上划分出符合 t-closeness 隐私保护要求的模糊等价类,对元素隶属度限幅求取平均值以获取元素模糊化的替代值,这样就能够提高数据的隐私保护强度。

3.3.2 基于差分隐私的隐私保护数据发布技术

上述基于匿名模型的隐私保护技术均需一定的背景知识和特殊的攻击假设,且不能对隐私保护强度进行量化分析,因此在实际应用中具有较大的局限性。为此,Dwork 等[36]于 2006 年提出了差分隐私保护模型。该模型可以有效地解决上述模型的局限性,其主要过程通过对发布数据进行随机扰动,使得在统计意义上攻击者无论具有何种背景知识,都无法识别一条记录是否在原数据表中。该模型的优点在于不关心攻击者所拥有的背景知识、不需要特殊的攻击假设,同时对隐私泄露风险给出了量化的分析。

当前,基于差分隐私保护模型的数据发布技术研究的核心问题是如何在满足差分隐私保护的前提下提高发布统计数据的可用性以及算法的效率[37]。近年来,国际上许多研究人员围绕这一核心问题做了一些有意义的研究工作,主要有直方图发布、采样发布和划分发布等方面的研究,并取得了一系列的研究成果。

3.3.2.1 ε-差分隐私保护模型

为了理解差分隐私保护模型的定义,下面先介绍相邻数据集的概念。

相邻数据集:若两个数据集 D_1 和 D_2 存在且仅存在一条记录不同,则称数据集 D_1 和 D_2 为相邻数据集。

表 3-5　数据集 D_1

姓名	年龄段
李丁	30～40
周戊	30～40
吴己	30～40
郑庚	30～40
王辛	30～40
冯壬	30～40

表 3-6　数据集 D_2

姓名	年龄段
李丁	30～40
周戊	30～40
吴己	30～40
郑庚	30～40
王辛	30～40

在以上两个数据集中,除 D_1 中的冯壬不在数据集 D_2 中以外,两个数据集的其他记录均相同。根据上述定义,D_1 和 D_2 为相邻数据集。可见,相邻数据集在数据内容上有很大的相似度。

ε-差分隐私:存在两个相邻数据集 D_1 和 D_2,用 Range(M) 表示随机算法 M 的取值范围,用 $\Pr[E]$ 表示事件 E 的泄露风险,若随机算法 M 在数据集上的取值结果 $S \in$ Range(M),满足不等式:

$$\Pr(M(D_1) \in S) \leqslant e^{\varepsilon} \times \Pr(M(D_2) \in S) \qquad \text{(公式 3-4)}$$

则称算法 M 满足 ε-差分隐私。

在该隐私保护模型下,数据通过某种差分隐私随机算法 M 发布,并为用户提供查询接口。差分隐私的严格数学定义保证了无论单条数据记录 r 是否存在于数据集 D 中,算法 M 的输出内容的概率分布几乎不变,而参数 ε 在一定程度上决定了输出内容的相似度。

如图 3-8,记录 r 是否在数据集中对差分隐私随机算法输出的概率密度函数影响并不大,两者输出相似度很高。因此,通过对输出的观测,不容易判断一条记录是否在数据集 D 中,由此数据发布后的个人隐私能够得到有效的保护。

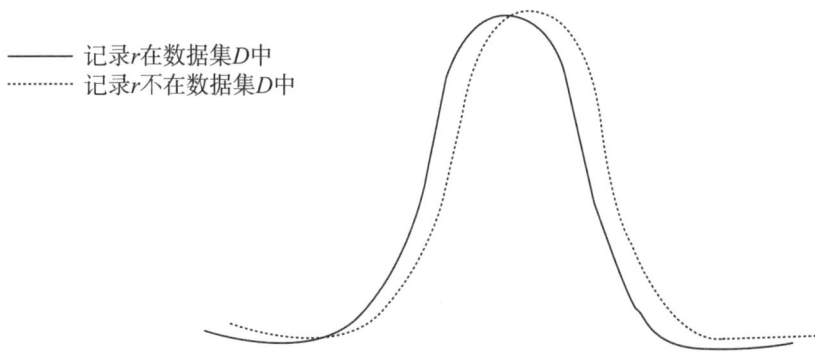

图 3-8　差分隐私随机算法输出概率密度函数

在上述定义中,参数 ε 表示隐私保护强度,其值越小,则输出的相似度越高,隐私保护程度也越高。在差分隐私机制中,ε 一般是一个公开的实数,通常取值为 0.01、0.1、1。

在差分隐私保护模型中,攻击者所获取的辅助信息和具有的计算能力将不会影响隐私保护的程度。差分隐私随机算法 M 不依赖于特定的数据集,输出被随机噪声扰乱,数据集中的每一条记录均得到了完全相同程度的保护,即使攻击者知道除某条记录外的所有记录,也无法判断记录 r 是否在数据集中,由此差分隐私保护模型有效地保护了 r 的隐私安全。

3.3.2.2　差分隐私的实现机制

目前,差分隐私的实现机制主要有拉普拉斯(Laplace)机制和指数机制[38]。拉普拉斯机制是由 Dwork 等最早提出的隐私保护方法,也是当前应用最广泛的机制。

(1)拉普拉斯机制

拉普拉斯机制的原理是通过向真实数据添加拉普拉斯噪声来实现差分隐私,实现过程如图 3-9 所示。

图 3-9　拉普拉斯(Laplace)机制

T 为原始数据表,$f(T)$ 为查询请示结果,拉普拉斯机制通过向查询请示结果 $f(T)$ 添加噪声 η,得到 $f(T)+\eta$。其中,η 为一个满足拉普拉斯分布的连续型随机变量,它的概率密度函数为:

$$p(\eta)=\frac{1}{2\lambda}\mathrm{e}^{-\frac{|\eta|}{\lambda}}$$ （公式 3-5）

从上述公式可知,拉普拉斯分布的期望值为 0,方差为 $2\lambda^2$。λ 为拉普拉斯噪声参数,它体现了添加噪声幅度的大小和隐私保护的强度。λ 越大,则添加噪声幅度越大,隐私保护程度越高;反之,则隐私保护程度越低。另外,若干个参数相同的独立随机拉普拉斯噪声累加后得到的随机变量的方差为它们各自方差之和。

除了拉普拉斯噪声参数 λ 外,另外一个影响隐私保护强度的因素是敏感度。拉普拉斯机制敏感度 $S(F)$ 定义为:

$$S(F)=\max_{T_1,T_2}\Big[\sum_{f\in F}|f(T_1)-f(T_2)|\Big]$$ （公式 3-6）

其中,T_1 和 T_2 为任意一对相邻数据集。

关于差分隐私参数 ε、拉普拉斯噪声参数 λ 和敏感度 $S(F)$ 三者之间的关系有如下定理:

定理 4.1　设有函数集 F,其敏感度为 $S(F)$,K 为向 F 中每一个函数 f 的输出添加独立噪声的算法。若该噪声为参数值取 $S(F)/\varepsilon$ 的拉普拉斯分布,则算法 K 满足 ε-差分隐私;若该噪声为参数值取 λ 的拉普拉斯分布,则算法 K 满足 $S(F)/\lambda$-差分隐私。

该定理表明,实现差分隐私需要添加的拉普拉斯噪声参数 λ 的值取决于敏感度 $S(F)$ 和差分隐私参数 ε。

Dwork 等[36]提出将拉普拉斯机制用于实现非交互式差分隐私,即通过预先添加拉普拉斯噪声获得加噪数据,并对用户查询直接返回加噪结果。由于噪声在预处理阶段添加,所以对于同一个查询,差分隐私算法输出结果必定相同。

（2）指数机制

拉普拉斯机制有一个最大的局限,就是要求算法 K 的输出必须是一个实数,才能添加拉普拉斯噪声。为此,McSherry 和 Talwar[38]提出了指数机制。该机制替代了添加噪声的方法,采用满足特定分布的随机抽样来实现差分隐私,使得差分隐私的适用范围更广。指数机制通常应用于需要对输入数据进行复杂操作的算法。

指数机制的主要原理:定义一个实用性估价函数 q,对每一种输出方案计算出一个实用性分值。分值高的输出方案具有更大的概率被发布,从而保证发布数据的质量。估价函数 q 必须拥有尽量低的敏感度。指数机制的敏感度为:

$$S(q) = \max_{T_1, T_2, r} \| q(T_1, r) - q(T_2, r) \| \qquad \text{(公式 3-7)}$$

其中,T_1 和 T_2 为任意一对相邻数据集,r 为任意合法的输出。

根据指数机制敏感度的定义可知,给定数据表 T,q 是一个对数据表 T 所有输出的实用性估价函数。对于数据表 T 和函数 q,如果算法 K 满足输出为 r 的概率与 $\exp(\dfrac{\varepsilon q(T, r)}{2S(q)})$ 成比例关系,那么算法 K 满足 ε-差分隐私。

3.3.2.3 差分隐私的数据保护框架

差分隐私数据发布分为交互式和非交互式两种保护框架。两种框架各有特色,但目标是一致的,即在满足差分隐私保护的同时,尽可能提高数据的可用性。图 3-10 为交互式差分隐私保护框架。数据拥有和管理者根据应用需求设计相应的差分隐私算法 K,当用户发出查询请求时,查询的结果经该差分隐私算法 K 的处理后返回给用户。交互式差分隐私保护框架的最大问题是隐私预算耗尽。目前,解决该问题的主要方法是限制查询数目,因此使得该框架在应用中具在相当的局限性。

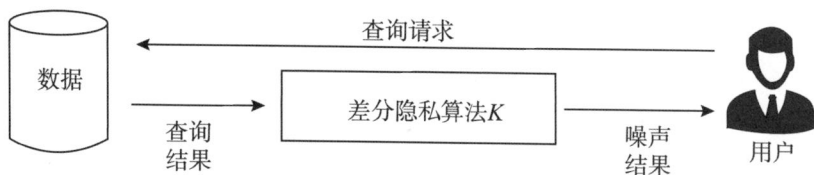

图 3-10 交互式差分隐私保护框架

图 3-11 是非交互式差分隐私保护框架。数据拥有和管理者根据数据的特点设计出要发布哪些统计信息,并设计出隐私保护算法 K。用户只能对发布后的合成数据库进行查询或者执行挖掘任务并获得近似的结果。在该差分隐私保护框架下,如何合理分配隐私预算,并尽可能提高发布数据的可用性是研究的重点。

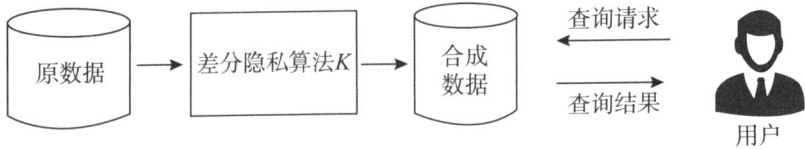

图 3-11 非交互式差分隐私保护框架

下面用举例来理解交互式和非交互式差分隐私保护框架。

例 4.1 若表 3-7 为原始表,表中包含姓名和年龄字段,用户提交如下查询:

Select count(*) from tourists where age>=20 and age<30;

对游客信息表进行查询的真实结果是 2,通过差分隐私算法处理后返回给用户的加噪结果可能是 1.92。

表 3-7 游客信息表

name	age
李丁	28
周戊	56
吴己	42
郑庚	26

而在交互式差分隐私保护框架模型下,用户直接查询的则是通过差分隐私算法处理过的包括年龄段统计值的表,如表 3-8 所示。

表 3-8 差分隐私统计表

age	count
20p	2.23
30p	0.57
40p	1.36
50p	1.23

3.3.2.4　差分隐私保护的性能度量

在差分隐私数据发布中,度量差分隐私保护方法的性能,通常有以下三个指标:①隐私保护强度。差分隐私参数 ε 表示隐私保护强度,不同的 ε 分配方案将对算法的误差产生较大的影响。②算法误差。常用的误差度量方法包括相对误差、绝对误差和误差的方差等。③算法性能。一般用算法的时间复杂度来度量算法性能。

3.4　旅游大数据背景下聚类隐私保护挖掘实例

由于匿名技术和数据扰动技术都微调了原始数据对象的属性值,所以会导致相似度计算值的误差,从而引起数据分布、密度特征的改变,进而影响群组的划分结果。因此,在一些对数据挖掘精度要求较高的数据发布过程中,匿名技术和数据扰动技术并不适用。这种情况可以使用安全多方计算技术,即不改变原始数据集,而是对数据进行加密后传输。这样做不仅能够确保参与方信息的独立性和计算的正确性,而且又可以保护各参与方的信息不被泄露。本小节介绍一种旅游大数据背景下聚类隐私保护挖掘的实例。

3.4.1　聚类隐私保护挖掘技术开发的背景

近年来,在 Web 2.0 技术和移动互联网快速发展等因素的影响下,国内大型在线旅游平台的业务量正在以前所未有的速度增长。同时,伴随着旅游消费,产生了大量的过程采集、消费点评和产品推荐等数据,这些数据以各种形式保存在中心服务器上,包括文本、图片、声音、视频等。分阶段地对这些旅游数据进行挖掘和分析是大型线上旅游企业所面临的巨大挑战[39-40]。目前,我国大型在线旅游企业数据挖掘的规模已达 GB 级甚至 TB 级,传统的分析手段已难以满足现实的需要,迫切需要一种有效客户挖掘的细分方法,从而可以在进行精准营销等商业活动的同时,保证游客的隐私信息不被泄露。本实例在应用中改进了 K-means 算法,提出了基于 MapReduce 模型的分布式聚类算法,通过实验证明算法的可用性和有效性,并已在某大型在线旅游企业获得了应用[41]。

3.4.2　MapReduce 和 Hadoop

MapReduce 是 Google 于 2004 年在操作系统设计与实现研讨会(Operating systems design and implementation,OSDI)上提出的分布式并行编程模型,适用于处理分析海量数据集。MapReduce 把运行在大规模集群上的并行计算过程抽象为两个函数:Map(映射)和 Reduce(化简)。简单来说,MapReduce 就是"任务分解"模型,它通过 Map 把一个任务分解成多个任务,用 Reduce 把分解后的多个任务处理好的结果汇总起来,得到最终结果[42-43]。在大数据处理过程中,只要一个数据集可以分解成许多小的数据集,并能够被并行处理,那么这个任务就可以用 MapReduce 来处理。MapReduce 的处理过程如图 3-12 所示。

首先,将大数据进行分块,根据实际运行的节点数,分成 M 块。

其次,在各节点运行 Map 函数,生成类似于<key,value>的数据集合,记着 list⟨⟨key,value⟩⟩。

再次,在各节点运行 Reduce 函数,对于 M 个 list⟨⟨key,value⟩⟩,每个 Reduce 节点只处理与本节点 Map 输出相同键值的数据,处理后的节点仍以 list ⟨⟨key,value⟩⟩的格式存放于本地。

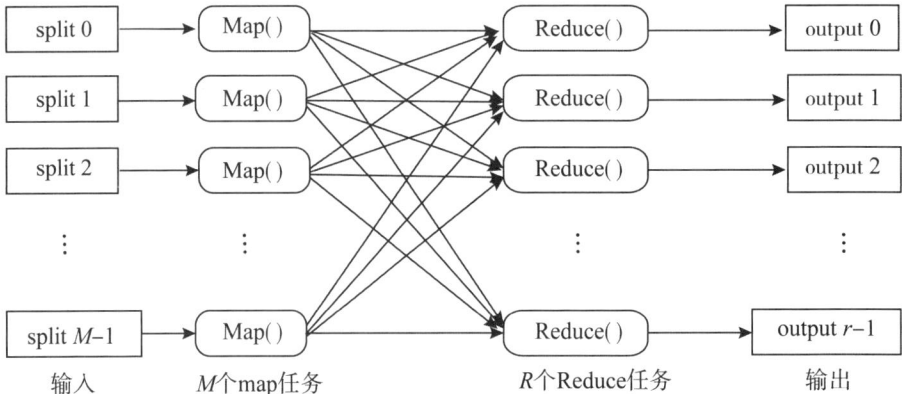

图 3-12　MapReduce 的数据处理过程

最后,将各节点上的 Reduce 输出串接起来,得到本次 MapReduce 的任务结果。

基于 MapReduce 模型,Apache 开源组织发布了 Hadoop 分布式计算框架。该架构可以在大量廉价的硬件设备组成的集群上运行应用程序,为应用程序提供一组稳定可靠的接口,旨在构建一个具有高可靠性和良好扩展性的分布式系统[44]。随着云计算的逐渐流行,这一项目被越来越多的企业所运用。Hadoop 的核心是 HDFS、MapReduce 和 HBase[45]。

3.4.3　聚类算法的 MapReduce 实现

K-means 聚类算法是最经典的划分聚类算法,已被广泛应用于客户细分等聚类应用中[46]。因为 K-means 聚类算法具有可分解和重组的特点,所以也适合于在分布式架构下运行。

3.4.3.1　K-means 聚类算法及改进

其算法描述如下：

在 n 个对象中任选 k 个对象作为初始聚类中心；

Repeat

计算每个对象与 k 个中心点的距离（欧氏或曼哈顿距离），并将该对象归类到距离最近的中心点类中，获得新的 k 个聚类；

重新计算每个聚类的中心（聚类中所有对象的均值），作为新的聚类中心；

Until 均方差测试函数(3-8)收敛

$$E = \sum_{i=1}^{k} \sum_{p \in c_i} |p - m_i|^2 \qquad \text{（公式 3-8）}$$

设有 n 个对象，要划分成 k 个类，经过 t 次迭代，则算法的时间复杂度为 $O(nkt)$。因而算法在处理大数据集时也是相对有效的，具有较好的扩展性。从算法过程可以看出，计算耗时主要集中在两个环节：一是计算各对象到中心的距离，二是将对象归类到距离最近的中心点类的过程。对于后者，如果能减少不必要的比较和计算，则可以有效地节省时间。为此，我们可以借用三角形三边关系定理的思想来简化比较和计算过程，具体改进做法是：

(1)给定含有 n 个对象的数据集 X，c_l 为 k 个初始中心，$l=1,2,\cdots,k$；

(2)计算每个聚类中心的距离 $d(c_i,c_j)$，其中 $i,j=1,2,\cdots,k$；

(3)计算对象 x_i 与当前所在类中心的距离 $d(x_i,c_m)$。考察聚类中心 c_j，如果 $d(c_m,c_j) \geq 2d(x_i,c_m)$，则说明 c_j 不是新的中心，可以不用计算 $d(x_i,c_j)$。否则计算 $d(x_i,c_j)$，并与 $d(x_i,c_m)$ 比较。继续第(3)步，直到将 x_i 归属到最近的聚类中心。

该改进算法时间复杂度为 $O(n\beta d)$，其中 $1 \leq \beta \leq k$，是对象到中心点的计算次数，在最好的情况下是计算 1 次，在最坏的情况下需要计算 k 次，当 n 较大时，效率提高是可观的。

3.4.3.2　算法的 MapReduce 实现

可以用 MapReduce 来处理的数据应具备以下条件：大数据集可以被分成若干个小数据集，而且这些小数据集可以独立地被并行处理，相互不影响。在 K-means 算法中，计算各对象到中心点的距离是独立操作的，各对象之间没有关联[47]。因此，K-means 算法非常适用于分布式并行计算，其编程思路如图 3-13 所示。

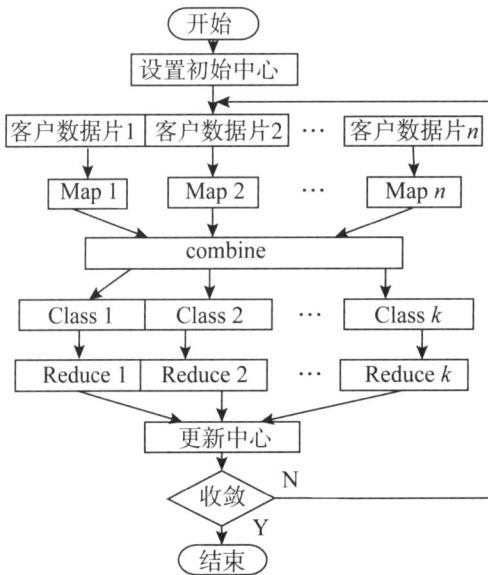

图 3-13　K-means 算法的 MapReduce 流程图

在用 MapReduce 处理数据前,客户数据需以行的形式存储,使数据能够分片,并且各分片间数据不相关,分片过程可由 Hadoop 完成,无须另外编程。以下介绍 Map 函数设计、Combine 函数设计和 Reduce 函数设计三种方式。

(1)Map 函数设计

Map 函数从特定分块中逐行读取每条记录,计算它与 k 个中心点的距离,并标明它所属的新中心类别。Map 函数的输入为原始客户数据文件和 k 个初始中心点,原始客户数据以 $<$key,value$>$ 对表示,其中 key 为记录相对于文件起始点的偏移量,value 为当前记录各维值组成的字符串。

Map 函数的伪码如下[48]:

```
public void map(Writable key,Text value,Context context){
    minDist=MAXDIST;
    for(i=0;i<k;i++){
        if(dist(value,cluster[i])<minDist){
            minDist=dist(value,cluster[i]);
            midClusterID=i;}
    }
context. write(midClusterID,value);
}
```

(2)Combine 函数设计

Combine 函数的作用是对每个 Map 函数产生的结果进行本地化预处理,从而在 Reduce 时减少不必要的通信代价,以提高整个 MapReduce 的运行性能,因为 Reduce 函数的作用是要从所有 Map 函数的结果中统计和计算出各个聚类的新中心。为了减少通信代价,可以预先对本地的 Map 函数结果进行计算,得出本地结果中各聚类对象的个数及各维数值之和,作为 Reduce 函数的输入[49-50]。

Combine 函数的伪码如下:

```
public void combine(Writable key,Text value,Context context){
    num=0;
    sum:array[1..dimension];
    while(value.hasnext()){
        current=value.next();
        num++;
        for(i=0;i<dimension;i++)sum[i]+=current.value[i];
    }
    context.write(key,Text(num,sum));//输出的 value 字符串包含 num 和
数组各个分量
}
```

(3)Reduce 函数设计

Reduce 函数的输入是 Combine 函数的输出,key 是聚簇 ID,value 中包含该簇的对象数 num 和这些对象的各维数据之和。Reduce 函数累加同一 key 的各 num 之和,并求各分量的均值,得到新的聚类中心,输出新的<key,value>对[51]。

Reduce 函数的伪码如下:

```
public void reduce(Writable key,Text value,Context context){
    num=0;
    while(value.hasnext()){
        current=value.next();
        num+=current.getnum();
        for(i=0;i<dimension;i++)sum[i]+=current.value[i];
    }
    for(i=0;i<dimension;i++)mean[i]+=sum[i]/num;
    context.write(key,Text(mean));
}
```

在每次 Reduce 之后,判断偏差是否小于给定的阈值,如果小于阈值则算法收敛,否则就把本轮 Reduce 结果作为 Map 函数的结果输入进行下一轮的迭代。

3.4.4 实验与分析

3.4.4.1 实验环境

本书所用的实验平台是由 11 台计算机组成的千兆以太网,其中一台作为 Master,另外 10 台为 Slaves。各节点硬件配置为:CPU 为 Intel 双核 3.2GHz,内存 4GB。软件配置为:JDK 1.6.0,Hadoop 0.21.0。

实验所用的数据是 46 维的人工数据。为了测试算法的性能,实验中构造了不同大小的数据集,包括 1G、2G、4G 和 8G。实验采用加速比(speedup)作为主要的算法评价指标。

3.4.4.2 集群加速比性能实验

加速比是衡量并行系统优劣及稳定性的重要指标,是指在并行系统中,对于同一个任务,在单处理机上运行时间与在并行系统上处理时间的比率。加速比一方面可以用来考察当系统硬件资源增加时,对相同规模任务的处理能力;另一方面,考察处理任务与硬件资源同比近似增加时,并行系统的处理能力。

表 3-9 描述了 4 组大小成比例增长的 46 维人工数据的记录数和数据块数。实验分别选择了 1、2、4、5、6 个计算节点,考虑在不断增加计算节点的情况下,算法的运行时间,得到如图 3-14 所示的运行时间走势图。

表 3-9 实验数据

数据集编号	数据文件大小(GB)	记录数	数据块
a	1.023	2351307	33
b	2.052	4704832	68
c	3.982	9379606	126
d	8.075	18906172	260

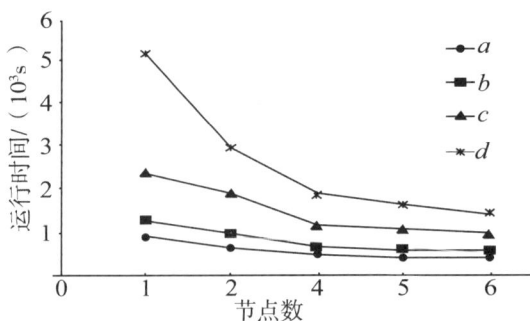

图 3-14 算法的运行时间走势

从图 3-15 中可以看出,随着计算节点的增加,每个任务的运行时间都在减少,可见 K-means 算法在 Hadoop 上运行具有较好的加速比,说明了系统的可用性。同时为了考察系统的扩展性,对应 a,b,c 三组数据,实验分别选择 2、4、8 个节点进行运算,得到如图 3-15 所示的运行时间。可见,当数据规模呈正比增长时,只要相应增加计算节点即可保持系统的相同处理水平,体现了 MapReduce 算法的可扩展性。

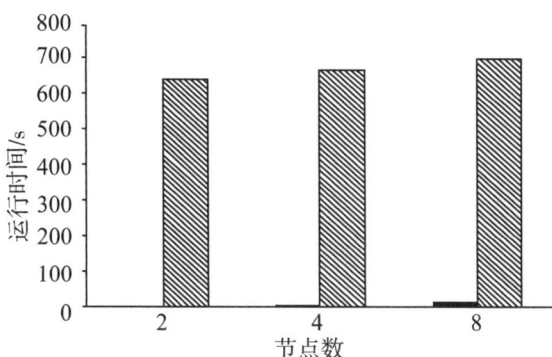

图 3-15　节点数与数据同比增长下算法的运行时间

3.4.4.3　旅游大数据客户细分实验及结果分析

实验数据来自国内某大型在线旅游网站的过程跟踪、销售和点评等数据。客户细分实验提取了约 5200 万条消费数据及点评数据,数据涵盖了超过 120 万名客户。

首先,基于在线旅游数据的特点,我们在传统 RFM 模型的基础上,构建了多指标的 RFM 细分模型[52-53](如表 3-10 所示),并进行因子分析和权重设置,在对初始数据进行归一化处理后交于 Hadoop 集群处理[54]。

表 3-10　多指标的 RFM 细分模型

传统 RFM	改进 RFM
R(recency)	最远消费 Rf,最近消费 Rl
F(frequency)	总体频率 Freq,月最大频率 Freq_max,月最小频率 Freq_min
M(monetary)	累计消费金额 M_sum,平均消费金额 M_avg
A(advice)	累计点评 A_sum,最近点评 A_rec

经过 MapReduce 算法处理后,得到 16 个客户聚类,表 3-11 显示了其中 4 个聚类在各因子上的得分和客户数。

表 3-11　4 类典型客户聚类结果

class	fac1	fac2	fac3	fac4	quantity(k)
C2	0.413	0.526	0.734	0.018	1.7
C5	0.526	0.613	0.121	0.227	131.2
C8	0.012	0.432	0.328	0.072	42.5
C11	0.138	0.176	0.189	0.180	227.2

从上表可以看出,C2 类是 1 年来一直较活跃的用户,其消费额很大,频率也很高,用户较少,是公司应该重点维护的企业级客户。C5 类最近很活跃,但消费额度不大,应该是在公司点评返现推广活动(公司开展的促销活动)下开拓的新进客户。这类客户的网上点评较活跃,应属于手机 App 用户,也是企业未来发展的基石。C8 类客户曾经较活跃,有较高的消费,但最近消费很低,很可能是在今年激烈行业竞争下流失的客户。数量较大的 C11 类则属于一般价值客户。以上结果较好地反映了一年来行业的背景和企业决策所产生的影响:在线旅游市场竞争加剧;点评返现措施带来较大业务增长;移动 App 推广不仅吸引了大量的新客户,而且这些新客户在整个业务中的比重也有明显提高。这些分析结果对公司新的决策有较大的参考价值。

本实例对基于 MapReduce 的 K-means 算法进行了研究。利用 K-means 算法中各对象到中心点的距离是独立运算的特点,运用三边关系定理的思想改进了对象归类的过程,并给出了算法的 MapReduce 实现,通过加速比实验证明了该算法的可用性及可扩展性。在旅游大数据客户细分应用中,构建了多指标的 RFM 扩展模型,经过实验,得到了预期结果。文中的实现方法可以为大型线上旅游企业提供决策支持,同时也是旅游主管部门监控、管理旅游市场的有效方法。

参考文献

[1] 陈坚,王育民,陈克非,等.大数据时代隐私保护的挑战与思考[M].北京:中国科学技术出版社,2015.

[2] 涂云杰.大数据时代的数据安全与隐私保护问题研究[J].无线互联科技,2019,16(8):155-156.

[3] John Cheney-Lippold.数据失控—算法时代的个体危机[M].张昌宏译.北京:电子工业出版社,2019.

[4] 赵秋雁.网络隐私权保护模式的构建[J].求是学刊,2005,32(3):79-81.

[5] 孟小峰,张啸剑. 大数据隐私管理[J]. 计算机研究与发展,2015,52(2):265-281.

[6] Hughes,Arthur M. Strategic database marketing[M]. New York:McGraw-Hill inc,2012:85-104.

[7] 田秀霞,王晓玲,高明,等. 数据库服务——安全与隐私保护[J]. 软件学报. 2010,21(5):991-1006.

[8] 颜飞. 大数据安全与隐私保护关键技术研究[D]. 锦州:辽宁工业大学,2018.

[9] 魏凯敏,翁健,任奎. 大数据安全保护技术综述[J]. 网络与信息安全学报,2016,2(4):2-10.

[10] 方滨兴,贾焰,李爱平,等. 大数据隐私保护技术综述[J]. 大数据,2016,2(1):1-15.

[11] 王元卓,范乐君,程学旗. 隐私数据泄露行为分析——模型、工具与案例[M]. 北京:清华大学出版社,2014.

[12] Sara Foresti. 数据外包中的隐私保护[M]. 唐春明,姚正安,盛刚译. 北京:电子工业出版社,2018.

[13] Zeng L,Polytechnic L. Research on new data encryption algorithm in big data environment[J]. Bulletin of Science&Technology, 2017, 33(6):205-208.

[14] Chen MY,Yang CC. Privacy protection data access control[J]. International Journal of Network Security, 2013, 15(6):391-398.

[15] Yang Q,Liu Y,Chen T,et al. Federated machine learning[J]. ACM Trans on Intelligent Systems and Technology, 2019,10(2):1-19.

[16] Afzali GA,Mohammadi S. Privacy preserving big data mining:association rule hiding using fuzzy logic approach[J]. Iet Information Security,2018,12(1):15-24.

[17] Liu Q, Shen H, Sang Y. Privacy-preserving data publishing for multiple numerical sensitive attributes[J]. Tsinghua Science Technology,2015,20(3):246-254.

[18] 周水庚,李丰,陶宇飞,等. 面向数据库应用的隐私保护研究综述[J]. 计算机学报,2009,32(5):847-861.

[19] 王倩宜,欧阳荣彬. 数据服务中心的隐私保护框架设计与应用研究[J]. 华中科技大学学报(自然科学版),2016,44(S1):152-157.

[20] Roy I,Setty ST,Kilzer A,et al. Airavat:Security and privacy for MapReduce[C]//7th USENIX Symp on Network Systems Design and Implementation

（NSDI）. Berkeley，CA：USENIX Association，2010：297-312.

[21] Mowbray M，Pearson S，Shen Y. Enhancing privacy in cloud computing via policy-based obfuscation[J]. The Journal of Supercomputing，2010，61 (2)：267-291.

[22] Zhang G，Yang Y，Chen J. A historical probability based noise generation strategy for privacy protection in cloud computing [J]. Journal of Computer and System Sciences，2012，78(5)：1374-1381.

[23] Wang C，Wang Q，Ren K，et al. Privacy-preserving public auditing for data storage security in cloud computing [C]//29th INFOCOM 2010. Piscataway，NJ：IEEE，2010：1-9.

[24] Sahai A，Waters B. Fuzzy identity-based encryption[C]//International Conference on Theory and Applications of Cryptographic Techniques. Springer-Verlag，2005：457-473.

[25] Mittal P，Papamanthou C，Song D. Preserving link privacy in social network based systems[C]//20th Annual Network and Distributed System Security Symposium. San Diego：NDSS Press，2013：1-15.

[26] Sweeney L. K-anonymity：A model for protecting privacy[J]. International Journal Uncertainty，Fuzziness Knowledge-based System，2002，10（5）：557-570.

[27] 刘英华. 基于数据发布的隐私保护模型研究[M]. 北京：中国社会科学出版社，2015.

[28] 吴英杰. 隐私保护数据发布：模型与算法[M]. 北京：清华大学出版社，2015.

[29] 俞艺涵，周大伟，李洪成，等. 面向数据隐私差异的隐私保护数据发布方法[J]. 华中科技大学学报(自然科学版)，2020，48(9)：57-63.

[30] 岑婷婷，韩建民，王基一，等. 隐私保护中 K-匿名模型的综述[J]. 计算机工程与应用，2008，44(4)：130-134.

[31] Khoshgozaran A，Shahabi C，Shiranimehr H. Locationprivacy：going beyond K-anonymity，cloaking and anonymizers [J]. Knowledge and Information Systems，2011，26(3)：435-465.

[32] Wang SL，Tsai YC，Hong TP，et al. k-anonymization of multiple shortest paths[J]. Soft Computing，2017，21(15)：4215-4226.

[33] Machanavajhala A，Gehrke J，Kifer D. L-diversity：Privacy beyond k-anonymity[C]//Proc of the 22nd International Conference on Data

Engineering(ICDE),2006:24.

[34] Li N,Li T,Venkatasubramanian S. t-Closeness:privacy beyond k-anonymity and l-diversity[C]//Proc of IEEE 23rd International Conference on Data Engineering. Istanbul,IEEE,2007:106-115.

[35] 陈晓宇,韩斌,黄树成,等. 模糊 t-closeness 隐私保护方法研究[J].计算机应用与软件,2018,35(9):317-333.

[36] Dwork C. Differential privacy[G]//Automata,Languages and Programming. Berlin:Springer,2006:1-12.

[37] Dwork C. The promise of differential privacy:A tutorial on algorithmic techniques[C]//Proc of the Foundations of Computer Science(FOCS) 2011. Piscataway,NJ:IEEE,2011:1-2.

[38] Mcsherry F,Talwar K. Mechanism design via differential privacy[C]// Proc of the Foundations of Computer Science(FOCS)2007. Piscataway, NJ:IEEE,2007:94-103.

[39] Pinto J. Analyzing Big Data is becoming a key competitive advantage[J]. Process Control Engineering,2014,67(5):4.

[40] 孟小峰,慈祥.大数据管理:概念、技术与挑战[J].计算机研究与发展, 2013, 50(1):146-165.

[41] 汪永旗,王惠娇.旅游大数据的 MapReduce 客户细分应用[J].华侨大学学报(自然科学版),2015, 36(3):292-296.

[42] 刘鹏.实战 Hadoop—开启通向云计算的捷径[M].北京:电子工业出版社, 2011:60-74.

[43] Lam C. Hadoop in Action[M]. Greenwich:Manning Publications Co, 2011:65-72.

[44] Srirama SN,Jakovits P,Vainikko E. Adapting scientific computing problems to clouds using MapReduce[J]. Future Generations Computer Systems,2012, 28 (1):184-192.

[45] White T. Hadoop:The definitive guide[M]. Sebastopol:O'Reilly media Inc, 2012:1-39.

[46] Han J,Kamber M,Pei J. Datamining:concepts and techniques[M]. Burlington: Morgan Kaufmann,2011: 451-456.

[47] 江小平,李成华,向文. K-means 聚类算法的 MapReduce 并行化实现[J]. 华中科技大学学报:自然科学版,2011,39(1):120-124.

[48] Khoussainova N,Balazinska M,Suciu D. PerfXplain. Debugging MapReduce job

performance[J]. Proceeding of the V/db Endowment,2012,5(7):598-609.

[49] Dean J,Ghemawatss. MapReduce:Simplified data processing on large clusters [J]. Communications of the ACM,2008,51(1):107-113.

[50] Hughes,Arthur M. Strategic database marketing[M]. New York:McGraw-Hillinc, 2012:85-104.

[51] Guo Q, Li Y, Liu T. Correlation-based performance analysis for full-System MapReduce optimization [C]//Proce of IEEE International Conference on Big Data. Washington,DC:IEEE Computer Society,2013: 753-761.

[52] Cuadros AJ,Dominguez VE. Customer segmentation model based on value generation for marketing strategies formulation[J]. Estudios Gerenciales, 2014,30(130):25-30.

[53] Khobzi H,Akhondzadeh-Noughabi E. A new application of RFM clustering for guild segmentation to mine the pattern of using banks'e-payment services[J]. Journal of Global Marketing,2014,27(3):178-190.

[54] Klas H,Bjirn L,Dag E,et al. Customer segmentation based on buying and returning behaviour[J]. International Journal of Physical Distribution and Logistics Management, 2013, 42(10):852-865.

第4章 旅游应用场景中的隐私保护

旅游应用场景类型众多、地域广泛,包括食、住、行、游、购、娱等众多方面。在围绕旅游六要素展开的一系列旅游活动中,游客会主动或不自觉地留下大量个人信息,如家庭成员情况、个人健康状况、住宿信息、位置信息、旅行偏好等。旅游大数据个人隐私数据的来源主要有三种:一是用户为了获得服务而主动提供的个人信息,如姓名、电话、住址、健康状况、家庭成员和餐饮要求等;二是互联网应用 App 或现场采集设备等通过技术手段收集的个人信息,如浏览记录、位置信息、人脸信息等;三是互联网旅游服务企业通过第三方共享获得游客个人信息,此类共享主要表现在旅游企业分支机构、业务关联公司之间的数据共享。

本章主要介绍旅游大数据的位置隐私保护、旅游社交媒体中的隐私保护和旅游数据挖掘与隐私保护、旅游大数据商业化应用的个人隐私保护等。

4.1 游客隐私数据泄露案例

4.1.1 "2000 万条酒店住房信息泄露"事件

2013 年 10 月,多家连锁酒店多达 2000 万条的住客住店信息遭到泄露,住客的身份证号、住店日期、生日和手机号等信息被公布到互联网上。住客住房信息泄露事件使酒店行业遭到严重震动。该事件是一起典型的旅游行业个人信息泄露事件,所涉及的隐私信息除个人基本信息(如姓名、身份证号、电话号码)以外,还包括行为隐私信息(如酒店名称、入住日期、同伴信息等),不仅会给个人带来困扰,而且还会造成严重的后果。

此类事件频发引发业界思考。一是酒店管理系统的模式问题。在信息化时代的大背景之下,为了方便管理和降低成本,越来越多的酒店选用 B/S 架构的酒店管理系统作为自己的助手,但同时这也增大了客户个人信息泄露的风险。二是酒店数据的保护方法问题。随着 B/S 架构管理系统的普及,相应的数据托管公司也伴随出现,而如何加强和规范这些中间技术服务企业的数据管理水平和技术水平,是一个集法律、技术和行业规范为一体的综合问题,值得学界和业界深入研究和实践。

4.1.2 "航旅纵横 App 涉嫌泄露游客隐私"事件

航旅纵横 App 是一款非常流行的航旅出行类 App。它可以让乘机人自动获取自己的航班行程,实时了解自己的航班动态,还能够提供提前值机、选座位、改签服务。2018 年,航旅纵横上线了社交功能,正是这个社交功能,把航旅纵横 App 推上了风口浪尖。

2018 年 6 月 11 日,有网友发文"航旅纵横,正在把你的私密信息暴露给陌生人"。该网友在文中称,航旅纵横 App 的社交功能有泄露个人隐私之嫌:用户在 App 上选座时,可看到其他乘客的个人主页。网友尝试点击其中一名乘客的个人主页,通过观察主页信息可以了解到,这名乘客姓徐,来自北京,双子座,是一名偏爱国航的飞行达人,喜欢坐在靠近过道的位置,常去广东、沈阳、西安、上海与福建。飞机起飞前,该网友又点击了几名其他乘客的个人主页。对照座位号,网友在飞机上找到了其中两名乘客,并拍下了照片。网友称:"下飞机的时候,我看着周围的乘客,知道这个人喜欢坐南航,那个人喜欢坐深航,另一个经常去上海,还有前两排的女生是双鱼座,我还知道了有些人的名字,感觉他们都透明了一样。"发帖网友在文中称,他找遍了 App 的每个角落,都没有找到隐藏自己信息的设置办法,不知道该怎么办,"被别人这么盯着,感觉很不自在"。

然而,也有网友认为这些功能很有趣,"热力图表明了我常去的城市,挺有意思。说这种'社交功能泄露隐私给陌生人',我觉得倒没什么。常去的城市、飞机座位暴露给陌生人,就是给短暂的旅途增加话题,下了飞机就各奔东西了,想跟踪人也很难。"不过,为了保护隐私,你可以选择一张不露脸的照片作为主页头像。

对于旅客和网友的质疑,航旅纵横回应称开发这个社交功能的目的是在"沉闷单调的客舱旅行过程中,帮助大家开启有温度的飞行",并强调其应用中的个人主页展示的不是客户的真实身份信息,均为头像、昵称、标签等可编辑的信息,用户可以自行编辑掌握。事件发生后,航旅纵横 App 对"虚拟客舱"功能中的热力图进行了虚化处理,旅客个人主页可根据用户的意愿自行选择开启或者关闭,点击头像右上角即可进行设置。

在此之后,南航、国航、东航、海航等都叫停包括航旅纵横在内的第三方值机、选座服务,且航空企业给出的理由均是从未授权第三方网络平台以非正常方式擅自为旅客办理值机选座等存在潜在航空安全、旅客个人隐私泄露等风险的业务。欧盟通用数据保护条例(General Data Protection Regulation,GDPR)规定,一旦出现数据泄露的情况,平台可能被罚没年收入的 4%。航旅纵横 App 的一大弊病就在于,他们在把用户数据公开并且社交化之前,并没有明确征求过用户同意,也没有给用户说"不"的选择,哪怕你删除了该 App 也已无法补救,用户数据仍然会被保留在服务器上,成为"大数据"的一部分。因为,只要注册过某款 App,一个人的隐私信息就会一直被"登记在案"。这样会有什么后果,可想而知。一样是公开个人信息,两者却有天壤之别,这中间隔着两座"山",一座"山"叫知情权,另一座"山"叫选择权。

4.2　旅游大数据的位置隐私保护

随着移动设备的大量普及和移动应用软件的广泛使用,特别是近年来物联网技术在景区、酒店、游乐设施等旅游场所中的大量应用,旅游大数据中的位置数据呈现出爆炸式增长趋势。位置信息的应用不仅为旅行者的出行设计、智能讲解等带来了很大的便利,而且也为旅游相关企业的经营决策提供了强大的数据支撑。然而,位置信息泄露会给游客带来诸多威胁。在特定的应用场合,网络攻击者能够根据位置信息推断用户的兴趣爱好、旅行住所、旅行偏好,甚至健康状况等个人隐私信息。位置信息的泄露还可能导致用户被跟踪、遭到人身攻击等更为严重的后果。

4.2.1　位置大数据

4.2.1.1　位置大数据概述

在旅游应用场景中,对位置数据的使用越来越频繁,基于位置的服务也越来越多样化。如当你在一个景区游玩时,景区或第三方提供的 App 通过地理信息系统与位置服务相结合的技术手段为你推荐地理位置附近各种类型的周边信息(point of interest,POI)。再如景区的 App 可能会根据该景区过去一年的游览记录大数据为你规划一条个性化的、符合你特定需求的游览线路,给你提供一些客观的旅游建议。再比如,近年来得到广泛应用的可穿戴设备等传感设备,通过处理采集到的加速度、光学影像等数据,也可以准确地确定用户的位置信息,并为其提供相应的服务[1]。

在位置信息服务领域,腾讯位置服务是国内最知名的位置服务之一,每天有超过 500 亿次的定位调用。不仅如此,位置服务在微信、手机 QQ 客户端、打车服务、共享单车、京东 App 等产品中都得到了深度的应用。这些手机 App 拥有大量的用户群体,可以说每一部智能手机的用户都在使用位置服务。像腾讯位置信息这类具有规模大、数据产生快、蕴含价值高等特点的位置数据被称为位置大数据。

与大数据的 4V 特征一样,位置大数据也有 4 个相应的特征,即数据规模大、数据产生快、数据类型多和数据精度要求多样[2]。数据规模决定了位置数据的潜在价值。如 AirSage 是位于美国亚特兰大市的一家从事智慧交通服务的公司,在过去数年中,它通过把公司的位置采集设备植入电信运营商防火墙内的方式,每天处理超过 150 亿个位置数据。再比如一个城市如果有 5 万辆出租车在运营,每辆车每 10 秒钟进行一次位置更新,每天 10 小时就会产生 5GB 以上的位置数据。在基于位置服务的应用中,位置数据的更新频率往往很高,因此它具有数据流的特点。比如可穿戴设备要记录用户每天的步数、移动距离等运动数据,一天 24 小时的行踪数据无一遗漏。位置信息可以以多种形式存在,包括文本、数据、图片和视频等。如位置信息可以是经度、纬度、高度坐标等数字,也可以是地名、道路名、邮政编码等文本信息,还可以是用户发布的某地的图片和视频等信息。位置的精度是相对的,不同应用场合对位置数据精确性的要求不一样。位置数据在采集、处理和建模等过程中均具有不准确性问题。如在采集用户运动轨迹过程中,如设备故障或受人为原因干扰就会导致部分位置信息缺失。再如通过手机基站定位采集的位置精度与通过全球定位系统、北斗系统等采集的位置信息的精度有较大的区别,即位置数据的粒度不同。

4.2.1.2 位置的表示与定位技术

位置通常用三元组 (x, y, t) 来表示,其中 (x, y) 表示对象所在的经度、纬度或者是在某个参照坐标系中的坐标值,t 表示时间。

一个对象在不同时刻的位置组成该对象的轨迹。轨迹是移动对象位置信息按时间顺序排列形成的序列。通常情况下,一条轨迹可以表示为:

$$Tace = \{id, (x_1, x_1, t_1), (x_2, x_2, t_2), \cdots, (x_n, x_n, t_n)\}$$

其中,id 为轨迹标识,它代表某个移动对象。例如某人的由 3 个位置信息组成的轨迹可以表示为 $\{P1, (1, 1, t_1), (2, 3, t_2), (4, 4, t_3)\}$。

表 4-1 表示了移动对象 O_1、O_2、O_3 在三个不同时刻的位置。

一般情况下,收集到的轨迹数据是静态的,即离散的,如果对象一直在移动,则轨迹就是增量更新的动态数据,即在线数据。

表 4-1 对象的位置与移动轨迹

标识	位置			轨迹
O_1	$(1, 1, t_1)$	$(2, 3, t_2)$	$(4, 4, t_3)$	$\{O_1, (1, 1, t_1), (2, 3, t_2), (4, 4, t_3)\}$
O_2	$(2, 3, t_1)$	$(2, 5, t_2)$	$(3, 6, t_3)$	$\{O_2, (2, 3, t_1), (2, 5, t_2), (3, 6, t_3)\}$
O_3	$(1, 3, t_1)$	$(3, 4, t_2)$	$(5, 7, t_3)$	$\{O_3, (1, 3, t_1), (3, 4, t_2), (5, 7, t_3)\}$

目前,常用的定位方法有以下几种。

(1)卫星定位系统

卫星定位系统可以通过采集接收机与多颗卫星之间的通信,得到卫星到接收机的距离,利用三维坐标中的距离公式,组成多个方程式,从而解出观测点的位置(x,y,z)。目前,全球投入使用的卫星定位系统有美国的全球定位系统、欧盟伽利略系统(Calileo)、俄罗斯的格洛纳斯系统(GLONASS)和我国的北斗卫星导航系统(Compass navigation satellite system,CNSS),这4个系统被称为全球四大卫星导航系统。卫星定位方法的缺点是无法实现室内定位。

全球定位系统是指利用全球定位卫星,向全球各地全天候、实时性地提供三维位置、三维速度等信息的一种无线电导航定位系统。它在全球任何地方以及近地空间都能够提供准确的地理位置、对象移动速度及精确的时间信息。从20世纪70年代开始研制并问世以来,全球定位系统就以其高精度、全天候、全球覆盖、方便灵活的特点而得到广泛应用。

北斗卫星导航系统是我国自主研发、独立运行的全球卫星导航与通信系统。该系统由空间端、地面端和用户端三部分组成。空间端由若干地球静止轨道卫星、倾斜地球同步轨道卫星和中圆轨道卫星等组成;地面端包括主控站、注入站和监测站等若干个地面站;用户端包括北斗用户终端以及与其他卫星导航系统兼容的终端。北斗卫星导航系统提供开放和授权两种服务,其中开放服务是向全球用户免费提供定位、测速和授时服务,定位服务精度10m,测速精度0.2m/s,授时精度50ns。其优势在于短信服务和导航结合,增加了通信功能,全天候快速定位,通信盲区极少,精度与全球定位系统相当,而在增强区域即亚太地区,精度有过之而无不及。

(2)三角测量法

三角测量在三角学与几何学上是借由测量目标点与固定基准线的已知端点的角度,测量目标距离的方法。当已知一个边长及两个观测角度时,观测目标点可以被标定为一个三角形的第三个点。在全球卫星导航系统出现之前,三角测量法是用来进行大规模土地测量等的重要方法。

三角测量定位是移动通信基站定位的主要方法之一。手机等移动终端通过测量不同基站的下行导频信号,得到不同基站下行导频的到达时刻(time of arrival,TOA)或到达时间差(time difference of arrival,TDOA),根据该测量结果,结合基站的坐标,采用三角算法,就能够计算出移动终端的位置。在实际应用中,需要考虑3个以上基站的情况,算法要复杂很多。一般而言,移动终端测量的基站数目越多,测量精度就越高。三角测量法和下面的WiFi定位法避免了全球定位系统无法进行室内定位的缺点。

（3）WiFi 定位

基于 WiFi 的无线局域网实时定位系统（WiFi RTLS）结合无线局域网络（WLAN）、射频识别（RFID）和实时定位等多种技术，广泛应用于有无线局域网覆盖的区域，实现对人员和物品的实时定位和监控管理。谷歌 WiFi 定位是当前全球应用最广泛的 WiFi 位置服务商之一。

基于 WiFi 的定位首先要建立 WiFi 访问点（access point，AP）及它们位置之间的准确对应关系，并事先存于定位数据库中。每一个无线访问点都有一个全球唯一的 MAC 地址，并且一般来说无线访问点在一段时间内是不会移动的。移动设备在开启 WiFi 后，即可扫描并收集周围的访问点信号，无论是否已连接该访问点，都可以获取该连接点的 MAC 地址。移动设备将这些能够唯一标识该访问点的数据发送到位置服务器，服务器检索出每一个访问点的地理位置，并判断每个信号的强弱程度，估算出设备的地理位置并返回给用户。

当然，位置服务商需要不断更新定位数据库才能保证数据的准确性，因为接入点设备的位置可能在不断变化。位置服务商收集位置信息的方式主要有主动采集和用户提交两种。举一个 Google 定位的例子：假如你的寝室有一台开机的无线路由器，你的同学正在隔壁寝室的阳台上用手机玩 Google 地图，手机 WiFi 是开着的，但因为没有密码无法连接上你的访问点。但是当你同学用全球定位系统准确在地图上定位后，Google 服务器会记录该设备周边的热点信息，所以你的路由器信息就会被记录到 Google 位置数据库，标识为某个具体的位置（经纬度）有一个物理地址为 EC-26-CA-BE-67-C2 的 WiFi 热点。几天后，当你打开 Google 地图打算搜索资料时，你会惊奇地发现即使没有开自己设备的定位服务，你的位置也会被精确地定位在某栋宿舍楼。这就是 WiFi 依赖定位。当世界许许多多的用户进行上述操作的时候，Google 公司就可以建立起一个庞大的 WiFi 位置数据库，从而实现 WiFi 的精确定位。

（4）IP 地址定位

IP 地址是 TCP/IP 协议提供的一种统一的地址格式。它为互联网上的每一个网络和每一台主机分配一个逻辑地址，以此来屏蔽物理地址的差异。IP 地址现由互联网名称与数字地址分配机构（Internet Corporation for Assigned Names and Numbers，ICANN）进行分配，不同的国家和区域有特定的地址区段，因此利用设备的 IP 地址与地区之间的映射关系，可以对移动设备的位置进行较粗粒度的定位，如定位到某个城市地域。

（5）其他定位方法

在一些特定的应用场合下，设置传感器通过无线传感器网络可以进行有效的设备定位。最近的研究表明，通过传感器采集设备的光学、声学、加速度等信息,可以用于有效定位设备位置[3]。传感器定位技术在工程施工、物流运输和可穿戴设备等的应用中较为普遍。

4.2.1.3　位置服务(location based services,LBS)

位置服务是指基于移动终端的位置数据而展开的增值服务。移动终端通过无线网络(卫星定位系统、移动基站、WiFi 等),结合空间数据库,获取位置坐标信息,位置信息与其他信息集成后可提供与位置相关的增值服务[4]。目前,位置服务为人们提供了广告推送、交通导航、近邻兴趣点查询、网络交友等多种类型的便捷服务。

(1)应用方面

位置服务最初用于军事领域。美国国防部使用全球定位系统来监控和跟踪锁定的目标。从 1996 年开始,位置服务得到了真正的发展,美国联邦通信委员会宣布了 E911 定位需求,要求网络运营商必须能够为发出 E911 紧急呼叫的移动用户提供精准的位置服务。后来,欧洲的一些国家和日本也提出了类似的要求,最终促成了位置服务的出现。通信网络、定位系统、移动设备的快速发展和普及极大地促进了位置服务业务的广泛应用,越来越多的商业公司开始从事位置服务相关的工作,如交通导航、网络交友、近邻兴趣点查询和广告推送等。我国位置服务的应用始于 2000 年中国移动推出的移动梦网位置服务。经过一段时期的缓慢发展,自 2007 年开始我国位置服务市场进入高速增长期。互联网地图、智能手机、移动软件等的出现和快速普及极大地推动了位置服务产业的发展,众多地图服务、软件服务企业相继开发了大量的在线位置服务终端软件产品。

(2)分类方面

位置服务主要有以下几种常用的分类方法。

①按照信息获取方式(或服务对象)的不同,位置服务分为主动获取(面向用户)服务和被动接收(面向设备)服务。主动获取服务是指用户通过终端设备主动发送明确的服务请求,服务提供商根据用户所处的位置以及用户的需求将信息返回给用户,这种服务也称 Pull 服务。比如用户手机终端发送一个请求"告诉我最近的旅游公厕在哪里"给服务提供商,服务提供商就会将相应的信息反馈给用户。被动接收服务与主动获取服务相反,用户没有明确发送服务请求,而是当用户到达一个地点时,服务提供商自动将相关信息返回给用户,这种服务也称 Push 服务。实际应用就是当你旅行经过一座城市时,会接收到该城市的欢迎短信、当地天气预报和住宿推荐等相关的广告信息。

②按照服务查询技术的不同,位置服务又可以分为点查询服务和连续查询服务。点查询服务指根据查询条件一次执行,返回查询结果。主动获取服务中

常常采用这种点查询技术,如用户查询最近的地铁口、公交站、加油站等。连续查询是指根据用户位置的持续变化不断更新并返回查询结果。一般情况下,被动接收服务通过连续查询来实现,如天气提醒服务。

③按照使用服务对象的不同,位置服务又可以分为通用服务和特定服务。通用服务是指位置服务提供商为其所有用户提供的服务,常见的有导航、网关、位置工具和路径服务等。特定服务是指为特定服务对象或特定区域提供的服务,如旅游景区中的浏览点讲解服务。特定服务需要维护特定数据集合,如旅游景点的历史资料、尺寸规模和形成原理等相关信息。

(3)关键技术方面

位置服务的关键技术主要涉及空间定位技术和地理信息系统。

①空间定位技术。位置服务一般需要利用无线网络或传感设备来确定移动终端的地理位置,并为用户提供位置相关的信息服务。定位过程可分为测量和计算两个阶段。结合不同的测量和计算实体,定位技术一般分为基于网络和基于移动终端两种。前者主要由网络实现位置解算功能,采用的技术通常包括起源蜂窝小区、到达时间及差分、增强观测时间差分等。起源蜂窝小区定位技术利用采集移动终端识别号对用户位置进行确定,其特点是精度低。而基于移动终端的定位技术主要由移动终端实现定位解算功能,位置解算软件内置于接收机中,无须网络参与定位过程,该类技术适合于导航应用。在各类位置服务应用中,辅助全球定位系统技术结合基于网络的定位技术是位置服务的主流应用。全球定位系统无法进行室内定位的缺点,可由网络定位技术进行弥补,并且把全球定位系统参考网络引入移动通信网络中,还可使基站间的时间保持同步,网络定位精度更高。

②地理信息系统。地理信息系统是一种特定的、十分重要的空间信息系统。它是在计算机软、硬件系统的支持下,对整个或部分地球表层(包括大气层)空间中有关地理分布数据进行采集、储存、管理、运算、分析、显示和描述的技术系统。位置与地理信息既是位置服务的核心,也是位置服务的基础。一个单纯的经纬度坐标只有置于特定的地理信息中,代表为某个地点、标志、方位后,才有意义,才能被用户认识和理解。用户在通过相关技术获取位置信息之后,还需要了解所处的地理环境,查询和分析环境信息,从而为其活动提供信息支持与服务。地理信息系统主要负责地理信息数据查询、分析及发布等,包括数据库管理、地理信息引擎、地理信息服务三个层次。数据库管理主要对运营平台的数据进行管理。地理信息引擎管理和操作底层数据库,并为基于平台的二次开发提供相应支持。地理信息服务由核心服务和应用服务框架两部分组成,其核心服务基于地理信息引擎提供地理信息分析、发布及路径搜索等,其应用服务框架基于地理

信息核心服务,提供车辆导航、公交出行、地址检索、旅行推荐等应用服务。

4.2.2　位置隐私与泄露威胁

4.2.2.1　位置隐私的应用

在隐私控制论中,隐私被认为是对个体接近自我的一种选择性控制。因此,我们可以把位置隐私理解为移动用户(或物联网设备持有者)对自身位置数据的控制,或者说是移动用户自主决定何时披露、如何披露、选择性披露位置信息的一种诉求[5]。

在带来服务便利的同时,位置信息泄露也会给用户带来诸多威胁。在大数据和物联网时代,位置信息的来源非常广泛多样,位置大数据就包含有大量的移动用户不同时刻的位置信息。如果将这些位置信息与背景知识相结合,并通过大数据技术手段分析,用户的运动模式、健康状况、兴趣爱好、行为习惯和社会地位等敏感信息就会无处遁形。

美国的 Sense Networks 公司是一家位置服务的科技公司,致力于基于地理位置和匹配用户个性化行为档案来提供高效的地理位置广告定位服务。该公司一直以来致力于构建一个基于每个地理位置的兴趣点数据库,因此在某个用户提供了地理位置参数后,它就能告知你周边的情况。同时,Sense Networks 还为每位用户打造了一个行为模式档案,因此它能够基于不同用户的兴趣点来匹配不同的基于地理位置的广告。

4.2.2.2　位置隐私保护案例

周末,小王因为牙齿不适到家附近的一家口腔医院检查,结果发现是智齿引起的发炎导致的牙痛,医生强烈建议其拔掉智齿,由于拔牙需要一定的费用,并且窗口又不接受手机支付,而小王又没有带够现金。于是,小王在某手机 App 上进行了查询"最近的建设银行 ATM 取款机"。该查询用形式化语言表示为:

$$(userId, location, query)$$

其中,userId 为用户标识,location 为当前位置坐标,query 为查询内容,即"最近的建设银行 ATM 取款机"。

在该案例中,基于位置服务的隐私内容可分为以下两种类型。

(1)位置信息

位置信息包括数字化的位置信息和扩展位置信息。数字化的位置信息就是经纬度数据。扩展位置信息是指基于位置服务的应用,通过把位置数据与知识背景相结合获得的位置环境信息。如上例中,基于位置服务的应用可以由查询中的 location 判断该用户在医院,并且是在口腔医院,可以由此推断可能用户的牙齿需要治疗。位置服务的服务商可以由此给用户提供与口腔疾病相关的推荐服务,以此实现基于大数据的精准营销。然而,健康状况对个人而言属于隐私信息,用户可能并不希望自己的健康状况被平台利用,甚至被泄露给第三方,为自己带来更多烦恼及其他安全隐患。

（2）相关敏感信息

相关敏感信息即与个人隐私相关的其他敏感信息。如小王的查询服务请求中包含自己将前往建设银行进行相关金钱交易的信息。

可见,位置信息在位置服务的隐私保护中至关重要。位置信息不仅是进行查询处理的必要前提,而且可以作为伪标识符重新识别用户,从而导致用户敏感信息的泄露。

4.2.2.3 位置隐私服务面临的挑战

位置隐私的重要性不言而喻,但其管理面临三个方面的挑战。

（1）位置隐私保护与位置服务质量是一对矛盾体

在基于位置服务的应用中,位置数据的精准度越高,可用性就越强,位置服务的质量就越高,但是隐私保护的程度却越低。也就是说,隐私保护是建立在付出一定代价的前提下的,这种代价可能是服务的可用性、算法的复杂性等,还有可能是网络通信的代价。经过隐私保护算法处理后的位置信息会造成冗余的查询结果,从而占用用户一定的网络通信带宽。由此可见,隐私保护手段需要在隐私保护程度和付出代价之间找到一个平衡点。

（2）位置的多维性和动态性为攻击者提供了背景知识

位置信息的最大特点是动态性和时序性,即移动用户的位置是多维且连续移动的,每一维及每一点之间相互影响,位置之间存在时间依赖性,不能单独处理。攻击者往往可以由已知位置和运动模式,预测用户的下一个位置,从而实现位置攻击。因此,在单点位置上可用的位置隐私保护技术,在面对连续查询的隐私保护或轨迹隐私保护时,就不再适用。

（3）位置的即时性产生的海量数据对保护算法提出了更高的要求

基于位置的服务往往是在线应用服务,并且位置的频繁移动会产生大量的数据,这给处理器应用连续的服务请求带来了巨大挑战。在大数据环境下,如何设计高效可用的隐私保护方法,提高查询性能是位置隐私保护的重点和难点。

4.2.3 位置隐私保护技术

4.2.3.1 位置隐私保护体系结构

位置服务的系统结构主要由四部分组成:移动设备、定位系统、通信网络和位置服务提供商(如图 4-1 所示)。定位系统为移动设备提供位置信息。移动设备通过通信网络(如 4G、5G 网络),向位置服务提供商发送基于位置的查询请求,位置服务响应移动设备的查询请求,计算出查询结果,并将结果反馈给移动用户。

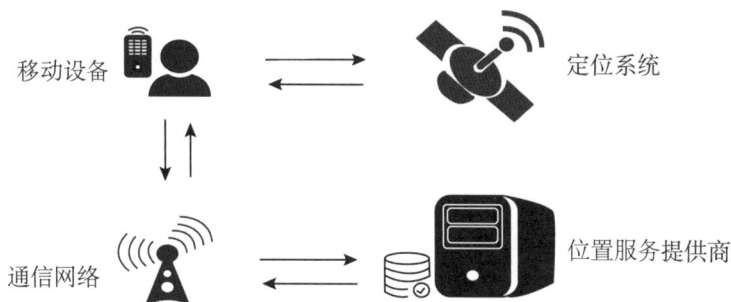

图 4-1　位置服务的系统结构

在该系统结构中,移动设备和位置服务通信过程中会存在以下 3 种攻击和隐私泄露威胁。①移动设备端的隐私泄露,如移动设备被劫持造成的隐私泄露。这种情况可通过移动端的安全机制来保护。②通信网络传输过程的信息安全问题。这种情况可通过网络安全通信协议来保护,如 SLL 协议等。③位置服务提供商端的隐私泄露风险。这种情况是位置隐私保护的主要研究内容。在接收到用户的查询要求时,位置服务提供商可以基于用户的位置信息对用户的隐私信息进行推测,甚至把信息出售给第三方获利,从而导致更严重的隐私泄露。本节简要介绍典型的位置攻击模型。

4.2.3.2　典型位置攻击模型

典型位置攻击模型有位置连接攻击、位置同质性攻击、位置依赖攻击和连续查询攻击等。位置连接攻击泄露的是标识和查询内容,背景知识是移动设备的精确位置。位置同质性攻击是由位置语义相同或查询语义相同造成的隐私泄露,泄露的是敏感信息,攻击背景知识是地图上兴趣点的分布情况。位置的连续变动可能带来位置依赖攻击和连续查询攻击。位置依赖攻击泄露的是用户位置,背景知识是运动模式;连续查询攻击泄露的是敏感信息,背景知识是公布的查询类型。

(1)位置连接攻击

位置连接攻击是由 Gruteser 等[6]于 2003 年首次提出的。在该攻击模型中,攻击者利用查询中的位置作为伪标识 ID,在用户 ID 与查询记录间建立连接,获取用户 ID 和查询内容。在该攻击模型中,攻击的背景知识是用户的精确位置,位置信息可以通过通信定位技术或实时观察获得。

为了清楚地理解位置连接攻击的实现过程,我们用 r 表示最初的查询请求,$r=\{id,l,q\}$,其中,id 为用户标识,l 为用户当前位置 (x,y),q 为查询内容。在 r 的 3 个信息中,id 是用户的关键字,不能泄露,在发送给位置服务提供商之前必须被隐藏;l 为当前位置,是一种伪标识,它不能直接标识用户,但可能泄露用户身份;q 是查询内容,必须传送给位置服务提供商。

如图 4-2 所示,对于查询请求 r,可信的第三方匿名服务器要计算出 r',使得 r' 满足以下两点:①r' 要包含 r 的除标识符外的所有属性;②不能违背用户的隐私需求。显然,如果不对 r 中的位置做任何处理,攻击者可以通过观察获得位置与 id 的匹配关系,进一步通过位置 l 与 l' 的连接操作,从而显露查询与 id 的关系。

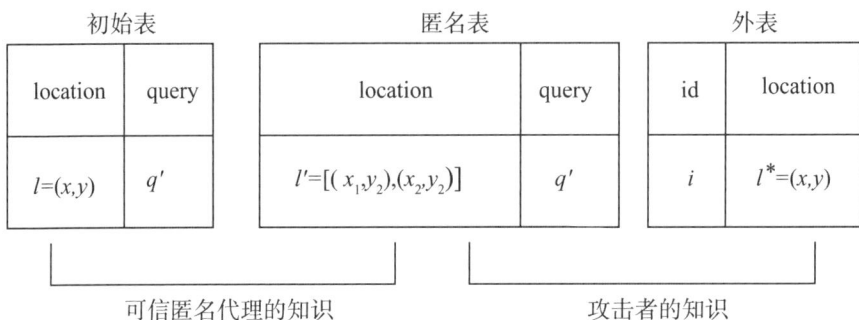

初始表		匿名表		外表	
location	query	location	query	id	location
$l=(x,y)$	q'	$l'=[(x_1,y_2),(x_2,y_2)]$	q'	i	$l^*=(x,y)$

可信匿名代理的知识　　　　　　攻击者的知识

图 4-2　位置连接攻击

(2)位置同质性攻击

当匿名集用户的匿名区域只覆盖一个敏感位置时,攻击者可以通过公开的信息高概率确定目标用户的敏感信息,这类攻击被称为位置同质性攻击。例如:San 公司为知名的销售公司,客户资料是该公司重要的商业机密,不可公开。San 公司的销售人员需要频繁拜访客户,公司为了考核销售人员的工作量,要求员工使用位置服务打卡和规划行程。如果有人恶意攻击 San 公司员工的位置服务查询,则有可能推断并重建出 San 公司的客户列表,造成公司商业机密的泄露。

(3)位置依赖攻击和连续查询攻击

位置依赖攻击又被称为基于速度的连接攻击,是指当攻击者获得用户的运动模式时产生的位置隐私泄露现象。如根据用户的最大运动速度,可得到用户在某一时间段的最大可达范围,因此攻击者可将用户的位置限制在最大区域范围与第 2 次发布的匿名区域的交集中,从而获得用户位置隐私信息[7]。在位置依赖攻击中,攻击者的背景知识包括历史匿名区域组成的集合和用户的最大运动速度。

连续查询攻击于 2007 年提出,Chow 等[8]认为如果直接将静态位置设计的位置匿名算法应用到连续查询中,则将产生连续查询攻击。因连续查询在查询有效期内位置是变化的,所以用户在不同时刻形成的匿名集不同,且匿名集中的用户不同。通过将有效期内匿名集中用户集合取交集,可唯一确定提出连续查询用户的身份,从而造成用户隐私泄露。

4.2.3.3　典型的位置隐私保护技术

常见的位置隐私保护技术可总结成 3 类,分别是基于数据失真的位置隐私保护技术、基于抑制发布的位置隐私保护技术和基于数据加密的位置隐私保护技术。不同的技术基于不同的应用需求和原理,各有优缺点。

(1)基于数据失真的位置隐私保护技术

基于数据失真的位置隐私保护主要通过用户提交不真实的位置数据来避免攻击者获得用户的真实位置数据,主要有随机化、空间模糊化和时间模糊化技术。这些技术需要在用户和服务器之间可信任的第三方服务器上将用户的位置数据转换成失真的位置数据,并将对模糊数据的查询结果转化成用户需要的结果。

随机化是指在原始位置数据中加入随机噪声,一起发送给可信任的第三方服务器。第三方服务器将噪音和准确位置都发送给位置服务提供商,并根据用户的真实数据过滤位置服务提供商返回的查询结果,并将过滤后的结果返回给用户。

空间模糊化是指通过降低发布的位置数据的精度来实现用户的隐私保护需求,但同时能获得正常的位置服务。空间模糊化隐私保护通常的做法是将用户提交的位置精度从一个点模糊到一个区域,直至任一用户提交的位置数据都包含其他若干用户,使得攻击者无法获得用户的准确位置。

时间模糊化则是通过增加用户位置数据在时间域上的不确定性,来减小位置数据精度。由于时间模糊化具有易操作性,并且实际应用中一般不需要很大程度模糊,所以被广泛应用在位置隐私保护中。

(2)基于抑制发布的位置隐私保护技术

由于保护算法的代价问题,基于数据失真的位置隐私保护方法只考虑当前时刻的位置信息是否会暴露用户的敏感位置信息。因此,在位置连续变动的时候,用户的隐私信息可能会由于位置在时间和空间上的关联而泄露。

位置隐私保护的目标是限制攻击者在收集到用户的历史位置数据以后,推测用户在某一时刻处于某敏感位置概率的信息增益,即由用户的历史位置计算出用户在某一时刻处于某敏感位置的后验概率与用户处于同一敏感位置的先验概率之差。计算某一时刻用户处于敏感位置的概率需要利用用户的位置数据在时间和空间上的关系。在未经保护的情况下,位置数据在时间和空间上的关系可以通过多种模型来刻画,目前主要有隐马尔可夫模型[9]和一般化图模型。

(3)基于隐私信息检索的位置大数据隐私保护技术

以上基于数据失真和基于数据发布的两类位置隐私保护方法,主要通过发布有噪声的位置数据和抑制发布位置数据来实现对位置隐私的保护。但当用户的位置服务需求较高时,这两类方法都无法满足用户的需求,即用户无法获得有效的位置服务。基于隐私信息检索(private information retrieval,PIR)的位置大数据隐私保护技术在保证位置服务可用的情况下不会泄露任何用户的位置信息,实现了完美的位置隐私保护。

基于隐私信息检索技术最早被应用于访问开放网络中的外包数据。用户可以检索一个开放的、不可信任的服务器上的任意数据项,而不会暴露数据项信息。当用户提交请求查询数据库中索引为查询内容的数据块时,该技术可以在服务器不知道用户查询内容的前提下为用户返回其查询数据块。隐私信息检索技术可以分为3类:基于信息论的隐私信息检索技术、基于硬件的隐私信息检索技术和基于计算能力的隐私信息检索技术。后两种技术被普遍应用于近邻查询计算和最短路径计算[10]。

4.3 旅游社交媒体的隐私保护

社交媒体,又称社会化网络服务媒体(social networking services,SNS),其基于用户原创内容(user generated content,UGC),赋予网民极大的自我表达的能力,将传统"一对一"的交流模式变为线上"多对多"的交流讨论,具有自发性、社区化、公开化等特点。21世纪以来,我国常见社交媒体包括微博、微信、网络论坛等一系列在线媒体。

社交媒体不仅为旅游业提供了许多市场机会,而且为旅游企业提供了多方面的服务。无论是在旅游市场营销方面,还是客户参与方面,社交媒体都已成为旅游企业实现业务目标的有效工具。近年来,随着微博、微信、马蜂窝、旅游直播平台等的日益流行,越来越多的用户开始在社交网络中分享自己的旅游经历和观点看法,发布照片,分享资源等。如作为社交媒体,Facebook作用于信息生产、阅读、复制和编辑等生产环节,同时承担着连接用户、沟通情感、维系社交环境等作用,并且对人们从事设计、经营和抉择等具体行为造成影响。在中国,微博、微信同样是刷屏时代的最佳营销平台。它们也通过一系列创新应用重塑旅游行业的营销模式,把旅游红人、旅游资源、旅游服务以及旅游管理部门等旅游行业生态元素结合在一起。

4.3.1　旅游社交媒体特征及对游客隐私的影响

以 Facebook、Twitter、微博、微信为代表的通用社交媒体和以马蜂窝为代表的垂直社交媒体给予用户极大的参与空间,使得用户不再是单纯的信息消费者,而同时成为内容的创造者。与传统的网络论坛相比,社交媒体具备的六个特征分别是参与性、关系性、广播性、连通性、社区性和开放性,这些特征对个人网络隐私行为产生深远的影响[11]。

4.3.1.1　参与性

社交媒体是基于 Web 2.0 的产物,社交平台自身并不产生内容,平台用户才是信息的制造者,同时也是信息的消费者。用户的高参与性使得社交平台上的内容与用户的兴趣爱好等个人属性高度相关,从而导致用户有意无意地泄露更多的个人隐私。

4.3.1.2　关系性

社交媒体帮助用户形成以个人为中心的人际关系网络,同时也为用户扩展人际关系提供了便利。用户的人际关系本身就是一种个人隐私信息。网络攻击者通过用户的好友类型、身份等信息,很有可能轻易地推测出用户的身份;另外,在用户与好友的互动过程中,也可能会不经意地泄露个人隐私。

4.3.1.3　广播性

信息通过社交媒体的关系网络进行扩散,并呈网状双向流动,称为社交媒体的广播性。这种信息流动的便捷性为人际互动提供了前所未有的便利,同时也加速了用户隐私信息的传播,降低了用户对自身隐私信息的控制能力,加剧了潜在的隐私泄露风险。

4.3.1.4　连通性

通过网络化的连接,社交媒体可以将多种相关的人、信息、资源集成到一起,使社交媒体表现出较强的连通性,或称集成性。当社交媒体把大量零散分布的信息通过用户社交网络连接在一起形成连通网络时,个人隐私泄露的风险也相应提高了。

4.3.1.5　社区性

微博、微信等社交媒体具有典型的用户聚集特征。具有相同兴趣爱好的用户群体聚集在一起,形成复杂的"线上熟人社区"。社区性促进了用户间的信息交互,也加剧了个人隐私泄露的风险。

4.3.1.6　开放性

社交媒体的开放性因平台不同而异。如微信朋友圈可设置为不让特定的人看、允许朋友查看最近 3 天的内容等;而微博则默认内容是对所有用户公开的,这种公开性会提高个人隐私泄露的潜在风险。

4.3.2　旅游社交媒体与传统网络平台隐私披露行为的比较

在传统的旅游电子商务网络环境下,用户需要提供一定的个人信息才能获得位置服务和商务交易服务等;而在社交媒体环境中,隐私披露行为变得更加复杂。图 4-3 为社交媒体环境中隐私信息的交互模式。

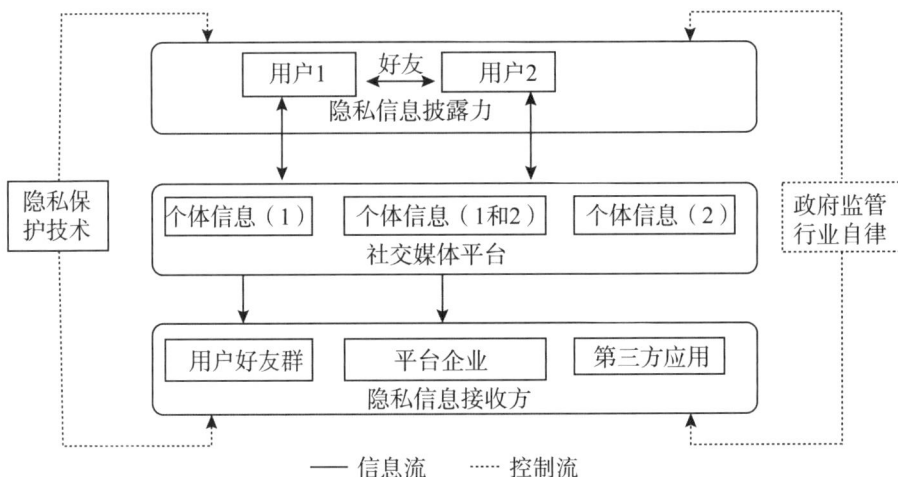

图 4-3　社交媒体环境中隐私信息交互模式

从图 4-3 可以看出,旅游社交媒体与传统旅游电子商务环境下的隐私披露行为具有以下 4 个方面的差异。

4.3.2.1　隐私披露的参与主体不同

在传统的旅游电子商务环境中,信息主要在双主体(企业和用户)之间进行交互,而在旅游社交媒体是多主体(用户、平台、第三方等)之间的信息交互。从隐私披露主体来看,隐私信息可以由用户主动披露,也可能被其好友被动披露。从内容来看,披露的隐私信息包含个人信息和集体信息,如用户 1 和用户 2 的聊天内容或共同的照片。从隐私接收方来看,隐私信息可能被多方获得,如好友、第三方应用或平台等。可见,在旅游社交媒体复杂的信息交互环境下,仅从单一的个体行为视角来理解社交媒体的隐私交互行为显得过于简单。

4.3.2.2　隐私披露的方式不同

在传统旅游电子商务环境中,隐私披露行为以主动披露为主;而在旅游社交媒体环境中,则以被动披露为主。在传统的网络交易过程中,用户为完成交易,不得不向平台商家提供个人姓名、收货地址和联系方式等；而在社交媒体环境中，交互过程并不需要用户提交个人信息，因此用户的隐私披露主要是主动披露。

4.3.2.3　隐私披露的内容不同

在传统旅游电子商务环境中，隐私内容较单一，用户提交的内容主要是为了交易所需的基本信息；而在旅游社交媒体环境中，隐私内容具有多样性，形式上可能是文本、图片、声音、视频等，内容上可能是兴趣爱好、位置轨迹、家庭信息、从事职业等。因此，在旅游社交媒体环境中的隐私披露是多维度的行为，从广度和深度上都远大于传统旅游电子商务环境下的隐私披露。

4.3.2.4　隐私披露的动机不同

在传统旅游电子商务环境中，用户提供自己的基本信息隐私是为了获得交易服务、个性化服务或现实商品折扣等有形收益[12]；而在旅游社交媒体环境中，用户隐私披露行为并不仅仅是为了有形收益，更多的是为了个人展示、建立人际网络、获得认同和建立信任等无形收益。

4.3.3　社交媒体隐私保护技术

社交媒体的隐私保护方法主要是对原始网络数据进行一些人为操作，如增加、删除或修改部分内容，使攻击者无法获取用户的敏感信息，避免隐私信息泄露。

社交媒体数据分为关系型数据和图结构数据。关系型数据的隐私保护技术研究已经取得了很多成果。Sweeney[13]于 2002 年首次提出 k-anonimity 模型。但该模型存在缺陷，无法抵御同质攻击以及背景知识攻击。为此，Machanavajhala 等[14]于 2006 年提出 l-diversity 模型。该模型要求发布数据中每个等价类中至少含有 l 种不同的敏感属性值，这样攻击者能推断出某一记录隐私资料的概率就低于 $1/l$。随后，针对 l-diversity 存在的问题，综合敏感属性分布，Li 等[15]提出了 t-closeness 模型。此外，针对关系型数据的隐私保护也常采用聚类的方法，将聚类和其他匿名手段结合起来，使数据能够抵御不同类型的攻击。与关系型数据相比，图结构数据的隐私保护技术更有难度，主要包括以下 4 种手段。

4.3.3.1　k-匿名保护技术

在关系数据隐私保护中，k-匿名技术已得到广泛应用。由于其有效性，k-匿名的技术思想也被许多研究者拓展应用于图数据。如 Liu[16]等针对度攻击提出了 k-匿名算法，使图中每个结点都有其他至少 $k-1$ 个结点与其度数相同。Zou

和 Pei[17]针对同时抵御领域攻击、度攻击、子图攻击等多种攻击方式,提出了k-自同构算法,并用图分割、块对齐和边缘复制 3 种技术手段实现 k-自同构。Yuan 等[18]从语义和结构角度设计了不同的技术来实现图结构的 k-匿名。

4.3.3.2　差分隐私保护技术

Dwork[19]于 2006 年提出了差分隐私保护模型。该模型对数据添加随机噪声,使数据失真,从而隐藏用户的敏感信息,使攻击者无法精准识别某一条记录,从而在统计意义上使得攻击者无论具有何种背景知识,都无法识别一条记录是否在原数据表中。该模型的优点在于不关心攻击者所拥有的背景知识,且不需要特殊的攻击假设,同时对隐私泄露风险给出了定量化的分析。

继 Dwork 之后,研究者为了提高算法效率和可用性,实现社交网络中的数据保护应用,提出了一些改进算法模型。Sala 等[20]选取社交图中相关结点以及相邻结点,通过引入噪声构造一个符合度约束条件的社交网络结构,即 Pygmalion 差分隐私图模型。Sommer 等[21]用差异隐私框架,对基于临近社交网络设置的用户进行匹配,能够准确地匹配类似的用户,并且使攻击者无法推断用户信息。

差分隐私保护技术虽然能够有效地保护用户的社交关系信息,但其前提是攻击者已掌握攻击对象的某些信息,因此在设计隐私保护算法之前要合理评估攻击者的能力。

4.3.3.3　聚类隐私保护技术

基于聚类的隐私保护技术是图数据的主流保护技术之一,其思想是分组泛化。在社交网络数据保护应用中,Bhagat 等[22]设计了一个交互式面向查询的匿名化算法,根据用户属性将图分割聚类。基于聚类的匿名方案虽然能够有效抵制攻击者精准定位用户结点,但也改变了原本的图结构,降低了数据的可用性。

4.3.3.4　随机游走(random walk)保护技术

随机游走也称随机漫步、随机行走等,是指基于过去的表现,无法预测将来的发展步骤和方向的状态。其核心概念是指任何无规则行走者所带的守恒量都各自对应着一个扩散运输定律,接近于布朗运动,是布朗运动理想的数学状态。随机游走具有随机性,利用其不确定性和思想随机选择假连接替换真连接,Mittal 等[23]将其应用于社交网络连接隐私保护。Liu 等[24]把用户的社交关系图作为输入,通过随机游走算法来混淆用户的社交关系结构图,从而保护用户社交网络正常运作,称为 LinkMirage 系统。

4.4 旅游大数据的挖掘

近年来,随着我国旅游业的快速发展,旅游电子商务企业的数量和规模也在快速增长,但是企业客户服务质量的提高却相对滞后。如何在保护用户隐私的前提下提高服务质量,已经成为大多数旅游电子商务企业发展的瓶颈问题,而客户细分是提高客户服务能力的重要途径。客户细分是指企业在明确的战略业务模式和特定的市场中,根据客户的属性、行为、需求、偏好以及价值等因素对客户进行分类,并提供有针对性的产品、服务和销售模式的策略。客户细分的实现技术主要包括因素分析、人工神经网络、拟和分析及聚类分析等。

聚类分析是数据挖掘领域的一个重要分支。它可以把数据对象分成若干个簇,使得不同簇中的数据对象相似度低,而同一个簇中的数据对象相似度高。常用的聚类算法有基于平面划分的算法、基于层次的算法、基于密度的算法、基于网格的算法等,所有这些算法都试图通过不同的途径实现对数据的有效聚类[25]。

K-means(K 均值)聚类算法是一种基于划分的聚类算法,算法简单、快速,但聚类结果的好坏取决于聚类数、初始聚类中心选择、样本输入次序以及数据的几何特性等。传统 K-means 算法的初始聚类中心是随机从数据集中产生的,容易陷入最小局部最优解,且聚类结果不稳定。针对传统 K-means 算法的缺点,Dhillon 等[26]调整了迭代中聚类中心计算方法,Pelleg 等[27]为加快迭代过程提出了 X-means 算法,Sarafis 等[28]在目标函数构建中引入了遗传算法,Alsabti 等[29]用 k-d 树结构改进 K-means 算法,曹志宇等[30]提出了一种新的基于数据样本分布选取初始聚类中心的方法。

基于密度的聚类算法具有对噪声数据、数据输入顺序不敏感等特点,可以弥补 K-meas 算法中初始中心点随机选择的缺点。本节将两者结合提出一种基于密度的 K-means 改进算法,并在迭代中引入几何三角形三边关系理论,简化了计算的次数。该算法在旅游电子商务的游客细分中得到了验证和应用。

4.4.1 K-means 算法

K-means 算法是划分聚类方法中的一种基于质心的技术。它以 k 为参数,把 n 个对象分为 k 个类,以使类具有较高的相似度,而类间的相似度则较低。相似度的计算根据类的重心(类中对象的平均值)来进行。设 k 是算法的输入参数,代表输出的聚类数量,数据集由 n 个对象组成,初始化时,根据输入参数 k 从数据对象 $\{i_1, i_2, \cdots, i_n\}$ 中随机找出 k 个 $\{w_1, w_2, \cdots, w_k\}$ 作为簇的初始均值或中心;对剩余的每个对象,根据其与各个簇中心的距离,将它分配给最相似的簇;然后计算每个簇的新均值。不断重复这个过程,直到准则函数(4-1)收敛。

$$\sum_{j=1}^{k}\sum_{i_l \in c_j} |i_l - w_j|^2 \qquad (公式4-1)$$

K-means 算法描述如下:

输入:包含 n 个对象的数据集及簇的数目 k

输出:k 个簇的集合

初始化 k 个簇中心 $\{w_1, w_2, \cdots, w_k\}$,其中 $w_j = i_l, j \in \{1, 2, \cdots, k\}$, $l \in \{1, 2, \cdots, n\}$

repeat

for 每个输入向量 i_l,其中 $l \in \{1, 2, \cdots, n\}$ do

将 i_l 分配给最近的簇中心 $w_j{}^*$ 所属的聚类 $C_j{}^*$(即 $|i_1 - w_j{}^*| \leqslant |i_1 - w_j|$, $j \in \{1, 2, \cdots, k\}$)

for 每一个聚类 C_j,其中 $j \in \{1, 2, \cdots, k\}$ do

将簇中心更新为当前的 C_j 中所有样本的中心点

计算准则函数 E

until E 不再明显地改变或者聚类的成员不再变化

4.4.2   K-means 算法的改进

虽然 K-means 算法得到了广泛应用,但它仍存在以下几个缺点:①合适的 k 值选择是一个比较困难的、与相关领域密切相关的问题,用户往往需要选择若干个 k 值来进行实验。②算法初始中心点的选择是随机的,不同中心点的选取,迭代次数、算法的复杂度均不同,聚类结果也可能不同。③由于一个极值对象可能相当程度上扭曲数据的分布,所以 K-means 算法对噪声敏感,且不能解决任意形状的数据聚类问题[31]。④在实际应用中,如果数据量较大,则算法相当费时。

针对以上算法问题中的前 3 个缺点,笔者引入了基于密度的方法来确定初始中心点,从而弥补 K-means 算法只适合于解决凸状分布的数据类型问题;针对第④个缺点,笔者引入几何三角形三边关系理论来简化比较和计算的次数。

4.4.2.1   基于密度方法改进初始中心点选择

基于密度方法的基本思想是只要一个区域中的点的密度大于某个阈值,就把它加到与之相近的聚类中,即通过寻找被低密度分割的高密度区域而达到聚类的目的。传统 K-means 算法用欧氏距离作为相似性度量的标准,随机选择聚类初始中心不能体现数据的分布情况,而相互距离最远的 k 个对象更具有代表性,同时为了避免低密度区中噪声点的干扰,本节从高密度区域中选择 k 个相距最远的点作为初始聚类中心。

定义 1　两个对象的距离公式：

$$d_{ij} = \sqrt{\sum_{k=1}^{p} (x_{ik} - x_{jk})^2} \qquad \text{（公式 4-2）}$$

其中：d_{ij} 为两个 p 维对象 i 和 j 的距离，x_{ik} 为对象 i 在 k 维的数据。

定义 2　ε 邻域：给定对象半径 ε 内的区域。例如，一个点 p 的 ε 邻域为 $N_\varepsilon(p) = \{o \in D \mid dist(p,o) \leqslant \varepsilon\}$。

定义 3　核心对象：如果一个对象（p）的 ε 邻域至少包含最小数目 minPts 个对象，则称该对象为核心对象。

改进后的基于密度的中心点初始化算法描述如下：

输入：包含 n 个对象的数据集、簇的数目 k、邻域半径 ε 以及邻域包含对象的最小数目 minPts

输出：k 个初始中心点对象

算法步骤：

①计算所有 n 个对象的距离 d_{ij}，保存在 $n*n$ 维数组中。

②计算所有对象的 ε 邻域，将所有 ε 邻域大于 minPts 的对象加入集合 T 中，同时保存每个对象的 ε 邻域值。

③在 T 中找出 ε 邻域最大的对象 c_1，加入初始中心集合 D 中，并将 c_1 从 T 中删除。

④计算 c_1 和集合 T 中所有对象的距离，找出离 c_1 最远的数据对象 c_2，将 c_2 加入初始中心集合 D 中，并从集合 T 中删除 c_2 对象。

⑤在集合 T 中找出离 c_1 和 c_2 最远的对象 c_3，将它加入初始中心集合 D 中，并从集合 T 中删除对象 c_3。

⑥继续在 T 中查找对象 c_j，直到找到第 k 个初始中心点对象。

4.4.2.2　基于三边关系理论简化迭代中的计算

在传统 K-means 算法中，一次迭代中把每个对象归属到离它最近的中心所在类，这个过程的时间复杂度为 $O(nkd)$，n 指对象的个数，k 指聚类数，d 是数据对象的维数。在数据量较大和数据对象维数较多的实际应用场景中，该算法的消耗的时间是很可观的。针对这一点，本节提出了一种基于三角形三边关系理论思想来减少每次迭代中计算次数的改进方法。

由于 K-means 算法中采用欧氏距离来衡量对象之间的相似性，所以可以考虑用三角形中两边之和大于第三边的关系理论来简化计算过程，在一次迭代过程中的算法为：

①计算任意两个聚类中心的距离 $d(c_i, c_j)$。其中，$i = 1, 2, \cdots, k; j = 1,$

$2,\cdots,k$。

②计算对象 x_i 与本来所在类中心的距离 $d(x_i,C_m)$。若 $d(C_m,C_n)\geqslant 2d(x_i,C_m)$ 不成立,则计算 $d(x_i,C_n)$;若 $d(x_i,C_m)<d(x_i,C_n)$,则暂时将 x_i 归到 C_m 类中。

③继续上述第(2)步,直到将 x_i 归属到最近的类。

该改进算法的时间复杂度为 $O(nvd)$,其中 v 为一次迭代过程中一个对象的平均计算次数,$1\leqslant v\leqslant k$,即在一次迭代中对象到中心点的计算次数,最好的情况下是计算 1 次,最坏情况下是计算 k 次。如果样本集(n)较大,则算法效率的提高是明显的。

4.4.3 实验分析

为了验证改进算法的可行性和有效性,本节将传统 K-means 算法与改进算法以及 SOM 算法进行对比实验。采用的测试数据集是 UCI[36] 的 Iris、Pima-indians-diabetes 和 Wine 三组数据。UCI 数据库是一个专门用于测试机器学习、数据挖掘算法的公共数据库,库中的数据都有确定的分类,因此可以用准确率来直观地表示聚类的质量。Iris 数据集包含 150 条记录,4 个属性;Pima-indians-diabetes 数据集包含 768 条记录,8 个属性;Wine 数据集包含 178 条记录,13 个属性。在本实验中,对于传统 K-means 算法,随机选取不同的聚类初始中心点,进行 15 次实验;对于传统的 SOM 算法,训练次数为 300 次;而本节的改进算法只需进行一次实验。将三种算法进行比较,实验结果如表 4-2 所示。

表 4-2　三种算法实验聚类精度比较

(单位:%)

数据集	传统 K-means 算法			SOM	改进算法
	最小	最大	平均		
Iris	72.30	87.67	76.32	78.33	89.10
Pima-indians-diabetes	52.38	78.30	66.23	70.29	71.35
Wine	59.33	74.27	65.84	66.13	60.73

从表 4-2 可以看出,对于传统 K-means 算法,由于初始中心点选择是随机的,并不考虑数据的实际分布情况,不同的初始中心点选择对最后的聚类精度影响较大,所以表中的最大值与最小值相差较大。而改进算法一开始就找到了准确的初始中心,所以能得到稳定的聚类精度。除 Wine 数据集外,改进算法的聚类准确率相比于传统 K-means 算法和 SOM 算法都有较大提高,而 Wine 数据集的聚类精度却不如传统算法。其主要原因是 Wine 数据集的 13 个属性的取值

范围差距较大,如 Alcohol 的范围是 0.34～5.08,而 Proline 的范围则是 278～1680,这就造成了改进算法在计算距离时,相互距离最远的点并不能代表数据的实际分布情况。这说明该算法有局限性。

另外,为了验证算法的有效性,我们用传统 K-means 算法和改进算法进行一次实验。算法的执行时间如表 4-3 所示。

表 4-3　算法执行时间比较

（单位:ms）

数据集	K-means	SOM	改进算法
Iris	21	221	83
Pima-indians-diabetes	22	373	135
Wine	19	315	91

由表 4-3 可以看出,虽然改进算法的执行时间比传统 K-means 算法要长,分别是 4 倍、6.1 倍和 4.8 倍,但对于数据量不是太大的数据集来说,改进算法所延长的时间是可以接受的。但是我们也看到,对于 Wine 数据集,改进算法聚类精度不如传统 K-means 算法,并且执行时间更长,说明改进算法有一定的局限性。针对该局限性,在改进算法实际应用时需要对原始数据进行归一化处理,以保持各个属性的取值范围不要相差太大,从而保证计算距离值与实际分布情况的一致性。

4.4.4　改进算法在游客细分中的应用

RFM 分析是一种经典的客户细分方法。RFM 模型是衡量客户价值和客户创利能力的重要工具和手段。通过一个客户的近期购买行为(recency)、购买的总体频率(frequency)以及花了多少钱(monetary)三项指标来描述客户的价值状况,称 RFM 模型。

4.4.4.1　RFM 模型扩展

旅游电子商务是旅游行为与电子商务技术相结合的产物。客户不仅可以在网站上完成除旅游活动之外的所有交易过程,而且可以在完成旅游活动后在网站上进行点评和推荐活动。

基于旅游电子商务的特点,除传统的 RFM 指标以外,笔者设计了三个新的指标,即网站访问(V)、网上点评(C)和网上推荐(I)行为。网站访问(V)指客户访问电子商务网站的次数,客户访问网站时可能消费也可能不消费;网上点评(C)指客户对某一个旅游产品或自己的旅游经历进行点评的次数;网上推荐(I)指推荐他人在该网站上进行消费的行为次数和金额。

笔者从某知名大型旅游电子商务网站的客户记录中随机抽取了 1000 条用户行为数据作为样本,并对用户的 6 个指标进行归一化处理,表 4-4 中列举 5 个样本的数据。

表 4-4　旅游电子商务网站中客户样本的六项指标

序号	近度(R)	频度(F)	值度(M)	网站访问(V)	网上点评(C)	网上推荐(I)
1	0.19	0.52	0.47	0.64	0.19	0.66
2	0.34	0.31	0.63	0.46	0.67	0.00
3	0.79	0.37	0.81	0.10	0.17	0.65
4	0.08	0.12	0.18	0.46	0.12	0.10
5	0.90	0.33	0.16	0.57	0.50	0.00

4.4.4.2　应用分析

将包含 6 个指标的 1000 个样本归一化数据通过 K-means 改进的算法聚类后得到 9 个类别,表 4-5 列出其中 4 个典型分类。

表 4-5　K-means 改进算法聚类后的客户分类情况

聚类类别	客户人数	近度(R)	频度(F)	值度(M)	网站访问 (V)	网上点评 (C)	网上推荐 (I)
C_2	105	0.203	0.311	0.705	0.370	0.551	0.520
C_4	277	0.032	0.446	0.316	0.709	0.788	0.389
C_7	92	0.701	0.388	0.783	0.309	0.090	0.064
C_9	52	0.000	0.000	0.000	0.230	0.112	0.000

从表 4-5 可以看出,类别 C_2 的客户是忠诚客户,有消费能力并且有时间浏览互联网;类别 C_4 的客户目前消费力不强,可能是经常进行网上消费的年轻人群体,是潜在的忠诚客户;类别 C_7 的客户消费力很强,但不太点评,可能是中产阶级群体;类别 C_9 的客户没有消费,但是有访问和点评,说明对网站有关注,可能是未来的客户。根据这些分类结果,针对不同的群体,旅游电子商务网站可以有针对性地制订不同的营销策略和客户服务策略。

4.5　旅游大数据商业化应用中的个人隐私保护

4.5.1　旅游电子商务与大数据

艾瑞(iResearch)监测数据显示,2018 年我国在线旅游市场交易规模突破

1.48万亿元,相较于2017年的1.17万亿元,增长了26.3%。未来几年,随着移动互联网应用爆发式增长,在线旅游市场的不断提升,以及民宿、公寓等非标准化住宿业的兴起,预计在线旅游市场将以年增长率超过10%的速度高速发展。与此同时,在"互联网+"的大背景下,传统旅游企业加快与互联网和电子商务技术的融合,旅游产业链的上游企业纷纷通过线上线下一体化(即O2O)等手段拓展自身的发展空间。例如,在旅游六要素中,"食"类企业因为产品的非标准化特点,以往难以在旅游电子商务的发展下觅得机会,但随着O2O模式的推广,餐饮类企业获得了巨大的发展空间。至此,旅游六要素(食、住、行、游、购、娱)与互联网实现了全面深度融合。

随着旅游企业的互联网化,我国旅游行业发生了巨大而深刻的变化,行业规模不断扩大,旅游相关数据呈现爆炸性增长。特别是随着社交媒体、物联网、垂直搜索引擎等技术在旅游业中的应用,旅游数据已经形成一个海量的信息空间。这也标志着旅游业已经进入一个新的发展阶段——旅游大数据时代。

近年来,国内外旅游行业开始重视大数据的应用。线上旅游企业、旅游管理部门、旅游研究机构已经开始关注、应用和研究旅游大数据,以期解决旅游业发展进程中的一些关键问题。如被称为"旅游发现推荐引擎"的 Hopper,从TripAdvisor、Expedia 等网站及博客中搜集了超过 10 亿个与旅游相关的网页,通过大数据分析,为旅行企业或个人提供更专业、更精彩的旅游景点推荐。携程网基于 2.5 亿用户的出行数据和社区点评分享数据,通过大数据分析发布了"特色旅行口碑榜",为游客出行提供极具参考价值的信息。去哪儿、阿里旅行等大型综合类线上旅游企业也已经开始尝试利用大数据寻找旅游热点、改进产品体系,为企业发展提供决策支持。

办理签证是出境游的第一步,平台类线上企业通过分析签证业务数据可以精准获取出境游的目标用户,促使用户产生交叉购买,从而将其转化为高客单价用户。景区利用物联网技术获取游客在景区内的行程和在各项目上花费的时间等信息,通过大数据处理甚至能够分析出游客的兴趣爱好、年龄段及家庭情况等。

4.5.2　旅游大数据个人隐私的特点

大数据应用有利又有弊,旅游业因大数据的使用而获益匪浅,但个人隐私安全问题也日益突显[33]。在围绕旅游六要素展开的一系列旅游活动中,游客留下了大量的个人信息,如个人基本信息、婚姻情况、家庭成员、健康情况、位置信息、酒店预订信息、旅行目的地偏好等[34]。一方面,旅游企业可以利用游客个人信息开展数据挖掘分析,进行有针对性的营销;另一方面,如果这些个人隐私被非法利用,游客将面临巨大的安全风险[35]。

目前,旅游大数据中个人隐私数据的来源一般分为 2 种。一种是网络用户主动提供的个人信息,如姓名、职业、联系电话等;另一种是在用户不知情的情况下由网络通过技术手段收集的,如浏览记录(网络日志、http Cookie、flash Cookie、Evercookie)、IP 地址等[36]。旅游大数据中的个人隐私信息具有以下 3 种特点。

4.5.2.1　复杂性

个人隐私信息是指个体不愿公开或让他人知悉的信息。在信息时代,个人信息隐私权是公民隐私权的主要内容。目前,在旅游大数据中个人隐私到底包含哪些内容,业界尚没有统一界定[37]。由于在旅游活动中个人隐私信息所涉及的内容非常广泛,为了能够较为全面地了解旅游活动中的个人隐私信息情况,按照个人信息的收集途径和使用目的,可将旅游大数据中的个人隐私信息归纳为以下几类[38]。①个人基本信息,如姓名、性别、年龄、身份证号、电话号码、籍贯、工作单位、电子邮件、家庭地址、职称职务等描述公民个人及家庭基本情况的信息。②为旅行安全采集的特征信息,如特殊病史、民族、餐饮忌讳、婚姻与家庭成员、头像、身高、体重、旅行目的、旅行喜好等。③个人旅游活动产生的信息,如旅游住宿、旅行日志、位置信息、旅行卡、银行卡、QQ、邮箱、微博、微信、社交圈等。④个人财产及信用信息,如出境旅游需提供的收入情况、财产状况、借贷记录、纳税情况、遵纪守法情况等。⑤上网浏览及在旅游社区遗留痕迹信息,如 IP 地址、Cookie、网络日志、旅游攻略、旅游点评信息等。

4.5.2.2　敏感性

旅游消费过程大多由线上和线下两部分组成。旅游行为又包含食、住、行、游、购、娱多个方面,时间跨度长,地理范围广,信息种类多,因此在旅游大数据中所包含的大量个人隐私信息中不乏敏感信息。如为旅游安全或特殊旅游需要而采集的个人病史、家庭成员及联系方式等信息,为出境旅游需提供的个人或家庭财产收入证明、房产证明等信息。这些隐私资料一旦泄露,将给个体及其家庭留下极大的安全隐患[39]。

4.5.2.3　泄露途径的多样性

目前,旅游企业普遍缺乏对游客个人信息资料的保护意识,对隐私保护技术的应用也远落后于电信、金融等行业。旅游活动中的个人隐私泄露,可归结为以下几种原因:①旅游企业和网络平台缺乏自律性。在旅游电子商务中,企业缺乏行业自律规范,不能妥善管理个人隐私信息。②利益驱动个人或组织非法窃取旅游活动中的个人隐私,用于贩卖。③个人的安全意识薄弱,自我保护技能不足。④旅游网络平台管理系统有信息技术安全缺陷[40]。

4.5.3　旅游大数据商业化开发利用的模式

大数据的意义不在数据规模的大小,而在于对它的加工利用,从而发掘出有价值的信息,实现数据的"增值"。由于旅游大数据具有边际收益高、时效性高和伴有圈子效应等特点,所以其商业价值受到了越来越多的关注。近年来,国内超大型旅游电商平台和旅游集团已着手对旅游大数据进行商业化开发,从中挖掘出用户的兴趣爱好、旅游习惯、人际关系、性格特点等有价值的信息,并开展个性化推送和精准营销等活动。目前,对旅游大数据的商业化开发利用模式主要有4 种,分别为在线旅游模式、第三方模式、监管引导模式和利益驱动模式。旅游大数据的价值实现过程如图 4-4 所示。

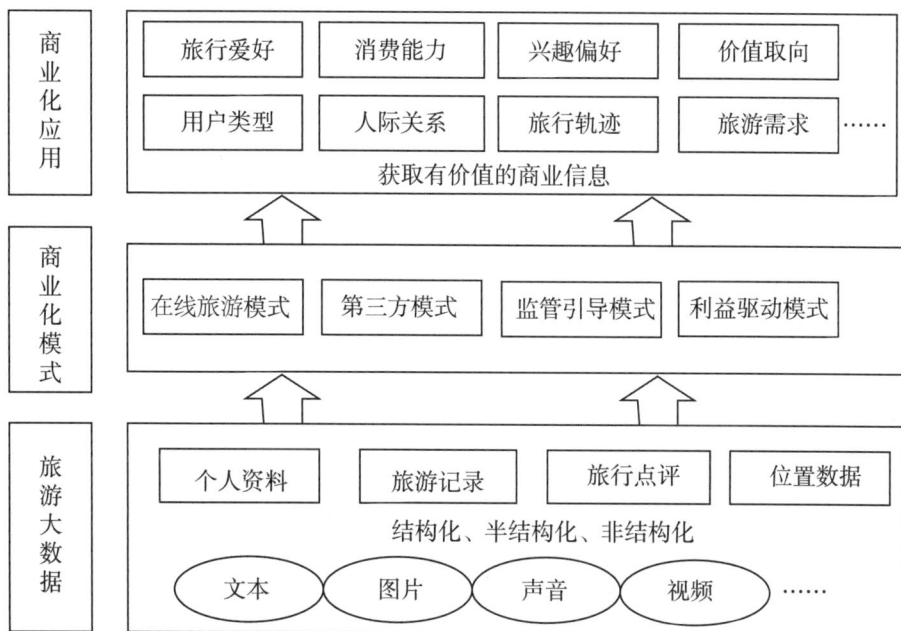

图 4-4　旅游大数据价值的实现过程

4.5.3.1　在线旅游模式

在线旅游服务平台,即旅游电子商务企业,如携程、去哪儿、阿里去啊等,不仅掌握了大量的用户资料及产品预订等结构化信息,而且可以通过网络社区平台收集旅游攻略、点评和分享等非结构化数据。在线旅游企业利用其自身的网络信息接受者和提供者的地位,对收集到的运营数据和旅游社区数据进行分析挖掘,细分客户类型,构建知识图谱,分析和发现用户的属性、兴趣和爱好等,甚至可以描绘用户间的关联性,从而为平台运营、客户服务和新产品开发等提供决策支持。

当前,在线旅游企业大数据利用的一个关键问题是,它们只掌控了游客"旅游前"和部分"旅游后"数据,"旅游中"数据则往往掌握在酒店管理系统(property management system,PMS)等提供商手中。因此,若能将在线旅游、酒店管理系统、大数据挖掘三者串联,整合出"旅游前""旅游中""旅游后"的数据链,挖掘其中的大数据价值,以数据指导运营,则在线旅游大数据将会有更大的利用价值。

4.5.3.2　第三方模式

该模式是指由专门从事大数据采集、存储和分析利用的公司提供大数据服务。如美国的 Teradata 是专注于大数据分析和整合营销管理解决方案的第三方软件公司,在全球旅游及交通运输行业中占有 60% 以上的市场份额。Teradata 对酒店住宿数据进行精准分析,并以 B2B 的商业模式提供给企业客户,也就是将消费者的数据作为产品销售给企业客户。另外,Teradata 通过统一数据架构打造了一个开放的框架,在提供核心业务功能之外,还可以让用户更便捷地将各种开源或者商业解决方案集成到平台框架内。这种第三方模式新的表现形式极大地促进了大数据的商业化利用。

4.5.3.3　监管引导模式

该模式在行业监管部门统一规划、引导和监督下,企业合理采集、储存和开发利用旅游大数据,从而实现大数据增值。在政府监管引导方面,欧美国家通常直接采用企业的大数据产品来为交通、旅游行业服务。如美国交通部在大多数州部署了 INRIX 公司的产品,借助大数据技术来疏导旅游高峰期和自然灾害后的交通。

4.5.3.4　利益驱动模式

该模式指个人或组织在利益的驱动下,对旅游行业中的大数据进行采集、贩卖、传播和分析处理等,从而获得旅游大数据中蕴含着的商业价值。目前,由于个体用户隐私保护意识淡薄、旅游行业自律欠缺和隐私保护法律滞后等,导致该模式下个人隐私泄露行为频频发生,成为旅游大数据商业化开发利用中隐私侵犯的重灾区。

4.5.4　个人隐私侵犯的主要原因

现阶段,我国对旅游大数据的开发利用仍处于起步阶段,法律法规、行业监管、企业自律、社会诚信机制等都还不太健全,导致在旅游大数据商业化开发利用过程中,个人隐私被侵犯的事件屡屡发生,究其原因主要有以下几点。

4.5.4.1　法律法规缺陷

互联网活动中的个人隐私有其特有的性质,与传统意义上的个人隐私存在很大区别,原有的法律法规很难适用。在 2020 年 10 月前,我国一直未出台保护个人隐私信息的专门法律,现有的几大法律中虽然有关于侵权的条文,但主要指财产权和人格权等,对隐私权,特别是网络隐私权缺乏具体规定。这势必造成对网络隐私侵犯行为的处罚依据模糊,惩罚力度不够,威慑力不足。

4.5.4.2　行业缺乏自律

从事旅游服务的企业或组织缺乏自律意识和自律机制,在个人信息的采集、储存和开发利用等过程中,未采取有效的技术手段和相关措施保护用户隐私,导致个人隐私的泄露。具体表现在以下几个方面。①行业缺乏统一认识。在旅游大数据生命周期中涉及的相关企业数量众多、类型不一,基于自身利益,行业难以统一认识,并制定有效的个人隐私保护自律机制。②缺乏第三方认证。第三方隐私保护认证是国际上常用的证明企业在隐私保护方面自律能力的途径。如TRUSTE 认证是从企业对个人隐私信息收集、储存和处理过程的透明度和问责机制等方面来评测企业的隐私保护能力。目前,国内旅游电商企业极少有获得隐私保护第三方认证的。③企业的隐私保护声明流于形式。大多数旅游电商网站没有在主页显著位置张贴个人隐私保护声明,难于被用户发现,而且大部分声明没有提到对违反隐私保护行为采取什么补偿措施,有些旅游电商甚至在声明中明确指出"隐私保护声明的修改及更新权均属于网站",可见这种声明保护的是网站而不是个人用户。

4.5.4.3　利益驱动

大数据所蕴含的价值日益被人们认可,一些企业或个人在巨大的利益诱惑下,非法采集、窃取、挖掘和开发利用旅游大数据,并进行非法交易,攫取利益。

4.5.4.4　用户个人缺乏防范意识

用户是个人隐私保护的主体。在旅游大数据的生成过程中,游客个人安全意识淡薄也是导致个人隐私泄露和被非法利用的重要原因。具体表现在以下几个方面。①个体安全意识淡薄。对网上注册、预订、评论过程中所提供的个人信息可能会被不当利用的认识不足,以真实身份或敏感信息注册账号、发表评论等,缺乏自我保护意识。②个体不安全的网络行为。将个人重要资料存储在空间,密码设置过于简单,安装不明插件,轻易打开不明链接,发表评论,上传照片等。

4.5.5　旅游大数据商业化应用中的个人隐私保护对策

保护个人隐私首先要考虑两个问题:一是个人隐私数据的利用过程;二是个人隐私数据在交易过程中的利益相关者。旅游大数据中个人隐私数据的利用过程也就是指个人隐私数据的生命周期,可以用图 4-5 表示。个人隐私数据在收集、处理、应用的每个环节都可能被交易,并被再次处理。

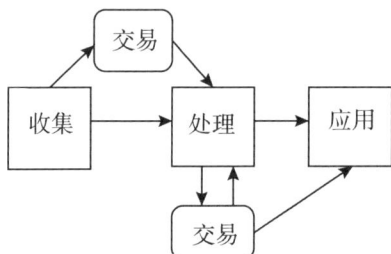

图 4-5　旅游大数据中个人隐私数据的利用过程

在个人隐私数据交易过程中的利益相关者主要包括旅游消费者、信息收集者、数据处理者、个人数据应用者和旅游企业监管部门。各利益相关者之间的关系如图 4-6 所示。

可见,旅游大数据的个人隐私保护是一个复杂的问题,涉及很多方面,除应用法律手段、技术手段外,还需要加强旅游行业和互联网行业的自律性,加强监管以及提高个人的隐私保护素养等措施来保护网络隐私不受侵犯,确保游客免遭安全威胁和财产损失。

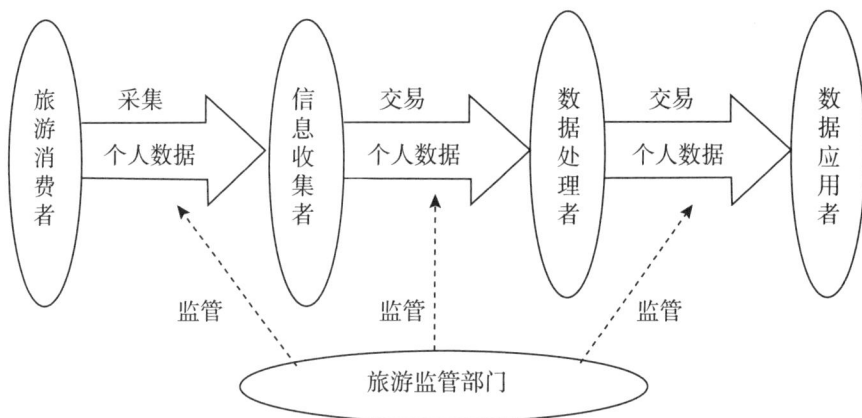

图 4-6　个人隐私数据处理中的利益相关者

4.5.5.1　加强行业自律,倡导第三方认证

现阶段,国内大数据的商业化应用仍处于起步阶段。为了鼓励互联网、电子商务和大数据行业的发展,增强企业在国际上的竞争力,我国对网络隐私保护采取"不事先立法"的做法。在这样的形势下,行业自律显得尤为重要。因此,笔者建议旅游企业提高对用户信息安全保护的意识,在收集、加工用户数据的过程中加强自律,并在显著位置公布隐私保护声明,促进用户对企业隐私政策和个人资料处理过程的理解,并给用户一定的激励,鼓励用户分享个人数据,并能更灵活地控制个人数据的使用。此外,通过对个人隐私保护能力的第三方认证来规范

企业对个人隐私信息的收集、储存和处理,可以提高企业个人隐私保护技术水平和管理能力,从而有效提高企业声誉。

4.5.5.2　加快调整隐私保护规则和完善相关法律法规

相比于欧美国家,我国在个人网络隐私保护方面的立法相对滞后。欧盟一直实行严格的立法手段来保护网络隐私,分别于 1995 年和 2002 年通过《个人数据保护指令》和《关于电子通信领域个人数据处理和隐私保护的指令》,建立了一套相对完备的网络隐私保护体系,为各成员国政策制定指明了方向。2016 年,为了进一步加强个人隐私信息的保护,欧盟制定了《通用数据保护条例》(General Data Protection Regulation,GDPR),并于 2018 年正式生效。GDPR被认为是全球最严厉的数据保护法规。该条例要求欧盟所有成员国在进行收集、存储、处理及转移个人信息等活动时,要按照要求采取技术和管理手段对个人敏感隐私数据进行保护。美国则以提倡行业自律为主,但也制定了一系列的网络隐私保护法律法规,特别是针对儿童制定了《儿童网上隐私保护法》,2012年又提出了《网络隐私权利法案》,设定了保护用户隐私的 7 项原则[41]。

2020 年 10 月,《中华人民共和国个人信息保护法(草案)》征求意见稿发布,意见稿就个人信息保护有关的立法问题向社会公开征求意见。2021 年 8 月 20日,《中华人民共和国个人信息保护法》表决通过,并自 2021 年 11 月 1 日起施行。这部法律出台的意义重大,必将对今后我国个人信息隐私保护产生重大影响,具有里程碑式的意义。

4.5.5.3　旅游监管部门加强监管,推进诚信体系建设

2013 年 2 月,我国首个个人信息保护国家标准《信息安全技术公共及商用服务信息系统个人信息保护指南》(简称《指南》)正式实施。该《指南》提出企业在处理个人信息时应遵循 8 项原则:目的明确、最少够用、公开告知、个人同意、质量保证、安全保障、诚信履行和责任明确。2021 年出台的《中华人民共和国个人信息保护法》进一步明确了履行个人信息保护的具体行政监管部门,明确了监管部门的工作内容和职责,规定了履行个人信息保护职责的部门,以及履行个人信息保护职责可采取的措施,赋予履行个人信息保护职责的部门对个人信息处理者进行约谈和提出整改的权限,规定了"投诉、举报制度"的设立要求。

与此同时,要确保旅游企业履行上述义务,旅游监管部门必须加强监督管理,包括:①设立相关机构,制定旅游行业具体的标准规范和实施细则,细化企业对个人数据收集和利用的义务。②建立有效介入和调查机制,监管部门能及时介入调查用户投诉等情况,对侵犯个人隐私的企业予以处理。③引导构建行业诚信体系,通过建设旅行社、酒店等行业信用平台,引导成立"在线隐私保护联盟"等手段,倡导行业诚信体系建设。

4.5.5.4　进一步提高用户的隐私保护意识

在旅游大数据时代,游客既是数据的使用者也是数据的生产者,为避免不必要的麻烦,游客应做到以下几点。①培养安全防范意识。在旅游活动中,很多隐私信息的泄露往往是在不经意中造成的,因此在大数据时代,加强公民隐私保护意识的宣传教育,提高公民的安全意识显得尤其重要。②养成良好的数据安全习惯。如密码设置不要太简单,不用生日或电话号码;不轻易安装各种浏览器插件和来历不明的软件;安装和设置防火墙;安装隐私保护软件;安装 Cookie 处理软件,去除使用痕迹;对重要隐私信息进行加密处理;及时更新操作系统补丁等。

总之,大数据应用在为旅游业带来机遇的同时也带来了巨大的挑战,个人隐私保护就是挑战之一。国内对旅游大数据中个人隐私保护的研究才刚刚开始。本章节主要分析了大数据时代旅游业应用中个人隐私的一些新的特点,提出了旅游大数据商业化开发利用的四种模式,并从法律、监管、利益和意识等方面分析了个人隐私泄露的原因,最后提出了在旅游大数据商业化应用中保护个人隐私的一些措施,并从行业自律、立法规范、行业监管和用户意识等方面回答了旅游大数据时代隐私保护的解决办法,希望能为后续研究者、旅游监管部门、旅游企业和游客提供一些参考。

参考文献

[1] 王俊,朱容波.可穿戴设备数据安全及隐私保护[M].北京:科学出版社,2018.

[2] 王璐,孟小峰.位置大数据隐私保护研究综述[J].软件学报,2014,25(4):693-712.

[3] Ugolotti R,Sassi F,Mordonini M,et al. Multi-sensor system for detection and classification of human activities[J]. Journal of Ambient Intelligence and Humanized Computing,2013,4(1):27-41.

[4] 唐科萍,许方恒,沈才樑.基于位置服务的研究综述[J].计算机应用研究,2012,29(12):4432-4436.

[5] 潘晓,霍峥,孟小峰,等.位置大数据隐私管理[M].北京:机械工业出版社,2017.

[6] Gruteser M,Grunwald D. Anonymous usage of location-based services through spatial and temporal cloaking[C]//Proc of the International Coference on Mobile Systems,Applications,and Services(Mobisys 2003). Scan Francisco,USA,2003:163-168.

[7] Tang X Y, Xu J L, Du J. Privacy-conscious location based queries in mobile environments [C] //IEEE Transactions on Parallel and Distributed Systems(TPDS). NJ. IEEE, 2010:313-326.

[8] Chow C, Mokbel MF. Enabling privacy continuous queries for revealed user locations[C]//Proc of 10th the International Symposium on Advances in Spatial and Temporal Databeses (SSTD07). Boston, MA, USA, 2007: 239-257.

[9] Eddy SR. Hidden markov models [J]. Current Opinion in Structural Biology, 1996, 6(3):361-365.

[10] Goldreich O, Ostrovsky R. Software protection and simulation on oblivious RAMs[J]. Journal of the ACM, 1996, 43(3):431-473.

[11] 闵庆飞, 王彦博. 社会化媒体的影响与应用[M]. 北京:科学出版社, 2013.

[12] Xu H, Teo HH, Tan BCY, et al. The role of push-pull technology in privacy calculus: the case of location-based srvices [J]. Journal of Management Information Systems, 26(3):135-174.

[13] Sweeney L. K-anonymity:a model for protecting privacy[J]. International Journal on Uncertainty, Fuzziness and Knowledge-based Systems, 2002, 10(5):557-570.

[14] Machanavajhala A, Gehrke J, Kifer D. L-diversity: privacy beyond k-anonymity [C] //Proc of the 22nd International Conference on Data Engineering(ICDE), 2006:24.

[15] Li N, Li T, Venkatasubramanian S. t-Closeness: privacy beyond k-anonymity and l-diversity [C]//Proc of IEEE 23rd International Conference on Data Engineering. Istanbul:IEEE, 2007:106-115.

[16] Liu K, Terzi E. Towards identity anonymization on graphs[C]//ACM SIGMOD International Conference on Management of Data. ACM, 2008: 93-106.

[17] Zhou B, Pei J. Preserving Privacy in Social Networks Against Neighborhood Attacks[C]//IEEE, International Conference on Data Engineering. IEEE, 2008:506-515.

[18] Yuan M, Chen, Yu PS. Personalized privacy protection in social networks Proc[J]. VLDB Endowment, 2010, 4(2):141-150.

[19] Dwork C. Differential privacy [G]//Automata, Languages and Programming [M]. Berlin:Springer, 2006:1-12.

[20] Sala A, Zhao X, Wilson C, et al. Sharing graphs using differentially private graph models[C]//ACM SIGCOMM Conference on Internet Measurement Conference, ACM,2011:81-98.

[21] Sommer M, Lim L, Li D, et al. A differentially private matching scheme for pairing similar users of proximity based social networking applications [C]//Proc of the 51st Hawaii International Conference on System Sciences,2018.

[22] Bhagat S, Cormode G, Krishnamurthy B, et al. Class-based graph anonymization for social network data[J]. Proc of the Vldb Endowment,2009,2(1):766-777.

[23] Mittal P, Papamanthou C, Song D. Preserving link privacy in social network based systems[C]// 20th Annual Network and Distributed System Security Symposium. San Diego:NDSS Press, 2013:1-15.

[24] Liu C, Mittal P. Link Mirage:Enabling privacy-preserving analytics on social relationships[C] //23th Annual Network and Distributed System Security Symposium. San Diego:NDSS Press, 2016:20-26.

[25] 汪永旗.一种改进的 K-means 算法在旅游客户细分中的应用[J].宁波大学学报(理工版), 2012,25(3):58-61.

[26] Dhillon I, Guan Y, Kogan J. Refining clusters in highdimensional data [C]//Arlington: The 2nd SIAM IC-DM, Workshop on Clustering High Dimensional Data,2002.

[27] Pelleg D, Moore A. X-means:extending K-means with efficient estimation of the number of the clusters[C]//Proc of the 17th ICML,2000.

[28] Sarafis I, Zalzala AMS, Trinder PW. A genetic rule-based data clustering toolkit [C]//Honolulu: Congress on Evolutionary Computation(CEC),2002.

[29] Alsabti K, Ranka S, Singh V. An efficient K-means clustering algorithm[C]// IPPS/SPDP Workshop on High Performance Data Mining. Orlando, Florida, 1998:9-15.

[30] 曹志宇,张忠林,李元韬.快速查找初始聚类中心的 K-means 算法[J].兰州交通大学学报, 2009,28(6):15-18.

[31] 杨杰,姚莉秀.数据挖掘技术及其应用[M].上海:上海交通大学出版社, 2011:173-178.

[32] UCI Machine Learning Repository [EB/OL]. [2012-1-17]. http://archive. ics. uci. edu/ml/datasets. html. http://archive. ics. uci. edu/ml/datasets. html.

［33］ Mayer-Schonberger V,Cukier K. Big data:a revolution that will transform how we live, work and think[M]. Boston:Houghton Mifflin Harcourt,2013.

［34］ 李凯,王晓文.隐私关注对旅游网站个性化服务的影响机制研究[J].旅游学刊,2011,26(6):80-86.

［35］ Chen MY, Yang CC. Privacy protection data access control [J]. International Journal of Network Security,2013,15(6):391-398.

［36］ Kobsa A. Privacy-enhanced personalization[J]. Communications of the ACM,2007,50(8):24-33.

［37］ Smith J,Dinevt,Xu H. Information Privacy research:an interdisciplinary review[J]. MIS Quarterly,2011,35(4):989-1015.

［38］ Anton AI,Earp JB,Young JD. How internet users privacy concerns have evolved since 2002[J]. Security & Privacy,IEEE,2010,8(1):21-27.

［39］ Montjoye D,Hidalgo CA,Verleysen M. Unique in the crowd:the privacy bounds of human mobility[J]. Nature,Scientific Reports,2013,3(2):1-5.

［40］ 孟小峰,张啸剑.大数据隐私管理[J].计算机研究与发展,2015,52(2):265-281.

［41］ 王忠.美国网络隐私保护框架的启示[J].中国科学基金,2013,27(2):99-101.

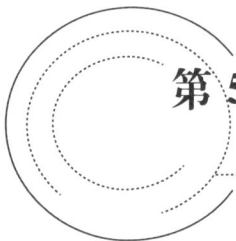

第 5 章　个人隐私的法律保护与旅游行业自律保护

随着信息技术的不断发展和互联网应用的日趋普及,个人数据隐私(personal data privacy)的保护已成为新的全球性问题。欧美等发达国家在数字经济领域有着深厚的积累,在个人数据隐私保护方面的法律和监管体系已相对比较健全。美国作为最先确立隐私权的国家,在个人信息隐私法律保护上已逐步形成了公私分立,以行业性联邦立法为主,以宪法、普通法和各州立法为辅的立法体系,并建立了以个人救济为中心、以市场调节为主导的个人信息隐私保护机制[1]。欧洲的个人信息保护立法别具特色,经历了三个阶段,从国内立法,到国内立法与国际立法并行,再到国际立法统一国内立法,形成全面立法模式,并构建了以个人信息保护机构为中心的隐私保护机制。

总的来说,美国和欧盟在对待个人信息隐私保护方面有着较大的区别。欧盟更注重个人信息隐私保护的立法体系化和完整性,对个人的隐私保护程度更高。美国在权衡数字经济发展与隐私保护方面,更倾向于前者,个人信息隐私保护的法律要求相对欧洲更宽松。了解欧美当前在个人信息隐私保护方面的立法过程和保护规则,有助于我国更好地建立相应的法律法规体系。为了构建高效的信息隐私保护机制,我们应该兼顾个人信息隐私的科技和经济特性,有效结合法律、市场和科技标准,充分发挥监管、市场和科技在个人信息隐私保护上的作用。

5.1　各国法律保护个人隐私现状

5.1.1　美国信息隐私保护

美国信息安全法和隐私保护法领域的学者,印第安纳大学教授 Fred H. Cate 在其著作 *Privacy in the Information Age* 中指出:"美国的个人信息资料隐私法律是由一堆未体系化、不一致,甚至不理性的联邦和各州法律法规组成的。"[2]这句话可以概括美国信息隐私保护法律的整体状况。迄今为止,美国还没有一部综合性的联邦法律来规范信息数据的安全性和隐私性。

美国是隐私权的发源地,也是最早构建信息隐私法律体系的国家。面对计算机等信息技术造成的隐私风险,美国较早地从联邦宪法、隐私侵权普通法、联邦立法及各州立法多个层面构建了独具特色的法律体系。联邦立法对公共领域和行业企业采用分别立法的模式,仅对联邦公共机关的信息处理行为进行规范。在私人行业,美国仅对特定行业的信息隐私提供立法保护。除联邦统一立法的情况外,美国在公共领域和行业企业间、不同行业间以及联邦和各州之间的信息隐私保护立法方面也确实存在差异甚至冲突。

5.1.1.1　信息隐私问题的出现及早期立法

自 1946 年世界第一台计算机 ENIAC 诞生之后,计算机被广泛应用于军事、行政管理、科学研究和商业活动中,为全世界带来了信息革命。特别是在 20 世纪 60 年代之后,计算机处理大量个人信息时的易复制和易扩散性引发了人们对信息隐私权侵犯的担忧和普遍关注。

为了保障公民查阅政府资料的权利,确保政府信息的公开和透明性,美国国会于 1966 年通过了《信息自由法》(Freedom of Information Act)。这部法律规定任何公民都有权要求行政部门提供与其相关的个人信息,且无须说明理由。该法还明确禁止了披露和公开个人医疗档案等隐私,若执法过程中收集的个人信息记录在可预见的情况下侵犯了个人隐私权,这些信息则会被禁止公开。在《信息自由法》的基础上,各州也制定了各自的信息自由法[3]。

1973 年,美国的健康、教育和社会福利部就新技术对个人隐私造成的威胁问题,发布了题为《电脑、记录与公民权利》的政府报告,回顾了政府和企业记录个人信息的发展历程,指出信息技术革命对公民权利尤其隐私权构成的威胁,建议制定相关行为规则来限制政府部门和企业在记录和处理个人信息时的行为。该报告首次提出了"信息正当运用"原则。报告指出,当前人们向未知机构提供个人信息的情况越来越多,人们不知道谁拥有自己的信息,也不能查看自己的个人资料并核实其准确性,不能控制个人信息被散播,也无法提出异议。报告提出的 5 项信息资料处理守则对全球的个人信息隐私立法产生了重大而深远的影响。这 5 项守则分别为:①只有在合法且必需的情况下,才能收集个人信息;②个人有权了解自己的哪些相关信息被记录,以及这些信息如何使用;③只能为收集信息时的明确目的而使用信息;④个人能够更新、修改与其相关的信息记录;⑤任何组织机构在创建、维护、使用具有标识性的个人资料时,必须确保使用目的与个人资料之间具有适当的相关性,并采取必要措施避免资料的不当使用。

在《电脑、记录与公民权利》报告的基础上,美国国会于 1974 年通过了《隐私法》，并明确采取公私分开的立法模式开展隐私保护的立法。《隐私法》对"信息正当运用"原则做了规定：①行政机关不应该秘密持有个人信息记录；②个人有权知道自己被联邦机关登记的个人信息及其使用情况；③为某一目的而采集的公民个人信息，未经本人许可，不得用于其他目的；④个人有权查询和请求修改关于自己的个人信息记录；⑤任何采集、保有、使用或传播个人信息的机构，必须保证该信息可靠地用于既定目的，合理地预防该信息的滥用。《隐私法》明确规定，隐私权是受美国宪法保护的一项个人基本权利，行政机关在尚未取得公民书面许可前，不得公开关于此人的相关记录。《隐私法》赋予个人广泛的信息所有权，允许个人决定其他组织或机构是否可以收集、持有、使用或散播这些与其相关的信息。《隐私法》规定，个人有权知道行政机关是否保有本人记录以及记录的内容，并要求得到复制品，除非此项记录符合《隐私法》规定的免除适用情况，或者系行政机关为起诉某人而编制的，否则行政机关不得拒绝个人的请求。个人认为关于自己的记录不准确或不完整时，可以要求行政机关修改或删除。个人要求修改的信息限于记录中的事实，不包括意见在内。个人有权对侵犯个人隐私权等有关违法行为提起民事诉讼，并主张相应的赔偿。《隐私法》还对联邦机构在采集、保有和使用个人信息方面设定了一系列的职责和限制。

1976年，美国司法部发布了关于政府数据库中犯罪记录安全性问题的指导原则。1977年，经过3年的全面研究后，隐私保护研究会发布了题为《信息社会的个人隐私》的研究报告。报告提出了160余项关于信息隐私保护的建议，但由于该委员会在完成报告后不久就解散了，报告中的大多数建议并没有得到实现，而此后也没有其他机构继续其职责。1981年，美国律师协会召开了一个信息技术与个人隐私关系的全国性研讨会，会议发布报告强调隐私权所受到的威胁，并敦促相关机构和人员尽快采取保护措施。

5.1.1.2　特定行业中的信息隐私保护立法

信息技术的兴起和发展彻底改变了各行各业。为了促进信息经济的发展，美国联邦政府在个人信息保护立法上采取的是以行业自治为主，以联邦立法为辅的宽松立法政策，仅对部分行业及领域进行立法以保护个人信息隐私。这些行业领域主要有通信、健康医疗、金融保险和教育等。

（1）通信行业的隐私保护

美国联邦政府非常重视通信和电子邮件方面的隐私保护，先后制定了一些相关的成文法律，影响比较大的主要有《联邦通信法》《全面控制犯罪活动与街道安全法》《电子通信隐私法》《儿童网上隐私保护法》等。

《联邦通信法》属早期的通信隐私保护相关法案，其中的第605条是国会针对电子监听的最早立法，对美国通信隐私的发展产生了深远的影响。该条款规定：“任何人未经授权，不得截取任何通信，不得向任何人泄露、发表被截取的通信内容、目的、效果和意义，并不得使用该信息或其所包含的信息来为其本人或他人谋取利益。”然而，《联邦通信法》对通信隐私的保护是有限的，针对有组织地利用个人信息进行犯罪活动日益严重的现状，美国国会于 1968 年通过了第一部综合管制几乎所有电子监听形式通信的联邦立法。该法案的前提是电子监听是政府打击犯罪的重要手段。法案规定了政府可在何种条件下，以何种方式对个体进行监听，而不是通过严格限制政府的监听行为来保护公民的隐私。之后，随着电子通信技术的发展，通信方式和监听手段越来越多样化，美国国会于 1986 年通过了《电子通信隐私法》（*Electronic Communications Privacy Act*）。该法案新增了“电子通信”的概念，并按照不同的电子通信方式，分别管制个人信息隐私的获取和使用。此后，1994 年的《数码电话法》修订了《电子通信隐私法》的规定，取消了无线电话的例外。

1988 年，为了限制消费者租借或购买录像带信息的行为，美国国会通过了《录像隐私保护法》（*Video Privacy Protection Act*）。该法律的主要目的是禁止录像带供应商泄露顾客租用或购买录像带的记录。根据该部法律，在事先给予顾客反对机会的前提下，录像带供应商可以向他人提供该顾客的姓名和地址，但是不得涉及其出租录像带的内容。同年，美国国会通过了《隐私法》修正案——《电脑匹配和隐私保护法》，该法律规范了利用个人识别的方法匹配同一个人信息的行为。

针对电话营销商非法使用个人电话号码信息的问题，美国于 1991 年制定了《电话消费者保护法》（*Telephone Consumer Protection Act*），规定了个人有权要求电话营销商不向其开展营销推广活动。如果电话营销商违反上述规定，个人可以要求赔偿。

1998 年，为了解决行业自治对儿童网上隐私保护效果不足的问题，美国联邦贸易委员会向国会提交了相关的报告，指出诸多网站大量收集和利用儿童的个人信息，并且没有遵守信息行为守则。为此，美国制定了《儿童网上隐私保护法》（*Children's Online Privacy Protection Act*），这也是美国第一部关于网上隐私保护的联邦立法。该法限制了机构和企业通过互联网收集和利用儿童个人信息的行为，当网站需要收集儿童信息时，必须张贴隐私声明，并说明其收集信息的内容、目的和信息披露的政策，而且在向儿童收集个人信息时，必须获得家长或监护人的同意。

（2）金融保险行业的隐私保护

在信息时代，金融和保险服务都需要个人的信用信息。为此，信用报告企业通过各种渠道收集、处理个人的信用信息，如银行账户、贷款记录、诉讼判决、抵押贷款、个人经济历史等,并以此评测个人的信用度。在美国,三大个人信用报告机构益百利(Experian)、环联(Trans Union)、艾奎法克斯(Equifax)几乎持有每位成年公民的个人信用信息。针对越来越多的人投诉信用报告中存在错误的问题,美国国会于 1970 年通过了《正当信用报告法》(*Fair Credit Reporting Act*)。这也是美国首部个人信用信息保护法。该法律规定个人有权查阅信用报告机构持有的本人信用信息,以及修改相关资料,限制信息披露,并对隐私泄露等违法行为造成的损害提出赔偿。

20 世纪 90 年代,美国提出了信息高速公路战略,信息革命深入各行各业,金融保险业也因此发生了巨大的变革。在该背景下,为了促进金融服务业的现代化,限制金融组织与其他商业机构联合共同提供金融服务或者产品,并保护个人隐私,美国总统克林顿于 1999 年签署了《金融服务现代化法》(*Financial Services Modernization Act*),亦称格雷姆－里奇－贝里利法案(*Gramm-Leach-Bliley Act*,GLB)。该法案是一部关于消费者财务信息的数据隐私保护规定。它明确准许金融保险机构可以在其分支机构之间共享非公开性的消费者个人信息,但限制向无关联的第三方披露信息。分支机构有责任告知消费者其个人信息正在被分享,但个人无权阻止该信息共享。若金融保险机构对外披露消费者个人信息,则个人对此具有否定权。在实际操作中,金融保险机构往往会向客户发送隐私声明,由客户来选择是否允许其向第三方披露信息。在该法案中,只有"不公开的可识别的个人信息(nonpublic personally identifiable information)"才受到保护。这类不公开的信息主要指个人金融信息,如客户向金融机构提供的信息,金融机构为消费者提供服务的过程中收集的个人信息,金融机构以其他方式获得的个人信息。另外,从不公开的私人信息中通过数据挖掘获得的名单、消费者属性等,也是受保护的信息[4]。

(3)健康医疗行业的隐私保护

在医疗保健方面,个人的健康医疗信息隐私主要体现在对医患关系的保密和对医疗、保险档案的保密上。1974 年通过的《隐私法》对联邦机构所持有的档案规定了具体的保护程序和保护措施,这些档案就包括医疗档案。美国所有的州对医疗健康信息的使用和公开都有法律上的要求。1985 年,美国统一法学会提出保护健康医疗信息隐私的相关建议,之后有多个州通过了健康医疗保健信息保护的相关法规,许多州制定的法律还保护一些特殊的健康医疗信息,如HIV 感染者和精神病患者的信息。

对于健康医疗保障的管理、艾滋病的传染控制以及人类基因项目,许多法律人士和学者提出了许多有益的建议,希望能够利用联邦法律、法规来规范健康医疗信息隐私的管理。如 1999 年,国会议员杰弗德等提出《健康信息安全保密法案》,以期确保个人医疗档案以及与医疗保障有关信息的安全。1997 年,美国健康与人类服务委员会提交了一份报告,呼吁制定一个全国性的健康医疗信息隐私保密标准并立法。该委员会认为,该标准应涉及健康医疗信息的安全、消费者对本人健康医疗信息的控制和公共责任等方面内容。报告强调对健康信息隐私保护立法的迫切性,提到公民的医疗健康信息每天都在被收集、储存、分析和分享,几乎没有得到任何保护;美国的医疗保健系统改革加剧了个人健康隐私泄露的风险,公民和家庭成员的医疗信息从医院被分享到保险公司。

人类基因测序这样的生物学技术变革,则会泄露我们最隐秘的个人信息。基因隐私可能会导致公民的社会评价降低,不能获得健康保险和在工作中受到歧视等社会问题。为此,一些专家和学者起草了《基因隐私法》。此后,美国各州,如马里兰州开始了基因隐私保护方面的立法。美国参议院和众议院也向国会提交了好几部基因隐私法案,包括《基因隐私与反歧视法》和《人类遗传因子隐私法》。1996 年,美国国会通过了《健康保险权利和责任法》。该法禁止保险机构在公民参保过程中的基因歧视。2001 年 2 月,美国总统克林顿签署法令,禁止所有联邦部门和机构在雇佣、提拔员工时,以基因信息作为限制条件。

为保护个人的健康信息,美国国会于 1996 年制定了《健康保险便利及责任法》,并要求卫生与公共服务部制定个人医疗信息隐私保护的规章。该部法律于 2000 年制定完成,并于 2003 年生效,适用于评价联邦的健康计划和私有医疗服务提供者使用和披露个人健康信息的行为。该法律规定,医疗机构在开展治疗、健康护理业务和付款活动中需要使用或披露个人信息时,首先要获得个人的同意,并能采取适当的措施保障患者医疗信息的安全;若未经个人书面同意或授权,则只可在删除个人识别性信息的情况下,披露患者的信息[5]。对于违反上述规定的行为,该部法律也规定了刑事和民事救济措施。

(4)其他行业的隐私保护

美国对其他领域信息隐私保护的立法主要包括家庭教育、影像租售、车辆和驾驶员信息和儿童信息等方面。

在教育方面,为了限制学校的权力和保护学生的权利,美国国会于 1974 年通过了《家庭教育权利和隐私法》(*Family Education Rights and Privacy Act*),即“巴克利修正案”(Buckley Amendment)。该法案适用于接受联邦政府资助的教育机构。学生对其教育记录享有隐私权,主要表现在:①有权得到学校管理的教育记录(以复制方式);②有权要求修改教育记录;③有权要求只有在得到学生允许的情形下披露其教育记录;④对于学校违反该法案规定,擅自披露学生教育记录的情况,学生家庭有权提起诉讼。对学生信息披露的例外情况包括:①学校管理者有合法的教育理由获得学生信息;②向学生要入读或转入的其他学校披露信息;③向学生家长披露信息;④涉及保护其他学生健康和安全的紧急事件所需而披露信息。

在影像租售方面,美国国会于 1988 年通过了《影像隐私保护法》(*Video Privacy Protection Act*)。该法案限制从事录像带租赁、出售或者物流业务的服务商披露消费者的个人信息,包括消费者个人资料及购买、租赁或订阅的影像资料信息。例外是向其他商家披露信息属于服务商正常的业务活动。

在车辆和驾驶员隐私保护方面,美国于 1994 年通过了《驾驶员隐私保护法》(*Driver's Privacy Protection Act*)。该法案要求各联邦机构在向商家披露个人车辆登记信息前,必须获取个人的同意。个人有权对非法披露、获取其车辆和个人信息者,提起民事诉讼,并要求法院作出惩罚性的损害赔偿的判决。

在儿童隐私信息保护方面,美国于 2000 年通过了《儿童网上隐私保护法》(*The Children's Online Privacy Protection Act*),并授权联邦贸易委员会具体实施。该法案的目的是使商业网站难以在家长不知情和不同意的情况下,直接从儿童处收集私人信息,旨在解决有孩子的家庭所面临的信息隐私威胁。该法案和前述的《家庭教育权利和隐私法》一样,赋予家长禁止向第三方提供特定信息的权利,以保护儿童的信息隐私。该法案保护的"儿童"指任何未达到 13 岁的个人,但实际上 13 岁以上的儿童可能更容易泄露他们及家庭的隐私信息。多项研究指出,儿童在使用互联网方面存在诸多风险,包括信息隐私的丧失、广告商的宣传,以及接触到成人网站的内容,并且有研究表明,儿童比父母更容易在互联网上透露家庭的隐私信息[6-7]。

5.1.1.3 美国各州的信息隐私立法

在联邦层面上,数据安全和信息隐私立法过程非常复杂,常常会陷入争论如何平衡经济发展与隐私保护的泥潭,但各州仍一直在向前推进大量有助于填补各方面信息隐私保护空白的重要法案。对 2020 年的立法机构数据库的搜索发现,美国 50 个州、地区和哥伦比亚特区,数百项涉及网络安全、隐私保护和数据泄露的法案正在等待通过。本节讨论一些有代表性的州层面发布的信息隐私法律。

受欧盟突破性的《通用数据保护条例》(*General Privacy Data Protection Regulation*)的影响和启发(这项立法旨在赋予消费者更大的控制权,以控制企业收集和使用他们的个人数据),美国各州制定法典化数据隐私法案的势头前所未有。2018 年,在加利福尼亚州通过《加州消费者隐私法案》(*California Consumer Privacy Act*)之后,多个州提出了制定类似法律来保护本州消费者的数据隐私权益。

《加州消费者隐私法案》是美国目前最全面的州一级关于信息隐私保护的法

案。该法案于 2018 年 6 月 28 日颁布并被签署成为法律,于 2020 年 1 月 1 日正式生效,在其生效之前保留了足够长的过渡期。到目前为止,加州议会已经提出了两项法案来扩大其范围,同时有九项草案试图限制其影响。该法案适用于从加利福尼亚州居民那里收集信息并至少满足以下条件之一的企业:①年总收入超过 2500 万美元;②为商业目的购买、收集、出售或共享 5 万个以上的消费者、家庭或设备的个人信息;③50% 以上的企业经营收入来自销售消费者个人信息。该法案规定:企业需要披露收集个人信息的范围及使用目的;授予消费者要求删除个人信息的权利,并要求企业在收到核实要求后删除相应的信息;授予消费者权利,要求出售或出于商业目的披露其个人信息的企业披露其收集的信息类别,以及出售或披露信息的第三方身份;在消费者的隐私政策中,通过"不出售我的个人信息"链接,授予消费者控制企业将其信息出售给第三方的权利;让个人能够指导企业删除他们的信息;禁止商家在未经 13~16 岁消费者明确同意的情况下出售他们的信息,并要求企业在出售 13 岁以下消费者信息之前获得其父母或监护人的同意;扩展个人信息的定义,包括设备的 IP 地址、Cookie 和基于客户偏好、特征、行为、兴趣等变量的心理信息。

2020 年 11 月,加利福尼亚州又通过了《加州隐私权利法案》(*California Privacy Rights Act*)。该法案创建了一个新的消费者隐私机构,这个机构将对违反隐私法的行为负责,而不受州总检察长的管辖。该法案将于 2023 年 1 月 1 日生效,不过在执行方面有 6 个月的宽限期。

继加利福尼亚州之后,弗吉尼亚州议会于 2021 年 2 月批准了《消费者数据保护法案》(*Consumer Data Protection Act*)。该法案将迫使企业赋予消费者选择退出数据收集的权利,允许消费者确认一家公司是否持有他们的数据,并使用系统访问这些数据,用户可以修改不准确的信息,或强制该公司删除全部信息。消费者也可以阻止公司将这些信息用于营销或其他目的。公司有义务说明这些个人数据用于什么目的,并且收集的这些个人数据仅用于这个目的,他们还必须说明哪些第三方将共享这些数据以及第三方将如何处理数据。该项法律也将于 2023 年 1 月 1 日生效。

在内华达州,参议院第 220 号法案于 2019 年 5 月被签署成为法律。该法案修改了内华达州现有的隐私法,要求企业在出售个人信息时向消费者提供"拒绝"选项,但有一些例外情况。内华达州法案并未对网站运营商增加任何新的通知要求,但要求他们在隐私权政策中发布某些信息项,包括收集的信息类别和共享数据的第三方类别,消费者可以请求查看企业对其相关信息进行更改的过程描述,第三方可以跟踪消费者的在线活动及通知的生效日期。违反这些条款的组织和企业可能会受到最高 5000 美元的罚款以及永久禁令。司法部门将有权对违法行为提起诉讼,允许违法者用 30 天的时间来纠正违法行为,但不包括处理"退出权"的行为。

2019 年 6 月,缅因州州长签署了一项保护在线消费者信息隐私的法案。该法案于 2020 年 7 月生效,特别禁止宽带互联网接入提供商使用、披露、销售或允许访问客户个人信息,除非客户明确同意使用、披露、销售或访问。

5.1.2 欧洲信息隐私保护

与美国有关法律的多样性不同,欧洲国家使用全面的法律来规范公共组织和私人机构对个人隐私信息的使用。这些法律对个人信息的收集、储存、使用和发布等问题规定了完整的权利和责任。一部法律通常能同时适用于公共机构和私人企业,并且各国往往还会以一系列具体行业或应用相关的法律加以辅助,从而形成一个严密的隐私保护法律体系。本节主要介绍对欧洲个人信息隐私有重大影响的两部法律法规,即《资料保护指令》和《通用数据保护条例》。

5.1.2.1 《资料保护指令》

(1)欧洲信息保护的立法过程

在个人信息的法律保护方面,欧洲一直处于领先地位。20 世纪 70 年代,瑞典、德国和法国等国家率先开启了信息保护立法的序幕。1973 年,瑞典议会通过了世界第一部全国性的信息保护法《瑞典资料法》。在当时,计算机技术在瑞典获得了比在其他国家更广泛的运用,加上该国开放的政治体制,以及信息隐私保护倡导者们前瞻性的眼光,使得瑞典在欧洲乃至全球率先揭开了信息隐私全面立法的序幕。1977 年,德国也出台了《联邦资料保护法》。相比于瑞典,在立法之前,信息保护问题在德国得到了更为全面和深入的讨论,因此德国的信息保护理论、立法和实践也更具影响力,是欧洲信息隐私保护的一面旗帜。与德国和瑞典等欧洲发达国家相似,法国也较早面临计算机信息处理给私人生活和自由造成的侵扰。为此,法国在 1978 年也制定了相应的资料保护法,即《信息、档案与自由法》。该法律以保护个人自由和基本权利为主旨,确立了信息隐私以保护人权和自由为导向的法理基础。在英国,信息保护法的出台历经波折,虽然信息保护问题自 20 世纪 60 年代起就为人们所关注,但众多因素导致英国直到 1984 年才制定了首部资料保护法。其中,英国政府的保守政策与实用主义路线是阻碍信息保护立法进程的主要原因,对英国信息保护政策产生了深远的影响。

在各国纷纷对信息隐私保护问题展开讨论并制定法律保护的过程中,整个欧洲范围内逐渐达成对信息正当运用原则的共识。这些共识主要体现在以下 4 个方面:①确立对个人信息的义务和责任;②保持对个人信息进行处理的透明性;③对敏感信息加以特殊保护;④有效监督信息的处理过程和目的。这些要素构成了欧洲个人信息保护的方法体系,其基本原则已经有效体现在各国法律以及欧洲公约中,并促使欧盟在 1995 年 10 月签署保护个人信息的指导原则《资料保护指令》,该指令于 1998 年生效。该指令的制定标志着欧盟在资料保护的理念上经历了以市场为中心到以人权保护为中心的根本转变。

（2）欧盟《资料保护指令》的主要内容和特点

①适用范围:适用于由欧盟法律所规范的私人数据的处理活动。不适用的领域包括公共安全、防务、国家安全以及与国家刑法有关的活动中的数据处理。

②敏感信息:该指令指出,在涉及种族或民族身份、宗教信仰、政治观点、所属工会组织或个人健康和性生活等信息时,适用更为严格的规则,通常要求必须经过个人"明示同意",才能使用该类数据[8],而且即使在权利人同意的情况下,各成员国还可以另外制定规则,禁止使用敏感数据。严格规则的例外是当信息涉及预防性用药或医疗诊断、治疗、医疗服务的管理,以及受到职业保密义务约束的医疗工作者或其他负有类似保密义务人的时候。

③信息流动与隐私保护并重:信息处理系统应以服务人类为宗旨,信息处理应尊重人们的基本权利和自由,尤其是隐私权。同时为了确保欧盟市场的统一化,伴随着产品、人员、服务和资本在各国的自由流动,个人信息资料也能够在成员国之间自由流动,各成员国不得以保护资料隐私为借口限制跨境的资料流动,但需要保障个人在资料上的基本权利。该指令不仅为欧盟资料隐私保护确立了一个水平的底线,而且在融合各国立法过程中,不降低各国已有的保护水平,从而为欧盟公民提供一个较高的资料保护水平。

④全面保护公私领域资料处理:公共机构和私人企业的资料处理过程均可能侵害个人的资料隐私,两者之间的界限越来越模糊,并且两个领域在信息处理上的交叉情况日益增多。为全面保护个人资料隐私,指令一并适用于公共机构和私人企业中的资料处理行为。指令对于个人资料的界定也非常宽泛,与个体身份确定相关的任何信息都属于个人资料。

⑤广泛的个人权利:为确保个人能够了解其资料处理的有关情况,积极参与资料处理过程,指令赋予资料当事人广泛的权利,如资料处理的知情权,资料查阅权,及对不准确、不完整、不及时信息的修改和删除权,对特定资料处理的反对权。此外,为确保资料当事人能够有效行使资料处理权利,指令确立了相应的救济机制,包括资料当事人自力救济,资料保护机构协助以及其他争议解决模式。

⑥严格的国际资料转移标准:由于欧盟各国的经济发展水平和资料保护水平差异较大,为了确保资料在不同国家之间转移时不损害个人隐私,指令确立了一套完备的法律体制。具体包括:禁止向不具备适当资料保护水平的第三国转移欧盟公民的个人资料;当需要向不具备适当保护水平的第三国转移资料时,需

通过合同等方式为资料隐私提供充分的保障;严格限制例外情形,以保护当事人和欧盟国家的公共利益。

(3)《资料保护指令》的影响

该指令是欧盟信息保护立法统一化进程的里程碑,它奠定了欧盟在信息保护立法上的主导地位,对世界其他国家和地区的信息保护立法产生了深远的影响[9-10]。具体体现在以下 4 点。①指令强调个人信息保护是人权保护的重要组成部分。这一理念成为欧盟各国信息保护的理论基础,并直接影响信息保护法的适用范围、内容及机制。②指令是一套全面的信息保护体制,明确个人信息处理的合法依据。在个人信息处理的整个过程中,指令为信息所有者设定义务,为信息当事人设定权利,并以专门的资料保护机构来监督指令的实施。③该指令与其他资料保护立法不同,具有强制效力。④指令规定了国际资料转移的标准,禁止向缺乏资料保护水平的国家转移资料。这对欧盟以外国家和地区的个人信息保护立法产生了重大影响。

5.1.2.2 《通用数据保护条例》

自 21 世纪以来,随着通信和网络技术的不断发展,欧盟于 20 世纪 90 年代制定的《资料保护指令》在很多方面已显不足。为此,欧盟于 2016 年制定了《通用数据保护条例》(General Data Protection Regulation),并于 2018 年正式公布生效。该条例要求欧盟所有成员国在进行收集、存储、处理及转移个人信息等活动时,要按照要求采取技术和管理手段对个人敏感隐私数据进行保护。

(1)适用范围

①适用于设立在欧盟的机构对个人数据的处理过程,不论其实际数据处理行为是否在欧盟内进行;②适用于发生在欧盟的个人数据处理过程,即使数据控制者或处理者未在欧盟设立机构;③适用于为欧盟内的数据主体提供商品或服务,不论此商品或服务是否要求数据主体付费;④适用于对发生在欧洲范围内的数据主体的活动。

总而言之,欧盟成员国的相关企业和组织在对个人数据进行处理时都要遵守该条例;不属于欧盟成员国的企业组织只要提供的商品或服务以及相关项目涉及欧盟成员国公民的个人数据,也必须遵守该条例。

(2)违规处罚

该条例规定,对违反法规的组织或企业,最高罚金可达 2000 万欧元或者公司上一年全球总营业额 4% 的金额,两者取其最高。可见,欧盟对违反个人信息隐私保护的处罚力度很大。

2018 年,就在《通用数据保护条例》实施后不久,一些全球知名科技公司纷纷被控诉,包括 Facebook 和 Google 等成为该条例的第一批被告,因此一些企业甚至直接关闭了针对欧盟用户的业务。

（3）主要内容

①数据处理原则：该条例要求企业在进行数据收集、存储和处理时要提供收集数据的目的、用途、存储时间、收集方式、数据类型、存储和处理数据的安全技术保障措施、取得用户同意、签订契约以及针对儿童的相关条件等。企业在使用数据时必须要了解上述内容要求，并作出相关承诺，在收集之前要提供用户隐私声明，同时明确自己的责任和义务。

②禁止的特殊类型数据：除法规规定的例外情形外，其他情况下应禁止处理包括种族或民族出身、政治观点、宗教哲学信仰、工会成员身份、基因数据、自然人生物性识别数据、与健康或个人性生活或性取向相关的数据等，以及涉及犯罪定罪与违法相关的个人数据。组织和企业在进行用户数据处理时需明确这些禁止的特殊类型数据，除非符合法规规定的例外情形。

③数据主体访问权：数据主体具有访问个人信息的权利，对个人信息的处理目的、数据类型、数据接收者和接收者的类型、存储期限、数据转移保障措施等具有知情权，隐私声明或合同必须标明能让数据主体有权随时访问到这些信息的方式。

④数据主体更正和删除权：数据主体对其个人数据要有更正、完善和删除的权利。当个人信息被收集、存储和处理时，组织或企业要提供相关接口和入口，让数据主体或用户随时能够对自己的个人数据进行修改，比如常见的用户个人中心，可以对个人的资料进行修改和更新。除条例规定的情形外，数据控制者要给数据主体提供删除其个人数据的权利。

⑤数据主体反对权：当数据控制者为了营销等目的，在未经数据主体同意的情况下直接使用与其相关的用户画像时，数据主体有权反对。

⑥合规认证：数据控制者要选择有资质、规范的认证机构进行相关的隐私保护水平的合规认证，并将资质证书公开。

⑦签署协议：数据控制者或者数据处理者在对个人数据进行处理时，必须签订保密协议。在涉及对用户数据进行共享、传输和处理以及与第三方或其他合作方进行合作时，必须签订相关的协议，明确责任，确保个人隐私数据得到保护。

⑧数据处理安全：企业在对数据进行收集、处理等活动时应该采取如下 6 种安全措施以保证个人数据安全。其一，数据脱敏：对个人数据进行匿名化处理。其二，数据加密：在存储和传输个人重要隐私数据时，对过程中进行加密。其三，数据完整性：在存储和传输个人数据过程中，对数据的完整性进行校验，避免数据被篡改。其四，数据访问控制：对个人数据设置合理的访问控制策略，避免未授权访问和不正当访问。其五，数据备份：对个人数据进行备份，保证可用性。

其六,数据恢复和响应:要及时对个人数据进行恢复和响应测试,确保恢复和响应的可行性。

⑨设立数据保护官:数据控制者或数据处理者需要雇用专门的数据隐私保护官来监督该条例的执行,以对涉及的个人数据进行相关的安全防护。

总之,欧盟的《通用数据保护条例》是迄今为止全球最严格和完整的个人信息保护条例。该条例的发布标志着欧盟在个人信息保护革新之路上,继续高举领先的大旗,并必将对世界其他国家和地区的个人隐私保护立法产生深远的影响。

5.1.3 日本信息隐私保护

日本在信息隐私保护方面的举措有别于美国或欧洲,采取的是折中的立法模式。在借鉴欧盟和美国立法经验的同时,日本立法者充分考虑了本国的实际情况,立法上具有鲜明的特色。目前,日本最主要的个人信息保护法律是《个人信息保护法案》(*Act on the Protection of Personal Information*)。这部法案在个人信息的界定、监督机构的设立和保护标准等方面都很有特色[11]。

《个人信息保护法案》于 2003 年 5 月通过,于 2005 年 4 月正式实施,是日本第一部专门的个人信息保护法案。该法案由一组通用指导方针组成,在遵守指导方针的前提下,日本政府各部委也依据自身工作内容的特点,制定了各自的规章制度,用来指导和管理各自负责的商业机构。目前,日本大部分商业活动个人信息的使用行为由经济产业省、总务省、厚生劳动省、日本金融厅和国土交通省所颁布的政策来管理和规范。之后,随着大数据等信息技术的急速发展与利用,日本于 2015 年对《个人信息保护法案》进行了大幅修正,修正后的法案于 2017年 5 月 30 日起公布施行。日本在个人信息保护立法方面有一些特点。

5.1.3.1 个人信息保护立法早

日本立法保护个人信息始于 1988 年通过的《行政机关保有利用处理的个人资料保护关系法》。该法主要针对行政机关利用计算机处理个人信息的行为。2003 年 5 月,受欧盟等相关法律制定的影响及国内信息经济发展的需要,日本又颁布了《个人信息保护法案》《行政机关个人信息保护法》《独立行政法人等个人信息保护法》《信息公开——个人情报保护审查会设置法》和《行政机关保有个人信息保护法》5 部与个人信息保护相关的法律,统称为《个人信息保护法案》。

5.1.3.2 个人信息内涵宽泛

区别于美国《隐私权法》中的"个人隐私"、德国《联邦资料保护法》中的"个人资料",日本的《个人信息保护法案》将个人信息的内涵界定为"个人情报",定义为有关个人的信息,即通过该信息中包含的姓名、出生日期和其他表述能够识别特定个人的信息,以及含有个人识别符号之物。由此可见,日本立法对个人信息内涵的界定比较宽泛。

5.1.3.3　积极吸纳国际标准

日本的个人信息保护立法具有明显的国际化特征,主要体现在不断引进国际标准认证体系上。如日本于 1999 年制定的个人信息管理体系标准——JISQ 15001 标准,就是脱胎于经济合作开发组织(Organization for Economic Cooperation and Development,OECD)关于个人数据保护的"八项原则"。又如参照日本工业标准调查会的"JISQ 27001"标准制定的信息安全管理体系(Information Security Management System,ISMS)适合性评价制度,主要参考了"ISO/IEC 27001"标准,具有与后者一致的严谨性。再如日本还吸纳 TRUSTe 作为第三方认证机构。TRUSTe 认证在世界范围内都是非常具有代表性的,该认证标准与《欧盟美国个人信息保护协定》《APEC 个人信息越境规定》高度符合。日本这种不断吸收国际标准和国际先进立法经验的做法,有效地发展和完善了本国个人信息保护法律体系,为日本信息产业与国际接轨提供了较好的法律保障[12]。

5.2　我国法律保护个人隐私现状

我国最早出现的涉及个人信息隐私保护的文件可追溯到 1984 年制定的《人民法院诉讼档案管理办法》。在此之后,相关文献数量呈增长趋势。21 世纪以来,随着计算机和互联网技术的应用和普及,个人信息隐私保护受到越来越多的关注。这些法律法规在个人信息的安全性、个人信息使用与共享、个人信息使用与共享例外和违反处罚四个重要方面要求最多[13]。

对于个人信息安全性的要求,多部法规在保密制度、技术措施、保障机制和可控措施等方面都有较为完整的规定。如 2004 年的《关于加强信息资源开发利用工作的若干意见》第二十六条规定:遏止影响国家安全和社会稳定的各种违法、有害信息的制作和传播,依法打击窃取、盗用、破坏、篡改信息等行为;实行信息安全等级保护制度;加强信息安全技术开发应用,重视引进信息技术及产品的安全管理。再如 2016 年全国人民代表大会通过的《中华人民共和国网络安全法》第二十二条规定:网络产品、服务具有收集用户信息功能的,其提供者应当向用户明示并取得同意;涉及用户个人信息的,还应当遵守本法和有关法律、行政法规关于个人信息保护的规定[14]。

对于个人信息使用与共享方面的要求,2009 年出台的《中华人民共和国邮政法》第三十六条规定:因国家安全或者追查刑事犯罪的需要,公安机关、国家安全机关或者检察机关可以依法检查、扣留有关邮件,并可以要求邮政企业提供相关用户使用邮政服务的信息。邮政企业和有关单位应当配合,并对有关情况予以保密。

对于个人信息使用与共享例外方面的要求,1989 年通过的《中华人民共和国行政诉讼法》第三十条规定:代理诉讼的律师,可以依照规定查阅本案有关材料,可以向有关组织和公民调查,收集证据;对涉及国家秘密和个人隐私的材料,应当依照法律规定保密;经人民法院许可,当事人和其他诉讼代理人可以查阅本案庭审材料,但涉及国家秘密和个人隐私的除外。

对于违反处罚方面的要求,2018 年通过的《电子商务法》第七十九条规定:电子商务经营者违反法律、行政法规有关个人信息保护的规定,或者不履行本法第三十条和有关法律、行政法规规定的网络安全保障义务的,依照《中华人民共和国网络安全法》等法律、行政法规的规定处罚。

5.2.1　相关法律法规

随着互联网、大数据、物联网和人工智能等技术的出现和大量应用,个人信息隐私受侵犯的现象日渐突出,社会各界对个人隐私保护的呼声越来越高。为此,全国人民代表大会和各个行业的主管部门通过和制定了一系列的法律法规来保护个人信息隐私。我国自 2016 年以来颁布的涉及个人信息隐私保护的相关法律和法规见表 5-1。

在这些法律、规范和标准中,对个人隐私保护有明确规定的最具代表性和影响力的主要有《中华人民共和国网络安全法》《个人信息安全规范》和《中华人民共和国民法典》等[15]。

2016 年,为了保障网络安全,维护网络空间主权和国家安全、社会公共利益,保护公民、法人和其他组织的合法权益,促进经济社会信息化健康发展,全国人民代表大会通过了《中华人民共和国网络安全法》。其中的第十二条和第四十五条分别规定了个人隐私保护的相关要求:第十二条明确了任何个人和组织不得利用网络从事侵害他人名誉、隐私、知识产权和其他合法权益等活动;第四十五条规定了依法负有网络安全监督管理职责的部门及其工作人员,必须对在履行职责中知悉的个人信息、隐私和商业秘密严格保密,不得泄露、出售或者非法向他人提供。

2017 年 12 月,全国信息安全标准化技术委员会发布了《信息安全技术个人信息安全规范》(GB/T 35273—2017)。该规范针对个人信息面临的安全问题,规范个人信息控制者在收集、保存、使用、共享、转让、公开披露等信息处理环节中的相关行为,旨在遏制个人信息非法收集、滥用、泄露等乱象,保障个人的合法权益和社会公共利益。该规范在"个人信息的收集"规定中对个人信息控制者做了六点明确要求：①个人信息控制者应制定隐私政策；②隐私政策所告知的信息应真实、准确、完整；③隐私政策的内容应清晰易懂，符合通用的语言习惯，使用标准化的数字、图示等，避免使用有歧义的语言，并在起始部分提供摘要，简述告知内容的重点；④隐私政策应公开发布且易于访问，例如在网站主页、移动应用程序安装页、社交媒体首页等显著位置设置链接；⑤隐私政策应逐一送达个人信息主体，当成本过高或有显著困难时，可以公告的形式发布；⑥当信息控制者制定的隐私政策发生变化时，应及时更新隐私政策并重新告知个人信息主体。

表 5-1　2016 年以来中国部分涉及信息隐私保护的法律和法规

序号	法律/法规/标准名称	类型	颁布机构	颁布时间
1	《中华人民共和国网络安全法》	国家法律	全国人民代表大会	2016 年 11 月
2	《信息安全技术个人信息安全规范》（GB/T 35273—2017）	国家标准	全国信息安全标准化技术委员会	2017 年 12 月
3	《信息安全技术个人信息安全影响评估指南》（征求意见稿）	国家标准	全国信息安全标准化技术委员会	2018 年 6 月
4	《App 违法违规收集使用个人信息自评估指南》	行业规范	国家互联网信息办公室等	2019 年 3 月
5	《数据安全管理办法》	行业规范	国家互联网信息办公室	2019 年 5 月
6	《信息安全技术个人信息安全工程指南》（征求意见稿）	国家标准	全国信息安全标准化技术委员会	2019 年 6 月
7	《儿童个人信息网络保护规定》	行业规范	国家互联网信息办公室	2019 年 8 月
8	《信息安全技术个人信息去标识化指南》（GB/T 37964—2019）	国家标准	国家市场监督管理总局、国家标准化管理委员会	2019 年 8 月
9	《App 违法违规收集使用个人信息认定办法》	行业规范	国家互联网信息办公室等	2019 年 11 月
10	《个人金融信息保护技术规范》	行业规范	中国人民银行	2020 年 2 月
11	《信息安全技术个人信息安全规范》（GB/T 35273—2020）	国家标准	国家市场监督管理总局	2020 年 3 月
12	《金融数据安全数据安全分级指南》	行业规范	全国金融标准化委员会	2020 年 4 月
13	《中华人民共和国民法典》	国家法律	全国人民代表大会	2020 年 5 月

2020 年 3 月，针对个人生物识别信息使用规范等问题，全国信息安全标准化技术委员会对 2017 年发布的《信息安全技术个人信息安全规范》

(GB/T 35273—2017)进行了修改,发布了《信息安全技术个人信息安全规范》(GB/T 35273—2020)。该规范主要修改了三个方面内容:①增加了"多项业务功能的自主选择""用户画像的使用限制""个性化展示的使用""基于不同业务目的所收集个人信息的汇聚融合""第三方接入管理""个人信息安全工程""个人信息处理活动记录"等内容;②修改了"征得授权同意的例外""个人信息主体注销账户""明确责任部门与人员"等内容;③对个人生物识别信息方面的要求进行细化并完善。

2020 年 5 月,作为"社会生活的百科全书"的《中华人民共和国民法典》(简称《民法典》)由全国人民代表大会表决通过,并于 2021 年 1 月 1 日正式实施。《民法典》共 7 编 1260 条,其中关于个人隐私保护的内容主要在第四编第六章(隐私权和个人信息保护)。第一千零三十二条(自然人享有隐私权)明确了任何组织或者个人不得以刺探、侵扰、泄露、公开等方式侵害他人的隐私权。隐私是自然人的私人生活安宁和不愿为他人知晓的私密空间、私密活动、私密信息。第一千零三十四条(自然人的个人信息受法律保护)指出个人信息是以电子或者其他方式记录的能够单独或者与其他信息结合识别特定自然人的各种信息,包括自然人的姓名、出生日期、身份证件号码、生物识别信息、住址、电话号码、电子邮箱、健康信息、行踪信息等。个人信息中的私密信息,适用有关隐私权的规定;没有规定的,适用有关个人信息保护的规定。第一千零三十九条规定国家机关、承担行政职能的法定机构及其工作人员对于履行职责过程中知悉的自然人的隐私和个人信息,应当予以保密,不得泄露或者向他人非法提供。另外,第七编(侵权责任)关于医疗损害中涉及患者隐私的内容指出,医疗机构及其医务人员应当对患者的隐私和个人信息保密,泄露患者的隐私和个人信息,或者未经患者同意公开其病历资料的,应当承担侵权责任。

5.2.2 《中华人民共和国个人信息保护法》

2021 年 11 月 1 日,《中华人民共和国个人信息保护法》(简称《个人信息保护法》)正式施行。这是我国从原有的以法律、司法解释、行政法规、规范性文件等多方位保护个人信息实践迈向体系化立法的重要一步,必将对今后我国个人信息隐私保护产生重大影响。

在《个人信息保护法》出现之前,我国虽然曾不断出台有关个人信息保护的各类立法文件,但没有一部法律法规能够系统全面地对个人信息保护相关问题进行专门性立法,对于个人信息保护的规定分散在包括《民法典》《网络安全法》《电子商务法》《消费者权益保护法》《广告法》等法律,及《关于加强网络信息保护的决定》《电信和互联网用户个人信息保护规定》《信息安全技术个人信息安全规范》等规定和规范性文件中。《个人信息保护法》是我国第一部专门针对个人信息隐私保护的立法,具有里程碑式的意义。

《个人信息保护法》确立了以"告知－同意"为核心的个人信息保护处理规则,即处理个人信息应当在事先充分告知的前提下取得个人同意,并且个人有权撤回同意,产品或服务提供商不得以个人不同意为由拒绝为其提供产品或者服务。此外,《个人信息保护法》对违法处理个人信息的行为设置了严格的法律责任,其中在法律责任部分中明确了对企业的违法处罚,可处 5000 万元以下或者上一年度营业额 5％以下罚款;对直接负责的主管人员和其他直接责任人员处 10 万元以上 100 万元以下罚款。相关处罚力度甚至超过了在个人信息保护方面规定"史上最严"的欧盟《通用数据保护条例》。

5.2.2.1　《个人信息保护法》的主要内容

《个人信息保护法》共有八章七十四条,内容包括总则、个人信息处理规则、个人信息跨境提供规则、个人在个人信息处理活动中的权利、个人信息处理者的义务、履行个人信息保护职责的部门、法律责任和附则。

(1)总则

《个人信息保护法》总则部分明确了立法的目的和宗旨,以及"个人信息""个人信息的处理"的范围和定义。值得关注的是,《个人信息保护法》第四条指出"个人信息不包括匿名化处理后的信息"。这一点相比《民法典》对信息的规定更加具体,并且为实践应用留出了一定空间。然而,即使被处理过的匿名信息也有可能还原出个人信息,企业对收集到的个人信息进行匿名化处理后还要不要承担储存、删除等义务,是一个值得探讨的问题。《个人信息保护法》明确了个人信息的处理包括收集、存储、使用、加工、传输、提供和公开等,就其定义而言,与 2016 年出台的《网络安全法》的规定较为一致。

在个人信息保护国际合作方面,《个人信息保护法》第十二条确定了我国与其他国家间在个人信息保护领域的国际合作关系,对推动信息保护规则和标准的国际互认意义重大。该条款借鉴了欧盟的《避风港协议》和《隐私盾协议》的做法,深化国际交流合作,在提升个人信息保护技术的同时,为跨境数据流转提供了自由的环境,进而更有利于促进我国互联网企业的蓬勃发展。

(2)个人信息处理规则

个人信息处理规则包括一般规定和敏感个人信息的处理规则。

一般规定部分主要对个人信息处理的条件、方式、场合和公开限制等做了规定,特别对在公共场所安装图像采集、个人身份识别设备以及如何使用数据进行了规定,指出所收集的个人图像、个人身份特征信息只能用于维护公共安全的目的,不得公开或者向他人提供。

敏感个人信息是关系个人隐私的主要数据,也是法律要重点保护的个人信息。敏感个人信息包括种族、民族、宗教信仰、个人生物特征、医疗健康、金融账户、个人行踪等。在处理敏感个人信息时,组织或机构都应当采用"单独同意"或"书面授权同意"的形式获得个人授权。信息处理者在处理敏感个人信息时,应当向个人告知处理敏感个人信息的必要性以及对个人的影响。

国家机关处理个人信息的特别规定部分主要说明了国家机关在履行法定职责中处理个人信息的要求和应遵循的原则,并明确了个人信息储存方式和跨境流转的要求。

(3)个人信息跨境提供规则

该部分主要明确了个人信息处理者跨境数据流转的规范。信息处理者向境外提供个人信息也需要符合"告知和同意原则",并规定了对基础设施运营者等特殊个人信息处理者跨境数据传输的要求。在跨境数据处理上,国家网信部门需构建"个人信息提供黑名单制度"。

(4)个人在个人信息处理活动中的权利

该部分明确了个人对其个人信息处理时享有的知情权和决定权,处理后所享有的查阅、复制、更正和补充权;明确了个人所享有的个人信息删除权,个人信息处理者对个人信息的删除义务,并同时对删除权行使的豁免进行了规定;明确了个人所享有的解释权;明确了个人信息处理者建立个人信息申请受理和处理机制的规定。

(5)个人信息处理者的义务

该部分明确了个人信息处理者对个人信息的安全保障义务;明确了特殊个人信息处理者指定个人信息保护负责人的义务;明确了中国境外个人信息处理者在境内设立专门机构或者指定代表的义务;规定了个人信息处理者有依法委托专业机构开展审计工作的义务;明确了个人信息处理者的事先风险评估义务;明确了在个人信息泄露时,个人信息处理者应当履行的通知义务,并采取相应补救措施。

(6)履行个人信息保护职责的部门

该部分明确了履行个人信息保护的具体行政监管部门;明确了履行个人信息保护职责部门的工作内容和职责;明确了国家网信部门和国务院有关部门的工作内容和职责;规定了履行个人信息保护职责的部门履行个人信息保护职责可采取的措施;赋予了履行个人信息保护职责的部门对个人信息处理者进行约谈和提出整改的权限;规定了"投诉、举报制度"的设立要求。

(7)法律责任和附则

该部分明确了个人信息处理者违法后的法律责任;规定了"信用档案制度"

的建立和使用;明确了国家机关不履行个人信息保护义务的法律责任;规定了有关个人信息被侵害后,民事赔偿方式的相关说明;建立了"个人信息公益诉讼制度";明确了违反《个人信息保护法》后可能面临的刑事或者行政处罚;明确了不适用本法的两类特殊情况;明确了"去标识化、匿名化"等重要专业术语的概念。

5.2.2.2　与欧盟《通用数据保护条例》的比较

本小节从个人信息的概念界定、适用范围和数据的处理与保护几个方面来比较我国的《个人信息保护法》与欧盟的《通用数据保护条例》的区别。欧盟于2018 年出台的《通用数据保护条例》是在全球个人数据安全立法中极具标志性的一部法案。我国的《个人信息保护法》也是在个人信息保护的立法方面具有里程碑式意义的法律。两部法案/法律具有诸多的共同点,但因为两者的适用范围有明显差异,因此各有特点,下面从几个方面进行比较讨论。

(1)个人信息或数据的概念界定方面

两部法案/法律对"个人资料"的称谓稍有差别。我国法律称"个人信息",而欧盟则采用"data",即"个人数据",但本质上是一致的。

"个人数据或信息"作为两部法案/法律的主体,明确其定义是准确界定保护范围的前提和基础。两部法案/法律在对"个人数据或信息"的概念界定上采用了两种不同的模式。我国《个人信息保护法》采用的是"纯定义"的模式,《通用数据保护条例》采用的是"定义+列举"的模式。

我国《个人信息保护法》将个人信息定义为:以电子或者其他方式记录的与已识别或者可识别的自然人有关的各种信息,不包括匿名化处理后的信息。《通用数据保护条例》将个人数据定义为:任何指向一个已识别或可识别的自然人(数据主体)的信息。该可识别的自然人能够被直接或间接地识别,尤其是通过参照姓名、身份证号、定位数据、在线身份识别这类标识,或者是通过参照针对该自然人一个或多个如物理、生理、遗传、心理、经济、文化或社会身份的要素。

相比之下,《个人信息保护法》采取的"纯定义"模式具有更大的开放性,赋予司法实践更大的解释空间,但其相对模糊、抽象的定义也会增加司法实践的难度。《通用数据保护条例》采取的"定义+列举"模式更加具体、易懂,在具体的司法实践中便于公民理解,但列举难以面面俱到也会增加其执行的繁琐性。

(2)适用范围方面

两部法案/法律在适用范围上具有一定的相似性。

我国《个人信息保护法》在总则中明确了法律的适用范围主要包括以下两种活动:①组织或个人在中华人民共和国境内处理自然人个人信息的活动。②在中华人民共和国境外处理中华人民共和国境内自然人个人信息的活动,有下列情形之一的也适用本法:a. 以向境内自然人提供产品或者服务为目的;b. 为分析、评估境内自然人的行为;c.法律、行政法规规定的其他情形。

欧盟《通用数据保护条例》所明确的适用范围主要包括以下三种情况。①在欧盟内的数据控制者和数据处理者处理个人数据,无论该数据处理是否在欧盟内进行。②非欧盟内的数据控制者或数据处理者处理欧盟内当事人的数据,处理活动包括:向欧盟内数据主体提供产品或服务,无论是否需要该数据主体付款,为监视欧盟数据主体的行为。③数据控制者处理个人数据,但该数据控制者不是在欧盟内设立的,而是在依照国际公法适用地区设立的。

两部法案/法律都对域外适用情况做了规定。相比而言,我国的《个人信息保护法》在对域外适用范围的界定上较为模糊和保守,而欧盟《通用数据保护条例》的"属地+属人"原则更加明显,将"属人"与"属地"置于同等地位,即只要涉及欧盟公民的个人数据,无论是否发生在欧盟境内,无论涉及产品或服务,都适用。其内涵在于赋予欧盟在个人信息安全方面的域外管辖权,而这也意味着,欧盟在处理欧盟公民在境外的个人信息安全问题时,需得到他国的配合。

(3)数据的处理与保护方面

在我国的《个人信息保护法》中,涉及个人信息的相关方主要为个人信息主体、个人信息处理者和履行个人信息保护职责的部门;而《通用数据保护条例》除此之外,还设立了数据保护官(date protection officer,DPO)一职,数据保护官的设立是《通用数据保护条例》的一个特色。数据保护官既要向企业和员工提供数据保护相关的建议,也要与监管机构合作,及时汇报,相当于数据主体、数据处理者与监管部门之间的"桥梁"。《通用数据保护条例》对数据保护官的具体描述为:为确保数据保护合规并处理数据保护相关事务,数据控制者和数据处理者需设置数据保护官;控制者和处理者不能应当对数据保护官下达任何指令,数据保护官不能因为执行任务被解雇或者受到刑事处罚;数据保护官直接向最高管理者报告工作;根据联盟法律或者成员国法律规定,数据保护官应当对其执行任务的内容进行保密;数据保护官也可以执行其他任务,履行其他职责。

我国的《个人信息保护法》在一些方面参考和借鉴了欧盟在长期个人信息保护实践过程中形成的经验和做法,与欧盟的《通用数据保护条例》有很多一致的地方,但两者也存在一定的区别。首先,我国《个人信息保护法》的适用主体为我国境内自然人,而欧盟出台的《通用数据保护条例》除了保护某一国内公民个人数据的目的外,还有解决欧盟各国之间差异性、统一欧盟数据规范的问题。其次,我国《个人信息保护法》考虑到了数据跨境保护的问题,但相比而言,对境外适用范围的规定较为模糊和保守,《通用数据保护条例》更明确地突破了地域限制,赋予了自身长臂管辖权。其三,我国《个人信息保护法》保护的主体侧重于个人,而《通用数据保护条例》在加强数据保护的同时,兼顾了企业的利益,通过设立数据保护官,为企业及其员工提供数据保护相关培训。

总而言之,虽然我国与欧盟同处全球数字经济大发展之际,但两者的数字经济发展历程、所处阶段和发展方式等存在差异,因此制定个人信息保护法的目的稍有区别。欧盟《通用数据保护条例》的核心目的在于数据保护与发展数字经济,其中数据保护占据更重要的位置。这也延续了欧盟在对待个人信息隐私保护中一贯严格的做法。欧盟当前的数字经济发展并未达到高度发达的阶段,出台的《通用数据保护条例》更多是出于规范数据传输、处理的目的。此外,欧盟《通用数据保护条例》的立法实施,也旨在促进欧盟数字经济发展,形成规范统一的数字经济市场。我国当前处于数字经济跨越式发展时期,由此产生的数据安全和个人信息安全问题也应得到更多重视,出台《个人信息保护法》正可以为数字经济高速、规范发展提供法律保障。

5.2.3　《中华人民共和国旅游法》

《中华人民共和国旅游法》(简称《旅游法》)是我国旅游业发展史上的第一部法律,于 2013 年 4 月经第十二届全国人民代表大会常务委员会第二次会议讨论通过,自 2013 年 10 月 1 日起实施;2018 年 10 月,第十三届全国人民代表大会常务委员会第六次会议对其进行了第一次修订。由于旅游产业链条长,关联行业广,涉及部门多,所以很难针对不同类型旅游活动单独立法,只能采取综合立法模式。《旅游法》共设十章一百一十二条,除总则、附则之外,分别对游客、旅游规划和促进、旅游经营、旅游服务合同、旅游安全、旅游监督管理、旅游纠纷处理、法律责任做出规定,涵盖了行政法、经济法、民法的内容。

《旅游法》是一部足以影响我国旅游业发展的综合性国家法律。该法对游客的个人信息也做了一些原则性的规定,主要体现在旅游经营、旅游监督管理两个方面:第四章第五十二条指出,"旅游经营者对其在经营活动中知悉的游客个人信息,应当予以保密";第七章第八十六条规定,"监督检查人员对在监督检查中知悉的被检查单位的商业秘密和个人信息应当依法保密"。

结合《个人信息保护法》对个人信息的保护框架,《旅游法》分别对个人信息的控制者和行政监管部门提出了明确的要求,即对旅游企业和旅游监督管理分别明确了对游客个人信息的保护要求。但这两项要求只是提出了对游客个人信息的保护原则,并未涉及具体的保护内容、保护方式和违法责任等。

5.3　行业自律保护

我国旅游行业的个人隐私自律保护主要表现在两个层面:一是整个旅游行

业的自律;二是各个旅游企业特别是互联网旅游企业以及从业者的自律。整个旅游行业的自律主要体现在《互联网旅游服务行业自律公约》《中国互联网行业自律公约》和《中国电子商务诚信公约》等公约的制定和出台上。各个旅游企业及其从业者的自律则主要体现在各企业(网站)对相关公约的遵守以及其他相关的自律措施上。

目前,旅游行业对游客个人信息保护的自律机制主要体现在互联网旅游行业中。与传统旅游企业相比,互联网旅游企业对个人信息的收集、利用和共享发布等更易引起游客的强烈关注和担忧。本小节首先了解我国互联网行业自律情况,再梳理旅游行业自律现状及问题,最后举例分析旅游行业信息控制者的自律机制。

5.3.1　互联网行业自律机制

互联网行业是信息产业的重要组成部分,因此在互联网行业中个人信息所遭受的日益严峻的泄露威胁更容易引起广泛的关注。我国对个人信息保护采取行业自律机制措施的主要体现在互联网行业。

我国的互联网行业协会等机构出台了一系列的自律公约和规章来保护用户个人信息和隐私权。如为建立我国互联网行业自律机制,规范行业从业者行为,依法促进和保障互联网行业健康发展,中国互联网协会早在 2002 年就制定了《中国互联网行业自律公约》,倡议互联网全行业从业者加入公约。公约的第二章第八条规定:"自觉维护消费者的合法权益。保守用户信息秘密;不利用用户提供的信息从事任何与向用户作出的承诺无关的活动,不利用技术或其他优势侵犯消费者或用户的合法权益。"该公约同时约定,由中国互联网协会负责组织该公约的实施,并向公约成员单位传递互联网行业管理的法律、政策及行业自律性信息,及时向政府主管部门反映成员单位的意愿和要求,维护成员单位的正当利益,组织实施互联网行业自律,并对成员单位遵守本公约的情况进行监督。

2004 年,中国电子商务协会联合淘宝、当当、携程等中国主要电子商务企业出台了《中国电子商务诚信联盟公约》。该公约的第二条就对消费者隐私权保护提出了自律要求:"加强消费者隐私权管理,确保消费者各种信息和资料得到安全保护。"

2012 年,中国互联网协会发布了《互联网搜索引擎服务自律公约》,其中第十条指出:"搜索引擎服务提供者有义务协助保护用户隐私和个人信息安全,收到权利人符合法律规定的通知后,应及时删除、断开侵权内容链接。"

2013 年,中国互联网协会发布了《互联网终端安全服务自律公约》。该公约第十一条明确规定保证用户享有知情权:"收集、使用和保存用户个人信息时,应当明确告知用户。"

2014 年 3 月,中国广告协会联合各主流互联网企业、广告公司等发布了《中国互联网定向广告用户信息保护行业框架标准》。这是我国第一部规范互联网定向广告用户信息行为的行业标准,是在国家相关法律的基础上,通过自律方式,主动将定向广告用户个人信息的合法使用与违法界限界定清晰的行业标准。

行业自律标识作为个人信息保护行业自律机制的重要实施手段,在我国也已出现。如 2006 年 11 月,中国互联网协会联合违法和不良信息举报中心、反垃圾邮件中心等共同宣布,首个互联网公益品牌"净蓝丝带"正式启动。"净蓝丝带"作为杜绝互联网恶意行为的一个标识,用于宣传"净化互联网空间人人有责,打击互联网犯罪人人出力"的信息,并呼吁"拯救网络弱势群体,杜绝网络恶意行为"。蓝丝带象征纽带,将政府有关机构、互联网企业、网民紧紧联系在一起,共同抵抗网络恶意,象征着国家对互联网行业健康发展的关心和支持,象征着网民对互联网热爱和对纯净互联网空间的渴望,象征着互联网企业关注网民感受、恪守自律的承诺。

5.3.2　旅游行业自律机制

旅游行业对个人信息保护的自律主要体现在互联网旅游企业的自律行为。其主要表现形式又分两种类型:一是旅游企业响应互联网行业的自律公约,如马蜂窝于 2019 年 7 月在中国互联网大会上签署了《用户个人信息收集使用自律公约》;二是互联网旅游行业发起的对用户信息保护的自律公约,如《互联网旅游服务行业自律公约》[16]。

5.3.2.1　旅游企业响应互联网行业的自律公约

中国互联网协会、工业和信息化部等机构一直致力于互联网行业自律公约的制定,先后出台了诸多自律公约,旨在引导和督促互联网企业规范收集和使用用户个人信息行为,营造健康、诚信、安全的互联网生态环境。这些公约包括《中国互联网行业自律公约》《互联网搜索引擎服务自律公约》《互联网终端安全服务自律公约》《中国互联网协会漏洞信息披露和处置自律公约》《网络数据和用户个人信息收集、使用自律公约》《电信和互联网行业网络数据安全自律公约》等。

旅游企业特别是互联网涉旅企业,积极起草和参与相关自律公约的制定。早在 2004 年,携程作为发起单位,参与了中国电子商务协会《中国电子商务诚信联盟公约》的制定。该公约对消费者隐私权保护提出了原则上的自律要求:"加强消费者隐私权管理,确保消费者各种信息和资料得到安全保护。"

在 2019 的中国互联网大会上,马蜂窝、一嗨租车、美团等互联网旅游企业或涉旅互联网企业签署了《用户个人信息收集使用自律公约》。该公约要求企业在收集、使用用户个人信息前,应以特定网页或应用界面等易于用户访问、清晰明确、通俗易懂的方式主动告知用户收集信息的目的、方式、类型、范围、收集场景、保存期限以及到期后的处理方式等。对于个人信息采集,该公约强调企业在收集、使用用户个人身份、生物识别等个人敏感信息时,不得通过一揽子授权的方式获取用户同意,不以默认、捆绑、停止安装使用等手段强迫用户授权。用户拒绝提供个人敏感信息的,明确告知服务使用受限的范围;不得因用户拒绝提供而影响对其他业务功能的使用。对于个人信息的更改和删除,该公约要求企业应主动在网站或者应用界面的明显位置为用户提供删除、更正个人信息的途径或方法指引,及时受理用户删除、更正相关个人信息的合理要求,并采取措施予以删除或者更正。

5.3.2.2 旅游行业发起的自律公约

我国旅游行业对个人信息保护自律机制的建设相对滞后,其原因主要有两个方面:一是旅游监管部门对游客个人信息保护缺乏足够的重视,没能有效引导行业开展自律公约的制定;二是大量传统旅游企业的信息处理过程相对封闭,不易引起社会对其个人信息处理的关注,而互联网旅游企业又具有明显的行业跨界特征,在行业分类中往往归于互联网行业,企业更倾向于响应互联网行业的自律规范。

在旅游行业中,也有一些旅游监管部门、协会和企业进行了一些自律机制建设的探索。如上海市旅游行业协会出台了《上海市旅游行业协会行规行约》《上海市旅游行业协会行规行约》《上海市景点行业自律公约》等一系列自律公约。再如由北京市市场监管部门指导发布的《互联网旅游服务行业自律公约》,该公约是互联网旅游行业中迄今为止最完整、最有影响力的行业自律公约。

2014年,上海市旅游行业协会为了规范旅游企业以及从业人员的职业行为,构建行业自律机制,促进行业健康发展,根据《中华人民共和国旅游法》等有关法律法规和《上海市旅游行业协会章程》的规定,制定了《上海市旅游行业协会行规行约》。该公约共十七条,其中第九条明确了对游客个人信息的保护要求:"自觉维护游客的合法权益,保守游客信息秘密,不利用游客信息侵犯游客的合法权益。"

2020年10月,在北京市市场监管局的指导下,同程艺龙、携程、美团、马蜂窝、去哪儿网五家互联网旅游企业共同发布了《互联网旅游服务行业自律公约》。这是我国第一个由互联网旅游行业发起制定的针对旅游服务行为的自律公约。该公约对规范互联网旅游服务行业发展,保护互联网旅游服务领域旅游消费者权益发挥了重要作用。该公约从互联网旅游行业实际出发,聚焦消费者、企业和政府部门等关注的问题,形成了十六条公约,内容包含了依法经营、信息公示、服务管理、风险提示、权益保护、共享共治、持续发展等方面。该公约对个人信息保护的内容主要体现在"第十条　尊重并自觉维护消费者的合法权益"中："保护消费者隐私和信息安全,未经消费者授权,不得利用消费者信息从事任何与提供旅游服务无关的活动;除法律要求或需要配合有关部门调查外,不得泄露、交换、买卖或者以其他非法方式向他人提供消费者信息"。

5.3.3　旅游行业信息控制者自律机制

由于在较长一段时间内,我国缺乏对个人信息保护的统一性、专门性的立法,一些信息控制者为了增强互联网用户的信心,在个人信息收集、处理、利用、共享和发布过程中,单方面做出了保护个人信息的承诺或制定了保护个人信息的内部行为规范。这是信息控制者采取的一种典型的保护个人信息的自律措施。我国采取此类自律措施保护个人信息的信息控制者主要集中在非公共部门,特别是一些大型互联网应用型科技企业。

互联网旅游企业的隐私声明可以被看成是一种比较重要的旅游企业自律形式,对企业和个人用户而言,都有着重要的意义。一方面,规范的隐私保护政策是行业自律的表现,有利于规范互联网企业的行为,保护用户隐私;另一方面,隐私保护声明可以为个人用户在使用互联网旅游服务的过程中给予一定指导,有利于用户了解个人权利并保护个人隐私。

本小节讨论互联网旅游平台(旅游信息控制者)在用户个人信息保护上的隐私声明。笔者选择了 11 家互联网旅游服务平台的隐私声明为研究对象,网络平台的服务内容涵盖了住宿预订、机票预订、门票预订、餐饮服务、旅游社区等,且分属在线旅游、生活服务、旅游垂直搜索、旅游社区等业务类型,因此对这些企业的隐私声明进行研究具有一定的代表意义。

5.3.3.1　信息控制者自律机制概述

个人信息隐私保护的企业自律行为和机制在网络隐私权保护体系中至关重要。它是个人信息隐私立法保护的重要补充,在没有形成专门立法之前,甚至是很多国家和地区保护个人信息隐私的最主要手段。美国是实行个人信息隐私权行业自律保护为主导的典型代表,该模式也被称作指导性立法主义。

企业自律保护最具特色的形式主要包括四个方面。①建议性的行业指引(suggestive industry guidelines):相关组织和协会制定行业自律的指导规范,企业成员则承诺遵守这些个人信息隐私保护的指导规范。②网络隐私认证计划(online privacy seal program):比较知名的组织有 TRUSTe 和 BBBonline。被认证的网络平台可以发布隐私认证标志,同时必须遵守互联网对个人信息隐私的收集、处理等规则,并服从组织多种形式的监督和管理。③企业设置首席隐私官(chief privacy officer,CPO):这是在人们对其个人信息被非法利用的担忧越来越强烈的背景下,近年来互联网企业采用的一种缓解用户担忧,并提升企业对个人信息隐私保护水平的措施,已逐渐在互联网行业中形成一种趋势。④企业加强技术保护(technological solutions):主要指企业主动研发和利用各种相关技术来保护用户隐私,如早期万维网联盟开发的个人隐私选择平台(personal privacy preference platform,P3P)软件,当用户访问某网站时,浏览器会加载并运行该软件,受访网站则会向用户发送相关协议。如果该网站的信息收集行为与用户个人隐私选择平台设定的标准一致,则用户可以顺利地访问该网站,若不一致,该软件就会提醒用户决定是否继续访问该网站。再如,近年随着数据的爆发性增长,企业利用云计算、大数据技术开发部署保护算法,有效地降低了用户隐私泄露的风险,从而提高企业对个人信息处理的信誉度。

互联网平台或移动 App 主动在首页等显著位置发布隐私声明,是互联网企业践行行业自律保护用户隐私的主要措施之一。早在 1998 年,美国联邦贸易委员会(Federal Trade Commission,FTC)做的一项调查发现,在被调研的 1400 家网站中,有超过 90% 的网站在收集用户的个人信息,但仅有 14% 的商业网站告知用户自己收集信息的行为,仅有 2% 的商业网站提供了较完整的隐私声明。进入 21 世纪后,国内外学者对隐私声明的研究日益增多。Thomas 等[17]指出,在美国典型的"告知与选择"个人信息保护模式下,互联网企业通过隐私声明向其用户说明本公司的服务业务及对个人信息的收集利用,可有效地帮助用户选择是否享用某项在线服务,从而使用户对相关个人信息的采集利用有一定的选择权。

2019 年,我国国家互联网信息办公室公布《百款常用 App 申请收集使用个人信息权限情况》报告,涉及大量常用 App 的权限索要情况。报告调查了包含位置、通话记录等 26 项权限的索要情况,及各 App 申请手机个人信息相关权限数量。报告显示某手机卫士软件在安装使用需要获取的权限多达 23 项;索要权限最少的是某小说 App,仅索要 3 个权限(相机、电话设备 IMSI/IMEI 号、写入外置存储器)。可见,合理的隐私声明有助于用户了解网站或 App 对用户个人信息的采集、使用和发布情况,有利于互联网行业的健康规范发展。

5.3.3.2　研究对象

本小节对 11 家互联网旅游服务企业隐私声明的具体内容进行文本分析,深入阐释这些隐私声明的作用和意义,通过横向对比发现它们的异同与利弊。

在对研究对象进行研究分析时,首先要确定隐私声明的标准和规范。本小节认为,考察互联网旅游服务类平台的隐私声明时,应该重点关注几个特征,即完整、简约与系统。完整是指隐私声明中除应包含信息控制者及联系方式、信息处理目的和处理方式、用户的权利等相关规定,还应包含国家相关法律对个人信息隐私利用的所有重要内容。简约是指用清晰易懂的语言向用户告知隐私政策,方便用户快速浏览查看。系统是指在包含完整内容的基础上,应该在各条约中条理清晰地系统表示用户个人信息被采集和利用的过程,而不是为了企业利益有选择性或有针对性地表达隐私政策,误导个人用户对隐私声明的理解。

美国在隐私权保护方面采取以行业自律为主、以立法为辅的做法,其在线隐私联盟(Online Privacy Alliances,OPA)对互联网企业隐私政策有着比较明确的规定,主要包括信息收集通知(notice of data collection)、信息披露政策(disclosure of policies)、信息收集目的(purposes of collection)、信息安全(security of collected data)和用户访问(user access to data)等内容[18]。

对企业的隐私声明或隐私政策,我国《个人信息保护法》第十七条明确规定,个人信息处理者在处理个人信息前,应当以显著的方式、清晰易懂的语言向个人告知下列事项:①个人信息处理者的身份和联系方式;②个人信息的处理目的、处理方式,处理的个人信息种类、保存期限;③个人行使本法规定权利的方式和程序;④法律、行政法规规定应当告知的其他事项。并且指出隐私声明或隐私政策发生变更时,应当将变更部分告知用户。

在隐私声明中,用户的访问权(对个人信息的更新、删除等操作)是属于用户的重要权利,我们将用户访问权作为对 11 家互联网旅游服务企业网站隐私声明考察的重要内容。

表 5-2 按研究对象的主要业务类型进行分类。

表 5-2　11 家互联网旅游企业主要业务类型

业务和经营类型	企业名称	备注
在线旅游综合服务	携程、同程旅行	综合类
生活服务类	美团	业务拓延到旅游行业
传统电子商务类	飞猪	业务拓延到旅游行业
旅游社区	马蜂窝	旅游攻略、旅游分享
垂直搜索引擎	去哪儿	以机票预订为主
景区门票预订	驴妈妈	以景区门票预订为主
旅游线路预订	途牛	以旅游线路预订为主
国外酒店预订	缤客(Booking)	全球最大的网上住宿预订平台
民宿预订	爱彼迎(Airbnb)	住宿细分行业
连锁酒店集团网站	华住会	大型酒店集团

我们主要考察这 11 家互联网旅游企业隐私声明的完整性和简约性。按照《中华人民共和国个人信息保护法》对个人信息保护的基本要求,基于"告知同意"的原则,从个人信息的采集(目的、方式、内容)、保存(期限)、使用、共享、用户权利、未成年人隐私保护和声明更新等方面分析 11 家企业的隐私声明[17,19-28],结果如表 5-3 所示。

表 5-3　11 家互联网旅游企业隐私声明的完整性表现

企业名称	隐私声明标题	更新提示		采集存储	使用共享	儿童隐私	是否有更新个人信息的方式和指引
		更新日期	生效日期				
缤客(Booking)	隐私和 Cookie 声明	√	×	√	√	√	√（表单方式）
携程	隐私政策	√	√	√	√	√	√
美团	隐私政策	√	√	√	√	√	√
飞猪	隐私政策	×	√	√	√	√	√
马蜂窝	隐私政策	√	√	√	√	√	√
去哪儿	隐私政策	√	√	√	√	√	√
同程旅行	隐私政策	√	√	√	√	√	√
途牛	隐私保护	×	√	√	√	√	√
驴妈妈	隐私保护声明	√	×	√	√	√	√
爱彼迎(Airbnb)	隐私政策	√	×	√	√	×	√
华住会	隐私声明	√	√	√	√	√	√

从结果可以看出,所有企业的隐私声明中都包含对个人信息采集、保存、使用和共享的内容,这是隐私声明最核心的内容。隐私声明文档标题略有不同,大多数称"隐私政策",缤客公司则在标题中强调了 Cookie 技术在隐私采集中的应用,称"隐私和 Cookie 声明",途牛和驴妈妈则以"隐私保护"为标题。对于个人信息采集利用中备受关注的儿童信息保护问题,我国的互联网旅游服务企业都做了相关声明,但爱彼迎简体中文平台的隐私政策中并没有儿童或未成年人隐私保护声明。

简约性是隐私声明是否方便用户阅读和理解的重要体现。各互联网企业隐私声明内容一般超过 1 万字,包含了大量信息。合理的隐私声明应该能让用户在较短的时间内清楚自己的哪些信息将被采集、用于什么目的,自己又有哪些权责。为了易读的目的,本文分析了表 5-4 中所列几个方面。

表 5-4　11 家互联网旅游企业隐私声明的简约性表现

企业名称	首页是否有链接	是否有目录	是否有标题链接	一级标题项数	重点内容字体区分
缤客(Booking)	√	×	√	13	√
携程	√	√	×	16	√
美团	√	√	×	9	√
飞猪	√	√	×	9	√
马蜂窝	√	√	×	8	√
去哪儿	×(在"关于"中)	×	×	16	√
同程旅行	√	√	×	10	√
途牛	√	×	×	14	×
驴妈妈	×(在"用户协议"中)	×	×	16	×
爱彼迎(Airbnb)	√	×	√	6	√
华住会	×注册时才有，默认未勾选	√	×	9	√

由上表结果可见,大部分网站平台在首页底部有隐私声明链接,去哪儿和驴妈妈没有直接给出链接,分别在"关于"和"用户协议"中包含隐私政策,而华住会则是在用户注册时才出现隐私声明项链接,默认情况下并未勾选。网页文档易读性的一个重要的技术实现方法就是标题链接,内容目录和标题链接为概要性阅读和选择性阅读提供了极好的便利。互联网用户在阅读隐私声明时具有典型的选择性阅读特征,可是这 11 家企业中没有一家提供了完整的目录和一级标题链接,体现了互联网旅游服务企业隐私声明的简约性缺失。

5.3.3.3　研究发现

（1）信息收集与保存说明

信息收集与保存说明应包括信息收集说明和信息保存安全说明两部分内容。其中,信息收集说明主要包括谁是信息收集方、信息收集目的、收集哪些信息以及信息收集的主要途径等内容。信息保存安全说明主要包括企业所收集信息的保存时长,是否提供具体的技术保障等内容。

上述 11 家互联网旅游服务企业的隐私声明都包含了相应的信息收集与保存说明,但在具体的规定中各有差异,主要有以下四点。

①关于第三方收集用户信息。9 家企业做了明确声明。如美团提到"如您选择授权使用第三方账号登录,我们会从第三方获取您共享的账号信息(如头

像、昵称、地区、性别等信息)与您的美团账号进行绑定用于快捷登录,我们会依据与第三方的约定,在符合相关法规的前提下,使用您的个人信息"。飞猪的相关内容是:"我们可能会根据您的授权从第三方处获取您的第三方账户信息,并与您的淘宝平台账户进行绑定,使您可通过第三方账户直接登录、使用我们的产品和(或)服务。我们可能经您同意后向第三方共享您的账户信息(头像、昵称及其他页面提示的信息),使您可以便捷地实现第三方账户的注册或登录。"同程提到:"我们可能从第三方获取您授权共享的账户信息(头像、昵称、手机号、邮箱号)"。这 3 家企业的声明举例了第三方信息的类型。另外,华住会举例了将从哪些第三方企业或应用获取用户信息:"您可以授权我们从第三方(例如微信、腾讯 QQ、支付宝、新浪微博)处获得您在第三方的身份标识信息"。此外,其他企业只是声明将从第三方获取信息,但没有举例从何处获取信息和获取哪些信息。如马蜂窝提到:"我们可能会在您的授权同意范围内从第三方(我们的合作方)处收集并使用您的个人信息。"携程的声明中也只提到会从关联公司、业务合作伙伴来源获得某个人的相关信息。此外,途牛和驴妈妈均未在"收集信息"章节中提及从第三方收集信息和用户授权内容,只在"信息使用-数据分析"章节提到"与其他来源(包括第三方)的数据相匹配,从而开发我们的产品、服务或营销计划,改进我们的服务"。这两家企业存在"第三方信息收集"的声明漏洞。

②关于收集的内容和途径。被调查的所有隐私声明均提到了用户信息收集的内容和途径。如携程的声明首先表明"合理、相关、必要"的个人信息收集原则,然后介绍个人信息收集的 4 种情形:必须授权收集和使用个人信息的情形(否则无法使用服务);主要分为注册、下单、支付、产品交付、交易安全保障和法律合规等情形;可自主选择是否提供个人信息的情形;从第三方获得个人信息的情形。

③关于存储的时效性问题。在用户信息的保存期限上,我国的相关法律法规并没有明确的规定,因此各企业的差异比较大,有的明确了保存时间,有的就很模糊。另外,不同类型的用户信息保存期限并不一样,如注册信息和交易信息,有些声明只提及一种类型,或未加区分。携程、去哪儿和途牛在信息保存期限上的规定比较一致,指出个人信息将被保存至用户的账号注销之日后 3 个月,同程网将保存至账号注销之日后的 6 个月。飞猪、马蜂窝和华住会则表明会按照《中华人民共和国电子商务法》的要求,保存用户信息的时间自交易完成之日后不少于 3 年,驴妈妈也声明将个人信息存储不少于 3 年。美团的规定比较模糊——"除非依据法律法规或双方约定,我们仅会在实现目的所必需的最短时间内留存您的相关个人信息。在您主动注销账号时,我们将根据法律法规的要求尽快删除您的个人信息或匿名化处理",并没有明确存储期限。在爱彼迎的隐私

政策和中国补充隐私政策中,我们均没有找到对个人信息存储期限的描述。

④关于信息安全和技术保障。在用户信息安全和使用的技术方面,除了爱彼迎以外,各个隐私声明都有一定程度的介绍。如携程提到了建立与业务发展相适应的信息安全保障体系,根据信息敏感程度采取不同的控制措施,技术包括但不限于访问控制、SSL 加密传输、AES256bit 或以上强度的加密算法等。美团则采取建立数据分类分级制度、数据安全管理规范等数据安全措施来保障用户隐私安全。同程网除提到相关技术外,还特别成立了专门的负责团队,提供个人信息保护负责人的联系邮箱。同程网是 11 家企业隐私声明中唯一明确表示采用首席隐私官的企业。爱彼迎在信息安全和技术保障方面就显得非常简单笼统,只是提到"会不断实施和更新管理、技术及物理安全措施,以确保您的信息免遭未经授权的访问、遗失、破坏或更改"。

(2)Cookie 的使用说明

Cookie 是一个由网站保存在个人的电脑或移动设备浏览器中的小型文本文件,可通过保存个人浏览和交互的内容信息,来记忆个人的偏好和设置,或分析个人使用在线服务的情况。互联网旅游服务平台上的 Cookie 按提供者可分为"第一方"和"第三方"。第一方 Cookie 由域名所有者提供,第三方 Cookie 则是指由合作伙伴放置的 Cookie。按照 Cookie 存在时间的长短,又可分为会话Cookie 和永久 Cookie。会话 Cookie 在浏览器关闭时就随之消失,随后被删除;永久 Cookie 在浏览器关闭后仍然保存在个人的设备中。

Cookie 技术在用户信息的采集和使用中应用非常普遍。被调查的 11 家企业隐私声明都对 Cookie 技术的使用作了说明,特别是缤客和爱彼迎两家企业专门提供了 Cookie 隐私政策(Cookie 声明),对 Cookie 的概念、类型、作用和用途等做了较详细的解释。

(3)信息跨境使用与共享说明

随着经济全球化,信息处理的异地化现象越来越明显,势必造成用户信息隐私跨境传输与管理的问题。为此,《个人信息保护法》第三章专门制定了个人信息跨境提供的规则。本小节重点调查各隐私声明中的个人信息使用与跨境提供方面。

《个人信息保护法》第三十八条规定,个人信息处理者因业务等需要,确需向中华人民共和国境外提供个人信息的,应当至少具备下列一项条件:①依照本法第四十条的规定通过国家网信部门组织的安全评估;②按照国家网信部门的规定,经专业机构进行个人信息保护认证;③与境外接收方订立合同,约定双方的权利和义务,并监督其个人信息处理活动达到本法规定的个人信息保护标准;④法律、行政法规或者国家网信部门规定的其他条件。

缤客作为总部在欧洲的互联网企业,在个人信息跨境问题上,采用欧盟的标准,因此在其隐私声明中描述"个人数据传输可能包括将个人数据传输给海外某些数据保护法不如欧盟地区严格的国家。根据欧洲法律的要求,我们只能将个人数据传给具有足够数据保护级别的接收方。在这些情况下,根据需要,我们会作出合同安排,以确保对您个人数据的安全保护仍符合欧洲标准"。

爱彼迎并没有对信息跨境作明确的声明,但在"关联公司"部分,作了与爱彼迎在各国的关联公司间进行数据共享的声明,包括与美国的 Airbnb,Inc. 共享数据,与爱彼迎支付实体共享数据,与 Airbnb GSL 共享数据等。

携程对个人信息跨境使用也作了明确声明,将用户个人信息传输至境外需符合以下条件:①获得个人的明确授权;②当营销场景涉及海外服务提供商时;③当个人通过携程平台进行跨境交易(如预订境外酒店)等个人主动行为;④法律法规的明确要求。

美团、途牛并没有对用户信息的跨境使用和共享作出明确的规定,只在"个人信息的保存"章节中提到当出现用户主动发起的跨境预定、下单、交易等个人行为(如购买国际机票、预订国际酒店等)时,用户的信息可能会保存到国外。

飞猪也作了与美团一样的规定,只是除此之外还强调针对跨境交易,企业会确保依据本地相关法律法规对用户的个人信息提供足够的保护,但并没有明确保护方法和措施。

华住会作为全球酒店经营管理集团,对将用户信息保存在境外作了较详细的解释,"如果您通过华住会预订位于境外的华住(包括德意志酒店集团等)以及第三方酒店或服务(例如雅高等),则在为履行上述合同或提供服务所必需的范围内,我们需要向该等境外第三方传输和共享您的订单信息(姓名、订单号、入住酒店名称、房型及数量、会员号、联系方式、账单金额、入住日期、退房日期、信用卡信息)",但也没有明确保护方法和措施。

马蜂窝则更进一步提出了在跨境使用用户信息时会征得用户的授权同意,并要求接收方按照马蜂窝的说明、隐私政策以及其他任何相关的保密和安全措施来处理这些个人信息。

去哪儿、同程、驴妈妈未对跨境使用用户信息做出明确规定。

总之,在信息跨境使用与共享方面,只有缤客和马蜂窝的隐私声明中提出了具体的措施,但也是非常基础的,远未达到《个人信息保护法》中提出的安全评估、机构认证和专门合同签订等的要求。

(4)用户信息管理

用户信息管理主要指用户对其个人信息的访问、修改和删除权,以及对营销信息定向推送的选择权。11 家互联网旅游企业在用户信息管理方面的声明情况见表 5-5。

表 5-5　11 家互联网旅游企业隐私声明中的用户信息管理权利

企业名称	信息访问、修改和删除权	用户注销权	营销信息定向推送（接收广告）选择权	发送至第三方授权
缤客（Booking）	√	×	×	√
携程	√	√	×	×
美团	√	√	√	×
飞猪	√	√	√	×
马蜂窝	√	√	√	×
去哪儿	√	√	√	√
同程旅行	√	√	×	√
途牛	√	√	×	×
驴妈妈	√	√	×	×
爱彼迎（Airbnb）	√	√	×	×
华住会	√	√	×	×

由上表可见,所有企业的隐私声明对信息访问、修改和删除权都有详细的规定,并且列明了行使用户权利的方法和操作步骤。用户信息管理声明的主要问题体现在对于被动接收广告的选择权和将用户信息发送至第三方的选择权方面。去哪儿和同程旅行对第三方授权仅作了简单声明:"我们出于对您的信息保护及现有的技术尚无法做到将您的个人信息副本直接提供给无关的第三方,如您有此需求,我们将在法律法规允许的范围内为您寻求替代性解决方案。"在营销信息定向推送方面,仅美团、飞猪、马蜂窝和去哪儿做了不同程度的声明。

（5）未成年人隐私保护说明

未成年人隐私保护是互联网用户隐私保护的重要组成部分,我国的各项法律法规都对其作了不同程度的规定。《个人信息保护法》第三十一条明确:"个人信息处理者处理不满十四周岁未成年人个人信息的,应当取得未成年人父母或者其他监护人的同意。个人信息处理者处理不满十四周岁未成年人个人信息的,应当制定专门的个人信息处理规则。"另外,国家互联网信息办公室特别发布了《儿童个人信息网络保护规定》,对我国儿童信息保护制定了更严格的规范。

在 11 家互联网旅游企业的隐私声明中,除了爱彼迎未有明确内容以外,其余 10 家都对儿童隐私的采集和使用作了符合我国相关法律法规的声明:对 18 周岁以下的未成年人,应取得家长或法定监护人的同意;对 14 周岁以下的儿童,应遵循正当必要、知情同意、目的明确、安全保障、依法利用的原则,按照《儿童个人信息网络保护规定》等法律法规的要求进行存储、使用、披露。

飞猪的声明特别指出有专人负责儿童信息的保护,严格设定信息访问权限,对可能接触到儿童信息的工作人员采取最小够用授权原则,并采取技术措施对工作人员处理儿童信息的行为进行记录和管控,避免违法复制、下载儿童个人信息行为的发生。

(6)隐私声明更新提示

如表5-3所示,隐私声明的更新提示是体现文档时效性的重要依据。我们考察了11家互联网旅游企业隐私声明文档修改日期和生效日期两个时间节点。从表中可见,只有5家企业做到了规范的更新日期提醒。途牛网的声明中包含了"途牛将标注本隐私政策最近更新的日期,更新将于发布时生效"的描述,但在隐私声明内容中并没有标注更新日期。

5.3.3.4 结论和启示

通过以上分析我们可以发现,我国互联网旅游企业的隐私声明总体结构较完整,但主要还存在以下几个方面的问题。

首先,隐私声明的易读性不足,不利于用户的阅读和查询。主要体现在两个方面:一是声明普遍缺乏标题链接,用户需要不断地翻页查看,不够便捷;二是一些声明缺少一级目录,用户无法快速了解隐私声明的内容。

其次,隐私声明的更新提示缺乏统一规范。11家知名互联网旅游服务企业中只有5家做到了规范的更新日期提醒,可见隐私声明的更新提示有待进一步规范。

最后,如何与第三方共享信息不够明确。虽然声明指出了在未经用户同意的情况下,企业及其所属的关联公司不会与第三方分享用户的个人信息,只有在得到用户同意的前提下,才会进行数据分享行为,但对于征求用户同意的方式,什么情况下才表明已征得用户同意等问题并未明确说明。

总之,在旅游行业个人信息隐私保护方面,尽管国家出台了一系列政策与法规,企业自律行为在不断改善,但企业的隐私声明仍存在不少问题。我们认为,主要原因是:①企业更注重自身的利益,对用户隐私权益和隐私声明不够重视;②行业缺乏关于隐私声明的规定和规范,对违反隐私声明的行为没有相应的奖惩和衡量标准;③大多数用户对企业隐私声明的认识不够,自我信息保护的意识不够,在当前行业自律机制不够完善的情况下,企业的隐私声明缺乏用户的监督和抵制。

参考文献

[1] Anita L. Richard C. 美国隐私法：学说判例与立法[M]. 北京：中国民主法治出版社，2019.

[2] Fred H Cate. Privacy in the Information Age[M]. Washington，D. C. Brookings Institution Press，1997.

[3] 孔令杰. 个人资料隐私的法律保护[M]. 武汉：武汉大学出版社，2009.

[4] Nock SL. The Costs of Privacy：Surveillance and Reputation in America，1993.

[5] Nortey RN，Yue L，Agdedanu PR，et al. Privacy module for distributed electronic health records（EHRs）using the blockchain[C]//IEEE 4th International Conference on BigData Analytics. Suzhou：IEEE，2019：369-374.

[6] Macenaite M，Kosta E. Consent for processing children's personal data in the EU：following in US footsteps？ [J]. Information Communications Technology Law，2017. 26(2)：146-197.

[7] 马克斯·范梅南，巴斯·莱维林. 儿童的秘密—秘密、隐私和自我的重新认识[M]. 北京：教育科学出版社，2014.

[8] 张新宝. 个人信息收集：告知同意原则适用的限制[J]. 比较法研究，2019(6)：1-20.

[9] 范为. 大数据时代个人信息保护的路径重构[J]. 环球法律评论，2016(5)：92-115.

[10] 杨建国. 大数据时代隐私保护伦理困境的形成机理及其治理[J]. 江苏社会科学，2021(1)：142-151.

[11] 孙继周. 日本数据隐私法律：概况、内容及启示[J]. 现代情报，2016，36(6)：140-143.

[12] 魏健馨，宋仁超. 日本个人信息权利立法保护的经验及借鉴[J]. 沈阳工业大学学报（社会科学版），2018，11(4)：189-296.

[13] 张新宝. 隐私权的法律保护[M]. 北京：群众出版社，2004.

[14] 范进学. 我国隐私权的立法审视与完善[J]. 法学杂志，2017，38(5)：39-45.

[15] 吴静. 大数据时代下个人隐私保护之法律对策[J]. 广西民族师范学院学报，2020，37(2)：89-92.

[16] 李凯，王晓文. 隐私关注对旅游网站个性化服务的影响机制研究[J]. 旅游学刊，2011，26(6)：80-86.

［17］Norton TB. The creation and analysis of a website privacy policy corpus ［C］//Proceedings of the 54th Annual Meeting of the Association for Computational Linguistics,2016.

［18］周涛.基于内容分析法的网站隐私声明研究［J］.杭州电子科技大学学报 (社会科学版),2009,5(3):11-16.

［19］Booking 隐私声明［EB/OL］.［2021-4-27］.https://www.booking.com/general. zh-cn.html? tmpl＝docs/privacy-policy♯personal-data-collected-type.

［20］携程隐私政策［EB/OL］.［2021-4-27］.https://contents.ctrip.com/huodong/ privacypolicypc/index? type＝1.

［21］美团隐私政策［EB/OL］.［2021-4-27］.https://rules-center.meituan.com/ rules-detail/2.

［22］马蜂窝隐私政策［EB/OL］.［2021-4-27］.http://www.mafengwo.cn/s/ private.html

［23］去哪儿隐私政策［EB/OL］.［2021-4-27］.http://www.qunar.com/site/ zh/Privacy_6.shtml.

［24］同程旅行用户隐私政策［EB/OL］.［2021-4-27］.https://www.ly.com/ public/Lawprotocols.

［25］途牛隐私保护政策［EB/OL］.［2021-4-27］.https://www.tuniu.com/ corp/privacy.shtml.

［26］驴妈妈隐私保护政策［EB/OL］.［2021-4-27］.http://www.lvmama.com/ public/serve_guideline♯m_1.

［27］爱彼迎隐私政策［EB/OL］.［2021-4-27］.https://www.airbnb.cn/help/ article/2855.

［28］华住隐私声明［EB/OL］.［2021-4-27］.https://passport.huazhu.com/ SignUp? redirectUrl＝http://www.huazhu.com.

附件1 隐私声明的参考内容样式

互联网旅游服务企业隐私声明

更新日期：＊年＊月＊日

生效日期：＊年＊月＊日

隐私权是每个人的重要权利，我们非常重视用户个人信息和隐私的保护。在使用本公司的网站或 App 前，请您务必仔细阅读并透彻理解本隐私声明。我们希望通过本隐私声明向您说明我们在您使用本公司的产品与服务时如何收集、使用、保存、共享和转让这些信息，以及我们为您提供的访问、更新、删除和保护这些信息的方式。如果您是18周岁以下的未成年人，您应确保您的监护人阅读并同意本政策后，您才使用并向我们提供您的个人信息。

如果您有任何疑问、意见或建议，请通过以下联系方式与我们联系：

电子邮件：＊＊＊＊＊

电话：＊＊＊＊＊

【特别提示】

为了更好地保护您的个人信息，请在使用本公司的产品与服务前，仔细阅读并充分了解本政策。① 一旦您同意提供您的个人信息，我们将按本声明所述的目的和方式处理您的个人信息。我们使用您的个人信息的目的是实现本公司的产品与服务相关的功能。您有权拒绝向我们提供个人信息，但可能会影响您使用相关功能。

隐私声明目录（对以下一级标题设置文档内链接）

一、收集和使用个人信息

二、使用 Cookie 技术

三、共享、转让和披露您的个人信息

四、储存、保护和跨境传输您的个人信息

五、管理用户个人信息

六、未成年人信息保护

七、本声明的更新

八、联系我们

---

① 本处也可注明：重点内容我们已采用粗体特别提示，希望您在阅读浏览时特别关注。一旦您使用或继续使用本公司产品与服务，即表示您同意我们按照本政策处理您的相关信息。对于我们所收集的您的个人信息，我们亦用粗体的方式进行了标示，以此向您增强式提示。

一、收集和使用个人信息

个人信息是指以电子或者其他方式记录的能够单独或者与其他信息结合识别特定自然人身份或者反映特定自然人活动情况的各种信息。本隐私政策中涉及的个人信息包括：个人身份信息，包括身份证、护照、驾驶证、军官证、社保卡、居住证等；个人财产信息，包括银行账号、资产证明信息、借贷信息、交易和消费记录等；网络身份标识信息，包括系统账号、IP 地址、邮箱地址及与前述有关的密码、口令、口令保护答案等；个人生物识别信息，包括指纹、面部识别特征等；个人常用设备信息，包括硬件型号、设备 MAC 地址、操作系统类型等描述个人常用设备基本情况的信息；个人位置信息，包括行程信息、精准定位信息、住宿信息、经纬度等。

个人敏感信息是指一旦泄露、非法提供或滥用，可能危害人身和财产安全，极易导致个人名誉、身心健康受到损害或歧视性待遇等的个人信息，主要包括：个人财产信息(包括银行账号、资产证明信息、借贷信息、交易和消费记录等)、个人生物识别信息(指纹、面部识别特征等)、个人身份信息(包括身份证、护照、驾驶证、军官证、社保卡、居住证等)、网络身份标识信息(包括系统账号、IP 地址、邮箱地址及与前述有关的密码、口令、口令保护答案等)、其他信息(行踪轨迹、网页浏览记录、住宿信息、精准定位信息等)。

我们仅会出于以下目的，收集和使用您的个人信息：

(一)您须授权我们收集和使用您个人信息的情形

1. 获取我们的产品与服务所需的功能

(1)注册用户

您注册成为我们的用户时，需要至少向我们提供您准备使用的账户名、密码、您本人的手机号码，我们将通过发送短信验证码的方式来验证您的身份是否有效。您的账户名为您的默认昵称，您可以修改补充您的昵称、性别、生日、兴趣爱好以及您的实名验证相关信息，这些信息均属于您的"账户信息"。您补充的账户信息将有助于我们为您提供个性化的商品推荐和更优的用户体验，但如果您不提供这些补充信息，不会影响您使用平台基本功能。

如您仅使用浏览、搜索等基本服务，您不需要注册成为会员和提供上述信息。

(2)产品与服务展示

当您使用我们的产品进行搜索和浏览时，我们需要基于收集您在网页或App 输入的搜索关键字、您点击的页面或链接以便在服务端向您返回相应的页面或结果。

（3）下单预订

当您预订和使用各类旅行产品时,需要您提供必要的信息才能完成旅行产品的预订,这些产品包括:

当您预订国内机票时,您需要至少提供乘客姓名、证件号、出生年月、手机号信息。当您预订国际/中国港澳台机票时,您至少需要提供乘客姓名、性别、国籍、出生日期、证件号、证件有效期、手机号、邮箱信息。您也可以向我们提供航司会员卡号以获得里程累积服务。

在您预订国内火车票时,您需要提供乘客姓名、证件号、手机号信息。当您预订境外火车票时,至少需要提供乘客姓名、出生日期、联系人姓名、手机号、邮箱信息,视产品不同可能还需要您提供性别、护照号码、使用日期、居住地信息。

在您预订酒店、民宿和客栈时,您至少需提供入住人姓名、手机号、邮箱信息,同时我们也会收集您下单时选择的包括入住日期、离店日期、房型。某些特殊情况下(如特惠房、部分酒店的特定要求)还需要您提供相应的证件信息。您也可以向我们提供酒店集团会员卡号以获得相关的会员服务。

在您预订景点门票、玩乐服务时,根据不同服务的类别,你可能需要提供不同的信息类别,这些信息包括姓名、证件类型、证件号码、证件签发地、出生地、出生日期、联系电话、国籍、性别、护照号码、发证机关、发证日期、护照类型、护照有效期、签发日期、港澳通行证签注类型、体重和身高(骑马类项目)、鞋码及近视度数(安全考虑)信息。

在您预订境内外租车时,需提供驾驶员姓名、驾驶员身份证、手机、微信号、邮箱、租车日期、取车地址、还车地址、航班号信息。

当您预订旅游服务时,旅游服务(跟团游、自由行、周末游、邮轮游、周边游、定制游、机票＋酒店)作为组合产品,需要您提供的信息取决于具体产品的子服务(机票、火车票、租车、专车、酒店、民宿、客栈、汽车票、旅游专线、船票、游艇帆船、游船、签证、向导、门票、玩乐、保险)所收集的信息的组合。

当您使用签证服务时,需提交身份证明、资产证明、行程信息、个人信息表、签证申请表、委托书、邀请材料或邀请函信息。

当您预订保险时,需至少提供出发日期、返回日期、保期、被保人数量、被保人、投保人、目的地信息,部分险种需要提供航班号、车牌号、房屋地址信息。

当您的出行人中包含未成年人时,我们需要您作为监护人提供出行的未成年人的姓名、证件号。

（4）支付结算

在您购买产品进行支付结算时,需提供银行卡号、有效期、银行预留手机号、持卡人姓名、持卡人身份证件、卡验证码信息。

（5）交付产品与服务功能

在您购买产品需要使用邮寄（发票、商品）服务时，需提供收货人的姓名、手机号、固定电话、配送地址信息，以便于您的订单能够送达。如果您需要开具纸质或电子发票，您还需提供包括发票抬头、邮箱在内的开票信息以及收件人、手机号、配送地址信息。

（6）客服与售后功能

当您需要我们提供与您订单信息相关的客服与售后服务时，我们将会查询您的订单信息。因此，我们的电话客服和售后服务会使用您的账号信息和订单信息来对您进行身份核验。您有可能会在与我们的客服人员沟通时，提供原订单信息外的其他信息，如当您要求我们变更订单信息时。

（7）改进我们的产品与服务所必需的功能

为了提升用户体验和服务品质，我们可能会收集您的订单信息、浏览信息进行汇集和数据分析，以便可将您感兴趣的产品或服务信息展示给您；或在您搜索时向您展示您可能希望找到的商品；或与其他来源（包括第三方）的数据相匹配，从而改进我们的产品与服务。我们还可能为了提供服务及改进服务质量的合理需要而获得您的其他信息，包括您与客服联系时所提供的相关信息，您参与平台活动时向我们发送的信息，以及您与我们的关联方、我们合作伙伴之间互动时我们获得的相关信息。对于从您的各种设备上收集到的信息，我们可能会将它们进行关联，以便我们能在这些设备上为您提供高效一致的服务。

（8）产品业务功能所收集使用您的信息逐项列举

......

2. 提供安全保障所必需的功能

为更准确地识别和预防攻击，及保护您的账户安全（包括形成风控标签/画像/模型、判断是否属于IP/设备黑名单、是否是真实设备/模拟器、是否安装风险软件/App等），在您使用产品的过程中，我们将自动收集设备信息或软件信息，例如您的IP地址和移动设备所用的型号/版本/存储空间和设备识别码、SIM卡信息、设备应用安装/卸载列表、进程信息、设备MAC地址、网络类型/网络状态、设备连接的无线网络信息和传感器信息。上述信息的收集频次，我们会基于安全和风控所需的最小频次进行收集和上传。我们将通过采取访问权限最小化、访问日志记录、与订单信息分开存储与授权等安全措施来保护这些设备和软件信息。

在您使用金融产品时，为实现金融风险控制目的，如身份认证、评估信贷资格、信用及偿付能力，您可能需向我们提供和允许我们收集更多信息（包括有效身份证件照片、脸部图像或视频、住址信息、学历信息、工作单位信息、有关收入、财产和信用的信息)。在您使用此类服务前,我们会通过页面提示、交互流程、协议在线展示等方式另行向您说明相应的个人信息收集和使用规则,并征得您的同意。

3. 需另行征得您的授权同意

当我们要将信息用于本政策未载明的其他用途时,会事先征求您的同意。当我们要将基于特定目的收集而来的信息用于其他目的时,会事先征求您的同意。

(二)无须征得您授权同意可收集、使用您个人信息的情形

根据相关法律法规、监管要求及国家标准,在以下情形中,我们可以在不征得您授权同意的情况下收集、使用一些必要的个人信息。

(1)与我们履行法律法规规定的义务相关的。

(2)与国家安全、国防安全直接相关的。

(3)与公共安全、公共卫生、重大公共利益直接相关的。

(4)与犯罪侦查、起诉、审判和判决执行等直接相关的。

(5)出于维护您或其他个人的生命、财产等重大合法权益但又很难得到本人同意的。

(6)所涉及的个人信息是您自行向社会公众公开的。

(7)根据您与我们签订和履行合同所必需的。

(8)从合法公开披露的信息中收集到您的个人信息,如从合法的新闻报道、政府信息公开等渠道。

(9)法律法规规定的其他情形。

(三)您可选择是否授权我们收集和使用您的个人信息的情形

1. 为提升用户体验,使产品与服务更人性化,我们可能会收集和使用您的个人信息。如果您不提供这些个人信息,您依然可以使用:

(1)基于位置信息的个性化推荐功能。

(2)基于图片上传的附加功能,您可以在平台上传您的照片,如您可在上传游记的同时上传您本人的照片,您也可上传您的其他照片来实现晒单及评价功能,我们会使用您所上传图片的评价。

(3)基于语音技术的附加功能。

(4)基于通讯录信息的附加功能:您可以在平台邀请通讯录好友或关注好友时授权获取通讯录,此授权只会在您使用该功能时触发并且由您主动授权。我们不会对您的通讯录做保存或更改等操作;如果您未授权,您仍然可以正常使用其他功能。

2. 需要使用到您的银行卡信息的场景，主要包括：您申请赔付时，需要提供您银行卡信息才能给您支付赔偿金；您本人作为合作方与我们合作时，需要提供您的银行卡信息才能完成结算。您了解并同意我们基于上述场景使用您的银行卡信息；如您不提供该信息，可能无法完成支付、提现、结算等。

3. 上述位置服务、上传图片等附加功能可能需要您在您的设备中向我们开启您的地理位置(位置信息)、相机(摄像头)、相册(图片库)、麦克风以及通讯录的访问权限，以实现这些功能所涉及的信息的收集和使用。您可以随时开启或关闭这些权限。

(四)我们从第三方获得您个人信息

我们会从关联公司、业务合作伙伴来源获得您的相关信息。例如当您通过我们关联公司、业务合作伙伴网站及其移动应用软件等预订时，您向其提供的预订信息可能会转交给我们，以便我们处理您的订单，确保您顺利预订。又如，我们允许您使用社交媒体账号关联我们的账号进行登录，在您同意的情况下(您授权给该社交平台)，您的相关个人信息会通过社交平台分享给我们。我们将依据与关联公司、业务合作伙伴的约定，对这些个人信息来源的合法性进行确认。

(五)个人信息使用的规则

1. 我们会根据本隐私声明的约定，并为实现我们的产品与服务功能，使用所收集的个人信息。当我们要将您的个人信息用于本政策未载明的其他用途时，会事先征求您的授权同意。

2. 在收集您的个人信息后，我们会对您的个人信息进行去标识化处理，去标示化处理的信息将无法识别主体。请您注意，在此情况下我们有权使用已经去标示化的信息，在不透漏您个人信息的前提下，我们可对去标识化处理后的用户数据库进行分析并予以商业化利用。

3. 在您使用我们的产品与服务时，除非您删除或通过系统设置拒绝我们收集，否则在您使用我们的产品与服务期间将持续授权我们收集使用。

4. 我们会对我们的产品与服务使用情况进行统计，并可能会与公众或第三方共享这些统计信息，以展示我们的产品与服务的整体使用趋势。但这些统计信息不包含您的任何身份识别信息。

5. 如果我们发生合并、收购或破产清算可能涉及个人信息转让时，我们会要求新的持有您个人信息的公司、组织继续受本政策的约束。

二、使用 Cookie 技术

为了让您获得更轻松便捷的访问体验，在您访问网站或使用我们提供的服务时,我们可能在您的设备终端或系统上存储名为 Cookie 的小型数据文件用来识别您的身份,这样可以帮您省去重复输入注册信息的步骤,帮您优化对广告的选择与互动及帮助判断您的账户安全状态。您可以清除计算机或移动设备上保存的所有 Cookie 文档,您有权接受或拒绝 Cookie,如果浏览器自动接受 Cookie,您可以根据自己的需要修改浏览器的设置以拒绝 Cookie。请注意,如果您选择拒绝 Cookie,那么您可能无法更好地体验我们所提供的服务。

三、共享、转让和披露您的个人信息

(一)共享

我们可能会向合作伙伴等第三方共享您的订单信息、账户信息、设备信息以及位置信息,以保障为您提供的产品与服务顺利完成。但我们仅会出于合法、正当、必要、特定、明确的目的共享您的个人信息,并且只会共享提供服务所必要的个人信息。我们的合作伙伴无权将共享的个人信息用于任何其他用途。我们的合作伙伴包括以下类型(包含中国境内和中国境外实体)。

供应商:*****
金融机构和第三方支付机构:*****
业务合作伙伴:*****
关联公司:*****

(二)转让

我们不会将您的个人信息转让给任何公司、组织和个人,但以下情况除外:
①事先获得您的明确同意或授权。
②根据适用的法律法规、法律程序的要求、强制性的行政或司法要求。
③在涉及合并、收购、资产转让或类似的交易时,如涉及个人信息转让,我们会要求新的持有您个人信息的公司、组织继续受本隐私政策的约束,否则,我们将要求该公司、组织重新向您征求授权同意。

(三)公开披露

我们仅会在以下情形公开披露您的个人信息:
①根据您的需求,在您明确同意的披露方式下披露您所指定的个人信息。
②根据法律、法规的要求、强制性的行政执法或司法要求所必须提供您个人信息的情况下,我们可能会依据所要求的个人信息类型和披露方式公开披露您的个人信息。在符合法律法规的前提下,当我们收到上述披露信息的请求时,我们会要求必须出具与之相应的法律文件,如传票或调查函。

四、储存、保护和跨境传输您的个人信息

(一)您个人信息的储存

1.您的个人信息将全被储存于中华人民共和国境内,我们会采取合理可行的措施,尽力避免收集无关的个人信息。我们只会在达成本政策所述目的所需的期限内保留您的个人信息,除非法律有强制的存留要求。例如《中华人民共和国电子商务法》要求商品和服务信息、交易信息保存时间自交易完成之日起不少于3年。而我们判断前述期限的标准包括:

(1)完成与您相关的交易目的、维护相关交易及业务记录、应对可能的查询或投诉;

(2)保证我们为您提供的服务安全及质量;

(3)您是否同意更长的留存期限;

(4)是否存在保留期限的其他特别约定。

在您的个人信息超出保留期间后,我们会根据适用法律的要求删除您的个人信息或匿名化处理;此外,在注销账户后,我们将停止为您提供产品和服务,并根据您的要求,删除您的个人信息或匿名化处理,法律法规另有规定的除外。

2.我们在中华人民共和国境内运营中收集和产生的个人信息,存储在中国境内,部分需要将您的个人信息传输至境外的场景如下:

适用的法律有明确规定;

获得您的明确授权;

您通过互联网进行跨境交易等个人主动行为。

针对以上情形,我们会确保依据本隐私权政策对您的个人信息提供足够的保护。

如您使用跨境交易服务,且需要向境外传输您的个人信息完成交易的,我们会单独征得您的授权同意并要求接收方按照我们的说明、本隐私政策以及其他任何相关的保密和安全措施来处理这些个人信息。

(二)我们保护您个人信息的技术与措施

我们会采取合理可行的措施,保护您的个人信息。

1.数据安全技术措施

我们会采用符合业界标准的安全防护措施,包括建立合理的制度规范、安全技术来防止您的个人信息遭到未经授权的访问、公开披露、使用、修改,避免数据的损坏或丢失。

采取传输层安全协议等加密技术,通过https等方式提供浏览服务,确保用

户数据在传输过程中的安全。

采取加密技术对用户个人信息进行加密保存,并通过隔离技术进行隔离。

采用包括内容替换、SHA256 和 FPE 在内多种数据脱敏技术增强个人信息在使用中的安全性。

采用严格的数据访问权限控制和多因素身份认证技术以及数据防泄露技术保护个人信息,避免数据被违规使用。

采用代码安全自动检查、数据访问日志分析、系统访问权限审计、数据访问流量审计技术进行个人信息安全审计。

2. 其他安全措施

设置信息安全专员。

通过建立数据分类分级制度、数据安全管理规范、个人信息保护与合规总则、用户信息安全展示规范、安全开发规范、代码发布规范来管理规范个人信息的储存和使用。

建立信息安全部门并下设信息安全保护专职部门、数据安全应急响应中心来推进和保障个人信息安全。

安全认证和服务(如公安部安全等级保护三级认证)。

在不幸发生个人信息安全事件后,我们将按照法律法规的要求,及时向您告知:安全事件的基本情况和可能的影响,我们已采取或将要采取的处置措施,您可自主防范和降低风险的建议,对您的补救措施等。我们将同时及时地将事件相关情况以邮件、信函、电话、推送通知等方式告知您;当难以逐一告知个人信息主体时,我们会采取合理、有效的方式发布公告。同时,我们还将按照监管部门要求,主动上报个人信息安全事件的处置情况。

五、管理用户个人信息

我们非常重视您对个人信息的关注,并尽全力保护您对您个人信息访问、更正、删除以及撤回授权的权利,以使您拥有充分的能力保障您的隐私和安全。您的权利包括:

1. 访问和更正您的个人信息

您有权访问和更正您的个人信息,法律法规规定的例外情况除外。如果您想行使数据访问权,可以通过以下方式自行访问:

(1)您的账户信息:＿＿＿＿＿＿＿＿＿＿＿＿＿＿＿＿

(2)您的订单信息:＿＿＿＿＿＿＿＿＿＿＿＿＿＿＿＿

(3)您的浏览信息:＿＿＿＿＿＿＿＿＿＿＿＿＿＿＿＿

(4)您的评论信息：＿＿＿＿＿＿＿＿＿＿＿＿＿＿＿＿＿＿＿＿

(5)您的发票信息：＿＿＿＿＿＿＿＿＿＿＿＿＿＿＿＿＿＿＿＿

您无法访问和更正的个人信息:除上述列明的信息外,您的部分个人信息我们还无法为您提供访问和更正的服务,这些信息主要是为了提升您的用户体验和保证交易安全所收集的您的设备信息、您使用附加功能时产生的个人信息。上述信息我们会在您的授权范围内使用,您无法访问和更正,但您可联系我们进行删除或做匿名化处理。

2.删除您的个人信息

您在我们的产品与服务页面中可以直接清除或删除的信息包括订单信息、浏览信息、收货地址信息。

在以下情形中,您可以向我们提出删除个人信息的请求:

(1)如果我们处理个人信息的行为违反法律法规；

(2)如果我们收集、使用您的个人信息,却未征得您的同意；

(3)如果我们处理个人信息的行为违反了与您的约定；

(4)如果您不再使用我们的产品与服务,或您注销了账号；

(5)如果我们不再为您提供我们的产品与服务。

若我们决定响应您的删除请求,我们还将同时通知从我们获得您的个人信息的实体,要求其及时删除,除非法律法规另有规定,或这些实体获得您的独立授权。当您从我们的服务中删除信息后,因为适用的法律要求或安全技术原因,我们可能无法立即从备份系统中删除相应的信息,但会在备份更新时删除这些信息或实现匿名。

3.注销账户

您可以在我们的产品中直接申请注销账户。您可通过以下方式自行操作:

您注销账户后,我们将停止为您提供产品与服务,并依据您的要求,除法律法规另有规定外,我们将删除您的个人信息。

4.关于个性化服务

我们提供个性化服务,若您对此有任何疑问,可通过本政策公示的联系方式联系我们。

5.响应请求

为了保障安全,我们可能需要您提供书面请求,或以其他方式证明您的身份,我们将在收到您反馈并验证您的身份后的＊＊天内答复您的请求。

在以下情形中,按照法律法规要求,我们将无法响应您的请求:

(1)与国家安全、国防安全有关的；

（2）与公共安全、公共卫生、重大公共利益有关的；

（3）与犯罪侦查、起诉、审判和判决执行等有关的；

（4）有充分证据表明您存在主观恶意或滥用权力的；

（5）响应您的请求将导致您或其他个人、组织的合法权益受到严重损害的；

（6）涉及商业秘密的。

6.如果您不想接受我们给您发送的促销信息，您随时可通过以下方式取消：

（1）短信方式：＊＊＊＊＊

（2）网页操作方式：＊＊＊＊＊

（3）为了保护您的隐私，我们不会以任何方式和途径向您推送涉及宗教信仰、性、疾病等相关敏感内容的促销或商品信息。

六、未成年人信息保护

1.我们非常重视对未成年人个人信息的保护。若您是18周岁以下的未成年人，在使用服务前，应事先取得您法定监护人的同意。根据《中华人民共和国未成年人保护法》等国家相关法律法规的要求，对未成年人的个人信息及隐私进行保护。

2.我们不会主动直接向未成年人收集其个人信息。对于经监护人同意而收集未成年人个人信息的情况，我们仅在法律法规允许、监护人同意或保护未成年人所必要的情况下使用、共享、转让或披露此类信息。

3.作为监护人，您可以通过主页的设置对未成人的相关信息进行查询、更正和删除操作。如果有事实证明未成年人在并未取得监护人同意的情况下注册和使用了我们的服务，监护人可以联系我们的客服，我们会在确认后尽快删除相关未成年人的个人信息。

4.对于不满14周岁的儿童个人信息，我们还会遵循正当必要、知情同意、目的明确、安全保障、依法利用的原则，按照《儿童个人信息网络保护规定》等法律法规的要求进行存储、使用、披露。当您作为监护人为被监护的儿童选择使用我们的相关旅行服务时，我们可能需要向您收集被监护儿童的个人信息，用于向您履行相关服务之必要。如果您不提供前述信息，您将无法享受我们提供的相关服务。此外，您在使用评价功能时可能会主动向我们提供儿童个人信息，请您明确知悉并谨慎选择。您作为监护人，应当正确履行监护职责，保护儿童个人信息安全。如您对儿童个人信息相关事宜有任何意见、建议或投诉，请联系我们。

七、本声明的更新

我们会在必要时修改隐私政策，请您理解，我们可能会适时修订本隐私政策,我们将标注本隐私政策最近更新日期和生效日期。未经您明确同意,我们不会削减您按照本隐私权政策所应享有的权利。对于重大变更,我们还会提供更为显著的通知(包括对于某些服务,我们会通过电子邮件发送通知,说明隐私权政策的具体变更内容)。请您经常回访本隐私政策,以阅读最新版本。

本政策所指的重大变更包括但不限于:

1.我们的服务模式发生重大变化。如处理个人信息的目的、处理的个人信息类型、个人信息的使用方式等。

2.我们在所有权结构、组织架构等方面发生重大变化。如业务调整、破产并购等引起的所有者变更等。

3.个人信息共享、转让或公开披露的主要对象发生变化。

4.您参与个人信息处理方面的权利及其行使方式发生重大变化。

5.我们负责处理个人信息安全的责任部门、联络方式及投诉渠道发生变化时。

6.个人信息安全影响评估报告表明存在高风险时。

八、联系我们

1.如您对本隐私政策有任何疑问、意见或建议,请通过以下方式与我们联系:

电话:＊＊＊＊＊＊＊＊

2.我们设有个人信息保护专职部门,并配有个人信息保护专员和未成年人信息保护专员,您可以通过以下方式与其联系:

电话:＊＊＊＊＊＊＊＊
邮箱:＊＊＊＊＊＊＊＊

3.一般情况下,我们将在 15 天内回复。如果您对我们的回复不满意,特别是我们的个人信息处理行为损害了您的合法权益,您还可以向网信、公安及市场监督等监管部门进行投诉或举报。

附件2　问答式隐私声明的参考提纲样式

互联网旅游服务企业隐私声明参考提纲样式

更新日期：＊年＊月＊日

生效日期：＊年＊月＊日

一、我们会收集哪些个人数据？

如果缺失信息，我们将无法帮您预订理想的旅行。因此当您使用我们的服务时，我们会要求您提供某些信息。这些信息将会是一些常规信息，如您的姓名、首选联系信息、与您一同旅行的人的姓名以及您的支付信息。您也可能自行决定是否为下一次旅行提交额外的信息（如：您的预计到达时间）。

此外，我们也会从电脑、电话或您用于获取我们服务的其他设备中收集相关信息，这也包括 IP 地址、您使用的浏览器和设置的语言。我们有时也从其他人那里收集您的相关信息或自动收集其他信息。

我们需要您提供个人信息的主要目的是帮您管理线上旅行订单，确保您能获得理想的服务。我们也使用您提供的个人信息来联系您告知最新优惠、特别活动以及我们认为您可能感兴趣的其他产品或服务。

参阅更多有关我们收集的个人信息及使用目的（链接）

二、我们如何使用 Cookie 收集您的信息？

Cookie 是一个由网站保存在您的电脑或移动设备浏览器中的小型文本文件。这类 Cookie 通过保存您浏览和交互的内容信息，来记忆您的偏好和设置，或分析您使用在线服务的情况。

无论何时您使用我们的在线服务或 App，我们都会使用 Cookie 和其他在线追踪技术。Cookie 可用于多种用途，包括用于网站运作、流量分析或广告设置。

查阅更多的 Cookie 声明（链接）

三、为保护您的个人数据，采取了哪些安全存储措施？

我们实施一系列措施和流程，以防未经授权而访问及滥用我们所保存的个人数据。

了解更多关于安全存储信息的内容（链接）

四、如何与第三方共享您的数据信息?

我们的服务会涉及与不同的第三方在不同形式上的合作,主要目的是与旅行提供方分享您的旅行相关信息,以便完成您的旅行预订。

我们为您提供的服务也会涉及其他运营方,例如财政机构、广告商和子公司。在某些情况下,如有法律规定要求,我们可能与政府或其他权威机构分享您的数据。

参阅更多有关分享您的数据的信息（链接）

五、如何处理未成年人信息?

我们仅在征得父母或法定监护人的同意,或信息由父母或法定监护人与我们分享时,处理关于儿童的信息。

参阅关于我们收集未成年人数据的更多信息（链接）

六、如何管理您提交给我们的个人数据?

您可以随时浏览我们储存的关于您的个人数据,您可以要求访问、更新和删除您的个人数据。

参阅关于您如何管理您个人数据的更多信息（链接）

七、如何联系我们

您可以通过电话、电子邮件等方式联系我们。我们设有个人信息保护专职部门,并配有个人信息保护专员和未成年人信息保护专员,您可以通过以下方式与其联系:

电话:＊＊＊＊＊＊＊＊

电子邮件:＊＊＊＊＊＊＊＊

索 引

(按拼音字母排序)

中国工程院院士传记

王振义传

陈挥 著

人民出版社

上海交通大学出版社

责任编辑：侯　春
封面设计：徐　晖

图书在版编目（CIP）数据

王振义传 / 陈挥　著 . — 北京：人民出版社，2015.2（2024.11 重印）
ISBN 978 - 7 - 01 - 014417 - 7

I. ①王…　II. ①陈…　III. ①王振义 - 传记　IV. ① K826.2

中国版本图书馆 CIP 数据核字（2015）第 015388 号

王振义传

WANGZHENYI ZHUAN

陈　挥　著

人民出版社 出版发行
（100706　北京市东城区隆福寺街 99 号）

北京汇林印务有限公司印刷　新华书店经销

2015 年 2 月第 1 版　2024 年 11 月北京第 3 次印刷
开本：710 毫米 ×1000 毫米 1/16　印张：31.75　插页：8
字数：380 千字

ISBN 978 - 7 - 01 - 014417 - 7　定价：96.00 元

邮购地址 100706　北京市东城区隆福寺街 99 号
人民东方图书销售中心　电话（010）65250042　65289539

"共和国勋章"和国家最高科学技术奖获得者、中国工程院院士王振义

王振义在办公室查阅文献

2011年1月14日，胡锦涛向王振义颁发2010年度国家最高科学技术奖证书

1994年，王振义（左三）在凯特林癌症医学奖颁奖仪式上

1994年，国务委员兼国家科委主任宋健院士（中）、吴孟超院士（左），祝贺王振义获首届何梁何利基金科学与技术进步奖

1991年，王振义获法国"突出贡献医生"称号

1996年，王振义获香港求是科技基金会杰出科学家奖

1997年，王振义获瑞士布鲁巴赫基金会国际肿瘤研究奖

1998年，王振义获法国祺诺台尔杜加科学奖

2001年，王振义被美国哥伦比亚大学授予荣誉科学博士学位

2003年，王振义获美国血液学会海姆瓦塞曼演讲奖

2012年，王振义和陈竺获美国圣捷尔吉癌症研究创新成就奖

2012年，王振义获"影响世界华人大奖"

2011年，王振义和师昌绪院士亲切握手

2011年，王振义与时任上海交通大学医学院附属瑞金医院院长朱正刚等人，参加中央电视台《中国智慧》特别节目时合影

2011年，王振义作医学前沿学术报告

2012年，王振义在美国纽约第七届圣捷尔吉癌症研究创新成就奖颁奖典礼上发表演讲

2011年，王振义和法国前总统德斯坦（右二）、阮长耿院士（右一）等人亲切交谈

2014年，王振义在美国参加孙女王莹（右一）的毕业典礼时和哥伦比亚大学副校长（左三）等人合影

　　1985年，王振义和陈竺（左一）、阮长耿（左二）等人与诺贝尔奖获得者让·多塞教授（左四），在法国巴黎第五大学实验室合影

1986年，王振义应邀访问日本岛根医科大学并作报告

1991年，王振义在法国巴黎和劳伦·德高斯教授（左）、罗远俊教授（右）合影

2011年，王振义在法国巴黎黄萌珥研究员的实验室中

1998年，王振义、谢竞雄夫妇在上海外滩合影

2011年，王振义参观遵义会议纪念馆

2013年，王振义在制作"开卷考试"的幻灯片

2014年，王振义在"开卷考试"——为年轻医师分析病例

2006年，王振义和景虹医师（右）看望20年前第一个使用全反式维甲酸的患者严怡君

2009年，王振义和本书作者、时任上海交通大学医学院党校副校长陈挥教授，与上海瑞金医院青年医护人员交流成才之路的体会

中国工程院院士传记系列丛书

领导小组

顾　问：宋　健　徐匡迪

组　长：周　济

副组长：谢克昌　黄书元　辛广伟

成　员：白玉良　董庆九　任　超　沈水荣　于　青

　　　　高中琪　阮宝君　王元晶　杨　丽　高战军

编审委员会

主　任：谢克昌　黄书元

副主任：于　青　高中琪　董庆九

成　员：葛能全　王元晶　陈鹏鸣　侯俊智　吴晓东

　　　　黎青山　侯　春

编撰出版办公室

主　任：侯俊智　吴晓东

成　员：侯　春　徐　晖　陈佳冉　汪　逸　吴广庆

　　　　郭　娜　常军乾　郭永新　李　贞　王晓俊

　　　　范桂梅　左家和　王爱红　唐海英　张　健

　　　　张文韬　李冬梅　于泽华

总　序

　　20世纪是中华民族千载难逢的伟大时代。千百万先烈前贤用鲜血和生命争得了百年巨变、民族复兴,推翻了帝制,击败了外侮,建立了新中国,独立于世界,赢得了尊严,不再受辱。改革开放,经济腾飞,科教兴国,生产力大发展,告别了饥寒,实现了小康。工业化雷鸣电掣,现代化指日可待。巨潮洪流,不容阻抑。

　　忆百年前之清末,从慈禧太后到满朝文武开始感到科学技术的重要,办"洋务",派留学,改教育。但时机瞬逝,清廷被辛亥革命推翻。五四运动,民情激昂,吁求"德、赛"升堂,民主治国,科教兴邦。接踵而来的,是18年内战、8年抗日和3年解放战争。特科学救国的青年学子,负笈留学或寒窗苦读,多数未遇机会,辜负了碧血丹心。

　　1928年6月9日,蔡元培主持建立了中国第一个国立综合性科研机构——中央研究院,设理化实业研究所、地质研究所、社会科学研究所和观象台4个研究机构,标志着国家建制科研机构的开始。20年后,1948年3月26日遴选出81位院士(理工53位,人文28位),几乎都是20世纪初留学海外、卓有成就的科学家。

　　中国科技事业的大发展是在新中国成立以后。1949年11月1日成立了中国科学院,郭沫若任院长。1950~1960年有2500多名留学海外的科学家、工程师回到祖国,成为大规模发展科技事业的第一批领导骨干。国家按计划向苏联、东欧各国派遣1.8万名各类科技人员留学，全都按期回国，成为建立科研和现代工业的骨干力量。高等学校从新中国成立初期的200所，增加到600多所，年招生增至28万人。到21世纪初，普通高等学校有2263所，年招生600多万人，科技人力总资源量超过5000万人，具有大学本科以上学历的科技人才达1600万人，已接近最发达国家水平。

新中国成立60多年来，从一穷二白成长为科技大国。年产钢铁从1949年的15万吨增加到2011年的粗钢6.8亿吨、钢材8.8亿吨，几乎是8个最发达国家（G8）总年产量的两倍，20世纪50年代钢铁超英赶美的梦想终于成真。水泥年产20亿吨，超过全世界其他国家总产量。中国已是粮、棉、肉、蛋、水产、化肥等世界第一生产大国，保障了13亿人口的食品和穿衣安全。制造业、土木、水利、电力、交通、运输、电子通信、超级计算机等领域正迅速逼近世界前沿。"两弹一星"、高峡平湖、南水北调、高公高铁、航空航天等伟大工程的成功实施，无可争议地表明了中国科技事业的进步。

党的十一届三中全会以后，改革开放，全国工作转向以经济建设为中心。加速实现工业化是当务之急。大规模社会性基础设施建设、大科学工程、国防工程等是工业化社会的命脉，是数十年、上百年才能完成的任务。中国科学院张光斗、王大珩、师昌绪、张维、侯祥麟、罗沛霖等学部委员（院士）认为，为了顺利完成中华民族这项历史性任务，必须提高工程科学的地位，加速培养更多的工程科技人才。中国科学院原设的技术科学部已不能满足工程科学发展的时代需要。他们于1992年致书党中央、国务院，建议建立"中国工程科学技术院"，选举那些在工程科学中做出重大的、创造性成就和贡献，热爱祖国，学风正派的科学家和工程师为院士，授予终身荣誉，赋予科研和建设任务，指导学科发展，培养人才，对国家重大工程科学问题提出咨询建议。中央接受了他们的建议，于1993年决定建立中国工程院，聘请30名中国科学院院士和遴选66名院士共96名为中国工程院首批院士。1994年6月3日，召开了中国工程院成立大会，选举朱光亚院士为首任院长。中国工程院成立后，全体院士紧密团结全国工程科技界共同奋斗，在各条战线上都发挥了重要作用，做出了新的贡献。

中国的现代科技事业比欧美落后了200年，虽然在20世纪有了巨大进步，但与发达国家相比，还有较大差距。祖国的工业化、现代化建设，任重路远，还需要有数代人的持续奋斗才能完成。况且，世界在进步，科学无止境，社会无终态。欲把中国建设成科技强国，屹立于世界，必须接续培养造就数代以千万计的优秀科学家和工程师，服膺接力，担当使命，开拓创新，更立新功。

中国工程院决定组织出版《中国工程院院士传记》丛书，以记录他们对祖国和社会的丰功伟绩，传承他们治学为人的高尚品德、开拓创新的科学精神。他们是科技战线的功臣、民族振兴的脊梁。我们相信，这套传记的出版，能为史书增添新章，成为史乘中宝贵的科学财富，俾后人传承前贤筚路蓝缕的创业勇气、魄力和为国家、人民舍身奋斗的奉献精神。这就是中国前进的路。

宋健

目　录

引　言

2011年1月14日，首都北京晴空万里，暖意融融，人们尽享着冬日难得的温情和即将迎来新春佳节的兴奋和喜悦。

雄伟的天安门城楼在阳光的照耀下，似披上金黄的霞衣，分外巍峨庄严。位于天安门广场西侧的人民大会堂里，灯光璀璨，

2011年1月14日，胡锦涛向王振义颁发2010年度国家最高科学技术奖证书

鲜花吐艳，气氛庄重而热烈。中共中央、国务院召开的国家科学技术奖励大会在此隆重举行。来自国内各行各业的科技工作者代表共襄盛举，一同见证一年一度的国家科技界最高荣誉——国家最高科学技术奖的颁发。

一位精神矍铄、满头白发的老人坐在座位上，脸上虽已布满皱纹，一双眼睛却是炯炯有神，闪烁着睿智的光芒。老人身着深色笔挺的西服，系着紫红色领带，左胸佩戴着鲜花，面容慈祥，神情安定，嘴角挂着一丝浅浅的微笑，双手叠合着放在膝上，静静地等候颁奖时刻的到来。

当大会宣布2010年度国家最高科学技术奖授予中国工程院院士、血液学专家王振义时，全场顿时响起了雷鸣般的掌声。只见这名长者从座位上缓缓起身，捋了捋两鬓银丝，整了整西服领角，伴随人们热烈的欢呼声和喝彩声，迈着矫健的步子走上主席台领奖。

这位长者就是当时年已87岁高龄的王振义教授。

中共中央总书记、国家主席、中央军委主席胡锦涛走到王振义身前，把封面上烫着金色国徽的大红色的国家最高科学技术奖证书颁给王振义，并与他亲切握手，热情地向他表示祝贺："王院士，祝贺你获奖啊！"

"感谢总书记，谢谢，谢谢……"接过证书的一瞬，王振义的心情像波澜起

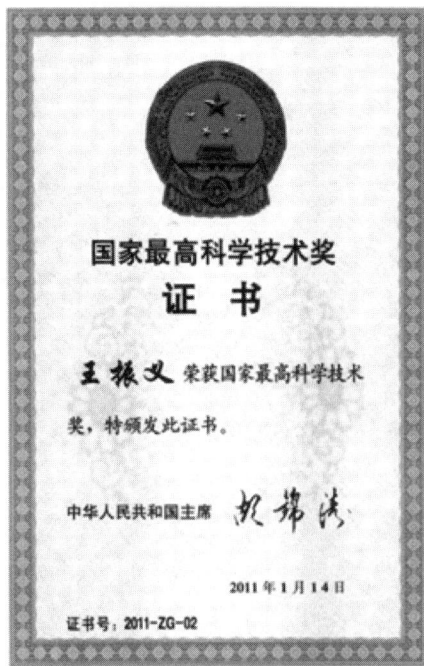

颁给王振义的2010年度国家最高科学技术奖证书

伏的大海一般不平静。对于他来说，手中的这份荣誉沉甸甸的，不仅包含党、国家和人民对自己以往工作的肯定，更包含对自己今后工作的鼓励和鞭策。

胡锦涛热情地邀请王振义在主席台上合影。此时，王振义站在胡锦涛身边，默默注视着前方，眼眶里闪烁着激动的泪水，捧着荣誉证书的双手不住地微微颤动。他百感交集，思绪万千。他想起了无数个紧张忙碌但无比充实的日日夜夜，想起了科研攻关道路上并肩作战的同事们，想起了大家共同经历的苦辣酸甜。动情之处，老人鼻子一酸，视线模糊了，两行热泪顺着瘦削的脸颊潸然而下……

王振义是我国著名内科血液学专家、中国工程院院士、法国科学院外籍通讯院士、上海交通大学医学院及附属瑞金医院终身教授、上海血液学研究所名誉所长，曾经担任上海第二医科大学校长和上海血液学研究所所长等职务。

在60余年的从医生涯中，王振义在医学实践和理论创新方面做出了重大贡献，其中最突出的成就是为白血病的治疗寻找到了一种全新的思路和方法。

白血病，又被称作"血癌"，是一种血液系统的恶性肿瘤疾病，种类繁多，死亡率极高。

面对这个可怕的病魔，医学上传统治疗方法是化疗，就是借用化学药物的杀伤作用消灭癌细胞，进而维持患者生命。但是，化学药物在杀死癌细胞的过程中，同时会破坏健康的细胞和组织。许多患者在化疗后不但没有恢复健康，反而由于各种严重反应，尤其是造血功能衰竭而死去。

在长期的理论研究和医学实践基础上，王振义首创通过化学药物的诱导作用，把白血病患者体内的癌细胞逆转分化为正常细胞。这样既消灭了癌细胞，也没有使患者体内健康细胞受到伤害，最终达到治愈白血病的目的。

遵循着这一思路，王振义在人类医学史上第一次成功实现了将恶性细胞改造为良性细胞的白血病临床治疗新策略，奠定了诱导分化理论的临床基础，确立了国际公认的白血病治疗"上海方案"，阐明了其遗传学基础与分子机制，树立了基础与临床结合的成功典范。他首创用国产全反式维甲酸治疗急性早幼粒细胞白血病，使这种凶险、高死亡率的急性白血病缓解率达到95%，5年生存率上升至目前的92%。他在《血液》杂志上发表的关于全反式维甲酸临床应用论文，引起国际医学界的强烈震动，并由此掀起诱导分化研究的新高潮，该论文被誉为全球百年86篇最具有影响的代表论文之一。

面对这一殊荣，王振义显得非常冷静、淡然。他知道自己的工作远没有结束，未来还有更复杂、更艰巨的任务要去完成。他谦虚地说：

首先，我应该感到我这个小小的贡献能够得到大大的荣誉，为什么我说这是小小的贡献呢？因为首先血液病是内科里面的小科，白血病又是在血液科里面的疾病之一，我所研究的急性早幼粒细胞白血病，只是白血病二十几种当中的一种，今天虽然这种不幸的白血病能够得到解决，患者很高兴，医生也非常高兴。但是，还有二十几种白血病没有解决。每天我们所收到的信都是一些晚期的、没有办法的、甚至是家破人亡，我们内心感到非常难过，也没有解决问题。所以一个小小的急性早幼粒细胞白血病能够有这样

王振义发表获奖感言

的成果，大家给我很大的荣誉，我自己感到非常惭愧。

第二，我之所以能够成功，还是靠我们的团队和上海市各个医院、全国各个医院的努力和协助。我刚才说到急性早幼粒细胞白血病是一个少见病，要得到大的成果，必须多方协作。我记得我的一个学生是上海全市到处跑，收集患者，不管是严冬还是酷暑。当时的瑞金医院连做细胞培养的设备都没有，我们都是到新华医院去做的，差不多要坐半个多小时的汽车。当我站在领奖台上的时候，怎么能够忘记在那样艰苦条件之下帮我做过很多事情的同事和学生？我也怎么能够忘记上海和全国的各大医院，甚至国际友人们的帮助和支持呢？没有他们做出的贡献，我们不可能在比较短的时间内证明这个药是有效的，并且向全世界推广。

第三，给我这样的荣誉之后，我就在想，我还应该为国家做一些什么事情？总是要做一些对祖国、人民有用的事情。50年过去了，我们只攻克了一个白血病，还有20多个白血病没有办法，我们前面还有一大段的路可走，我要跟着我的团队继续在医疗教学科研上做一些工作。我说的跟着，就是过去我是领导我的团队，现在我应该是跟着我的团队，因为他们的思想要比我先进得多，信息也多得多，他们的接受能力也强得多，他们在网上得到的信息比我知道的多很多。我只有向他们学习，结合我过去自己的经验、教训继续做好工作，为白血患者解决一些痛苦，也能够为人类做一些贡献，这是我的心愿。

淡定、低调，思维敏捷，虚怀若谷，大家风范，这就是王振义留给大家的印象。

王振义的学生、中国科学院院士、时任卫生部部长陈竺，在给恩师的贺信中写道：

六十年来，您全心专注于医学科学事业，不为繁华所诱，不为利欲所扰，不戚戚于清贫，不汲汲于富贵，您在白血病领域创造性地提出不损伤正常细胞情况下的肿瘤细胞诱导分化治疗理

陈竺和恩师王振义

论，并在国际上首创使用全反式维甲酸诱导分化治疗急性早幼粒细胞白血病取得成功，令世界医学界为之瞩目；六十年来，您从医济世，救死扶伤，敬业奉献，以慈爱真诚的大医胸怀和高超娴熟的医术医治无数患者；六十年来，您教书育人，擎灯引航，呕心沥血，为学生们铺就充满智慧的成长之路，培养了一大批医学临床和科研人才。您是我们的师长，更是在治学、行医、育人、修身方面的表率，您的科学精神、高超医术、师德情操和人格风范是我们终生学习的榜样！

2011年1月21日，中华人民共和国卫生部发出了在全国卫生系统开展向王振义学习活动的通知，指出：

王振义同志是国内血栓与止血专业的开创者之一、杰出的医学科学家、世界转化医学研究的代表性人物。作为一名血液学专家，王振义同志在60余年的从医生涯中，为医学实践和理论创新作出了重大贡献。他成功实现将恶性细胞改造为良性细胞的白血病治疗新策略，奠定了诱导分化理论的临床基础；创新急性早幼粒细胞白血病治疗方案，树立了基础与临床结合的成功典范；经过不懈努力，建立了中国血栓与止血的临床应用研究体系。

王振义同志在医疗服务和医学科研的岗位上创造了非凡的业绩，取得了一系列具有国际影响的科研成果，获得了医学界的充分肯定。1994年，王振义同志获得国际肿瘤学界的最高奖——凯特林奖，评委会称他为"人类癌症治疗史上应用诱导分化疗法获得成功的第一人"。此外，他还获得瑞士布鲁巴赫肿瘤研究奖、法国台尔杜加科学奖、美国血液学会海姆瓦塞曼奖、求是杰出科学家奖、首届何梁何利科技奖等。

王振义同志是全国800万医疗卫生工作者的杰出代表和先进典型。王振义秉持"只有奋发读书，有了技术才能救国"的信念，全心专注于医学科学事业，孜孜追求，忘我工作，引领血液学研究不断冲向巅峰，为祖国赢得了荣誉。广大医疗卫生工作者要学习他献身祖国的高尚情怀。自觉把个人前途置于党、国家和

王振义在中央电视台《大家》栏目录制现场接受专访

人民的伟大事业之中，勇于探索新技术、新方法，不断创造医学奇迹，提高我国医学科学的国际地位和水平。

王振义同志把挽救患者生命作为毕生追求，急患者之所急，全心专注于医学科学事业，以极大的热情深入研究医学理论，锲而不舍地寻找有效的治疗方法，以慈爱真诚的大医胸怀和高超娴熟的医术医治无数患者。广大医疗卫生工作者要学习他竭尽全力服务患者的高尚品德。坚持以人为本的理念，尊重患者，理解患者，一切为患者着想，努力提高医疗质量，为群众提供更好的医疗卫生服务。

王振义同志将基础研究与临床实践、祖国医学与现代医学紧密结合，积极创新治疗思路，在白血病领域创造性地提出不损伤正常细胞情况下的肿瘤细胞诱导分化治疗理论，并在国际上首创使用全反式维甲酸诱导分化治疗急性早幼粒细胞白血病取得成功。广大医疗卫生工作者要学习王振义同志求真务实、开拓进取的科学精神，瞄准世界科技发展前沿，更加注重自主创新，为实现医疗卫生工作科学发展提供强有力的科技支撑。

王振义同志学识丰富渊博、治学态度严谨，不拘一格选拔人才，不遗余力培养人才；他注意言传身教，不仅教学生治学之道，还授学生为人之道，为学生们铺就充满智慧的成长之路，培养了一大批医学临床和科研人才。广大医疗卫生工作者要学习王振义同志无私奉献、甘为人梯的奉献精神。不计名利得失，坚持发现和培养医学人才，建设医学科学发展的人才梯队。

当前，我国正推进深化医药卫生体制改革工作，这项惠及广大人民群众的工作需要千千万万个像王振义同志一样的医疗卫生工作者，敬业奉献，救死扶伤，积极参与医改，充分发挥主力军作用，切实为缓解人民群众看病就医问题作出贡献。卫生部要求，各级卫生行政部门和医疗卫生机构要深入开展向王振义同志学习活动。要加强向王振义同志学习活动的组织领导，把开展学

2011年，王振义和全国政协副主席王志珍亲切交谈

习活动与改善医疗服务结合起来，与社会主义荣辱观教育结合起来，与全国医药卫生系统深入开展创先争优活动结合起来。采用报告会、座谈会、媒体宣传、医疗技术大比武、学先进评先进等各种形式，组织和动员广大医疗卫生工作者，开展丰富多彩的学习活动。要大力弘扬王振义同志的思想、品德和精神，振奋精神，扎实工作，积极探索，开拓创新，全心全意为人民服务，争做维护人民群众健康的忠诚卫士，在全社会积极营造尊重医学科学、尊重医务人员的良好社会环境，为构建社会主义和谐社会作出更大的贡献。

2011年2月11日，由中华医学会、人民卫生出版社共同主办的向国家最高科技奖获得者王振义院士学习座谈会在北京举行。全国政协副主席王志珍，卫生部部长、中华医学会会长陈竺，卫生部副部长尹力出席大会。

陈竺在讲话中指出，在全国医药卫生系统广泛开展向王振

中华医学会、人民卫生出版社共同主办向国家最高科技奖获得者
王振义院士学习座谈会

义学习的活动，就是要进一步增强医务人员为人民群众健康服务
的意识，激励广大医务人员以昂扬的热情和坚定的信念积极投身
医改，践行为人民健康服务的神圣职责，创业奉献，推动卫生事
业健康发展。广大医药卫生工作者要学习王振义敢于创新、勇攀
医学高峰的精神，瞄准世界医学科学的前沿，敢于在最核心的医
学科学领域挑战权威、标新立异；要学习他把握国际医学发展趋
势，开辟转换医学新领域，善于将医学科研成果及时转化、服务
人民健康的长远眼光和务实精神；要学习他以患者为中心、全心
全意为人民服务的崇高精神，自觉地把个人事业融入服务于人民
的伟大事业中。

　　会上，中华医学会向全体会员和广大医务工作者发出倡议，
要学习王振义敬业仁爱、高尚医德、敢为人先的创新精神，忠于
职守、全心全意为人民健康服务的高尚品德，精益求精、勇攀高
峰的科学精神，传道授业、甘于人梯的高尚风范。

　　现在就让我们一起走近王振义这位医学大家，沿着历史的长
河慢慢走来，追寻他那坎坷的经历、非凡的人生和卓越的贡献。

人生启蒙：
传统中国的
家庭教育

上海，是中国最大的工商业城市，是中国的经济、金融和文化中心。在这座绚丽缤纷的国际大都市里，曾经上演了数不尽的名人轶事和今古传奇。

自近代以来，凭借得天独厚的地理优势和开放、多元、包容的文化内涵，上海吸引了来自全世界的目光。海纳百川、兼容并蓄是这座城市的文化精髓，也是其独具一格的魅力所在。

20世纪20年代的中国，正是中国民族资本主义发展的黄金时期。站在中西交流最前沿的上海，"传统"与"现代"在冲突和激荡中走向融合，并在这样的氛围中披上了一层光鲜亮丽的"外衣"。同时，在反帝反封建成为时代主题的历史洪流中，在这繁华的都市里正孕育着一股将要彻底改变中国命运的潮流。王振义就是在这样的历史背景降临到这个世界的。

伴随工业化进程的到来，近代教育理念和科学技术开始在中国的土地上展现出强大的生命力。然而，一个不可回避的事实是：对这些新事物的接受，大多是建立在继承传统文化基础之上的。单纯就知识体系的构成而言，这种传统与现代的融合，从长远来看，是有积极意义的：不仅能够克服单一知识传统的弊端，而且能够在取长补短中，产生新的智慧。

回顾王振义的人生道路和科学研究理念与思维的发展历程，我们可以发现传统与现代的融合产生了强大的创造力。因此，从源头上梳理王振义学术思想的脉络，不仅十分必要，而且能够为我们进一步分析他的思想体系提供更多的信息和更扎实的知识基础。

家族传统和家庭教育对王振义成长的意义和价值不言而喻。更重要的是，在人生启蒙阶段，它们对他个性、习惯和价值观的形成产生了重要影响。

一、上海开放、多元、包容的文化内涵的熏陶

1. 出生于上海租界石库门里的男孩

在上海，有一种中西合璧的民居建筑样式叫作"石库门"，是上海文化的一个缩影。"石库门"具有中国传统单体院落式住宅与欧洲联列式总体布局相结合的特点，由于外观有着石条门框和乌漆厚木门扇而得名。上海公共租界陈家浜珍福里（现上海市成都北路、北京西路路口），就是一条典型的"石库门"里弄。

当初的设计师大约是想让住户都能过上珍珠般的幸福生活，才命名为"珍福里"。有户王姓的大家庭就住在里面。

租界是指近代历史上帝国主义列强通过不平等条约，强行在中国获取的、拥有行政及法律自治权的外国人居住区。上海公共租界是近代上海的两个租界之一（另一个是上海法租界），是中国租界史上开辟最早、存在时间最长、面积最大、经济最繁荣、法律最完善、管理机构最庞大，发展最为充分的一个租界。

1840年鸦片战争后，中英签订了近代中国历史上的第一个不平等条约《南京条约》，其中一项内容，就是上海、广州、福州、厦门、宁波五大口岸被迫开放给英国人进行贸易和居住。中国开始逐步沦为半殖民地半封建社会。

1843年11月，巴富尔（George Balfour）受命担任首任英国驻沪领事。在其后的两年间，他与清政府苏松太兵备道宫慕久为租

今日陈家浜

借英商居留地进行了时断时续的谈判，最后双方就租地范围、租地手续、外侨应遵守事项等达成谅解，并于1845年11月29日，公布了《上海土地章程》23款（也有称《上海租地章程》），设立上海英租界。这个被视为上海租界"根本大法"的章程划定了租界界址：南至洋泾浜（今延安东路）、北至李家场（今北京东路）、东至黄浦江、西至界路（今河南中路，1846年确定），面积约830亩，每亩年租金1500文。章程的出台标志着中国近代史上第一个租界——英租界的出现。此后，美租界、法租界相继辟设。1854年7月，上海英法美租界联合组建独立的市政机构工部局。1862年，法租界从联合租界中独立，自设公董局。1863年9月，英国和美国在上海的租界正式合并为公共租界，统一由工部局管理。

随着租界面积的不断扩大，逐渐演变成帝国主义的领地。美英法等国在租界内除了投资公用事业，兴学办报外，还设立了司法、审判、警察、监狱、市政管理机关和税收机关等殖民统治机构，使租界变成"国中之国"，成为西方列强对中国进行政治、经济、军事、文化侵略的据点。与此同时，租界也成了中国人了解和学习西方文化的一个窗口。

时间来到1924年11月，上海虽已进入初冬时节，但仍是一片日丽天高、秋水澄明的江南景色。迷人秋色映衬下的租界马路，比往日增添了几分妖娆。路边的法国梧桐树在微风吹拂下，轻轻摇曳着少女般婀娜的身姿。明媚的阳光透过树荫，星星点点地撒在里弄间，将温暖传递给生活在这里的人们。

11月30日清晨，珍福里这幢石库门楼房的男主人王文龙一打开大门，只见眼前的一切都笼罩在一层缥缈的轻纱里，连初升的太阳也隐去了它鲜艳明朗的脸，只剩下一圈红晕，迷茫中透出些红光来。

不久，屋内传出一阵清亮而稚嫩的婴儿啼哭声："呜啊……呜啊……"

年轻的父亲赶紧进去，抱起刚出生的男婴，爱怜地看着这个刚刚降临人间的小生命。孩子拥有一双黑亮的明眸，粉扑扑的小脸蛋犹如春花一般娇媚，娇嫩的四肢不停地上下摆动着，既活泼

王振义的父亲王文龙（1903～1984）　　王振义的母亲陈姿芳（1903～1991）

又可爱。这是他们的第三个孩子，也是第二个儿子。

"文龙，你给这个孩子取个名字吧！"还躺在床上的孩子的母亲陈姿芳对充满喜悦的丈夫说。

"好，好！"王文龙一边应着声，一边不停地逗着这个刚出世的宝贝，越看越是欢喜，"咱们的儿子属于王家的'振'字辈。老大已取名为'振仁'，按照咱们中国儒家的'五常''仁''义''礼''智''信'的顺序，老二就取名为'振义'吧。孟子说过：'君子喻于义，小人喻于利。'"

本书的主人公王振义就这样来到了人间，开始了他的非凡人生。

王振义诞生的这一年，中国掀起了轰轰烈烈的大革命高潮。1924年1月，在中国共产党人的参加和帮助下，孙中山改组国民党，召开中国国民党第一次全国代表大会，重新解释三民主义，通过了共产党人起草的、以反帝反封建为主要内容的宣言，确定了"联俄、联共、扶助农工"的三大政策，第一次国共合作正式建立。之后，创办黄埔军校，建立国民革命军，组织国民政府，进行东征和南征，平定了反革命叛乱，推动革命迅速发展。

1925年5月30日，震惊中外的五卅运动在上海爆发，并很快席卷全国。五卅运动是一次伟大的群众性反帝爱国运动，是中国共产党直接领导的、以工人阶级为主力军的、中国人民反帝革命运动，标志着大革命高潮的到来。

1926年7月，国民革命军出兵北伐，攻占了长江流域和黄河流域部分地区。上海工人阶级为配合北伐进军，推翻北洋军阀的反动统治，在中国共产党领导下举行了三次武装起义，打击了帝国主义和军阀的反动统治，显示了中国工人阶级的顽强战斗精神和强大的组织力量。3月26日，蒋介石到达上海，并在4月12日发动反革命政变。上海又处于帝国主义和国民党反动派的统治之下。

诞生于大革命时期的王振义，虽然还处于幼年时期，但这场反帝反封建的大革命运动，毫无疑问对他今后的人生将产生很大的影响。

2. 江苏兴化的故乡情结

王振义的父亲王文龙，祖籍江苏兴化，1903年出生在上海，后在荷商上海保险行工作。从孩子的名字中，可以看出王文龙是一个深受中国传统文化浸润的人，他用儒家文化中的"五常"为自己的儿子取名，若把王振义五兄弟名字的最后一个字连起来，正好凑齐"仁、义、礼、智、信"。

兴化位于江苏省中部、里下河腹地。那里土地肥沃，粮食充沛，是江苏省内连通沿江和沿海地区的交通要道。兴化有着悠久的历史，古称昭阳，又名楚水，4200年前的新石器时代就有先民在这一地区从事生产劳动、繁衍生息。春秋、战国时期为吴楚之地，周慎靓王时为楚将昭阳食邑，五代杨吴武义二年（920年）划海陵县北设招远场，不久改招远场为兴化县，故有"昭阳古邑""海陵旧址"之称。名称"兴化"取昌盛教化之意。一方水土养一方人。历史上，兴化养育了诸多文人俊杰，如明朝宰相李春芳，《水浒传》的作者、文学家施耐庵，扬州八怪之一郑板桥，文艺理论家刘熙载，等等。

王振义的祖父王西星①在兴化拥有数百亩的田地，后因局势动荡，连年战乱，加上兴化地势低洼，不断地暴发水灾，被迫于19世纪末离开家乡，只身前往享有"东方巴黎"美誉的上海，追求新的生活。

---

① 有关王西星的材料，是在王文龙、王振仁、王振礼和王振信四人的人事档案材料基础上综合而成的。相关档案资料来源：上海工商银行档案资料中心、华东电力建设公司干部人事档案资料室、华东电力试验所干部人事档案资料室和上海隧道设计研究院干部人事档案资料室。

兴化拱极台

对于王振义来说，他是在上海出生和成长的，兴化只是自己的祖籍，只能从父辈的言谈中捕捉到对故乡的遐想和思念。但他始终没有忘记自己是兴化人。

"每个人都会怀念自己的故乡，这是人的天性。"王振义在接受记者采访时说，从小，父亲就说他的老家在兴化不在上海。当时，他就很奇怪，那为什么我们不待在老家，要来上海？父亲告诉他，因为兴化经常有水灾，当地老百姓不能安心生产、生活，于是，祖父就从兴化来到上海。"对我来说，兴化是祖先的根，这个地方非常神秘。因此我就想，有机会一定要到故乡来看看。我很想为故乡做些有益的事情。"

2011年5月22日，已是87岁高龄的王振义，应兴化市政府的邀请第一次回到兴化。上午9时，从医60余年的王振义在兴化市政府礼堂，与当地600多名医护工作者进行座谈，就如何做一个好医生，做了一个多小时的演讲。王振义用亲身经历讲述自己视患者的肯定为最高荣誉的故事，并痛斥医生收"红包"是一种社会怪相。

王振义在演讲时说，作为医生，坚持学习、钻研，是取得成功的条件之一。在钻研中，要多提一个为什么，不放过一个异常现象。他还提醒同行，对于成功要有好的心态，因为通向成功是一个艰苦而漫长的过程。他以最高国家科技奖为例，获奖者除王选、袁隆平年龄在70岁以内，其他人获奖时的年龄都在80岁以上。王振义还自嘲地说，他今年87岁了，人贵有自知之明，要"让位"于年轻人。

在演讲中，王振义多次提到，做一名医生要有崇高的医德。他回忆说，当年他宣誓入职的时候，就曾说过为穷人看病分文不取。针对目前有医生收"红包"的现象，王振义痛心地表示，医生收"红包"是社会的怪相。拿"红包"的医生，根本就忘记了他们当年毕业宣誓时说的话！他认为，做医生收入低，应该理性地通过正当渠道去提意见，从而达到改善生活的目的，而不是收"红包"。

会后，王振义不但婉拒当地政府给的1万元讲课费，还反过来捐出1万元作为兴化中学的学生奖励金。兴化市卫生局将这两万元转赠给江苏省兴化中学。

在兴化郑板桥纪念馆里，王振义久久伫立在板桥先生"吃亏是福""难得糊涂"这两个条幅前，他认为做人做事应该有这样的境界。讲课中，王振义灵活运用了这两句话。他说，做一名医生要有"吃亏是福"的崇高医德。

一生从医的王振义对家乡的医疗卫生事业怀着特殊的情感，专程参观了正在兴建中的兴化市人民医院新址，亲笔为该院题词，并承诺新院建好后一定再回来看看。

回到上海后，"建好家乡医院，惠及家乡人民"的心愿一直在王振义心中，他一次次在上海兴化信息联谊会上对各大医院的兴化籍同仁们说："作为从家乡走出来的医务人员，我们有责任有义务帮助并把兴化市人民医院打造成品牌医院，让家乡

2011 年，王振义在兴化中学

人民在家门口就能接受高水平的诊疗，这才是对家乡人民最好的回报。"在王振义的积极倡导、上海兴化信息联谊会的倾情组织下，上海各大医院的兴化籍医学精英们携手走进兴化市人民医院，为家乡人民解除病痛。

2013年11月9日上午，王振义精神矍铄、步履轻快地来到启用近一年的兴化市人民医院新址，走在门诊宽敞的走廊上，看到各个诊区人性化的设计与布局，以及现代化的硬件环境，他高兴地说："这样的硬件就是在上海也是一流的了！"在检验中心，他停下来仔细询问检验的质控、基因的检测等细节，当听到医院开展的项目在省市间的质量评比中始终保持优良时，他欣慰地笑了。在心内科病房，他在贴满了各种各样患者感谢信的医患沟通栏前停下了脚步，一边细看一边关照说："患者写的这些鼓励的话要制作成册，发给医务人员，这些都是'正能量'，现在我们医务人员太缺乏鼓励了，很多时候需要自己给自己加油啊！"一番叮咛中，对下一代医务人员的理解与关爱袒露无遗。

上午10点整，王振义走进该院报告厅，再次为兴化市400多名医务人员作了一个半小时的讲座。他谦逊地说："我年纪大了，很多地方已经不如你们年轻人了，能做的也就是把自己为人、做事的方法教给年轻人。"他用自己近70年的从医经历告诉大家，如何做一个好医生。

首先，好医生要有习近平总书记讲的"梦"，即正确的目标。要把"爱人"与"治好病"作为自己的最高乐趣。

其次，要有良好的职业精神。他强调说：医生的职业与众不同，面对的是人的健康和生命，因此，"诚信"二字尤为重要。做一名好医生，必须有爱心，要爱护患者。在当前全社会普遍关心的"红包"问题上，王振义叮嘱大家：要正确对待"红包"，处理好道义与利益的关系。

再次，要学有榜样，要学习医学先驱、"大家"们的奉献精神、钻研精神。

最后，要坚持。他说，成功需要持续不断的努力，需要时间，需要坚持。他希望大家都能做到在工作中学习、钻研，只有不断地学习，才能了解和跟上医学发展的步伐。

当天下午，穿着白大褂的王振义来到兴化市人民医院的血液科病房，与这里的医生们一起商讨患者的诊疗方法。

在病房里，王振义细心地拉着患者的手与患者交谈，仔细地给病患把脉、听诊、查体，详细聆听患者讲述自己的发病过程、求诊经历，话语中充溢着关爱与鼓励。

"来，我来给你检查一下。"在一个病床前，王振义轻声地询问病者的情况，并拿起听诊器，给躺在床上的患者认真做检查。

"这位医生是谁啊？"家属看到检查的医生换了人，感到有些纳闷。

"这位可是血液病的权威人士王振义院士啊，他是特地回兴化来义诊的。"一位随行人员小声向患者家属介绍。

"他这么大年纪了，真不容易啊。"患者家属听了之后，非常感动，向这位慈祥的老人连声说着"谢谢！"

"王院士和蔼可亲，跟着他一起查房，学到了很多东西。"一位随行医生说。这次义诊，王振义不但给患者带来了好的医疗方法，还让每一位医生受益良多。

在病区示教室，王振义打开自己制作的PPT，就病例的诊断依据、治疗方案选择等问题一一剖析、讲解，每一步都引出当前医学界国际最新的成果论文予以佐证，最新的引文出自国际著名期刊在一周前发表的论文，让所有同仁惊叹于王老的严谨与钻研

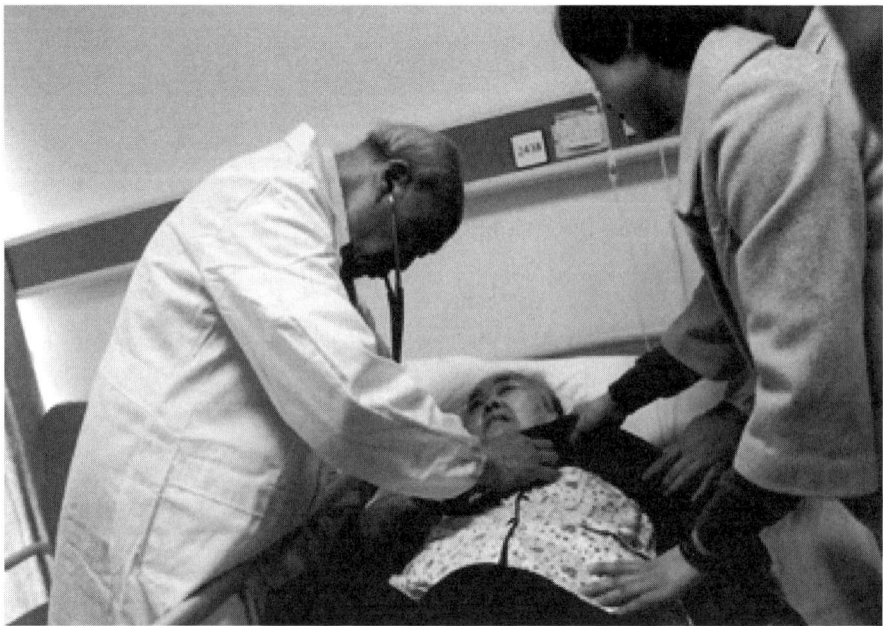

2013年，王振义在兴化市人民医院的血液科病房为患者做检查

2013 年，王振义和兴化市人民医院的医生一起讨论病例

精神。

他笑着说："我来看一两个患者解决不了问题，因此，我能做的是把方法教给大家。"

短短的一句话，诠释了王振义此行的真正目的，那就是把精神传给年轻人，把方法教给年轻人。

王振义在接受兴化媒体记者的采访时说："兴化的美丽与富饶超出我的想象，这是一个不断前进发展、欣欣向荣的城市。就拿兴化市人民医院来说，是一座非常现代化的医院。看到自己的故乡发展很快，我非常高兴。兴化出了不少的名人，有好几个院士，还有郑板桥等文化名人。相信从兴化出去的人，至少有一个'兴化基因'的存在。这次回兴化是想为故乡做些有益的事情。不过像我这么大年纪的人，肯定是不能在这里工作了，只能把我怎么样学习、怎么样做人的一些感受教给年轻的医生，希望他们正确对待人生，在自己的岗位上做出贡献。"

3. 王氏家族的传统教育

作为远东第一大都市，当时的上海因其得天独厚的地理优势和开放、多元、包容的文化内涵，吸引着来自全世界和全国各地的"移民们"。他们中有达官贵人，也有市井百姓；有金融大鳄，也有文化精英；有热衷于现代生活方式的洋人，也有执着于传统生活理念的旧儒。他们怀揣各自的目标与追求来到这里，在这片充满活力的热土上辛勤耕耘，形成了根植于中国传统文化基础上的以包容、多元、开创、扬弃为精神实质的海派文化。生活在其中的每一个人，都不可避免地在潜移默化中接受海派文化的洗礼。①

凭借殷实的家产，王振义的祖父王西星在上海从事起了洋货买卖。他开办的同茂盛洋货行专营日本商品，主销三井洋行的货物。用现代的词汇来说，就是搞对外贸易。兴隆的生意给这个家庭带来了丰厚的报酬。王西星随即利用这些资金在国内的主要港口，如汉口等地开办了典当行、杂货店和蛋厂等一系列产业，并在上海重新建立了家庭，娶庄氏为妻，育有三子一女。王振义的父亲王文龙为长子。四兄妹中，小弟王文兴于1916年8岁时病故，妹妹王翠娥于1940年33岁时身故。由于长期从事洋货买卖，王西星对外来文化和商品有着浓厚的兴趣，这也给这个传统的中国家庭带来了一些新鲜的元素。

然而，这样的生活并没有持续很长的时间。1911年，王文龙8岁时，王西星就因病离开人世，由他经营的一切生意也就当即画上了句号。他在上海的数处空地和一所房屋成为留给妻儿最后的财产。妻子庄氏用出租土地和房屋收取来的租金维持家庭的日

① 参见熊月之主编：《上海通史》（第1卷），上海人民出版社1999年版；徐蛙民：《上海市民社会史论》，文汇出版社2007年版。

常开支。

由于庄氏并非王西星的发妻，子女又尚年幼，且长时间不在兴化老家，王西星在兴化的数百亩田地和其他财产大部分都被其兄长王茂庭占去。尽管如此，留在庄氏手中的这笔遗产仍然十分可观。

无论如何，对一个旧时期的妇道人家而言，即便拥有丰厚的家产，独自背负起一个家

王振义的父亲王文龙摄于 1965 年

庭的重担、只手带大 4 个孩子也绝非易事。庄氏十分宠爱长子王文龙，王文龙同样对自己的母亲百般孝顺。以后，在他教育自己的子女时，也常常要求孩子们听父母的话，对长辈尽孝道。

身为旧社会的一名传统家庭妇女，庄氏的思想观念却不陈旧。日子过得虽不如从前，但不能因为生计的压力而耽搁了孩子的教育。1913年，庄氏为了让儿子继承父业，将来更好地走上从商之路，便把王文龙送入四川路青年会中学①（现上海市浦光中学）学习商科。这所教会学校以商业英语为特色，王文龙在求学期间亦表现出了对英语和商科的浓厚兴趣，这也为他今后特别重视子女的外语学习埋下了伏笔。王文龙虽然此时正徜徉在知识的海洋里，但他和当时的进步青年一样，并没有把自己束缚在书本的框框之中，而是满怀热情地投入到学生运动的潮流中。1919年5月，在五四运动的高潮中，正当青春年华的王文龙参加了上海

---

① 青年会中学创办于1910年（清光绪二十七年），由中华基督教青年会创办，专修商业英语。1907年，迁至四川路青年会第三所。1912年，按教育部规定设置课程，侧重英文和商科。教师大多来自圣约翰大学的毕业生，如著名出版家、编辑家邹韬奋就曾在该校教授英文。

王振义的母亲陈姿芳和她的重孙王悦摄于 1985 年

学生的反帝罢课运动。①

　　男大当婚，女大当嫁，刚满17岁的王文龙就当了新郎官。1920年，在母亲庄氏的主持下，王文龙与来自浙江绍兴的陈姿芳结婚。陈姿芳同样出身于富裕家庭，虽然只有小学文化程度，但对当时的女性来说，已经属于"知识分子"了，也算得上门当户对的。由于陈姿芳为妾所生，因而在家中并无多少地位可言，嫁到王家后便很少与娘家人再有来往，并且和那个时代大多数妇女一样，成了一位全职太太，专心抚育自己的孩子，全力操持家务。新中国成立后，她也曾参加所在街道的里弄工作，担任过高安路娄浦弄居委会干部。

───────────

① 　《王文龙自传》，上海工商银行档案资料中心人事档案资料。

成家之后，王文龙就告别了自己的学生生涯，踏入社会，努力工作，挑起家庭的重担。尽管只有初中学历①，但在当时的社会中，像王文龙这样既会英文，又懂商业的年轻人已属精英人才。在青年会的介绍下，王文龙轻而易举地获得了美国保险公会水险部的职位，负责核对各种水险账表。半年后，经友人介绍，王文龙来到荷商上海保险公司水险部继续从事与水险相关的工作。

1933年，庄氏不幸去世。常言道，长兄为父。母亲的离世让王文龙意识到自己肩上又多了一份责任。多年来，在庄氏的精心料理下，王西星的遗产始终没有贬值。庄氏去世后，这笔丰厚的遗产就由王文龙与其弟弟王文秀共同管理。

王振义的叔父王文秀是家中的次子，1906年出生，与王文龙一起在青年会中学读书；毕业后，进入美商柯达公司工作，推销电影胶片和照相软片。与王文龙不同，王文秀是一个善于经营的人，无论是在生意方面，还是在生活、交友方面，他都能想尽一切办法搞得红红火火。在柯达公司工作的同时，他还与朋友一起合资开办了上海大华薄荷厂，收入颇为丰厚。在几个侄儿的眼中，叔父王文秀一家"一贯过着奢华的生活"。从孩子的角度来看，这不免让人羡慕。新中国成立后，王文秀携妻女迁往香港继续从商。

尽管王文龙与王文秀在性格和为人处世方面有着明显的不同，但是直到抗战初年，他们始终没有分家，共同依靠经营父母的遗产和自身工作的收入生活。1937～1938年，他俩在法租界高恩路（现高安路59弄）建造了两座花园住宅，并将父母遗产的剩余部分平分。自此，兄弟俩才算正式分家，他们之间的关系也逐渐疏远。但长兄的身份，对王文龙而言，就是一份责任。从母亲去世起，他就一直照顾妹妹王翠娥的生活，让她住在自己身边，直到她1940年去世。

---

① 事实上，王文龙并没有完成中学学业，离毕业只差一年，因而，他只是从青年会中学肄业。

2011 年的高安路 59 弄 2 号

　　1919年五四运动以后，国人的民族意识不断增强。由于当时我国的财产保险与生命保险均为外商垄断，一些中国的有识之士开始集资创办保险公司，力图与洋保险相抗衡。1939年，爱国金融家周作民①在上海投资开办了安平保险公司，由王文龙的好友屠伯钧、汤秀峰负责操办各项具体事务。他们力邀王文龙加盟安平保险公司。由于王文龙长期在外资公司工作，目睹了国人受洋人欺负和不公正的待遇，对外国资本家产生极大的反感。在好友的盛情之下，他当即决定接受朋友的邀请，担任安平保险公司协理并兼任金安保险公司监察、宝隆保险公司常务董事。

　　1941年冬天爆发的太平洋战争，在彻底改变第二次世界大战形势的同时，也给生活在大洋彼岸的每一个中国普通老百姓的日

　　① 周作民（1884~1955），银行家；1917年5月，创办金城银行，逐渐成为金融巨子；1948年，赴香港；1951年6月，回到北京，被特邀任全国政协委员。

常生活带来不小影响。外部环境的变迁加速日军对上海的控制。国内经济形势急转直下，货币贬值、物价不稳定等接踵而至。

王文龙家早年相对富裕的生活环境，也面临不断滑向拮据的境地。王振义的大哥王振仁回忆道：那时，家中的经济条件越发困难起来，不得不解雇一些佣人，那家中的那些闲杂事谁来干呢？当然是母亲和孩子们。过惯养尊处优生活的孩子们，还不习惯做家务活，可是看到母亲那慈祥柔和的目光，语气中透出真挚的爱意，孩子们都很听话，很懂事，跟着母亲，快乐地做起家务，抢着扫地、擦桌子、择菜……也就是在这两年中，大家共同承担各种家务，也渐渐培养起了劳动观点。①

王文龙大多时间忙于工作，但没有忽略对子女的教育。他深知母亲当初辛苦供自己念书，才有了如今的工作，才有能力养活这么一大家人。因此，他决心要像母亲培养自己一样，尽可能创造条件，让所有的孩子都能接受良好教育。

8个孩子8株小树苗。为了让他们苗壮成长，家长付出的代价是无法计算的。养活8个孩子已是非常不易，还要支付他们的读书费用，就更是一笔沉重的负担。为了子女的学业，王文龙被迫在1943年卖掉父亲遗留下来的位于武定路武定村的6幢房屋。②他认为，为了子女的学业和未来，付出再多也是值得的。他始终坚持要创造条件让子女接受良好的教育。他认为，学好知识、掌握技术不仅能让孩子们将来都过上体面的生活，更是一种救国的可取途径。即使在经济最为拮据的时候，王文龙也给热衷于化学试验的三子王振礼在家中置办了一个小型化学实验室，以激发他的学习兴趣，使他在这方面的潜能得到最大的发挥。

王文龙一贯对子女严格要求，并有独到的家庭教育理念，认为教育小孩子就像培育一株小树，立规矩、定规范就像为树苗

① 《王振仁自传》，上海华东电力建设公司人事档案资料。

② 《王文龙自传》，上海工商银行档案资料中心人事档案资料。

王文龙、陈姿芳夫妇和子女们摄于 1979 年（后排右二为王振义）

捆扎草绳辅助生长，及时纠正孩子的不良习惯就像修剪小树的枝丫。只有这样，小树苗方能茁壮成长为参天大树。他经常教导孩子们要好好读书，努力学习，掌握一定的专业技术，做个对国家社会有用的人。

在重视科学技术教育的同时，王文龙还特别重视子女的外语学习。起初，王振义和大哥王振仁都是在离家较近的私立兴中小学上学，但是王文龙对兴中小学的外语教学质量不满意，于是将两人转到位于法租界萨坡赛路（现淡水路）、由法国人创办的萨坡赛小学①；并以同样的理由，把小儿子王振信从华龙小学转到以英语教学闻名上海的圣约翰大学附属小学学习。萨坡赛路上

①　1932年，法租界公董局慈善会创办华童公学，初建时名为中国第一小学，后改为萨坡赛小学。1943年8月改为上海特别市南通路小学，1945年更名为上海市立第五区第一中心国民学校，1951年改称上海市嵩山区第一中心小学，1956年改为上海市卢湾区第一中心小学，2012年改为现名——上海市黄浦区卢湾第一中心小学。参见《卢湾区第一中心小学校史》。

的房子都是西式洋房，是一条近代文化气息相当浓厚的马路。当年，萧军、萧红、丁玲、沈从文等著名作家都在这儿住过。丁玲和沈从文还在此办过刊物《红与黑》。

王文龙的教育理念，为他的子女们以后在语言、科学技术领域的成就奠定了基础。例如，次子王振义精通法、英两种外语，三子王振礼掌握英、俄、德、日四国语言，五子王振信同样掌握了英、俄、日、法四国语言。8 位子女中，只有幼女王妙琪因北上参加革命而未能完成大学学业，其余 7 人全部毕业于当时上海各大著名高校。其中，两人毕业于震旦大学①、三人毕业于圣约翰大学②、一人毕业于复旦大学③、一人毕业于大同大学④。兄弟5人在日后的工作中，成为各自学科领域中的杰出人才。

在孩子们眼中，尽管出生在一个较为富裕的家庭，但是父亲王文龙的为人处世和对子女的教育理念、教育方式与一般有钱人家是不同的。王文龙为人正直，个性稳重，生活朴素，对于儿女的教育特别严格，要求他们养成良好的生活习惯和劳动习惯，平等待人，关爱他人，不允许沾染上一丝纨绔子弟的恶习。这样的家庭教育氛围，对于王振义及其兄弟姐妹价值观的形成起了潜移默化的作用。

谁都有自己的童年、少年、青年、壮年……年华似水，却又凝聚着许多记忆，好比在江海中钉下一些桩，不会随水流失。

王振义在回顾自己成长经历时，多次强调了家庭环境，特别是父亲的教育对自己的重要影响。他说："父亲给我最深的印象就是待人平等。父母的教育通常是十分严格的，他们常常教育我们不能浪费钱，要帮助穷人。当时，家里虽然有保姆，但父母对

---

① 1903年创办于上海的天主教耶稣会教会大学。
② 1879年创办于上海的美国圣公会教会大学。
③ 1905年创办于上海的私立大学。
④ 1912年创办于上海的私立大学。

王振义的父亲王文龙和孙子王志群摄于1952年

他们都很好，从来没有把他们当成佣人或下等人来看待。因为在他们的脑海中，尽自己的力量去帮助穷人是每个人都应该做到的。现在回想起来，我自己很多好习惯，也都是在那个时候养成的。比如说爱清洁，就是受我母亲的影响，她要求我们不能在地上乱扔东西，要把自己的生活、学习和工作的地方打扫干净，这些生活的细节对我今后的工作都有很大的帮助，而这些习惯的养成都是家庭教育的成果。"①

王文龙在安平保险公司一直工作到新中国成立。1951年11月，安平保险公司改组为公私合营的太平保险公司，由于王文龙始终拥护中国共产党和人民政府的领导，加之出色的业务水平，组织上任命他为业务处副处长。1956年11月，因太平保险公司迁往北京，王文龙转到中国人民保险公司上海分公司国外业务处任副科长。1960年1月转任人民银行卢湾区办事处保险科副科长，至1963年11月退休。1984年，王文龙去世。

总之，王文龙身上所展现出的重孝道、重教育、讲诚信、不逐利、为人正直、待人平等、自力更生的品性，对王振义的成长产生了深远的影响。

王振义是个很孝顺的儿子。当王文龙晚年病重时，他想尽

① 《王振义采访记录》，2010年11月19日。

办法减轻父亲的痛苦，并安排在贵阳的大姐和在北京的妹妹来上海看望父亲，以解父亲对女儿的思念之情。他在给大姐王妙珍的信中说："父亲的病况未见进步，思想十分不开朗，有时胡言，看来要恢复原来的情况是不可能了，今后只会瘫在床上。因此他十分悲观，吵着要回家。天气炎热，小小的房间不透气，会中暑的。家里

王振义的母亲陈姿芳和她的重孙王欣愉摄于1982年

还有振礼，没有办法调出一间房间让他可以在家里休息。父亲有一种预感，觉得他这次不能恢复了，所以十分想念你们，尤其是你。所以，我想你能否就来上海看看父亲。住的问题我来解决。已安排好了，仍住在我这里。住上几个星期回贵阳，媳妇可能就分娩了。等到九、十月，你恐怕没有时间来上海。你的意见怎样？我准备写封信给妙琪，让她也来上海陪父亲一个时候。"①

　　1982年12月26日是王文龙80大寿。尽管王文龙因病还住在瑞金医院，但王振义和在上海的兄弟姐妹还是按照母亲陈姿芳的意愿，给父亲举行了生日宴会。当天晚上，王振义写信告诉了大姐王妙珍。他充满深情地对大姐说："到了老年时代的我们，情况与以往不同了，面临的就是老一辈的归宿，幼一辈的成长，尤其

---

① 《王振义致王妙珍》，1982年8月27日。

是一些现实问题如房子的事情、病痛的事情。但我想只能正确对待，向欢乐的方面去看，尽我们的力量安排好各项事情。"①

二、开放、进步的家庭氛围

王振义共有兄弟姐妹七人。他在家中排行第三，上有大姐王妙珍、大哥王振仁，下有三个弟弟（王振礼、王振智、王振信）和两个妹妹（王妙云、王妙琪）。据王振信回忆，在这个大家庭中，王振义学习最出色，是大家学习的榜样。②而这个大家庭开放、进步、宽容的生活氛围，以及家庭中每一个成员的成长经历，也对王振义的人生道路产生了重要的影响。

1. 大哥王振仁：一生高风亮节的引领作用

王振仁（1923～2007），是民主革命时期就参加革命工作的中共地下党员、新中国成立后长期从事电力建设和技术管理工作的高级工程师（享受教授级待遇）。

1930年，王振仁入兴中小学读书，1934年与王振义一同转入萨坡赛小学。据王振仁本人回忆，进入震旦大学附属中学后，在弟弟王振义优异成绩的推动下，自己逐渐认识到读书的重要性，并开始刻苦学习。③1943年，王振仁顺利考入大同大学电机系。

① 《王振义致王妙珍》，1982年12月26日。
② 《王振信采访记录》，2011年1月17日。
③ 《王振仁自传》，上海华东电力建设公司人事档案资料。

大学三年级时，正值抗战胜利后的国共谈判时期，上海的民主气氛十分活跃。身边活生生的现实吸引了王振仁的眼球，他开始积极参加到学生组织的各项活动中去。例如，1946年，他参加了悼念因飞机失事而牺牲的王若飞、秦邦宪等出席国共谈判的共产党人的活动。在他毕业前夕，国民党反动当局撕毁了停战协定，发动了全面内战，同时镇压国内民主运动。此时的王振仁正是

王振仁（1923～2007）

学校"星火读书会"的成员。通过在读书会的学习，王振仁的思想不断进步，并逐渐向共产党的组织靠拢。

1947年5月，上海各大学展开一系列反对国民党当局的斗争，大同大学的学生们也向校方提出革新校政的要求。此时，蒋介石政府又一次暴露出丑陋的面目，大批逮捕示威学生。经过同学们的不懈努力，一个月后，此事件才得以解决。不断兴起的学生运动，让王振仁进一步看清了国民党反动派的真面目，同时有关解放区新气象的信息又不断进入他的视野，使他进一步坚定了跟共产党走的决心。

临近毕业时，大同大学的中共地下党员褚善元找到王振仁，告诉他："惟有参加共产党，在党的领导下，斗争才有力量。"此话引起经历过数次学生运动的王振仁的共鸣："对！只有加入共产党，我们的斗争才有力量！"1947年7月，王振仁在大学毕业前被吸收为中国共产党党员。王振义回忆道：大哥王振仁参加党的地下工作后，常有进步同学到家中"聚会"，自己也在这种氛

王振义的父亲王文龙（左）和大哥王振仁摄于1980年

围中萌发了参加进步活动的动力。

新中国成立以后，王振仁先后在任闸北水电公司公务员、中共上海市委统战部办事员、闸北电厂技术员，负责锅炉改造和检修工作。1966年12月，他前往四川支援祖国西南的电厂建设，任四川渡口工程处主任。1973年起，他先后担任了上海电力建设公司副主任、主任，华东电力建设局副局长，上海电力建设局副局长、教授级高级工程师、顾问，1988年离休。

自20世纪60年代初从事电力基建工作以来，王振仁参加过许多电厂工程建设，从上海到四川，从国内到国外，到处都留下了他为祖国电力建设事业艰苦奋斗的足迹。他负责的望亭第一台300兆瓦机组安装项目提前17个月完成投运。他所撰写的《关于电力建设与提高经济效益》一文，观点明确，切合实际，将施工组织与经济效益有效地结合起来。离休后，他参与建设的石洞口电厂项目在国内第一次实现一次建成4台30万机组连续施工完成。突出的贡献，使他在1987年和1990年两次当选为上海市重点工程实事立功竞赛建设功臣。2007年9月，王振仁因病去世。

王振仁的一生廉洁自律、艰苦朴素。他从不计较个人得失，从不向组织提条件，从不给组织添麻烦，从不占用任何一份集体资源。作为局领导，他坚持每天坐厂车上下班，不用单位配给他的轿车，到办公室后，为同事泡水、扫地，从不搞特殊化。他长年累月奔波在施工第一线和普通工人一起工作、生活。最早到现场的是他，最晚离开现场的也是他。中午的时候，他还常和工人们围坐在一起，边了解施工情况，边吃着自己带来的午饭。

离休后，王振仁依旧为厂里的事务忙碌着，但他坚持从家步行到单位，谢绝单位安排车辆接送。在所居住的小区中，他秉着为集体服务的精神，每天打扫楼梯。直到有一次单位的同事向管理员打听，对方才知道这位朴素勤劳、每天扫楼梯的老人原来是一位局长。病重期间，王振仁还谢绝了家人让他到王振义任职的瑞金医院接受治疗的安排，因为他不想因弟弟工作的关系而享受特殊待遇，也不想让社会和企业花费过多的钱，给家庭和单位增添麻烦。他一生的高风亮节和无产阶级革命精神深深打动了王振义。

作为家中的长兄，王振仁在兄弟姐妹中有着较高的威信，加之自身不断在思想上积极要求进步，更使他增添一份发挥榜样作用的使命感。父亲王文龙经常与王振仁交流思想，相互促进；兄弟姐妹们在遇到人生大事时，也都愿意向大哥请教。王振仁的人生经历和思想认识，对弟妹们的成长起到了引领作用。

2. 三弟王振礼：圣约翰大学
学生运动的领袖

王振礼（1927～1983），是长期从事电厂化学工作的高级工程师。1934年，王振礼进入萨坡赛小学，开始求学生涯。1940年，他考入圣约翰青年中学学习，1943年被保送至圣约翰大学附属中学高中部，因受化学教师的影响而对化学产生浓厚的兴趣，经常自己买些小仪器和药品，在自家的小实验室中做些简单的化学实验。1945年，他又被保送进入圣约翰大学化学系学习，在班上学习刻苦，乐于为大家服务，受到进步同学的青睐与帮助，渐渐培养起参加学生组织和学生活动的兴趣。

1946年，大学二年级时，圣约翰大学内的政治运动日益高涨，各院系都成立了学生会级会。在中共地下党同学的争取下，王振礼不仅参加学生组织，而且还被选为级会干事，组织参与多项为学生谋福利的活动。在学生的群众性活动中，王振礼开始认识到群众力量的伟大。

1947年冬，上海的学生运动开始将矛头指向国民党当局。王振礼参加了上海学生抗议英帝九龙暴行大游行[①]和群众募捐活动。

1948年1月28日，国立同济大学欢送进京请愿代表团去南京请愿时[②]，在正义感的驱使下，王振礼和很多圣约翰大学同学加入到这支队伍中。面对热血沸腾的学生运动，反动当局竟然动用了装甲车、机枪、骑兵、刺刀等对付这些手无寸铁的学子。当

---

① 1948年1月5日，港英当局为了扩大九龙机场，用暴力拆毁了机场周围中国居民的住房，造成流血事件，并使2000名居民无家可归。中共上海学委决定利用"反英"的机会揭露国民党假反帝的阴谋。1月16日，交大、同济、圣约翰、东吴、南模、幼师、女师等74所大中学校的学生代表，在交大开会，通过成立上海市学生抢救民族危机抗议九龙暴行联合会，决定发动广大同学于1月17日下午举行全市罢课和示威大游行。

② 参见《上海青年志》第三篇第二章第二节。

时，王振礼站在队伍的最前面，准备用手中的照相机将同学们的英雄事迹和反动当局的暴行记录下来，动员更多的同学加入到推翻反动统治的运动中来。不幸的是，反动当局用骑兵冲散了游行队伍，王振礼也在同一时间被当局逮捕。王振义获悉这一消息后，立即前往圣约翰大学为王振礼送衣送食，与进步同学一同想方设法救弟弟出狱。这一事件也加深了王振义对国民党反动当局的憎恶。

王振礼（1927～1983）

在上海大学生更大范围的抗议示威声中，17天后，反动当局释放了全部学生。这段经历加深了王振礼对反动统治的憎恨。随后，他又参加"五二〇"[1]控诉纪念会以及布置"反对美帝扶日"[2]展览会等活动。接踵而至的学生运动引来了反动当局的新一轮打压，王振礼也险些因此被圣约翰大学开除学籍。

从1948年秋到1949年上海解放前，王振礼非正式地加入了新民主主义青年团，并积极参与这个组织的地下活动，团结同学一起迎接上海解放。

1949年5月，王振礼从圣约翰大学毕业。他原本已获得美国华盛顿大学的助学金，且办妥了一切留学手续。但通过校内开展的"反对美帝扶日"运动，王振礼对美国有了新的认识，同时，

----

[1] 1947年2月，国民党政府限期撤除中共驻南京、上海、重庆等地的代表机关，宣布国共谈判破裂，准备发动内战。5月，在各地中共党组织的领导下，许多学校酝酿举行规模更大的游行示威活动。上海大中专14所学校的7000多名学生以欢送沪杭区国立院校抢救教育危机晋京代表联合请愿团名义，举行了反饥饿、反内战大游行。各地游行队伍遭到国民党特务和军警的血腥镇压。

[2] 参见《上海青年志》第三篇第二章第二节。

全国解放的进程也让他看到新的希望。他决定放弃出国留学的计划，留在国内，为新中国的建设贡献自己的力量。

1949年11月，王振礼考入上海电力公司，成为一名实习工程师，在杨树浦发电厂从事电厂化学工作，1952年4月任化学分场副主任、工程师，1954年12月加入中国共产党，1956年被评为"1955年度上海市劳动模范"和"全国电力系统先进生产者"。

1958年，王振礼被错划为"右派"，在反右斗争与"文化大革命"中受到不公正对待，直至1980年才获平反。逆境没有击退他的斗志与追求。他充分利用上下班路途往返的时间，钻研技术和自学外文，努力提高自己的技术水平；同时，还掌握了英、德、俄、日四门外语。

1979年后，王振礼先后任杨树浦发电厂热化分场主任，华东电力试验研究所化学室副主任、高级工程师、副总工程师。1983年5月，王振礼因病去世。

30多年中，王振礼一直从事电厂化学工作，为发展我国电力工业的水处理技术，赶超先进水平，做出积极贡献。他曾是单位里学习推广苏联先进经验的先进分子。在具体工作中，他解决了诸多生产中的关键问题，大大提升了电厂化学工作的效果，降低了成本。单位曾发出学习王振礼的号召，宣讲他的先进事迹。长期的工作经验、扎实的理论基础、钻研的工作精神，使他成为电厂化学领域的专家。

1956年，王振礼在工作实践中采用氢—钠磺化煤的水处理技术，提出在软水站内用氢钠并列法代替单钠法进行软水处理，填补了国内的空白。1966年，他对除氧器进行改进，设计了第一台喷雾式填圈除氧器，在实际工作中取得良好效果，并主编《除氧器及其改造和运行经验》一书。直到20世纪80年代，这种除氧器都一直应用在12.5万瓦、30万瓦机组上。他第一个采用国外的测试技术，解决溶解氧的测定，凝结水硬度的测定，以及改善循环

水加氯处理等方法。他首先摸索
和采用氢离子交换导电度表来监
督凝结水的泄漏。多年来，王振
礼先后在《中国电力》《华东电
力》等期刊上发表《清理水汽系
统油污染的方法》《根据石灰石
膏法推导的排烟脱硫法》《烟气
露点的测定》等论文数十篇。

四弟王振智（1929～2006），
曾就读于圣约翰大学附属小学，
1952年毕业于复旦大学化学系，毕
业后曾先后担任鞍山钢铁厂炼铁厂
技术员，邯郸钢铁厂工程师、炼铁

王振义（右）和王振智摄于
1995 年

厂厂长、总工程师。他在炼铁方面有着深厚的学术造诣，先后在
《钢铁》《炼铁》等期刊上发表《620m³高炉强化冶炼的实践与分
析》《高炉使用白煤代替部分焦炭的工业试验》《高炉流铁沟的改
进》等10余篇论文。

3. 五弟王振信：上海地铁一号线的总设计师

王振信（1930～　　）是中国隧道及地下工程设计领域的专
家。作为家中的幼子，他深得父亲和兄长们的关心、爱护，总能
在兄弟姐妹中得到特殊待遇。1936年起，他先后在兴中小学、华
龙小学学习，后转入圣约翰大学附属小学。小学毕业时，王振信
因英语和算术不及格，必须通过暑期班的补习才能升入初中，父
亲王文龙因此在全家人面前责骂他。这件事给了他极大的刺激，
他暗下决心要以二哥王振义为榜样，把学习赶上去。

1942～1948年，王振信在圣约翰大学附属中学完成中学的学

王振信

业，并于1948年2月考入圣约翰大学经济系。一学期后，在科学救国思想的鼓舞下，他放弃经济学而转入土木系学习。①

当时，大哥王振仁和三哥王振礼都积极参加了学生运动，无形中也激发了王振信的热情。1949年，上海解放前，他参加人民保安队②，迎接上海解放，协助解放军维持秩序，接管敌产、企业，宣传党和人民政府的政策，如取缔银圆券，动员青年参加南下、北上和军政大学等运动。同年秋天，他正式加入了新民主主义青年联盟③（简称"新青联"）。12月，圣约翰大学开始建团。王振信经张雪涛介绍，第一批申请加入新民主主义青年团④。

1950年，为了响应毛泽东"一定要把淮河修好"的号召，王振信暂时从圣约翰大学肄业，在华东水利部的领导下，到安徽淮南和寿县参加治淮工作，担任工程员，主要承担筑堤工程、退水渠测量和监工所主任等工作。顺利完成任务返沪后，他于1951年秋重回圣约翰大学。当时因学校师资短缺，而王振信不仅是班中

---

① 王振信回忆说："解放前读书，读理工科的与读经济系、政治系的根本不同。在那个年代，要赚钱的读经济，要做官的读政治，我当时想的就是科学救国。我读的是圣约翰大学。圣约翰大学从商、从政的名人出得真不少，读理工出名的却极少。我读的是土木系，报考时就认准科学能救国。"参见王振信：《好梦成真》，《瞭望》1990年第34期。

② 1949年4月，渡江战役前夕，为配合人民解放军解放上海，中共上海市委决定，将全市各基层单位已普遍存在的护厂队、护校队、纠察队、自卫队等集中起来，建立统一的人民保安队。

③ 新民主主义青年联盟是中共上海地下学委系统的秘密外围组织。

④ 为适应人民解放战争形势和任务的需要，1949年元旦，中共中央决定建立中国新民主主义青年团。同年4月，召开了新民主主义青年团第一次全代表大会。1957年5月，中国新民主主义青年团第三次全国代表大会决定，把团的名称改为中国共产主义青年团。

2011年，王振信（左）接受本书作者陈挥的采访

学习的尖子，又有实践工作的经验，因而系主任让王振信兼任土木系测量实习课程的助教，边学习边参加教学工作。这一年，他也因学习成绩优良而获得圣约翰大学授予的奖状。

1952年，王振信大学毕业后，先后在中燃部煤矿管理总局和上海煤矿设计院担任技术员和工程师，1958年8月加入中国共产党。

1960年起，王振信被调至上海市隧道工程局，从事地下工程和隧道工程的设计工作，持续至今。他先后担任上海市隧道工程局工程师、总工程师，上海隧道公司副经理，上海地铁公司总工程师，上海市隧道工程设计院院长等职，是上海地铁一号线设计工作的总负责人。[①]1980年，王振信晋升为高级工程师，1990年成为教授级高级工程师，1991年被聘为上海市科技专家组成员，1992年起享受国务院政府特殊津贴，1998年成为一级注册结构工程师，2008年成为上海市交通运输行业协会轨道交通专业委员会

① 在上海地铁一号线建成通车前夕，《瞭望》周刊曾发表过一篇采访王振信的文章，详细讲述了王振信与地铁建设事业的点点滴滴。参见王振信：《好梦成真》，《瞭望》1990年第34期。

专家委员会委员。

王振信是国内外地下工程学术领域有影响的专家之一。他先后负责完成的重大项目有上海石化厂四号排放口结构、上海龙吴路立交、上海延安东路隧道（北线）和上海地铁一号线等工程的结构设计工作。1978年起，他先后当选为上海市土木工程学会理事、中国土木工程学会理事、中国防护工程学会理事、中国隧道与地下工程学会副理事长、中国深基础工程协会常务理事。由他首创的地下工程施工工艺多次获得国家、上海市科技进步奖。作为第一完成人，他所开创的"'用垂直顶升法'建造水底取（排）水口工艺"获1990年国家科技进步奖二等奖和上海市科技进步奖一等奖，"黄浦江越江隧道'闭胸法'盾构施工"获1978年国家科技进步奖三等奖，"延安东路越江隧道"获上海市白玉兰奖。值得一提的是，1984年，他的论文《上海隧道支线工程建造新方法》（*Shanghai Tunnel Projects Spur Construction Innovations*）获得美国土木工程师学会颁发的"格林菲尔德（Greens field）建设奖"。这是土木工程学术领域中最具分量的国际性奖项之一，奠定了王振信在软土地层地下施工这一学术领域中的地位。

如今，像二哥王振义一样，84岁高龄的王振信仍然坚持工作在隧道设计研究的第一线，继续为中国隧道工程事业贡献力量。

4. 与三个姐妹的手足之情

大姐王妙珍（1921~　），毕业于圣约翰大学，曾在私营太安丰保险公司任会计员。新中国成立后，该公司公私合营，她被安排在公私合营太平保险公司任职员。她由于思想进步，工作积极，1955年被评为单位的先进工作者；后赴贵阳，先后任职于贵州省城市建设厅金属结构厂和建委四局。据王振信回忆，王妙

王妙珍（左二）与赵亦慧一家

珍是王文龙夫妇最疼爱的孩子，曾在家中享受过一人居住单间的"最高待遇"。[①]在这个大家庭中，王妙珍成熟较早，读书时与班上一些进步同学和朋友的关系密切，思想也比较进步和活跃。王振义曾在王妙珍那里借阅《西行漫记》和丁玲介绍延安社会生活情况的书籍。由于当时正处于日寇统治时期，信息控制严格，在王振义的脑海中，根本无法想象延安还有如此一片充满生机的天地，正是这些进步书籍开启了他内心深处的另一扇门。王振义小时候学习英语也得到王妙珍的帮助和指导，例如纠正他的发音等。1944年前后，当有人劝王振义参加"三青团"时，王妙珍就明确表示不要参加。

　　王妙珍的儿子赵亦慧是在上海长大的，王振义对他也是照顾有加。赵亦慧回忆道："二舅舅与其他舅舅不同，从来不体罚孩子，而是不厌其烦地、和颜悦色地同孩子讲道理。"在王振义

---

　　① 《王振信采访记录》，2011年1月17日。

的关心、爱护下，赵亦慧从小就是一个品学兼优的好学生，1965年考入当时的市重点中学——上海市第五十一中学（现位育中学）。"文化大革命"期间，他先是到农村插队落户，后又上调到工厂当工人。恢复高考后，他凭着以前打下的基础，顺利考进了贵阳师范大学物理系，毕业后在贵阳的一所重点学校任教，并担任校长办公室主任。

晚年，王振义多次到贵阳看望大姐王妙珍，并经常有信件往来。他得知王妙珍可能患有腰椎间盘突出症后，立即给她购买了一个腰托，让她缓解病痛。他在给王妙珍的信中充满深情地说：

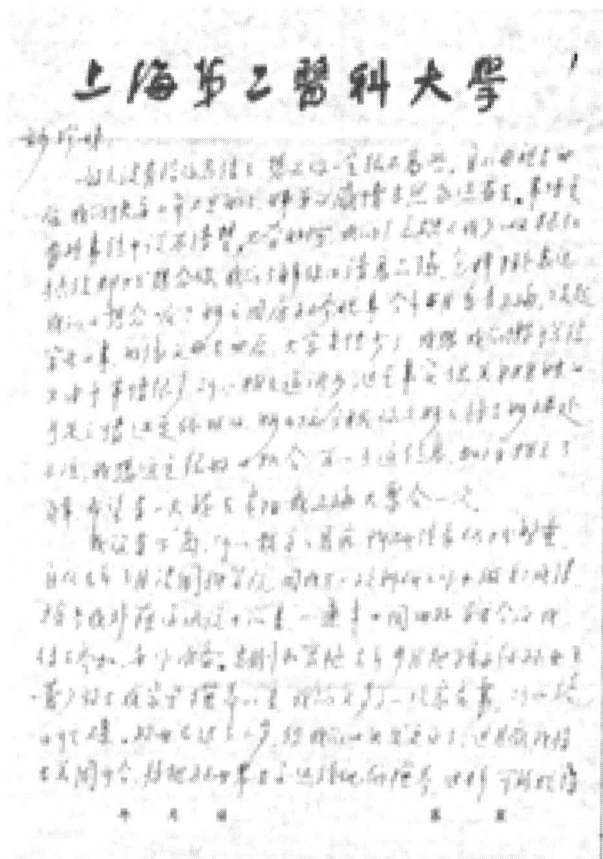

1993 年 6 月 17 日，王振义致王妙珍的信

"自从母亲去世后，我们快要两年没有见面了。姐弟的感情当然永远存在。不管如何，我们都十分想念你。我们了解你的清高品德，怎样才能表达我们的想念呢？妙云今年5月曾来上海，谈起家里的事。好像父母去世后，大家来往少了。我想我们相互通讯少，这是事实。但兄弟姐妹的手足之情还是依旧的……我们兄弟姐妹应该相互帮助，安乐度过晚年。我们作为弟妹们应该关心你的生活。兄弟姐妹应该相互谅解，帮助收入少的成员。我想你的困难没有人给你讲，你又十分清高，不愿开口。姐姐，我们了解你的心情。但我始终认为，我们兄弟姐妹应该相互帮助。现在的困难是大家分散在各地，但如有机会还是应该相聚一处，重温手足之情。"①

大妹王妙云（1925～2012），1949年毕业于震旦大学女子文理学院经济系。曾在上海任小学教员，1951年冬去香港结婚，在新志公司任会计。她拥护人民政府，1956年就曾归来观光，为祖国建设的飞速发展深受感动。王振义也很关心王妙云。他得知王妙云心情不舒畅的时候，耐心地进行心理疏导，还让大姐王妙珍也进行劝告，让王妙云在香港安度晚年。

二妹王妙琪（1932～　）（现名王冀），1949年上海解放时，正在上海中西女中②（现为上海市三女中）读书。同年7月，为欢庆上海解放建立新政权，市里掀起了南下西南服务团、北上文工团的报名热潮，中西女中的学生们在共产党员的带动下，积极投入这股浪潮。平日不声不响的王妙琪不顾父亲王文龙的反对，独自参加了北上文工团，来到沈阳成为东北军区后勤政治文工团的成员，并于1950年参加抗美援朝战争，复员后到中国青年

---

① 《王振义致王妙珍》，1993年6月17日。

② 中西女中是由美国基督教传教士创办的贵族女子学校，前身中西女塾成立于1892年3月。中西女中的多数学生虽出身于上层家庭，但日益严重的民族危机，使学生们对旧中国的弊病深恶痛绝，开始产生了一种新的是非标准和价值观念，孕育着强烈的革命热情和献身精神。宋蔼龄、宋庆龄、宋美龄和文学家张爱玲都是中西女中的校友。

1979 年，王振义兄妹 7 人合影（左起依次为：王振信、王振礼、王妙云、王振义、王妙珍、王振仁、王妙琪）

艺术剧院工作，先后担任秘书科和资料室科员、中国青年艺术剧院办公室主任等职。

在这样一个开放、进步的大家庭中，正直、严谨的家庭教育让王振义和他的兄弟姐妹们形成了知足平和、淡泊名利的心态，平等待人的处世态度和科学报国、服务社会的人生观、价值观。正因为家庭氛围的宽容，这个家庭的每个子女所选择的专业方向与人生轨迹都各不相同，他们的思想来源和价值观的形成过程也大相径庭。然而，在同一种家庭教育和价值取向的影响下，在兄弟姐妹的思想碰撞与融合中，他们殊途同归，用自己的实际行动在不同的工作岗位上书写了绚丽多彩的人生篇章。这一切都是王振义成功道路上的重要财富，也是他人生旅途中最值得回忆的美好片段。

是啊，一株小树苗长成参天大树，需要阳光雨露的营养滋润。一个有建树的人在成长过程中，除了自身的努力和奋斗外，还需要大家的帮助和支撑，当然也包括亲情的扶助。

第|二|章

择医为业：
震旦大学的
法式教育

20世纪初的思想革命运动，不仅给中国社会的传统文化带来冲击，也给中国的教育体系摆脱封建束缚带来机遇。现代教育理念的萌芽与发展，让中国的教育以一种更为开放的姿态面对世界多元文化。上海也因其在中西文化交流中的特殊地位，走在了建立现代教育体系的最前沿。

与此同时，以"科学"和"民主"为核心标志的新思潮进一步提升了西医在社会大众中的认可度。人们对西医态度的转变也缓和了中医与西医间的冲突，反而为两者的相互吸收、融合，共同推动近代中国医学事业提供空间。王振义就是在这样的背景中走上漫漫求学路，并与医学结下不解之缘。

一、接受传统文化与近代科学交融的基础教育

1. "九一八"以后，爱国主义情怀油然而生

近代以来的中国，传统文化与近代科学的交融是中西交流中的一个宏大的历史主题。与中华文明繁荣时期表现出的"中学西游"不同，在近代西方资本主义快速发展和中华封建王朝走向没落的背景中，十七八世纪以来的中西文化交流逐渐呈现出"西学东渐"的总体趋势。当然，这一历史进程并非只是一个"单向度"的过程，而是一种"双向度"的存在。一方面，呈现出的是"中西并存，以西为主"的倾向；另一方面，在近代科学进入中国的同时，包括中医等在内的传统文化与技术也通过传教士走向

了世界。

传统文化与近代科学的交融，在教育领域表现得最为突出。在西方教会的推动和资本家的资金支持下，以教会教育为主体的近代教育体系对中国传统私塾教育体系产生了巨大的冲击。"四书五经"逐渐让位于物理、医学、化学等近代学科，外语教学的份额不断增大。这对开拓青年学生的视野，激发他们的求知热情，用近代科学来改变国家衰败的局面，有着极大的触动作用。

随着国人主权意识的形成、发展与延伸，1912年成立的国民政府开始对教育领域进行规制。同时，爱国的有识之士和实业家们也纷纷开始创办起国人自办的教育机构。到20世纪30年代，从外国教会手中收回教育主权作为一项正式议题被提上了政府工作日程。在这一历史发展的过程中，中国传统文化的教育并没有被一味的遗弃，而是成为近代教育学科体系中的一个组成部分，在所有的学校中延续开去。仔细考察整个近代以来中国学校的课程设置，传统文化教育和现代科学并存交融是一个普遍存在的现象，只是两边侧重的天平随着主权意识的提升和国人自办学校的兴起，出现了向中间移动的趋向。

总的来说，这种融合，对近代中国的发展是有特殊贡献的。这种融合的实效，也反映在王振义的求学历程之中。

每个人都有童年，应该说，王振义的童年像可爱的晨光一样：明媚、恬静、快活。

1931年夏末，7岁的王振义被父亲王文龙送到家附近的私立兴中小学读书。严谨的家庭教育让年幼

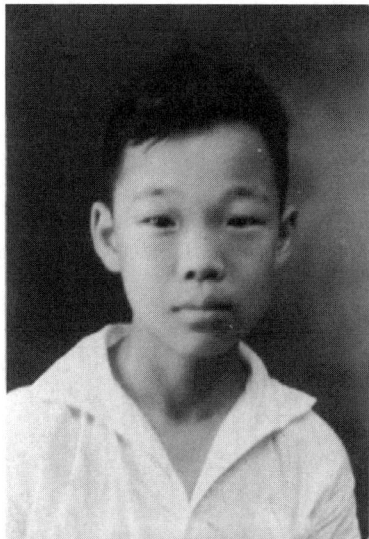

小学时的王振义（摄于1936年）

的王振义早早认识到学习的重要性，好问"为什么"的天性更让他对学习增添了一份兴趣与动力。

然而，就在王振义入学不久，古老的中华民族遭受了一系列的重大灾难。

1931年9月18日，驻扎在中国东北的日本关东军突然向沈阳北大营的中国驻军发动进攻，制造了震惊中外的"九一八"事变。次日，日军占领沈阳城。由于蒋介石实行不抵抗政策，不到4个月就断送了东北三省的大好河山。

1932年1月28日，日本海军陆战队进攻上海闸北。蒋光鼐、蔡廷锴指挥的第十九路军，违抗蒋介石"逆来顺受"的指示奋起抵抗，给了日军沉重打击。由于国民党政府对日本的退让屈服政策，对淞沪抗战的一再破坏，3月1日，第十九路军撤出闸北。5月5日，国民党政府又与日本签订了丧权辱国的《淞沪停战协定》。

民族危难笼罩着整个中华大地。对于刚刚步入学校的少年王振义来说，爱国主义情怀油然而生，并伴随了他的一生。

2. 在萨坡赛小学养成了良好的读书习惯

1934年夏，王振义全家从陈家浜的旧居，搬迁到法租界①金神父路明德坊的新房（现瑞金二路231号）。由于兴中小学的教学质量有限，为了受到更好的教育，在王文龙的安排下，王振义与大哥王振仁一同转入离新居不远的、位于萨坡赛路（现淡水路）、以教学质量高著称沪上的萨坡赛小学（现卢湾一中心小学）继续学业。

① 上海法租界（Shanghai French Concession），是上海的两个租界之一（另一个是上海公共租界），于1849年开辟，1900年经历小幅扩张，1914年开始大幅扩张成立法新租界，20世纪20年代发展成上海最好、最高级的住宅区。

萨坡赛小学是一所天主教教会学校。因为宗教的缘由，学校与一墙之隔的震旦大学有着密切的联系。王振义入学时，正逢比利时鲁汶大学留学归来的震旦校友胡文耀①任校长。在数学和物理领域享有盛誉的胡文耀此时已是震旦大学的校长，同时兼任着震旦附中和萨坡赛小学的校长职务。

1931年"九一八"事变以后，埋藏于国人心中的那份民族意识被激发了。中国人民开始在各领域中与帝国主义、外国教会势力展开不同程度的斗争。在教育领

2010年，王振义重返萨坡赛小学（现卢湾一中心小学）

域，收回教育权运动就是其中的典型，要求教会学校必须聘用中国人担任校长并向国民政府立案。为了震旦的稳定发展，震旦大学于1932年12月正式向国民政府教育部申请立案，并从震旦校友中挑选了胡文耀担任第一任华人校长。实际上，聘请中国人担任校长只不过是傲慢的"高卢雄鸡"的权宜之计。因而，尽管胡文耀顶着校长的头衔，但他在震旦大学的具体行政事务中并没有多

① 胡文耀（1885~1966），字雪琴，浙江鄞县人，一级教授。1908年毕业于震旦学院，后赴比利时鲁汶大学深造，1913年获理学博士，与翁文灏、孙文耀并称"震旦三文"。历任北京大学理学院、北京高等师范学校教授，北京观象台编辑。1932年起任震旦大学校长。新中国成立后，任上海第二医学院副院长，中国天主教爱国会副主任，上海市天主教爱国会主任，第一届全国政协委员，第一、二、三届全国人大代表。

胡文耀 (1885 ~ 1966)

大的实际权力。①这也让他有更多的时间和精力去管理震旦附中和萨坡赛小学的具体事务。

胡文耀身材清瘦，但腰板直挺，精气神十足。他常穿一件青色长衫，戴着金丝边眼镜，背着双手，若有所思地在校园里踱着方步，一眼看去就是个满腹经纶的学者。面对学校师生集体训话时，胡文耀一本正经，表情威严，讲话时旁征博引，谈吐不凡。私下里，他和蔼可亲，平易近人，丝毫没有一点架子。遇到教员和学生时，他总会面带微笑地和大家挥手致意。

王振义虽然在就读期间没有与这位校长有深入的接触，但是在他的眼中，这位操着一口地道宁波话的长者，早已成为自己尊敬和崇拜的偶像。胡文耀作为一位知识渊博的大学者，言谈举止所散发的大家风范，令王振义深深着迷。他暗暗下定决心，一定要把胡文耀作为自己学习的榜样，将来要成为像胡文耀一样的科学家。

此后，王振义的人生和胡文耀结下了很深的渊源。他的小学、初中、高中、大学的毕业文凭都盖着校长胡文耀的印章；

---

① 震旦大学在办学和行政机构设置上并无任何改变，学校的最高行政机构是校董会，设常务校董一职，实际相当于校长，长期在校，学生和教职员均呼之为"院长"。常务校董握有处理全校之权，而实际行政工作则在教务长之手。教务长也都由外籍教士担任，集总务、教务、训导于一身，总揽行政大权。胡文耀虽任校长职务，但他的大部分时间都在萨坡赛小学处理政务，仅在震旦大学举行典礼或对外应酬时代表学校出席，对学校的一切内外行政均无权过问，校内一切行政大权掌握在常务校董才尔孟手中。

甚至于工作以后，胡文耀还是他的领导——上海第二医学院副院长。

在萨坡赛小学的学习经历对王振义而言是难忘的。学校对学生非常严格，要求大家课间必须集中注意力，认真学习，课余还要温习好功课。每次国文课上新课前，老师都会让学生到讲台上背诵课文，内容是以中国传统文化中的孔孟之道为主，旨在锻炼学生的记忆能力和表达能力，并帮助学生打下扎实的中国文化基础。王振义在年幼读书时就对许多的文章烂熟于心。站在讲台上的他，背诵文章一字不差，并能准确说出文章表达的含义。因此，王振义常常受到任课老师的表扬。这种基本功的训练使他养成了良好的读书习惯，对他以后的学习很有益处，同时也学会了为人处世的原则。

2012年，王振义参加上海市卢湾一中心小学80周年校庆"爱梦想"大型庆祝活动

80年过去了，王振义始终没有忘记母校的培育之恩。2012年12月12日，88岁高龄的王振义应邀参加了卢湾第一中心小学在庆祝80周年校庆的时候，举办的一场主题为"爱梦想"的大型庆祝活动。在黄浦区青少年活动中心的舞台上，正表演一个节目：一个聪明伶俐的小男孩用纸折出望远镜、大耳朵，幻想着它们成为自己的"顺风耳""千里眼"，在一望无际的太空中，瞭望到其他星球上的生物。怀揣着这个最初的梦想，他走上了科研道路，并摘得中国最高科学技术奖。小男孩演着演着走下台，拉着王振义的手说："他就是中国工程院院士王振义爷爷。"随后，王振义以黄浦区卢湾一中心小学首届毕业生的身份，在校庆晚会上寄语小校友们："要拥有爱和梦想，才能拥有创造的开端。"该校校长吴蓉瑾介绍，选择"爱"和"梦想"作为校庆关键词，是为了倡导老师和家长们呵护孩子们的兴趣和梦想，将分享、合作的种子，埋在孩子的心田，这比多做几道题更能让孩子受益终身。

明德坊的居所由一栋三层的主楼和一幢两层的副楼构成。在房子的南面有一个约200平方米的小花园，花园中有一座小型的假山作为装饰；西侧还有一个面积不大的院子。王振义和兄弟姐妹们就经常在花园和院子里玩

2010年，王振义在明德坊

耍嬉戏。每天放学后，小朋友们聚在一起，院子里就热闹起来。男孩爬树、捉蟋蟀，女孩跳绳、踢毽子、"造房子"[①]。有时孩子们一起玩捉迷藏，有的躲在树丛里，有的躲在杂物堆后面，有的藏在假山洞里，玩得不亦乐乎。直到天黑，大人喊吃饭了，才恋恋不舍地回到屋里。

王振义不仅读书非常用功，也懂得合理分配学习与玩耍的时间与精力。他天性活泼好动，爱好广泛，是个地道的"玩家"，而非那种只会读书的书呆子。他学自行车时，几乎没怎么摔跤，因为腿长，快到摔倒时，脚一撑就站稳了。溜冰、"造房子"、打乒乓球、踢毽子，这些儿时的弄堂游戏，王振义是样样喜欢，且样样精通。孩子们还爱玩一种被他们称为"萝卜干"的游戏。大家聚在一起，在地上画个圈，依次从远处甩小刀过去，小刀飞中的地点越接近中间，得分越高。王振义每次都能得到高分。

打乒乓球是王振义最为热衷的，从小他的球技就在同伴中处于领先的位置。在弄堂里，孩子们搬上几条长凳，上面搁一块洗衣板，当中架一根小竹竿，简陋的乒乓球台就算搭建好了。孩子们欢呼雀跃地轮番上阵，开始进行热闹的乒乓球赛。经过一番较量，竟没有孩子能够赢得了王振义。其中一个孩子不服气，叫自己的哥哥来比试。由于年龄上的差距，几个回合，王振义就败下阵来。

"强中自有强中手。小弟弟，看来你还嫩着哩！"大哥哥用轻蔑的语气对王振义说。

"这次虽然输给你了，但我还会找你比试的！"王振义心中憋着一股不服输的劲头。他下决心好好磨炼球技，战胜这个大哥哥。

回到家中，王振义回想与对方打球的过程，动脑思考自己打

---

① 少年儿童玩的一种游戏。

球的问题究竟出在哪里，怎样去弥补自身的弱点，如何去破解对方的球路。球路在脑子里想通了，就要在实践中试试招。王振义缠着兄弟姐妹们扮作对手，陪自己练球、过招。每次练球都要练到太阳下山了，看不清球台了，他才肯罢休。有时候，他白天打乒乓球太过兴奋，晚上睡着了手臂仍然舞来舞去的，常把被子掀翻到床下。

就这样坚持练习了两三个月，王振义的球技有了飞速提高。他信心满满地再邀那位大哥哥比试。打了几个回合，大哥哥感觉到面前的王振义仿佛换了个人似的，高接低挡，闪转腾挪，活像一个虎虎生威、不知疲倦的小金刚，实力比之前强大了好多。随着比赛进行，王振义击出的球速越来越快，角度越来越刁，力道也越来越足。大哥哥应对起来越来越吃力，最终难以招架，败下阵来。

"小家伙，好样的！短短时间里，没想到你进步这么快！"先前傲慢的大哥哥向王振义竖起了大拇指。得到对手的肯定，王振义擦了擦额头的汗珠，露出了得意的笑容。

这些活动增强了王振义的体质，也收获了欢乐。参加工作后，王振义在广慈医院还拿过乒乓球比赛第一名。

新居的三楼是王振义和兄妹学习、生活的地方。在房间的正中央摆放着一张椭圆形的大桌子，就像开国际性的圆桌会议一样。他们时常围坐在一起看书、做作业，遇到难题或不懂的内容大家也会一起讨论，互相帮助。王振义聪颖好学，热心助人，经常像个小老师一样，耐心地辅导弟弟妹妹的功课。

父亲王文龙对几个孩子的学习要求是十分严格的。尽管忙碌的工作使他很少有时间细致地关心每一个孩子的日常功课，但每到学期末时就会雷打不动地逐一查看他们的成绩手册。孩子们若有课程不合格，免不了手心挨打。让王振义颇感自豪、也让兄弟姐妹们刮目相看的是，他是家中唯一一个从没有被父亲打过手心的孩子。

3. 震旦附中的优秀学生

因成绩优异，王振义在小学毕业前就已经获得直升震旦附中的资格。好强的他并不满足于此，毕业前夕，他另外报考了上海中学[①]，遗憾的是他未能如愿，这也算得上是他求学路上难得的一次挫折。世界上的事情，就像万花筒一样，光怪陆离，花样百出，这点小小的挫折算什么呢？这也使王振义认识到自己的不足，只有不断努力，奋勇向上，才能争取更大的进步。

与萨坡赛小学一样，震旦附中也是一所以教育质量著称沪上的名校，它是震旦大学优秀生源的重要基地。在震旦大学初创时，因当时旧制中学的毕业生不够报考大学的资格，故很多学校都先设立预科，为正式开设大学课程做准备。预科以"西国普通学校课程"为主，"并打造法语基础"。[②]1928年，根据当时教育新学制规定，震旦大学学制进行改革，取消预科，改称附属中学。附中分为初中、高中两部，除教育部规定课程外，另授予法文，英文作为第二外国语。

进入震旦附中后，王振义依旧勤奋好学，加之其天资聪颖，无论是西方的新知识，还是中国的传统文化知识都能很快地融会贯通，掌握其要义，每次考试，他都名列前茅，像一只身轻翅长的乳燕，小心翼翼地张开翅膀，在天空中试飞。当学习上遇到问题时，他会主动向老师请教。看到他对知识如此渴望，老师十分喜爱，经常在自己的宿舍接待这位优秀的学生。

王振义回忆道："整个中学时代，我的主要精力就是专心学习。当时，学校规定每周考试一次，所以我把绝大部分的时间

---

① 上海中学创始于1895年，以教学卓著，与当时的江苏省立苏州中学、扬州中学和浙江省立杭州高级中学，并称为"江南四大名中"。

② 《震旦大学建校百年纪念》，震旦大学校友会编辑出版，第51页。

都花在了温课和准备考试上。通常我会提前两三天就把所有考试的内容都准备好，当别人还在考前抱佛脚时，我已经在操场上玩了。也就是在中学时期，我明确了要到大学继续深造的目标，要做一个有才能的人。"

在父母眼中，那时的王振义是个让人省心的好孩子，不用家长的监督就能自觉按时完成课业；在老师眼中，他是个尊师重教、勤奋刻苦的好学生，不仅善于思考，而且思维敏捷；在同学眼中，他不仅是学习的榜样，更是位乐于助人的好伙伴，当同学有不明白的问题向他请教时，他总是不厌其烦地讲解一遍又一遍，直到同学领悟为止。在诸多同学中，李家祥、沈开迪、郑定乐和王振义的关系比较融洽。郑定乐和王振义两人都喜欢书法，经常在一起交流练习书法的心得。沈开迪虽然家境清寒，但读书很勤奋，成绩很好，是王振义非常钦佩的同学。他初中毕业后就加入了抗日游击队，并给王振义写过一封信，没有说他在哪里打日寇，只是讲述了自己曾经被特务追逐的经历。

王振义读中学时，正是日寇全面侵华的开始。1937年7月7日，日军突然炮轰宛平城和卢沟桥，中国守军奋起反击。卢沟桥事变是中国全民族抗战的开始。日军为了逼迫国民党政府尽快投降，于同年8月13日又向上海发动进攻，中国军民奋勇

2010年，王振义在震旦大学老建筑前回忆老师的音容笑貌

抵抗。"八一三"事变以后，日军对上海的进攻直接威胁着蒋介石的统治中心南京，也威胁到英、美帝国主义的在华利益，这就使国民党政府不得不增调军队，实行抗战政策。从此，中国人民的抗日战争在全国范围内进一步开展起来。

"八一三"淞沪抗战后，日军占领上海，整座城市就像一个被父母遗弃的孩子，孤独而又无助。外滩海关大楼的钟声依旧，听起来却是那样低沉、哀怨。天边的残阳照在一片死寂的黄浦江上，把城市的母亲河浸染成血红色。

震旦附中尽管位于法租界内，在战争初期受影响较小，教学秩序也与震旦大学保持一致，但也出现了迫于战事停课的现象。例如1938年元旦，战事在离震旦附中数百米外激烈展开，出于安全考虑，学校决定临时停课24小时。

艰难的时势、衰颓的国运，使得有学不能正常上、有书不能好好读。但是，这一切都没有动摇王振义渴求知识、追求真理的信念，反而将他历练得更加执着，更加坚强。即便是在这样纷乱的局面中，王振义依然保持着努力学习的习惯，孜孜不倦地游弋在知识的海洋中。老师、同学们经常能在校园的僻静处看见他用心苦读的身影。

王振义初中毕业前，王文龙卖掉明德坊的住宅后，在高恩路（现高安路）另外购置了一块新地用于建造新居。王振义与家人一同搬入莫利爱路（现香山路）孙中山故居边的一幢楼房（现为孙中山故居博物馆）中，暂住了一段时间。就在家中门前的小路上，他曾目睹了国民党反动派暗杀共产党员和爱国人士的暴行，这让他对国民党反动政府产生了强烈的厌恶情绪。

面对国家贫弱、政府无能、百姓遭外敌欺凌的残酷现实，王振义既痛心又难过。他问父亲："为什么日本人在中国的土地上竟敢如此横行霸道？"

"这就是弱肉强食的道理。"王文龙回答他，"中国现在又

2010年，王振义在孙中山故居博物馆前留影

贫又弱，所以遭受日本的侵略。我们的国家、政府没有能力保护自己的人民，日本人才敢为所欲为。"

"如何才能让中国不再受别人侵略，人民不再受欺负？"王振义接着问。

"国家强盛，社会发展，一定要依靠掌握先进知识文化的人。唯有国家发展了，民族强大了，才能免受他人的欺负，才能被世界尊重。"

报效祖国的壮志豪情在王振义心头涌起。王振义紧攥着拳头，信誓旦旦地说："我一定要好好读书，学习科学文化知识，长大后为国家的强盛做贡献！"

4. 萌发对医学研究的兴趣

1940年年初，王振义全家从金神父路明德坊搬迁到高恩路（现高安路59弄2号）的新房。这时，他已升入高中。为了尽早实现自己读大学的目标，王振义用了两年半的时间完成了三年的课程，那时的学习很紧张，没有闲暇去参与社会活动。

高中毕业前夕，因为对本校物理课的教学内容不满，怕影响考大学，王振义还与董维祥、郑定乐等几位同学一起参加其他学校的物理补习班。由于董维祥的数学和物理成绩较好，王振义就经常和他一起学习物理，共同讨论相关问题。

对于震旦大学，王振义在读小学时就充满了向往。他回忆

道：穿过萨坡赛小学西侧的
校门就能进入震旦大学的校
园，当时学校的很多大会也
都是在震旦大学大礼堂举行
的。出于好奇心，他也经常
跑到大学的校园里打探一
番。如今，幼年时的梦想就
将实现，摆在他眼前的最后
一道考题就是选择攻读哪个
专业。

对王振义而言，这并不是
一个艰难的选择。在他心中，
早就下定决心选择学医，不仅
因为医生是一份救死扶伤的崇
高职业，而且也与他小时候的
一段经历有关。

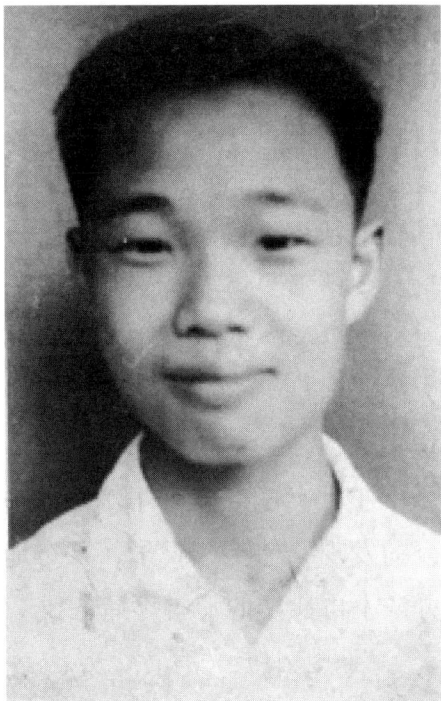

高中时的王振义（摄于 1940 年）

往事如云，就像一张网，纠缠着痛苦的记忆，开启他心潮的
闸门，一缕缕苦泉涌过来，涌过来。一些痛苦的事，像影子一样
没有离开过他。

祖母庄氏是王振义最敬爱的老人。和许多孩子一样，王振义
的童年离不开祖母的呵护，而聪明活泼的他也是祖母的开心果。
众多兄弟姐妹中，祖母对他尤其疼爱。祖母是家中的长者，更是
王振义最亲近的老人。王振义常常依偎在祖母身边，双手托着
腮，眨巴着眼睛，静静地聆听祖母讲述王家经历过的那些年、那
些人、那些事。

天气晴好时，王振义会陪伴着祖母到户外散步。祖母携着
乖巧的孙儿，孙儿紧随慈爱的祖母，两人亲昵在一起，欣赏沿途
美丽的风景：黄浦江畔，点点船帆穿梭来往；外滩的万国建筑群

间，尘封岁月厚重沧桑；外白渡桥下，电车驶过震荡起朵朵碧绿浪花；苏州河上，落日余晖映射出片片金色涟漪……

祖母年纪大了，腿脚不好了，每逢江南的阴雨天，腿脚总有疼痛不适的感觉。王振义贴在祖母身边，俯下身子，一双小手轻轻地帮祖母按摩腿脚的痛处，一边按摩，还一边关切地询问祖母："疼不，疼不？"

"不疼！小振义把奶奶按摩得可舒服呢！"有如此乖巧疼人的孙子，祖母的心头暖烘烘的，早已感觉不到阴冷天气的袭扰了。

王振义的一双眸子滴溜溜地转，灵机一动，似乎有了令他惊喜的发现。他抬起身子，兴奋地对祖母说："奶奶，奶奶，我有办法不再让您的腿脚疼痛啦！"话语中透着一股认真劲儿。

"哦，小振义有什么办法？说来听听啊！"祖母爱抚着孩子的脑瓜，亲昵地问。

"等我长大以后，要当一名医生，把您的腿病医好。这样，您的腿脚就再不会疼啦。"

"呵呵，宝贝孙子，真乖！"祖母被孩子天真童稚的语言逗笑了。她欣慰地把王振义紧紧搂在了怀中。

王振义7岁那年，祖母庄氏不幸患了伤寒，病势凶险。家里为她请到了一位沪上知名的医生前来诊治，但当时医疗水平有限，病情始终未能得到好转。

王振义整日守在病重的祖母身边，一刻不愿离开。他细心地侍奉祖母吃饭、服药，还经常给祖母讲笑话，逗祖母开心，希望以此帮助祖母减轻身体上的病痛。

病榻上的庄氏强撑起虚弱的身子，一双毫无血色的手爱抚着王振义的脸庞，目不转睛地端详着自己最疼爱的孙子。

"好孩子……若，若……咳，咳，咳……若是有一天……你再……再也见不到奶奶了，你……你会想奶奶吗？"庄氏的话语断断续续，还不时伴着咳嗽声。

聪明的王振义当然明白祖母话语的意思。他强忍着心中的悲痛，面带微笑地开导病中的祖母："奶奶，您放心吧！我是永远都不和奶奶分开的！等您病好了，我还要听奶奶讲故事。我们还要一起散步，一起听您喜欢的戏曲。"

"好……好孩子。"说话间，庄氏老泪纵横。她慈爱的眼神舍不得从孙子身上移开，直到身子支持不住，庄氏才缓缓躺了下来。

看着祖母忍受病痛的折磨与煎熬，王振义心都要碎了。趁祖母不注意，他默默背过身去，泪水止不住地流下来。

等到王振义转过身，他发现祖母已经闭上了眼睛，脸上的表情安详又满足。

庄氏就这样离开了人世，离开了王振义。就像两颗遥远的星辰，各在天之一涯，从此不能再见面，因为他们之间的轨道不可能交连在一起。

与至亲间的这次生死离别，让年幼的王振义伤心不已。心情哀伤的同时，他的脑海中出现了一系列的问号："奶奶为什么会因病去世呢？伤寒是究竟是一种怎样的可怕疾病？人又是怎么患上这种疾病的呢？难道一旦得了这样的病，就没有办法治愈了吗？"这一系列问号在王振义幼小的心灵链接成一种对医学知识探求的渴望，也萌发了他对医学研究的兴趣。

面临选择大学专业的时刻，王振义毫不犹豫地向父母表达了立志从医的愿望："爹爹、妈妈，我想读医学专业！"

父亲王文龙一听，微微地点了点头。他鼓励儿子说："不为良相，则为良医。我支持你学医，将来做一名医生。往小了说，家里人求医问药的，可以有个照应；往大了说，可以服务社会，造福人民。"

母亲陈姿芳也同意儿子的想法："嗯。没错。说得实在一点，将来去做医生也是一份体面的职业，拥有较高的社会地位和良好的收入待遇。"

在个人意愿的驱使和家人的支持下，王振义最终选择了攻读震旦大学医学专业，走上了从医之路。

二、震旦大学医学院的专业训练

1. 免试直升震旦大学

学习中会有这么多乐趣，上课，做作业，与同学们交流……王振义只觉得时间过得像跑马一样，一晃几个月，一晃半年，一晃几年过去了。

1942年，王振义以优异的成绩从震旦附中毕业，获得了免试直升震旦大学的资格。

震旦大学是当时沪上乃至全国著名的高等学校之一，由爱国天主教徒马相伯于1903年创办，是中国近代第一所私立大学。梁启超曾著文祝贺："今乃始见我祖国得一完备有条理之私立学校，吾欲狂喜。"创办之初，马相伯的办学宗旨是，把震旦学院①建设成为崇尚科学与真理、培养翻译人才的基地。他毅然宣称学校是研究学术的机构，不是宣扬宗教的地方。这显然与法国耶稣会的办学初衷大相径庭。

1905年春，耶稣会欲变震旦为教会学校，以让马相伯"养

① 震旦大学创办之初定校名为震旦学院，1932年定名震旦大学。

中国工程院院士传记

王振义 传

068

病"为由，委任法国神父南从周（Perrin）为总教习，改变办学方针，另立规章，引发学生集体退学。马相伯看到退学学生的签名簿时，老泪纵横，决意站在学生一边，并得到张謇、严复等人的支持，率学生于9月13日另创复旦公学（即复旦大学前身），取意"复我震旦"。马相伯为首任校长兼法文教授。

1905年8月，震旦在耶稣会的直接掌管下重新开学。历史上也将马相伯主事期间（1903～1904）的震旦学院称为"第一震旦"，而将1905年后的震旦称为"第二震旦"。

大学一年级时的王振义（摄于 1942 年）

1908年，由耶稣会接办的震旦大学拟迁址卢家湾，马相伯仍以办学为重，不计前嫌，捐现银4万元、公共租界和法租界地基8处（当时价值10万多元），以购置吕班路（现重庆南路）土地100亩，建造新校舍。1909年，学校迁至新校舍。耶稣会任命法籍教士韩绍康（H.Allain）担任院长。他参照欧洲学制，把预、本科共4年的学习时间改为6年，设文、理两科，并授予毕业生学士学位，开始步上正式大学的办学轨道。

1913年，法国里昂医学院教授、里昂科学院院士文森特（Eugène Vincent）博士奉命来华考察。在其回国后撰写的报告中，他说道："震旦是中国唯一以法语为主的大学，也是唯一能与同类英语院校媲美的大学。如果它是唯一能荣耀法国语言的学校，那就值得法国政府给予特别关注。因为，这还直接关系到法

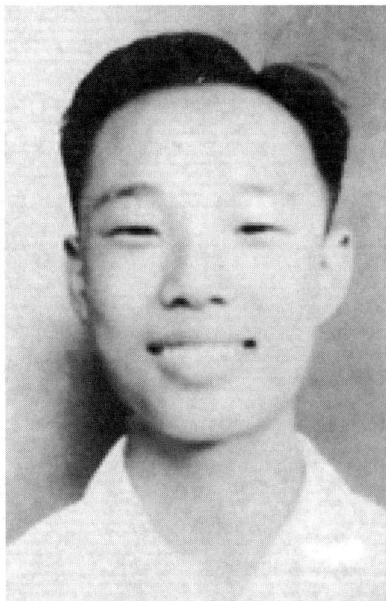

震旦大学校门

国在东方的影响。"[1]作为一名医学教授，文森特还注意到"在英语占主导的学校中，准备学医的学生都去学德语了"。针对这一现象，他提出震旦应该建立医科，以推动法国医学在中国的传播。文森特的建议得到了法国政府和耶稣会的积极响应，他们加强了对震旦的资金和人力支持。

1914年，南道煌（G. Fournier）任院长时，学校正式设立医科，学制4年。震旦大学开始形成文法、理工和医学三科并起的学科布局。1915年，姚缵唐（Hery）任院长后，聘请了多位法籍医学教授来校任教，并把学制由4年改为6年，教学则参照当时法

① Dr. Eugene Vincent，L'influence Francaise en Chine et les Entreprises Allemandes: Necessite de creer en China une Faculte francaise de Medecine，1914.Fch325，Archives Francaises de la Compagnie de Jesus.

震旦大学老红楼

国医学专业的课程设置和教学大纲，教材也以法国医学院教材为准。1932年，国民政府教育部批准震旦大学的立案申请后，医科升格成为医学院，法国驻华使馆医师贝熙业（Dr.Bussiere）成为震旦大学医学院首任院长。震旦医学院也逐步发展成为全国著名的高等医学院校之一，其培养的医学生以优异的行医效率赢得社会的赞许，形成了沪上三大医学派别之一的"法比派"。

2. "法比派"的医学教育打下扎实基础

"法比派"的第一个特点是对法语的掌握和运用。自1905年起，学校就规定各门课程在第一年以中文教授，第二年务必使学生逐步习惯于听法文课，此两年为预科，第三年开始全部课程用法文教授。从震旦大学医学院的课程设置来看，在第一、二、三学年，都开设了法文课，课时数也多于中文课与英文课。从每学年的课程设置来看，每周法文课的课时为4个，而中文和英文课时均为2个，到了第二和第三学年，医学院的语言课只保留了法文课，每周2个课时，中文课与英文课则不见踪影。另外，医学院从一年级开始，除国文课是用古汉语外，其余的均用法文课本。即使在20世纪20年代末国民政府要求教会大学的教学语言改为中文时，震旦仍坚持法语教学，保证了其教学内容与法国本土的一致性。

"法比派"的第二个特点是学校的课程设置、教学大纲皆参考法国医学专业，所用教材为法国医学院校教材。对医学专业的学生来说，在校的6年时间，前3年主攻基础课，后3年则为专业学习。在前3年中，最初两年专习博物，课程包括法文、哲学、化学、物理学、动物学、植物学、心理学、组织学通论。第3年起学习医学专业基础课。后3年则侧重于医学专业课程的学习，当时共设有各类医学课程如人体解剖学、病理解剖学、精神病学、眼科学、耳鼻喉科学、皮肤病学、妇产科学、儿科学、外科学等，共40余门。[①]

医学院还效仿法国医科院校的考试制度，设有周考、月考、学期期终考、学年年终考等规定。作为学年年终考试的一种，科目证书考试要求最为严格：第一、第二学年，必须达到物理、化学、生物三科目（法文简称P.C.B）证书考试及格；第三至第六学年，就有6组科目证书考试，从医学基础到临床各科目共有27门，分期举行考试，主要科目还规定进行笔试与口试。每项科目第一次考试不及格可补考，补考不及格则需留级。笔试试卷有两位教授分别阅评，口试由考试委员三人分别考问。同时，6年

① 李雪、张刚：《震旦：中华曙光——上海震旦大学》，《科学中国人》2007年第8期。

中，每周六上午规定必有一门学科的考试。每年有一门学科的大考，合格者获得一张证书。6年里要获得6张证书才能参与最后的毕业考试。[①]这些考试，均有法国使馆派人参与，全部考试合格后，颁发法国政府认可的医学博士学位证书。严格的教学要求使每年能从震旦医学院顺利拿到医学博士学位者少之又少。

"法比派"的第三个特点是特别重视临床实践课程的训练和教学、临床与科研相结合的体系模式。学校针对医学学科的特点，在课程设置中安排了大量的临床实践课程，以提高医学生的独立思考、分析问题和实际诊疗的能力。[②]例如解剖学要求学生在第二、第三年的3个学期中参加解剖实习总课时数达到270小时，平均每天要进行2小时的尸体解剖。[③]这种极其注重实践动手能力的医学授课法在当时的医学院校中实属罕见。

学校将医学院后期学生的见习安排在安当医院（后并入卢湾区中心医院，今为瑞金医院卢湾分院），实习则在广慈医院（今瑞金医院）。当时，广慈医院有病床700张，安当医院有病床100张。两所实习医院设备先进，病床多，病种多，为学生提供的临床实践的机会也多。学生从第三学年开始，每日上午去安当医院实习诊断学及小手术，第四学年每日上午在广慈医院各个病区及门诊见习，同时学习临床课程。

医学院还与广慈医院共同建立了住院医师实习制度，主要针对已完成第五年学习的学生。住院医师实习自当年的7月1日始，于第二年的6月30日结束。实习学生必须遵守住院医师实习规则。[④]去医院实习成为医学院学生完成学业不可缺少的一个环节。医院实习不但可以使学生学习的理论知识与实践相结合，学

---

① 上海市档案馆：《震旦大学关于震旦大学医科、法科及理工科的课程计划与考试（中法文）等》，卷宗Q244—1—756。

② 董宝良：《中国近现代高等教育史》，华东科技大学出版社2007年版，第88页。

③ 上海市档案馆：《私立震旦大学概况》，卷宗Q244-1-152。

④ 上海市档案馆：《广慈医院住院工程师及实习条例》，卷宗Q244—1—15。

以致用，而且也能够拓展科学知识，培养学生的爱岗敬业精神、实践锻炼能力和职业道德规范，为以后走向工作岗位奠定了基础。因此，学校在这一教学过程中还特别注重医德教育，开设了"医业伦理学"课程，使学生懂得了在正式成为执业医师后必须恪守的医师人格、医师道德和医业秘密等。

随着医学院教学人员和设备的不断完善，教学（震旦大学）、医疗（广慈医院）和科研（上海巴斯德研究院①）三结合的模式体系逐渐形成。这一临床与基础、教育相结合的模式对教学与医疗的共同深入和融合促动有着积极的意义。这一模式的训练，也为王振义学术思想中表现出的强烈的"临床应用+基础研究"的基本理念奠定了基础。

"法比派"的第四个特点是教员几乎都来自于法国，接受的是法国天主教的医学教育。据统计，在震旦医学院的历史上，共有45名中国籍教员，27名外籍教员，外籍教员中，除了少数几位白俄籍教员外，其余都是法籍教员。这些教员与法国的教育和研究机构有着密切的联系。当时法国国内的巴黎医学院、巴斯德研究院、斯特拉斯堡医学院等都与震旦医学院建立了合作关系，欢迎震旦医学系的学生前去深造。到20世纪30年代和40年代，有大量的震旦医学系学生毕业后前去法国各医学院留学，继续深造。天主教会在中国办的医院和诊所中，75%～85%是震旦大学医学院的毕业生，可见其在当时中国西医界的地位和影响。

俗话说"真金不怕火来炼"。"法比派"的高标准、严要求都没能难住勤奋好学的王振义。大学期间，他继续保持着对学习认真努力的态度，教室里、校园里、实验室里到处都留下了他用心苦读的身影。遇到不解的问题时，他总是一个人静静地思索，

① 1938年1月建立，是巴黎巴斯德研究院在上海的分院。经济来源：为法国文化基金。设微生物部、疫苗部、化学部，兼管法租界卫生检验任务。后改设细菌化验室、制苗部及疯犬病诊疗室、卡介苗防痨室、化学化验室。

时而紧抓头发，时而托起下巴凝视远方，时而表情严肃，陷入沉思。当他脸露笑容时，说明他已经找到答案了。正是这种刻苦钻研的劲头让很多疑难问题在他面前迎刃而解。每次考试，他都能取得前两名的好成绩，深受任课教师的器重。大学一年级时，生物学教师看到他对学习充满热情，就时常叫他到自己的办公室中"开小灶"；二年级时，医学院院长、组织学教师富来梅（P. Flamet）个别辅导他做病理切片和染色，并培养他组织开展读书会活动。

在完成基础课程学习的同时，王振义还十分重视临床实践能力的培养。在外科临床学习时，他曾因病史撰写出色而获得学校的额外奖励—— 一本名为《急诊诊断学》的原文参考书。1944年夏，他在南教会创办的救济医院见习；1946～1947年，他在好友的介绍下，担任了南市救济医院的值班医师，每周日代替该院住院医师值班，有时也前往闵行疗养院代替住院医师值班；1947年夏，又在吴云瑞①医师的介绍下，到松江教会办的若瑟医院里工作了一个月，担任住院医师。

在不断探索医学知识的同时，王振义也十分重视法语的学习。对王振义而言，他在小学和中学期间就已经开始接触和学习法语了，因而在语言交

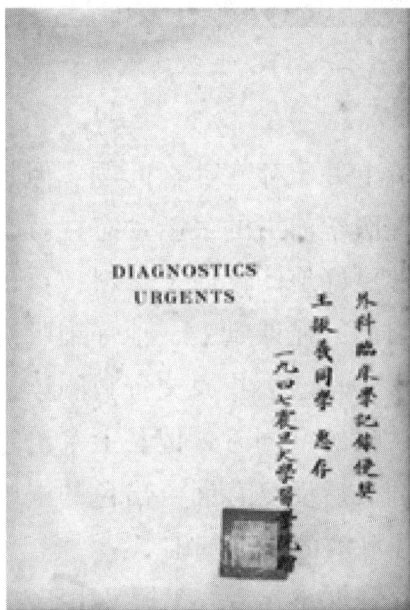

震旦大学奖励给王振义的
《急诊诊断学》

① 吴云瑞（1905～1970），江苏松江人。1930年毕业于震旦大学医学院，获医学博士学位。历任震旦大学医学院、上海第二医学院教授，是较早研究中医药的西医学者之一。

1992年，王振义被授予法国科学院外籍通讯院士称号

流上并不存在什么问题。但是，他清醒地意识到要想更好地掌握医学前沿的最新动态，就必须不断加强语言能力，使自己能够更好地阅读原文资料，更多地向学校里的教授、专家讨教。因而，在课堂上，他仔细听讲，认真做笔记；课后，他反复咀嚼，自己去找原文资料阅读，找同学用法语对话交流，遇到不认识的字词时，他马上拿出笔和本子将它们摘抄下来，待查明词义后反复背诵。出色的法语能力为他日后事业的发展，打下了扎实的语言基础。

40多年后，王振义由于为促进中法文化的交流、为医学事业做出的突出贡献，于1991年被授予法国"突出贡献医生"称号，1992年被选为法国科学院外籍通讯院士，1993年被授予法国"荣誉军团骑士勋章"，1998年被授予法国台尔杜加科学奖。

三、丰富多彩的大学生活

1. "七个约翰"的故事

大学生活的丰富多彩，同学间的友谊与学习上相互促进，学友们的理想与追求，都对王振义的成长产生了影响。

王振义性格开朗，待人坦诚，很受同学的欢迎，就像一股清澈而爽朗的山泉，即使经过崎岖险阻的山道，也一样发出愉快悦耳的声音。1942年高中毕业时，一位名叫吴福铸①的同学邀请王振义等朋友到自家做客。席间，大家约定，为保持友谊，增进相互间的学习，今后将定期开展一些聚会活动。数次聚会后，常来出席的只剩下陈佐舜②、杨建廷③、曹仲华④、吴福铸、罗远俊⑤、王振义、张传钧⑥7人。集体活动与交流不断加深着彼此间的友谊，大家遂决定结拜为兄弟，以"Seven John"的名义定期组织活动。

有一次聚会的时候，王振义问杨建廷，你幼小时，父母给你起了一个什么圣名？杨建廷刚打完一场篮球回来，回答说："我

---

① 吴福铸，福建泉州人，就读于震旦大学法科经济系。

② 陈佐舜，广东人，震旦大学法科经济系毕业，擅长英、法等外语，大家常在他的帮助下进行语言学习。

③ 杨建廷，广东潮州人，起先在震旦医科读书，一年后因留级转至复旦大学读商科。

④ 曹仲华，震旦大学工学院毕业，1949年到杭州从事水力发电厂建设工作。

⑤ 罗远俊，江苏南京人，震旦大学医学院毕业，擅长演讲和演出，学习成绩优良。1949年赴法留学，并在法国行医。

⑥ 张传钧，震旦大学医学院毕业，任广慈医院住院医师，后因患肺病辞去工作。

的父母给我起了一个圣名，叫John（约翰），他是12个宗徒中的一个。"其他5个人默默地点了点头。杨建廷想了一下，突然又有一种想法在他的脑海里出现："既然我们都在耶稣会的学校念书，我们可否都去受洗，使我们更友好、团结，我们都可取John的圣名，'7个John'，你们看如何？"大家都笑了起来，表示同意，还补充说，将来我们的夫人应该叫Jeanne。从那天下午起，在这所房子的园子里，开始了7个John的故事。杨建廷建议后不久，善于语言学的老大陈佐舜决定先受洗。以后几个月，其他5个人也先后在震旦大学旁的圣伯多禄教堂接受洗礼，并都命名为"John"。

1998年7月27日至8月2日，法国巴黎Libération（《解放报》）连载了该报驻北京记者加罗琳·布艾（Caroline Puel）撰写的专访 "Les sept Jean de Chine"（中国的七个约翰）：

这是在1942年夏天的8月，天气很热，有轻微的雾，空气中飘浮着玉兰香，在远处响着隆隆的炮声，这是在战争年代，日本人要征服中国的战争已进行了11年，几个月前进入了上海的国际租界，白底红日的日本旗飘扬在大剧院的上空，但在两边种有法国梧桐树的Foch（福熙）路那侧，以铁丝网为界的另一边，这是法国租界，在那里的人远离战争，自由自在地生活着。7个学生坐在一座西式洋房的花园里，交谈着，不断发出笑声。他们不到20岁，过几个星期，他们将进入"震旦大学"念书。这是一座由天主教耶稣会办的大学，位于城市的特殊位置，法国租界。这7个学生在高中时已经相互认识，起始，他们只在一起玩耍，打乒乓球，学英文，听音乐，学习表达的本领等。这年的春天，他们骑着自行车到郊外去采购米、菜，这是在西郊虹桥农民家。由于战争，新鲜的蔬菜较难买到。在法国租界，有这种方便，可去郊外农村。但不久，由于战争的扩大，上海变成一个孤岛，要走出这个地界，到郊外去采购食物，他们必须相互帮助，绕过日本的哨所，这是一件危险的行动，就这样，他们建立了友谊。

物以类聚，人以群分，共同的意愿兴趣，使他们走到了一起。大学期间，他们经常会面叙谈，有时聚餐，有时郊游，但大部分时间还是用在相互帮助学习上，大家一起学习国语和广东话，学习英语和法语，学唱歌、跳舞、拉小提琴，漫谈青年的修养，讨论人生问题，并一起看戏、打球等。最初的时候，他们差不多一至二周相聚一次。随着时间的推移，由于各自所学科目的不同，兴趣有所分散，聚会的次数逐渐减少了。但在节日里还是经常见面的。他们相聚最多的地点是离学校比较近的吴福铸或杨建廷的家里。

"七个约翰"对前途充满理想，他们想给不识字的穷人教书，建立一个现代化的城市，为人类作出贡献，将中国从日本的桎梏下解放出来。那时，日军的控制越来越严，甚至还冲入了法租界，占领震旦大学的校园。一天早晨，"七个约翰"发现学校足球场上挖起了战壕，医学院也迁到了博物馆内，食物的储备逐渐减少，人们开始吃稀的米粉粥，有的米已发霉，食米分配部门的门前，排起了长队，晚上战机在天上飞越。残酷的现实告诉他们战争正在激烈的进行。日军占领学校后，强迫大家学日语，在日军旗帜前要下拜，为了维护中国人的尊严，每次进入校园，"七个约翰"都有意绕开日军驻地，不向日旗鞠躬。①

"七个约翰"的友谊对他们每个人来说都是弥足珍贵的，大学毕业后，他们还是时常小聚一番。然而，随着时间的推移，他们各奔前程，各自走上了自己选择的人生道路，相聚的机会也越来越少。

40多年过去了。1984年秋，"七个约翰"在厦门鼓浪屿吴福铸家重新相聚。他看着他，他又看着他，七个人互相凝视着，倾

① 加罗琳·布艾（Caroline Puel）："*Les sept Jean de Chine*"（《中国的七个约翰》），王振义译，"*Libération*"（《解放报》）连载，1998年7月27日至8月2日。

1984年，"七个约翰"在厦门重聚（左四为王振义）

听着，思考着，回忆着，想找出年轻时的模样。每个人的心就像翻卷着的海浪，起伏不平；每个人都为自己生活中的巨大变化兴奋着，思想像关不住闸口的激流，汹涌澎湃地冲击着。对于这个激动人心的场面，加罗琳·布艾撰写的专访是这样描述的：

吴福铸！你为什么不说话，你认识我们吗？我们是你的朋友，你还记得我们在上海受洗，7个John？7个约60岁左右的John，团团地坐在一起闲谈。吴福铸好像认识另6个John，但一言不发。事情发生在厦门，这是一座位于福建沿海的城市，时间是1984年。吴福铸显得消瘦，衣着简朴，白色的，有过补丁，但他微笑着，好像很幸福。突然他将手臂伸向他的女儿，她懂得他的想法，取了一支铅笔和一张纸。吴福铸看了一下周围的人，然后写道："陈佐舜，你是John第一"，他将写字的一角撕下，递给陈佐舜，两手有些颤抖。然后对杨建廷说："你是John第二"，接下来指着曹仲华说"曹仲华，你是John第三"，他微笑着，表示高兴，接着在剩下的纸上写道："我是John第四、罗远俊是John五、王振义是John六、张传钧是John七"。写完字后，他抬起头来，表示他的朋友都来了。虽然他还记得一切，但他讲不出来。这种伤感的场面，使大家都感动得流泪。

2. 和罗远俊的友谊

"七个约翰"中，与王振义最要好的是同在医学院求学的罗远俊。两人在班上既是竞争对手，又是相互促进的好朋友，每次考试的前两名总是被他俩包揽。在他们之间，没有因为学习上的竞争而产生嫉妒，相反两人亲密无间，常常在一起学习备考，遇上不明白的问题也时常一起讨论，相互帮助。王振义在总结他们这种竞争与合作并存的关系时，说道："两人都遵从'实事求是'和'诚实为人'的准则是促成这一和谐关系的重要原因。"他还清晰地记得，在大学三年级的一次考试中，学校公布的成绩显示，王振义排在第一，罗远俊排名第二。但是，王振义仔细核算了各科成绩后发现，罗远俊的成绩比自己高，他就主动向教务长提出做出纠正。让王振义感到自豪的是，在最终的毕业考试中，他的成绩超过罗远俊排在第一。

毕业后，罗远俊在广慈医院（现瑞金医院）做了一年外科医生就到法国留学去了。根据当时学校的承诺，震旦毕业的医学生所取得的学位是法国政府承认的，证书上也确实盖有法国教育部门的印章。但事实上，当罗远俊到了法国之后，才发现法国政府不但不承认其医学博士学位，而且还要求他必须通过法国举行的执业考试。他不得不在法国重新学了近十年的医学，才获得了在法行医的资格。罗远俊的经历，让王振义对法国人的傲慢和在华办学的真实目的有了新的认识。更难能可贵的是，长期生活在法租界并接受法式教育的王振义，能够在中法文化的交流与碰撞中

1991年，王振义和罗远俊（右一）在巴黎重逢

始终保持一份清醒的意识，在吸取法国文化精髓的同时，也从许多细节上看到了法国文化的弊端，真正做到了"取其精华，去其糟粕"。正是这份独立的思辨能力和博采众长的智慧，不断丰富着他的人生观与价值观。1953年，王振义在参加抗美援朝医疗队回沪后，曾写信给罗远俊，告诉他国内建设的新气象，劝他回国参加祖国建设。在罗远俊留法期间，王振义还经常到罗远俊在上海的母亲家去看望老人家。

　　1973年5月，经过了约四分之一世纪之后，罗远俊回到上海。第二天，瑞金医院便正式宴请他和他的夫人。那时正是中国遭受"文化大革命"灾难时期，一切都处于非正常的状态。罗远俊到达宴会厅时，见到了在这里工作的王振义、张传钧。谈话开始了，是非正式的，但王振义很谨慎，只谈一些医学上的问题：他的研究工作、出血性疾病、白血病。张传钧消瘦了很多，双眼看着地上，一个字都没有说。他们一点儿个人的信息也没有交换，直到 7 年后的再一次会面才补偿了这次留下的遗憾。

1980年，王振义第一次被批准赴法，寻求科技合作。在巴黎的旅馆里，他再次见到了罗远俊，叙述了自己30年来的一些情况："50年代，我专门学习和研究血液病，毫无疑问，要接触一些外国人，并在实验室里研究起白血病来了。由于我积极参加工会工作，对新中国充满着热情，因此，在'反右'政治运动中，我幸运地逃过了灾难。1964年教学改革，强调工（农）教结合，我被派遣到上海郊区半农半读医专工作。'文化大革命'时，由于我的家庭出生是资产阶级，妻子出生于地主阶级，我们又在一所外国人办的学校念书，又是副教授，所以被定为'反动学术权威'，在黄山脚下做医生。那是一个比较贫穷的地区。我的家庭被分隔在5个地方，妻子在浦东乡下，一个儿子上山下乡去黑龙江，另一个在安徽，小儿子在上海工厂当工人。两个上山下乡的儿子1980年才回到身边。"

1992年10月的北京，金风送爽，万里无云。那秋天的风啊，吹上来，软软的，就像母亲用手抚摸着你的面颊，梳理你的头发。在中国首都的中心——天安门广场，五位头发花白年近七旬的老人，站在人民大会堂前的大道上，兴致勃勃地欣赏宏伟的广场，回忆过去。他们是，John 一陈佐舜，John二杨建廷，John 五罗远俊，John六王振义和 John七张传钧。John三曹仲华不能加入他们的队列，因为他的妻子生病了。John四吴福铸也缺席了。这五个John进入一幢用于全球震旦校友集会的大房子，这所房子曾是天主教耶稣会的。故友团聚，自然有叙不完的话题。罗远俊高兴地说道："我们当中最有名的要算是王振义了，他获得了肿瘤学界的诺贝尔奖——凯特林奖，又是法国科学院外籍院士，在血液学领域中享有盛誉。"王振义回答道："我们要感谢邓小平同志。没有他，中国的科学事业和教育事业不会取得今日这般成绩，我们也不可能有那么好的机遇重新投入到科研工作中。如

1992年，王振义（后排左三）在全球震旦校友联欢大会上

今，我们对前景充满希望，并努力让自己去适应它。我想，正是有了改革开放，才有我们今天的成绩。"[1]

是啊，事业是一团火，世界就是由那些高尚的、对事业执着的人维持着。

3. 宗教信仰和扶贫济困

在震旦大学求学时期，王振义由于学习认真、成绩优秀，深得教师们器重。

王振义读中学时，高三时的法文教师贡柴莱斯是个法籍修士，经常邀请王振义到宿舍去，开始时教他会话、文法等，后

---

[1] 加罗琳·布艾（Caroline Puel）："*Les sept Jean de Chine*"（《中国的七个约翰》），王振义译，"*Libération*"（《解放报》）连载，1998年7月27日至8月2日。

来又劝他信仰天主教，并说自己离乡背井到中国来是为了宗教信仰，要传播福音，是牺牲了自己的光阴为中国培养知识分子。王振义尽管没有答应，但是听了这位法籍修士的宣传，逐渐对天主教产生了兴趣和好感。

大学一年级的时候，生物学教师、法籍赫神父经常把王振义叫到办公室，给他拍照，并将国民党政府授予的奖状拿与他看。这位神父没有结婚，不远万里来到中国，为中国培养医学人才而努力工作。年轻的王振义又因此增加了对宗教的好感。

大学二年级的时候，组织胚胎学教师、震旦大学医学院院长福来梅对王振义也很关心。他特别注重培养王振义做病理切片和染色的动手能力。福来梅还让王振义主持"读书会"，通过这一平台，培养王振义的组织能力，同时也加强了学生之间学习心得体会的交流，提高学习的积极性。于是，王振义在情感上与教会和神父的距离更接近了。

不久，由于"七个约翰"中的老二杨建廷，家传天主教，在他的建议和老大陈佐舜的带头推动下，王振义也在震旦大学旁的圣伯多禄教堂接受洗礼，成为天主教徒，也取圣名为"约翰"，这对他今后的人生观产生了很大的影响。

1944年夏，王振义在上海天主教南教会创办的救济医院见习时，开始学习宗教哲学。作为一所天主教教会大学，宗教哲学是学校中全体学生必修的一门课程。天主教哲学中诚实守信、与人为善、平等待人、为人服务的思想亦对青年王振义产生了触动。在系统学习宗教哲学思想后，王振义吸收了天主教教义中的积极内容。在他看来，天主教中有许多内容与中国儒家哲学的精髓有着相通之处，与医生崇高的职业使命也是相互贯通的，治病救人、接济穷人、甘于奉献、不求回报正是每一个医生都应具备的职业道德。此时，王振义的宗教信仰更加虔诚了。

1945年，王振义参加了震旦大学天主教公教青年会。这是一个教会内的青年组织。每个堂口和教会学校内均有它的组织。当时震旦大学在校青年教友都参加了公青会。公青会的主要活动是集体祈祷、朝圣、避静、望弥撒等。王振义认为参加了公青会这个宗教组织，可以使自己更加巩固信仰，热爱宗教生活。

1947年，王振义被选为震旦大学天主教公教青年会会长。公青会大约一两个月开一次会，主要讨论有关组织教友望弥撒、祈祷等活动。

1948年，王振义代表震旦大学参加了上海市大专公教青年会的筹备工作。参加筹备会议的还有震旦女子文理学院、上海医学院、同济大学、圣约翰大学等校的代表。筹备会议在震旦大学老红楼的教室开过两次，主要讨论大专公教青年会的会章和准备成立大会的各种事情。成立该会的目的是，把上海各大专院校的天主教青年组织在一起，加强团结，加强宗教生活。成立大会就

震旦大学医学院1948届毕业生合影，第三排左三为王振义

是在老红楼408教室举行的。出席会议的有震旦大学、震旦女子文理学院、上海医学院、同济大学、圣约翰大学、交通大学、复旦大学、上海法政学院等校的教友学生100余人。会议通过了会章，决定在各校发展会员。由于各校代表在发言中有不同的意见，因此上海市大专公教青年会在开了成立大会以后，再没有开过会，也没有举行过具体活动。

在传统儒家思想和西方宗教哲学的共同感染下，身处大学校园的王振义，在学习闲暇之余，积极参与了各项服务社会大众的公益活动。

1945年9月，抗战胜利后不久，在震旦大学公教青年会的号召下，王振义参与了联合国救济总署与上海天主教组织联合主办的救济活动，主要任务是把救济衣物和粮食发给贫民。他负责物资整理和分发工作，在震旦大学的大礼堂义务工作了两周时间。

1947~1948年，王振义又参与了天主教会组织开展的一系列社会救济与访贫问苦活动。在这一年多的时间里，他随吴云瑞医师每周去南市安老院坐诊一天，义务为老弱者看病。

吴云瑞为老人义诊已经坚持了10多年。每个周末，无论酷暑严寒、刮风下雨，他都会放下手头的教学科研工作，骑着自己的自行车，准时出现在南市安老院，为老人们诊治疾病。

第一次与吴云瑞去义诊便给王振义留下了深刻印象。刚到安老院，王振义就看到很多老人在门前迎接。吴云瑞和大家都非常相熟，笑脸盈盈地与老人们一一握手，亲切地打着招呼。

义诊开始后，吴云瑞穿好白大褂，带上听诊器，把血压计等常规医疗器具整齐地摆放在桌上。他害怕冰凉的听诊器会刺激到患者，就先把听诊器紧贴在自己的胸口，用体温慢慢捂热后，再给患者使用。他对每一个患者的病史、病情都了如指掌。他总是关切地询问："大姐，最近饮食、睡眠情况怎样啊？""大哥，有没有哪儿感觉不舒服的？"并仔细聆听病患的讲述，用笔记录下来，然后给出治疗建议。义诊结束后，吴云瑞还会陪老人们一起说说笑话，聊聊家常。离开的时候，他把每个病患应当注意的生活细节写在纸上，交给安老院的管理人员，在平日里叮嘱老人们依照要求去做。这一言一行都给王振义很大的影响。

"我一直主张医生和患者要交朋友。朋友之间，敞开心扉，无话不谈。这样，有助于医生了解病患情况，进而更好地进行诊疗工作。"谈到医生与病患的关系，吴云瑞这样教导王振义，"这么多年下来，安老院的老人都已是我的老朋友、老伙计了。"

应该说，吴云瑞是一位让王振义获益匪浅的恩师。他对勤勉好学的王振义颇为赏识。在跟随吴云瑞义诊的日子里，王振义真切地感受到了一名医务工作者高尚的医德，体会到了一名从医者的仁爱之心。在日后60余年的从医生涯中，王振义也用自己的实际行动向世人诠释了何谓"医者，大德"。

随着大学毕业，离开学校，王振义就此中断了与震旦大学公教青年会、上海市大专公教青年会的所有联系，再也没有参加过有关的任何活动。

第三章

行医广慈：初涉职场的历练

西医东渐的历史进程客观上推动了中国近代医疗事业的发展。西医的传入与被接纳、现代医院体系的形成，从理念和制度两个层面打破了中国传统的医疗模式。

在上海的诸多医院中，创建于1907年的广慈医院以其不断扩展的规模、优质的医师队伍和精湛的医疗水平赢得了远东第一大医院的美誉，成为中国医学最高水平的代表之一。

1914年，广慈医院开始接受医疗专业临床教学任务，成为震旦大学医学院的教学实习医院。"学校委托眼科主任聂传贤教授负责联系安排临床教学工作，当时每届学生很少，十多人到二十多人，主要分在内、外、产科实习、教学管理较为简单。"[1]至1951年，经过广慈医院临床实习毕业的医生共579名。医院从历届毕业生中挑选优秀生聘为住院医生，但为数不多，只有毕业成绩排名前三的优等生才有资格进入其中从事医疗工作。住院医师

① 上海档案馆：《中共接收广慈医院概况》，档案号B242-1-133-2。

广慈医院大门

期满后仅有个别人能升任主治医师，其余的人大多到教会办的其他医院去任职。因此，对每一个学生而言，能够进入广慈医院就是对自身实力最好的肯定。

毕业了，意味着王振义将进入一个更深层次的学科研究。他站在窗口，望着外面阳光下的蓝天白云，回想着自己紧张学习的日日夜夜，回想着自己朝夕相处的老师同学……20岁才出头，生命正像鲜花一样怒放的时候，他的额头已经出现了几条不易察觉的皱纹，里边积淀着几年间获得的知识和增长的智慧。他的生命，就像野草一样：平凡、朴实、默默无闻。然而，他为大地增添着一份郁郁葱葱的生机。

1948年，王振义以第一名的成绩从震旦大学医学院毕业，获得医学博士学位，并顺理成章地进入广慈医院，成为一名内科住院医师，开始了自己的从医生涯。从此，他的手、眼、脑、心，一切都随着患者转。

"余于病患，当细心诊治，不因贫富而歧视，要尽瘁科学，随其进化而深造，以造福人类"，这是震旦大学医学院的毕业誓词结尾。王振义将其作为自己从医的座右铭，成为他一生恪守的信条。

一、广慈医院的住院医师

1. 师承名医邝安堃

在近代医学兴起之前，无论是西方古典医学，还是中国传统医学，都是以师带徒的方式传递教授医学知识与技能的。近代医学教育体系的建立，打破了这一传统模式。但是，从知识谱系的传递角度来看，师承关系仍具有重要的作用。

如果说王振义带领的学术研究团队已经形成了一种"学术家系"的话，那么开启这个家系，即王振义学术研究思想的起点，当追溯到他的老师、著名内科学家、一级教授邝安堃医师那里。王振义曾明确指出："我们的学术思想主要是来自上一代。我的老师从法国回来以后，他一方面是看病，一方面是上课，一方面是搞科研。"

当时的邝安堃是广慈医院的内科主任。1919年时，年仅17岁的邝安堃就被推荐到法国留学，翌年便考入里昂化工学院，师从世界著名有机化学家格林尼亚（Grignard）。1923年，他转入巴黎大学攻读医科。当时，法国医学在国际上享有很高的地位，其医学教育也以严苛著称。1929年，邝安堃成为第一个通过法国住院医师考试的中国人。1933年，面对处于内忧外患中的祖国，刚刚获得巴黎大学医学博士学位的邝安堃毅然放弃了法国优越的待遇和生活条件，返回祖国，立志要"把国外学到的知识贡献给祖国人民，振兴祖国的医学事业"。①回国后，他受聘于震旦大学医学院，担任内科学教授。

1944年，邝安堃曾以任课教师的身份为王振义等学生讲授内科学。他上课从不带讲义和课本，知识早已在他的脑袋里，总是出口成章，娓娓道来。一支粉笔、一块黑板，就是他为学生上课时的情形。王振义说他很爱听这位大教授生动有趣的课，但必须要有高度的自觉和勤奋才能跟上进度，每次课后，同学们互相交流笔记，整理在一起，交由打字好的同学把笔记打一遍，再油印给各位同学。邝安堃在自述中总结道："教课时，我努力做到四件事情。一是教的东西自己必须熟悉；二是备课要根据世界医学

---

① 章米力：《鞠躬尽瘁，止于至善——记瑞金医院内科奠基人邝安堃教授》，未刊稿。

最新发展增减；三是根据不同对象确定教学方法，深入浅出；四是要脱稿讲课，精神饱满，语言清晰，注意学生的表情。"在邝安堃严谨的教育理念和严格的教学风格的熏陶下，王振义打下了扎实的医学理论基础。

对王振义而言，进入广慈医院并能够在邝安堃的指导下进行临床诊疗的学习和实践，实在是一次宝贵而又难得的机会。能够继续跟随昔日崇敬的恩师，继续聆听恩师的教诲，王振义感到无比幸运。他如饥似渴地学习，想要尽可能多地从老师身上汲取知识与技能，努力提高自己的临床医疗水平。在他眼中，邝老师就像一艘船，满载着知识和力量，驶进学生们那一个个心灵的港湾。

当时，住院医师的工作量非常惊人，王振义一个人就要管理48张床位。上午查病房，夜晚值班，第二天在传染病房（现感染科）值班，要看护几十个患者。好不容易等到天亮，再去查房。第三天下午起才轮到休息，辛苦可想而知。尽管天天忙得不可开

王振义（右）和邝安堃摄于1985年

交，他仍然在认真完成每一项临床工作的基础上，挤出时间，抓紧机会向老师求教。

邝安堃注重培养王振义等年轻住院医师思考、分析、表达和解决问题的意识，增强临床上与病患沟通的能力。他找来两只坚固的肥皂木箱，当作住院医师轮流试讲的"讲台"，用来锻炼他们的表达能力和思维。

起初，王振义认为这样的讲演方式不算什么。他觉得站到木箱上演讲，不过是比平地上高几十厘米罢了，除此之外没有什么不同。可是真正站上木箱试讲时，情形就完全不一样了。王振义感觉嗓子眼里像是被异物卡住一般，小腿也不由自主地哆嗦起来。脑子里更是一片空白，准备的讲演内容竟然全部忘记了。

"为何自己会在木箱上如此紧张呢？"王振义很是纳闷儿。邝安堃教育他说："你千万不要小看这两个木箱子，也不要小看这几十厘米的高度。这就是一个讲演台。随着所处位置的变化，你给自己很强的心理暗示，告诉自己是在讲演，因此才产生了不同于平时讲话的紧张感。要克服这种紧张，就要去习惯，去适应讲演。"

听完这一番话，王振义明白了老师的良苦用心。此后，每次的木箱讲演训练，王振义都会认真努力地完成。邝安堃也都会在一旁认真倾听，指出他的不足之处并加以改正，直到学生的表现令自己满意为止。在老师"手把手"的教导下，王振义的演讲水平得到了显著提高。

邝安堃对待医学问题一丝不苟，教育学生非常严厉。王振义回忆道：邝安堃经常带着实习医师和住院医师一起查房。他不允许学生拿着病史"照本宣科"，而是要求大家必须脱稿汇报，以考验学生对患者病情的了解程度；他还时常用法语进行讲解，与实习医生交流；同时，他还要求大家做到"小病讲1小时，大病讲5分钟"。具体来说就是，哪怕是一个很常见的小病，邝安堃却要求学生从发病原理讲起，详细地阐述 1 个小时才罢休；而一个罕见而复杂的大病，他又要求学生能够在 5 分钟之内就把精要总结完毕。看似是练习"大而化小、小而化大"的语言表达能力，实则让学生在这个过程中全方位地理解各种疾病，而不仅仅停留于皮毛。

王振义在上海（摄于 1949 年）

语言是思维的材料和工具，也是思维结果表达的载体和工具。同样，"问题"的表达要借助语言。让处于"混沌、无序"状态的思维变成清晰、有序的问题需要逻辑化思维和语言表达的训练。这些技能的训练让王振义受益匪浅。60 多年后的今天，已经是国际著名医学专家的王振义仍然无法忘记老师的恩情，每每谈起自己的成就，总是要感谢老师的培养："我的业务水平全都是在邝医生的培养下积累起来的。"

在王振义的印象中，邝安堃是一位治学严谨、精益求精、严于律己的医学大家。对待医学问题一丝不苟，对待学生词严义正。他时常告诫大家："做学术不要只做人家做过的事情。"每当医学上有新发现时，他总是在第一时间将信息传递给大家，并启发、引导学生培养起独立思考的习惯。

性情坦诚的王振义也曾有过"冒犯"恩师的经历。

在一次查房过程中，邝安堃按惯例将国际医学领域的一些新知识和新疗法讲给学生。细心的王振义发现老师所讲的知识确实很重要也很有创新价值，但与眼前的实际病例却无多大的联系，因而大胆地向老师提出了"挑战"："邝教授，您讲解的这一新疗法非常重要，也很有创新性，但结合患者不够。"其他学生听王振义这样一说，神情都非常紧张，一个劲儿地对王振义使眼色，叫他不要再说下去，担心这样会使老师不高兴。

邝安堃却没有不悦。他鼓励王振义把内心真实的想法表达出来。等到王振义讲完了，邝安堃才对学生们说："王振义讲得很对。疗法虽然是新的，但必须结合到临床实际，才能发挥它的作用。所以，这个疗法具体是如何实施的并不重要，重要的是为何会产生这样的疗法，思路是怎样的，其中蕴含的医学新的理念是什么，这些远远比疗法本身更具有启发性。"

这次小"冲突"不仅没有"破坏"师生间的情谊，反而促进了彼此间进一步的坦诚交流。邝安堃更加关注王振义了，对这名敢于提出挑战、勤于思考的学生寄予了更大的期望。

在邝安堃的精心指导下，王振义秉承了恩师身为医学大家的优良风范，知识渊博、思维敏捷、口齿清晰、振振有词，在临床查房、讲课、病例讨论等过程中表现出杰出的专业素质和业务水平。王振义不负众望，在血液学的研究中取得了一系列引人瞩目的成绩，与陈家伦[①]、龚兰生[②]、董德长[③]一同被大家称为邝安堃的"四大弟子"。后来，邝安堃的这4个高徒分别成长为各自领域的一流医学专家。每年春节，尊师重教的王振义都会召集师兄弟们一起登门拜访恩师。

王振义从恩师邝安堃身上除了学习到严谨的治学态度、丰富的医学知识，更有公而忘私的高贵品质。

新中国成立初期，为进一步发展国家医疗卫生事业，让广大

① 陈家伦，1926年出生，毕业于震旦大学医学院，内分泌学专家，曾任上海市内分泌研究所所长。

② 龚兰生，1923年出生，毕业于震旦大学医学院，心血管内科专家，曾任上海市高血压研究所所长。

③ 董德长，1922年出生，毕业于震旦大学医学院，肾脏内科专家。

1980年，参加"文化大革命"结束后第一次全国内科学术会议（前排右起依次为：董德长、陶清、邝安堃、齐家仪、许曼音、陈家伦；后排右起依次为：徐家裕、张达青、王振义、龚兰生、吴裕忻、王鸿利）

人民得到更优质、更公平的医疗服务，党和政府对医疗卫生制度进行了相应的调整，号召解放前和解放初期自行开业的医生能够放弃自己的私人诊所，积极投入到公立医院的医疗服务中去。为人民的医疗事业贡献力量一直是邝安堃的夙愿，他二话不说当即关闭了自己的诊所，全身心地投入到广慈医院的医疗工作中。在他的带领下，很多知名的医师也纷纷结束自己的开业生涯，加入到公立医疗服务中来。

　　"邝老师，您关闭自己的诊所时，心里有没有一点不舍呢？"王振义曾这样问恩师。

　　"没有什么不舍！"邝安堃斩钉截铁地回答，"作为一名医务工作者，最大职责就是治病救人。关闭私人诊所，看上去是少了一些挣钱的机会，自己利益受到了损失。但是医者的职责得到了更大的体现，人生价值得到了更大的体现。这何尝不是对自己工作的回报呢，何尝不是自身利益的满足呢？"

邝安堃的一番话令王振义非常敬佩。他为自己能有这样一位心系人民、无私奉献的好老师而深感骄傲。

哪个老师不希望自己的学生成才？他们像蜡烛、像火把，燃烧着自己，照亮了学生们。1956年，在王振义升任讲师的鉴定表中，邝安堃曾这样评价自己的学生："王振义医师对待工作认真负责，对待病员细心热忱，有高度的组织能力和出色的科研能力。在从事医疗工作的同时，尚担任医疗系的教学工作，他备课充分，讲解清楚，学生反响热烈，教学效果良好。"[①]

1985年，王振义（左二）主持邝安堃教授接受"法国骑士勋章"的仪式

① 王振义：《助教升等表》，1956年6月12日填写，中共上海市委组织部干部档案。

1992年，90岁高龄的邝安堃逝世后，王振义发表了《怀念您，邝老师》一文。[①]文中，他充满深情地写道：

我以万分悲痛的心情，哀悼邝安堃教授的逝世。他的去世，无疑是二医大和医学界的一个无法弥补的损失，因为他不仅在内分泌学和中西医结合研究方面取得了杰出的成就，而且在医学教育方面也作出了重大的贡献。二医大乃至全国许多知名教授和学者，都是他培养出来的门生，他的桃李满天下。我是邝教授的学生，1942年当我进入震旦大学医学院念书的时候，他已经是内科教授。毕业后，我留在广慈医院工作，直到他去世之前，我一直是在他的指导和关怀下成长起来的。因此，对他的逝世，格外感到难过和怀念。他那渊博的学识，精湛的医疗技术，周密的临床思维方法，严谨的科研和治学态度，都给我留下不可磨灭的印象，尤其是他的"不耻下问，学无止境"的精神，更为我树立了光辉的榜样。

邝安堃教授在取得了法国巴黎大学医学博士的学位后，又在众多的法国和外国毕业生竞争中，取得了巴黎"法国国家住院医师"的称号。这一称号是过去法国医学教育制度下，职称体系中的优秀者，至今他是唯一取得此荣誉称号的中国人，受到中法两国同道的尊敬。他是我国少数一级教授中的一位。一般来说，一位在学术上有此崇高地位的权威人士，很少会恭拜在他人脚下，邝教授却不然。1952年二医成立后不久，他担任了二医的内科教授。为了适应新的教学需要，邝教授立志进一步提高中国语文水平，请了一位中文老师，向他学习书写、古文等。数年后，他终于能写出秀丽的字体，并能运用文学词汇，使他的报告和演讲更为生动。为了弘扬祖国医学，邝教授从不懂中医中药，决心拜有名中医为师，到在中西医结合取得

---

① 王振义：《怀念您，邝老师》，《上海二医报》1992年第488期。

很大的成绩，成为国内知名中西医结合的学者和领导者之一，这一过程，反映了邝教授在治学上的毅力。更有甚者，当他年过七旬退居二线时，他开始学习第三国外国语德语，希望能通过多国外语，吸取国外经验。邝教授之所以能够成为当代享有崇高声誉和受人尊敬的教授，这与他虚心学习、刻苦钻研的精神是分不开的。

邝安堃老师虽已离别了我们，但他的光辉形象和模范榜样将永远铭刻在我们的心中！

2. 群众信任的工会主席

到广慈医院工作的第二年，王振义就盼来了上海的解放和新中国的成立。与他一同进入广慈医院工作的"七个约翰"之一张传钧回忆道：上海解放前的一个夜晚，我与王振义还有几位同事一同靠在医院走廊的窗前向外张望，盼望着局势的进展。大家既兴奋又不安地看着出现在大街上的军队，不知道即将到来的一切是新的开始还是旧的延续。在国民党严密的信息封锁和恶毒歪曲的宣传下，很多民众对中国共产党的认知是模糊的，甚至是错误的。突然，在不远处的法国梧桐树下，传来一阵有节奏的脚步声。没有军号，但很快部队就聚集在医院前马路的两边。许多士兵，穿着米黄色的军装，帽子上缀着红星，脚上穿着传统的布鞋，小腿上绑着白布。他们都很年轻，个个精神抖擞，英姿飒爽，坚毅的眼神中透出对战争必胜的信念。队伍站定后，指挥官对战士们开始训话："今夜原地休息，任何人不得走动，不得惊扰百姓。"随着"原地休息"的一声令下，战士们迅速放下手中的枪杆弹药，背包行囊，肩并肩，背贴背地蹲坐在马路边休息。

"这是一支多么有纪律的部队啊！与国民党军队粗暴对待百

广慈医院病房楼

姓、只想自己享乐相比，共产党的军队就是不一样。他们睡在路旁，帮助市民修路，与老百姓分食西瓜，因为他们要打破不平的惯例。"王振义情不自禁地说道，"哼，国民党，活该，最好早点离开这里！"就在这一刹那，王振义被解放军的精神面貌深深震撼，进而对中国共产党接管后上海的发展充满期待。多年后，在面对法国记者的采访时，他以肯定的口吻说道："当时的生活水平提高了，道德观念提升了，社会安定，有一个阶段可以夜毋闭门。"①

　　上海的解放开创了历史的新纪元。在党和人民政府的领导下，广慈医院建立了新的医疗秩序，广大医护员工树立了为人民服务、为建设新中国卫生事业努力工作和学习的思想。国家呈现

————————————

　　① 加罗琳·布艾（Caroline Puel）："*Les sept Jean de Chine*"（《中国的七个约翰》），王振义译，"*Libération*"（《解放报》）连载，1998年7月27日至8月2日。

广慈医院病房楼

出的新气象让踌躇满志的王振义充满斗志。他开始在工作、学习和研究之余，积极投入到医院的群众工作中去。事实上，在进入广慈医院不久之后，充满正义感的他就时常代表群众，与医院里存在的问题和不合理现象进行斗争。

　　当时，政府希望广慈医院向平民医院的方向发展，因而对医生的数量有着更高的需求。但是，保守的教会组织和院方希望通过控制医生数量来降低开支，同时继续沿用让大部分做满一年的实习医生自行在外开业的做法以保持给医生的低工资，对在院工作的住院医师也不提供住宿。①院方的这些做法既不符合医院发展的实际要求，也严重损害了医务员工的利益。

　　王振义得知后，随即组织广大医务人员向院方提出交涉。然

①　王振义自己就曾受到过这种不合理政策的对待。工作一年后，医院方面曾让他自行到外面开业。王振义觉得自己从医的目的并不是为了赚钱，而是为了治愈患者，为人们的健康做贡献。为了实现这一理想，他曾计划报考北平协和医学院，到那里继续自己的医学生涯。后因工会有力的斗争改变了医院的工作与学习的环境，王振义选择继续留在广慈医院。

而，没有人愿意出来带这个头，大家都担心受到院方的指责，甚至饭碗不保。无奈之下，他只好深入各个科室。经过一段时间的说服工作，大家都想通了，放下了之前的心理包袱，纷纷要求为维护自身权益而斗争。王振义召集大家，集思广益，把大家的合理的意见和要求一并向院方反映。迫于群众的压力，医院方面接受了王振义等提出的各项要求，不仅提高了医师的薪金待遇（发放了年终奖金），为住院医师提供了临时的住宿地点，还通过扩招录用有能力的震旦医学毕业生来增加医生数量。1949、1950两届震旦医学毕业生大部分都进入广慈医院工作，他们中就包括了以后成为著名内分泌专家的陈家伦等人。

新中国成立以后，一些外籍医生离开了医院，院方就聘请一位中国医生任儿科主任。但此人只通学理，在临床方面并无所长，难以服众，引来了同事们的不满。王振义了解了这一情况后，认为临床科室的主任不善于临床诊治是不利于科室发展的。他就将群众的意见向院方领导提了出来。

这天，王振义带着同事们的意见，信步来到院长办公室，举手敲了一下关着的门。听到里边传出"请进"的声音，他才轻轻地推门进去。院长坐在椅子上，见到王振义就问道："有事吗？"一边说，一边请他坐下。"新来的儿科主任掌握了一定的基础理论，但是缺少临床实践的经验。我们认为他不适合科主任的岗位。"王振义旗帜鲜明地向领导亮出了自己的观点和大家的意见。领导也爽快地说："好，我们调查研究后会给你们答复的。"医院经过调查核实之后，及时撤换了这位主任，另外聘请儿科学泰斗高镜朗[①]就任儿科主任，拉开了医院儿科发展的新篇章。

---

① 高镜朗（1892~1983），一级教授，中国儿科界的一代宗师，中华医学会儿科学会的发起人，与颜福庆一同创办国立第四中山大学医学院（复旦大学上海医学院的前身），与北京儿科名家诸福棠并称"南高北诸"。1953年1月出任广慈医院院务委员会委员、儿科主任，参加了国内首批儿科学上海第二医学院儿科系的筹建工作，于1954年受聘为上海第二医学院儿科系主任，1958年起，兼任新华医院儿科主任，并于1978年出任上海市儿科医学研究所所长。

1949年下半年，上海市总工会着手在医务系统内建立工会组织。由于王振义一直代表群众向院方争取合法权益，又是医院医生联谊会的主要组织者，他被大家推选为医生代表参加广慈医院工会的筹备工作。工会成立后，他又被群众和组织共同推选为院工会副主席。

工会在新中国成立初期的各项建设中扮演着重要的角色，工作内容也十分广泛。时任广慈医院工会主席的龚静德回忆道："王振义在医院工会中具体负责管理业务生产、联系高级知识分子和动员医生群体等工作。他在提高医疗业务质量、促进医院制度改革和协调医院内部各部门之间业务合作方面发挥了重要作用。通过召开生产工作会议的方式，他合理地协调了不同医务部门间的分工与合作关系，使医院内部医疗资源的利用效率得到明显提高。同时，工会的有效工作还帮助医院留住了一大批日后成

2011年，王振义（右）与龚静德一起回忆广慈医院的工会工作

为各科骨干的优秀医务工作者。"

从事工会工作期间，王振义带头参加了多项服务国家建设、服务人民群众的工作。只要人民政府有号召，他就积极响应。1950年，他带队参加了治疗血吸虫病的工作。"二六轰炸"①中，他又工作在抢救伤员的第一线。②他同样积极支持反帝爱国运动。1951年年初，他作为代表参加上海各界人民反对美国武装日本代表会议，并担任示威游行活动嵩山、卢湾区医务大队副队长。③同年6月，为把广大青年的力量更广泛的动员和组织起来，坚决拥护世界和平理事会关于缔结五大国和平公约的宣言，华东和上海各界青年成立纪念"五四"筹备委员会，他与荣毅仁④、李向群⑤、袁雪芬⑥等一同被推选为筹备委员会委员。⑦7月，广慈医院组织第二批赴朝志愿医疗手术队，作为内科住院总医师的他，刚从胃溃疡和轻度肺结核的住院治疗中恢复过来，就坚决报名参加，最终组织上出于健康因素的考虑未批准他成行。⑧9月，他又与胡文耀、陈敏章⑨等人一同被推选为上海市抗美援朝天主教支会委员。⑩10月，上海市政府正式接管广慈医院，王振义参加了资产清点的工作，并在随后的"三反"斗争中担任"打虎队"副队长。

---

① 新中国成立初期，国民党反动派经常派飞机轰炸上海等重要城市。其中，1950年2月6日的轰炸最为严重，史称"二六轰炸"。

② 《龚静德采访记录》，2010年12月。

③ 参见《解放日报》，1951年2月27日第2版、1951年3月4日第1版。

④ 荣毅仁（1916～2005），毕业于圣约翰大学，爱国实业家，原国家副主席。

⑤ 李向群（1914～2001），1937年参加革命工作，原上海第二医学院党委书记。

⑥ 袁雪芬（1922～2011），著名戏曲表演艺术家，上海越剧院原院长。

⑦ 参见《解放日报》，1951年6月16日第2版。

⑧ 参见《解放日报》，1951年7月9日第2版。

⑨ 陈敏章（1931～1999），毕业于震旦大学医学院，曾任卫生部部长、党组书记。

⑩ 参见《解放日报》，1951年9月17日第1版。

这一时期，王振义与时任广慈医院军代表朱瑞镛①接触较多。在与他的交流中，王振义受到很多启发，自身的政治觉悟也有了很大提高。

在王振义看来，从事工会工作就是自己为群众服务，为群众谋利的最好实践。在他任职期间，特别重视群众工作，维护群众利益，很好地传达了民意，发挥了工会组织连接群众与医院领导的纽带作用，并在医院推行保护性医疗制度和教学改革方面作出了积极贡献。在同事和群众的眼中，王振义为人低调，工作认真，心系群众，对所有的荣誉都很谦让，不愿接受各种表彰，因为在他自己看来，他所做的一切都是自己应尽的责任与义务。有意思的是，他出色的工作表现，赢得了大家广泛的认可，群众就是乐意推选他当先进。群众的信任使他在20世纪50年代初成为第一届卢湾区人大代表。

二、积极融入时代的大潮

1. 响应号召，防治血吸虫病

中国共产党带领中国人民经过艰苦卓绝的斗争，沉重地打击了国民党反动派势力。到了1949年年底，中国的大部分地区已经获得解放。在此基础上，驻守华东地区的中国人民解放军开始准备渡海作战，游泳和武装泅水等涉水战术训练接踵而至，以便随

① 朱瑞镛（1919～1994），毕业于东南大学医学院，就读期间即参加革命工作。1951年10月，作为上海市军管会代表接管广慈医院。

时应对战争的需要。

当时，长江流域流行一种严重危害人类健康的寄生虫病——血吸虫病，患病率和死亡率都很高，大片河道都成为"疫水"区。这种疾病是由于人或哺乳动物感染了一种叫作"血吸虫"的寄生虫所引起的。长江中的钉螺等生物是血吸虫病的重要传染源。由于缺乏必要的防治措施，解放军战士在不知情的情况下，在疫水中进行长时间的训练。很多战士因此患上了血吸虫

杨士达（1903～1963）

病，且大量出现急性发病的病症，战斗力和士气受到很大影响。

为了确保渡海作战的胜利进行，也为了广大人民群众的健康，华东军政委员会指示上海、南京、杭州等地组织医疗力量，帮助部队突击防治血吸虫病。1949年12月20日，上海市成立了郊区血吸虫病防治委员会，1950年年初，市卫生局组织沪上医学院校组建了2000多个医疗队奔赴江浙沪一带参与防治血吸虫病。

震旦大学动员了医学院师生和广慈医院的医护员工一同组成震旦大学为军服务医疗队，由震旦大学教务长兼医学院院长、公共卫生专家杨士达①任总队长，广慈医院副院长聂传贤②任队长。震旦大学血防队负责的工作区域主要集中在上海市郊及周边地区。

杨士达也是一位对王振义有着很大影响的教授。他在1919

---

① 杨士达（1903~1963），公共卫生专家，二级教授。20世纪50年代，为上海天主教界反帝运动领袖。历任震旦大学医学院院长、上海第二医学院副院长，第三届全国政协常委、中国天主教爱国会第一副主席。

② 聂传贤（1907~1981），毕业于震旦大学医学院，眼科专家，二级教授。历任广慈医院副院长、震旦大学医学院副院长、上海第二医学院副院长。

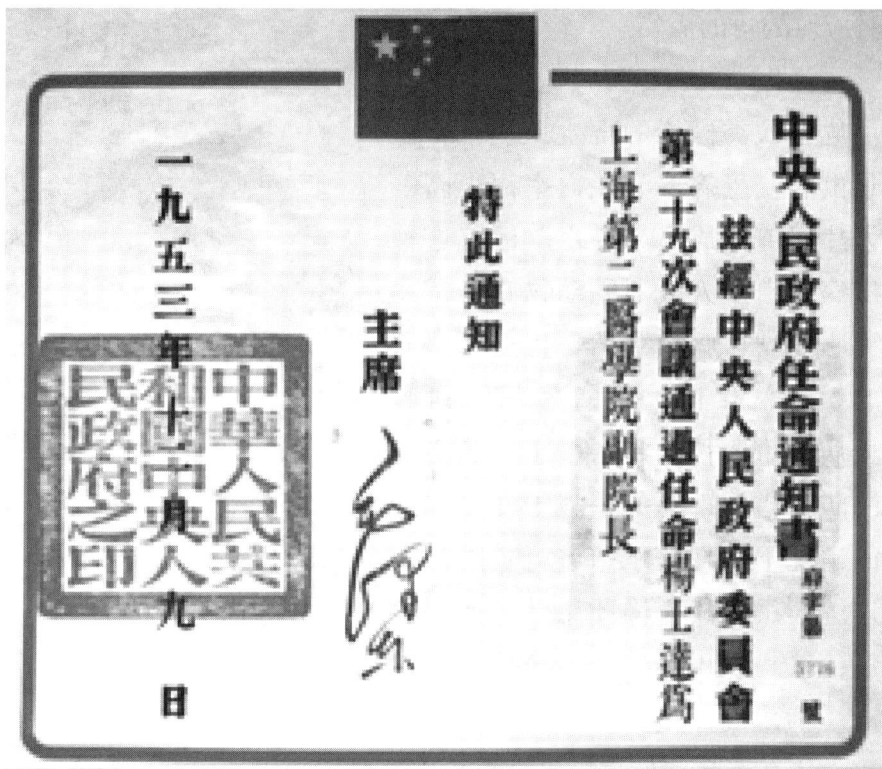

中央人民政府关于任命杨士达为上海第二医学院副院长的任命书

年的五四运动中就因组织学生运动，被上海中法学堂开除学籍。1926年从震旦大学医学院毕业后，他远赴法国留学，获得了巴黎大学医学博士学位。新中国成立后，他担任了震旦大学教务长兼医学院院长；1952年高等院校院系调整后，又出任新组建的上海第二医学院副院长。他还是20世纪50年代上海天主教界反帝运动领袖。1951年6月14日，华东军政委员会在震旦大学召开座谈会。杨士达表态要求政府逮捕、驱逐教廷驻南京公使黎培里，而遭到教会绝罚的处分。同年9月16日，上海市抗美援朝天主教支会成立，杨士达任副主任。1956年，出席全国政协会议时，他发起筹建中国天主教爱国会。1957年，中国天主教爱国会成立时，杨士达以教友身份担任第一副主席。

1950年，周恩来接见杨士达（右一）等宗教界人士

刚刚毕业两年的王振义认为，作为一名医务工作者，为人民治病服务是自己的职责。因此，他获此消息后毫不犹豫地报名参加了血防队。血防队东大营设在浙江嘉兴。除了少部分人留在嘉兴东大营外，大多数队员分为4个分队被派遣到海盐、张堰等疫情第一线，开展防治工作。

王振义主动要求到海盐工作。他心中时刻想的是疫区受苦的军民。他渴望赴一线工作，凭借所学在防治工作中贡献力量。血防队4个分队的组成人员公布后，王振义发现海盐分队的名单里没有自己的名字。他很不甘心，找到总队长杨士达，直截了当地问："杨院长，一线工作的名单里为何没有我的名字呢？"

杨士达打量着王振义，感觉到眼前的这个年轻人有"初生牛犊不怕虎"的劲头。他对王振义说："小王，这次组织上没有安排你去，主要考虑你还是个初出茅庐的年轻医生，实践经验欠缺。我们了解到你之前在医学院读书时的良好表现，打算把你留在后方大本营，带领留守的医学生与部队卫生人员开展检验和消灭钉螺等防治工作。你看如何啊？"

王振义无奈又失望地说："参加血防队，就是为了到一线去救灾。若去不成，不就像是参军打仗却没上战场嘛，回去还不被大家笑话啊！"

"哈哈！"杨士达不禁笑了起来，"前线、后方是一盘棋。在哪儿都是为疫区军民服务。成绩和贡献都是一样的！"

王振义重新振作起来，之前失落的情绪也渐渐消弭："杨院长，我明白了。我一定会圆满完成组织安排的工作任务，给咱血防队争光，给震旦医学院争光。"

"说好了啊，这到一线的名册上可以没你'王振义'的名字。回到上海，功劳簿上可不能缺啊！"

王振义向杨士达保证："杨院长，请您放心！就像您说的，前线后方这一盘棋，绝不能因为咱把棋下臭了！"

就这样，王振义马不停蹄地开始了在嘉兴东大营的各项工作。

王振义面临的第一个挑战就是做好队伍的管理工作，充分发挥全体队员的作用。因为当时队员的家庭结构和思想状况各不相同，一部分人思想进步，而另一部分人政治意识较为淡薄，喜欢发牢骚。王振义根据实际情况，安排进步青年负责检验工作，而自己则带领那些政治觉悟不高的人开展临床工作，想通过实践工作来教育和提升他们的思想认识。工作中，他时常提醒队员们要为病员提供优质的医疗服务，鼓励大家发扬"埋头干"的精神，共同把防治工作做好。

防治工作进行了两三个月，治疗任务尚未完成。就在此时，震旦大学常务校董茅若虚（Dumas）来信催促学生尽快回沪，准备开学。不少队员因学校的来信变得心神不宁，不能全身心地投入到防治工作中去。

"学校要开学了，看来必须要提前结束防治疫情的工作了。"

"对啊，不按时返校的话，是违反校纪校规的，弄不好还要受到处分。"

队员们私下里议论纷纷。

王振义当即开展劝说工作，他对学生们说："既然我们开始了一项工作，就应该把它做完，不可半途而废。医生的使命就是治病救人，我们现在所做的一切就是在实践医生的美德。"[1]王振义的一番劝说得到了许多队员的响应，他们当即决定继续留下安心工作。聂传贤队长也及时与学校方面沟通，进一步稳定了队员们的思想，学校也最终同意参加防治工作的学生可延期入校报到。

经过数月的艰苦奋战，震旦大学血防队出色地完成了阶段性的防治任务，受到了华东军政委员会和第三野战军的大力表扬。王振义在整个防治工作期间，认真负责，以身作则，发挥了重要作用，被授予三等功。

回沪后，王振义与其他几位队员一起组织了震旦大学医学院血防队工作总结会，向学院师生汇报了防治工作取得的成绩。他感慨道："只要我们努力工作，就能够得到人民群众的信赖与关爱。"

会上，王振义再次碰到了杨士达。他微笑着对杨士达说："杨院长，我兑现了之前向您的承诺，功劳簿上算是留名了。""表现不错！"杨士达拍了拍王振义的肩膀，满意的笑容浮现在脸上。

的确，防治血吸虫工作让王振义亲身感受到了人民解放军的伟大品格，也进一步认识到了中国共产党人的光辉形象。至今，他还记得服务工作结束前夕，华东野战军第27军卫生部部长耿希晨[2]与自己的一次交流谈话。耿希晨在肯定王振义的工作表

————————

[1] 《王振义自传》，中共上海市委组织部干部档案。

[2] 耿希晨（1920～2012），医院管理专家，"医院管理终身贡献奖"获得者，曾任南京军区后勤部卫生部部长。

第三章

行医广慈：初涉职场的历练

111

现后，又给他讲了则小故事：在一个普通的苏联家庭中，有一对兄弟，哥哥是信仰东正教的基督教徒，弟弟是一名光荣的共产党员。兄弟二人并没有因为信仰的不同而产生隔阂，相反，两人相处得十分融洽。因为在宗教思想中，也有着教人为善、平等待人、为人服务的积极方面，这些积极思想的精髓与共产主义的奋斗目标有着相通之处。有了共同的奋斗目标，我们就能团结一切可以团结的力量向着这个目标努力前进。这则故事给了王振义深刻的启示，他从中感受到了党的政策的伟大和正确，领悟到了共产主义信仰的真谛。

60多年来，王振义和耿希晨一直保持往来，结下了深厚的友谊。2012年3月，92岁高龄的耿希晨教授等人历时10余年编撰而成的、适合基层医师使用的医学软件《全科医师宝典》出版了。这是一个以光盘为载体的医学软件，包含卫生政策法规、常见症

2012年，王振义和耿希晨（左）在一起

状、疾病、药学、医学检验、物理检查、中医和医疗基本技术操作等8个模块，总计600多万字、300多幅图片，涉及34个卫生政策法规、30个症状、22个专科、1212种疾病、2423种常用药品、311个常用检验项目、61项物理检查、24项医疗技术操作等，是一个大型的基层医疗参照系统，有多处超文本链接，可以采取精确与模糊两种方式进行搜索，使用非常简单，读取方便。它既可以作为全科医师培训的辅助教材，也可以成为一个"家庭医生顾问"，作为一种科普资料，供广大读者查阅。王振义获悉后，应邀前往南京参加了《全科医师宝典》的首发式，并欣然题词："全科医师的良师益友，沟通医患共识，构建和谐桥梁"。

2. 抗美援朝战争的历练

1950年6月25日，朝鲜战争爆发。美国为了维护其在亚洲的地位和利益，立即出兵干涉。6月28日，毛泽东发表讲话，号召："全国和全世界的人民团结起来，进行充分的准备，打败美帝国主义的任何挑衅。"同日，周恩来代表中国政府发表声明，强烈谴责美国侵略朝鲜、中国台湾及干涉亚洲事务的罪行，号召："全世界一切爱好和平正义和自由的人类，尤其是东方各被压迫民族和人民，一致奋起，制止美国帝国主义在东方的新侵略。"

同年9月，美国侵略军把战火烧到我国东北边境，对刚刚诞生的新中国形成巨大威胁。10月，应朝鲜党和政府请求，中国人民志愿军雄赳赳、气昂昂地跨过鸭绿江赴朝参战。

在举国上下声援中国人民志愿军正义斗争的浪潮中，上海医务界声讨美帝国主义的侵略罪行，积极捐献飞机、大炮支援前线，组织抗美援朝志愿医疗队开赴前方。自1951年1月开始，到1955年6月结束，在长达4年多时间内，先后派出的医疗队或

1951年，倪葆春（右一）、聂传贤（右三）等广慈医院医护人员参加上海市抗美援朝志愿医疗手术队

专业队共 9 批计19队（团、组）， 队员总人数为757名，其中医师366名、护理266名、 医技人员96名、行政后勤人员29名。广大医务人员这一壮举，充分表达了热爱祖国、反对美帝侵略和支持正义战争的英勇行为和救死扶伤、实行人道主义精神的崇高意志。[1]

　　震旦大学医疗队驻扎在中朝边境的通化市，外科医生留在通化市内，从事战伤诊疗工作；内科医生则被分派到距离通化市数十公里的二道江工作。

　　1953年4月，王振义报名参加了上海市第五批抗美援朝志愿医疗队。这是他第二次报名参加志愿医疗服务队，第一次因身体原因未能成行。4月5日，他随队来到位于长白山麓的二道江。解

① 虞慧炯：《光辉的一页——记上海抗美援朝志愿医疗队》，《上海档案》2001年第1期。

放军第十一陆军医院坐落在此，这所临时医院由8幢长形平房构成，共有床位300张。①医师的主要工作是将前线送回的伤病员进行分诊，需要立即进行手术者留在原地救治，其他的分送至各后方医院。

王振义在解放军第十一陆军医院工作了两个月后，到6月中旬就被分派到东北军区后勤卫生部内科巡回医疗组担任内科主治医师，在东北各后方医院开展巡回医疗工作，并对疑难杂症进行会诊。医疗组由5人组成，中山医院肺科专家崔祥滨医师任组长，东北军区卫生部代表潘焕章负责安排会诊的地点与任务，组员是王振义和一位毕业于大连医学院工作不久的内科军医以及一位胸外科医师。对于一个只有5年临床经验的医生而言，王振义对担任如此"要职"心里有些没底。但他想到这是组织对自己的信任，为不辜负组织的寄托，自己一定要加倍努力。巡回医疗期间，5人合作密切，诊疗工作开展顺利，好学的王振义也从同行身上学到了很多有用的知识。②

10月14日，王振义所在的内科巡回医疗组来到勃利后方医院参加会诊，发现了一种前所未见的怪病。医院的主治医师根据患者出现的咳血、头痛等症状，诊断病情为肺结核并伴有结核性的脑膜炎。敏感的王振义经过观察和分析，并不认同这一诊断，认为出现病状的不止一人，而是一大群人，不像是得脑膜炎所引发的情形。经过仔细观察每名患病的战士，他发现症状与曾学习过的《实用内科学》教材上介绍的一种病症——肺吸虫病非常相似。

"战士们会不会得的是肺吸虫病？"王振义大胆地猜测。

随后，王振义开始从战士的吃、穿、住、行等多个方面了解情况，帮助自己对病症进行进一步分析和判断。在和一名志愿军

---

① 《震旦大学建校百年纪念》，震旦大学校友会编辑出版，第79页。

② 《震旦大学建校百年纪念》，震旦大学校友会编辑出版，第79页。

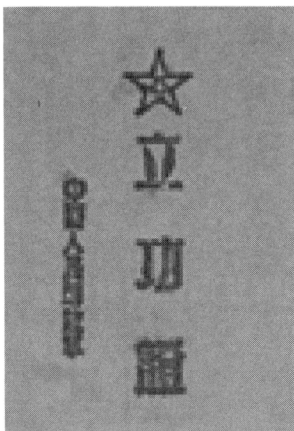

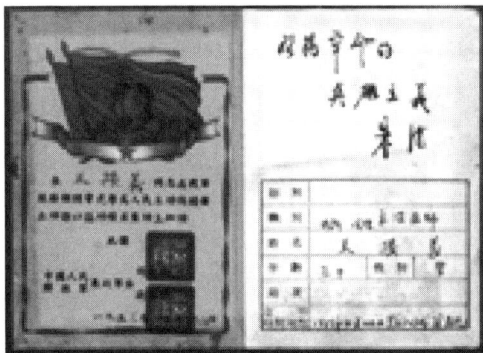

王振义荣立二等功的立功证

伤员聊天的过程中，他了解到志愿军战士到朝鲜战场后，由于食物缺乏，经常在营地附近的田埂、小溪中捕捉小龙虾吃。

王振义敏锐地注意到了这一点，他询问战士："捉到这些虾子，你们都怎么处理的吃呢？"

"用溪里的水煮煮就吃了。"

"吃的时候，虾子都烧熟了吗？"

"行军、打仗的时候，都饿得够呛，哪儿管得了熟不熟的。很多时候，虾子都没有烧熟，大伙就吃到肚子里去了。"

听到这里，王振义恍然大悟。这一重要线索证实了战士患的正是肺吸虫病。这些未熟的小龙虾就是导致战士集体患病的真正"元凶"！

原来：小龙虾的身上携带着大量肺吸虫，如果人在没有完全将其煮熟的状况下食用它，就很容易染上肺吸虫病。这些寄生虫主要寄生在人体的肺部，也会跑到脑膜里去，所以会有咳血和头痛等类似脑膜炎的症状。

当地医院的医生们对王振义的判断有些将信将疑，因为他们根本就没有听说过这种疾病。为了证实自己的判断，王振义让医生对患者咳出的血液进行显微观察，果真看到了肺吸虫卵，大家被这位年轻医生的睿智所折服。这一诊断也帮助部队和医院及时治愈了一大批患病战士。为此，10月24日，王振义被中国人民解放军东北军区司令部、组织部授予二等功。后方医管局和政治部对王振义的工作做了这样的评价：

一、工作一贯积极负责，对重患病情危笃能予积极抢救，深夜不眠，主动寻找工作检查重患，及时纠正医疗中错误。

二、工作诚恳耐烦，会诊后主动讨论并认真做好学术报告，提高业务水平。并帮助别人临床上有显著提高。利用夜间休息帮助别人。

三、对新疗法和临床诊断上都有显著的提高，并纠正实际中的错误。

四、及时总结医疗上的经验，提出建设性意见。

五、诊断迅速详细现实，半年来未发生医疗事故，正确诊断，及时解决疑难。

60年后，王振义回忆起这段往事时说："这件事情告诉我们两个道理：第一，作为一名医生一定要多动脑筋、多看书，这也是我自己工作和学习时遵循的首要原则；第二，一定要重视基础与临床的结合，重视临床实践的积累。没有这两点，我是不可能做到准确诊断的。"①

由于国内外环境的限制，支援医疗服务期间的生活条件是艰苦的。伙食以土豆和大白菜为主，很少能沾上油腥。医院每月会为医疗队成员改善一到两次伙食，老百姓也会自发为部队战士和医疗队员送上一些自家养的鸡鸭。②如此融洽的军民关系给王振

① 《王振义采访记录》，2010年12月。
② 《震旦大学建校百年纪念》，震旦大学校友会编辑出版，第80页。

义留下了深刻印象，也让王振义"苦并快乐着"。

1953年10月，在出色地完成6个月的志愿医疗服务工作后，王振义回到了上海。整个志愿医疗服务期间，他始终服从组织的调动与安排，在多个岗位上圆满地完成医疗任务。

回到上海以后，王振义在《中国人民抗美援朝总会卫生工作委员会志愿卫生工作队上海市第十四大队鉴定书》中，对自己的工作做了总结：

思想方面：

1.参加抗美援朝虽系主动，但在思想上动机尚不够纯正，抱有来到东北可以增进见识，锻炼工作能力的自私观点，表现在初到东北时因听说可能被派至朝鲜而有顾虑。后因并无事实，故在东北通化2个月工作中始终能够安心工作，并能服从上级在工作上之调动，参加了东北军区后勤卫生部内科巡回医疗组。

2.在接受巡回医疗任务之初，思想上存在着资历不够，不能胜任的情绪，因而对工作缺乏信心，不够大胆发挥作用。但以后即能克服，表现在工作能够安心，负担了巡回医疗组内科工作，很好地完成了上级所给予的任务。

工作方面：

1.工作一贯积极负责，热情主动，工作作风正派。

（1）在第十一陆军医院两个月的过程中，能掌握全区治疗诊断工作，完成了主治医师的职务。能经常深入病室对病员做到说服解释，态度和蔼，患者反应较好。

（2）除能完成主治医师职务外，在人员缺乏的情况下，能主动的负担住院医师工作，并参加每次病员分类工作。

（3）4个月的巡回医疗工作中，仍能积极主动，担任内科会诊及讲解，认真负责。

（4）除本职工作外，尚担任组内工作记录、统计、总结，4个月来均能按期完成，未有间断。

2.诊断细心及时，遇有疑问时能及时请求会诊，对重病员尤其关心，6月来未曾发生医疗事故。

3.教学工作：认真，无保守思想，准备充分，而较有成绩。

（1）在第十一陆军医院时，在病室内结合临床耐心讲解，组织病例示范，并利用休息时间进行个别教学。

（2）在巡回医疗工作时，教学努力负责，每次报告材料充足，时间及讲题均占多数。

4.巡回医疗总结中，具体提出各院在内科医疗工作上所存在之缺点与问题，并提出改进方案。

生活方面：

1.生活朴素，刻苦耐劳，在巡回医疗时，自己洗衣打水。

2.对待同志态度和蔼，与部队同志能打成一片，团结一致。

3.与队内同志做好团结工作。

学习方面：

1.在第十一陆军医院时，政治学习认真，尚能积极发言。巡回医疗4个月中未曾参加政治学习。

2.业务学习不放松，在后半期有些进步。

工会工作：

1.在东北通化时曾作出工会工作计划，但未完全实现。

2.在工会、文教、生活工作上之领导做得不够。

主要优缺点：

1.优点：

（1）工作积极负责主动。

（2）教学工作好。

2.缺点：

（1）批评与自我批评不够大胆。

（2）政治学习不够主动。

（3）工会工作不够努力。

王振义以实事求是的态度，解剖自己的思想，总结自己的工作，获得了小组同事和领导的好评。

小组意见是：

1.对评功鉴定太谦虚。

2.团结互助好。

3.不同意缺点第三条。

各级领导意见是：

1.第十一陆军医院意见：

（1）该同志工作热情，随时随地帮助医生护士，有困难问题能及时讲解。

（2）病房工作好，细心和蔼，病员反应较好。

（3）除本病区外有重症患者，能认真负责的治疗。

2.第三八后方医院意见是：

（1）工作积极负责，工作调动几次，均能完满地完成任务。

（2）在其他医院时能充实地作技术报告。

（3）对同志谦逊，因此能为大家打成一片。①

因为工作需要，王振义在东北各后方医院开展巡回医疗工作期间，走访了许多东北的重要城市，看到了东北工业基地热闹的生产景象，看到了东北人民生活质量的提高，看到了人民群众对党的拥护和对毛泽东的爱戴，看到了伟大祖国建设的日新月异。这一切都让王振义进一步认识了共产党的伟大，进一步认识到只有跟共产党走，在共产党的领导下，才能提高自己的政治觉悟，真正地做到为人民服务，也更坚定了为祖国医疗事业贡献毕生精力的决心。他深深体会到："宗教不能解决社会问题。相反的是宗教对人民起了麻醉的作用。因为在解放以前，东北亦有天主教

① 中国人民抗美援朝总会卫生工作委员会志愿卫生工作队上海市第十四大队：《王振义抗美援朝立功事迹鉴定书》，1954年1月30日。

会，而那时的教会就是教人民甘受日本帝国主义和伪满的剥削，而中国共产党却领导着人民对日本帝国主义和敌伪进行了坚决的斗争，终于解放了全中国，人民得到了幸福的生活。解放以来，教会里有不少的丑事被揭露，这些事实使我在思想上开始了极大的斗争，对于宗教信仰产生了动摇。"

从东北返回上海不久，王振义就终止了宗教生活，并通过历史唯物主义的学习，思想上有了进一步的认识：认识了社会发展的规律，劳动创造世界、创造财富的真理；认识了宗教无科学根据的观念；初步清除了宗教在思想上的影响。他明确地向组织上表示："我愿意不断加强学习，树立正确的人生观、世界观，争取党的领导和教育，向共产党员的道路上前进，做一个真正的，全心全意为人民服务的医务人员。"[1]

随着社会的进展，经历了人生中的各种遭遇，王振义对宗教又有了进一步的认识。他认为："上帝只有一个，通过一个先知将他的意志'福音'传送给人类，创立各种宗教，最终是教人为善，树立正确人生观。一个人不管有何种信仰，只要有一颗好心，服务人类，为人类做出贡献，在上帝前都是一样的。"[2]

① 《王振义自传》，中共上海市委组织部干部档案。

② 《王振义采访记录》，2014年2月3日。

第四章

出血性疾病：
血液学研究的
第一步

现代医学自文艺复兴起，经过数百年的发展，走过了一条不断分化、不断深化、不断细化的道路。西方医学在进入中国之后，也有着同样的发展轨迹。在王振义参加抗美援朝医疗队的前一年，人民政府接管广慈医院后，对医院内科病房进行了调整，撤销了等级病房，并将内科细分为消化、心血管、内分泌、呼吸和血液等专业小组。

分科对于医生来说是一次专业发展方向的选择，也是一次人生的选择。血液科是内科下的一个分支学科，即便是在专业分化更细的今天，血液科也只是在三级综合性医院才设置。因为，血液性疾病的患者群体并不大，而且诊断和治疗这种疾病的要求和条件都很高。因此，与消化、心血管、内分泌、呼吸等比较起来，血液学是一个似乎不大容易发展的学科。

时任广慈医院工会副主席的王振义发扬风格，主动提出让别的医师先选，自己最后一个选。等到王振义选科的时候，消化、心血管、内分泌、呼吸等专业均被选完，仅剩下血液专业没有人愿意去。但是，血液科必须有医生。由于王振义从1950年起，就已经在邝安堃的指导下参加了"嗜伊红细胞在外周血液中升降的临床意义"的研究项目，并作为参与者在1951年的《中华医学杂志》外文版上发表了《嗜酸性白细胞在外科休克中的预后意义》，因而医院领导决定由他

徐福燕（1915～1978）

和徐福燕①一同主管血液组的工作。就这样，充满机缘与巧合，阴差阳错间，王振义为之奋斗一生的血液学研究生涯自此拉开了帷幕。

王振义在那会儿还没有意识到他选择的是一条布满荆棘的道路，更不会想到若干年后，正是因为他所创造的灿烂夺目的成就，促进了血液学的发展，也给他和血液科带来了无上的荣耀。

一、血液学研究的最初起点：出血性疾病

1.知识分子的使命

1953年，新中国制定了第一个五年计划，标志着国民经济已得到全面恢复，社会主义建设开始步入正轨。在随后的 5 年中，中国人民完成了对农业、手工业和资本主义工商业的社会主义改造，实现了国民经济和综合国力的迅速提升，生产力水平得到显著提高。经济社会的繁荣景象，为科学研究创造了良好的外部环境。

1954年9月，在新中国历史上具有里程碑意义的第一届全国人民代表大会第一次会议召开了。毛泽东在开幕词中指出："这次会议是标志着我国人民从一九四九年建国以来的新胜利和新发展的里程碑，这次会议所制定的宪法将大大地促进我国的社会主义事业……我们的事业是正义的。正义的事业是任何

---

① 徐福燕（1915～1978），中共党员，著名血液细胞学专家。根据当时的分工，徐福燕主要负责检验工作，王振义负责临床治疗工作。

敌人也攻不破的。领导我们事业的核心力量是中国共产党。指导我们思想的理论基础是马克思列宁主义。我们有充分的信心，克服一切艰难困苦，将我国建设成为一个伟大的社会主义共和国。我们正在前进。我们正在做我们的前人从来没有做过的极其光荣伟大的事业。我们的目的一定要达到。我们的目的一定能够达到。"

1956年年初，王振义认真学习了高教部十二年规划（草案）和上海第二医学院的十二年规划（草案），以及周恩来总理有关知识分子问题的报告和中国科学院院长郭沫若题为《在社会主义革命高潮中知识分子的使命》的讲话，认识到自己作为一个医生，任务是艰巨的，同时也是光荣的。他在《上海二医报》创刊号上发表了《努力使自己成为适合于建设需要的教育卫生工作者》一文，明确表示："解放以来，我们在党和政府的教育培养下，在实际教学和医疗工作中，我们的业务理论水平是有一定的提高，我们的政治认识亦有一定的开展，但是在我们的思想上和医学理论上，还残余着严重的非社会主义影响，我们的业务水平还远远及不上一般的要求，因而要如何培养自己成为一个适合的社会主义社会建设中所需要的教育卫生人才，是我们目前工作中最重要的课题之一。"他认为："现在医学院的领导上十分关怀我们的培养，订出了培养师资的三年计划，并指示各教研组根据具体情况订立计划。当我们在讨论这份计划时，我们感到无限的振奋，因为它是及时的，是符合于我们目前要求的，它非但规定了培养的方针和目的，更深入的在政治方面、业务方面、学习苏联方面，也制定了具体的内容，它将成为我们今后三年中努力的方向。因此我们表示热烈的拥护，并且我们将以实际行动，在党、院系领导的关怀下，教研组主任的直接指导下积极学习马列主义及毛泽东著作，提高马列主义理论水平，积极钻研业务，学习俄文，学习苏联先进科学技术，为使自己成为一个适合建设社会主义社会所需要的教育卫生工作者而努力。"①

2. 寻找导致出血性疾病的根源

随抗美援朝志愿医疗队返沪后，王振义就一心扑到他所钟爱的医学科学研究上了。初入血液科之时，王振义曾经一度以为血液学是一门相对简单的科目。因为当时血液学研究并不深入，血液病的诊断也主要是依靠细胞形态学检查，以致很多人都有一种错觉，认为血液病只要凭着看看显微镜就能诊断出来了。已发现的血液病不多，患者就更少了。但是后来的实践经验表明，攻克血液疾病绝不像王振义设想得那样容易，耗费了他一生的精力，问题却是越来越多。

当时，全国的血液学研究也是处于刚刚起步的阶段，只有协和医院和中山医院等几个少数的医院开设有专门的血液科。在医学院里，王振义也未专门学习过这方面的知识，更不存在有老师能够手把手地教他。可是作为总住院医师就要担当会诊的重大职责，于是，王振义也只能硬着头皮顶上去，在工作之余大量地阅读相关的资料和文献，补充血液学方面的知识。

就分类而言，血液疾病主要分为血液恶性肿瘤（白血病、淋巴瘤、骨髓瘤等）和出凝血疾病等几类，出凝血疾病的发病率高。同时，出凝血疾病还同人类生命密切相关的心血管和脑血管疾病有关。有一次，口腔科的医生来请王振义会诊，提到有患者平素并无异常，但是在拔牙后出现了出血不止的现象，普通的止血疗法根本不起作用。这一现象引起了他的关注。王振义在请示过邝安堃教授后，对该患者做了一系列的常规检查。出人意料的

---

① 王振义：《努力使自己成为适合于建设需要的教育卫生工作者》，《上海二医报》1956年第1期。

是，结果均提示是正常的。这给初来血液科的王振义出了一个不小的难题。

为了解开这个谜，王振义开始思考是什么因素导致出血不止，又有什么办法可以及时有效地应对出血不止。在他看来，这个看似普通的医学现象对实际医疗工作有着十分重要的现实意义。因为，一旦患者尤其是手术患者出现无法止血的现象，而医生又没有有效应对的方式时，就很有可能要付出一条生命的高昂代价，这是每一个视救死扶伤为己任的医生都不愿意看到的结果。在之后的临床诊疗中，他又多次目睹白血病患者，特别是急性早幼粒细胞性白血病患者虽然忍受住了化疗的煎熬与摧残，却依旧无法摆脱死神的纠缠，纷纷因颅内出血离开人世。

这一切都让王振义十分忧心，他急切渴望着找到导致出血性疾病的根源，为这些即将逝去的生命带去生的希望。这也为他日后转向研究急性早幼粒细胞性白血病埋下了伏笔。为此，他加倍努力，在协助邝安堃建立国内最早的内科实验室的同时，全身心地投入到各种实验和文献阅读之中。

在查阅文献时，王振义发现这种在临床上比较常见的疾病，虽然在教科书及有关血液疾病的专著中已经有所阐述，但是对凝血的调节以及参与凝血的蛋白都未有清楚的阐明。由于当时国际上在止血机制的研究方面又有了很多新的发现，尤其是在出血性疾病的诊断方法方面有了很大的进展，因而原来的文献内容已不能满足临床诊断出血性疾病之用，从事血栓与止血领域研究的科研工作者们急需一本针对出血性疾病的病理、发病机制和临床表现等进行系统性介绍的参考书。

为了更新知识，同时也为了传播新知识，王振义和妻子谢竞雄开始广泛搜集相关文献。搜集整理文献资料的工作在一般人看来，枯燥而烦琐。但是，王振义非常享受在书海中淘金的乐趣。更重要的是，他心中有一份攻克出血性疾病的责任，是这项重任激励着自己不断摸索前行。

在翻阅医学外文书籍时，王振义发现两位美国医生史台法尼尼和邓曼雪克根据自身临床经验及研究心得，并综合近代有关文献编写而成的《出血性疾病》一书内容新颖，对止血机制的探讨，以及对各种出血性疾病的分类、病因、临床现象、诊断及处理方法阐述详尽，颇适合临床及教学参考之用；而国内有关这方面的参考书籍又十分缺乏。因此，他和谢竞雄合作，把这本30万字的英文专著译成中文，并于1958年由科技卫生出版社正式出版发行，弥补了国内的空白，引起了轰动，成为当时国内止血凝血领域中唯一一本专业参考书。

当时，出版社给这本书的定价较高，而业内的各位同道购买欲望强烈却苦于囊中羞涩。王振义、谢竞雄夫妇在得知这一状况后，为了让更多的读者享受这道"知识大餐"，主动给出版社去信，明确表示，他们翻译此书并不是出于赚钱的目的，而是为了推广知识。这本书涉及的内容在国内还是空白，希望更多的人读到它，因此，请求出版社降低书本的定价，并用自己的稿费填补因降价而造成的出版方的损失。出版社接受了王振义、谢竞雄的请求，把定价从3元降到2.5元，从而使更多的同道看到了这本书，并能从上面学到知识，以推动我国血栓与止血研究的发展与进步。

在该书的翻译过程中，王振义的老师邝安堃教授还给予了多方的鼓励和支持，并对译文进行了详细的审阅。可以说，这是一本凝聚了

王振义、谢竞雄翻译的《出血性疾病》

师生两代情谊的译著。①

在王振义的带领下，广慈医院血液科以出血性疾病见长，确立了在全国的领先地位。

3. 我国血友病诊断体系的建立

20世纪50年代，国内的血液病研究基础还十分薄弱，与世界的先进水平更是有着很大的差距。为了跟上国际研究的趋势，王振义想尽一切方法获取国内外的最新研究成果，通宵达旦地沉浸在图书馆的文献资料中。

血友病是由于凝血因子缺乏而导致出血的一种遗传性疾病。早在 2 世纪左右，犹太人就发现有些男婴在行割礼后出血不止，这被认为是最早描述血友病的文字记载。直到20世纪三四十年代，科学家们才发现了血友病主要是因为缺乏Ⅷ因子导致活性凝血活酶生成障碍，凝血时间延长。1952年，Aggeler和Biggs发现了Ⅸ因子的缺乏也可以导致血友病，并将之前发现的Ⅷ因子缺乏的类型命名为血友病甲，Ⅸ因子缺乏的则称为血友病乙，确立了血友病的分型体系。血友病的发病率约为5～10/10万人口。血友病患者常幼年发病，在自发或轻微外伤后出现关节或肌肉内的出血，普通止血药物无效，反复发作，往往使关节变型，重者无法行走，生活不能自理。因此，早期诊断、对症治疗非常重要。

1953年，Biggs和Douglas发明了一种凝血活酶生成试验，对精准和有效地诊断血友病有很大的价值。在这个试验中需要用到硅胶，将硅胶抹在试管壁上，可以防止血小板黏附在玻璃上导致的血小板激活，这也是整个试验成败的关键。当时新中国才成立不久，百废待兴，还没有生产这种材料的能力。美国为首的西方

---

① ［美］史台法尼尼、邓曼雪克：《出血性疾病》，王振义、谢竞雄译，科技卫生出版社1958年版。

国家又对我国进行封锁和物资禁运，而与中国结盟的苏联也没有这种材料。60年后的今天，这个试验已经变成临床上的一项非常简易常规的检查。我们很难想象，在当时中国的环境下，要进行这么一项试验需要克服怎样的困难。

看似巧妇难为无米之炊的问题并没有阻挡喜欢钻研的王振义，他在自己的实验室里搞起了"小发明"，摸索着用其他原料充当硅胶的替代品。他想，石蜡的物理性质与硅胶非常相似，是不是能够用石蜡去替代硅胶呢？经过钻研论证后，他抱着试试看的心态用石蜡来代替硅胶，这一尝试获得了成功。石蜡试管的凝血活酶生成试验，不但使试验成本大大降低，也让他成为国内成功使用凝血活酶生成试验进行血友病检测的第一人。

1954年4月27日，一位33岁的中年男性，因上颚肿胀、齿龈不断流血，住进了广慈医院口腔科病房。该患者在4月16日就因上颚肿胀、左上侧齿龈和牙齿突然疼痛到某医院就诊，用磺胺类药和青霉素治疗后稍见好转。他自6岁开始即有出血历史，先后流血共达10余次，其中6次为大量胃肠道出血。一次在施行包皮环切术后出血逾半月，均经大量输血后方愈。此次住院后，输入储存血浆及全血各300毫升，凝血时间正常，乃施行拔牙手术，因局部仍有少量流血，先后又输入多量血液，6月15日血止出院。

同年7月25日，广慈医院收治了一位因咬破舌头后出血不止的4岁男孩。该患儿在7月14日就因舌头被咬破而局部流血一小时。翌日，伤口重又出血，经多次缝合无效。来广慈医院后，再次施行缝合手术，但仍不奏效。他以往有皮下出血史，2岁时头部生疖，流血数日不止。4岁时，膝、肘关节及腿部时常发肿疼痛，肿痛消退后，局部皮肤遗留暗紫色。此次入院后输血800毫升，出血遂止，乃于8月17日出院。

12月29日，又有一位33岁的中年男性，因齿龈不断出血入院。该患者自幼即容易发生出血，12岁时，头部受伤，流血多天。25岁时，左趾被击伤，又流血多天。33岁时在某医院行阑尾截除和腹股沟疝修补手术，当时凝血时间正常，但手术后大量出血，发生休克，经大量输血后方愈。此次住院后第三天，因止血、凝血时间正常，认为可以手术治疗，故未予输血预防。但在拔牙后，流血持续不止，输入血库储血300毫升后，出血旋告停止。

王振义出于职业的责任心，对这3位患者的病情作了深入的观察和研究。在临床诊断结合实验室报告的基础上，他和谢竞雄合作，在高镜朗、邝安堃两位教授的鼓励和指导，以及实验诊断科主任徐福燕的协助下，于1956年在《中华医学杂志》上发表了《血浆中凝血活酶因子缺乏症》[1]一文，在国内第一次报告了3例血浆凝血活酶因子乙缺乏症，使国内同行对这种疾病有了更深刻的认识。这也是他第一次以第一作者的身份发表研究论文。他在论文中指出："凝血活酶因子乙缺乏症在临床上之特点，为较缓和的出血性症状，仅发生于男性，有家族史；本症之凝血时间延长，但一般并不显著，用血清或硫酸钡吸附血浆作纠正试验，是鉴别诊断方法；凝血活酶因子乙缺乏症可用储血治疗，手术前需输血预防。"

随后，王振义又对实验方法加以改进并向全国推广，又用这种方法诊断和报道了数例血友病，印证了该方法的有效性和实用性。1958年，王振义又报道了1例轻型血浆凝血活酶因子乙缺乏症：患者平时并不出现出血，只有在外伤或小手术后才出现出血时间延长的现象，并指出凝血活酶生成试验对于诊断和鉴别诊断这类疾病有重要的意义，对于这类患者不需要大量的输注新鲜血液，局部压迫等止血方式显得尤为重要。他还特别强调："凡遇

---

① 王振义、谢竞雄：《血浆中凝血活酶因子缺乏症》，《中华医学杂志》1956年第1号，第20~24页。

血漿中凝血活酶因子缺乏症

上海第二医学院　王振义　謝競雄

引　言

多年來，各家均已公認血液凝固之机轉主要可分為三个步驟：(1)凝血活酶（thromboplastin）之形成，(2)凝血酶元（prothrombin）轉变為凝血酶（thrombin），(3)凝血酶作用於纖維蛋白元（fibrinogen）而產生纖維蛋白（fibrin）。其中任何一步驟如故發生障碍時，血液凝血就会失常，在临床上產生輕重不一的出血性疾病。因凝血活酶形成之障碍而產生的出血病，除血小板減少性紫癜另有發病机轉外，血友病已为临床医家所共知的疾病。Quick氏並曾指出，血友病是缺乏一种血漿因子，即凝血活酶元（thromboplastinogen）或抗血友病球蛋白而產生的。文獻上有很多篇著述涉及凝血活酶元之性質以及血友病的診断方法。近年來，由於血液學家之研究，血液凝固机構的知識有了迅速的進展和新的發現。吾人方瞭解凝血活酶並非單純由血小板內的凝血酶元作用後即形成的，尚有多种其他血漿因子，亦是凝血活酶形成時不可缺少的物質；亦即除了血友病之外，还有多种類似血友病的疾病，其發病机轉亦为凝血活酶形成之障碍所致。

文獻温習

1947年Pavlovsky氏[1]發現兩例血友病患者之血液有相互糾正凝血時間延長的作用。1950年，Koller氏及其同工報告一相似之病例，並称該病为“茂那病”（Moena's anomaly）。但以上兩氏未作進一步之研究和結論。1952年，Aggeler氏等報告一名15歲的男孩，自幼有出血病史，凝血時間延長，凝血酶元消耗不佳，組織中凝血酶或血友病患者之血漿，皆能漏補其凝血之缺陷，作者結論謂缺少一种新的血漿因子，並称之为血漿中凝血活酶之成分（plasma thromboplastin component）。嗣後，Biggs氏及其同工於1952年報告相似之疾病七例，但称新的血漿因子为Christmas因子。Soulier及

Larrieu兩氏[2]於1953年搜集33例血友病，發現其中之四例与上述疾病相同，但氏等称新血漿因子为抗血友病因子乙（facteur antihemophilique B）。此外，尚有很多学者，均相繼著論文，報告相同之病例[3-6]；其中有不少的描述了新血漿因子的性質，指出了新疾病的發病率、診断方法和治療要點。從此吾人對这新的血漿因子和新的出血性疾病有了敏明確的認識，而以上諸家所報告之疾病，实係同一疾病，祇在名称上有所不同而已。

此外，Rosenthal及Dreskin兩氏於1953年發現第三种血漿因子“血漿中凝血活酶之前質”（Plasma thromboplastin antecedent）；缺乏这种因子時，可產生与血友病相似之出血病，Rosenthal氏名之为“血漿凝血活酶前質缺乏症”。Speat, Aggeler & Kinsell諸氏深以为尚有第四种血漿因子存在之可能，其性質与凝血酶前質相仿。

綜上所述，可知血液凝固的第一步驟，即凝血活酶之形成是非常複雜的，除在名称上尚未取得一致意見之外，大都学者均承認，除血小板外，血漿中至少有着三种因子，均为凝血活酶形成時不可缺少的物質。Speat氏等總称該三种因子为“血漿凝血活酶因子”（Plasma thromboplastin factors），並將三种因子分別名为：(1)血漿凝血活酶因子甲，或簡称为凝血活酶因子甲，亦即以往吾人所共知之抗血友病球蛋白，凝血活酶元。(2)血漿凝血活酶因子乙，或簡称为凝血活酶因子乙，亦即血漿中凝血活酶之成分，Christmas因子。(3)血漿凝血活酶因子丙，或簡称为凝血活酶因子丙，亦即血漿中凝血活酶之前質。

缺乏这些凝血活酶因子所引起之出血性疾病，總名为“血漿中凝血活酶因子缺乏症”，按所缺乏的因子，这些出血性疾病又分別称为：(1)凝血活酶因子甲缺乏症（即血友病或血友病

王振义的第一篇中文论文

患者有出血病史，家族中有出血史，如果常规检验正常，凝血酶原消耗良好，不能解决诊断问题时，应该进行凝血活酶生成试验作进一步的探查，庶不遗漏本病之诊断。"[1]

同年，王振义将《血浆中凝血活酶因子缺乏症》这篇文章整理并翻译成英文，并特意请儿科学宗师高镜朗教授对英文的语法、用词和句式等进行润色后，在《中华医学杂志》（外文版）上发表。这是他发表的第一篇英文论文。

---

① 王振义、徐福燕、邝安堃：《轻型血浆凝血活酶因子乙缺乏症一例报告》，《中华内科杂志》1958年第7号。

Chinese Medical Journal, 76:243-252, March, 1958.

DEFICIENCIES IN PLASMA
THROMBOPLASTIN FACTORS

WANG CHEN-YI (王振义), HSIEH CHING-HSIUNG (谢竞雄)
HSÜ FU-YEN (徐福燕) AND N. K. KOANG (郑安堃)
Departments of Medicine and Pediatrics, Shanghai Second Medical College, Shanghai

Blood coagulation is a very complex process, and its mechanism is not fully known. The consensus of opinion is that the process of blood coagulation could be divided into three main stages: formation of thromboplastin, conversion of prothrombin to thrombin, and formation of fibrin by the action of thrombin on fibrinogen. It has long been considered that thromboplastin is produced only from the action of platelets and antihemophilic globulin, and defect of the latter may cause a hemorrhagic disorder, namely, hemophilia or AHG deficiency.

In 1952 Aggeler et al[1] reported a case of a 15 year old boy who had a prolonged blood clotting time and an impaired prothrombin utilization during blood clotting. The authors concluded that this patient lacked a plasma factor, the "plasma thromboplastin component (PTC)," which was needed as the antihemophilic globulin factor for the production of thromboplastin. Biggs et al[2] published 7 similar cases, which they named "Christmas disease." Soulier and Larrieu[3, 4] discovered 4 cases of PTC deficiency in a group of 33 male patients, all of whom had been previously diagnosed as cases of hemophilia, and they named the new disease "hemophilia B." Rosenthal et al[5, 6] in 1953 reported another hemophilia-like disorder—"plasma thromboplastin antecedent deficiency." Spaet et al[7] found evidence of a possible fourth plasmic factor, "plasma thromboplastin factor D (PTF-D)." Other plasmic factors, known as factor X[5] and Hageman factor[8], have been described in recent literature. Most of the authors believe that at least three plasma factors are involved in the formation of thromboplastin during blood clotting, and that when any one of these factors is deficient, similar hemorrhagic manifestation may ensue clinically, though the severity and the site of hemorrhages may vary. Full agreement on the nomenclature of these hemorrhagic disorders has not been reached; but it has been suggested by Spaet, Aggeler and Kinsell that they may be grouped under "plasma thromboplastin factor (PTF) deficiencies" and that the three diseases may be designated as: 1. plasma thromboplastin factor A (PTF-A) deficiency, or classic hemophilia or hemophilia A, 2. plasma thromboplastin factor B (PTF-B) deficiency, or plasma thromboplastin component (PTC) deficiency,

王振义在《中华医学杂志》（外文版）上
发表的第一篇英文论文

　　围绕血友病的诊断、分型等，王振义以第一作者的身份先后在《临床检验杂志》《中华内科杂志》《上医学报》和《中华医学杂志》（外文版）上连续发表了6篇文章①，制定了血友病A和B

---

　　① 王振义、谢竞雄、徐福燕等：《血友病之实验诊断》，《临床检验杂志》1957年第4卷。王振义等：《轻型血友病A》，《中华内科杂志》1958年第7号。王振义、徐福燕、谢竞雄等：《用红细胞素代替血小板进行凝血活酶生成试验以诊断血浆凝血活酶因子缺乏症》，《中华内科杂志》1958年第7号。王振义、徐福燕、邝安堃：《轻型血浆凝血活酶因子乙缺乏症一例报告》，《中华内科杂志》1958年第7号。ZY Wang, JX Xie, FY Xu（eds.），"*Deficiencies in plasma thromboplastin factors*"，in *Chin Med J*, 1958, 76, p.243. 王振义、徐福燕、邝安堃、王德昭：《轻型血友病二例报告》，《上医学报》1958年第6期。

的分型及其轻型的国内诊断标准，解决了血友病的临床诊断和治疗的基本问题。这对血友病的诊断和治疗而言，是一个重大的进步，不仅大大加深了临床医师对血友病的认识，提高了诊断率，减少误诊，同时还给出了一个规范化的方案，保证了患者能得到最有效的治疗。这一系列的成果标志着我国血友病诊断体系的建立，极大地缩小了国内相关领域的研究与国外的先进水平的差距，在国外都取得了很大的反响。

历史总是惊人的相似。凑巧的是，王振义在许多年后看到国外报道有用顺式维甲酸治疗急性早幼粒细胞白血病获得一定疗效，想自己动手研究时，发现国内并不具备生产顺式维甲酸的能力，而思索着用它的同分异构体——全反式维甲酸来治疗，竟然获得了神奇的疗效，也确立了以后治疗这类白血病的"上海方案"。由此可见，成功总是青睐于那些有准备且勤于思考的人。

60年后，王振义回想起当年的研究工作仍很自豪："我们就靠有限的条件，逐渐从一点突破以后就扩大，就查了很多患者，这个就形成了以后的第一篇文章，在《中华医学杂志》（外文版）上发表的，也是我晋升副教授的主要的依据。""你知道年轻医生都希望自己有文章可以发表，因为这就是人的天性。都希望自己的工作能成为一种'财富'，就是希望自己的名声可以传播，这是人的本性。你要没有这个本性，你怎么会这么努力地去干呢？任何事物都是按照人的本性在做，过头了就不对了。"①

正是凭着这个"本性"，充分利用现有条件和对学术问题的钻研精神，王振义和广慈医院内科血液组的医生们共同努力，将血液组这个不起眼儿的小组带到了全国相关领域的最前端。

---

① 《王振义采访记录》，2014年8月24日。

4. 在社会主义建设的高潮中

1956年年底，对农业、手工业和资本主义工商业的社会主义改造已经基本上完成，社会主义的基本经济制度在中国全面地建立起来了。这是中国进入社会主义社会的最主要的标志。中国社会从此进入了一个新的发展阶段——社会主义初级阶段。

1957年，第一个五年计划的顺利完成，更是让中央和地方各级政府及全国人民沉浸在一种鼓足干劲、努力建设新中国的气氛之中。

1958年2月，《人民日报》发表了题为《鼓足干劲，力争上游》的社论，明确提出国民经济要全面"大跃进"。

在此背景下，1958～1960年，全国教育战线发动了"教育大革命"。从医疗卫生领域来看，广慈医院在1958年成功地抢救了大面积烧伤患者邱财康。这一新中国成立以后最大的医疗奇迹的诞生，使我国灼伤治疗水平跃居世界领先地位。这无疑激发了新中国医务工作者的斗志，同时也潜伏着由于急功近利的心态带来的隐患。当时，广慈医院的很多学科都纷纷提出几年之后攻克某类疾病的口号，年轻的王振义充满治病救人的热情，也喊出了"3年攻克白血病"的口号。

回想这段历史，王振义感慨万千："毕业后，我一直在广慈医院从事内科血液学的医疗、教学和科研工作。50年代中期，在日常医疗工作中，眼看许多急性白血病患者，因缺乏有效的治疗方法，在短期内相继死亡。不少患者年纪还轻，有的正在学业征途上，有的是家庭中的主要劳动力，这一可怕的疾病给患者带来莫大的痛苦和贫困。残酷的事实激发了一个医生的责任感，立志要为急性白血病的治疗找到有效的治疗方法。1959年，在'大跃进'的浪潮中，我曾奢望'几年内'攻克白血病，并因此挑起白血病病房主任的担子，收治急性白血病患者。可是，上任后几个月内，二三十个急性白血病患者先后离开了人间。这一失败，对我无疑是一个沉重的打击和深刻的教训。让我认识到只有为患者服务的热情，而无为患者服务的本领，是不能实现自己心愿的，必须不断地学习，钻研业务，研究和探索为患者服务的技能。"①

在从事临床医疗和研究的同时，随着1952年广慈医院成为新组建的上海第二医学院的附属医院，王振义也在同年11月成为上海第二医学院内科学系的助教，承担内科学血液疾病的教学任务，于1956年晋升为内科教研组讲师，并被评为广慈医院先进工作者。王振义关于讲课体验的总结是："讲课前必须充分备课，讲课时必须重点突出，要求分明，并掌握教学法的四项原则，才能提高课堂效果。临床实习中必须适当地选择病例，运用启发诱导的教学方法。随时教育学生要有热爱病员的共产主义道德品质。"

二、对中西医结合的初步探索

1. 积极学习祖国医学

20世纪50年代中后期，随着反右斗争与"大跃进"的相继到来，整个中国的科教文卫事业陷入低谷。在医学领域，一种学派

① 中国工程院学部工作部：《中国工程院院士自述》，上海教育出版社1998年版，第779页。

压倒一切的作风同样猖獗。1957年4月，《光明日报》发表了北京大学教授李汝琪的文章《从遗传学谈百家争鸣》，批评遗传学研究中乱贴政治标签、粗暴干涉学术讨论的现象。毛泽东对此十分重视，批示《人民日报》进行转载。①对于"独尊一家之言"的做法，王振义是极力反对的。他当时就提出："李申科和巴甫洛夫在遗传学和生理学方面都做出了巨大贡献，但是我们不能仅仅把学理东西完全束缚在一个理论上，只讲一种理论，而要探究和分析不同理论的优势，取长补短才是可取之道。"这种实事求是的科学态度，是他从事研究工作的重要准则。

正当王振义在出凝血方面的研究顺利开展的时候，全国医疗界掀起了学习中医的热潮。1958年10月11日，毛泽东对卫生部党组《关于西医离职学习中医学习班的总结报告》做出重要批示，指出："中国医药学是一个伟大的宝库，应当努力发掘，加以提高。"他要求"由各省、市、自治区党委领导负责办理"西医离职学习中医班，要培养"中西结合的高级医生"，"出几个高明的理论家"，并指出"这是一件大事，不可等闲视之"。和全国一样，上海也办起了中医学习班。

众所周知，中医药学是中国人民几千年来与疾病做斗争的实践经验总结，其理论体系蕴含了中国古典哲学的精髓，集中体现了中国文化对人自身以及人与自然辩证关系的深刻思辨，为中华民族的繁衍昌盛做出了不可磨灭的贡献。中医药学也是世界医学宝库中独具特色的财富，并很早就通过丝绸之路等对外交流渠道，对世界文明做出贡献。

尽管王振义一直接受的是西医教育，并且长期从事着西医的诊疗和研究工作，但祖国医学的博大精深在他看来，就是一个取之不尽的宝库，能够将中西的精髓有机地结合起来，一定能够造

① 郝维谦、龙正中主编：《高等教育史》，海南出版社2000年版，第133页。

1959年，王振义（右一）参加中医学习班

福更多的人。他认为："中医很多理论都是实践得来的，中国几千年靠什么方法去看病？都是靠中医。所以，在中医里边包含着很多有效的方法，我们应该很好地整理一下。"

早在1956年，王振义就设想将"中西医结合治疗肝硬变和慢性肾炎"作为自己的研究方向之一。1959年上半年，他就积极响应毛泽东关于学习祖国医学的号召，认真学习了3个月的中医。由于他学习刻苦加之领悟力强，两周之后，就受命去为其他医生讲授中医知识。在接受这一任务之初，王振义还是有顾虑的。因为为时仅3个月的脱产学习，在中医理论和实践方面，他知道的还很少，现在要承担为医师和护士讲授祖国医学的重任，不免有些紧张。怎样才能完成这一新的任务呢？他清醒地认识到："在贯彻党的中医政策工作中，如果能尽自己的一份力量，帮助大家一起学好中医，即使紧张些，也是一件光荣的任务，况且我们有党的领导和支持，有许多中医老师为导师，我就勇气百倍，对完成这一任务有了信心。" 由于中医师承的都是一些经典的东西，又略显玄奥，听起来比较抽象，王振义就在自己理解掌握要义的基础上，用现代西医的术语将其表述出来，力求把课讲得生动，使听课者既不会感到乏味，印象亦较深刻，更加便于理解和接受。

通过讲学，王振义对中医的理论有了进一步的认识："中医有些理论还得要发扬一下，特别是强调调和，阴阳要平衡。我们健康的身体就是靠调和得来的，不能过头，我们的人生哲学也是如此。人本来有私欲，这个私欲是对还是不对？没有对，也没有什么不对，看你怎么样对待和做。"

通过3个月的实践，王振义在这一新的教学工作中有了一定的收获和体会。他在《上海二医报》发表了《祖国医学讲课中的几点体会》，深入浅出地总结了学习中西医结合的经验，提出了"在中医老师指导下备课、适当结合西医的病症、多用例子解释祖国医学的理论、多讲机理以提高听课兴趣、突出重点不可贪多、系统直观巩固"等教学原则，深受医护员工的欢迎。[1]

王振义认为，在中医老师的指导下进行集体备裸，共同研讨如何教好课程，这是搞好祖国医学工作的关键。讲课所用的讲义，是在中医老师的指导下编写的。讲课中需突出哪些重点，举哪些例子等问题，都是经过担任讲课的西医师共同讨论而确定的，最后请中医老师进行修正。这样既增强了讲课效果，也不致发生重大错误。

听课者都是医院的医生和护士，具备西医的理论基础和临床经验。在讲课时，王振义结合一些西医病症，加上在临床上的体会，举些例子进行解释，帮助听者更好地理解祖国医学的理论，

---

① 王振义：《祖国医学讲课中的几点体会》，《上海二医报》1959年第169期。

增加学习中医的信心和兴趣。

为了让听者理解中医的"实症""虚症"，王振义在讲课中列举了西医的急性阑尾炎和慢性腹泻的例子进行说明：急性阑尾炎的腹痛骤起，痛而不止，腹痛拒按，属于实症，故用攻法治之；慢性腹泻腹痛绵绵，喜按，久病，故属虚症，有时用补法治之。这样一讲，听者很容易地明白了"实症""虚症"的含义。

中医所讲的"中气"，比较抽象，是一种难以用言语来解释的功能。在中药的药理作用中，有升、降、浮、沉之分，重者沉降，轻者升浮。若仅仅从字面上来讲解这些理论，听讲者不容易领会。王振义就举了补中益气汤可治子宫下垂、胃下垂、脱肛的例子。中气得升，下垂的内脏也就恢复正常生理状态，具体地说明了"中气"之意义。补中益气汤的配方中有柴胡、升麻两味药，质皆轻，故有升提之功效。经过王振义这样讲述，听课者既易接受上述理论，印象也较为深刻。

2. 提出创立新医学派的设想

随后，王振义被调往中医科学习、工作一年。其间，他专门做了有关"中医中药防治实验性动脉粥样硬化"的研究，写了"中西医结合的肾炎诊断"讲义，完成了《祖国医学对紫癜症的认识》和《中医治疗紫癜症54例的临床观察》两篇论文，并在《上海二医报》发表了《在讲课的内容中如何贯彻中西医结合》一文，大胆地提出了创立新医学派的设想，即设立中西医结合学科。文章指出，首先应该大胆设想，要有创立新医学派的雄心大志。在诊断方面的中西医结合，应当是把祖国医学的整体性的辩证和现代医学的病理性诊断结合在一起，这样的诊断将是全面性的。既有整体的综合性诊断又有局部的疾病分类、症状和病理的诊断。他提出，要做好中西医结合，必须先分析祖国医学理论体系与现代医学有何异同，哪些是中医所独特有的，是现代医学所不及的。在肯定现代医学的科学方面同时，把错误的观点加以纠正，把中医的优点融合进去。王振义还认为："中西医结合，既要有大胆设想，又要在具体问题上慎重研究和讨论，不可牵强附会，并且必须找寻必要的论证。"他特别强调："在讲课的内容中，要做到中西医结合得好，必须有临床实践的体会和总结，以及科学研究的大批资料，这样才可使中西医结合得自然、生动、不勉强，从而真正地达到提高教学质量的目的。"

这段学中医的经历，为王振义日后坚持把中西医结合的方法应用于临床打下了基础。在之后数十年的行医生涯中，王振义将祖国医学和现代西医理论合二为一，将中国古代哲学思想与当代科学思想融为一体，做出了一定的成绩。

在"大跃进"的浪潮中，王振义和中医科的全体中医师、在中医科学习的西医师以及全体护理人员一起，以冲天的干劲提出了"跃进"指标。他们要在一星期内使中医病房彻底改变面貌，在医疗质量、清洁卫生、服务态度、病房安静、消毒隔离等方面都成为全院第一；要提前半个月完成西医学习中医的3个月指标；提前半个月完成元旦献礼的科研论文；一年内完成舌苔图谱学的研究工作，超国际水平；两年内在一些常见的高热疾病方面，创立新医学派；为配合建设无痛医院，在一年内找出并总结各种止痛的有效针灸治疗方法，并编成手册。此外，要使80%以上的西医师在1960年国庆节以前，能掌握本科常见疾病的辨证论治，订立各科常见疾病的中西医结合诊疗常规以及中西医结合的教学大纲等等。他们决心鼓足干劲，在中医中药的医、教、研方面继续实现"大跃进"，并在《上海二医报》上公开向全院西医师发出了"友谊的挑战"。[①]

---

① 王振义：《提出大跃进指标 向西医进行友谊挑战——广慈中医病房要在周内改变面貌》，《上海二医报》1959年第192期。

在多年的工作实践中，王振义的思想认识不断提高，对共产主义理想信念的追求不断加深。在1957年、1958年开展的"向党交心"活动中，他向组织坦诚了自己对党的认识。在他看来，实事求是的精神就是党的思想精髓所在。在这一精神鼓舞下，他在1959年向组织提出了入党申请。令人遗憾的是，反"右倾"斗争的扩大，让王振义的愿望成为泡影。

1960年年初，王振义被评为上海第二医学院社会主义建设先进工作者。同年8月，他因出色的工作表现，被提拔为上海第二医学院基础部病理生理学教研组副主任，暂时告别了广慈医院的临床工作。

王振义在行医广慈的最初12年中，时刻铭记大学毕业时的每一句誓词："谨守医师道德""于病者当悉心诊治""于任何患者，绝不索其力所不逮之诊金，并愿每日牺牲一部分时间，为贫苦患者免费之诊治""绝不接受不义之财"，并用自己的实际行动做出了最好的表率与诠释。这也是他行医一生的最真实写照。

三、从临床到基础的转变

1. 任病理生理学教研组副主任

参照苏联高等医学教育体制，上海第二医学院（以下简称"二医"）自20世纪50年代中期起，开始建立各学科教研组。作为一门连接基础研究和临床医学的学科，当时的病理生理学已被国内医学界公认为基础医学教育领域最重要的学科之一。1956

1999年，章央芬（中）回到上海第二医科大学时，与王振义、刘涌波（左）在一起

年，二医病理生理学教研组在章德馨①教授的主持下正式成立。时任副院长的章央芬②，特别重视将临床和病理生理结合起来发展。为此，她特意把王振义从广慈医院调到病理生理学教研组，担任副主任一职，负责教学改革和教材编译工作。

对王振义而言，多年来，他一直是一名工作在临床一线的医生，一下子要完成从临床医生到基础研究者的转变，不免感到有些底气不足。回想当年，他说："我内心其实想留在医院，可是组织要我去，那我就去吧。其实，现在想想，可能正是有在基础部门开展医学基础教学的经历，让我学会了对临床问题从基础思考。"为了完成新任务，他重拾课本，认真地复习化学、物理、生物化学、病理学和药理学等相关基础知识，及时跟进相关领域的最新研究成果，更新知识储备，让自己尽快地对病理生理学熟悉起来。

回想起那段复习基础知识的时光，王振义认为对他后来的

① 章德馨是我国著名的病理生理学专家，1943年毕业于上海圣约翰大学医学院。

② 章央芬（1914～2011），中共党员，1938年参加新四军，曾任上海第二医学院副院长。

医疗、科研工作有很大的帮助。他说："这让我更相信治疗一个疾病，你要搞清楚这个疾病的发生发展机制，那么你才能认识疾病，治疗疾病，你才真正算做一名医生。如果只知道看病，不清楚、不知道怎么研究疾病，就只是一个医匠。只知道修补，不知道为什么这样修补，应该用什么材料，或者不知道什么原因，根本就修补不来。从那个时候起，我下决心不做一个医匠，而做一名医生。"。

当时，教研组可供科研的条件非常简陋。科研人员在实验中往往单靠一个细胞计算的办法，看一种细胞的改变与各种疾病的变化，进行判断、诊断。有限的工作条件没有令王振义束手束脚，而是利用这些条件，围绕临床问题进行科学研究，这成为他进行研究工作的一个特点。王振义回忆道："这对我们来说，是一种很好的培养方式。在简陋的条件下，利用现有的条件，结合患者做些研究工作。研究工作的思路还是来源于书本，因为很多东西不知道，只能通过看书学习。我们在那个时候就打下了这样的基础。"

在教研组工作期间，王振义为人谦虚，严于律己，尊重、关心、爱护同事。他的所作所为也赢得了大家的尊重。

瑞金医院血液学研究所研究员邵慧珍曾是王振义的学生。王振义到教研组担任副主任时，邵慧珍已经在教研组参加科研工作一年了。一次，两人一起做剥离

王振义在上海第二医学院（摄于1961年）

1963年，王振义（前排左一）参加中国生理科学会第二次全国病理生理学学术讨论会

兔子的颈总动脉和大白鼠尾巴测压的实验。实验过程中，王振义以合作伙伴的姿态同邵慧珍一起做实验，一起交流学习。这让邵慧珍有点不自然："王老师，您是我的老师。实验上，您来指导我，具体操作的环节由我来完成就好了，您无须亲力亲为。""小邵，你这话说得不全对啊。"王振义说，"当初，我是你的老师没错。可如今在教研组，你的资历比我高，在实验动手方面又比我要强，我还要多向你学习呢。"

有一段时间，邵慧珍生了病，住在医院休养。由于手头的实验还未完成，她心里很是着急。王振义多次到医院看望邵慧珍，叮嘱她要好好休息，并对她说："工作上的事情暂时不要考虑，由我担着哩。"邵慧珍非常感激，但又过意不去："王老师，您工作上的事情也很多，已经够忙了。我的工作再交给您的话……""所以，你更要快快养好病，来帮助我啊。"王振义打断了她，笑着说，"你不忍心看着我在实验室孤军奋战吧。"①

1961年9月，王振义参加了中国生理科学会主办的第一次全国病理生理学学术讨论会，并在会上就病因学的相关研究做了大会发言。②1963年，他又在国内首次报道了"骨髓抽吸活体组织

① 邵慧珍：《我眼中的王振义》，未刊稿。

② 参见《解放日报》1961年9月13日，第2版。

检查在临床诊断上的应用"。

在病理生理学教研组的最初 4 年里，王振义在继续血液学研究的同时，还将研究方向转向动脉粥样硬化和高血压领域，重点探究疾病发生的原因[①]，如有关肾加压物质与高血压病关系的研究，并先后发表《气功治疗高血压病长期疗效及气功对调整机体异常反应性的研究》等多篇论文。王振义的示范作用，带动了整个教研组在加强基础研究与临床实践结合方面的工作进程，为二医病理生理学日后的发展奠定了扎实的基础。

2. 重视学生基础知识和临床技能的培养

教学是王振义在病理生理学教研组的另一项重要工作。王振义早在1952年就已经成为医学院的内科学教师，负责血液病学的教学工作。他还在广慈医院多年从事临床教学和实习医师的带教工作。

作为一名医学院的教师，王振义对待学生既严格又爱护。他特别重视学生基础知识和临床技能的培养，常常用实习医生的标准要求见习学生，要求他们对病史和患者情况了如指掌。邵慧珍回忆道：1957年，王老师给我们上内科学时。正是反右运动兴起之时。学生们除了上课，根本没有时间复习，每天都要看和写批判文章、参加运动，有时抽空去看书也会被说成是"白专"。因而，当时我们的学习基本上只能靠临时记忆。但是，王老师并没有因此放松对学生的要求，依然沿用严格的标准进行教学。记得有一次，他给我们上大课，讲有关风湿性关节炎与类风湿性关节炎区别的问题。当时，他一共归纳了4条鉴别方法。第二天临床见习时，他要求我们复述这4条鉴别方法。平时学生们会踊跃

---

① 王振义口述，章米力采访、整理：《60年和20年》，李宣海主编：《上海市科技教育党委系统改革开放30年实录》，上海人民出版社2008年版，第166页。

作答，可这一回连续抽问10个同学都没能完整地答出来。这让王老师很伤心，脸上的表情从晴转多云、由多云转阴，连他认为最好的学生都答不出来。他太失望了，心情很沉重，向大家扫了一眼，严肃地说："作为医生，我们面对的是渴望得到救治的患者，事关人的健康和生命，这份高尚的使命要求我们对待任何工作都不能掉以轻心，你们现在就要用这样的标准要求自己。"邵慧珍当时就站在王振义的身边。这句话让她铭记在心，成为她今后做科研、教学工作的基本准则。邵慧珍自信满满地说道："现在，我还能一字不差地说出那4条鉴别方法。"①

进入教研组之后，王振义开始思考如何提高教研组的教学水平。他组织学生进行面对面的交流，要求学生围绕教学内容畅所欲言，从中发现了不少教研组教学中存在的问题。

有的学生反映："基础课所教的内容，临床用不上。例如解剖课总共要学300多个学时，神经及血管的细小分枝、骨的隆突等都讲得非常详细，大家花了很大的劲儿去学解剖，但到了临床，用上的却很少。"一些学生接着说："寄生虫学的讲课内容中，连寄生虫的某些形态结构是谁发现的、谁证实的，钩虫口囊里有多少牙齿，老师都要详细讲，而当同学接触实际工作时，大家却连血吸虫卵也不认识。"有的学生还反映："临床上所需要的东西，基础课却不讲，例如微生物学对临床霉菌的鉴别讲得很少；药理学不讲预防及治疗职业病中所需要的药物，常见疾病的药物讲得不突出，而这些却是在临床上需要用的东西。"

这些学生发言时，在场的其他学生都频频点头，表示深有同感。王振义意识到了问题的所在。教研组的教学工作竟与临床实际如此脱离，这与创办教研组的创办宗旨大相径庭。

为及时改变这一局面，王振义以身作则，带头开展临床与

---

① 邵慧珍：《我眼中的王振义》，未刊稿。

1962年，王振义（前排左三）和病理生理学教研组的同事合影

基础相结合的研究与教学工作，先后发表《氟氯烷（三氟溴氯乙烷）吸入麻醉初步报告》《输血前床头配血方法介绍》等多项临床与基础相结合的研究成果。用王振义的话来说："到病生教研组后，自己做的第一件事就是'造反'。"这种打破常规的创新精神正是他不断取得突破的关键所在。

王振义还和孙慧华、沈明、杨琳、张震等教研组的同事一起，撰写了《基础课与临床课之间存在的问题》，分析了基础课与临床课之间存在着的主要矛盾，特别强调了当时基础课严重脱离实际、与临床课严重脱节的现象，指出："基础课所教的内容，临床用不上；临床所需要的内容，基础课却不讲。例如，有一批同学在500份粪便检查中没有发现一个虫卵，而农村保健员却查出90％以上虫卵阳性。由于基础课与临床课之间脱节，所以同学虽然花了很多时间学完了基础课，到了临床都忘了或根本不用，以上许多事实都充分地说明了这一问题的严重性。"因此，王振义提出，为了"更多快好省地培养出质量更高的又红又专的医务干部"，"必须彻底打垮医学教育体系的旧框框，建立无产阶级的医学教育体系"。

教学要求严格的王振义，在课外也十分关心和爱护学生。他与学生打成一片，把他们视作自己的朋友、孩子，经常带领大家围坐在学校的草地上交流学习体会，了解学生的生活情况，并与他们一起开展集体活动。由于他法语出色，教研组在1963年和1964年间安排他担任法语班的法语教学工作。他跑到班里与学生们同吃同住，睡上下铺，建立起很好的感情联系。学生们被他渊博的知识、出众的教学能力和独特的人格魅力所吸引，都愿意跟着他学习，听从他的教导。这种师生情一直延续到了今天，如今同学们聚会时，总忘不了叫上尊敬的王老师。

1963年7月，王振义因在医、教、研等各项工作上的出色表现晋升为副教授，并再次当选为卢湾区人民代表。

四、农村医疗：社会主义教育运动的磨炼

1.在金山县金卫公社参加"社教运动"

1962年，党的八届十中全会提出，在实际工作中进行社会主义教育。经过试点，1963年年底，社会主义教育运动（以下简称

"社教运动"）在全国范围内大规模地开展起来。

1964年3月，王振义被派往上海金山县金卫公社新光大队参加"社教运动"。在为期两个月的工作中，他坚持"一切从党的利益出发"，认真开展灭钉螺、种牛痘、打防疫针、计划生育等卫生宣教工作，并通过深入贫下中农，全面了解中国农村的医疗状况。

组织上要求工作队与农民"三同"，即同吃、同住、同劳动。在选择住房时，王振义主动选卫生条件较差的房间居住，而将条件较好的房间留给其他同志居住。

有一天晚上，新光大队的刘队长来到了王振义居住的房间。

"咚咚咚"，刘队长敲了敲门，"王医生在吗？"

"哪一位，请进。"屋里传出王振义的声音。

刘队长推开门，看到一张桌子上，铺满了各种医学书籍资料。王振义正伏在书稿堆中，忙碌地工作。

"王医生，您忙着哪。"

王振义抬头一看："哎呀，是刘队长啊，欢迎欢迎。来，请坐。"王振义递了把椅子，并泡上了一杯茶。

"这里的卫生条件不好，可委屈您了啊。"离屋子不远处便是村民的猪舍。刘队长的话语中充满了愧疚。

"没有啊，还不错的，您放心吧。"

"王医生，今天我过来，是有个活动想请您参加。"

"好啊，您说。"王振义回答得很爽快。

"今年水稻收成不错，你们这些上海的知识分子又是刚来到这里。大队准备搞一个庆丰收的联谊活动，想请您来参加，并表演个文艺节目。"

"不，不，不"，王振义听了，赶忙连着摆了摆手，不好意思地说："我这个人哪，医匠一个。开个方子、配个药还可以，唱歌、跳舞真不是强项啊。"

刘队长笑着说："王医生您不用客气啊。都是村里的乡亲，大家在一起就是热闹热闹。通过这个活动，您也能和大家熟悉熟悉，更好地拉近距离。"

王振义便不再推托，硬着头皮答应了。为更好地联系和服务农民群众，并不擅长文艺表演的王振义选定了一首深受农民群众欢迎的歌曲《歌唱二小放牛郎》，闲暇之时，就在屋子里练习。

举行联谊活动当天，锣鼓喧天，人山人海，气氛非常喜庆。王振义也放开嗓子唱了起来："牛儿还在山坡吃草，放牛的却不知哪儿去了，不是他贪玩耍丢了牛，那放牛的孩子王二小……"他的演唱情绪饱满、声音嘹亮，悠扬的歌声飘荡在每个人的耳边，博得了乡亲们的满堂彩。有的人还跟着这熟悉的旋律哼了起来。歌声在田野上飘荡，把王振义与农民兄弟的心更紧密地连在一起。一曲终了，群众都纷纷鼓掌，并赞扬说："王医生唱得真好！"王振义双手抱拳回应道："献丑，献丑。"

当时，金山县文化馆培养了许多深受群众欢迎的故事员。王振义听了他们讲的故事后，就依样画葫芦地学着为农民讲革命故事，以农民群众喜闻乐见的方式与他们建立起深厚的感情。这个城里来的医生给大家留下了深刻的印象。

王振义不怕苦与累，抓紧在农村的时间，全心全意为农民群众提供医疗服务。

一个夜晚，天空下着大雨。王振义刚刚睡下，突然被一阵急促的敲门声惊醒。打开门，见一个老乡神色慌张地站在雨中。"王医生，您快到我家里去看看吧！我家孩子上吐下泻的，头也烧得厉害。"老乡焦急地说。

王振义赶忙穿上雨衣，带上急救药箱，随这名老乡出了门。雨越下越大。王振义和老乡一脚深、一脚浅地走在泥泞的乡间小路上。到了老乡家，王振义顾不得擦去身上的雨水和泥巴，忙着为生病的孩子诊治。经他诊断，孩子是食物中毒。服了王振义带去的药，孩子渐渐退了烧。为防止病情反复，王振义在孩子身旁守候了整整一夜。天亮了，孩子的身体情况依然稳定，王振义才终于放下心来。这时，他自己却不停地打起喷嚏，原来是着凉感冒了。

又有一天，大队的一个社员在做农活时突然昏迷，神志不清。王振义获悉后，二话没说，背上急救箱药就赶往现场。在抢救过程中，患者的呼吸突然停止。周围的人都被吓坏了。王振义却镇定自若。他让围观的人群闪开来，为患者保持一个通风顺畅的环境。然后，他趴在田垄边，口对口地为患者做人工呼吸，直至患者恢复正常呼吸。他的救死扶伤精神使在场的所有人深受感动。

还有一次，王振义在诊治一位患者时获悉，该患者病发后，一晚上心脏停跳6次，万幸的是每次都被抢救回来。"根据临床经验，救回来就应该没事了，这个患者怎么如此反反复复？"王振义很是奇怪，他问患者，"你发作之前有什么征兆呢？"患者说："很难过啊。胸闷，喉咙感觉有东西卡着。"于是，王振义等患者再次发作时，就和同事们掰开那个人的喉咙。他们竟然看到了一条蛔虫！

王振义顿时想明白了。当时农村地区普遍有蛔虫疾病，蛔虫又有迁移的习惯，最后爬到嗓子口促使患者难受不适，导致患者副反应发作。根据蛔虫喜欢甜和酸的食物的习惯，王振义针对性给药，再加上驱虫药防止蛔虫的迁移，最终排除了患者副反应的诱因，使患者恢复了健康。

这段在农村工作、生活的经历，让王振义看到农村需要文化，需要科学，更需要医生的现实。一种使命感油然而生，他深深感到自己应该肩负起为农民群众提供医疗服务的责任，在今后的教学过程中，要更加注重将教学内容与社会现实的需要联系起来，引导学生关注、解决现实问题，培养全心全意为老百姓服务的医生。

两个月以后，王振义在个人鉴定中详细总结了自己的收获和成绩：

第一，自觉改造较好。从参加社会主义教育运动集中学习至结束，能结合各项工作，多思多忆，教育自己改造自己。能经常以"一切从党的利益出发"为原则办事，初步注意克服患得患失的缺点。

第二，阶级觉悟有了提高。通过社会主义教育运动，特别是运动后一阶段的对敌斗争，调查材料，听忆苦思甜，参加评审会，参加斗争会，自己的阶级觉悟有了一定程度的提高。

第三，学习了农民的高贵品质，工农感情有了进一步提高。通过劳动，下住贫下中农，访贫问苦，扎根串联，组织贫下中农筹备小组，写队长的翻身史等工作，看到了农民具有的勤劳朴实、勤俭持家；高度的阶级觉悟和全心全意为人民服务的精神；听党的话，坚决执行党的指示，维护集体利益，坚定走社会主义道路等优良品质。

第四，做好锻炼日记，坚持学习毛选，经常联系思想，加速自我教育和改造。下乡以来，基本上做到每天写日记，从劳动工作学习中所遇到的问题或事例，联系思想，写心得体会，记在日记本上。学习毛选是在"活学活用，学以致用"的原则下进行的。通过学习毛选尝到了甜头，深刻体会到学习毛选是思想改造的过程，写学习毛选心得就是自觉革命的过程。

第五，看到农村大好形势，认识到人民公社的优越性。通过工作、劳动以及收集一些资料，对农村大好形势及人民公社优越性有了感性上的认识。

第六，能放下架子，虚心向劳动人民学习，也不断学习其他同志的优点，过好群众关。下乡以来，见到和遇到许多新的问题，充分说明知识分子的"知识"是有限的、片面的。知识分子一定要放下架子与工农打成一片，这样才能树立无产阶级立场，培养工农感情。

王振义还特别强调，通过这次下乡，"进一步体会到党的教育方针的正确性和重要性。下乡后看到农村中需要文化，需要卫生，需要科学。农村的落后面貌是旧社会剥削阶级统治所遗留下来的。解放前大部分农民深受帝国主义、反动派、封建地主，还有土匪的剥削和压迫。解放后，他们翻了身，生活有提高。但水平还是低的。农村中需要大批医务人员。但需要的是全心全意为他们服务的，能结合实际情况进行卫生工作的医生。这一任务就要我们来完成。'教育者必须先受教育'，如果我们自己没有感性认识，自己不先受教育，那么我们怎样能培养出符合于上面要求的学生呢"？所以，他表示了自己的一种强烈的愿望："1.回上海后一定要好好地贯彻党的教育方针，不断要以阶级感情激发自己，努力培养出全心全意为农民服务的医生，为此不能只管学生的专，而应该红专都要管；2.要把教学内容更切合实际，符合于实际需要。例如在现在条件下怎样灭钉螺，怎样预防血吸虫病的问题看来在农村中没有完全解决。"

上海第二医学院基础部二中队党支部，在王振义撰写的长达1万多字的《参加社会主义教育运动的总结》后面写下了这样的评语："能够暴露思想，联系实际，自觉革命要求严格。抓紧时间学毛选，写心得。坚持记锻炼日记，从不间断。工作认真细致，结合工作，对照自己找差距，找原因，能分析。能够放下知识分子架子，下住贫农家，对工农感情有所增长。主动参加劳动，积极进行知识分子劳动化的锻炼。关心群众，与农民能打成一片，阶级觉悟提高。今后应戒骄戒躁，加速自觉革命，坚持进行知识分子与工农群众相结合，努力成为真正的无产阶级知识分子。"①

---

① 《金山县金卫公社新光大队农村社会主义教育运动个人鉴定》，1964年5月。

尽管这个评语中深深地留下了那个时代的烙印，但是，我们仍可以看到，当时的党组织和群众对王振义的表现是很满意的。

2. 半农半读医专的骨干教师

1965年6月26日，毛泽东发表了著名的"六二六"指示，号召"把医疗卫生工作的重点放到农村去"。全国医疗卫生系统积极响应。7～8月，卫生部相继召开了全国农村医学教育会议和全国高等医学教育会议，要求"高等医学院校到农村办学"。①为了贯彻中央关于农村卫生工作的指示精神，二医随即决定在上海市嘉定县卫生学校（现为上海医药高等专科学校嘉定校区）开办上海半农半读医学专科学校，专门培养农村医疗人才（俗称"赤脚医生"）。半农半读的教学方式是刘少奇在1958年5月中共中央政治局扩大会议上提出的，旨在通过边接受教育边参加劳动的方式，实现教育与生产劳动的全面结合，加快推进社会主义教育事业的发展步伐。这种教学方式成为贯彻"六二六"指示的最有效载体。

作为当时高等医学教育改革的一项重要内容，上海半农半读医专的筹建得到上海第二医学院的高度重视和各附属医院的大力支持。时任二医党委书记的关子展②亲自调配干部组成筹建组；时任基础部主任的余㵑③也明确表示："建校过程中，若有人员方面的需要，基础部一定全力配合，全体教员任凭挑选。"④

根据教学任务的实际需要，学校抽调了一批年轻有为的教

---

① 董宝良主编：《中国近现代高等教育史》，华中科技大学出版社2007年版，第329～330页。

② 关子展（1914～1996），曾任上海第二医学院党委书记兼院长。

③ 余㵑（1903～1988），一级教授，著名细菌学、微生物学、免疫学专家。

④ 《关于筹建上海半农半读医学专科学校情况的汇报》，上海交通大学医学院档案馆馆藏《上海半农半读医学专科学校》档案，1965年第20号。

师、医生到半农半读医专参加教学工作。1965年6月，王振义以内科医生和教师的双重身份被抽调到半农半读医专，负责临床教学和常见疾病教研组内科小组的教学任务。他是当时抽调教师中唯一的一名副教授，也是整个嘉定卫校中唯一拥有高级职称的教师。然而，他并没有因此自视"高人一等"。相反，他是所有派遣教师中表现最积极的。[1]因为在他看来，为农村培养医生不仅是一项意义深远的工作，而且也是自己作为一名医务工作者、一名医学教师应尽的责任与义务。

到任不久，王振义马上就参与到教学计划的制订工作中。他提出："要从农村医疗的实际出发设置教学大纲，教学内容要以常见疾病的诊疗和防治为核心。在学制缩短为3年的前提下，基础知识的教学要精简，重点讲授农村疾病治疗中能派上实际用场的基础知识，突出实践性。以药理学为例，其课程名称应改称药剂学，所教内容要根据不同季节的变换而做相应调整，确保学生所学知识能够及时应用到临床一线。"由于当时临床课程的设置占到全部课程的九分之七之多，让担任临床教学组组长的他深感责任重大。

由于半农半读医专是在原嘉定卫校的基础上筹办的，因此，团结好学校原有教职员工成为建校初期的重要任务之一。王振义在这方面做得十分出色，他不仅用自己的实力赢得了同行的尊重，而且还在工作的细节方面注重与大家合作，形成了融洽、团结的良好氛围。

在教学方面，王振义对学生的要求还是同样的严格，对学生的学习生活情况也同样的关心。无论学生的家庭出身如何，医学基础如何，他都一视同仁，耐心细致地教授他们医学的知识与技能。针对学生大部分出身贫下中农且医学基础较弱的特征，他

---

[1] 《徐也鲁采访记录》，2011年1月28日。

克服种种困难，长期坚持使用基础和临床结合的授课方法，通过形象化的举例分析，深入浅出地为学生们讲解复杂深奥的理论知识，让学生们在较短时间内掌握了一系列重要的基础医学知识。学生们则对王振义的讲课大加赞赏，称他不愧为二医派来的最好的、最年轻的教授。

除了教学工作外，王振义大部分时间都在嘉定县人民医院开展临床教学与医疗工作。他还时常带着学生下乡开展巡回医疗，为贫下中农送医送药。由于条件限制，缺乏仪器设备和药物的王振义，就尝试着用刚刚学会的中医诊疗方法为农民看病。这也让跟随他的学生们打开了眼界，重新认识到了祖国医学在实际治疗中的重要作用，开拓了思维。在巡回医疗过程中，他不怕天寒地冻，不顾刮风下雨，一家一户访贫问苦、送医送药，常常为了抢救患者放弃自己的休息时间。有时，星期天在家得知抢救患者的

2011年，王振义（左二）和当年上海半农半读医专的学生合影

消息后，他就立刻起身从市内高安路的家中赶往嘉定参加抢救工作。[1]王振义这种忘我的精神感动了他的每一个患者和学生，他们发自肺腑地称他为"白求恩式的大夫"。[2]

中共上海半农半读医学专科学校总支，在同意王振义继续担任下届区人民代表的意见中指出："王振义同志来我校担任临床教学及教学小组长等工作半年多中，政治上要求进步，靠拢组织，能积极贯彻党的教育方针及党中央和毛主席对卫生工作的指示，并能积极参加各项政治活动，学习毛主席著作能结合自己的思想改造。在教学工作中是热情主动、认真负责的。能钻研业务。对同学能全面关心。对患者关心，常为了抢救患者而放弃自己的休息。"

由于王振义处处以身作则，对同志态度很好，在群众中有一定的威信，他到上海半农半读医学专科学校工作只有半年，就在该校工会改选时当选为工会主席。

40年后的今天，王振义重新回忆起这段往事时，不由感叹道："目睹贫下中农的艰苦生活，让我看清了自身所处时代的社会现实。迫于条件的限制，我不得不重起炉灶，利用身边一切可以利用的资源，在原有基础上，学习针灸等中药治疗方法，研究草药的功效，用这些知识与技能去救治穷苦百姓的性命。当时，我已经准备好一辈子做个'赤脚医生'了。"[3]在他看来："作为一个医生，如果不了解国家、社会的现实，不知道百姓的需要是什么，只顾一个人闷头做研究，不掌握各方面的知识与信息，是不可能适应时代发展的要求的，也是不会取得成功的。"[4]

---

① 《关于王振义继续担任人民代表的调查意见》，1966年2月21日。

② 陈凤生：《王振义：白求恩式的大夫》，2011年1月。

③ 《王振义采访记录》，2011年1月19日。

④ 《王振义采访记录》，2011年1月19日。

3. "文化大革命"时期：
在跌宕起伏中的坚韧与勤勉

1966年，"文化大革命"的爆发打乱了学校正常的教学计划。在校的学生们不愿荒废学业，想抓紧时间到临床做实习，多学些业务。为满足学生的学习要求，学校教学的重心也随之从基础理论转向临床实践。当时，学校坐落在嘉定马陆镇，学校的临床教学基地则设在嘉定县城中的嘉定县人民医院。由于人民医院规模有限，无法为学生提供足够的实习岗位，王振义就和其他几位教师一起，通过自己的社会关系为学生们寻找实习医院。在王振义的联系下，普陀区人民医院答应接收一部分学生来院实习。1968年，这批学生毕业后按要求都回到了各自所在的公社，因业务学习较好，他们中的大部分到各区县医院工作，并成为所在医院的医疗和学科骨干。

然而，在"文化大革命"中，王振义还是受到了不公正的待遇。在半农半读医专工作的后期，他和很多知识分子一样受到审查和批判，被迫参加各种体力劳动，但他从不自怨自艾，而是坚持做好每一份工作。他的大儿子王志群至今还记得自己到半农半读医专看望父亲时，王振义独自一人衣衫褴褛、低着头在过道里默默扫地的场景。但是，王志群没有从王振义的眼神中看到悲观和绝望，而是一份淡定和坚毅。[①]因为王振义心中有崇高的理想，有坚定的信念，就像那流不尽的黄浦江，不管沿途有多少崇山峻岭、峡谷险滩，它总是不畏艰难，不怕曲折地滔滔东去，奔向浩瀚的大海，谁也阻挡不住。

1969年3月26日，上海半农半读医学专科学校革命委员会在

---

① 王志群：《我的父亲王振义》，《瑞音》2011年1月，第38~39页。

1998年，上海半农半读医专1968届校友30周年联谊会留影（第二排左起第十人为王振义）

决定恢复王振义的工作时，下了这样的结论："（有）严重政历问题，属人民内部矛盾，给予解放。""文化大革命"结束后，瑞金医院党委在1978年11月30日正式发文，认为"王振义同志历史清楚，解放后拥护共产党，拥护社会主义，工作一贯积极负责，在医、教、研工作中作出了较大成绩"，撤销了上海半农半读医学专科学校革命委员会对王振义的错误结论，"推倒一切不实之词，恢复名誉，消除影响"。

1969年7月，王振义被派往位于安徽歙县无名山的二医皖南干校做保健医生，同时被要求继续参加体力劳动。即便生活在这样困难的环境中，王振义也始终没有一句怨言，而是心平气和、踏踏实实地投入到每一项具体工作中去，继续利用身边有限的资源，抓紧时间学习新的知识。他说："只要我能在工作中拓宽自己的知识，又不断地阅览专业书刊，不脱离临床实践，理论联系实际，即使研究条件十分简陋，依然能沿着已定的方向前进的。"[1]

161

---

[1] 中国工程院学部工作部：《中国工程院院士自述》，上海教育出版社1998年版，第779页。

一天深夜，干校附近练江牧场的一位知识青年突然因病昏迷。王振义得到消息后，二话不说，背上急救药箱就往现场赶去。抢救过程中，患者呼吸突然停止。他不怕脏、不怕累，跪在地上口对口地为患者做人工呼吸，直至患者恢复正常呼吸。他的这种救死扶伤的精神赢得了当地群众的好评。

从1965年6月到1971年9月的6年多时间里，王振义一直都生活、工作在农村。农村相对落后的工作条件没有成为阻碍王振义医学道路的绊脚石，反而让他更深入地接触和认识到社会大众对医学的实际需要，继续利用一切可以利用的资源开展医学研究和疾病治疗工作。

1971年9月，王振义回到二医校园。为落实"开门办学"、招收工农兵学员和战备建设的要求，二医开展了一系列教育革命，对教学安排进行重新设置。根据新学制，学校组织人员重新编写教材，并参与全国协作教材的编写工作。此时的王振义在教学、临床和基础理论等方面都已积累起丰富的经验，因而他被调往教材组参加教材编写工作，并担任上海市大学教材《内科学》的主编之一。

1973年6月，王振义重回瑞金医院内科（即原广慈医院，1967年更名为"东方红医院"，1972年更名为"瑞金医院"），分管他的老本行血液病的治疗与研究工作。白血病始终是他最牵挂的"心病"，他渴望早日找到治疗之道，解除患者痛苦，挽救患者的生命。然而，自从1960年离开临床一线起，他先后在多个不同岗位上工作多年，研究的方向也根据岗位的实际需要而多次转变，血液学的研究也因此耽搁下来。在常人看来，这无疑增加了他"重操旧业"难度。

但是，在擅长"反向思维"的王振义看来，这段经历不仅没有对他的血液学研究产生负面影响，反而丰富了他的研究经历，让他进一步开拓了研究的思路与视野，更好地掌握基础知

1985 年，王振义（右一）和上海半农半读医专老同事合影

识的理论。因为勤奋努力的他，在频繁的调动中没有浪费一分钟的时间，而是时时刻刻都在为自己的医学人生积累知识的财富。后来，他自己也曾打趣地说：“正因为我既做过临床医生，又搞过基础研究，既讲授过西医，又懂得中医，既教过法语，又到农村做过赤脚医生，这一切都让我对医学有了更全面的认知，因此在80年代中期，组织推荐由谁出任院长时，我就多了一点优势。”[①]这种泰然处世的积极心态，是王振义不断取得事业进步的要素之一。

---

① 《王振义采访记录》，2011年1月19日。

第|五|章

血栓与止血：临床到基础的不断转换

进入20世纪60年代以后，王振义在组织的安排下，在临床和基础多个岗位上不断转换。虽然在逐渐兴起的政治运动中，他并没有受到严重的伤害，但也遭受了一些不公正的待遇，行医和科研之路也不可避免地受到一定影响。然而，面对困境，他始终保持着那份平和的心态，泰然处世，兢兢业业地完成组织交予的每一份工作。宝剑锋从磨砺出，梅花香自苦寒来。历经十余年的坚守，这段跌宕起伏的经历成为他人生的宝贵财富。终于，在科学的春天中，他迎来新一轮绽放。

一、重回瑞金医院与血液病研究室的设立

1. 科学春天的到来

1978年3月，中共中央、国务院在北京隆重召开了全国科学大会。这是中国科技发展史上一次具有里程碑意义的盛会。邓小平在这次大会上的讲话中明确指出："现代化的关键是科学技术现代化"，"知识分子是工人阶级的一部分"，提出了"科学技术是生产力"这一重要论断，强调了科学技术和科技人才在社会主义现代化进程中的重要作用，从而澄清了长期束缚科学技术发展的重大理论是非问题，打开了长期禁锢知识分子的桎梏。中国的科教文卫事业迎来了久违的春天。

同年12月召开的党的十一届三中全会，果断地做出把全党工作着重点和全国人民的注意力转移到社会主义现代化建设上来的

战略决策，揭开了党和国家历史的新篇章，是新中国成立以来我们党历史上具有深远意义的伟大转折。

对王振义来说，这一年发生的所有变化都是那样的意义不凡，让人记忆犹新。1978年4月1日早晨，太阳还没有升起，王振义已打开家里唯一的电子产品——电子管收音机，收听中央人民广播电台的《新闻和报纸摘要》节目。这时，正在播送全国科学大会闭幕式上由播音员现场朗诵的、郭沫若署名的文章《科学的春天》。应该说，王振义和所有科学、教育、医疗战线上的同道们再度热血沸腾。郭沫若指出："从我一生的经历，我悟出了一条千真万确的真理：只有社会主义才能解放科学，也只有在科学的基础上才能建设社会主义。科学需要社会主义，社会主义更需要科学。"他祝愿中年一代的科学工作者"奋发图强，革命加拼命，勇攀世界科学高峰"。他说："你们是赶超世界先进水平的中坚，任重而道远。古人尚能'头悬梁，锥刺股'，孜孜不倦地学习，你们为了共产主义的伟大理想，一定会更加专心致志，废寝忘食，刻苦攻关。赶超，关键是时间。时间就是生命，时间就是速度，时间就是力量。趁你们年富力强的时候，为人民做出更多的贡献吧！"

春天，每一个角落都荡漾着生命萌发的绿意，每一缕空气都弥漫着比爱情还要甜蜜的气息。王振义的血在沸腾，他下决心要为医学作出新的贡献！

万物复苏，万象更新。古老沧桑的中华大地焕发出生机勃勃的活力，越来越多的华夏儿女以积极自信的精神面貌迈出国门，走向世界。出国学习的梦想种子在王振义年幼学习外语时便已种下。如今，时代赋予了梦想成为现实的机遇。在"我们民族历史上最灿烂的科学的春天到来"的时候，雄心勃勃的王振义渴望去国外学习先进的医学理念和知识，他毫不犹豫地报名参加了国家公费留学考试。

令人遗憾的是，尽管王振义顺利通过考试，但工作人员抱歉地对他说："王医生，国家规定出国留学人员的年龄不能超过55岁。"那年，王振义恰好55岁。听到这个回信，王振义心平如镜。正如老子在《道德经》中所说："上善若水，水善利万物而不争。" 水善于滋润万物而不与万物相争，又能随遇而变，随遇而安，恰似人生的沉浮遭际。

直到多年以后，王振义才跟随由邝安堃、傅培彬[①]领衔的二医访问团前往法国进行为期两周的学术交流。到现在，他还清楚地记得第一次出访时的"窘境"。他说："那是我第一次出国，口袋里没有很多钱，每天中午只能买一些三明治带回旅馆偷偷地吃，因为怕给法国教授看见，嘲笑中国教授连顿像样的正餐都吃不起。"谁也没有料想到，就是当时这样一位"寒酸"的中国教授，在1992年被选为法国科学院外籍通讯院士，成为国际血液学研究领域中最顶尖的科学家之一。

2. 血液病研究室的成立

为了加强血液病研究工作，瑞金医院正式成立了血液病研究室，由内科和儿科共建。王振义担任研究室主任，儿科医生胡庆澧[②]为副主任。血液病的研究队伍中包括了检验科主任徐福燕，血液科医生王鸿利、张利年、孙关林等人。王振义带领他的同事们一起编写了供瑞金医院进修医师学习使用的血液病讲义，希望把"文化大革命"中失去的时间夺回来，把对年轻一代人教育补起来。他本人也被连续聘为上海市卫生局血液进修班主讲教师。

---

① 傅培彬（1912～1989），一级教授，著名外科专家，曾任瑞金医院院长、外科主任。

② 胡庆澧（1932～ ），上海交通大学医学院顾问、附属瑞金医院终身教授，联合国教科文组织（UNESCO）国际生命伦理委员会（IBC）委员。曾任世界卫生组织助理总干事、副总干事等职。

2002 年，王振义和胡庆澧在上海第二医科大学建校 50 周年时合影

血液病研究室成立后，王振义亲自领导血液病的临床治疗与研究工作，重点研究弥漫性血管内出血（DIC）临床诊断与治疗、血小板功能缺陷性疾病、白血病的诊断与中西医结合治疗以及其他各种血液疾病。他克服血液组人员少的困难，充分发扬学术民主，积极调动团队成员积极性，引导和鼓励团队向血液病研究的广度和深度进军。

为提高团队科研水平，及时掌握国际最新研究动态，王振义还亲自主抓小组成员的外语学习和业务教学。30多年后，孙关林对当时的情景还是记忆犹新："王老师来了之后首先考虑到的是人才培养。因为当时血液科的工作人员都是60年代毕业的，学习的情况也比较复杂，大多都是念俄文的，也有的是读英语的，水平参差不齐，王老师就先开始就帮助我们学习英语。记得

1981 年，王振义在血液病学术会议上发言

那时候他和我们三四个人下班后不回去，吃点点心，然后就给我们上英文课，很晚才回家。他叫我去图书馆把英语版的西医内科学找出来作为学习的教材。当时的原版书是很宝贵的，图书馆只有一本，所以借出来以后，我们先是在蜡纸上打字，然后再油印。王老师基本上每天晚上给我们上英语课，拿着这本讲义给我们领读，给我们讲解，就这样我们这批人的英语水平慢慢地提高了。"①

在抓人才建设的同时，王振义提出要把实验室搞起来。他把孙关林抽出来一边做临床一边做实验。孙关林回忆："当时我一个人是怎么做呢？那时实验用的瓶子呀什么的都要自己洗。而作为大内科医生任务是很多的，要做门、急诊，科里、病房里的事

① 《孙关林采访记录》，2012年9月12日。

大家可以帮我分担掉，但是门、急诊室是无法推的，要轮班的。门诊往往是到上午10点患者就很多了，我一边在做实验一边就有人在反复催我快点去看门诊。也有人说实验室的事要你医生来做干嘛，叫技术员来做就好了嘛。当时人家不理解，所以我很多实验是在晚上完成的。因为对能攻克白血病我也蛮有兴趣的，自己累一点，加班加点也不计较，临床工作要做，实验室工作也要做。当我们遇到困难的时候，王老师就来帮我们解决。我记得当时我们实验室很小，第一次做实验的时候因为没有什么设备，我发现检验科有一架荧光显微镜，是以紫外线为光源，用以照射被检物体，使之发出荧光，然后在显微镜下观察物体的形状及其所在位置。为什么要做这实验呢？因为当时国外在研究DNA问题，当然它不像我们现在研究得那么深，只知道DNA和ANA用激光打了以后在显微镜下它的显示不同，我们想根据这个原理来测定细胞中DNA的含量多少。我们采用几个'+'来表示。通过这方法来测定患者通过化疗后细胞中DNA丧失了多少。若DNA少了，说明这细胞已被打死；若DNA还活泼，说明细胞还没有死。当时我们要做这个实验，就问检验科能否把荧光显微镜借给我们。检验科主任兼血液科副主任徐福燕，很支持我们，就同意了。我们需要实验室，王老师就让我们用病房中的那间空置的房间，那是以前法国人用来给实习医生做实验用的现已废弃的房间。我们就在这房间中用黑布遮了一块地方，一个人在里面看显微镜，因为设备要求是暗房。后来病房的一个小厨房正好搬到另外一个地方去了，我们总算可以在一个比较像样的房间里做实验了，这也是我们科最早的实验室。"[1]

在王振义的带领下，瑞金医院的血液学研究取得了丰硕成果，特别是在血友病相关的方面。例如，在血友病病理及遗传基

---

[1] 《孙关林采访记录》，2012年9月12日。

础方面，他们重点研究了先天性因子Ⅷ缺乏症①和血友病A携带者②。在抗原抗血清制备方面，王振义和卫生部上海生物制品研究所张天仁教授合作，在国内首先提纯因子Ⅷ相关抗原（即VW因子），β血小板球蛋白（βTG）、蛋白C、蛋白S、凝血酶敏感蛋白（TSP），并制成抗血清应用于临床③。他们还对抗原抗血清的临床应用进行了研究④，探讨了因子Ⅷ在血友病凝血活性分型方面的意义⑤，推动了我国血管性血友病（vWD）和血友病携带者的临床治疗和研究，在国内报告首例蛋白S遗传性缺乏症。有关论文发表在《中华血液学杂志》，其中，有关因子Ⅷ的基础与临床研究成果，连续两年（1981年、1982年）获得卫生部科技成果二等奖。

同时，王振义还与其他科室的专家展开合作研究。例如，与肾内科董德长教授合作研究肾衰竭与凝血⑥，与杨永华合作研究中西医结合治疗感染性休克⑦，与杜心圩合作探讨骨髓穿刺活检⑧等。他和董德长等人合作，在《上海医学》1982年第5卷第11期发表的《慢性肾功能衰竭维持血透患者的凝血机制变化》一

---

① 王鸿利、王振义、支立民：《先天性因子ⅩⅢ缺乏症》，《中华血液学杂志》1980年第1卷。

② 陈竺、王振义等：《血友病A携带者的研究》，《中华血液学杂志》1982年第3卷。

③ 张天仁、王振义等：《因子Ⅷ相关抗原抗血清的制备》，《中华血液学杂志》1980年第1卷。王振义：《因子Ⅷ抗原及制抗血清的制备及临床应用》，《国外学者访问学报告汇编》1983年第3卷。

④ 王振义：《因子Ⅷ相关抗原抗血清临床应用的意义》，《中华血液学杂志》1981年第2卷。费冲、王振义等：《因子Ⅷ相关抗原在妊娠期中的变化》，《中华妇产科杂志》。

⑤ 陈竺、王振义等：《血友病A按因子Ⅷ凝血活性分型的研究》，《上海医学》1982年第5卷。

⑥ 董德长、王振义等：《丹参封慢性肾衰高凝状态及肾功能的影响》，《中华内科杂志》1982年第21卷。董德长、王振义等：《慢性肾功能衰竭维持血透患者的凝血机制变化》，《上海医学》1982年第5卷第11期。

⑦ 杨永华、王振义等：《中西医结合治疗感染性休克的临床观察》，《上海中医药杂志》1981年第6卷。

⑧ 杜心圩、王振义等：《骨髓穿刺活检基本病变的观察》，《蚌埠医学院学报》1981年第6卷。

2005 年，王振义与董德长（左）、范桑同（中）一起出席"中法医学日"活动

文，在"测定了20例慢性肾功能衰竭（慢性肾衰）维持血液透析（血透）患者血透前及血透24小时、48小时后的凝血像"后得出了这样的结论："在血透前，各项指标的改变与肾衰非透析患者相似，显示血透患者亦存在不同程度的高凝状态。透析24小时后，高凝指标的变化更为显著，尤以ⅧR:Ag 增高、AT-Ⅲ降低、TEG-γ 值减少以及 TEG-ma 值增高最为明显。在血小板的检查中，透析前患者有血小板功能不良，但透析后并无相应改善。上述结果说明，透析后患者的出、凝血机理更为紊乱，这可能与注射肝素和所用的人工肾类型有关。提示目前我们进行的透析技术尚待改进。定时检测患者的凝血象，有利于及时制定相应的治疗措施，并防止血透并发症的发生。" 这些成果中的很大一部分，也为他今后的研究打下了扎实的基础。

在此期间，王振义先后主编、参编血液学著作8本，参与和指导专业研究论文21篇，研究成果达到国内外先进水平，对血液学研究有着重要的参考价值。

在临床方面，王振义经常放弃节假日休息，来院查房、参加急诊，遇到抢救危重患者总是随叫随到。据孙关林回忆："那时候，他每天带我们查房，基本上不像现在这样坐下来查，而是站在病房中根据床位一个一个地查下来，住院医生汇报患者的病情、处理情况，然后主治医生作补充，最后是他从最高级主任医生层面作补充、讲解。因此当时的查房是很辛苦的，站一上午，查一上午。查房过程中，王老师主要是根据患者的情况提一些问题，看看住院医生对患者的体检是否完整，病史了解得是否全面，对患者初步的诊断是否合乎逻辑。当时诊断患者很复杂，不

1978年，王振义（前排中）和第十届全国血液进修班学员合影

像现在有那么多化验项目，不可能一下子诊断出来。那么就要看你的诊断思路是否符合逻辑，他若觉得不足之处的话就会提出意见，但是他的态度还是比较和蔼可亲的。"[1]

王振义要求每周五进行一次疑难病例总查房。无论是临床医生、实习医生，还是与患者治疗相关的科室医生都被要求参加。讨论前，他会事先了解患者的病历，查阅相关文献，做好充分准备。总查房的当天，他会亲切而全面地询问患者的情况，然后十分认真仔细地进行体检。由于淋巴结的检查对血液疾病的诊断有着重要的临床意义，因此每次他都从头到脚、仔细触摸患者体表可触及的淋巴结部位。如果患者身上有疹子，他还会仔细地将患者的全身皮肤进行观察。查房结束后的讨论会，他要求每个参加讨论的人都要讲解病例，然后提出自己对该病的看法，探讨最优的诊断和处理方法，这样的训练让全体参与者受益匪浅。[2]

从1977年起，王振义连续3年被评为上海第二医学院先进工作者。在王振义的优良作风带动下，他所在的瑞金医院内科四病区和血液组在1977年、1978年连续两年被评为二医先进集体。

---

① 《孙关林采访记录》，2012年9月12日。

② 邵慧珍：《我眼中的王振义》，未刊稿。

二、承担病理生理教研室的教学、科研与管理重任

1.出任病理生理教研室主任

　　错失留学机会的王振义，在1978年的7月，又一次面临岗位调动的选择。为了进一步加强和提升学校病理生理的教学与科研工作水平，学校决定让经验丰富的王振义回到病理生理教研室，担任教研室主任，负责教研室的管理与学科建设。多年后，王振义坦率地说："当时，从自身兴趣的角度出发，在行政与科研之间，我还是更喜欢做些科学研究工作，更想留在临床继续从事医疗和科研工作。但是考虑到这是组织的安排，我觉得还是应该以集体的利益为重，服从调动，回到教研室工作。"

　　社会环境的转变为王振义大展身手提供了广泛的空间。他的到来给教研室的发展带来了生机。王振义审时度势、因陋就简地组织教研室成员重启"文化大革命"期间被迫停止的动脉粥样硬化研究，集中力量，寻找突破。

　　在已建立起的动脉粥样硬化动物模型基础上，王振义组织科研人员进一步开展动物实验，观察中药蒲黄对动脉粥样硬化的防治作用。实验成功后，教研组与上海中药三厂进行合作，试制了主含蒲黄的中药制剂，投入临床实验，探寻中药蒲黄对冠心病患者的临床疗效。中药蒲黄系香蒲科植物水浊的花粉。《本草纲目》记载："蒲黄手足厥阴血分药也，故能治血止痛，生则能行，

1989年，王振义在中药蒲黄防治动脉粥样硬化机制及有效性研究鉴定会上发言

熟则能止，与五灵脂同用，能治一切心腹诸痛"。祖国医学描述的"胸痹""真心痛"，其征候与冠心病心绞痛相似。据临床报道，由蒲黄和五灵脂为主组成的"失笑散"加味对冠心病有一定疗效，此外，又发现单味蒲黄对降低血清胆固醇和血小板黏附率也有较好的作用。这一系列研究迈出了教研室发展的关键一步。同时，王振义还带领教研室开展止血与血栓研究，在国内首先提出多种凝血相关因子，并制成抗血清应用于临床。推动了我国血管性血友病和血友病携带者方面的研究发展。

在此基础上，王振义指导他的第一位博士研究生赵基从中药蒲黄中提纯了4种有效成分，并从出凝血、纤溶、内皮细胞水平，阐明了生蒲黄防治家兔食饵性动脉粥样硬化的机制，相关论文《蒲黄对内皮细胞tPA和PGI生成调节的远期研究》和《蒲黄提取复合物的抗动脉粥样硬化效应》分别发表在《中华医学杂志》英文版和国外期刊《血栓研究》上。这个有关中药的课题"中药蒲黄防治动脉粥样硬化机制的研究"，获得了国家教委1989年度科技进步奖二等奖。这可以说是王振义形成了中西医结合的探索思路后，学术上取得的重要突破。

同时，王振义仍然没有忘记对钟爱的出血性疾病的研究。弥散性血管内凝血（DIC）是一种常见的病理生理现象，是由感染、创伤、癌症等多种因素导致的弥散性微血管内血栓形成，继之因凝血因子及血小板被大量消耗及纤维蛋白溶亢进导致的严重的凝血疾病。病生教研室也对这种起病急、预后差的疾病进行了一段时间的研究。临床上尤其是血液科的患者虽然经常发生DIC，但是医生常常因为相关知识的缺乏而措手不及，导致严重的后果。在回到临床工作后，王振义向众多医生传授了DIC发病机理、临床表现以及处理的方法，加深了临床医生对这种凶险的出凝血疾病的认识，在临床上加以应用，挽救了不少这种病患的生命。他还发表了《弥散性血管内凝血》一文，对DIC的诊断、机制和治疗等做了详尽的介绍。[1]

王振义的继任者、二医大病生教研室原主任徐也鲁教授回忆："王振义的到来给教研室的发展带来了生机。他很快就把研究队伍重新组织、整合起来，认准动脉粥样硬化的研究方向，集中力量，寻找突破。更让人钦佩的是，工作中的王振义从来就是把集体需要放在第一位。他没有因为自己擅长血液研究而将教研室搞成纯血液研究的机构，而是根据教研室的实际情况，团结、引导大家开展科研、教学工作。为病生教研室的发展奠定了基础。"[2]

正是在王振义任主任期间，病生教研室取得了一系列重要

---

① 王振义：《弥散性血管内凝血》，《牡丹江医专学报》1982年第2期。

② 《徐也鲁采访记录》，2011年1月28日。

二医病理生理学教研室四任主任合影，右起依次为：张启良、王振义、徐也鲁、陈国强

突破，先后获得卫生部、国家教委、上海市颁发的各类科技奖项10余项，成为教研室发展史上最辉煌的时期。1986年，随着上海经济的发展，市教委开展了重点学科的建设，病生教研室被列入重点建设对象，申请到38万元人民币资金，数额虽不大（当时最高为150万元），但对教研室添设基本设备、进一步开展科研工作、提高教学水平起了很大作用。

工作上，王振义"作风民主，遇到重要事项，总能及时与大家商量，听取群众意见；对待教学和科研工作更是一丝不苟，为确保教学质量，他建立了集体备课制度；为加强信息分享，他定期组织学术报告会。日常生活中，他待人诚恳，经常向需要帮助的同事伸出援手，在教师与学生中享有极好的口碑"。[1]

在王振义正直严谨的作风影响下，"教研室的同事们养成了

---

[1]　黄桂秋：《王振义时期的病理生理教研室》，未刊稿。

工作时不闲聊的习惯，专心于科学研究，这样的研究氛围成了一条不成文的规定。团队中，大家气氛融洽，不用为人际关系而烦恼，可以将更多的时间用在研究工作上。在王老师身上，也看不到一般知识分子不愿与他人分享自己研究成果的弊病，他总是毫无保留地将自己的研究与同仁分享。可以说，王老师的身教重于言传"。①邵慧珍回忆说。

在同事们的印象中，王振义不仅是科研和教学上的带头人，更是优良作风的表率者。有人曾劝他利用手上的资源找找"门路"，把在安徽马鞍山当工人的儿子调回上海，被他严词拒绝。当一位患者出于感激之情，执意送给他两瓶"竹叶青"时，他把酒送交党支部处理。他时常对周围的同志说："我们不能占患者一分一厘。"

出任病生教研室主任的同时，王振义招收了恢复研究生招生制度后的第一批硕士研究生。陈竺和陈赛娟有幸入其师门。王振义在医、教、研领域中的杰出成绩也成为他们努力奋斗的目标。作为导师，王振义也经常告诫自己的学生："做人要有不断攀高的雄心，但要淡泊名利，对待荣誉要有自我约束的力量，珍惜生命才是根本。"②

《上海二医报》1981年第34期发表了王振义以病理生理学教研室主任的身份撰写的文章《我的备课过程》，介绍了他在编写病理生理的《自身免疫性疾病》讲稿和备课过程中的一些体会。他针对怎样把新的学科内容简明地传授给同学，从明确课程重点、大量阅读国内外文献、相互学习以及减轻学生负担等方面介绍了自己的经验，以期有效提高整体教学质量。

第一，要明确这堂课重点讲什么？王振义认为："病生是一

---

① 邵慧珍：《我眼中的王振义》，未刊稿。

② 《"正"癌第一人》，中共上海市委宣传部：《走进他们：大型人物访谈》第3辑，上海百家出版社2009年版，第291页。

门介于基础和临床课之间的桥梁课。病生应讲些什么？根据病生的特点和任务，这堂课的内容应放在阐明自身免疫性疾病发生、发展的规律和机理。为了避免与微生物学、内科学、皮肤科学发生脱节和重复，所以写讲稿以前，先阅读了有关的教科书。了解同学学习过什么？什么是他们的难点，然后确定这堂课的重点内容。同学在微生物学中已学了有关免疫组织、免疫活性细胞、变态反应类型等内容，临床课中将重点讲解自身免疫性疾病的临床表现和处理，因此病生这堂课的内容应放在免疫耐受的机理，然后再分析有哪些原因和环节可以造成免疫耐受的破坏，从而达到病生教学的要求。"

第二，应熟悉教材的内容，分析哪些要重点讲解，哪些是学生不易理解而应仔细讲的，哪些应该作补充。例如在全国统一教材中，讨论了免疫中的"自我识别"和禁株学说，但没有与自身免疫性疾病的发病机理放在一起有机地结合起来。因此，王振义建议："在编写讲稿时就把这两方面的内容联系起来，这样既可使学生理解这些抽象的学说内容，又可把这些理论与实践结合起来，提高学生学习基础理论的兴趣。"

第三，要"参阅有关文献和书籍，补充一些新进展"。为了使教学内容符合先进性的要求，王振义围绕教学要求参阅了十余本专著和多篇有关免疫学进展的综述，补充教材的不足。如有关免疫平衡失调在自身免疫性疾病发病机理中的作用、激肽在引起免疫性损伤中作用以及HLA系统在自身免疫性疾病发病机理中的意义等。

第四，要学习其他教师的讲稿。由于病生教研室的教师都讲过自身免疫性疾病的病理生理，有一定的经验。所以在写讲稿以前，王振义先学习他们的讲稿，看了他们用过的图像和教具，然后根据规定的讲课内容和自己的体会，采纳他们的部分讲课内容和方法，利用他们所用过的直观教材，编写自己的讲稿。

第五，为了提高教学效果，一定要改变直观教材的应用方法，减轻学生负担。病理生理学的教学是面对大学一二年级大班200个左右的学生，在一间阶梯大教室内上课。在这样一间教室把表格等用挂图或投影灯的方法进行教学，效果较差，学生常在课后来教研室抄投影灯的内容，增加他们的负担。在课堂内抄写，会影响他们的听课。所以在讲课以前，王振义就印发了有关的图表，增强了教学效果。[①]

2. 晋升教授

1980年12月，王振义晋升为教授。江绍基作为同行，对王振义的代表作《血小板功能缺陷性疾病》的评审意见是："本文分析了所见血小板功能缺陷病156例。作者做了很多种血小板功能的实验室检查。利用这些检查来鉴别多种血小板功能缺陷疾病。文章内容很丰富，文字也写得很好。"江绍基还认为："王振义医师对血液病有着很丰富的知识。是我们医学院里颇突出的血液病专家。过去王医师也曾从事病理生理的教学工作。他不论在讲课、讲学上，均获得学生和同道们一致的好评。"[②]

内科教研室主任邝安堃和党支部书记陆漪玉，代表教研室从政治思想、教学、科研、医疗、外语等方面，充分肯定了王振义的工作：

一、政治思想：

一贯拥护党的领导，热爱社会主义，忠诚党的教育事业，听从党的指挥。服从组织调配，在二十多年中，多次调动工作，每次都愉快地接受调配。工作任劳任怨，积极完成任务，得到领导

① 王振义：《我的备课过程》，《上海二医报》1981年第34期。

② 江绍基：《关于对王振义同志晋升教授的评审意见》，1979年12月19日，中共上海市委组织部干部档案。江绍基（1919～1995），中国工程院院士，著名消化疾病专家。

与群众的好评，并能坚持走中西医结合的道路。对待病员态度和蔼可亲，诊病时细致、认真，治疗时千方百计。

1970年在二医干校期间，曾深夜出外抢救练江牧场知识青年。在抢救中因患者呼吸突然停止，在没有设备的条件下，他不怕脏，不怕累，跪在地上做口对口呼吸，奋力抢救，并在当地赢得了荣誉。

1973年来瑞金（医院）内科工作后，放弃节假休息来院查房或亲自参加急诊，遇到抢救危重患者随叫随到。平时以身作则，严格律己，作风正派，在思想与生活上关心群众，经常坚持带病工作，具有较强的组织工作能力。在他的优良作风带动下，促进了血液组以及内四病区同志的思想和业务上的进步。1977年、1978年连续被评为院及二医先进集体。

二、教学工作：

担任过内科学血液学、中医学基础理论、病理、生理、法语等多门学科的主讲，辅导及带实习，连续担任78届、79届市卫生局举办的血液进修班的主讲教师之一，在教学中热情严格。在1973年参加主编上海市大学教材内科学（1973年9月出版）。平时备课认真，由浅入深，条理清楚，逻辑性强，重点突出，课堂效果好。讲授内容能反映国内外先进水平，并做到理论与实践相结合。在科内及时介绍国内外先进经验技术，来指导与改进血液病的临床与科研工作，提高了出血性疾病与白血病的诊断与治疗水平。除担任内科学教研室副主任外，尚担任二医病生教研室副主任工作。

三、医疗工作：

精通血液系统疾病的诊治工作，对出血性疾病的研究，更好深入。在医疗工作中不断吸取国内外先进经脸，提高了血液病的诊治水平，如白血病的缓解率、缓解期与生存期都有了很大的提高。且配合肝脏移植，解决了手术时的出血问题，为我国肝脏移

1985年，王振义祝贺兰锡纯执教50周年

植研究作出了贡献。此外在内科有些疑难杂症如"不明热"有深入的研究，其他如患"硬皮病""轻链病""高丙球蛋白血浆性紫癜""Segares综合征"等长期延误，诊断不明的患者经他诊查后，都得到了正确的诊断。

在医疗中能熟练地运用中医理论，辨证论治，长期来坚持白血病与休克的中西医结合治疗的研究工作，也取得一定成绩。

四、科研工作：

早期工作中对血液病有较深的研究。1950～1964年发表了7篇论文，翻译《出血性疾病》一书。1973年来瑞金（医院）后，全面领导血液病的临床与实践研究工作，在工作中显示出高度的组织才能，能充分调动与发挥全组同志的积极性，科研中发扬学术民主，力求集思广益。这样克服了血液组人员少的困难，在短短的几年内把我院的血液病学的研究工作大大提高了一步，并创建了血液病研究室。他还不断总结科研成果，近5年来，指导和参与写作的血液病专业论文有21篇，并将多年临床与实验的心得，汇编成册。

近3年来主编和编写书籍有8本，反映出国内外先进水平，有重要的参考价值。

五、外语：

能熟练掌握两国外语。法语、英语均能"四会"。

最后，他们希望经常带病工作的王振义"加强劳逸结合，注意身体健康，为祖国'四化'作出更大贡献"。①

1980年3月29日，兰锡纯院长签署的上海第二医学院学术委员会的评审意见，充分肯定了内科教研室对王振义工作的评议，认为王振义"拥护党，热爱社会主义，30多年来从事医、教、研各项工作中，认真负责，任劳任怨，全心全意为人民服务，在医学基础及临床工作上做出较好成绩"。②

3. 出任基础医学部第二主任

1981年11月，王振义被任命为上海第二医学院基础医学部③第二主任。1982年9月，王振义在《上海二医报》发表了《学好基础医学课程》一文④，以医学基础部第二主任身份对进入二医的新生提出明确的要求：

---

① 邝安堃、陆漪玉：《关于对王振义晋升教授的教研室评议》，1979年12月21日，中共上海市委组织部干部档案。

② 兰锡纯：《关于对王振义晋升教授的院学术委员会评审意见》，1980年3月29日，中共上海市委组织部干部档案。

③ 上海第二医学院基础医学部创建于1955年，负责医学院所有基础课程的教学任务。"文化大革命"期间，基础部机构瘫痪，时建时散。王振义任第二主任时，余㴗为基础部第一主任。此时的基础部不仅承担本科生和专科生的基础课程教学，还承担研究生和高级医师进修班的基础课程教学。

④ 王振义：《学好基础医学课程》，《上海二医报》1982年第59期。

首先必须从思想上端正学习的目的。对同学来讲不能有"终身已定"的思想，错误地认为只要考进大学，将来毕业、工作就没有问题。更不能有一进二医，将来一定分配在上海的不正确想法。否则，学习不努力，只求及格，不求上进，怎能学好基础课?我们应该把学习与振兴中华，实现四个现代化联系起来，要看到历史赋予我们的使命。因为，由于十年动乱，医学人才青黄不接。我们将是医学事业的后继之人，学习好坏，不仅影响到个人在事业中的贡献，更重要的是涉及能否实现四化的问题。因此，我们必须刻苦钻研，努力学习，把自己锻炼成红、专、健全面发展的医学人才。

第二，我们应该努力适应大学的学习规律和方法，提高学习的效果。基础医学课程的教材内容较多，老师不可能在课堂里把这些内容全部讲完。有的内容必须同学自学，加上老师在讲课中还会增添一些新、尖的内容。如果同学不学会归纳、整理、记好笔记、预习、复习等学习方法，就不能达到学习的要求。同学对老师讲课内容还必须善于独立思考，提出问题，请教老师或参阅有关书籍，独立解决问题，扩大知识面。由于医学课程中有许多内容是需要记忆的，如解剖、生理、生化、病理学。因此，必须学会在"理解的基础上记忆""反复、循环、记忆"等记忆方法，否则不能收到学习的效果。

此外，由于各门课的内容是按学科的特点和系统性来安排的，例如有关肾脏，解剖课讲的是大体形态，组胚的讲课是显微结构，生理课讲的是功能，三者密切有关，但都是分开来讲的。到了上病理课时，病理讲的是肾脏病的形态学改变，需要联系解剖、组胚。病生课讲的是肾脏病的功能改变，需要联系生理、生化的知识，而两者的内容又相互渗透，密切相关，但讲的时候却是分开的。同学在分别学习每门课的时候，又必须不断地做好上下衔接、左右联系，复习已经学过的课程，帮助理解新课程的内容。这样才会学得活、联系广，才能使学到的知识不断地得到充实和巩固，医学基础才能打得扎实和牢固。

与此同时，王振义也对教师提出了要求：

仅有"学"的积极性还不够，还需要有老师"教"的积极性。这就是各级教师必须把教学工作放在第一位，认真备课，精选教材和教学内容，讲究教学方法，努力提高教学质量和效果，教书教人，引导学生走又红又专的道路。

王振义撰写的这篇文章，对医学生和教师都产生了很大的影响。

在此期间，王振义还集思广益，深入群众，在调查研究的基础上对工作中，尤其是在晋升工作中出现的一些不合理现象进行及时调整与改革，采用学术委员会无记名投票的办法，取得了满意的效果。同事们也都反映"王振义的话讲到了我们心里，工作做到了实处"。

在教学管理方面，王振义推行学、教责任制，将教学工作制度化，并定期进行督促检查。有一次，他发现有的医生不认真记病历卡，这种做法对学生产生不良影响。他当即告诫大家："不要小看病历卡，它能反映医疗作风，能积累医学经验，这是医院的财富，也是国家的财富。"小小病历卡，是沟通医生与患者的桥梁。只有了解患者的病情，才能制定正确的治疗方案。如果我们都能以一颗善良的心去帮助那些需要帮助的人，那么就会发现人与人之间确实存在着许多比金钱珍贵得多的东西。为培养未来医生具有良好的工作作风，王振义连工作帽的戴法、自行车的放置位置等小事，也严格管理、明确要求。教师和学生们都说："王主任虽然很严肃，但教会了我们怎样工作，怎样做人。他既教学又教人，是我们敬爱的好老师。"

1983年秋，基础部在全面部署学期工作，落实岗位责任制的基础上，重点对师资队伍（包括技术人员队伍）的建设进行了研究，再经学术委员会认真讨论，就思想认识和具体要求召开大会，进行了动员和布置。王振义发现当时的师资队伍建设存在一些问题，他严厉地提出要抓好师资队伍建设必须正确处理好红与专、工作与培养、教学与科研、个人与集体、青年与中老年等关系。他说，这是因为当前在师资培养中存在着几种倾向：其一，是不少同志放松了对政治的要求，有的把提"红"看作是"左"的倾向，认为只要不反对共产党的领导，不反对四项基本原则就可以了，以致教研室的集体可以不要了，公益的事情可以不做，只埋头于自己的论文、外文。其二，有些同志，尤其是青年同志，渴望求得知识是很好的，但把学习放到不恰当的位置上，不能很好地处理工作与培养的关系，似乎一提培养就得脱产学习。甚至个别同志，教研室分配的任务不接受，埋头自己的听课学习与读外文，没有充分认识在制订完整培养计划的基础上，通过工作实践来学习、提高，是主要的培养途径。其三，对培养的目的是为了实现祖国医学现代化，更好地培养出高质量的符合社会主义建设要求的人才，缺乏正确的认识。凡事都从自己出发。首先考虑的是晋升、出国，不能达到目的，就怨声载道，牢骚满腹，缺乏对事业的紧迫感。其四，就是培养工作中的平均主义倾向，有的认为要培养就应该机会均等，对突出的人才进行重点培养不服气，否认人的智力发展不平衡性和各人主观努力的差异性，甚至反对有重点的培养。由于存在上述思想，阻碍了师资队伍的建设，阻碍了我们事业的发展。

王振义在阐明正确处理各种关系和分析存在问题危害性的基础上，提出了基础部对师资队伍（包括技术人员）建设的原则要求和具体打算，进一步明确了培养的途径：必须坚持在工作实践中提高，结合各级师资的职责，订出具体培养计划。如青年师资的培养目标，要求在 5～7 年内在教学上达到讲师所需要达到的水平，在科研和外文上要求达到硕士研究生毕业的水平。对教

2010 年，王振义和药理教研室老同事张景夏亲切交谈

授和副教授提出了双重的任务，既要在学术上做出创造性工作，又要切实负起培养下级教师的责任，发扬人梯精神，对中年教师首先要求他们继续发挥教学、科研中的骨干作用和承上启下的作用，认识"青出于蓝胜于蓝"的自然规律，缺什么，补什么，加快知识更新，努力把事业搞上去。对技术人员要求按技术人员职责试行细则，认识重视技术队伍的重要性，切实改进培养措施。另外在培养措施的基地问题上进一步明确以教研室为主，要求教研室根据各人不同的情况，按人尽其才的原则，制定出培养计划。有目标、有时间、有措施、有检查的客观依据。同时要求教研室建立由教研室主管师资的主任负责，由全部教授、副教授参

加的培养指导小组，定期进行研究和检查。①

1982年2月，王振义成为上海第二医学院学位评定委员会委员；1984年，成为博士生导师。

三、从血友病到血栓与止血

1. 我国第一位向国外介绍
中国血友病研究的学者

与普通血友病相比，血管性血友病更常见。这种疾病是由于血管性血友病因子（vWF）突变或含量减少导致的一类遗传性出血性疾病。vWF主要存在于血管内皮上，在初期止血过程中与血小板结合，使血小板黏附至受损血管内皮下组织，启动血小板黏附反应；另外，在内源性凝血途径中与凝血因子VIII（FVIII）以非共价键形式形成vWF-FVIII复合物，起到稳定FVIII及延长其半衰期的作用。因此vWF的减少有时也会导致VIII因子活性的下降，因此与A型血友病往往会发生混淆。血管性血友病分为3个类型——1型、2型和3型。最常见的为1型，表现为vWF含量部分缺乏，从而发生一些较轻的凝血障碍，最容易被忽略。

从1979年起，王振义在国内首先提纯因子VIII相关抗原（即vW因子），建立了我国血管性血友病（vWD）的诊断标准，进一步完善了我国血友病的分型体系。提纯的 β 血小板球蛋白

---

① 《扫除师资培养工作的思想障碍 必须正确处理好红与专等关系》，《上海二医报》1983年第317期。

（βTG）、蛋白C、蛋白S、凝血酶敏感蛋白（TSP）制成抗血清应用于科学研究和临床，构建了血栓与止血的系统性研究体系。 1980年，与上海生物制品研究所合作从人血浆冷沉淀中纯化FVIII，并用其免疫兔子，通过一系列技术手段产生抗人类VIIIR：Ag血清。这种血清的活性被证实与国外Behring 和Stago公司生产的类似，达到了世界先进水平。利用这种抗血清，我们对VIIIR：Ag的定位进行了研究。证实了VIIIR：Ag定位在血管内皮细胞，尤其在肺毛细血管，脐静脉，脾小梁血管和滋养血管。这些研究成果使国内医师对血管性血友病有了更深入的认识，推动了我国血管性血友病的临床治疗和研究。

随后，王振义指导的团队又在国内发表了关于血管性血友病诊断与分型方法的建立和临床应用等一系列论文。

尽管在血友病替代治疗领域已经有了长足的进步，但是血友病对患者、他们的家庭甚至整个社会仍然是一个沉重的负担，尤其是对于中国这个有着庞大人口基数的发展中国家来说。由于缺乏系统的流行病学调查，中国的血友病A的确切发病率还不清楚。但是基于从1974年至1982年出现在国内的医学文献中的680例血友病报告，与西方Biggs在1977年所做的统计相比较，表明国内的血友病A的发病率较之西方可能要低。为了明确血友病A的发生率，三家血液学研究机构——北京医学院血液病研究所、中国医学科学院血液病研究所和上海第二医学院附属瑞金医院，分别对检测血友病A及其携带者进行了研究。其中，瑞金医院在王振义和陈竺等人的努力下，对总计160位成员的29个血友病A家族进行了研究。1984年，以此为基础并将三家研究机构的数据加以比较，王振义在国外期刊上发表文章《中国凝血实验室的发展及其在血友病上的应用》，成为我国第一位向国外介绍中国血友病研究的学者。

1988年，王振义又报道了较为少见的获得性血友病病例5

例，发现这类疾病易发生在老年患者中。由于产生了VIII因子抗体，导致VIII因子活性下降而出血。通过这些病例的分析发现，获得性血友病临床表现与遗传性血友病相似，可发生肌肉、消化道、关节、后腹膜及内脏出血。但两者也有可鉴别的地方，如获得性血友病常有皮下大片出血，而遗传性血友病很少有这种表现。抗体滴度的测定对于这类疾病的轻重分型很重要。此类患者的治疗应免疫抑制疗法联合VIII因子的输注，重症患者还能进行抗体分离。这些病例的报道和综述进一步提高了大家对于血友病的认识。

2. 大力开展血栓与止血的研究

在对血友病进行研究的同时，王振义还对一些参与凝血和抗凝的一系列蛋白进行了纯化、分析。如β血小板球蛋白（βTG）、蛋白C、蛋白S、凝血酶敏感蛋白（TSP）。通过对这些蛋白的纯化，使进一步的功能研究成为了可能。

对β血小板球蛋白的研究发现，它不仅可以抑制血管内皮生成前列腺环素，而且还可抑制血管内皮细胞上低密度脂蛋白（LDL）的受体功能，从而导致LDL在吞噬细胞或泡沫细胞中，促进动脉粥样硬化，并容易导致血栓形成。蛋白S和蛋白C则是体内抗凝血家族的成员。它们的缺乏，可造成易栓症。

一次偶然的机会，王振义在临床工作中发现了一位易栓症的患者并不是由常见的蛋白C缺乏导致的。经过反复的研究和对患者血样的仔细检测，意外地发现患者缺乏纤溶系统的另一种重要物质蛋白S。蛋白S是抗凝系统除蛋白C之外的另一种重要血浆蛋白，它的缺乏会导致以反复静脉血栓形成为特征的易栓症。遗传性蛋白S缺乏症是一种较为罕见的常染色体显性遗传疾病，而之前国内并未见到相关报道。王振义没有放过这个机会，在对先证者及其家族其他成员进行详细的调查和研究后，发现该病在该家族中确实具有常染色体显性遗传的特性后，遂将系谱图、检查结果、病例资料和相关研究过程写成论文。文章发表在《中华血液学杂志》，这是国内报告的首例遗传性蛋白S缺乏症，这一成果在1982年获得了卫生部科研成果乙等奖（第一完成人）。王振义通过建立蛋白C和蛋白S的测定，使国内血液界对这一少见的遗传学疾病有了更深的认识。

肝脏是产生凝血因子的主要场所。肝移植是肝癌、肝功能衰竭患者的唯一治疗途径。早在1979年，王振义就对肝移植后的凝血功能异常进行了研究。结果发现凝血异常主要发生在"无肝期"，并在移植后48～72小时基本恢复正常。主要表现为VII、IX、X因子的减少，应用凝血酶原复合物输注可以改善。在"无肝期"，患者的纤溶系统表现亢进，可应用抗纤溶

1987年，王振义（左一）参加在比利时布鲁塞尔召开的第11届国际血栓与止血学术会议期间，与英、美、比、日等国学者合影

剂如PAMBA和抑肽酶来治疗。另外患者体内的肝素增多，这可能与肝脏对于内源性肝素的灭活减少，或与含肝素的灌洗液进行冲洗有关。这种肝素增多的情况可用鱼精蛋白拮抗。这种细致的分析和治疗总结，为临床医师控制肝移植后凝血异常和出血提供了宝贵的经验。

除凝血因子外，血小板在凝血过程中也起了非常重要的作用。免疫性血小板减少在临床上最常见，由于血小板抗体对血小板的破坏或者骨髓微环境导致血小板成熟障碍，从而导致血小板数量减少、凝血功能减弱，重者出现自发性的或轻微外伤后出血。巨核细胞是产生血小板的主要细胞。王振义和他的学生们对免疫性血小板减少患者体内的血小板抗体、体液免疫指标、细胞免疫指标以及巨核细胞功能进行了研究，并发表了多篇著作。由于他在这一领域的贡献，1997年，他被邀请在Bailliere's Clinical Hematology上撰写了《巨核细胞与血小板在免疫性血小板减少性紫癜中的变化》一章。这是中国学者第一次被邀清在这一国际刊物上撰写有关血液学的论文。

1988年8月28日，王振义发表《大力开展血栓与止血的研究》一文，强调指出："血栓与止血的研究近10多年来进展很快。国外都已先后成立了专门的学会。国际血栓止血学术会议每两年召开一次，1987年7月在比利时布鲁塞尔召开的第十一届会议，与会者近3500余人，刊出论文数超过2000篇。血栓与止血研究受到重视的原因，不仅是由于它在血液学中占有重要地位，而且许多危害人类健康的疾病，如冠心病、脑血管意外等的发生机制及防治，甚至计划生育，与血栓止血都有着密切的联系。我国的学者在这方面虽已做了大量工作，有的如血小板膜的研究已达国际先进水平，但总的来说，与国外的差距很大。因此我们必须在上级领导下，齐心协力，加强合作，急起直追，大力开展血栓与止血的研究，使我国在这一领域赶上或超过国际水平。"[①]

随着时间的推移，不断地有新鲜的血液补充到这个研究领域中，王振义逐渐地将血栓与止血的研究交给了已经慢慢成长起来了的后辈们，但是这并不意味着他就此停止了这方面的工作。王振义在进行科学研究，引领学科发展的同时，十分重视对下一代血液学人才的培养，他先后担任上海第二医科大学（现上海交通大学医学院）内科学基础、普通内科学、血液学、病理生理学等教学工作，培养了博士21人、硕士34人，造就了一批顶尖的血液学大家。1978年10月高校恢复研究生招生考试后，王振义首批招收的两位研究生陈竺、陈赛娟，就是由从事血栓与止血研究起步的。

在王振义的指导下，陈竺对血友病的分型和诊断这一课题展开了研究。早在20世纪50年代，王振义就已经在这方面获得了不小的成果。然而，"文化大革命"的动乱使他被迫停止了研究，致使与国外的差距越拉越大。短短的3年时间里，陈竺凭借着自己的努力，不仅完成了从赤脚医生到科学家的"逆袭"，也推动了国内关于血友病的研究步伐，赶上了国际先进水平。而他在此期间所展现的科研天赋和不畏艰辛的精神，更是让王振义感到由衷的欣慰。3年硕士学位攻读期间是成绩斐然的，王振义仅仅给了陈竺一个论文课题，可是陈竺完成了5篇论文，其中3篇论文刊登在英文版的《中华医学杂志》上，并最终以《血友病甲携带者的检测和判别研究》一文顺利通过硕士论文答辩。

由于近年来替代疗法的进展，血友病患者寿命渐趋延长、结婚和生育率增高，从而使该病携带者的发生率增加。鉴于该病在身体、精神、经济上对患者及其家属乃至社会所造成的沉重负担，近年来国外已开展了有关血友病的遗传咨询工作，以期通过检出女性隐性携带者，并在她们的妊娠早期进行出生前诊断，达

---

① 《国外医学输血及血液学分册》1988年第4期，第247～248页。

到减少、控制该类疾病发病的目的。陈竺等人对于国内血友病携带率和发病率的调查以及携带者检出和出生前诊断的研究，极大地推进了国内对于血友病遗传咨询工作的普及。不仅如此，陈竺在国内进行的血友病甲携带者的遗传咨询以及血管性假血友病变异研究获得了卫生部乙级奖，相关的论文发表后吸引了国外学者的关注，邀请他到国外做学术报告，并被国际血友病联盟接纳为当时唯一的中国会员。

王振义的另一位学生陈赛娟则着重于血液的高凝状态的研究，同样也是硕果累累。高凝状态是一种凝血平衡失调的病理过程，表现为血浆凝血因子和血小板的量过多或被激活，而纤维蛋白溶解系统（纤溶），凝血抑制物的活性降低，结果在体内或体外血液凝固性增高，有利于血液在局部凝固，形成血栓或发生弥散性血管内凝血（DIC）。而在许多生理状态和许多疾病的过程

1997 年，王振义和陈竺、陈赛娟合影

中可发生高凝状态。这一课题也涉及生理学、病理生理学等多学科交叉，非常具有挑战性。陈赛娟查阅外国文献后，在《国外医学》一书上连续发表数篇相关的综述，系统地向国内介绍了国际上有关高凝状态研究的进展，并以《高凝状态》一文顺利通过了答辩，获得了硕士学位。

通过对血栓与止血方面的研究，陈竺和陈赛娟两匹千里马就这样被伯乐王振义带进了血液学研究的领域，随后双双远赴法国获得博士学位，学成归国后又转战白血病方面的研究并取得了令人瞩目的辉煌成就。这一切的荣耀，与恩师王振义的悉心栽培密不可分。

3. 主编《血栓与止血——基础与临床》

20世纪60年代以前，出血及出血性疾病曾是血液学家的重要研究内容之一，王振义和谢竞雄译成中文的史台法尼尼、邓曼雷克所撰写的《出血性疾病》一书是当时的代表性专著之一。此后，随着研究的深入，王振义发现血栓形成及其基础理论似较出血及其疾病更为重要，因为它在许多非血液疾病，尤其是在危害人类健康和生命最严重的一些疾病发生发展中起重要作用，如冠心病、心肌梗死、脑血管意外、弥散性血管内凝血等。其他一些疾病，如某些肾脏、肝脏、呼吸系统、内分泌代谢、外科、妇产科、儿科，乃至皮肤科疾病，在它们发生发展过程中，也往往有止血功能异常或血栓形成的参与。因此，血栓与止血已超越了血液学的界线，成为一门受到各学科学者重视的边缘学科，需要有一本在这方面的专著供参考用。10多年来，国外在这一领域中已发表了日益众多的论文，并出版了许多有关的刊物和专著。为了满足国内读者的需要，王振义在1987年组织这方面的基础与临床工作者，结合国外在这一领域中发表的众多文献，主编了《血栓与止血——基础与临床》一书，对出凝血机制以及各种导致凝血功能异常的疾病进行详细阐述，成为出凝血专科医师必备的书籍。

该书共分六篇。第一篇至第三篇主要介绍血栓与止血的基础理论；第四篇为出血性疾病；第五篇专门叙述非血液疾病中的血栓与止血问题；第六篇介绍血栓与止血的实验室检查，重点放在这些检查的原理、临床应用和意义上，而不是具体操作与方法。该书的另一特点是内容紧密结合作者自己的基础理论研究以及临床实践中所取得的成就和经验，涉及内、外、妇、儿等各科中的血栓与止血问题，故可供临床各科中高级医师、医学院校师生和从事于这方面研究的科研工作者，作为参考书之用。[①]

该书的编写不仅继承了徐福燕教授主编的《出血性疾病》（1979年由上海科学技术出版社出版）的主要经验，而且还邀请了国内有关的专家，如苏州医学院的阮长耿教授、中国医学科学院血液学研究所的李家增教授，撰写有关章节，反映了有关血栓与止血近年来国内外的新进展。

该书一经问世，便受到从事血液学研究的科研工作者和临床医生的广泛欢迎。

由于近代医学科学的突飞猛进，研究水平的不断提高，这一领域中的基础理论和临床研究，尤其是分子生物学和分子机制方面的研究，有了飞速的进展，越来越多的新的研究进展和成果公之于世，有关文献之多犹如浩瀚。正如王振义在第一版序言中所指出的那样，由于出血和血栓形成，不仅是血液病工作者重要研究内容之一，而且还涉及许多非血液病的临床表现和发病机制，如动脉粥样硬化、冠心病、心肌梗死、脑血管意外、肝脏病、肾脏病、糖尿病血管病变、静脉血栓形成、妊娠

---

① 王振义主编：《血栓与止血——基础与临床》，上海科学技术出版社1987年版。

2011年，王振义和阮长耿院士夫妇合影

高血压综合征等。因此，有愈来愈多的非血液病基础研究和临床工作者，需要有一本能系统介绍血栓与止血现代基础理论和临床实践的参考书。因此，王振义又组织了国内在这一领域中的权威专家，扩大了主编、副主编和编委队伍，并邀请其他从事于这方面工作的临床和检验行家，于1995年编写了《血栓与止血——基础与临床》第二版。

　　第二版较第一版加强了基础理论的介绍，增加了《血栓与止血分子生物学》一章，使其篇幅从第一版的五分之一，增加到第二版的四分之一，但仍保持第一版的特色，即：（1）内容能反映当前国内外的最新发展，所介绍的参考文献大多是20世纪90年代发表的。（2）充分吸收国内的最新研究成果，结合作者的实践和经验，以及他们的见解，编写有关章节的内容。（3）附有

1989年，王振义和李家增合影

英文简写的原文和中译文，便于读者查阅。第二版还增添了《中医学对血栓与出血性疾病的认识和防范》一章，使读者能了解中医药在这一领域中的理论和临床应用；新加了《老年人止凝血功能的特点》和《老年人出血性疾病》两章，便于老年医学工作者参考。这也符合当前老龄人口增多后，结合老年人特点，对血栓与止血的防治提供参考资料的社会现实。①

又过了8年，随着生命科学的崛起，《血栓与止血——基础与临床》第二版的内容有的也已陈旧了，需要再版。王振义清楚地认识到，在这8年中，血栓与止血领域的基础理论不断发展，临床上也已积累了很多经验，有些理论和治疗方法已得到验证和总结，并提供一些比较肯定的结论和指导性意见。与此同时，该

① 王振义主编：《血栓与止血——基础与临床》，上海科学技术出版社1995年版序言。

领域中还不断涌现出新的诊治方法，血栓、止血与临床其他各科之间，如与外科、儿科、妇产科、眼科等以及内科其他专业的联系和相互渗透较以前更加深入。此外，分子生物学在血栓与止血领域中的应用也有了很大的进展，已从基因水平阐明有些遗传性和先天性，甚至某些获得性血栓和出血性疾病的发病机制。因此，本专著中有关分子生物学的内容也需要修订和补充。所以，他再次组织专家，于2004年编写了《血栓与止血——基础与临床》第三版。

在篇幅作适当扩大的前提下，第三版的内容更能反映当前国内外在血栓与止血领域中的最新理论和实践经验；将分子生物学的内容融入到各有关疾病的发病机制中，取消上一版第二篇单独介绍血栓与止血的分子生物学基础。基因检查方法及其意义在第三版第六篇中单列一章。为便于读者查阅，第三版所引用的文献都在正文中标出。另外，第三版的编者作了适当调整，原副主编都担任主编，使主编增加至6人，各主编都审阅各自负责的篇章，保证第三版内容的先进性和质量。此外，还邀请了一些多年从事有关领域工作的年轻专家和后起之秀编写相关章节，使第三版编委会成员更具代表性。令王振义感到有些遗憾的是，还没有将血栓与止血这一学科的国内专家全部组织到编委里来，因此离真正全面反映我国在这一领域中的权威性成就尚有一定的距离。

著书立说，教书育人。回顾这些年的历程，王振义感到，虽然有些事情并不遂愿，但是他坚信社会是在不断向前进步的，不管自己身处哪个岗位，只要总的方向是正确，做的工作是对百姓和社会有益的，就都值得认真去做。他说："现在回想起来，我的经历概括起来，就是在基础与临床间不断地摸爬滚打，从最初在学校里学基础到毕业后赴广慈做临床医生，再从临床医生转到病理生理教研室做基础研究，之后又回到临床，现在从临床逐渐淡出后，又再次回头钻研基础知识，正好让我把基础和临床两方面更好地结合起来。我想，只要基础打好了，临床上的思路就开阔了；同样，一旦临床上积累的经验多了，基础研究也就更有针对性和深度了。用现在的话来讲，这就是'转化医学'的最好体现。"①

的确如此，泰然的处世姿态、豁达的胸襟、坚韧的毅力让王振义在历经波折后，在科学的春天里迎来了又一次华丽的绽放。

---

① 王振义：《用心学医，用爱行医》，《瑞音》2011年1月。

第六章

"转化医学"：医学教育的核心思想

20世纪80年代，改革开放的春风吹遍神州大地，中国的高等医学教育也迎来了蓬勃发展的新时期。1984年3月，年届六旬的王振义出任上海第二医学院①院长。作为一所医学院校的校长，责任之重大，不是一般人可以想象的。从1984年到1988年，王振义在校长的岗位上一干就是4年。这4年是二医改革发展、开拓奋进的4年。在以王振义为首的领导班子的带领下，学校试行了校长负责制，推行了破格晋升制度，建立和健全了各种规章制度，学校的行政管理水平和医、教、研水平有了很大提高。在开放政策的指引下，王振义还积极领导学校与国外大学、研究机构进行合作交流，大力开展国际化办学，扩大了学校在国际上的影响。

一、实行校长负责制，加强 对学校的科学化管理

为了加强和改善高校中党的领导，理顺党组织和学校行政部门的关系，实现党政分开，80年代中期，国家教委将高校管理体制由之前党委领导下的校长分工负责制向校长负责制转变。从1985年起，上海市教委确定上海第二医学院为试行校长负责制的单位之一。

校长负责制，简单地说，就是校长受政府委托，对学校实行统一管理、全面负责的一种领导制度。当时上海市试行校长负责制的首选高校有两所，部属院校为同济大学，市属院校为上海第

① 1985年，更名为上海第二医科大学。2005年6月，上海第二医科大学与上海交通大学合并组建新的上海交通大学。文中以下对上海第二医学院、上海第二医科大学都简称为"二医"。

1988年，王振义（第二排右四）参加上海市高校校长会议

二医学院。

校长负责制强化了以校长为中心的行政指挥系统。刚刚担任校长的王振义深感责任重大。他全身心地投入到繁忙的校务工作中。

为提高全院师生对于实行校长负责制的思想认识，王振义召开各种座谈会、讨论会，向广大师生宣传和动员进行校长负责制改革，同时广泛征求意见，听取各方反映。他强调，医学院校有教学、科研两个任务，附属医院还有医疗任务，存在着协调医、教、研三者关系的问题。学校具有学科多、层次多、专业性强、技术要求高、分工细密、协作关系复杂等特点。从学校发展的需要和面临的任务来看，只有建立统一的、强有力的、高效率的行政指挥和业务管理系统，才能完成学校的医、教、研各项任务，进而适应国内外医学飞速发展的趋势。[1]

205

---

[1]　《党委办公室简报》第1期，上海交通大学医学院档案馆藏1985-DZ2-205。

1987 年，王振义主持上海第二医科大学 35 周年校庆活动，前排右二为时任上海市副市长谢丽娟

在王振义的领导下，上海第二医学院制定了《院长负责制暂行工作条例》，强化了以院长为中心的行政指挥系统。院长作为学校行政最高负责人，受国家、政府的委托，对学校的行政工作统一领导，全面负责。党委对学校工作的领导主要为参与对重大问题的决策，对党的路线、方针政策在学校的贯彻实行保障监督，做好政治思想工作以及党的思想建设和组织建设，发挥党的政治核心作用；对日常行政工作，党委采取"支持而不包办，保证而不旁观，监督而不挑剔，协调而不牵制"的原则，为院长行政工作实行统一领导、全面负责创造条件。①

① 上海第二医科大学党史办公室：《中共上海第二医科大学党史大事记（1952～2002）》，第225页。

实行院长负责制后，为避免学院的各种事情和问题事无巨细都直接找院长处理，导致院长钻到事务堆里，不能集中精力研究和解决学院重大问题，王振义主张行政领导要明确分工，各级机构层层负责，并采取了一系列具体措施：第一，建立院长办公会制度，党、政领导参加，由院长主持，研究和处理学校日常工作中的重要问题。第二，在院长领导下，对副院长进行合理分工，使其职、权、责合一，对院长负责。第三，调整了部分行政机构的设置，把原属党委领导的保卫部改由行政领导。院长办公室改为校长秘书室，以有利于上下沟通，及时处理工作。第四，建立系部、附属医院、研究所的院长、主任、所长负责制，层层负责，责任到人，扩大中层管理机构的教学、科研、医疗、人事、外事、财务等自主权。第五，学校许多退居二线的老教授、老专家经验丰富，对学校的发展可以起很重要的咨询参谋作用。实行院长负责制后，各附属医院、系都建立了专家室，听取他们对学校重要问题的意见和建议。[①]实行院长负责制以后，王振义每周主持一次由党政领导干部参加的院长办公会议，研究处理学校日常工作中的重要问题，并建立了由学校党政部门负责人及院、系、所党政负责人参加的校务会议，布置和讨论学校一个阶段的主要工作，传达上级指示和下达具体任务。为了不断完善院长负责制，1987年3月，学校还成立了以王振义为主任的校务委员会[②]，作为校政审议机构，依靠集体的智慧，加强对学校的管理。

王振义担任校长期间，二医通过实行院长负责制改革，对充分发挥各级行政机构及其负责人的作用，提高工作效率，改善和

---

① 《试行院长负责制的工作条例和小结》，上海交通大学医学院档案馆藏1985- DZ15- 423。

② 首届校务委员会成员由王振义聘任，每届任期两年，主任委员为王振义，副主任委员有王一飞、江绍基、林荫亚。

1994年，王振义在办公室

加强党的领导，产生了积极成效。

改革后，院长拥有决策权、指挥权、任免权和奖惩权，整个行政系统的职能得到充分的发挥，形成以院长为首的上下直通的行政渠道，提高了工作效率。学院过去处理一件事，往往要按下面的程序进行，由科—处—院长—党委集体讨论，决定后再逐级下达，层次多，环节多，效率低。实行院长负责制后，凡不涉及全局的日常工作，如教学、医疗、科研的安排，一般外事活动和人事调动等，各主管部门都有权自行处理；比较重大的问题，经请示分管副院长同意，也能较快得到解决。各级行政机构在院长领导下独立行使职权，但并没有摆脱和削弱党的领导。通过党组织的保证或监督作用，行政工作积极贯彻党的相关精神和决议，按党的路线、方针、政策办事。同时党政进一步明确分工，使学校党委可以集中精力抓党的自身建设。①

党政分工明确后，关系比之前更加密切，工作更加协调，学校的重大问题，诸如发展规划、重要人事调整、关系师生员工切身利益的一些重大问题，都提到院长、书记联席会议上进行讨论，然后根据工作性质，党政分别布置贯彻。如学校的教学

---

① 《上海第二医科大学概况》，上海交通大学医学院档案馆藏1985- DZ15-433。

2003年，王振义（右二）参加上海第二医科大学学生学位授予仪式，左二为时任校长沈晓明

职称评定与工资改革，在党政联席会共同研究后，具体工作由行政系统布置贯彻，党委则要求各级党组织和每位党员，除本人起模范带头作用外，还要做好群众的思想政治工作，保证任务的完成。①

① 《试行院长负责制的工作条例和小结》，上海交通大学医学院档案馆藏1985-DZ15-423。

二、在教学中贯彻
"转化医学"的理念

20世纪80年代中期后,王振义领导二医师生确立了以教学为中心,提高教学、医疗、科研质量和水平的任务,围绕提高教学质量,不断深化医学教育改革,改善教学条件和改进教学方法,使医学教育得到稳步前进。

1. 以教学为中心,深化医学教学改革

80年代初,根据邓小平提出的"教育要面向现代化,面向世界,面向未来"的战略方针,二医以教学为中心,转变教育思想,理顺教学管理体制,以优化教学内容为重点,加强教学管理,改进教学方法,努力为社会主义现代化建设培养人才。在教育工作方面,主要实行以下几个转变:转变"封闭式"的办学思想,树立学校教育与社会需求一体化的观念;转变轻视实践的思想,树立理论与实践统一的观念;转变单纯传授知识的旧思想,树立知识与能力统一的观念;转变教学与教育分离的思想,树立教书育人、医术与医德统一的观念;转变忽视学生学习主体作用的思想,树立教学过程中教师主导与学生主体作用统一的观念。[1]

---

[1] 王一飞、龚静德、陆树范、杨舜刚:《上海第二医科大学志》,华东理工大学出版社1997年版,第185页。

为了使以教学为中心的办学思想深入人心，王振义多次组织学校师生围绕教学这个中心以及如何看待教学、科研、医疗的关系进行探讨。讨论过程中，王振义强调高校以教学为中心，同时要加强科研。科研于高校有重要意义。一方面，高校科研为本校教学服务，只有搞好科研，才能不断提高教学质量；另一方面，高校科研也要为社会服务，科研成果用于生产转化为社会生产力。就医学而言，医学科研成果用于临床可以为患者服务，所以绝不能放松科研，要加强科研。医学院校除了科研还有医疗任务。附属医院既担负教学任务，又担负为社会服务的医疗任务。作为医院来说，医疗是中心，附属医院贯彻以教学为中心就应当是在提高医疗质量的基础上，保证教学任务的完成。一所医疗质量不高、医疗作风不好的医院是不可能培养出高水平的学生的。因此，在医院脱离医疗讲教学是行不通的，但医学院建立附属医院是为了完成学院中心任务，因而不能把教学与医疗对立起来，既然是教学医院，就应当把教学工作放在重要位置上。

2. 组织教育思想大讨论，强调基础研究与临床实践的融合

教学是学校各项工作的重中之重。作为二医校长，王振义提出要在医学教育中贯彻"转化医学"的理念。

据时任二医大副校长的王一飞教授回忆："王振义教授在学术委员会上反复强调基础医学必须与临床医学交叉融合。高瞻远瞩地指出一定要带着临床中的问题，开展理论与实验研究，然后还必须把基础研究的结果带回到临床实践中去考验其价值，以期切实解决临床问题，不断提高临床医学水平。换成现代流行的术语，这就是'转化医学'战略。"他还认为："王振义教授是我国'转化医学'的先驱与引领者，他倡导的白血病诱导分化治疗

的成功是我国 '转化医学' 的光辉范例，真正体现了 '转化医学' 战略的强大生命力。"

为适应"转化医学"的理念，王振义领导二医在教学上进行了多方面的转变与发展。

为了解决学校教学工作中存在的种种弊端，提高教学质量和教学效率，激发教学工作的活力，王振义在担任二医校长期间，组织全校师生开展了三次教育思想大讨论，探讨学校的教育教学工作。1985年，他在首次教育思想讨论动员会上指出，面对国际竞争日趋激烈的新时代，中国要在世界上站得住脚，关键在于人才培养。我们设想的人才培养目标应该是：在政治思想上具有社会主义、共产主义的理想，有强烈的事业心，良好的医德和职业道德；在业务上有坚实的基础医学、临床医学知识和一定的社会科学知识，并在毕业后有继续发展潜力的开拓型、能力型人才。要达到这样的培养目标，就迫切需要我们在教育观和指导思想上

1986年，王振义（右三）和潘家琛、林荫亚、郑德孚等人一起看望兰锡纯（左四）教授

有变化，从研究教育思想入手，从教育工作的整体、内容和方法等各个方面找出不适应社会主义四化建设的陈腐东西，并用新的去取代。因此，在全校范围内必须开展教育思想的讨论，以提高认识，统一思想，推动教学改革工作的深入发展。[①]

在教育思想讨论过程中，王振义要求广大师生要打破固定思维，解放思想，勇于面对教学工作中的问题和不足，不断开拓创新。当时二医在培养医学生方面存在着许多不适宜的传统教育思想、方法和内容。例如：教学上仍然遵循以教师为中心、以课堂为中心、以书本为中心的传统"三中心论"教学模式；教学中注重基础理论知识学习，轻视临床实践，导致理论基础与临床脱节；学生学习缺乏主动性、积极性；在教学方法上主要采用"教师满堂灌、学生被动记"的记忆式学习模式，注重书本知识，忽视学生学习的主动性，以及动手能力和科学思维能力的培养等。学生苦读了五六年，只顾背书，不着临床边际，学了生理、生化、解剖、病理、药理、微生物等一大堆知识，但在实际中如何让学生学会综合运用这些知识去分析、解决临床问题，却又教得很少。等学生毕业了到医院工作，都有一个共同的体会，即学校里学的一套，到了临床上，好多东西用不上，都得从头学起。针对这样的情况，王振义指出，一定要通过改革，在教学过程中，一开始就让学生接触临床实际，把分门别类学来的知识，综合运用于分析和解决临床问题，在实践中年复一年地让学生牢牢掌握医学这门实践性和综合性非常强的学科。这样做，毕业生到了医院就能具备独立处理问题的能力，学制就有可能缩短，办学效益就能提高，就能早出人才，多出人才，出好人才。[②]

理论必须与实践相结合，综观各个行业都是如此，对于医学

---

① 《校务扩大会议关于教学思想讨论的动员》，上海交通大学医学院档案馆藏1985–DZ15–429。

② 参见《上海二医报》1984年第325期。

1985年，王振义代表上海第二医科大学授予法国巴黎第五大学校长欧基埃名誉教授称号

科学来讲，尤为重要。有的学者学识丰厚，基础理论知识扎实，但是动手能力差，在临床上就难以胜任。王振义认为，基础医学与临床医学融合，首先要树立对成果"转化则兴、自封则废"的思想观念，要深刻认识到医学教研成果只有经过转化才能兴旺发达、产生效益；如不进行转化则将会废弃，没有效益。转变教育观念，明确今后的办学方向，培养适应社会需求的人才是高校首要的任务。只有如此，才能对内形成凝聚力，对外形成竞争力，努力提高学校教学质量。

王振义以自己从医的经历举例："我在学校里面念完基础医学后做医生，做医生以后，又回到病理生理做基础研究。做了基础研究以后，再回到临床上，现在还在学基础医学，不断地看基础医学的书……生命科学要比一般科学复杂得多。做医生不能只做一个医匠，就像修鞋子的皮鞋匠，鞋子坏了我就给你修一

1987 年，王振义、潘家琛（左）看望荣获比利时国王授予的骑士勋章的傅培彬（中）教授

下，这样不行。要不断学习基础医学知识，触类旁通。有了一定的知识积累，才能清楚一些临床上的疾病是怎么发生的，本质是什么，才可以有创新。基础与临床是紧密结合的，从基础研究到临床，从临床研究到基础，二者之间其实没有什么明确的界限。这其实就是现在流行的'转化医学'的概念。"[1]王振义倡导的白血病诱导分化治疗方法的成功就是"转化医学"的范例，即从基础研究中知道可以使肿瘤细胞向好的方向转化，然后应用于临床，得到了证实，再回过头来研究它的作用规律，最后得出一些结论，指导临床实践。[2]

① 《总有一天你会看到美丽的风景》，《健康报》2011年1月21日，第7版。

② 王振义：《爱心和好的医术是医生必备的两个素质》，《中国医学伦理学》2011年4月。

3. 强化系一级的教学管理，开展多层次、多形式办学

在医学教育管理工作中，王振义主张简政放权，加强系一级的教学管理职能，使得各系根据自身情况，将基础教研与临床实践相结合。在他的领导下，二医将口腔系扩建为口腔医学院，基础部扩建为基础医学院，儿科系扩建为儿科医学院，附属瑞金医院、仁济医院、第六人民医院的三个临床医学系改为临床医学院。为进一步提高办学质量和教学水平，王振义认为必须坚持教学、科研两个中心，要求以教学带动科研，以科研促进教学。他要求各个基础教研室教学、科研要两手抓，两手都要硬，同时还要协同学校思政部门一起重视和开展学生的思想教育工作，增强学生的学习动力，提高学生的学习效果。

随着社会需求的变化以及医学专业的不断发展，为加速医学人才的培养，根据学校的实际条件，除完成计划招生数外，王振义还领导学校开展多层次、多规格、多形式办学，陆续新建了生物医学工程、医学检验系、高级护理系、卫生事业管理系和医学营养等专业，并利用现有师资和设备，与用人单位联合办学，与上海市各区县和部分工业局合作招收100余名三年制医学专业大专生，为各区、局代培了70余名儿科、口腔等专业的医学人才，一定程度上缓解了基层医务人员缺少的情况，为上海地区的医疗卫生事业做出了重要贡献。

4. 适应医学模式转变的趋势，推进医学教学改革

随着新的技术革命浪潮的兴起，医学模式由传统的生物医学模式逐渐转变为生物—心理—社会医学模式，更加注重影响机体

健康的环境、精神、行为和社会诸因素。王振义深刻地认识到，传统的医学教育在生物医学模式的制约下，医学生往往缺乏心理与道德、社会与经济、群体与预防的知识，知识结构比较封闭和单一。要适应科学技术飞速发展的趋势，就必须不断调整教学计划，改革教学内容。医学院校长期以来都是实行卫生部统一颁布的教学计划、大纲和教材，过于统一的模式，不利于各校办出特色和充分发挥积极性。王振义带领学校逐步破除这个框框，对课程设置进行局部调整，根据医药院校的实际情况，拟订学年学分制的教学计划。例如，王振义看到教学计划的总学时和周学时偏高，学生的课外自学时间较少，便指出，除一部分课程如马列主义基本理论课、外文课外，绝大多数课程是不仅不能增加学时，甚至应调整和压低学时。他要求老师们认真研究教学内容和方法的改革，克服"满堂灌"，提倡启发式和学生自学指导，使学生学习主动性得以发挥。

为使医学生适应医学模式的转变和科学技术发展的需要，在王振义指导下，学校积极贯彻因材施教的原则，进行课程结构改革的试验，先后为本科学生开出了多门选修课，供学有余力的学生攻读。如在社会科学方面，有医学心理学、医德学概论、大学语文及医用写作等；生命科学方面，有现代免疫学基础、细胞生物学、分子生物学、康复医学、肿瘤学基础及法医等；新理论新技术方面，有电镜技术、电生理技术、BASIC语言、计算机医学应用、超声医学、激光医学及人工心脏等。选修课的开设，受到广大学生的欢迎，对于充实文化修养，进行思想教育，开拓学生的科学知识视野，促进必修课程的学习都起了良好的作用。

5. 重视医学生的智能培养，
提高临床实践能力

在医学教育过程中，王振义强调要重视医学生的智能培养，即为了培养学生理论联系实际，具有分析问题和解决问题的能力，要深入研究如何改革课程结构、教学内容和教学方法。医学教育的周期较长，但学生在校学习的时间毕竟是有一定限度的。学校无论如何也难于将全部知识教给学生，学校教学应该着重帮助学生提高自学能力和动手能力，强化培养学生的初步科研能力，在学完基础课程之后，在教师指导下参加一定的科研活动，并习作科研论文或读书报告。为了加强实验实

1994年，王振义（右二）、王一飞（左一）与法国斯特拉斯堡大学医学院三任院长合影

习教学环节，学校还应当将一部分课程的实验内容抽出来，单独设立实验课程并进行单独考试，等等。

医学是一门实践性很强的学科，医生的动手能力只有在临床上才学得到。20世纪80年代初，学校六年制教学虽然安排了两年实习，但由于缩减了半年临床理论课，对学生的实际知识和能力培养效果不佳。为此，王

1987年，法国总统府秘书长皮昂古在总统府接见王振义

振义指导实行新的六年教学计划，理论课程缩短至四年，延长实习期至两年。[1]1987年，他又带领学校试行医学基础课程"三段式"（基础课程阶段、临床课程阶段、实习阶段）教学，探索如何使学生加强基础理论、基础技能的学习。这些有益的尝试，为医学生提供更多的临床实践机会，将医学理论学习与临床实践充分结合起来，使学生毕业时具备较强的工作能力。

为了改变传统医学教材、医学课程重基础理论、轻临床实践的弊端，王振义参考了国内外医学教学改革的经验，带领基础医学院各教研室的老师们共同设计了"以临床问题为引导的基础医学教程"（Clinical Problem-Oriented Basic Medical Sciences Curriculum，简称PBC）。这一教改方案经1985年、1986年两年的准备和试点之后，从1986年正式组织教学试点班，完成三届（1986级、1987级、1988级）的试点。试点中学校坚持三项基本要求：第一，早期接触临床，接触社会，每门课程均结合自己的

---

① 《上海二医报》1987年第387期，第1版。

特点，组织学生到医院、家庭病房、农村、工厂进行见习和调查研究；第二，以临床问题为引导，组织课堂教学，并以讨论式、启发式取代单纯灌输式上课；第三，强调学生自学为主，并加强学生动手能力的培养。实践证明，这一教学模式有助于打破以教师课堂教本为中心的传统教学模式，改变学生封闭式的被动学习局面，提高学生学习基础课程的主动性、积极性，较好地解决了理论联系实际、基础联系临床的问题。

6. 加强外语教学，保持医学法语特色

二医前身之一的震旦大学医学院是"法比学派"的典型代表，因此，外语教学特别是法语教学成为学校教学工作的一大优势和特色。20世纪80年代初，学校经卫生部批准成立全国医学法语培训中心。学校临床医学专业先后设立法文班、英文班，以培养掌握法语、英语较好的医师为目标，专业课程基本上用外语进行教学，取得了良好的效果。

外语是一种语言工具，要使外语的听、读、说、写的能力快速提高，必须创造良好的语言环境。王振义担任二医校长后，非常重视加强外语教学。他始终认为，二医应该以英语作为第一外国语，其次为法、日、德语，因为二医的前身有英语、法语的基础。王振义还以身作则，用专业英语、法语为医学生讲授病理生理学、血液学等课程。他也要求学校每门课程必须有10%～20%内容以外语形式进行教与学，并且做到一贯制，外语学习不断线。虽然上海第二医学院是全国医学法语基础较好的学校，但医学法语教师的年龄都偏大。为继续保持学校医学法语特色，较好地完成医学法语班的教学任务，王振义领导学校采取多种措施，加强医学法语教师队伍的培养和提高。例如，举办了各类法语进修班，在基础部和附属瑞金医院各教研室中，选择有培养前途、

善于做教学工作、有一定外语基础（或英语已基本掌握，以培养第二门外语，或法语作为第一门外语培养）的青年教师或医师，通过一年的脱产培养，能掌握法语的基本语法；举办中级法语进修班，脱产学习半年，进一步提高法语水平；已经过中级法语进修班学习的教师，以业余学习为主，参加法语提高班（参加瑞金医院办的法语班或单独开班）；经过4年法语培训班学习后分配在学校实习的青年，是医学法语队伍中的一批年轻力量，以明确专业从教辅工作开始，逐步培养为医学法语教师。

学校还通过多种渠道，聘请校内外临床法语教师上课，充实法语教师队伍力量。医学法语教师队伍中，基础医学法语和普通基础法语教师队伍比较薄弱，为解决这一问题，王振义代表校方聘请校内临床法语教授来上相应的基础医学法语课；同时争取其他单位和人员来院讲学或兼课，达到上好医学法语课和培养学校教师法语水平的双重目的。此外，王振义注重加强与法国方面的友好合作关系。二医的法语教学得到了法国多方支持。先是巴黎第五大学按校际协议，陆续派出专家教授为二医医学法语班讲法语课、基础课及临床课。1986年，中法混合委员会合作项目设立后，由法国政府派出法语教师到二医授课，二医医学法语班的6名毕业生通过中法混合委员会渠道去法国大学进修，多名中青年法语教师到巴黎第五大学进修，等等。

王振义任校长时期，二医的外语教学工作取得了良好效果。1986年，第一届医学法文班的部分毕业生被派往法国进修，得到法国老师的好评和称赞，为学校争得了荣誉。现任上海交通大学医学院院长助理、微创外科专家郑民华就是第一届医学法文班的学生，毕业后公派赴法国斯特拉斯堡医院工作，1992年回国后在上海率先开展微创外科临床实践。目前，他的胆道疾病与结直肠肿瘤的腹腔镜手术治疗已处于国际先进水平。郑民华回忆说："我们是二医恢复高考制度后招收的首届

2008 年，王振义和郑民华合影

医学法文班学生，当时颇有争议，是时任基础部主任，后又升任二医院长的王振义教授力排众议才坚持下来的，并将我班的大部分学生都送往法国学习，这在刚刚打开国门的时候是多么不容易呀。王老师的英语与法语都是同样的棒，能给我们上基础课的病理生理学，也能给我们上临床的血液学。当时我们对于给我们法文班上课的以王振义为代表震旦大学毕业的老师们的渊博学识都是佩服得五体投地。"

三、不拘一格，创新人才培养建设新机制

一所学校办学能力的高低，最根本的是师资力量的强弱，人是最根本的。在20世纪80年代，与大多数教育机构、科研院所遇到的情况一样，当时的二医在师资队伍上面临着"人员老化、梯队断层、人才外流、出国学习效益不明显"等严重问题。学校的许多学科青黄不接，出现后继无人的严峻局面。如何冲破束缚，建立可持续发展的良性机制，成为当时的一个难点。

王振义在担任二医校长期间，通过实施职称改革、建立破格晋升制度、推行"配套成组"出国学习等，逐步构建起二医人才培养的新机制。

1. 领导职称改革和评审工作，使优秀人才脱颖而出

上海第二医学院的学衔评定工作开始于1984年。1986年年初，上海第二医科大学学衔委员会成立。上海市政府批准其有权授予助教、讲师、副教授学衔和高级讲师等学衔（公共学科及社会科学学科除外）。同年，经卫生部批准，该学衔委员会又获得审定卫生技术和科学研究技术多个系列学衔的授予权。1986年4月，学校全面开展教学、卫生技术、科学研究多个系列学衔的评审工作。当年8月，国家教委召开高等学校教师职称改革试点工

作会议。会上明确提出改革高校过去单纯评定学衔的职称制度，实行专业技术职务聘任制，将学衔评定和具体职务聘任统一起来。高校根据教学实际需要设置专业技术岗位，设立教师职务为教授、副教授、讲师、助教四级，在经过评审委员会认定的、符合相应条件的专业技术人员中聘任。1986年9月，上海第二医科大学成为上海市首批教师职称改革试点院校之一。[①]

职称的聘任是反映教师能力的一个重要方面，为了使优秀人才脱颖而出，做好教师职称改革工作，王振义与学校党政领导经过讨论，成立高级职务评审委员会（王振义任主任委员）和专业职务聘任委员会，制定了《试行教师职务聘任制条例》和《实施细则》。在教学方面，学校除了按国家教委下达的教师职务结构1∶2∶4∶3，卫生技术方面则按卫生部、上海市卫生局提出的1∶3∶5∶7比例，确定教授、副教授、讲师、助教四级人员构成，还专门组织人事部门对各院、系、所、教研室定编，坚持"以岗设人，结构合理"的原则，全面考核、择优聘任，实行聘、退、交流同时进行。[②]在教师职称改革过程中，王振义多次召集各院、系、所负责人开会，听取各单位职改进展情况，与大家共同研究拟聘任的各级职务教师名额、比例，各级教师职责及工作量，经反复讨论后，人事部门将确定好的各类名单汇总，提交各职务评审委员会进行审核。王振义对于不聘任的原因也认真分析，向未被聘任的教师及时反馈未聘原因以及分流安排的意见，希望未聘任的教师有的放矢，明确奋斗目标，争取迅速进步。

在教师职称评审中，王振义要求必须兼顾教学、科研与临床三方面的业绩，并提出对晋升教授人员加试外语听力测试，考

① 王一飞、龚静德、陆树范、杨舜刚：《上海第二医科大学志》，华东理工大学出版社1997年版，第384页。

② 《有关专业职称评审工作的意见》，上海交通大学医学院档案馆藏1985-DZ16-565。

核其外语水平。当时，有一些人不理解他的这一做法。王振义解释说："一个不能熟练应用外语的教授是无法积极进行国际交流的，更无法使自己的科研成果具有国际影响力。因此，教授的评审必须加强对外语能力的考核。"

经过认真评定，反复审核，1986年11月，上海第二医科大学首批聘任的53个教授、副教授名单产生。聘书由王振义签发后颁发至受聘者本人。

在王振义任校长期间，上海第二医科大学高级职务评审委员会先后获准对教学、卫生技术、科研等多个系列高级技术职务的授予权。学校还相继进行了公共学科、社会科学、工程技术人员、实验技术人员、图书、财务、管理、政工等一系列职务的评聘工作。上述做法一直沿用至20世纪90年代，并不断完善聘任制度。

2011年，王振义和时任上海市副市长沈晓明亲切交谈

1987 年，王振义、董方中在上海第二医科大学校庆 35 周年时，和学生李伟林（右）合影

2. 实行破格晋升，打破论资排辈行规

上海第二医科大学是一所有较高学术水平和社会名望的老校，师资力量雄厚，但是随着大批高年资科技干部的老龄化，师资队伍出现青黄不接的情况，学术梯队的年龄结构急需调整。

专业技术职务晋升工作恢复以来，扩大了高级职称的人数，降低了高级职称人员的平均年龄，使学校教学、医疗、科研队伍的结构得到调整，然而在实际操作中，由于"文化大革命"破坏所造成的历史遗留问题（如人才老化，人员断档，等待晋升的专业人员积压等），给晋升工作带来很大困难。

长期停顿的职称晋升工作恢复之初，理应首先解决一批老的专业技术人员职称问题，可是中青年承担着大量繁重的医、教、研工作，一时难有机会脱颖而出，他们的积极性和创造力受到一

2011 年，王振义和上海交通大学医学院党委书记孙大麟教授交流人才培养问题

定程度的抑制已是客观事实。

　　20世纪80年代后期，为加强教学与科研队伍建设，改善人才结构，调动广大青年技术人员的工作积极性，身为校长的王振义提出要实行专业技术职务破格晋升的设想。[①]他认为，过去由于限定名额的问题，有一批优秀人才未能通过评审，特别是年纪轻的，没能体现年轻人拔尖的重要性。根据改革的需要，学校要多做一些工作，为年轻人快速成才创造机会。[②]他主张对工作能力强但任职资历不够的青年人才进行破格晋升。他说："如果1960

---

　　① 破格晋升：是对特别优秀的公务员或者工作特殊需要的，在晋升职称时适当放宽资格方面的要求，如放宽工龄、基层工作经历、文化程度、任职年限等方面的资格要求。破格晋升须按一定程序报批。

　　② 《各院部处人事干部、校学衔委员会、校教师任职资格评审委员会等会议》，上海交通大学医学院档案馆藏1986-DZ39-43。

年与1965年毕业的人相比水平差不多，就应该考虑65年的。学校要发挥两方面的作用：既要加强学术委员会对晋升资格的评定，又要兼顾年轻的拔尖人才，他们提出晋升申请后，今年不批准，明年可再申请。总之，不能埋没了人才。"①

破格晋升制度的原则是公开竞争，公平衡量，坚持标准，择优晋升，力求公开、公平、公正。注重实绩，不拘泥于学历、资历。在申报条件方面规定：（1）关于年龄，申报副高级专业职务者年龄小于40周岁，申报正高级专业职务者年龄小于45周岁，目的是便于选拔优秀中青年人才，使他们脱颖而出，早日成才。（2）关于任职年限，一般职称晋升必须在当前职务上任职满5年才可申报上一级专业技术职务，而破格晋升者则要求3年即可。一定的任职年限是必需的，尤其对于教师与医师这些需要较强实践与动手能力、需要积累经验的行业更为重要。但对于确有突出成绩，可适当缩短任职年限。（3）关于学历，一般应具有大学本科及其以上学历，但为了顾及实际情况，对于少数大专或普通大学学历且确有真才实学者，也给予破格晋级机会，以示对人才的尊重与渴求。

学校一部分人持有"文化大革命"时期的工农兵学员学历，是"文化大革命"中特殊的人群。对于这部分人的破格晋升，王振义顶着压力，做出具体规定：有工农兵学员学历者不能参评教授系列，只能评技术员系列，即高级技师、主任技师等。时任校党委书记的潘家琛②回忆说："学校和医院有很多岗位本身要提高才行。当时有很多重要岗位由工农兵学员学历的人占据，王校长就采取措施使这部分人继续学习和深造。对于个别同志耐不住

---

① 《1985年度关于职称评定准备工作会议记录》，上海交通大学医学院档案馆藏1985-DZ16-564。

② 潘家琛，1984~1986年任上海第二医学院党委副书记，1986~1991年任上海第二医科大学党委书记。

清贫，吃不了从事医学科研的苦，王振义奉劝他们还是提早放弃，另谋出路。"①

1989年，上海第二医科大学举办建校以来的首次破格晋升。学校做出关于破格晋升一批医疗、教学和科研各级技术职称的决定后，受到了中青年医、教、研人员的普遍欢迎。

有的人说："破格晋升，公开、公平、公正，我一定要参加！"

有的人表示："破格晋升不讲资历，只谈工作成绩。这样的制度应当支持！"

还有的人认为："学校给我们年轻人更多了机会的同时，也让我们承担了更多责任。这是有利于年轻人成长的。"

破格晋升采取了实绩和自荐答辩相结合的综合考评程序。其中，最关键、最核心的环节是召开由80名专家评委参加的自荐答辩会，被大家称为"打擂台"。

答辩会现场好似群英会一般。医教研各条战线的58名中青年业务精英个个摩拳擦掌、踌躇满志、信心满满。他们先后走上讲台，各显其能，展示各自在工作上的骄人成就，博得了评委们的阵阵掌声。专家根据自荐者的工作实绩和自荐答辩会上的评分，好中择优，最终选出25人获得了高级职称任职资格。

1989年6月3日，二医举行首次以实际考核和自荐答辩相结合的破格晋升聘任大会，向25名破格晋升者（晋升教授7位、副教授18位）颁发了证书。破格晋升使学校学科老化和断层的症状得到了明显改善，有效地解决了人才断层危机。一大批学历高、资历较浅，但充满朝气和才气的中青年通过"破格晋升"得以崭露头角。同时，在学校各个学科中，包括国家重点学科与大部分市重点学科中，不少破格晋升专业人员成为学科带头

---

① 《潘家琛采访实录》，未刊稿，2011年1月28日。

人或学科接班人。这些学科也由此获得了迅速发展的强大动力。

著名的组织工程学专家、国家重点基础研究发展计划（"973"计划）首席科学家曹谊林博士就是1989年首批破格晋升人员之一，当时

2008年，曹谊林看望王振义

他被聘任为副教授。后来，曹谊林到国外深造，在组织工程学领域获得重大成果。1997年，曹谊林回国创办组织工程学。该学科发展迅速，并向其他学科渗透扩展，带动了相关学科共同进步，成为上海市重中之重的领先学科。

王振义任职二医校长期间对破格晋升工作的思考和探索，为后来学校更好地开展此项工作奠定了基础。破格晋升不仅着眼于晋升，更着眼于培养。多年来，上海第二医科大学不断发展和完善破格晋升工作，将其公开竞争、公平衡量、注重实绩、择优选拔的原则由专业技术范畴扩大到行政、业务、后勤各个系列的人才选拔，逐渐形成学校一项重要的人才培养制度。

3. 创立"配套成组"出国进修方式，加强人才梯队建设

20世纪80年代初，二医在国际学术交流中采用"请进来""走出去"的办法，加强与国际学术机构交往，并作为师资队伍建设的一个途径；但这样做法存在人员流失，归国率不高，部分出国人员回来后工作开展不起来，或成效一般化的情况。究其原因，除了国内客观条件或个人因素外，没有一种理

想的组织出国进修的工作方法是一个不可忽视的重要原因。随着科技迅猛发展和学科相互交叉渗透，医学事业面对越来越严重的挑战。我国医学要发展，并赶超世界先进水平，就必须打破各科长期单一发展形成的界限，建立

1985年，王振义在巴黎出席中国驻法国大使馆举办的招待会

横向联系，就必须以学科为单位，建立一支在专业与知识结构上多功能、多层次、多方位的人才群体。从1984年起，王振义领导二医积极贯彻中央制定的"按需派遣、保证质量、学用一致"的出国留学方针，围绕学科发展和人才培养，调整政策措施向"三个重点"（重点学科、重点课题项目承担者、重点培养学科梯队骨干）倾斜。为了解决人才外流问题，切实发挥出国深造的实际成效，也为了吸引更多优秀的留学人员回归母校工作，他大胆创造了"配套成组"这一出国学习方式，将不同层次、不同专业的中青年业务骨干集中培训，围绕一个课题项目、一个学科建设或共同任务目标配套成组出国学习，变被动选派为主动按需求选派。这种做法能够使出国人员在国外保持一个学科团队，凝聚在一起，共同探讨科研课题，同时尽可能获得国外资助，为国家节约经费，争取在最短时期内获得出国学习和培训的最佳效果。

二医先后选派10个配套组赴美国、法国、日本、加拿大等发达国家进修学习。"配套成组"出国学习的方式采取过三种形式：

一是以一个学科带头人带领一个小组共同出国学习。如附属

2005 年，王振义出席"中法医学日"活动

仁济医院心血管病学科，过去在开展高难度的心脏冠状动脉搭桥手术方面进展缓慢。在学科带头人王一山①教授的率领下，一个由外科、内科、放射科、麻醉科等7名医生和护士组成的小组，赴美国旧金山圣玛丽医院外科学习心脏搭桥手术各环节中的关键性技术，回国后在较短时间内就把有关诊断治疗技术提高到国内先进水平。

二是学科带头人在国内预先周密规划，积极安排，小组成员根据具体任务分散到几个国外实验室同时学习。瑞金医学肾脏科在1982年刚建立时，仅有3名医生，无固定床位和任何设备，也无实验室，一切几乎从零开始。该科学科带头人董德长教授从提高肾脏病学科组的整体水平出发，在国际肾脏病协会主席、法国

① 王一山，上海第二医科大学附属仁济医院胸心外科主任、主任医师、终身教授。

2011年，王振义在美国和他的研究生们合影

里切特教授支持下，选送了一个包括临床、透析、病理、电镜、生化、免疫等专业人员的配套但赴法进修两年，后来全部顺利学成归国。经过几年的努力，截至1990年，该学科已发展到拥有30多名专业人员、25张床位、3个实验室，处于国内领先并在国际上有一定影响力。该科发表学术论文30余篇，肾小管疾病早期预报、肾脏内分泌活性产物研究、红细胞生长抑制因子研究3项成果均属填补国内空白，达到国际先进水平。[1]

三是配套派出进修，配套引进国外智力。丁文祥[2]教授领衔的附属新华医院小儿心胸外科，在美国民间健康基金会的支持下，有计划地组织配套小组到美国，或请美国小儿心胸外科专家到医院来示教，学习手术、监护等各种先进技术。经过一段时间

① 《上海二医报》1990年第449期，第1版。

② 丁文祥，时任上海第二医科大学附属新华医院心胸外科主任医师、教授。

的学习，该科不但能进行体现一个国家小儿心脏外科技术水平的各类紫绀型先天性心脏病的手术、重症监护，而且研制出一整套适合中国国情的专用医疗器械和设备，使学科跻入世界先进行列，还吸引了美国世界健康基金会Hope基金会[①]捐赠2500万美元的医学仪器设备，用于建造"上海儿童医学中心"。1989年3月，该基金会主席威廉·华尔希（William B. Walsh）来沪，与二医正式签订合作建设上海儿童医学中心的相关协议。此项协议成为美国Hope基金会在中国最大的一个投资项目。

"配套成组"出国学习的方式成效显著。科研人员通过学习引进国外先进技术，迅速应用于学科建设，取得明显的社会效益和经济效益；通过组队集中培养，科研人员回国率提高到90%以上，有效地培养高级专门人才，推动了国内学科的发展，增加了对外学术交流和联系，扩大了交流面。[②]1988年，"配套成组"这一措施在上海市留学生管理工作会议上被作为典型介绍推广，随后又在国家教委派遣留学生工作会议上受到表彰。

① 世界健康基金会（简称世健会，Project HOPE—Health Opportunity for People Everywhere），1958年创建于美国，总部设在弗吉尼亚州，是一个国际知名的非赢利的健康教育组织。其宗旨是帮助人们长期有效地自助，拯救人类生命，减轻患者痛苦，帮助社区改进健康护理。自从1958年以来，世界健康基金会已经培训了世界各地1300多万卫生专业人员。

② 上海第二医科大学人事处：《开拓进取，构建人才培养新机制——新时期二医大师资队伍建设回顾》；上海第二医科大学党史办公室：《中共上海第二医科大学党史大事记》，第244页。

四、加强重点学科建设，提升学校医教研整体水平

学科是一所大学发展的基石，一所一流的大学离不开众多一流学科的支撑。而重点学科代表着一所学校的教学水平和特色，决定着学校的竞争力和发展后劲。因此，重点学科建设在学校的全面建设中具有举足轻重的地位和作用。1984年10月，在上海市高教局首次批准的全市地方高校的21个重点学科中，二医共有7个：血液学、小儿心血管、成人心血管、消化疾病学、围产医

1984年，王振义（前排左六）主持第5次"中法医学日"法国医学图书展览

学、整复外科和口腔颌面外科学，占地方高校重点学科的1/3。另外，医学分子生物学是市高教局和二医重点扶植的新兴学科，也列入重点学科建设行列。

对于重点学科的发展，王振义有着自己独到的战略眼光。他认为，学校的重点学科就是最具条件优势和发展潜力的学科。只有加强重点学科建设，形成学校教学与科研特色，才能提高学校的医、教、研工作的整体水平，更好树立学校在学术界的地位。为了加强重点学科的建设，王振义在担任校长期间领导学校从几个方面着手，使重点学科的建设取得了显著进展。

1. 行政部门全面配合，服务重点学科建设

王振义指出，学科建设和师资培养是学校业务工作的两件重要任务，而在学科建设中，鉴于20世纪80年代中期的人、物、财力条件的限制，着重抓重点学科建设可称是学校发展的战略措施。王振义强调要将重点学科建设作为学校全局性的任务来抓。全校各有关部门和相关学科都要主动关心和重点支持重点学科的建设。重点学科在自身建设发展的同时，应该在提高教学质量、学术水平、医疗质量和培养高级人才中起积极促进和示范带头作用。[①]王振义多次强调并要求各有关职能处室积极配合重点学科建设，集中学校优势资源，全面保证重点学科建设。在组织管理上，校长亲自、直接抓重点学科，分管科研的副校长具体负责并通过科研处主管重点学科建设的日常工作。在校长统一领导下，各有关职能处室积极配合，为重点学科建设服务；人事处要抓好人才的梯队建设，抓紧学术带头人与接班人的业务培养，选送科技人才到国内外先进单位进修与考察，提高学术梯队的业务

① 薛纯良、贾建德：《重点学科建设及其作用》，《上海第二医科大学学报》1986年第4期。

素质；研究生处要优先安排重点学科导师招收硕士和博士研究生的名额，选拔优秀毕业生留校；国际交流处要围绕重点学科建设开展外事活动，努力引进智力和技术；财务处除保证高教局资助金额专项使用外，还要为合理使用多渠道资助提供服务；设备处要千方百计购买所需的仪器设备，提高仪器的利用率；教务处要做好重点学科基础调查工作；重点学科所在单位指定有关领导，要采取切实有效措施，抓紧落实重点学科建设工作。[1]

2. 建立校、院（系）、学科三级管理制度，提高重点学科建设效能

为了加强宏观与微观的信息沟通，提高学科建设管理的系统效能，王振义在学科管理制度方面进行了改革。王振义领导建立了校、院（系）、学科三级管理制度，在明确各级管理职能的基础上，着重加强学科一级的管理。王振义强调，学科带头人是学科活动的指导者，也是学科建设的管理者，要重视学科带头人在重点学科发展中的作用。他要求增强重点学科带头人的管理意识，明确他们在学科建设中的主导地位和管理职能，在工作中充分调动和发挥他们管理的主观能动性。重点学科带头人在梯队建设中的管理职责是：根据学科重点研究方向及本学科特色，做好学科人才培养，编制梯队建设总体规划，并力尽所能地推动"规划"的实施。校、院（系）二级在学科梯队建设中的管理职责是共同对各学科梯队规划的制定进行宏观指导。其中，院（系）一级起到规划"实施"管理的条件保障作用，如人员编制、结构调整、人才培养等方面的协调；学校一级做好制定优化梯队建设的有关政策，进行相应的宏观调控，检查监督院级"保障作用"的

---

① 薛纯良、李宣海、贾建德、洪启文、董云霓、施强华：《重点学科建设十年的探索与实践》，《中华医学科研管理杂志》1995年第2期。

1985年，王振义在法国巴黎第七大学Sidand教授家做客，右为唐振铎

组织落实情况，并通过组织学科间的管理工作交流，加强各单位的组织管理工作。总的来说，三个层次的管理职责分明，各有重点，相互制约，相互促进，通过互相的信息沟通和联系，建立梯队建设的良性运行机制。

校、院（系）、学科三级管理制度的建立既保证了学校在重点学科建设方面能够瞻观全局，统筹安排，提高了信息沟通的效能，同时又注重学科一级的管理，部分放权于学科，极具灵活性，确保学科建设过程能够根据自身的发展需要及时选拔培养人才。

3. 加强学术梯队建设，促进学科可持续发展

学术梯队建设是保证师资队伍后继有人、提高师资队伍素质的重要环节。王振义领导学校制定《加强学术梯队建设规划》，采取积极措施加快形成学术梯队，提高学校整体学术水平。培养和选拔好新一代学科带头人是学科持续，稳定发展的关键。在王振义的领导下，学校制定了学科接班人的基本条件：（1）年龄60岁以下，精力旺盛，具有正高级职称的博士生导师；（2）医、

教、研基础扎实，学术活动活跃，在本学科领域内有一定知名度；（3）在群众中有威信，作风正派，治学严谨，有较强的组织能力；（4）事业心强，愿意为学科建设作出贡献。二医第一批7个重点学科经过多年建设，培养和选拔了一批优秀学术骨干担当起学术带头人的重任。

在加强青年人才培养的同时，王振义也认识到医学是应用学科，水平高低与实践经验密切相关，学术带头人的年龄不宜一刀切，应当谨慎对待学科带头人的新老交替工作。已超龄老专家是否继续担任学术带头人要根据实际情况，着重从两方面考虑：一是本人身体状况，二是接班人是否具备独立领导学科建设的必要条件。若接班条件已成熟，则让老的学术带头人退居二线，由新的学术带头人承担；若接班人的学术地位和威望与原学术带头人有较大差距，并且原学术带头人的身体尚可，则一方面任命新的学术带头人，一方面老的学术带头人不急于退居二线，发挥余热，由新老学术带头人过渡性地共同领导学科建设一段时间。

4. 重点学科建设与重点课题研究相结合，提高科研能力和学术水平

王振义指出，重点学科的人才、建设及基础条件较好，获得重点学科基金资助后进一步提高了科研能力，为投标和争取重点课题创造了条件。同时，各重点学科通过重点课题的研究，不但锻炼了人才，而且加快出成果，提高了学术水平。例如医学分子生物学，在1984～1985年，新建和改建实验室24间，建立10多种分子生物学新技术，形成一支40人的科研教学队伍，大大加强了科研能力，在申请科研基金和投标中经过竞争获准承担了中科院、市高教局及市科委的3项重点研究课题。口腔颌面外科承担5项重点课题，完成了40篇论文，被选为全国口腔外科组

的组长单位，学科带头人的接班人被聘为国务院学位委员会学科评议组成员、中华医学会理事、国际牙科学会会员。又如血液学科1985年共承担了6项重点课题，获市科技进步奖一项。学科带头人在1986年10月召开的国际血栓与纤溶会议及11月召开的全国栓溶与血栓止血会议上均担任会议主席，学科学术地位得到显著提高。整复外科在淋巴水肿基础研究方面，制成了淋巴水肿动物模型，测定了淋巴管压力，在国内外第一次获得了有关资料；重建淋巴通路的实验性研究也获得成功，以静脉代替淋巴管的功能在国内外尚无类似报道，论文发表在美国整形外科年鉴和西德医学论坛报上，引起了巨大反响。1985年9月，该科学术带头人在澳大利亚召开的第10届国际淋巴会议上，当选为我国唯一的国际淋巴学会会员。

5. 多渠道筹措科研资金，为重点学科 发展提供保障

为了学校的发展，王振义竭尽全力，带领全校广开渠道，争取各类资助，如接受上海市高教局下拨经费，申请中科院自然科学基金，申请国家级、市级有关科研课题项目，争取国外捐赠等，为重点学科发展提供经费上的保障。据统计，王振义担任校长期间，二医7个重点学科共获各类现金资助人民币1200余万元，设备、试剂与图书价值200万美元，新建和改建39个实验室，添置84台（件）5万元以上大型精密仪器；共承担各级重点课题164项（其中国家"七五"攻关课题9项，国家自然科学基金课题32项），占全校研究课题的25%；鉴定研究成果61项，获奖44项（其中国家和部委级18项），占全校获奖成果的21%。7个重点学科主编和参与编写专著81本，发表论文800余篇，其中100多篇登载在国际学术刊物上。中国管理科学研究院1988年公布的全

2004年，王振义和陈赛娟、邱蔚六、张涤生、戴尅戎院士合影

国高校科学计量排序学术榜上，二医大从1983年的第19位上升到1985年的第16位，7个重点学科在其中发挥了重要作用。

6.注重知识更新，带动医教研工作联动发展

王振义要求各重点学科在自身发展的同时，把重点学科建设与学生培养有机相结合，与研究所、实验室的科学研究相结合，与相关学科的发展相结合，以重点学科的发展带动医教研及相关学科的发展。

在王振义领导下，学校坚持基础研究与临床实践相结合，不断将科研新成果充实到教学内容中去，为本科生、研究生开设了9门新课程，编写了高质量的新教材，其中《整复外科学》为英文教材。5年中7个重点学科共培养进修医师和教师（包括办班）1219名、硕士生130名、博士生18名以及来自西方国家的进修医师10名。

各重点学科先后有一批科研成果用于临床医疗，如血液学科的白血病诱导分化治疗、成人心血管学科的激光治疗血管栓塞

病、小儿心血管学科的复杂型先天性心脏病的矫治、围产医学学科的新生儿代谢病筛查治疗、口腔颌面外科学的颌面部肿瘤综合治疗、整复外科学的人造器官和畸形矫治、消化疾病学的早期胃癌和癌前期病变诊治等。这些成果都处于国内领先地位，有的达到了国际水平，使广大病患得益。

重点学科的发展还带动了相关学科的发展，如消化学科通过科研合作和成立联合实验室的形式，带动了与消化疾病相关的微生物学、卫生学、营养学、病理解剖学、免疫学和分子生物学的发展。其中，免疫学和分子生物学于1990年被上海市高教局批准为第二批重点学科，起到了示范带头作用。在重点学科联动效应的启发下，王振义还参与制定了全校学科建设与发展的规划，建立了国家级、地方级和校级重点学科体系，促进了学校整体学科建设水平的提高。

在国际交流合作方面，各重点学科的带头人及骨干与国外同行均有较广泛的学术交往。王振义担任校长期间，7个重点学科5年中赴国外讲学考察的有111人次，出国进修51人，参加国际学术会议17人次，在上海组织召开大型国际会议2次，接待国外专家教授来校讲学或指导工作70批，开展校际合作科研7项。通过国际学术交流不但促进了重点学科的发展，而且提高了二医在国际上的学术地位。[①]

二医大的7个重点学科经过几年的建设与发展，取得显著成绩。1989年11月，上海市高教局对市属高校重点学科组织验收，学校7个重点学科全部以最高成绩通过验收，其中小儿心血管学、口腔颌面外科学和消化疾病学3个重点学科成绩显著，在市属21个重点学科的评比中名列前茅，分别排在第二、第四和第五名。

---

① 薛纯良、贾建德：《重点学科建设及其作用》，《上海第二医科大学学报》1986年第4期。

五、重视开展外事工作，推进医学教育国际化发展

为了顺应医学教育国际化的趋势，王振义在担任第二医科大学校长期间，加强了对外事工作的领导，注重走医学教育的国际化道路，将"国际化"战略作为学校发展的重要内容，通过国际互访、签订协议、派遣人才出国培训、开展校际合作等方式，积极扩大学校的国际交流与合作，提高学校医学教育国际化水平，推动医、教、研各项事业不断发展。

1.重视外事工作，促进学术交流国际化

王振义多次强调学校的外事工作必须围绕医、教、研建设和人才培养来进行，要突出重点，择优支持，讲究实效，注重效益，通过扩大对外交流与合作，借鉴国外医学教育的先进理念和经验，学习世界医学领域的先进技术与手段，推动与世界各国和地区校、院间友好关系的发展。他要求学校要根据在以往对外活动中已建立的渠道，巩固已建立的校际联系，发挥校外顾问专家、教授的作用，积极开展多边的、多渠道的国际学术交流活动，提高学校的学术水平和国际声誉。在他的直接领导下，学校制订了外事工作的各项规章制度，外事工作目的性和计划性明确，学科的对口交流组织有序，涉外人员的思想水平和政策水平不断提高，学校国际交流活动得到了顺利发展。

1984年，王振义与法国巴黎第五大学校长共同为中法医学会赠书仪式剪彩后亲切握手

　　王振义担任校长期间，二医共接待世界各国各类外宾2486批13081人次，他们中有政府官员、专家学者、工商企业界人士以及医学院校师生等。其中，来校长期讲学的专家22人、短期讲学的专家499人，举行学术讲座共80次；学校先后授予66位著名学者为名誉、客座、顾问教授；与20多所国外大学、医院、研究机构签订合作协议；主办国际学术会议6次，派出参加国际学术会议210次，出访369次，多人获国外授予的荣誉称号、奖章及名誉、客座、访问教授称号。[①]

2. 加强与国外医学院校的交流，促进校际合作国际化

　　为了进一步拓宽与国际著名院校的校际交流，加强与一流研究机构和知名专家的合作，培养和引进国际化高层次的创新人

　　①　王一飞、龚静德、陆树范、杨舜刚：《上海第二医科大学志》，华东理工大学出版社1997年版，第393～404页。

才，提升学校在医教研各方面的核心竞争力，王振义以校长名义代表二医与美国、法国、德国、日本多所知名大学签订了校际协议，推进校际合作进入新的发展阶段。

1987年，王振义与徐家裕教授应邀访问了在美国弗吉尼亚州的"Hope"（希望）基金会总部，商讨合作的内容，为今后扩大赴美国学习的教师名额和建立儿童医学中心打下了基础。此外，他们还访问了美国的旧金山州立大学、宾夕法尼亚大学、堪萨斯大学、内布拉斯加大学、圣母大学，为以后开展校际合作开辟了道路。

王振义代表二医与国外大学签订的校际协议一览

时 间	校 名	签署地点	签署协议者代表	
			中方	外方
1985年	法国里昂第一大学 （克罗德·贝尔纳大学）	上海	王振义 潘瑞彭	克罗德·杜皮伊 比埃尔·卢伊佐
1986年	美国旧金山州立大学先进医学技术中心	美国旧金山	王振义 陶义训	维别格莱·吴家伟
1987年	法国斯特拉斯堡路易·巴斯德大学医学院	上海	王振义	J.M.芒兹
1987年	日本岛根医科大学	日本岛根	王振义	桧学
1987年	联邦德国汉堡大学	德国汉堡	王振义 王一飞	彼得·费舍阿培特 霍尔彻
1988年	法国波尔多第二大学	上海	王振义	多米尼克·迪卡苏

3. 深化和加强与法国医学界的友好合作关系

多年来，二医始终保持与法国医学界的友好合作关系。王振义担任校长后，二医与法国医学界的交流合作更加密切和广泛。1985年3月，法国驻华大使馆科学参赞苏里兰和文化参赞底希来二医访问，受到了王振义等校领导的亲切接见。从1986年起，二医与法国医学界的学术交流合作项目纳入政府合作渠道。

1987年，王振义在法国讲学时，受到法国教育部部长蒙诺莱接见

　　1986年，上海第二医科大学对法的11个合作项目全部落实，包括邀请外宾前来讲学、接受和派出人员进修、开展交流合作、举办双边学术讨论会以及法语教学与法语班毕业生赴法进修等。1986～1989年，二医大对法合作项目共计38个；来自法国的15位教授来校访问讲学，8位医师来校进修；二医大教授共17人次前往法国访问讲学，30位中青年教师医师赴法进修。

　　1987年3月，法国教育部部长蒙诺莱率领教育代表团来上海第二医科大学参观访问，并邀请王振义校长访问法国。1987年5月，王振义应法国科学院、法兰西学院等几个单位邀请赴法访问讲学，并参加法国第9届血液学学术会议。王振义的访问讲学受到了法方热情隆重的接待。6月29日，法国总统府秘书长皮昂古代表总统在总统府接见王振义。6月30日，法国教育部部长蒙诺莱宴请王振义并邀请中国驻法大使、教育处处长及法国著名教授等20人参加。此外，在法期间，王振义还访问了里昂、斯特拉

1985年，王振义（左二）在法国里昂市政府大厅被授予里昂"名誉市民"称号

斯堡等地，与当地多所大学讨论了校际联系的事宜。由于同巴黎第七大学合作研究诱导分化治疗急性早幼粒细胞白血病取得了巨大成就，王振义与法方合作者共同获得法国1990年"突出贡献医生"奖。[①]

此外，王振义还积极参与了"中法医学日"活动。[②]1985年3月，王振义担任中华医学会代表团副团长，赴法国参加第6次"中法医学日"活动，加强了与有关大学的友好联系，为同法国医学界进一步交流合作创造了条件。

[①] 王一飞、龚静德、陆树范、杨舜刚：《上海第二医科大学志》，华东理工大学出版社1997年版，第413页。

[②] 1980年3月30日，首次"中法医学日"活动在北京隆重开幕。中法双方各设荣誉委员会，分别由邓小平副总理和法国巴尔总理担任主席，由两国有关部长担任委员，二医副院长邝安堃担任学术委员会主任委员。从1980年到1989年，"中法医学日"活动轮流在中国和法国举行，共10次。"中法医学日"活动为两国医学科学交流的开展，起到了良好的推动作用。

由于王振义在对外联系、交流、合作中做出的杰出贡献，他被授予了法国巴黎银质勋章、法国荣誉军团骑士勋章等荣誉称号。

王振义不仅是先进教育理念的探索者，也是教育和教学改革的实践家。作为一名教育家，他高瞻远瞩，提出了独特的教育思想，积极倡导教学与科研的结合，主张临床与基础的融合，强调教师的"教"与学生的"学"二者的辩证统一。同时又推行了一系列的教育教学改革，如人才选拔培养的破格晋升、"配套成组"的出国学习制度、推行"以临床问题为引导的基础医学教程"、促进医学教育的国际化、注重中法合作办学等。他一直亲身实践着自己独特的先进教育理念和思想，为学校的医、教、研事业做出了重要的贡献。

六、诚敬谦和的校长

王振义任校长时，不仅为学校医教研事业做出重要贡献，而且在工作、生活中体现出许多的优秀品质，折射出光彩夺目的魅力，赢得了二医师生医护员工的敬仰和尊重。人们常说，真理为大，人格为大，精神为大。王振义就是这样一位优秀知识分子。

医学专业出身的王振义是位专家型校长。他虽然不是共产党员，但也没有就此回避矛盾、推诿责任。他如同绝大多数知识分子一样关心国家前途，关注社会上出现的重要现象，并发表自己的观点。20世纪80年代，高校思想领域出现了一些问题和冲突。他坚定地强调学校最重要的工作是教育人，教学秩序不能受到外界的影响和干扰。

当时担任二医党委副书记的林荫亚曾与王振义有过一次关于什么是社会主义的探讨。林荫亚回忆说："王振义问我：什么是社会主义？我回答：社会主义是充分调动人的积极性，他马上说要各尽所能，我又脱口说是各得其所。此后，'各尽所能，各得其所'成了我在二医工作时的主要思想。"她充满深情地说："我和其他一些校友一样习惯称呼这位专家校长为王医生，王教授乐意我们这样称呼他。因为王医生接近患者，接近老师，接近学生，因此他的思路也会从患者、从教师和学生的利益出发，我们一起工作的人也可从中获得启发。记得很清楚，他反对不正之风。有一次发现中层的个别领导拿'好处'，王医生和党委书记一起坚持追问，以堵截不良风气。在王医生身上找不到一丁点儿想利用领导职位谋取个人利益的痕迹。无怪乎他离职后仍然是一部旧脚踏车骑进骑出，笑容可掬地回应我们'王医生早''王医生好'的亲切招呼。"她认为："王振义教授是一位正直、爱国的知识分子。和他一起工作时听不到他的豪言壮语，却能学到他务实的作风；见不到他的慷慨陈词，却能感受到他对国家、对医学、对教育事业的无比忠诚。"[1]

王振义对学校党委的工作给予大力支持。潘家琛回忆起当年与王振义合作共事的日子时说："对于党委的工作，王振义常常提出自己的建议；对于党委的决定，王振义也是坚定支持。工作中遇到和同事们意见相左时，王振义会积极地找党组织处理，与组织进行交流和谈心，希望组织提出工作上的建议，把问题解决。这体现了王振义对党组织的尊重与信任。因此，虽然王振义是一名党外人士，但是我们合作过程中，关系

---

① 林荫亚：《一位正直爱国的老教授》，未刊稿。

2009 年，王振义与潘家琛合影

非常融洽。"①

  王振义非常注重尊师重教。刚刚担任校长不久，王振义就到邝安堃、余㵑、黄铭新②、兰锡纯③、叶衍庆④、倪葆春⑤等二医老一辈教授、学者家中，登门拜访。逢年过节，王振义也组织学校领导班子成员看望老教授，向他们介绍学校的发展情况，送去学校的温暖。王振义还多次组织召开座谈会，促使学

----

 ① 《潘家琛采访实录》，未刊稿，2011年1月28日。

 ② 黄铭新（1909～2001），内科学家、一级教授。曾任上海第二医学院医学系主任、附属仁济医院院长，上海市免疫研究所第二所长。

 ③ 兰锡纯（1907～1995），外科学家、一级教授。曾任上海第二医学院院长、顾问，上海生物医学工程研究所所长等职。

 ④ 叶衍庆（1904～1994），骨科专家、一级教授。曾任上海第二医学院、上海第二医科大学医疗系主任，上海市骨伤科研究所所长等职。

 ⑤ 倪葆春（1899～1997），医学教育家、一级教授。曾任圣约翰大学医学院院长，上海第二医学院副院长、顾问。

王振义（二排左四）、潘家琛（二排左一）、钱永益（后排左三）、林荫亚（二排右一）等校领导，同余㳌（前排左四）、潘儒苏（前排左五）、张鸿德（前排右一）等老教授合影

校形成尊师重教的风尚，在学校发展过程中发挥老一辈医学专家的余热。

王振义生活质朴从简，为人低调谦逊，待人真诚友善。他从不对任何人摆官架子，是师生心目中当之无愧的"亲民校长"。人们常常能够看到一个60多岁的老人，踩着辆破旧的自行车，车把上挂着黑色公文包，骑行在来往学校的路上。无论遇到学校的教授名师、普通保洁员、保安，甚至在校学生，他都会带着灿烂的微笑，热情地与大家一一问候。

学校车队驾驶员徐为民是一名普通职工。几年前，他从部队复员后，就一直为学校领导开车。勤恳踏实的他，得到包括校长王振义等很多校领导的赞许。

一天晚上，徐为民的母亲因突发血栓性疾病被送到上海市第九人民医院救治。由于医疗条件的限制，医院对病情的诊治没有十足的把握。这让徐为民心里很是着急。

次日上午，天下起了大雨。为了不耽误校领导用车子，徐为民安顿好母亲后，仍然按时到单位上班。王振义碰到忧心忡忡的他，关切地问："小徐，怎么愁眉苦脸的，出了什么事情吗？"

徐为民紧蹙着眉，低垂着头，回答说："老母亲害了血栓病。人已经住在九院了。可……可听医院说他们也没什么好的治疗办法……"说到这里，这个曾经在军营历练的男子汉不禁流下眼泪。

"小徐，别急，别急。"王振义搂着徐为民的肩膀，安

1990 年，王振义在瑞金医院

慰他，"你忘了我就是搞血液病的吗？我会抽空到九院去看看的。"

听王振义这么一说，徐为民顿时止住了眼泪，感激之情由然而生："王校长，谢谢您！谢谢您！"王振义摆摆手："不用，不用。"

当天下午，尽管风雨交加，但年逾60的王振义，穿上雨披，踩着自行车，特地赶到了九院。王振义详细了解徐为民母亲的病情，和九院的医生进行了讨论，并到病床前进行了仔细观察。徐母的身体很是虚弱，腿部出现大面积浮肿。根据以往的临床经验，王振义用人参煮水，给徐母服用。

第二天，徐为民母亲的浮肿症状稍稍缓解后，王振义立即安排她转到瑞金医院的病房，组织血液科等相关科室专家进行会诊。在此后的日子里，徐母一直住在瑞金医院。在王振义的亲自关照下，经过瑞金医院专家的诊治，徐母最终获得康复。

30年过去了，即将退休的徐为民，每每讲到此事，总是热泪盈眶。一个大学校长如此关心一个普通的员工的亲属，使他终身难忘。

或许是对医生职业的情有独钟，王振义总是乐意大家称呼他为"王医生"，即便担任校长之后，依然如此。他常常在百忙之中抽闲到血液病房看望患者；激励他们鼓足勇气战胜病魔。他也经常与师生进行座谈交流，集思广益，听取大家对学校发展的思路和建议。

王一飞[①]曾经是王振义的学生，在王振义身边工作了20多年，他不仅是王振义极为信任的助手，也是王振义的工作搭档。谈到老师时，王一飞说："1984年，我被任命为二医基础部主任，我的前任是王振义教授；1988年，我又站上了二医校长的岗

---

① 王一飞，组织胚胎学教授，博士生导师。1986～1988年任上海第二医科大学副校长，1988～1997年任上海第二医科大学校长。

第六章

「转化医学」：医学教育的核心思想

2000年，王振义与王一飞合影

位，我的前任也是王振义教授。所以，我是幸运的，让我有机会
直接聆听王振义教授的教诲，并接受他的亲自指引。王振义教授
是我们的榜样，是我们的楷模。作为王振义教授的学生，我们要
学习一辈子，效法一辈子。"[1]

---

[1] 王一飞：《认准方向，贵在坚持》，《瑞音》2011年第1期。

第七章

诱导分化：
开创肿瘤治
疗的新方向

20世纪80年代，王振义开创了肿瘤的诱导分化疗法，首创用国产的全反式维甲酸治疗急性早幼粒细胞白血病，使这种凶险、高死亡率的急性白血病缓解率达到95％，5年生存率上升至目前的92％，树立了基础与临床结合的成功典范，使急性早幼粒细胞白血病患者的生命，得以顽强地延续下去。因此，他毫无保留地将这一成果推广至全世界，与国内外同行分享，为世界医学界恶性肿瘤的治疗作出开创性贡献。王振义也由此获得国际癌症大奖"凯特林医学奖"等多项殊荣，并当选为中国工程院院士。

一、癌症治疗的新理论：诱导分化

1. 和白血病的长期较量

癌症，严重危害人类的生命健康。全球每年有1200万新发癌症病例，超过700万癌症患者死亡。在我国，每年新增癌症患者近200万人。

近年来，由于生活质量的提高，生活、饮食习惯以及居住、工作环境的改变，我国癌症的发病率较以往有所升高，且发病年龄上也有趋于年轻化的倾向。

肿瘤细胞是细胞在分裂与分化过程中发生差错，以至于细胞停留在分裂周期，不能进行终末分化。国外学者van Potter认为，细胞分化被阻断是正常细胞癌变的一个关键问题。在过去的半个多世纪中，肿瘤之所以难以被彻底攻克，是因为目前被临床广泛应用的手术、放疗、化疗等传统治疗手段，虽然能有效地杀死快速增殖的肿瘤细胞，但同时对正常细胞、组织也有损害。这往往导致患者在治疗过程中出现严重并发症以及生活质量急剧下降。此外，传统疗法可能对于一部分肿瘤干细胞或者肿瘤起始细胞无法做到彻底清除，最终导致患者的肿瘤复发甚至死亡。

20世纪80年代，日本著名影星山口百惠、三浦友和主演的电视连续剧《血疑》曾轰动中国，那个纯情、可爱的少女幸子因一次意外患上了白血病。山口百惠把幸子因这一疾病的折磨而变得曲折、痛苦的命运演绎得淋漓尽致，征服了亿万观众的心。

也许就是从那时起，普通中国人开始认识到了白血病的狰狞和恐怖。白血病，是造血系统的一种恶性肿瘤，被称为"血癌"。人体的造血工厂——骨髓具有许多造血干细胞和前体细胞，这些造血细胞不断分裂、增殖，发育成白细胞、红细胞和血小板等，源源不断输送到全身血液中。若人体的造血细胞在致癌因素的作用下发生"癌变"，造成大量的幼稚细胞毫无控制地疯长或者生存能力异常增高而堆积，出现于骨髓及其他组织器官中并进入周围的血液，便形成了白血病。

白血病类型繁多，死亡率高，在我国被列为十大恶性肿瘤之一，其死亡率在儿童及35岁以下成人中居恶性肿瘤死亡率的第一位。按起病的缓急和细胞学形态，白血病分为三种大的类型：急性、慢性和特殊类型白血病。在我国，急性白血病最为多见。患者患病若不经特殊治疗，平均生存期只有3个月左右。[①]

作为一个救死扶伤的临床内科医生，一个长期在血液学领域从事教学和科研的专家，王振义已经和白血病这个恶魔较量了20多年。每当看到患者化疗时的痛苦呻吟，每当目睹患者与亲属间的生死离别，王振义的心比刀割还要难受。王振义下定决心，要在白血病的治疗上有所突破。

---

① 袁长吉、杨智源：《白血病诊断与治疗》，吉林人民出版社2006年版，第12~13页。

1979年，王振义在实验室

在20世纪之前，白血病被认为是"不治之症"。对于白血病，最早最常规的疗法是支持疗法。20世纪以后，逐渐发展出放射治疗（放疗）、化学治疗（化疗），20世纪70年代又发展出联合化疗、骨髓移植和中医治疗等。

当时，由于医学上治疗白血病的西医药物很少，王振义就希望在中医方面找出一些药物，与西医结合起来医治白血病。他与同事们就到乡间采风，将民间传说中的一些秘方、草药收集起来，采用中西医结合的方法，进行了很多的尝试。例如，王振义听说民间用蟾蜍（俗称"癞蛤蟆"）身上的浆液"以毒攻毒"，贴在患者的肿块上可以消肿去痛。他就设想是否可以利用蟾蜍来治疗白血病。后来，王振义和孙关林等人到上海崇明县，在当地卫生防疫人员的支持下，从蟾蜍的皮上提炼出化学物做一点针剂，用来治疗白血病，但临床疗效并不理想。①

化疗是医学界广泛使用治疗白血病等恶性肿瘤疾病的主要方法。该疗法始于20世纪40年代，采用的思路是通过化学药物杀死和消灭癌细胞来治疗白血病。由于白血病的癌细胞会从骨髓、血液逐渐扩散到全身各个组织和脏器，化学药物在杀伤癌细胞的同

① 《孙关林采访记录》，2012年9月12日。

时，也会造成健康细胞和免疫细胞的严重损害，使得本来就处于癌症侵袭下的机体雪上加霜。许多白血病患者在化疗后出现感染发热、出血、贫血等副反应，特别是中晚期或身体虚弱的患者，盲目使用化疗，不仅会导致病情迅速恶化，更会加速患者的死亡。此外，最新研究表明化学疗法对于一小部分类似于正常干细胞的肿瘤干细胞或肿瘤起始细胞（Tumor-Initiating Cell）没有清除作用，最终导致肿瘤复发和患者死亡。因此可以说，化疗是一种"玉石俱焚"的疗法，无法达到根治白血病的目的。

由于化疗等传统疗法存在上述弊端和不足，国际医学界一直在探索治疗白血病的新思路和新途径。除了杀死白血病肿瘤细胞的传统治疗方法，有无可能通过将恶性肿瘤细胞转化为良性细胞进而治疗白血病尚不得而知。

2. 让癌细胞"改邪归正"

20世纪20年代以前，人们一致认为肿瘤细胞具有不可逆性，也就是说癌细胞不可能转化为正常细胞。1927年，Cushing H和Wolback首次报道一例晚期神经母细胞瘤自发转变为良性星形胶质细胞瘤的病例。1961年，Pierce GB首先提出肿瘤分化治疗的概念。1971年，英国的Friend等人发现了二甲基亚砜（DSMO）能够使恶性白血病细胞发生成熟分化，恢复一定的功能。

1978年，以色列科学家赛克斯（Sachs）在小鼠实验中证明，白血病细胞可用诱导分化剂使之分化成熟，逐渐逆转成为正常细胞，进而提出肿瘤细胞的诱导分化治疗理论。他认为，在正常个体的发育过程中，通过细胞分化增加细胞类型，构成生物体的不同组织、器官和各个系统。细胞分化具有稳定性并且受多种机制进行调控，但是在某些特定条件下，已经具有增殖能力的组织中，已经分化的细胞仍可能重新获得分化潜能，这种现象被

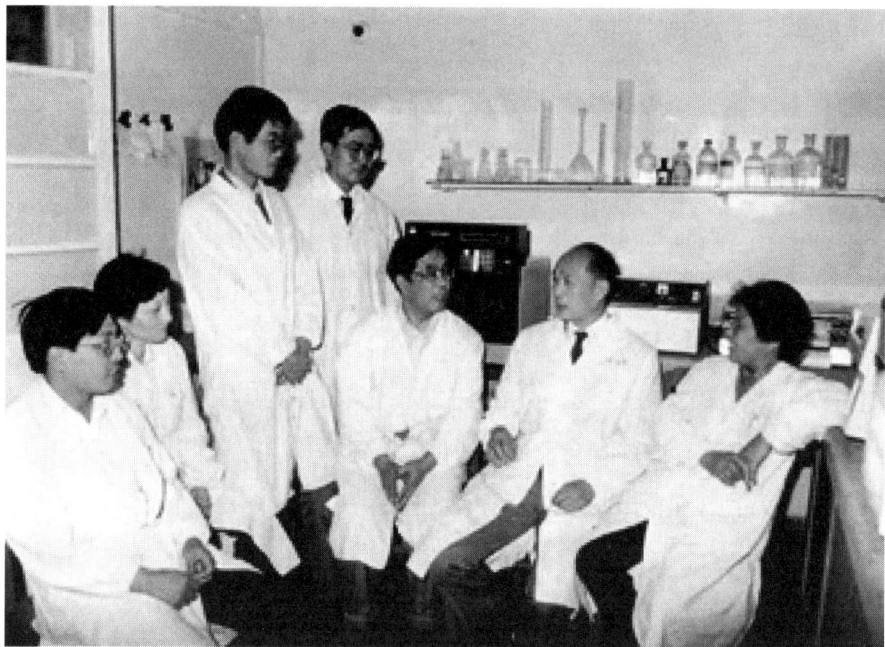

1989年，王振义和血液科的同事一起讨论工作

称为"去分化"。对于已经分化到某一阶段的肿瘤细胞而言，如果能找到某一特定条件或者特殊药物，有可能使其增殖减慢、分化加强、并最终走向正常终末分化。这一过程最终可使肿瘤细胞"改邪归正"，减少对于正常组织的损伤而且使得残留肿瘤干细胞也可以按照预定进行分化，使得患者在"治标"的过程中获得"治本"的疗效。此外，细胞凋亡（apoptosis）又称为程序性死亡，是由基因控制的细胞自我消亡过程。肿瘤细胞的增殖正是由于细胞凋亡过程受抑所导致，其中p53、Bcl-2、Bax、C-Myc等几个原癌基因的改变起着重要作用；肿瘤细胞中端粒酶始终保持在高活性也抑制了凋亡的启动；Caspase是细胞凋亡的主要执行者，肿瘤细胞中其往往处于失活状态使得肿瘤细胞克隆无法清除；此外，其他诸如蛋白激酶C（PKC）和cAMP等信号分子也参与了细胞凋亡过程。

1992年，英国科学家Hickman等人首次提出可以将诱导肿瘤细胞凋亡作为以后肿瘤治疗研究的主要目标和手段，诱导肿瘤细胞凋亡治疗逐渐成为国际肿瘤研究的一个热点。

上述肿瘤细胞诱导分化的理论和实验虽然只是体外研究，但却给当时潜心研究白血病治疗方法的王振义巨大启发。对于一直在黑夜中探索白血病治疗"突破口"的王振义来说，诱导分化的创新思路犹如一道划破夜空的闪电，瞬间照亮了前进的道路。这种将癌细胞诱导分化思想，与王振义长期以来所秉持的价值观念不谋而合。王振义回忆起青少年读书时就理解的儒家名言："以善服人者，未有不能服人者也"，"择其善者而从之，其不善者而改之"。他设想通过参悟儒家的哲学思想开辟一条治疗白血病的新思路，即不用传统的化疗方法来"杀死"和"消灭"白血病细胞，而是用某种药物作诱导分化剂，阻止白血病癌细胞到处疯长、蔓延，引导其向良性方向分化，逆转发育成正常细胞。这样既对机体自身的细胞和组织没有或少有毒性作用，也使癌细胞自行消亡，白血病得到缓解或痊愈。

抛却传统化疗中"杀死""消灭"癌细胞的做法，转变为通过诱导分化剂，将癌细胞这个"坏人"，"教养改造"为"好人"，使其成为正常细胞。王振义拿教育小孩子的例子作比喻：肿瘤细胞就像学坏了的孩子，打他还是教导他呢？打孩子，既解决不了根本问题，还会引起孩子的逆反心理，影响孩子健康成长。正确的方法就是诱导分化，就是劝导小孩子不要学坏，要做好人，最终达到"改邪归正"的效果。

诱导分化治疗蕴含着"与人为善""化敌为友"的中国传统儒家思想，成为王振义日后研究和治疗白血病的理论源泉。

二、全反式维甲酸：从基础研究到临床应用

1.筛选诱导分化剂的研究

1979年起，王振义开始进行白血病细胞的诱导分化研究。他先是同血液科的孙关林等医生反复商量，把"诱导分化"确定为对白血病研究和治疗的主攻方向；随后，带领自己的研究生陆德炎（1979级硕士研究生）等人在血液病研究室开展筛选诱导分化

2014年，王振义和孙关林合影

剂的研究工作。就这样，在工作中逐渐形成一个实力雄厚的科研攻坚团队。王振义引领着这个团队驶向一片未知的医学海洋，开启了一段全新的航程。

每天早上，王振义总是第一个到研究室，将事先拟好的具体实验大纲交给学生；晚上他还会召集大家总结研究体会和心得，并与大家讨论实验数据和结论。讨论到兴头上，大家常常忘了时间，就索性留在单位打地铺休息。平日工作时间里，当时是基础医学部主任的王振义处理完行政事务后，仍经常到研究室查看和指导学生进行实验。

可以想象在这样的环境下进行科学实验是多么的艰辛！但是，王振义没有向现实妥协，也没有向困难低头，表现出镇定、坚毅、果敢的可贵品质。每当想起那些病魔缠身、痛苦挣扎在死

1979 年，王振义在工作

亡线上的白血病患者，王振义就感到自己的研究工作是在和白血病病魔角力，和死神争抢时间，承担的是拯救生命的重任。

寻找到一种可以用作诱导分化剂的药物，是诱导分化研究成功的关键。王振义和学生们一起在找寻诱导分化药物的过程中摸索前行。具有细胞诱导分化作用的物质大致可分为七大类，即维甲类化合物、极性化合物、嘌呤及嘧啶同类物、同时具有细胞毒作用和促分化作用的物质、维生素D3、干扰素和细胞生长因子。每一类物质又包含几种或上千数量不等的物质。要在这茫茫物质之海中寻找出一种有效的物质，可谓大海捞针。

然而，更为艰难的是当时简陋的研究条件。刚刚经历了10年"文化大革命"动乱，中国的医药科研事业还未完全恢复。瑞金医院虽地处东海之滨的上海，在血液病研究和治疗中处于全国领先地位，但是医院的研究条件也很不理想，实验室面积狭小、设备简陋、资金短缺。四五平方米简陋的"灶披间"①要具备诱导分化培养室、操作室和办公室的功能，连最基本的培养细胞的温箱都没有，一些重要的实验仪器都需要到新华医院等其他单位去借用。陆德炎在回忆当年的工作情景时，仍非常感慨："当时，整个二医本部和瑞金医院的科研设备非常简陋，经费十分短缺，连起码的超净工作台、CO_2培养箱都没有，细胞培养的操作只能在细菌接种用的玻璃罩下进行，用点烛法模拟5%CO_2环境。因此，常常发生污染，导致实验失败。"②

在艰苦的条件下，王振义带领着学生从确定研究方向到筛选诱导分化物质，尝试了无数种方法，测试了无数种药品，付出了巨大的心血，但结果却是一无所获。

实验毫无进展，使团队成员心急如焚，情绪也渐渐变得焦躁起来。但王振义内心仍然无比坚定。他不断告诫大家："万事开

---

① 灶披间，上海方言，即厨房。

② 陆德炎：《巍巍高山》，2014年7月，未刊稿。

头难。科学研究最忌讳的就是浮躁，清贫与寂寞常常是科学家最好的朋友。中国有句老话叫作'贵在坚持'。科研工作切莫操之过急。要想搞好科研，做好学问，就必须心存坚定执着的信仰，就必须具有锲而不舍的治学精神。"

2. 开始摸索用维甲酸进行诱导分化试验

1980年，王振义与孙关林等人去上海科学会堂聆听西班牙医生格索瓦尔（GosaIvez）的学术报告。格索瓦尔用一种名为硫杂脯氨酸（TP）的氨基酸使肿瘤细胞逆转，治疗头颈部实体瘤，并在临床上给患了上额窦肿瘤的患者使用，取得了良好的效果，使用之后，患者的肿瘤细胞向成熟分化。

由于西班牙学者在基础研究和临床上都测试成功，且此药本身是氨基酸，毒性不大，王振义决定将此药引入到白血病肿瘤细胞分化中。他联系当时的上海医工院，合成出硫杂脯氨酸，指导自己的硕士研究生陆德炎[1]发现TP仅可改变白血病细胞的一些生物学行为，如对正常造血细胞的抑制作用有所减弱，但不能使白血病细胞完全逆转为正常细胞。[2]

随后，王振义从文献上获悉，美国的Breitman等人报道，人类髓系白血病细胞株HL-60和U937及新鲜急性早幼粒细胞白血病（APL）细胞在13-顺维甲酸（13-cisretinoic acid）作用下，可以向正常细胞逆转。1983年，美国学者Flynn用13-顺维甲酸[3]转化急

---

① 陆德炎，南通大学附属医院血液科主任医师，1982年于上海第二医学院硕士研究生毕业。

② 陆德炎、孙关林、陈竺等：《硫杂脯氨酸对L6565小鼠骨髓细胞在扩散盒中增殖的影响》，《上海第二医学院学报》1983年第3期。

③ 维甲酸（RA）又称视黄酸，为维生素A的衍生物，属于皮肤病用药，适用于治疗严重而难治的痤疮，也可用于治疗其他角化性疾病、结节病、酒糟鼻、毛囊炎等。根据结构不同，有13-顺维甲酸（13-CRA）、全反式维甲酸（ATRA）和9-顺维甲酸（9-CRA）。

性早幼粒细胞白血病（APL）①中的癌细胞并试验成功。美国学者的成功，给了苦苦寻觅诱导分化剂的王振义极大的鼓舞。

维甲酸是一种治疗痤疮、结节病、酒糟鼻、毛囊炎等皮肤病的药。急性早幼粒细胞白血病则是白血病中最为凶险的一种。该病发病急骤，病程短促，死亡快。快到什么程度？患者从送进医院到死亡，往往不超过一星期，绝不给医生诊治留一点点机会。

原本治疗皮肤病的药物竟可以用作诱导分化剂，转化癌细胞！美国学者的发现犹如清晨的一缕曙光，孕育着希望，震动了整个医学界，也驱散了笼罩在王振义心头的阴霾。

王振义心想，既然美国人用13-顺维甲酸有效，我们也来试试呀。找到了诱导分化剂，下一步便是将其运用到临床。他开始摸索着用13-顺式维甲酸进行诱导分化试验。

然而，问题出现了。当时国外报道的13-顺维甲酸只在香港有，内地还没有。该药须从美国进口，单个疗程就要花费2000美金，价格十分昂贵。这对于一般中国老百姓来说是无法负担得起的。费用巨大是一个方面，治疗的效果也不太理想。当时，上海仁济医院的欧阳仁荣研究团队专门从美国购买13-顺维甲酸，用在临床上观察疗效，一个疗程结束，白血病患者体内的癌细胞基本没有出现转化的迹象。

一个疗程效果为零，那么究竟几个疗程可能有效果呢？谁也说不清。也许1年、3年、5年！这可是要准备打持久战的！短暂的欣喜之后，王振义又陷入了深思。难道，这仅仅是空欢喜一场？

王振义没有动摇对维甲酸的信心。他决定另辟蹊径。他坚信维甲酸被证明可转化急性早幼粒细胞白血病的癌细胞，这是一个重要前提。

---

① 急性早幼粒细胞白血病是急性白血病中最为凶险的一种，患者以青少年居多，发病急骤，病程短促，死亡率高（5年生存率仅为10%～15%）。

20世纪80年代初，国内厂家能够合成出全反式维甲酸（all-transretinoic acid）。全反式维甲酸是顺式维甲酸的同分异构体，也属于维甲酸，在国内临床上已用作治疗皮肤类疾病，且价格极为便宜。由于反式的维甲酸相较顺式维甲酸毒性要大，临床上对其使用的剂量是非常小的。国外医学界之所以鲜有人用反式维甲酸进行转化白血病癌细胞的研究，也正是因为其毒副作用较大。王振义认为既然反式维甲酸可以用作治疗皮肤疾病的药物，那就存在用作其他方面的药物的可能性。因此，王振义下决心用全反式维甲酸进行体外细胞诱导分化培养的相关实验。

王振义了解到当时上海第六制药厂在生产全反式维甲酸，就让孙关林等人去该厂联系，对方非常配合。孙关林回忆说："当时的情况和现在不一样，那时不是市场经济。上海第六制药

1987年，王振义和黄萌珥与法国巴黎第七大学的教授合影

厂的同志们看到我们需要全反式维甲酸，是对患者有好处嘛，就生产，给了我们。我记得，当时他们的厂长、工程师、技术员听说这药可以试着治疗白血病，都很乐意，并且是免费给我们。当时，他们生产的药物是按公斤计算的，一公斤、一公斤的。我们只要几微克就可以了，所以，他们听说只要几微克做实验，就不要我们的钱，送给我们了。"①

拿到全反式维甲酸后，王振义指导自己的研究生黄萌珥②，将该药用于体外实验，看看该药是否对白血病细胞起分化作用。功夫不负有心人。经过反复验证，曙光终于出现。在实验中，王振义惊喜地发现，上海第六制药厂生产的全反式维甲酸将早幼粒细胞株HL-60和急性早幼粒细胞白血病细胞诱导分化为正常细胞。这证明了国产的全反式维甲酸不仅能成功诱导癌细胞"改邪归正"，而且效果远远好于美国人报道的13-顺维甲酸的诱导分化效果。③

多年的艰辛探索和刻苦钻研，终于收获了回报。实验的成功使整个科研团队欢欣鼓舞，许多人难掩激动的泪水，喜极而泣。这一刻，王振义却显得极为淡定。他知道，诱导分化的研究才刚刚开始。

又进行了一年多的实验，王振义和他的学生们的研究不断取得进展，通过显微镜清晰地观察到，越来越多的急性早幼粒细胞白血病细胞在全反式维甲酸作用下，奇迹般地"改邪归正"，转化成了正常成熟的细胞。从1979年到1986年，经过长达8年的不懈探索，王振义和自己的学生终于将全反式维甲酸诱导分化急性早幼粒细胞的结论确定下来。

---

① 《孙关林采访记录》，2012年9月12日。

② 黄萌珥，上海第二医学院1984级研究生，现为法国国家科研中心终身研究科学家、博士生导师。

③ 黄晓军：《维甲酸与白血病治疗》，《临床荟萃》1992年第6期。

此时此刻的王振义，就像一只瞪大了眼睛、蜷缩起爪子、屏声敛息等待着猎物初现的狮子，他在等待着捕捉一个宝贵的契机，一个可以把全反式维甲酸从实验室推向临床实践的契机。等啊等，这个契机终于出现了。

3. 全反式维甲酸首次用于临床

1984年，王振义开始出任上海第二医学院院长。繁重的校务工作使他无法像以前那样，将较多的时间和精力放在医疗科研上了。但是，王振义没有忘记自己是一名医务工作者、一名血液学领域的研究者，年届60的他一有时间，还是会到实验室，和学生们一起交流，一起探讨。

王振义的研究不仅仅停留在体外和动物实验上，而且要在临床治疗上获得成功。当时要在临床上使用全反式维甲酸，存在着很大的阻力。据瑞金医院血液科主任沈志祥（王振义的1980级硕士研究生）回忆说，第一，对这种药的效果，大家还不是很清楚；第二，白血病这个疾病的风险很大，且全反式维甲酸这种药的毒副作用比较大，用这种新药治疗一个风险很大的患者，医生面临的风险就更大，因此反对的意见很多，"当时王振义老师非常生气，他说如果出了事，由他一个人承担。他都这么说了，我们就开始使用。当然王老师也不是没有根据的，他已经研究这个药8年了，他比谁都更清楚全反式维甲酸"。[1]

"我有勇气，我尊重科学。"这是王振义面对阻力时常说的一句话。

王振义在临床上首先将全反式维甲酸给骨髓异常增长（Myelodysplastic Syndromes，MS）的患者使用。服用这个药后，

---

[1] 操秀英：《王振义：正血癌第一人，热血仁心度苍生》，《科技日报》2011年1月15日。

约有20%的患者的病情得到缓解，总体有效程度约40%。疗效虽然并不十分明显，但在临床上首次验证了全反式维甲酸诱导分化的作用。

一个偶然的契机，全反式维甲酸运用到了急性早幼粒细胞白血病的临床治疗。

1986年5月的一天，一对夫妇抱着个5岁大的女童，焦急万分地冲进了位于康定路2号的上海市儿童医院①。当时正在值班的血液科医师景虹，看到这位名叫严怡君的孩子面色惨白、神情虚弱，立刻把她收进了血液科的病房，并给她作了全面细致的检查。经诊断，她患的正是白血病中最为凶险的急性早幼粒细胞白血病，当时白细胞数量已达2万多，病情相当严重。

景虹医师和血液科顾问谢竞雄教授以及血液科的蒋慧医师进行了认真的讨论，决定马上给病情严重的小怡君按照常规方法进行化疗。经过一个星期的治疗，效果非但不理想，还出现了并发症，高烧顽固不退、口鼻出血、血尿、肛周严重感染等接踵而来。白细胞暴跌到1100，中性细胞只有32%，剩下的只有原始细胞。②

小怡君的病情十分严重，生命危在旦夕。父母整日守在女儿的病床边，一刻都不忍离开，生怕不经意间就会与自己的孩子阴阳相隔。院方多次向他们发出了病危通知。绝望与无奈中，小怡君父母的心被撕成了碎片。他们几乎要放弃治疗了。

谢竞雄医师是中国著名的血液学专家。她是王振义的妻子。几十年来，伉俪二人一起在血液学领域里辛勤地耕耘。

---

① 上海市儿童医院，于1937年由我国著名儿科专家富文寿、中国现代儿童营养学创始人苏祖斐等前辈创建。1954年与上海市儿童保健院合并，更名为上海市儿童医院，2003年3月又成为上海交通大学附属医院。它是一所集医疗、教学、科研、保健、康复于一体的三级甲等综合性儿童医院。现址为上海市北京西路1400弄24号。

② 陈挥：《荣获国际癌肿研究最高奖的中国工程院院士王振义：心事化尽尘缘中》，《中华英才》1997年第5期。

对小怡君的病情，谢竞雄看在眼里，急在心头。回到家中，她心里还是牵挂着病危的女孩。王振义看到妻子神情异常，赶忙询问："竞雄，发生什么事了？看你心事重重的样子。"

谢竞雄把小怡君患病的情况详细地告诉了王振义。

王振义听闻小怡君患的是急性早幼粒细胞白血病，马上想到了自己正在研究的全反式维甲酸。既然已陷入束手无策的境地，小女孩必死无疑，何不用全反式维甲酸进行一次尝试？

"全反式维甲酸？你们一直研究的诱导分化白血病细胞的药物？"谢竞雄不禁一愣。

"是啊。"王振义点了点头。

"你们的实验虽说已经证明全反式维甲酸诱导分化急性早幼粒细胞，但也只是在体外证明了这个药，从临床上看，骨髓异常增长综合的患者服用这个药后，疗效并不十分明显。现在就给这么虚弱的严怡君用的话，是不是太冒险了？"谢竞雄的话语中充满了疑虑。

"凡事总有第一次，第一次总会有风险嘛。"王振义说。

"这可不是一般的冒险，事关人命哪！"

"正因为是人命，就更有必要、更值得去冒这个险了，是不是？假如成功，可以挽救多少人命啊！"

"如果不成功呢？不成功，麻烦就大了！你能保证成功？"谢竞雄还是不放心。

"我们研究这个药这么多年，已经很好地掌握了它的特点，我对这个药很有信心。"王振义坚定地说。

同样身为救死扶伤的医务工作者，王振义能够理解谢竞雄的担心，但他最终还是说服了妻子："如果不用这个药，小姑娘肯定过不了这一关，与其这样，为何不用全反式维甲酸去尝试一次呢？我们做研究的目的就是应用于临床，就是治病救人。这个药已经实验成功，现在不用，就会推延，但是它总要被开发使用的。我希望它尽早地运用于临床，越早越好，越快越好，这样就可以给更多的白血患者带来希望。"

当时要在临床上使用全反式维甲酸，的确存在着巨大的风险。医院很多同事也都不同意王振义在临床冒险使用这个药。

求稳妥还是相信科学、敢于尝试？王振义果断选择了后者。他力排众议，坚定地对同事们说："我想好了。不要管别人怎么说，只要对得起自己的良心。如果出了事，由我一个人承担！"

为了挽救患者生命，敢于负起责任，王振义委托谢竞雄、景虹、蒋慧等医师向严怡君的父母讲清了该药的性质，并说明用药有一定的风险。

绝望的严怡君父母听到医生介绍了王振义提出的新的治疗方法后，就像溺水的人抓住了一根救命稻草，死死攥住医生们的手，枯干的眼睛里重新燃起了希望之光："求求你们了，救救我们可怜的小怡君吧！"

在征得严怡君家长同意后，王振义和谢竞雄仔细研究严怡君的病情，决定给小怡君口服全反式维甲酸。

在小怡君接受治疗的日子里，王振义度过了一个又一个担忧之夜，等待药剂发生作用的每一分每一秒对他都是莫大的考验。

忐忑的等待终于盼来了期望的结果，奇迹终于慢慢开始出现：用药1天、2天、3天……小怡君的病情没有继续恶化；一星期后，病情就出现了转机，原本已烧得神志不清的小怡君睁开了眼睛，烧在退，感染在好转，中性细胞达到60%以上，原始细胞没有了；一个月后，小怡君的脸色开始红润，血小板上升到15.8万。来势汹汹的白血病终于缓解了，小怡君重新回到了美好的童年生活。

就这样，尚处在研究阶段的全反式维甲酸竟然神奇地挽救了一个小女孩濒死的生命！

光阴似箭，日月如梭。弹指一挥间，28年过去了，严怡君

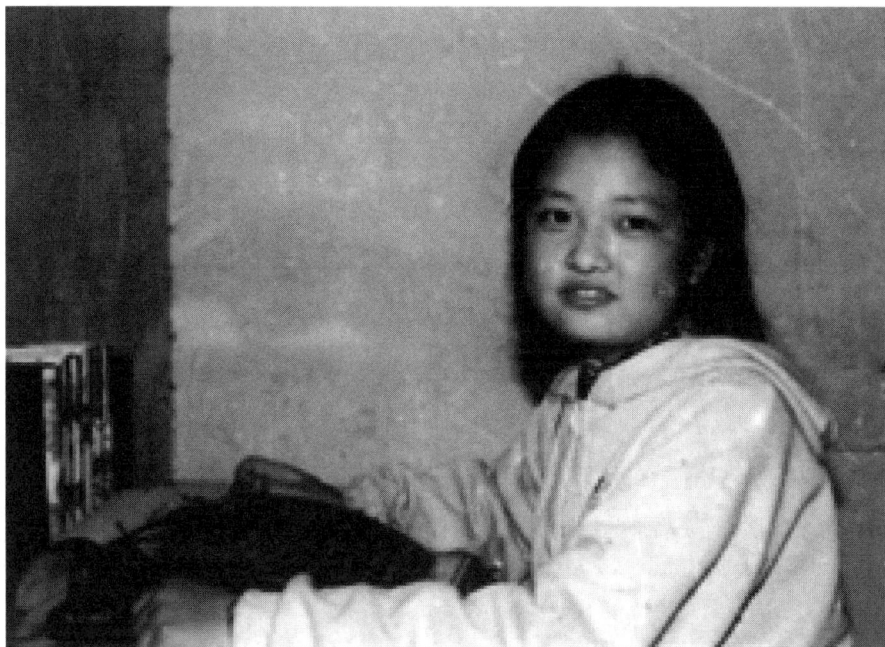
1996年的严怡君

依然健康地生活着。当初充满稚气的小女孩已经变成亭亭玉立的大姑娘，她永远忘不了赐予自己第二次生命的白衣天使——王振义。

王振义通过临床实践，证实了自己采用"全反式维甲酸"的决定是完全正确的，也为肿瘤诱导分化疗法这一国际医学界新的思路和理论提供了成功的范例。

全反式维甲酸在小女孩身上的成功，让王振义信心倍增。但是，对于这一临床成果，国内有不同反应：有嗤之以鼻的，有不屑一顾的。甚至有人认为，这一例的成功就是"瞎猫碰到了死老鼠"。

王振义清楚，要成为一个成熟的疗法，而不仅仅是一个偶然性的结果，一例成功是远远不够的。他决定将这一神奇的药物应用到更多急性早幼粒细胞白血病患者身上。

2006年，王振义和严怡君合影

　　急性早幼粒细胞白血病虽然在临床并不少见，也只是白血病家族中的一种，并不像一些常见病那样普遍存在，偶有患者也是分散在各个医院。王振义让他的学生黄萌珥骑着自行车在上海各大医院寻找急性早幼粒细胞白血病患者，收集病例。每找到一个患者，王振义就亲自去和医院方面沟通，和主治医师商量，说服患者试用全反式维甲酸进行治疗。

　　当时的王振义表现出了万夫不当之勇，仿佛成了铁人。联系好的患者若有一点风吹草动，他就不分昼夜赶去，仔细观察，还要安慰神经紧张、焦躁不安的家属。谈到当年跟随王振义寻找患者的经历，黄萌珥表达了对恩师的崇敬之情："王振义教授到各个医院，建议患者尝试全反式维甲酸，是担着巨大压力和风险的。他当时是上海第二医科大学校长、国内知名的血液学专家，治疗过程中一旦出现什么问题和差错，不仅自身会名誉扫地，甚

2006年，王振义、景虹（右一）前往看望严怡君（右二）

至之前医治严怡君的功劳也会被人所质疑。但王老师一心只想着治病救人，只想着能够医治好更多急性早幼粒细胞白血病患者，其他则全然不顾。"

通过临床实践，在首批接受治疗的24例患者中，23例得到了完全缓解（另一例加用化疗也缓解），完全缓解率高达90%以上，且不并发弥散性血管内凝血，骨髓也不受抑制。最终，王振义证实自己采用全反式维甲酸的决定是完全正确的。这不仅为过去被认为治疗困难、死亡率高的急性早幼粒细胞白血病找到了一种新的治疗方法，也为肿瘤诱导分化疗法这一国际医学界新的思路和理论提供了成功的范例。

从1个成功病例到24个成功病例，王振义再一次用全反式维甲酸创造了白血病治疗史上的奇迹。此时，王振义的脸上终于露出了久违的笑容。"看到急性早幼粒细胞白血病患者，经过自己的努力和劳动，摆脱疾病，走向健康。这是身穿白大褂的我最感欣慰的。"王振义说。

4. 在国内外医学界引起广泛重视

王振义通过全反式维甲酸成功治疗急性早幼粒细胞白血病，引起国内外医学界的广泛重视。由于用药简单、方便（口服），价格低廉，副作用小，缓解率高，又不受医疗设备等条件的限制，这一疗法很快在全国得到推广。王振义先是组织瑞金医院的同事们与仁济医院、长征医院、长海医院、儿童医院、华山医院等上海多家医院结成上海白血病协作组，收集更多的急性早幼粒细胞白血病病例，后来为了收集更多的病例，就到北京等地方去，与其他地区的医院开展合作。王振义为他们免费提供全反式维甲酸，只希望他们把用药后患者详细的病理报告反馈回来，通过临床上的反馈进一步确认药物的疗效。

当时王振义心想的只是能治好患者一个目的，他不仅将药物无偿赠与各地的医院，甚至将该药的制作方法也毫无保留地告诉他们，根本没有考虑到知识产权的问题。对此，王振义回忆说："发现全反式维甲酸这个药物治疗白血病，是全国医学同仁共同努力协作的一个结果。如与上海第六制药厂的协作，我们需要的粉剂都是他们提供的。还有与上海医工院协作，当时他们合成了很多制剂，我们都在实验室筛选，看看有没有作用。他们这些协作项目都不收费用，以成本价给我们。当时还有医院相关科室对我们的配合也相当好。当然这与我们医院领导的支持是分不开的。还有我们药剂科的同志将全反式维甲酸的药粉装成胶囊。当时，药剂科的工作条件很差，就是将药粉称好分量后倒在桌上，然后用胶囊装。这样做，粉末会扬起来，因此，很多装药的同志皮肤过敏。全反式维甲酸本身对皮肤是有副作用的，他们尽管身上有皮疹，但还是帮我们装胶囊。当时也没有人争：这算是你们的还算是我们的？而是做了就供应出去。所以，我们讲到这个问题时就说我们在院内——各科的协作、院外——上海市的协作，还有全国——各医疗单位的协作。"

1991年，王振义和同事孙关林在杭州组织召开全国性的关于全反式维甲酸治疗急性早幼粒细胞性白血病的会议。全国各地的协作单位，北到哈尔滨，南到广东甚至海南，西面除了西藏外包括新疆等，共200多人参加会议。各单位介绍了临床上使用全反式维甲酸治疗急性白血病的情况，大家一致认为药效是肯定的。会后，王振义等收集整理了有关资料，将全国各地400余例使用全反式维甲酸之后的完全缓解率以及治疗的效果统计出来，结果完全缓解率达到85%。此后，全国各医院继续使用该疗法治疗急性早幼粒细胞白血病，使700多例该病患者的病情得到完全缓解。

诱导分化疗法在国际上也产生了重大影响。1988年10月，王振义发表在国际学业权威性刊物《血液》上的论文《全反式维甲酸治疗急性早幼粒细胞白血病的研究》引起国际医学界广泛重视，先后被《自然》《科学》《细胞》《欧洲分子生物学》《美国科学院学报》等国际前沿学术期刊引证，是我国被国外引用次数最多的论文之一，获得了国际权威学术信息机构ISI引文经典奖。2000年，由美国Lichtman等教授编写的一部长达1000多页的著作《20世纪（1900—1999年）具有标志性的血液学论文》一书中，该文被列为全球百年86篇最具有影响的代表性论文之一。

诱导分化疗法在国外医疗实践中也得到了广泛的证明。1990年，欧洲血液病研究中心、法国巴黎第七大学附属圣·路易医院血液研究所的劳伦·德高斯教授，日本名古屋大学的大野教授，应用王振义提供的全反式维甲酸治疗急性早幼粒细胞白血病，也获得了较好的疗效。此后，美国、意大利、澳大利亚、古巴等国

2011年，王振义和劳伦·德高斯教授（左）、雅克·冈院士（中）在法国合影

以及中国港台地区，也都证实了这一治疗白血病方法的效果。如法国的Fenanx在1993年有54例，完全缓解率达91%；美国的Warrell在1995年有79例，完全缓解率达86%；日本的Kanamaza在1995年有109例，完全缓解率达89%。1995年，美国的《科学》杂志在报道该科研成果时指出，国内外应用全反式维甲酸治疗白血病的病例已在2000例以上，完全缓解率达到83%～90%。[①]美国纽约的纪念斯隆·凯特林癌症中心的癌症专家雷蒙瓦莱教授对此评价道："通过临床使用，这一结果普遍得到证实，并为将基础研究的成果很快转化为临床应用而取得成果树立了典范。"

王振义毫无保留地把这项突破性研究成果和盘托出，展现在世人面前，国内有人认为他太傻了。国外一向注重知识产权的西

① Science，1995，270:1089.

方人士甚至向王振义发问："您为什么不申请专利啊？"

对此，王振义认为，发现全反式维甲酸这个药物治疗白血病是自己的科研团队、上海各大兄弟医院乃至全国医学同仁共同努力协作的结果，离不开许多人的劳动和工作，自己不能将大家的劳动果实据为己有。

"一个医生，总要千方百计地寻找和发现一种疗效最好的药物。国产全反式维甲酸能使白血病患者痛苦少了，副作用少了，钱花得少了，我们怎能不迅速向国内外推广呢！一个医学科学家不光要具有独立思考的本领，更要具有宽广的胸怀和无私奉献、不求回报的精神。"王振义说。

三、第一种可治愈的成人急性白血病：APL

1. 全反式维甲酸治疗 APL 的作用机制研究

达尔文曾经说过，科学就是整理事实，以便从中得到普遍的规律和结论。虽然王振义利用全反式维甲酸治疗急性早幼粒细胞白血病（APL）在临床上疗效显著，但仍然只停留在临床经验阶段，维甲酸是如何导致恶性细胞"改邪归正"的作用机制尚未得到科学的阐述。

1987～1988年，根据系统形态学观察，王振义已证明全反式维甲酸（ATRA）治疗急性早幼粒细胞白血病（APL）奏效的机制是通过诱导分化。[1]1989年，王振义的硕士研究生陈竺、陈赛娟从法国获博士学位回国工作。师徒三人用先进的思路和分子生物学技术，一同开展全反式维甲酸治疗APL的作用机制研究，破解全反式维甲酸治疗APL背后的秘密。

1990年，在王振义的指导下，由陈竺领衔的课题组和国际上的几个实验室同时发现，APL形成的遗传学机制是由于特征性的15号、17号染色体易位，即17号染色体上的维甲酸受体基因（RARα）与15号染色体上的PML基因融合，产生致癌性PML-RARα融合蛋白，使正常造血前体细胞发生恶性转化，进而导致APL，而ATRA通过泛素–蛋白酶系统可以降解PML-RARα融合蛋白，从而解除其对早幼粒白血病细胞分化受阻的作用。因为正常和其他白血病肿瘤细胞无PML-RARα融合蛋白，因此揭示了ATRA治疗APL是一种针对致癌蛋白的分子"靶向治疗"。[2]通俗地讲，急性早幼粒细胞白血病患者体内都有一种致癌基因，就是这种基因导致了白血病的发生，而全反式维甲酸可以精准地使这一致癌基因蛋白发生降解，从而把坏的细胞改造为正常的细胞。这个融合基因的发现，初步阐明了该疾病的发病原理和维甲酸治疗的分子机理。

通过进一步深入研究，王振义终于系统地阐明了急性早幼粒细胞白血病诱导细胞分化的机制原理，使肿瘤诱导分化疗法由之前纯粹的临床经验发展到系统科学的理论体系，使我国白血病基础研究开始跨入世界先进行列。这些工作的相关论文自1991

---

① 代表性论文有，黄萌珥、王振义：All-trans RA with or without Low dose Ara-C in APL. *Chinese Med J*（Engl），1987；100:949；黄萌珥、王振义：Treatment of APL with all-trans retinoic acid. *Blood*，1988；72:567。

② Chen Z，Wang ZY. Retinoc\ic acid and APL:amodel of targtting treament for human cancer. CR Acad Sci Paris. Sciences de la vie/life sciences，1994，317: 1135.

Wang ZY，Chen Z: Acute promyelocytic l, eukemia: From highly fatal to highly curable. *Blood*，2008，111（5）：2505～2515.

年起，在《血液》（*BLOOD*）、《欧洲分子生物学组织杂志》（EMBO J）、《临床研究杂志》（JCI）、《美国科学院院刊》（PNAS）等国际学术界最高水平的学术刊物上刊出，引起国内外学者的瞩目，获得了高度评价。

2. 揭示砒霜治疗白血病的内在机理

然而，就在王振义将研究工作不断引向深入时，临床上却出现了新的问题。

近50%的急性早幼粒细胞白血病患者在服用全反式维甲酸后，病情稳定了一段时间又开始复发，并相继产生对维甲酸的耐药性。患者一旦有了耐药性，存活的希望就会变得很小。那么如何降低患者复发的几率，稳定后续治疗效果呢？

针对这一问题，王振义和孙关林一起在绍兴组织召开了第二届全国全反式维甲酸治疗急性早幼粒细胞性白血病会议。会上，王振义提出与会各协作单位回去对患者作随访，看看用药后有多少人治愈，有多少人病情得到缓解，多少人最终死亡，且死亡原因是什么，目的就是要看看用药后的完全缓解期，即患者的生存期是多少。

王振义指导同事们分作几个小组来收集数据和资料，一个组单单统计患者打化疗的；一个组统计使用维甲酸的，且使用缓解后是否还用维甲酸在维持治疗。经过调研，最终得出了结论：患者在用药缓解后长期使用维持量会出现抗药性，进而导致病情复发，因此，全反式维甲酸不能长期使用。

随后，王振义在研究中发现，尽管化疗损伤正常细胞，但能抑制癌细胞生长。因此他进而提出将全反式维甲酸之后和化疗治疗联合使用的新方案，即：小剂量化疗（口服）+中剂量化疗（静脉）+口服维甲酸。1995年对全国423例的研究结果显示，

2001年，王振义和张亭栋教授（左）、孙燕院士合影

单用ATRA的APL患者5年生存率只有18%，单用化疗5年生存率为51%，化疗和ATRA合用，患者的完全缓解期最长，5年生存率可提高到75%左右，若继续用6MP、MTX（化疗）维持5年生存率可接近80%。法、日、美、西班牙、意大利等国曾进行了大规模的临床疗效随机研究，国际上，至2007年对2691例的研究结果证明，化疗与ATRA合用，缓解率都在90%左右，5年生存率为77%～84%，而单用化疗的5年无病生存率大多只有29%。[①]

1994年，陈竺、陈赛娟在一次国内血液学会议上遇到了哈尔滨医科大学的同行，无意间得知该校张亭栋教授早在20世纪70年代就将中药砒霜制成砷剂，通过静脉注射，对肿瘤特别是急性早

① Wang ZY，Chen Z，"Acute promyelocytic，leukemia: From highly fatal to highly curable" *Blood*，2008:111（5），pp.2505～2515.

幼粒细胞白血病具有明显的疗效。

然而我们知道，砒霜是一种剧毒的中药。中国古典名著《水浒传》中，潘金莲、王婆害死武大郎的药物正是砒霜。当时，学术界无法接受用一种剧毒药物去诊治疾病的做法。因此，多年来，张亭栋关于砒霜治疗白血病的发现仅仅应用于哈尔滨医科大学第一附属医院的临床治疗，始终没能得到更好地推广。

陈竺、陈赛娟回到单位，向王振义汇报了这件事。王振义脑子里立刻浮出了一个大问号：这可能吗？砒霜这么剧毒的药物竟能直接注射到人的血液里？假如真有疗效，又有什么科学依据呢？

由于王振义有学习中医的经历，第二个想法接踵而至：不可轻易否定！虽然砒霜是一种剧毒中药，但中医博大精深，在这个宝库中，有很多瑰宝是人类还不了解的。张亭栋教授在临床上进行了检验，取得了很好的效果，一定有其内在的科学道理。

于是，王振义、陈竺带领大家开始查阅资料，得知早在2000多年前的中医典籍和古希腊的医学记载中，都把砒霜列为临床用药，并提出"以毒攻毒"的观点。另外，19世纪时，西医还曾使用砒霜治白血病。

王振义、陈竺决定深入了解下去，向这些同行请教，共同探讨。

1995年，王振义、陈竺特邀张亭栋教授来访。面对主人的热忱与谦虚，张亭栋打消顾虑，把用砒霜治疗白血病的来龙去脉和盘托出：

20世纪70年代，身为血液科医生的张亭栋致力于研发治疗白血病的药物。当时，由于医学上治疗白血病的西医药物很少，张亭栋就希望在中医方面找出一些药物，医治白血病。

1971年的一个深秋，张亭栋带队去乡间采风，在寻找民间秘方、草药的过程中，发现民间曾经用一个秘方，其主要成分是砒霜、蟾蜍（俗称癞蛤蟆）身上的浆液，制成针剂后，治疗关节

2001年，王振义和张亭栋在哈尔滨合影

炎、皮肤病，甚至是各种癌症。

张亭栋经过试验比较，去除了蟾蜍，单留下砒霜，并从里面提纯出三氧化二砷（砒霜的主要成分），精制成亚砷酸注射液，先在动物身上做试验，摸准剂量后转向人体静脉注射与滴注，主治白血病。20多年来，哈尔滨医科大学附属第一医院收治了来自全国各地2000多例各类白血病患者，发现砷剂尤其对急性早幼粒细胞白血病效果最佳，完全缓解率达到90%以上。

听完张亭栋的讲述，大家都很吃惊。

"是不是不可思议啊，呵呵。"张亭栋意味深长地笑了笑。

王振义和陈竺摇了摇头，说："不不不，并不意外。这次请您来，就是想详细了解您的研究。现在搞清楚了，我提议我们双方进行科研工作。"

张亭栋顿时愣了一下。

王振义迎上前，紧握住张亭栋的手，诚恳地对他说："医学界解决不了的问题，您用传统中医解决了；但机理的深入研究，也是我们所关注的。既然临床有效，就一定有科学道理。作为医学研究者，我们应尽快从分子生物学水平方向将其突破，这样才能得到科学界的公认。"

陈竺和陈赛娟微笑着点点头，语气同样真切地对张亭栋说："让我们携手攻关吧。您做临床观察、研究病例、筛选病种、扩大治疗范围，我们揭示机理，好吗？"

用三氧化二砷治疗白血病无法得到医学界公认，这是张亭栋多年来的一个心结。眼前的3位同行不仅认同自己的研究发现，而且主动伸出手来合作。张亭栋终于找到了医学事业上的知音，多年的心结也瞬间被打开了。对于合作的意向，他欣然应允。

1995年，陈竺、陈赛娟等人与哈尔滨的同道们组成科研攻关小组，共同开展科研合作。经过一年多的体外实验，发现砒霜不仅能选择性地降解引起急性早幼粒细胞白血病的致病蛋白质PML-RARα，而且还会产生剂量依赖的双重效果，在较低剂量时诱导细胞分化；在较大剂量时诱导那些无法"教育改造"的癌细胞凋亡，使其走上"自杀"之路。

就这样，王振义、陈竺等人首次从分子生物学及基因水平，揭示了三氧化二砷诱导早幼粒白血病细胞凋亡的机理。这一发现使得砷剂治疗白血病为现代国际主流学术界所接受，也使砒霜这个古老的药物，从之前不被学术界重视的"旁门左道"正式步入了现代药物治疗研究的主流。相关的首篇论文于1996年8月1日在《血液》杂志发表后，引起国际上很大反响，美国的《科学》期刊还为此发表专题讨论。

同时，更令人欣喜的是，三氧化二砷对维甲酸耐药复发的急性早幼粒细胞白血病患者，不仅取得了90%的临床缓解率，而且其中半数患者无病生存达2年以上。进一步的研究证实，全反式维甲酸和三氧化二砷是通过不同的作用途径，使急性早幼粒细胞白血病致病的关键蛋白质发生降解，两药之间没有交叉耐药性，有产生协同作用的可能。①2000年，王振义、陈竺等率领临床研究者一起不断地优化治疗方案，将全反式维甲酸和三氧化二砷组合应用于临床。临床结果证明，急性早幼粒细胞白血病患者的5年存活率上升到95%，获得了成人急性白血病治疗的最佳疗效。昔日死亡率最高的急性早幼粒细胞白血病，最终成为第一个可以可通过内科疗法基本治愈的白血病②，得到国内外同行的高度评价。

2003年，上海血液研究所的学者报道，31例初发APL患者应用ATRA联合ATO治疗后，93.5%获得CR，8个月随访期内无一复发。③后来，国内外大量研究也支持这一结论。2009年，中国学者再次报道了两药联合治疗的长期随访结果：5年总体生存达到91.7%，对于联合治疗获得CR的患者5年总体生存达到97.4%④。两药联合开拓了诱导靶向治疗的新途径。

①　Wang ZY，Chen Z，"A cute promyelocytic leukemia from highly fatal to highly curable"，m *Blood*，2008，111（5），pp.2505～2515.

②　Shen ZX，Si ZZ，Fang J⋯ Wang ZY，Chen SJ，Chen Z，"All-trans retinoic acid/As$_2$O$_3$ combination yields a high quality remission and survival in newly diagnosed acute promyelocytic leukemia"，m *Proc Nat Acad Sci USA*，2004，101，pp.5328～5335.

③　Liu YF，Shen ZX，Chen X（eds.），"Clinical observation of the short-term efficacy of the treatment with combination of alltrans retinoic acid（ATRA）and arsenic trioxide（As$_2$O$_3$）in newly diagnosed acute promyelocytic leukemia（APL）"，m *Chin J Hematol*，2003，24，pp.25～27.

④　Jiong Hu（eds.），"Long-term efficacy and safety of all-trans retinoic acid/arsenic trioxide-based therapy in newly diagnosed acute promyelocytic leukemia"，in *PNAS*. March 3，2009，106（9），pp.3342～3347.

ATRA、ATO治疗APL取得显著效果的事实，鼓舞和促进了诱导分化剂和促凋亡剂的研究工作。2008年，我国学者发现，将带有肝细胞核因子4α基因重组腺病毒导入肝细胞癌小鼠体内，可使肝癌细胞分化，抑制肝癌生长，为肝癌和实体瘤可通过诱导分化治疗提供了新途径和新希望。在我国的中药宝库中，也发现了诸如冬凌草甲素、姜黄素、苦参碱、青蒿素、茶多酚等多种可以诱导肿瘤细胞凋亡的成分，为新药的研发找到了新的方向。[①]

肿瘤诱导分化和凋亡无疑为肿瘤治疗带来全新的途径，在几代科学家们的努力下，其已经度过了理论假说确立、初期探索性研究的时期，迈入了机制性阐明和临床实践的时期，但还面临着许多困难。例如：仍需寻找高效、低毒的诱导分化剂，实体肿瘤中诱导分化的标准亟待确定等等。相信随着科技的进步和人们不断地探索，这一方法必将不断完善，成为人类最终攻克肿瘤的强大武器。

2003年，王振义获得了美国血液学会（国际公认的血液学权威学会）海姆瓦塞曼大奖时，被邀请在6000人的大会上做了关于白血病诱导分化和凋亡疗法的专题报告[②]，国际血液学界特将此方案誉为"上海方案"。2008年，在美国血液学会成立50周年之际，王振义被邀请撰写关于"急性早幼粒细胞白血病"的专题论文。2009年，美国国立综合癌症网络（National Comprehensive Cancer Network，NCCN）将"上海方案"作为APL的治疗规范。"上海方案"的问世，标志着全反式维甲酸的应用时肿瘤诱导分化机制与理论取得了突破性成就，提供了白血病治疗的全新思路与途径，为恶性肿瘤疾病的治疗做出了历史性的贡献。

---

① 洪卫等：《中药诱导肿瘤细胞凋亡研究进展》，《浙江中西医结合杂志》2009年第19卷第7期，第451~454页。

② Wang ZY. Treatment of acute leukemia by inducing differentiation and apoptosis. Hematology, 2003:1~13.

3. 主编《肿瘤的诱导分化和凋亡疗法》

随着全反式维甲酸和三氧化二砷组合应用于临床，治疗急性早幼粒细胞白血病，分别为通过诱导分化和凋亡治疗肿瘤提供了成功的范例，从而引起许多肿瘤研究和临床工作者的兴趣和重视。此时，迫切需要有一本专门介绍诱导分化和凋亡治疗肿瘤的专著。为此，王振义和陈竺合作，共同主编了《肿瘤的诱导分化和凋亡疗法》。该书内容分两篇，分别介绍诱导分化和凋亡疗法的基础理论和临床应用。书中的内容结合了上海血液学研究所多年来在这一领域中的研究成果和临床总结，希望能为这两种肿瘤治疗的新途径提供较为系统的参考资料。

王振义、陈竺主编的《肿瘤的诱导分化和凋亡疗法》

该书第一篇从《肿瘤的发生机制》《诱导分化疗法的实验研究》《诱导分化剂》《实体瘤诱导分化疗法》《维甲酸诱导分化治疗急性早幼粒细胞白血病的临床应用》《维甲酸诱导急性早幼粒细胞白血病细胞分化的作用机制》《新维甲类及其他诱导分化药物的研究》7章，全面阐述了肿瘤的诱导分化疗法。

第二篇从《细胞凋亡与坏死》《细胞凋亡的形态学及生物化学变化》《细胞凋亡的调控》《肿瘤与凋亡》

2012 年，王振义和参与《肿瘤的诱导分化和凋亡疗法》编写的姜叙诚教授合影

《凋亡与免疫应答》《凋亡与血液病》《砷剂治疗白血病及急性早幼粒细胞白血病》《As_2O_3治疗急性早幼粒细胞白血病的机制》8章，全面阐述了肿瘤的诱导凋亡疗法。

其中，第一篇《肿瘤的诱导分化疗法》的第三章《诱导分化剂》和第五章《维甲酸诱导分化治疗急性早幼粒细胞白血病的临床应用》，是王振义亲自撰写的。他在第三章中介绍了极性化合物、佛波酯、维生素D3、细胞因子、丁酸类化合物、苯乙酸、环腺苷酸类衍生物、抗肿瘤药物、维甲类化合物、新发现和正在研究中的诱导分化剂10类诱导分化剂。

特别重要的是第五章《维甲酸诱导分化治疗急性早幼粒细胞白血病的临床应用》。王振义从维甲酸对急性早幼粒细胞白血病细胞诱导分化的体外研究、维甲酸在急性早幼粒细胞白血病诱导缓解中的应用、剂量和药代动力学的研究、全反式维甲酸治疗急性早幼粒细胞白血病过程中血象及骨髓象的变化、全反式维甲酸治疗急性早幼粒细胞白血病过程中的出血和凝血机制的改变、全反式维甲酸治疗急性早幼粒细胞白血病过程中的副反应及防治方法、全反式维甲酸治疗取得完全缓解后的治疗、全反式维甲酸治疗急性早幼粒细胞白血病过程中复发病例的治疗、对全反式维甲酸的耐药机制及处理、PML/RARα 融合基因的检测在全反式维甲酸治疗急性早幼粒细胞白血病中的意义10个方面，毫无保留地全面介绍了自己在维甲酸诱导分化治疗急性早幼粒细胞白血病的临床应用中的心得体会。因此，该书出版后就深受广大血液科同行的青睐，很快售罄。上海科学技术出版社不久就决定重印，以满足医务工作者和患者的需求。

1999年，新中国成立50周年的时候，王振义、陈竺主编的《肿瘤的诱导分化和凋亡疗法》获得第四届国家图书奖。本届国家图书奖共有全国430家出版社的1800余种图书参评。《肿瘤的诱导分化和凋亡疗法》一书重视科技应用，反映时代要求，服务读者需要，从中脱颖而出，得到评委的好评，获得了国家图书奖这一全国图书评奖中的最高奖励。

4. 凯特林癌症医学奖：中国白血病治疗与研究的世界高度

在美国纽约最繁华的曼哈顿中心地带，坐落着一座气势恢宏的现代化大楼——纪念斯隆·凯特林癌症中心。该中心始建于

1884年，以两大资助者的名字命名，前者是曾任美国通用汽车公司总裁的斯隆，后者是杰出的美国工程师凯特林。

该中心是世界上历史最悠久、规模最宏大的癌症中心，拥有众多大师级的医师，产生了世界顶级的研究成果。中心设立的"凯特林癌症医学奖"，被公认为肿瘤学界的"诺贝尔奖"，用于奖励在癌症诊断和治疗方面做出创造性杰出贡献的医学专家，由美国通用汽车公司癌症研究基金会评委评选产生，自1978年以来每年颁发一次，用于奖励在癌症诊断和治疗方面做出创造性杰出贡献的医学专家。

1994年初春，一个阳光明媚的日子，王振义收到一封来自美国的邀请函。他打开信封一看，愣住了：自己和法国巴黎第七大学的德高斯被授予"凯特林癌症医学奖"，并被邀请亲往领奖，并作关于全反式维甲酸治疗急性早幼粒细胞白血病的学术报告。

王振义并没有将研究成果拿去申报任何奖项，但作为国际癌症研究权威大奖的"凯特林癌症医学奖"主动授予了他，这让王振义感到非常意外。

"自己不过是一个血液学领域的科研工作者，能够获得'凯特林癌症医学奖'这个大奖，我是万万没有想到的，心里也是有点忐忑不安的。但人家把这个奖颁给你，说明你之前做的一些事，搞的一些研究，是做出了一点成绩的，得到了医学界同仁的认可。"回忆起当时得知获奖消息时的感受，王振义谦虚地说。

1994年6月15日，第17届"凯特林癌症医学奖"颁奖仪式在美国国会图书馆大厅隆重举行。几百位来自世界各国的癌症医学专家济济一堂，群星璀璨。其中，最为灿烂的明星就是本届3个奖项的获奖者。富丽堂皇的主席台上方，依次并立着三面国旗：美国国旗、中国国旗和法国国旗，分别代表着获奖者的祖国。

王振义正襟走上主席台，凝望着鲜艳的五星红旗，"我的祖国，我的母亲，就像春风一样抚慰着我的心"，他的内心在呼唤着，神情显得格外庄重。

颁奖前，时任美国通用汽车公司癌症研究基金会主席的约翰·史密斯先生，根据参与评选的30名来自世界各国知名癌症专家的结论意见，对王振义的贡献做出了很高的评价："王振义教授的研究工作主要在3个方面是史无前例的：第一，他使用的中国自己生产的全反式维甲酸是自然物质，而不是有毒的化学物质。第二，他和他的同事已经初步摸清了全反式维甲酸在急性早幼粒细胞白血病患者体内如何起作用的机制，而不只是在试管里或动物身上取得效果。第三，他采用的诱导分化疗法与化疗、放疗杀灭癌细胞不同，是把癌细胞改造成为正常细胞"。对于王振义获"凯特林奖"，凯特林癌症中心的理查德教授指出："我

1994年,王振义和夫人谢竞雄、次子王志勤（右一）、三子王志刚（左一）夫妇在"凯特林癌症医学奖"颁奖仪式上

们一直梦想着有一天可以找到一种特异性的治疗方法，可以精确瞄准患者的癌细胞，从而以此疗法来代替现有疗法。从里奥·萨希的早期研究工作开始，诞生了'坏'细胞可以被转化为'好'细胞的新治疗理念。然而，这种方法的临床应用一直没有得到突破。今天，我们要将荣誉授予两个人，他们向前迈出了一大步，使我们朝目标无限接近了。王振义院士对急性早幼粒细胞白血病的生物学研究做出了杰出贡献，最重要的是，他应用全反式维甲酸作为诱导分化剂治疗这种疾病具有划时代的意义。"

王振义获得的"凯特林癌症医学奖"奖章

当约翰·史密斯先生亲自将一枚铸有凯特林头像的金质奖章，佩戴在王振义的胸前时，全场响起了热烈的掌声。时年70岁的王振义，激动得热泪盈眶。这是一个多世纪以来，黑头发、黄皮肤的中国人第一次获得"凯特林癌症医学奖"，王振义为祖国获得了这项国际癌症研究的最高殊荣。同时，他也被国际医学界誉为"人类癌症治疗史上应用诱导分化疗法获得成功的第一人"。

美国媒体把王振义获"凯特林奖"的消息作为重要新闻向全世界播报，当地华侨自发地聚集起来为

1994年，王振义获得"凯特林癌症医学奖"后留影

王振义举办盛大酒会。席间，很多华侨纷纷向王振义表示祝贺，并为国人取得如此杰出的成绩而倍感骄傲。

当王振义载誉归来时，鲜花与掌声不断向他涌来。他把一切的名利都看得很淡。王振义将获得的5万美元凯特林奖金做了具体安排。他拿出2万美元在国内设立"白血病诱导分化疗法基金"，专门奖励在这方面作出突出贡献的基础研究和临床研究人员，特别是刻苦钻研的年轻人。他还将剩余的大部分奖金奖励多年来在全反式维甲酸诱导分化治疗研究中辛勤工作的科研人员、自己的学生们和合作者，只为自己留下了很少的一部分。

有人曾经提议把基金改名为"王振义诱导分化疗法基金"。王振义知晓后，却说："我还是坚持'白血病诱导分化疗法基金'这个名称，不要叫'王振义基金'。我只是想以我菲薄的力量，培养更多医学事业的接班人，为白血病患者和癌肿患者造福，希望还会有别人增大基金数量，奖励更多的年轻研究人员。'凯特林癌症医学奖'是上海第二医科大学、瑞金医院、上海血液研究所以及本市和外地同仁们共同奋斗10余年所换来的。获得荣誉和奖金，是对我们科学工作者工作的认可，并不能代表什么。我只是一个普通医生，患者痊愈才是对自己最大的奖励。名和利不具有多大意义。"

话语虽然朴实无华，却体现出王振义崇高的思想境界。

第|八|章

血脉相承：
血研所与血液学
科的领先发展

王振义运用全反式维甲酸治疗急性早幼粒细胞白血病的"诱导分化"理论，为白血病等恶性肿瘤疾病的诊治提供了全新的角度和途径，而且也进一步开辟了血液学研究的广阔空间。为了充分发挥上海第二医科大学血液学研究的集体力量和优势，1987年4月，王振义联合瑞金、仁济、新华、九院的血液科和基础医学院病理生理教研室共5家成员单位组建上海血液学研究所，并担任首任所长。王振义从1987年开始担任血研所所长起，一直到1996年将职位让贤于自己的学生陈竺，共经历了10年时间。10年里，上海血液学研究所逐步发展为国际上享有盛名的科研单位。

随着上海血研所的发展，在王振义、陈竺等一代代学科带头人的领导下，国内血液学科的实力不断增强，取得了一系列显著的科研成绩和研究成果。

一、血液学研究的拓展与血研所的成立

1. 开辟了血液学研究的广阔空间

王振义运用全反式维甲酸治疗急性早幼粒细胞白血病的"诱导分化"理论，不仅为白血病等恶性肿瘤疾病的诊治提供了全新的角度和途径，而且也进一步开辟了血液学研究的广阔空间。

首先，用全反式维甲酸治疗急性早幼粒细胞白血病取得显著效果，鼓舞和促进了诱导分化剂的研究工作。在全反式维甲酸被发现之后的20余年时间里，医学界发现和合成的诱导分化剂已达数十种，如新颖诱导分化剂组蛋白去乙酰化酶抑制剂、丙戊酸、SAHA、六亚甲基二乙酰胺等，有的已应用于治疗实体瘤。[①]其中，王振义领导下的上海血研所也发现低剂量三氧化二砷（ATO）可诱导NB4细胞分化；cAMP可协助ATO和ATRA使APL等细胞分化[②]；间歇缺氧可诱导急性髓系白血病细胞分化，延长白血病动物的生存期。[③]

其次，王振义在探究诱导分化疗法的作用机制时，结合分子生物学技术和方法发现：全反式维甲酸（ATRA）可以降解 PML-RARA融合蛋白，从而解除其对早幼粒白血病细胞分化受阻的作用。因为正常和其他白血病肿瘤细胞无PML-RARA融合蛋白，因此揭示了ATRA治疗APL是一种针对致癌蛋白分子的 "靶向治疗"方法（一把钥匙开一把锁），为靶向治疗概念的建立提供了科学依据。[④]同时，王振义治疗白血病的这一思路和方法被拓展至其他恶性肿瘤的领域，为各种恶性肿瘤疾病的研究和诊治提供有益的启示和借鉴。例如，最近我国学者发现，将带有肝细胞核因子4α基因重组腺病毒导入肝细胞癌小鼠体内，可使肝癌细胞分化，抑制肝癌生长，为肝癌和实体瘤可通过诱导分化治疗提供了新途径和新希望。[⑤]王振义等人用DD-PCR、cDNA芯片阵列和减数文库等功能基因组学技术，发现了168个受ATRA调控的基因，命名为维甲酸诱导基因（RIG），对其中的RIG-G、RIG-E、RIG-I、RIG-K作了深入的基因功能研究，初步阐明了这些基因的功能，从而进一步了解ATRA诱导分化APL细胞的机制。此外，

① Wang ZY. Treatment of acute leukemia by inducing differentiation and apoptosis. Hematology，2003:1～13.

② Wang ZY， Chen Z: Acute promyelocytic l, eukemia: From highly fatal to highly curable. *Blood*，2008:111（5）:2505～2515.

③ *Blood*，2006，107:698.

④ Chen Z， Wang ZY: Retinoc\ic acid and APL:amodel of targtting treament for human cancer. CR Acad Sci Paris. Sciences de la vie/life sciences，1994；317:1135.

⑤ Hepatology，2008，45:1528.

2001 年，上海血液学研究所获得"全国劳动模范集体"称号

王振义在研究中还证实蛋白激酶C（PKC）参与了ATRA诱导分化的作用。[1]

　　王振义的"诱导分化"理论，首次阐明了维甲酸和三氧化二砷对急性早幼粒细胞白血病细胞组织因子表达的调控机制，使我国出凝血疾病的基础和临床研究进一步深入。王振义在基础研究中发现，全反式维甲酸治疗急性早幼粒细胞白血病能取得良好疗效的重要原因之一是出血症状很快明显改善，因而使患者不因出血而早期死亡，患者可在药物的继续作用下，达到完全缓解。王振义发现，在全反式维甲酸作用下，急性早幼粒细胞白血病和内皮细胞膜上的促凝活性（PCA）和组织因子抗原（TF）表达均下降[2]，相反，柔红霉素（治疗APL的化疗药物）可使APL细胞的

　　① Wu XZ, Wang ZY, "Studies on the relationship between PKC and differentiation of human promyelocytic leukemia cells induced by retinoic acid," m Leukemia Res, 1989, pp.13, 869.

　　② Zhu J, Guo, WM, Wang ZY, "Tissue factors on acute promyelocytic leukemia and endothelial cells are differently regulated by retinoic acid and chemotherapeutic agents", m Leukemia, 1999, 13（7）, pp.1062～1070.

TF增加。以上发现可以解释单用化疗患者常早期死亡于出血，这是由于化疗可使TF表达增高，引起弥散性血管内凝血导致严重出血，若用ATRA和ATO治疗，则TF的表达下降，出血症状很快得到改善，有利于获得完全缓解。

2. 上海血液学研究所的成立

诱导分化研究成果的取得并顺利应用于临床，离不开上海市多家医院血液科室的合作帮助，也是瑞金医院血液学研究室与上海乃至全国血液界同行相互支持、相互配合的结果。王振义认识到，血液学科的发展，仅依靠个别团体和组织是无法成功的，必须站在全局考虑，充分发挥集体的力量和优势。因此，他建议将上海第二医科大学附属医院及基础医学院原先相对孤立的血液专业力量联合起来，各取所长，形成一个系统全面的血液学科研机构，保证血液学研究继续向前发展。

于是，身为上海第二医科大学校长的王振义，在完成繁重的医疗、教学和行政工作的同时，开始为组建新的科研机构而不停忙碌。筹措经费、撰写申请报告、处理批件、与有意向的合作单位进行反复协商，王振义总是事无巨细，亲力亲为。

1987年4月17日，在王振义的推动下，上海第二医科大学各附属医院（瑞金、仁济、新华、九院）的血液科和基础医学院病理生理教研室共5家成员单位，在瑞金医院联合成立新的上海血液学研究所。王振义被选为所长。上海血液学研究所是上海第二医科大学第一个非计划经济体制的所级科研单位。该所的一个尤为显著的特点是打破了部门分割，所内实验室包括基础血液学、分子生物学、细胞遗传学、细胞生物学、止血与血栓、白血病、骨髓移植等分布于院本部和各附属医院。研究所挂靠在上海第二医科大学和上海瑞金医院，是学校和医院从事血液学研究和医疗

2012年，王振义参加王鸿利（左一）从医执教50周年庆典

的学术联盟。研究人员同时在大学、医院任职，这种研究—教学—临床医疗三结合的方式，把基础研究和大学教学与医疗工作紧密联系在一起，使理论研究和实际应用互相结合、渗透，共同提高。[①]

瑞金医院原副院长王鸿利[②]回忆王振义组织创建血液研究所时说："在血液研究所成立的时候，瑞金内科的医生们都主张王老师能出来牵头，使血研所能成为临床和基础互相结合的一个研究机构。王振义开始顾虑很多，因为当时他还处在二医大校长的位置上，血液学是他业务上研究的一个方面。他担心人家说自己利用职权搞自留地。这些顾虑是完全能理解的。后来，我们下面

[①] 沈文雄、于永正、常存玉：《上海血液学研究所血液学研究的10年历程》，《中国科学基金》1999年第2期。

[②] 王鸿利，主任医师，博士生导师，上海瑞金医院终身教授。

的人，尤其是讲师邵慧珍再三推荐，希望他能够把上海第二医科大学血液研究的力量拧合在一起。因为这股力量在上海是独一无二的：我们有瑞金、仁济、新华、九院等附属医院，这些力量都很强。特别是新华医院儿科，他们收治的急性早幼粒细胞性白血病的患者很多。我们有很好的临床力量，同时，我们的基础研究能力亦很强。我们二医有一个病理生理教研室，王老师是主任。后来，他又担任了二医基础部的主任；再后来，他又去做了校长。因此，病理生理教研室的研究方向正好是血液血栓这个领域。这前后期的力量拧在一起成立一个血研所，是完全有基础的。"①

上海血液学研究所（以下简称"血研所"）的成立，标志着上海第二医科大学的血液学研究进入新的历史发展阶段。

3. 上海血液学研究所的发展与壮大

血研所建立伊始，王振义确立了"定位科学最前沿，瞄准国际最领先，向世界最先进发展"的理念和目标，坚持基础研究"有所为，有所不为"的原则，发展自身的优势和特色，明确发展方向和研究重点，使学科发展步入良性循环的轨道。王振义认为，医学工作者探索的是生命科学的奥秘和规律，21世纪是生命科学的世纪，因此确定这样的理念是符合时代要求的。在科研工作中，他强调创新性是科研工作的生命，只有在前人实践基础上取得了突破性的科技成果，才能体现科研的价值。该所设有基础、分子生物学、细胞生物学、血栓与止血、白血病、骨髓移植、免疫血液学7个研究室，细胞形态学及血液流变学两个实验室，拥有多用途电泳仪、血凝固仪、血小板计数容积测定仪、循

---

① 《王鸿利采访记录》，2012年9月。

环式柱层析色谱仪及核酸电泳系统等仪器。研究方向及任务包括从分子生物学水平研究白血病、血液凝固、抗凝及纤溶机理；从基因水平研究和防治某些血液病；白血病的发病机理与防治；骨髓移植以及免疫血液病的机理与防治。

万事开头难。研究所成立之初，研究工作的规模和水平与国外先进水平相比存在较大的差距。虽拥有了若干硬件装备如DNA自动测序仪和染色体自动分析仪，

上海瑞金医院科技楼（上海血液学研究所在该楼）

但缺乏生物医学研究所需的完整技术体系。经费来源也不充足，很多实验只能因陋就简。等、靠、要不行，只有在科研思路上有所创新。最初，血研所的面积只有区区40平方米，研究经费和人才资源双重匮乏。由于研究所挂靠在上海第二医科大学和瑞金医院，没有独立编制，因此没有上海市行政拨款（其他研究所市里都拨款，如设在瑞金医院的上海市高血压研究所、上海市伤骨科研究所等，既受上海市科委的领导，又受上海第二医科大学的领导，同时委托瑞金医院管理）。随着国家对基础研究的重视和科研经费投入的逐步增加，特别是我国科学基金的设立，血研所开始通过竞争，以高起点的研究目标和优异的研究成果为基础申请各类科学基金，将该所的研究工作纳入国家重点支持的范围，通过参加招标和广泛的国际合作，承担更多的研究任务，弥补科研经费不足。

血研所经过精心筹划，确定了包括科学基金申报、吸纳和使用等环节在内的科学基金制度，充分发挥科技人员的积极性和创造性，努力争取各类科研经费，以科研促进学科发展，以科研加快人才培养，努力开创科研工作新局面。王振义担任血研所所长期间，先后承担了各类国家自然科学基金、博士后基金、国家"863计划"项目、国家"攀登计划"项目、上海市科学专门项目等125项，获得科研经费1800多万元（国家部委项目1002.7万元，地方项目859.1万元）。血液学科成为当时上海第二医科大学经费最多的学科。

血研所还与国外一些享有盛誉的科学研究单位，如法国癌症研究会、美国WAXMAN癌症研究基金会等建立国际合作网络，开展合作研究，争取外资。一些企业单位也慕名而来，主动提供研究资金。1988—1997年的10年里，上海血液学研究所共获得国际合作项目科研经费1317.68万元。

科技竞争，实质上是人才的竞争。学科发展，人才是一个关键的因素。王振义始终把人才培养作为战略任务看待，作为头等大事来抓，重视学科带头人的选拔和培养，重视学科梯队的形成和学科接班人的选拔和培养。王振义认为，学科带头人的学术水平对学科发展所产生的作用和影响重大。学科带头人应是知识面广、学术造诣较深、在医学科学发展中作出创造性贡献的科学家、在学术上起带头和指导作用，能够及时、准确地指明学科研究的主攻方向，能够团结率领众多科技人员共同奋斗的帅才。在王振义眼中，他的学生陈竺、陈赛娟就是这样的帅才。

1984年，在王振义的推荐下，他的爱徒陈竺、陈赛娟先后赴法国巴黎第七大学圣·路易医院血液病研究所进修并攻读博士学位。1989年7月，取得博士学位的陈竺、陈赛娟夫妇放弃国外优厚的待遇，回到祖国。回国后的陈竺，先后申报课题14项，多次获得国内外重大科技奖项，并于1995年成为当时最年轻的中国科学院院士。陈赛娟经过提升和历练，也成长为新一代的学科带头人。陈赛娟回忆说："因为分子生物学实验室是一个新的发展方向。陈竺一开始是作为住院医生到法国留学的，学习了血液病最基础的诊断方法，是形态学方面的。读博士的时候，他就自己看书探索分子生物学的研究方向，那个时候在法国也刚刚开始。我比陈竺要晚一年多出国。当时，我们也是做了充分的学科发展的调研。1989年，我和陈竺回到祖国，回到上海血液研究所，回到了王老师身边。当时，王老师主要做临床的研究工作，陈竺做分子生物学研究，主要从基因分子水平方面进行理论和实践。白血病的诊断还需要细胞遗传学，我们有一半的白血病患者可以从显微镜下看到染色体的异常。但是我们学科还缺乏这一方面的研究工作，所以我专门去找了圣·路易医院的细胞遗传学的研究室，跟他们商量我是不是可以研究细胞遗传学方面的知识，这样我们的学科就比较完整。此后，王老师、陈竺以及我所研究的细胞遗传学内容把整个学科的基本诊断和治疗等关键性要素相继建立起来，并带领研究所的科研人员将学科不断发展下去。"

学术带头人固然重要，但若缺乏一个学术思想活跃、年龄结构合理、奋力拼搏的研究群体，也不可能具有旺盛的生命力。王振义强调学科发展要有"团队精神"，把事业和集体荣誉放在第一位，妥善处理各种矛盾，协调各方面的力量，调动科技人员的积极性，形成一个老、中、青相结合的，为了共同目标团结奋斗的集体。他们在自己的工作岗位上，为血研所的发展发挥出各自的最优效能。

王振义也非常重视对年轻科技人员的培养。他觉得学科要发展，要有青年人来推进。王振义曾深有体会地说："从生理、条件、精力和接受新事物的能力上来说，年轻人更显得朝气蓬勃和精力旺盛；从感性上来说，希望年轻人不要超过自己；而从理性上来说，则希望年轻人超过自己。只有这样，我们的事业才后

1998年，王振义、陈竺向前来视察的时任中共中央政治局常委、国务院副总理李岚清，教育部部长陈至立，汇报上海血液学研究所的发展情况

继有人，才能有所创新。"在科研工作中，王振义对青年科技人员要求严格，提倡严谨求实和一丝不苟的科研作风，并尽可能创造条件，促进青年科技人才成长。为提高青年科技人员和研究生的培养质量，开拓知识面，吸取国际上生命科学研究领域的最新信息，全面提高科研业务水平，血研所自行创办小型图书馆，自筹资金，订阅了《科学》《自然》《血液》等国际一流的杂志，以及《中华医学杂志》《中华血液学杂志》《中华医学遗传学杂志》等国内核心期刊，供青年科技人员和研究生借阅。血研所还定期举办学术活动，组织每周一次的"Journal.Club"、每2～3个月一次的生命科学研讨会，并经常组织国内外知名专家、学者的专题报告会，以浓厚学术空气，加强信息交流。[1]研究所积极把青年科技人员推上第一线，支持青年科研人员外出参加学术会议，不断提高自身学术水平；支持青年科研人员出国深造，为他们出国创造条件；组织青年科研人员申报各类科研课题；选拔优

---

① 张廷翔、杜春桃、顾琴龙：《浅谈血研所学科十年发展与人才培养》，《中华医学科研管理杂志》2000年第1期。

秀青年人担任课题组组长；使青年科技人才在科学研究中发挥骨干作用。

基础研究只能争取世界第一，发表文章必须以国际权威性杂志作为对象。王振义鼓励青年科技人员积极以"第一作者"署名向国际权威刊物投稿，自己则将工作的重点逐步从研究工作第一线转向其他方面，发表文章署名往往在最后甚至不参加署名，目的是让比他年轻的研究骨干承担更大责任。在他担任血研所所长期间，全所大多数博士生、硕士生均以第一位署名在国际知名学术刊物发表论文。

王振义领导血研所工作期间，非常重视基础科研工作与临床医学相结合，即现在医学界都纷纷提倡的"转化医学"（Translational Medicine，TM）理念。转化医学是近年来在医学健康领域中提出的一个新概念，其核心是打破基础医学、药物研究、临床医学之间的屏障，在它们之间建立起联系，从实验室到

2007年，王振义（前排左四）和上海血液学研究所全体员工合影

病床，把基础研究获得的知识和成果，快速转化成临床，成为对疾病新的诊断和治疗方法，提高疾病的诊治水平。王振义指出，科研往往是纯科研，像科学院就是一种纯科研的研究所。另一种是像血研所这样的临床前研究。[①]它也研究基础，但是它是为临床服务的。多年来，瑞金医院血液科和上海血液学研究所就是按照基础与临床密切结合这一理念把研究工作不断推向深入的，全反式维甲酸就是一个典型的例子。从临床上发现这药对急性早幼粒细胞性白血病有缓解作用，接下来就开始研究为什么会有这样的作用，一直到现在。研究基础，研究好之后再回到临床。后来发现全反式维甲酸再加上三氧化二砷，更能提高缓解率，这又是为什么呢？于是又开始新一轮的基础性研究。这就是临床研究促进基础研究；基础研究又反过来提高临床效果。形成了一个良性循环的互动关系。

长江后浪推前浪，一浪高过一浪，世界上一切事物都是如此。王振义从1987年开始担任血研所所长起，一直到1996年将职位让贤于自己的学生陈竺，共经历了10年时间。上海血液学研究所在王振义带领下，把肿瘤研究作为研究的重点，把白血病研究作为突破口，加强基础研究与临床研究的有机结合，以科研促进学科发展，以科研加快人才培养，努力开创科研工作的新局面。血液学科经过10年建设，取得显著成效。

在学校、医院以及上级有关单位领导的关心和支持下，血研所得到扩建，从成立初的40平方米扩建至400平方米，增添了许多先进的仪器，实验设备配套成龙，实验技术与临床治疗相互渗透，为学科培养高质量的研究生尤其是博士生创造了良好的支撑条件，为科学研究和人才培养提供了必要的物质基础。

1993年，血研所建立国内第一个酵母人工染色体（YAC）

---

① 王振义、王鸿利、陈赛娟：《基础与临床研究密切结合的科研理念》，《上海交通大学学报》（医学版）2008年第7期。

DNA文库资源中心。在建立分子生物学研究室的基础上，上海市科委批准成立上海市人类基因组重点实验室。实验室的条件得到较大改善。1994年，卫生部又审定批准成立卫生部人类基因组重点实验室。1995年，经过评审，使瑞金医院的血液学专业成为第一批上海市医学领先专业重点学科之一，血研所的临床研究部分得到加强，建立了骨髓移植室，开展骨髓移植治疗白血病和其他肿瘤的工作。

血研所还通过广泛寻求国际合作伙伴，扩大国际合作交流，接受国际资助等方式，不断扩大科研实力。与法国巴黎第七大学血液学研究所签订5年合作协议，在培养博士生、维甲酸治疗白血病及向该所提供试剂设备等方面进行合作。全反式维甲酸治疗急性早幼粒细胞白血病属国际首创，为诱导分化治疗恶性肿瘤的第一个成功范例。法国巴黎第七大学血液学研究所所长劳伦·德高斯教授与王振义为此同获法国"1990年突出贡献医生奖"。1990年，血研所与中科院生化研究所联合主办的中日凝血、纤溶及血小板学术讨论会在杭州召开，王振义任会议主席。1992年，血研所与美国纽约西奈山医院魏克斯曼肿瘤研究基金会成立联合实验室。1993年，美籍华人胡应洲先生资助血研所建立奖励基金。[①]

除了完成繁重的医疗任务和教学任务外，血研所申请国内课题125项，累计总经费2000万元；获国外资助项目7项，累计获得155万美元基金资助；发表学术论文621篇，其中108篇发表在国际著名的学术杂志上；编写专著25部。招收博士、硕士研究生共127名，其中81名毕业，形成老、中、青相结合的学术梯队。获得国家自然科学技术奖，国家教委、卫生部、上海市科技进步奖，何梁何利基金科学家奖，求实基金杰出科学家奖等国内重要

① 朱寄萍、华裕达：《上海改革开放二十年（科技卷）》，上海人民出版社1998年版，第346页。

2007年，王振义（右三）与陈家伦（右二）、林言箴（右一）、王鸿利（右四）、于金德（左二）等人合影

奖项60余项。另外，血研所还获得美国凯特林癌症医学奖、瑞士布鲁巴赫肿瘤研究奖和法国全国抗癌联盟卢瓦兹奖三项大奖。①

　　瑞金医院原副院长王鸿利是王振义的学生，并与王振义合作共事20余年，亲身见证了上海血液学研究所的发展过程。他回忆说："在王振义老师担任所长期间，血研所之所以可以取得那么多成绩，我感到这里面有几个原因：第一，这个学科有一个好的学科带头人，就是王振义老师，他具有正宗的学者风度，这至关重要，他能把住正确的方向，以身作则。上海人讲'大家都服帖'，他能把一碗水端平，这是一件很不容易的事。第二，是有一个重要的人才梯队。这个梯队就是1989年归国的陈竺、陈赛娟。他们能在那时放弃国外优越的工作和生活条件，回到祖国，非常不容易。他们二位回来后，在非常艰苦的条件下坚持做科

---

① 《上海血液研究所庆祝建所十周年》，《上海二医报》1997年11月10日。

2011年，王振义和前来看望他的时任中共中央政治局委员、国务委员刘延东合影

研、做学问，后来成长为血研所新一代的领军人物。第三，是有一个相对团结的团队。因为在这团队中，没有搞对抗、摩擦、不团结的人，大家能专心一致地向着同一个方向团结一致向前走，这也非常重要。第四，随着社会的发展、科技的进步，领导能给予支持。这点也非常重要，如果领导不支持，任何事情都难。领导支持了，尽管有困难，克服了就能向前迈进。我和王振义老师谈过这4点：一是要有一个好的学科带头人，一是要有一个好的梯队，一是要有一个团结合作的精神，还有一个是领导的支持，所以血研所才能一步一步发展到今天。他完全同意。"①

---

① 《王鸿利采访记录》，2012年9月。

二、血液学科建设的大发展

1. 血液学科建设的突出成就

　　瑞金医院的血液学科起步较早。20世纪50年代，瑞金医院内科就成立血液专科病房，进行科研工作，并取得重要成果。例如，瑞金医院在国内首先建立血友病甲与乙的鉴别诊断。 1979年，瑞金医院建立血液病研究室。1984年，瑞金医院血液学科被上海市高教局批准为重点学科。

　　1987年4月，在王振义的组织和领导下，上海血液学研究所成立。1987年至1996年，王振义担任血研所首任所长。1996年起，由国家重点基础研究发展规划（"973"）和国家高科技研究发展计划（"863"）的首席科学家、中国科学院院士陈竺研究员担任所长，中国工程院院士陈赛娟研究员、欧阳仁荣、王鸿利和沈志祥教授任副所长。经过多年的努力，在王振义、陈竺等一代代学科带头人的领导下，瑞金医院血液科都得到了快速发展，尤其是在应用基础研究推动下的血液学临床诊断、治疗综合体系在总体学术水平上达到了国内前列，成为国际著名的临床血液学中心，先后成为上海市医学领先学科、卫生部临床药理基地、国家教育部国家医学基因组学重点实验室、卫生部和上海市人类基因组研究重点实验室、"211工程"重点建设学科、上海市临床医学中心，并取得了一系列突出的成就：

　　第一，开创白血病治疗学的"中国学派"。

1986年在王振义院士的倡导下，在国际上首先应用全反式维甲酸（ATRA）治疗急性早幼粒细胞白血病（APL），使APL的完全缓解率达90%以上。这种令人震惊的临床实践成果被认为是世界肿瘤治疗的一个重要里程碑。1994年起，在国际上率先启动了对三氧化二砷（As_2O_3）治疗人类肿瘤的现代实验研究。在验证As_2O_3治疗APL的有效性的基础上，在国内外率先报道了As_2O_3的药代动力学，并证实As_2O_3可作为复发性和难治性APL的首选药物，使复发APL的2年无病生存率达到42%。其后又率先在国际上提出ATRA联合As_2O_3治疗APL新概念，它不但提高了APL患者在分子水平的缓解率，而且明显减少了疾病的复发。这些成就的取得，使选择性诱导肿瘤细胞的分化、凋亡成为国际癌症研究的一个崭新领域，被国外学者称为一场"中国革命"。由于ATRA和As_2O_3均能特异作用于融合基因产物，在国际上率先提出并建立了靶向治疗的学说，故被称为肿瘤研究领域的"中国学派"。

第二，建立较完整的血液病综合治疗体系。

经过多年的发展，瑞金医院血液学科建立了较完整的血液病综合治疗体系，在急慢性白血病、恶性淋巴瘤、骨髓增生异常综合征、多发性骨髓瘤、特发性血小板减少性紫癜（ITP）、再生障碍性贫血、血友病和溶血性贫血、骨髓和外周血干细胞移植治疗等疾病的诊断和治疗上形成了特色。在血液学、细胞形态学专学熊树民教授领导下，在国内率先建立了具有国际先进水平的完整的白血病MICM诊断体系。开展的检验项目有：细胞形态学和组织化学染色、细胞遗传学分析、染色体荧光原位杂交（FISH）、融合基因重排、白血病残留微小病灶检测、流式细胞仪免疫分型、实时定量PCR、骨髓干细胞培养、骨髓涂片细胞学检查等，建立了相应的质控系统，在上海乃至国内都具有重要地位。

第三，建立较先进的血栓与止血的诊断体系。

在血栓、止血的基础与临床研究方面，建立了较先进的血栓与止血的诊断体系，包含100余项实验指标，其中有40余项在国内率先开展和应用的，近30项是中心自行建立的。早在20世纪50年代，瑞金医院血液学科就在国内首先建立了血友病的诊断方法，诊断了中国第一例血友病A患者，并在国内首先建立血管性血友病因子抗原（vWF：Ag），β-血小板球蛋白（β-TG），血小板第4因子（PF4），凝血因子Ⅷ/Ⅸ促凝活性（FⅧ：C / FⅨ：C）等40余种止血与抗凝因子测定的方法学，并向全国推广，为诊断出/凝血和血小板相关疾病奠定了重要基础。王鸿利教授在此基础上利用分子生物学技术，已建立起完善的血友病A、血友病B携带者及产前诊断体系，通过直接检测基因缺陷或通过遗传连锁分析，使血友病A、血友病B的携带者及产前诊断的可实施率提高到95%以上，随访准确率达100%。另外，在血栓病的诊断方面形成了完整的诊断体系。

第四，广泛开展国际交流与合作。

血液学科与苏州、杭州等地的协作单位共同努力，规范化地收集、整理白血病标本，初步形成了华东地区的白血病资料库。与美、英、法、日等国及中国香港特别行政区的多家血液学研究中心建立了科研合作关系。与美国纽约西奈山医疗中心的Samuel Waxman 癌症研究基金会合作建立的联合实验室，已经成为国际上第一个专业化的肿瘤诱导分化中心，并成为中美在白血病和癌症研究领域互利合作的一个典型，受到《自然》和《科学》等国际高水平学术刊物的高度评价。此外，与莱士血制品公司合作建立瑞金—莱士血友病诊治中心，与世界血友病联盟合作成立"国际血友病联盟上海诊疗中心"。与法国科技部合作，建立了中法生命科学和基因组研究中心。

第五，学术发展和人才培养工作成果显著。

血液学科内有开创白血病治疗学"中国学派"的中国工程院

院士王振义，有国家重点基础研究发展规划（"973"）和国家高技术研究发展计划（"863"）的首席科学家、中国科学院院士陈竺，有享"世界杰出女科学家"之誉的中国工程院院士陈赛娟，有国家重点基础研究发展规划（"973"）首席科学家陈国强，有中华血液学会常委、上海血液学会主任委员、血液学专家沈志祥，有血液学专家王鸿利等一批享誉世界的著名科学家作为学科带头人，为中心赢得了崇高的学术地位，并由此创造出利于出成果、出人才的良好学术氛围。

该学科共承担包括"863""973"、国家自然科学基金重点和重大等国家级重大科研项目及其他国内科研项目125项，建立了细胞生物学、细胞遗传学、分子生物学等多个研究室，从事白血病、止血和血栓性疾病等发病原理和治疗机理的系统性研究，并将基础研究和临床研究的密切联系，取得了多项令人瞩目的重大成果。 1987年以来，该学科在包括《自然》《科学》《美国科学院院报》《柳叶刀》《血液》等在内的国内外核心杂志上发表论文305篇，引证率超过4000次。获得包括国家"863""973"等重大课题在内的国家级和省市级研究课题125项，总计研究经费超过2亿元，并获得国际上以及国家级和省市级各种科研奖项38项。出版学术专著38本，主编38本，参编50本。作为国家级继续教育基地，举办了国家级继续教育项目"白血病诱导分化、促凋亡治疗""白血病MIC""人类基因组""血栓性疾病进展"学习班，吸引了来自全国各地的中级以上职称的学员。召开了多界国际肿瘤诱导分化治疗学术会议。

学科发展与人才梯队建设呈现良性循环。从1996年至今，学科已培养硕士生94名、博士生50名、博士后3名。4名中青年获得"国家自然科学基金杰出青年基金"资助，1人入围中国科学院"百人计划"，2人获"长江学者计划"特聘教授，2人获上海市科委"启明星"资助，2人获国家教委"骨干教师计划"

资助，2人获上海市教委"曙光计划"资助。从国外吸引优秀中青年科研人员5名，形成了年龄和知识结构均较为合理的学术梯队，为学科的可持续发展打下了良好的基础。

2. 选贤让贤的博大胸襟

当今科技的竞争，实质上是人才的竞争，王振义在领导上海血研所和血液学科发展过程中，把人才培养作为战略任务看待，作为头等大事来抓。对于确有发展前途的年轻的科研人员，一方面，他积极组织青年科研人员申请科研课题，积极创造和提供基本工作条件；另一方面，又不拘一格，积极为青年科技人员解决职称等问题，使他们能够脱颖而出。陈竺就是王振义爱才惜才、选贤让贤的一个典型例子。

陈竺作为硕士研究生跟随王振义求学的时候，王振义看到他身上具备了成为一名优秀科研工作者的基本素质：强烈的求知欲和上进心、清醒冷静的头脑以及迅速掌握问题本质的分析能力。"这是一个能成就大事的人，是一个可造之材"，王振义曾这样评价陈竺。1984年，王振义举荐陈竺赴法国巴黎第七大学圣·路易医院留学，继续深造。1986年，王振义首创全反式维甲酸诱导分化治疗急性早幼粒细胞白血病，并在临床上取得成果后，就着手积极寻找学科的接班人。要作为学科的接班人，王振义认为必须德才兼备，能够站在学科前沿，在学术上起带头和指导作用，及时、准确地指明学科研究的主攻方向。这时，他想到了自己的得意弟子陈竺。王振义回忆说："当时，陈竺还在法国留学。他的导师是诺贝尔奖获得者，拥有当时世界一流的实验室。陈竺一直和我有联系，探讨一些学术上的问题，他学的是当时世界领先的高分子生物学专业。这样的人才，我怎么也要把他拉回来。"

1989年，陈竺学成回国，回到瑞金医院，回到恩师王振义组

1997年，王振义和陈竺讨论工作

织、创建的上海血液学研究所，在王振义指导下开展科研工作。回国后，陈竺很快地将法国学到的分子生物学的理论和技术应用到白血病治疗研究中，并不断取得科研成果，此外，还开辟出一块令人瞩目的基因研究新天地。

陈竺回到瑞金医院后，在王振义以及瑞金医院、上海第二医科大学领导的支持下，获连跳两级的破格晋升，从中级职称直接晋升为正高级职称，并且在实验用房、人员编制以及科研经费使用等方面得到积极支持。在本人的积极努力下，从1989年至1996年的7年间，陈竺一人获得课题14项、经费569.8万元，并获得国家科技进步奖、国家教委和卫生部科技进步奖、全国劳动模范、中国青年科学家、上海市科技精英、何梁何利奖等多项奖励，成为当时最年轻的中科院院士。

陈竺的科学研究日臻成熟，王振义的自豪之情是难以言表的。他认为："陈竺学成回归，就好像汽车行业引进国外先进制造技术一样。当时，上海自造的'上海牌'汽车靠模仿外国人，弄到公路上去开都会半路抛锚。而当我们引进了国外的造车技术，我们的汽车制造业就飞速发展了，我们与国外的差距就缩小了。"

王振义无比欣慰地认定：昔日的学生如今已经超过了自己，到自己该让位的时候了。他不顾名利的得失和地位的动摇，决定把代表中国血液学研究最高水平的上海血液学研究所所长的位置交给陈竺。他看准了陈竺渊博的学识、大度的气量、出众的才能，确信陈竺一定能将上海血研所带向新的成功与辉煌。

得知王振义准备让位给自己，陈竺感到受宠若惊，觉得自己尚没有能力担起领导血研所发展的重任。他主动找到王振义，恳请恩师收回成命。

王振义故意绷着脸，对陈竺严肃地说："对自己这么没信心啊，这可不像我认识的陈竺啊。"

"我，我……"陈竺低垂着头，不敢和老师对视。他吞吞吐吐地说："王老师，血研所所长这个担子太重了，我怕自己做不好。"

王振义对陈竺说："放心，我相信你的。你一定行的！"话语间充满了对爱徒的信任与鼓励。随后，王振义拿出法国巴黎第七大学血液学研究所著名教授劳伦·德高斯发来的电传。德高斯教授是多年与王振义一起进行血液学研究的老朋友，也是陈竺在法国留学期间的导师。

电传上，德高斯是这么写的："王医生，你是非常幸运的，有这么一个好的合作者——陈竺教授。他的确是世界一级的、有希望的年轻人、科学家。"

"看来，英雄所见略同。德高斯教授也是非常看好你的！"王振义笑着对陈竺说。

得到两位恩师的认可，陈竺备受鼓舞。然而，令陈竺不解的是，上海血液学研究所所长这个位置，代表着中国血液学研究的最高水平，恩师王振义是当之无愧的。他刚在国际上荣获"凯特林大奖"，又当选为中国工程院院士。事业发展正如日中天之时，现在易帅合适吗？

看到陈竺略带犹豫的神情，王振义拿起一支笔来，在纸上画了个抛物线的图形，向陈竺解释自己选贤让贤、提拔人才的"抛物线理论"："人生就像抛物线，有顶峰，也要走向衰落。人的体力、创造力达到某个高度就不可避免地要进入下降趋势——这是自然规律。我主张，在有能力的时要努力地干，一旦进入下降通道了，就要有自知之明，及早地退，让更有能力的人来干。这样，这根线就会一直朝上而不会向下滑去。"

王振义语重心长地说："我年纪大了，已经70多岁了。而你40岁出头，年富力强。现代医学发展那么快，血液学研究所要不断创新。你说，是由你们这样的俊才当领衔者好，还是由我这个知识结构已经落后的垂垂老者当下去好？因此，我希望你能勇敢地接过研究所所长的担子，引领血液学发展，不断挑战新的高度！"

听到王振义这一席话，陈竺心中翻起了一阵阵热浪。陈竺不再向王振义推辞了。为了不负恩师的信任和期望，他必须责无旁贷地接过恩师手中的接力棒，带领上海血液学研究所继续发展，迈上新的台阶。

1995年10月24日是个平常的日子，但对于71岁的王振义来说，却是一个有着非凡意义的日子。这一天，他作了一个重要的决定，将上海血液学研究所所长的职位传给了年仅42岁的中科院院士陈竺教授。

当上海第二医科大学党委组织部部长宣布"王振义同志任上海血液学研究所名誉所长，免去其所长职务；陈竺同志任上海血液学研究所所长"的批复后，王振义在全所科研人员面前首先发言。他说："我做血研所所长已有近10个年头了。现代医学科技发展非常快，特别是基因科学逐渐成为重要的研究领域，而我却越来越老了，如果我们不看到发展，还是用原来的方式管理这个研究所，用原来的学术水平领导这个研究所，这个所是会走下坡

2014年，瑞金医院新任院长瞿介明教授看望王振义

路的。早在 1993年，我就有了退下来的想法。学科带头人要有自知之明，学术梯队的'新陈代谢'时间是5到10年，知识爆炸的速度决定了人才更新的速度。因此，不要上了年纪才承认自己不行，既要做到老学到老，又不能搞终身制。陈竺非常有进取心，他在法国学的是世界领先的高分子生物学专业，是世界一流的人才，回国后在分子机制和基因研究上取得了突破性科研成果。交班给这样的学生，我是放心的。我退下来了，可以做些咨询工作，虽然我不是非常高明的理论家，但至少在我一生中累积了很多经验和教训。事实证明我当初的选择是明智的。"

　　作为王振义的接班人，陈竺也动情地说："我们所从1987年成立到现在，短短8年时间里，不但在白血病研究领域取得突破性进展，而且担负着领衔中国人类基因组研究的重任。如果没有一点精神、没有一点传统的话，这是不可能的。所以我觉得，我们现在不是要另外搞一套什么新东西，首先是要继承原来的优良传统。王振义老师给我们树立了榜样，一个是怎样做学问，一个是怎样做人。这非常重要。"

陈竺担任血研所所长后，效仿王振义甘为人梯、提拔后辈的用人理念，大胆起用年轻有为的科技人员。在血研所，除了正副所长、科主任超过40岁外，其余的年龄均在35岁以下，其中，实验室正副主任平均年龄41岁、课题组长平均年龄33岁、科研人员平均年龄29岁、管理人员和技术人员平均36岁；以学历层次而言，博士学位者占23%、硕士学位者占23%、学士学位着占19%，从而形成了较为合理的年龄层次和知识结构的梯队。为了进一步加强梯队建设，加速青年科技人才的成长，陈竺还先后选拔了几位事业心强、学有所长、刚毕业的博士担任了研究所下设的研究室副主任，一方面协助主任工作，另一方面让他们进一步得到锻炼，以使得学科后继有人。

三、英才辈出的顶尖团队

王振义在领导上海血研所和血液学科发展过程中，把人才培养作为战略任务看待，作为头等大事来抓。他甘为人梯，选贤任能，注重以科研促进学科发展，以科研加快人才培养，强调老、中、青三代科研人员相结合，强调发挥"团队"的作用，形成稳定和科技队伍和较为合理的梯队结合，并把真才实学的人才推上重要岗位，使他们成为研究所骨干，创造条件发挥他们的聪明才智，促进年轻的科研人员学术水平不断提高，为学科持续发展奠定基础。正是在这样良好的学术发展与人才培养环境下，血研所不断涌现出优秀的科技人才，使这个血液研究团队日益发展壮大。

1. 沈志祥：中华医学会血液学分会主任委员

上海交通大学医学院附属瑞金医院血液科原主任沈志祥，是王振义的第三届（1980级）硕士研究生。沈志祥从医多年，阅历丰富，本科就读于上海第二军医大学医疗系，毕业后担任过驻藏军医，回到上海后在杨浦区中心医院工作。1980年，沈志祥考取了上海第二医学院研究生，成为王振义的学生。硕士毕业后，他留在瑞金医院血液科工作。1989年和1992年，沈志祥先后两次被上海第二医科大学破格晋升为副教授、教授。1992年起，他开始担任瑞金医院血液科主任，直至2012年退居二线。

多年跟随王振义学习和工作，让沈志祥获益良多。沈志祥回忆说："读书时，王老师对所有学生一视同仁，有教无类，针对学生的特点因材施教，帮助学生成功成才。工作以后，王老师依旧关心着自己学生的成长。记得我刚刚担任血液科主任时，经验尚浅，教学、科研、查房多项工作同时开展，难以从容应对。王老师多次给予我精心指导，并带领我和其他的同事一起去病区查房，在实践中为大家讲授工作的细节和要领。与王老师一起查房的经历让我看到了他在治病救人时的严谨和认真。他总是会按着患者的需要该怎么检查、怎么看病就怎么看，不会因为患者多了

2011年，王振义和沈志祥合影

而马虎。王老师查房的要求并不是针对现在的大学生，而是我们这们的住院医生、主治医生。他要求大家要非常熟悉患者的有关资料，熟悉患者所患病的来龙去脉。通过王老师的言传身教，我很快地调整好状态，投入到工作中去。当时还没有电脑，所以我们都要针对疾病去图书馆查资料。我从1983年毕业到1988年这段时间中看了很多书，光综述就写了几十篇（即看书、查房后的体会）。这些都是王老师所要求的。"①

沈志祥在临床上有几十年的实践经历。有一次，他跟随王振义查房，遇到了在临床上很罕见的病例，给他留下了深刻的印象："临床上有一种疾病，医学上讲是分泌IgG型的淋巴浆细胞白血病，我们在讨论该病的时候不知是世界上第二例还是第三例，反正是很少很少的。当时我们看到这病就是想不出到底应该把它归类于哪一种：A、B、C，究竟是什么，没法归类。后来我们就把这难题推给王老师了。但是在接近病例讨论时我突然查到了。第二天去的时候我心情比较得意，为什么呢？因为给我查到了，在所有文献中只有一篇文章提到过，我心想王老师不一定能查到，所以心情特别好。结果在讨论时，王老师放的第一张幻灯片就是我查到的这个文献。天哪，他也查到了，我的心情一下子比较难受，因为我是花了很多时间好不容易才查到的，本来觉得他今天一定会表扬我，因为作为他的学生或下级医生他对我们很严格，要受到他的表扬实在是不容易。结果没想到他也查到了，所以没表扬成。从这事也说明了王老师对临床的患者真的是非常认真，他可以整日整夜地查文献资料，并且可以结合临床诊断来确诊这病。这种病例我们总结发表文章之后，其他医院也偶尔发现了一两例，所以我对这个例子印象很深。"

沈志祥如今是中华医学会血液学分会主任委员，提及恩师王

---

① 《沈志祥采访记录》，2011年2月22日。

2010年，王振义和沈志祥（前排左一）、赵维莅（前排左二）、熊树民（前排右一）等人一起讨论病例

振义所取得的诱导分化治疗白血病的学术成就，他说："我觉得诱导分化疗法是肿瘤治疗史上的一个里程碑。为什么这么讲呢？因为肿瘤的治疗以前都是化疗、放疗，或者外科手术。到目前为止也就是这三种方案，当时王老提出了诱导分化、改邪归正，是新的一种理念。实际上从另外一个角度讲就是靶向治疗。这个维甲酸只能治疗急性早幼粒细胞白血病，也就是一把钥匙开一把锁。这些话最近10年已经得到验证了，现在我们肿瘤治疗医学史上最新的进展就是靶向治疗。当然国外由于经济、国力等各方面的实力已经解决了很多的靶向治疗，但是这些与王老在世界上第一个提出对肿瘤诱导分化并且得到成功相比，应该说是无法比拟的。因为他在肿瘤的治疗史上，或者讲在医学的治疗史上提出了一种新的概念、新的理念，所以可以讲它的意义是里程碑式的。诱导分化的疗法也会对其他肿瘤治疗产生很大的帮助。虽然具体到这一个药不能治疗其他的疾病，但是这种概念、理念将会鼓励

我们不断地去研究、去发现新的靶向治疗药物。这个观念现在已经得到证实了。这等于推动了肿瘤甚至是其他疾病治疗史上的一个新的模式。"①

王振义的师恩令沈志祥永生难忘，王振义在行医的大爱之心更让他钦佩景仰。对生命的敬重和大爱，让王振义60多年的行医生涯里只有一个坚持：坚持把解除患者的病痛作为自己的神圣职责。沈志祥认为，王振义对当前医患关系矛盾的认识，也从一个侧面体现了这一点。王振义曾说："医患矛盾这是一个必然规律，因为医生首先要肯定，他总是希望把患者看好。患者也想把自己的病看好。这是一个一致的地方。矛盾的地方在哪里呢，我认为应该是在医生身上，医生要很好地为患者服务。我有这么一个体会，你能够善意地、全心全意地为患者服务，即使他的毛病不看好，他也觉得你是一个好医生。患者疾病非常严重的时候，晚上打个电话，医生跑过来看他，患者家属非常感动，你这个医生是负责任的，是全心全意为患者服务的。因此，我认为医患之间是一个相互信任、相互依赖的关系。"

沈志祥说："王老师总是把患者的利益放在第一位。他常说患者就是患者，没有高低贵贱之分。王老师尽管身为中国工程院院士、交大医学院终身教授，但只要患者要求挂王老师的号，他就为其看病，不讲任何后门。王老师的专家门诊一直看到2005年左右。现在，王老师已经90岁高龄了，但是临床上遇到疑难病情，大家仍会请他来看。"沈志祥清楚地记得10多年前，瑞金医院血液科收进来一位女患者，经诊断，该患者患的是慢性粒细胞白血病②。王振义对这位患者非常关心，发现有新药品和新疗

---

① 《沈志祥采访记录》，2011年2月22日。
② 慢性粒细胞白血病（Chronic Myelocytic Leukemia，CML）是一种获得性造血干细胞恶性克隆性增生疾病。病程进展慢，临床以脾肿大，粒细胞显著增多，外周血及骨髓中出现大量中幼、晚幼粒细胞为特征。

法，确定治疗效果后，就会及时介绍给她。王振义还把自己家中电话留给这位患者家属。此后，只要病情有所变化，患者就会联系王振义，王振义也不厌其烦地为她安排治疗方案。按临床惯例来讲，慢性粒细胞白血病患者通常只能够活4到5年，但是在王振义的精心关照下，这位女患者却活了10多年。

2. 李军民：瑞金医院血液科主任

瑞金医院血液科主任李军民当初也是王振义的一名研究生。提及恩师，最令李军民敬佩的，同样也是王振义对患者无微不至的关爱。李军民回忆说："曾有一名上海师范大学外语系学生，不幸患上了白血病，强烈的恐惧感和失落感使她无法接受治疗，也不配合治疗。王振义教授得知她的情况后看，亲自到她病床前，耐心地疏导、安慰，用事例帮她分析病情，让她树立起与病魔抗争的信心。在王教授的帮助下，女大学生的不良心理状态得到了改变。以后的几次化疗，王教授每次都来看她，关切地询问病情，不断鼓励患者鼓起勇气，战胜病魔。"

20多年前，李军民考取了硕士研究生后，怀着紧张而又兴奋的心情，在瑞金医院血液科首次见到了指导教师王振义教授。在和李军民的谈话中，王振义得知他是刚结束大学本科的学习、将来立志于临床研究的大学生，就根据当时教育改革的精神决定让他先在瑞金医院工作两年再完成研究生学业。所以，李军民就成为当时为数不多的应届本科毕业生考取研究生后保留学籍先参加工作的教改先行者。这对于他的人生历程具有重要的里程碑意义，同时也让他从此与瑞金医院结下了不解之缘。当获悉王振义获得国家最高科学技术奖的时候，他给恩师写了一封热情洋溢的信，表达了他的感激之情：

老师，我的知识来自于您的教诲，我的人生源于您的启迪。

2001年，王振义和李军民合影

您是学生迷茫中的指引，是黑暗中的光明，是人生中的启蒙。自从投入您的门下，从您那里不但看到知识的源泉，也深深感受到您的人格魅力和精神力量。您不但教授我们知识，更注重培养我们应用知识的能力，如何进一步去探索医学知识的奥秘。（20世纪）90年代大批学子开始留学国外，对我来说同样充满憧憬。为了让我获得更多的见识，是您帮我联系到您的法国好友——法国第七大学著名的Cean教授那里以及美国MD anderson肿瘤中心著名的Champingn教授处进修学习，让我有机会了解西方发达国家在血液基础研究和临床研究的最新发展。

不论在法兰西还是在美利坚，当这些西方著名的血液学权威谈论到您时，每每都表现出对您崇高的敬意。记得有一天在美国MD anderson肿瘤中心病房查访时，正好医院的药剂科主任路过病房，Champingn教授向这位主任介绍说我是来自上海的一名医生。这时，那位教授问了我一句让我深感震惊的话：你是否认识上海有位王振义教授，他很了不起。我告诉他我就是王教授的学生，他何以知道王教授？他回答我：我并不认识王教授，但我知道他是一个伟大的人物，他可能开创了肿瘤治疗的新时代。王老师，这就是一个非血液专业工作者对您的评价。

老师，您知道吗？您的种种，对我来说都是刻骨铭心的。您授予的不只是知识，还有做人的道理；您传授了我23年的知识，也教导了我23年的人生道理。在您的教育之下，我从一个懦弱而迷惘的学生，成长为能独当一面、积极进取的临床大夫。但即使是现在，您还是以您的表率作用不断给予我们支持和帮助，鼓励我们不断学习，推动和引导我们不断前行。

您那个年代的人在读书期间还根本没有分子生物学的概念。但您以60多岁的年龄硬是从头学起，掌握了分子生物学等当今最新技术与发展的知识，让我们这些小辈感到汗颜。我们都说您是唯一可以将一个疾病从人体讲到基因分子的人，直到现在您还在不断探索学习。您说每周科室的病历讨论对您是一次开卷考试，我们提前两天告知您简要病史，您要在这两天里上网看书，查阅大量资料，最后提出您的意见。想想看，这一考就是几十年，您还经常问我们这是否对我们有帮助。这何止是帮助，这是您对我们知识永久的教诲，同时也在每次讨论过程中向我们提出了一个个去努力探索的课题。

老师，我真的非常感谢您。正是从您那里的不断汲取，使我的精神得以丰富，智慧得以增长，素质得以提升。今天开始会有不少的标幅、标语在称赞着您。但老师，对您的学生来说，我想在这一刻给您写封信以表达我内心的这一份感激之情。您在我的心中是一株松树，在高高在山顶上毅然挺立。您言传身教，教会了我们要坚强面对生活，要勇做人生弄潮儿。我将会带着您的教导，不辜负您对我的期望，迈向美好人生！

3. 糜坚青：血液学领域的年轻专家

瑞金医院血液科副主任糜坚青，1993年毕业于上海第二医科大学六年制医疗系法文班，后进入到瑞金医院血液科工作；1996年至2006年，在法国连续学习及工作10年；2006年，在王振义、陈竺、陈赛娟3位院士的邀请下，作为引进人才回到瑞金医院临床血液科及上海血液学研究所工作；目前，被上海交通大学医学院附属瑞金医院、上海血液学研究所聘为临床血液科副主任、临床血液中心病区主任、主任医师、博士研究生导师，现任中华医学会上海分会血液病学会青年委员、国家自然科学基金委项目评议专家。

糜坚青回国后，王振义对他非常关心，多次询问他的科研进展情况，并想办法为他解决工作和生活中遇到的问题。王振义了解到糜坚青在上海买房困难，便主动提出借钱给他，对他

1998年，王振义、糜坚青（右）和法国 Del Duca 基金会主席合影

说："我现在年纪大了，不需要钱了，你用得上，不急还。"糜坚青顿时感动不已，并在心里暗暗地对自己说："唯有加倍努力工作，才能回报王老师。"法国Grenoble大学医学中心血液科主任Jean-Jacques Sotto教授在给王振义的信中，给予糜坚青很高的评价：

听闻糜坚青医生回国与陈竺教授共事，深感欣慰。他在我们科室接受培训并工作了10年，成为一名非常优秀的血液科专科医生，我们很遗憾糜医生离开了我们科室。

1996年年初，糜医生来到我们科室，在完成10个月的见习学习后，从1996年11月起，开始了4年的住院医生培养，夯实了临床知识与技能基础。

1999年起，糜医生在Christine Chominieene教授和Laurent Degos教授领导的巴黎第七大学血研所开展科研工作，并获得了血液生物细胞学DEA证书。

2000年10月，糜医生重新回到我们科室，以主治医生身份在住院部、细胞移植与治疗室、日间病房、急诊及重症监护室等部门工作，积累更多的临床经验。同时在我的指导下，于2005年10月获得了医学博士学位，并发表了5篇论文。

10年间，经过4年住院医生培训、1年DEA学位学习及5年专科医生工作，糜医生具备了相当出色的血液学专科工作水平。

糜坚青在学生时代虽然没有师从王振义的机会，但在回国后的工作中有幸成为王振义的弟子，近距离地感受这位医学大家的治学方法和科研精神。

已是耄耋之年的王振义仍然坚持每天上午到血研所工作半天，这让糜坚青深感敬佩。每个星期四上午，王振义还要进行由他主讲的教学查房活动，他称之为对自己的"开卷考试"，即每次教学查房或会诊前，王振义都要求提前看到患者的病史和医生们的问题。然后，他会一条一条上网查询，查阅最新国内外医学

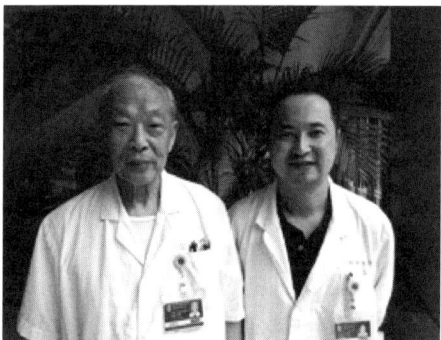

2014年，王振义和糜坚青合影

文献，寻找相应的医学科技前沿资料，把该病的解析方法和治疗经验制成PPT，向大家展示和讲解。

王振义的"开卷考试"讲解内容中，既有国际上一些新的治疗理念、新的治疗方法的推广，还有就是原来老的治疗方法得到了同行的认可，可以去推广。听讲的不光有年轻人，还有中年的主治医生和主任等。每个学生听了之后，都会在自己的工作层面上有所感悟，都能举一反三，学到一些新的东西。对于这样的形式，糜坚青回忆说："王老师每次查房都要花费很多心血，用整整两天的时间准备。他非常严谨，会花很多时间去钻研、准备，然后才给我们讲解。他每次都会讲到自己对疾病的分析，那是他60多年临床从医经验的分享，同时也是世界最新医学知识的展现。王老师的查房不仅'授人与鱼'，更'授人与渔'，其中闪耀着许多哲学思想的光芒。通过查房，他不仅教会了你对这个疾病的处理方法，而且教会了你对这类疾病处理过程中的一些正确的思路和方法——这一点对于我们来讲是更重要的。因为知识往往会更新，但你掌握了方法以后，就有了钥匙，就有可能会走得更远。因此，每次王老师精彩的教学查房活动，来听课的医生们都把王老师的PPT视为珍宝，许多人都把PPT拷贝回去，仔细研究。正是王老倾囊相授、无私开放的态度，督促着我们始终坚持学习，并努力走在学术的最前沿。"[1]

在糜坚青心中，王振义是一位学术精湛的学者，也是一位

---

① 胡德荣：《"患者的利益，永远是第一位的"》，《健康报》2011年1月17日。

品德高尚的长者。糜坚青说："王老师对我们的成长影响是很大的。王老师是我们这一代很多人心中的偶像。无论在学术和人品上都成为后辈们学习的楷模。讲得更形象些，王振义好比是一座灯塔。他对我们的意义是始终能够帮助我们，或者说是我们能够拿他作为对照，激励我们去勇攀高峰。虽然我们可能超越不了他，但只要是在自己前面有这样一座灯塔在指引着，我们就希望能够尽量地接近他，与他平行。"①

4. 赵维莅：新世纪的科技启明星

瑞金医院血液科副主任、上海血液学研究所副所长赵维莅也是王振义的一名得意弟子，如今已成为上海血研所的学科骨干之一，主要从事血液系统恶性疾病的临床和基础研究，特别是淋巴瘤的疾病进展分子标志物和分子靶向治疗的探索。赵维莅参与的全反式维甲酸和三氧化二砷联合治疗急性早幼粒白血病工作成果，获2006年上海市科技进步奖一等奖；急性白血病出血的基础与临床研究，获2002年中华医学科技奖二等奖。主持国家高技术研究发展计划重大项目1项、国家自然科学基金1项，在《血液》等血液学权威杂志发表论著40余篇，总影响因子超过100分。2005年获明治乳业生命科学奖，2005年入选上海市科技启明星，2006年入选上海市卫生系统"共青团号"号长，2007年入选教育部新世纪优秀人才。

赵维莅还是上海第二医学院学生的时候，因为有一个机会到上海血液学研究所做一个暑假实习活动，参与一些项目的学习和设计，就这样认识了王振义。王振义给她的印象就是健步如飞，

---

① 《糜坚青采访记录》，2012年9月。

2007年，王振义、赵维莅在瑞金医院百年庆典上和法国朋友合影

精神矍铄，走起路来比年轻人还快。毕业以后，赵维莅留在血液科工作，与王振义的接触就多了，对她的影响也就更大了。

首先就是王振义的勤奋、钻研精神，对年轻一代的发展真是一个非常大的鼓励。王振义以前主要接受的是法语教育。有一次，赵维莅在一次国际会议上听王振义用英语发言，就觉得王振义的英语讲得非常流利、非常标准。后来，她才知道王振义的英语居然是靠自学慢慢积累、慢慢锻炼而成的。这让赵维莅等年轻人佩服不已，并始终牢记王振义的教导："天才出于勤奋，任何的事不管你有没有天分，勤奋是第一位的。只有你勤奋，付出多少努力，你才能得到多少结果。"后来，赵维莅去法国学习了一段时间，使她对王振义的话有了更深的理解。她说："我以前是英语班毕业的，到了法国，更多的时间需要讲法语。出国前我在国内只学习过一些法语，但是王老师自学英语的故事对我是一个相当大的鼓励。我也通过自学慢慢掌握了法语。我觉得，王老师的言传身教对我们的发展真的具有非常重要的意义。所以，我们现在迎接新同事时的第一讲，先讲勤奋和努力，自身的努力是自身发展的一个最重要的因素。没有什么能够替代自己的努力，或者说比自己的努力更加重要。"

给赵维莅印象最深刻的是王振义敏锐的洞察力。因为王振义每周四都要做一个临床的查房。对于一位80多岁高龄的老先生来说，这并不是必须做的，或者说是有义务去做的事。但是，王振义为了患者，特别是为了年轻一代的成长，每周都坚持教学查房。王振义自己谦虚地说，这是一个"开卷考试"。赵维莅说："我们也是每次要准备病例，准备最新医学发展的方向，有时候为了准备PPT，我们也总会设法去查一些资料。所以，我们看到王老师准备的PPT中有和我们一样的资料内容时，就特别高兴。哇，王老师能够用这个！但是，我们从来都没有能够查阅到和王老师一样多的文献；而且最重要的是，他把这些文献进行了归纳，还会向我们提出医学建议。譬如，有些东西我们将来应该注意，有一些研究我们将来应该去做。这样敏锐的洞察力是王老师特有的，使我们受益匪浅。他能激励我们产生很多灵感，能够让我们在临床工作中迸发出指导科研的一些思路和思想。同时，科研的结果也会促使我们回过来应用到临床上。这样，临床和科研的结合应该是我们将来发展的趋势，也是我们转化医学理论最基本的理念。"

赵维莅认为，王振义主张基础科研与临床两者相结合的思想，对自己学术上的发展影响很深。她回忆说："1+1从客观上来讲等于2，但无论是从学术上还是科研上，其实，1+1有的时候会超过2，因为1+1它有这样的凝聚力。就像科研和临床一样，如果做科研和临床，我们能够把它们密切联系起来的话，能使我们获利更多。虽然对于我们而言，科研和临床一起做是一件非常辛

2012年，王振义和赵维莅在瑞金医院科技楼合影

苦的事，但是我觉得应该乐在其中，就像王老师，对临床和科研都非常专注，我们作为年轻一代，更应该向王老师学习。我想，科研能和临床相结合是现在国际上发展的趋势，也是对一个青年医务工作者提出的要求。我们现在很多年轻的同伴都在向这个方向发展。所以我认为，科研和临床的密切结合，意义要远远超过它们本身。"

2011年，赵维莅主持的一个关于恶性淋巴瘤基础与理论研究的科研成果，获得教育部自然科技一等奖。赵维莅认为，成绩的取得离不开恩师王振义的无私帮助。她说："做白血病研究是我们实验室的传统。在我2004年读完博士回来后，王老师和两位陈老师（陈竺、陈赛娟）都和我讨论过工作。他们觉得，我在法国也学习了一些相关的内容，能不能在淋巴系统的肿瘤上做一些研究，王老师对这个课题也特别关注。万事开头难。王老师经常来询问、关心我们的进展，给了我们很大的帮助。无论是学术上的指导还是经费方面的支持，他都给了我们很大的鼓励。我想，我们能够有今天的成绩，同王老师以及两位陈老师给了我们大力的支持与无私的帮助是完全分不开的。这是我们成功的非常关键的一个因素。"①

5. 胡炯：从事骨髓移植研究的医学新秀

上海血液学研究所副所长胡炯也是瑞金医院血液科的骨干，现在主要从事骨髓移植方面的临床和研究工作。

胡炯是在1993年进入瑞金医院攻读血液学临床研究生时，认识王振义的。第一次和王振义近距离接触，是在血液科每周一次的疑难病例讨论会上。当时王振义虽然已近70岁了，给人的印象却是精神矍铄、思想敏锐、言语温和。他参加的讨论会一直很受欢迎，因为在那里能听到他介绍国际上最新专业动态和最直接的一手经验。他讲解病例时，能听到从临床到科研，国内外的新进展、新知识和新论点。给胡炯留下最深印象的是王振义分析推理的缜密，在旁征博引中、在举手投足中自然流露出的深厚文化底蕴。

胡炯和王振义的缘分应该是始于二医大的图书馆。作为住院医师，当胡炯遇上疑难病例时，经常需要去那里查阅最新的国外专业杂志，不期好几次遇见王振义也在查文献。王振义每次看到胡炯这个血液科用功的年轻医生，总是微笑着和蔼地颔首回礼，可能他就由此记住了这个学生了吧。

有那么几次，胡炯通过查阅文献和分析推敲，解决了部分疑难病例，受到王振义的表扬："小胡查到的文献很切合这个病例，分析得很合理。"在王振义的鼓励下，胡炯逐渐养成了平时

---

① 《赵维莅采访记录》，2012年9月。

多看文献、不断积累的学习习惯。

1996年，在王振义的推荐下，胡炯得到了胡莹湘夫人基金支持的去香港大学医学院进修的机会。在香港大学玛丽医院选择进修科目时，胡炯对当时血液科尚未开展的造血干细胞移植技术产生了兴趣，于是向王振义询问。虽然王振义自己主要从事白血病靶向治疗研究，但他仍然鼓励胡炯去探索未知的领域。在王振义的鼓励下，胡炯选择了去香港大学玛丽医院成人血液科骨髓移植中心学习，造血干细胞移植最终成为他日后临床和研究的主要方向。

1997年，王振义决定编写一本专门介绍诱导分化和凋亡治疗肿瘤的专著。他特意邀请年轻好学的胡炯参与撰写了第七章《砷剂治疗白血病及急性早幼粒细胞白血病》。在王振义的指导下，

2014年，王振义和胡炯合影

2011 年，陈珏（左）、赵维莅代表王振义的学生，祝贺老师获得
国家最高科技奖

胡炯和沈志祥一起查阅了大量的资料，从砷的生物学作用、砷剂
治疗白血病的临床应用、砷剂治疗白血病的毒理作用和药代动力
学研究3个方面进行了阐述和论证，完成了撰稿任务。

转眼 6 年过去了，2003年，胡炯从美国回来，担任上海血液
研究所常务副所长，办公室就在王振义的隔壁。那时，胡炯感到
自己在业务上开始进入成熟期，因此需要对大方向进行把握和确
定。角色转变的过程中，他有些犹疑；再加上出国3年，需要适
应的地方也不少。所以，胡炯常会去找王振义开释。

谈到王振义对自己的影响和帮助，胡炯充满深情地说："当
时年过70岁的王振义院士骑着自行车上下班的身影，已成为瑞金
医院一景。身处当下浮躁的世界里，王老师的身影对我有种'定
锚'的作用。虽然晚年的王老师已经是一位资深院士并获得了国
家最高科技奖，但他仍然一直活跃在研究、临床和教学第一线，

从没用自己响当当的名头开辟过一个为个人谋取名利的小天地。他的一言一行，一直影响着他身边的人以及我们这些晚辈。时至今日，我无意中发现自己带教学生时看人、用人的方式，受王老师影响不小。也许，这就是言传身教、师道传承吧。'教育本身意味着一棵树摇动另一棵树，一朵云推动另一朵云，一个灵魂唤醒另一个灵魂。'谨以这句教育格言献给桃李满天下、已然成为'一代宗师'的王振义老师，同时勉励我自己。"①

人们常把瑞金医院血液学科和上海血液学研究所比作是一棵大树，王振义的学生陈竺、陈赛娟、陈国强这一代年富力强的科学家就是四季苍翠的树枝，李军民、糜坚青、赵维莅、胡炯等一批医学新秀是郁郁葱葱的枝芽。王振义，这位在血液学研究领域不辍追求的老人，就是这棵大树的坚强躯干。

---

① 胡炯：《"一代宗师"王振义老师》，未刊稿。

第 | 九 | 章

"抛物线理论"：医学人才梯队建设的先进理念

王振义不仅是一位著名的医学家，也是一名成功的教育家。他一生"传世育人，识才用才"。现任全国人大常委会副委员长、前卫生部部长、中国科学院院士陈竺是王振义的研究生。1978年，只有中专学历的陈竺，以专业考分第一名的佳绩成为王振义的硕士研究生。而王振义那年招的另一名研究生，就是后来成为陈竺的妻子，在白血病和细胞遗传学研究方面卓有成就的全国科协副主席、中国工程院院士陈赛娟。

王振义是一名成功的教师，他的学识丰富渊博、逻辑思维周密、治学态度严谨。无论是基础理论课，还是临床病例讨论分析，他的讲课、他的精辟分析都给学生、同行留下深刻印象。更重要的是，他的为人处世影响了一大批学生。他说："凡是做教育的人都有一个心愿——使年轻人能够成长，掌握现代科学。我想每个老师都是这样。我没有别的特别的地方，只是带着他们一起学习，使他们有一个正确的学习方向和方法，为他们多创造一些发展的机会和空间。"

在从医、执教的60多年中，王振义先后担任过内科学基础、普通内科学、血液学、病理生理学等教学工作，传道授业、擎灯引航、呕心沥血、言传身教，造就了一大批国内顶级的医学研究俊才，可谓桃李芬芳。如今，王振义的弟子们遍布海内外，绝大多数已成为所在领域的一流专家和中坚力量。他们都以自己的老师为榜样，学习他的做人道理，对医学理论和临床工作精益求精，共同为医学事业的发展做出贡献。

一、甘为人梯的无私精神

1. 言传身教，传道解惑

在数十年的教书育人、行医济世生涯中，王振义将基础学科与临床实践相结合，将祖国医学和现代西医理论合二为一，将中国古代哲学思想与当代科学思想融为一体，堪称为人师表。

王振义学识丰富渊博，逻辑思维严密，治学态度严谨认真。他培养学生怀有高度的责任心，重视学生学术规范的养成，要求学生在科研过程中一丝不苟、精益求精。陈赛娟至今清楚地记得，王振义为研究生上的第一堂课是带领大家去图书馆。王振义教学生们查阅文献、确立学术规范。在科研过程中，对分子生物学的结构、显微镜观察细胞、X线片显影结果等，即便是再小的环节遇到不好解释的结果，王振义都会要求学生们重新做一次。对于学生提交的综述文章，王振义往往一两天后，就能批阅、修改好，常常是用红笔改成"一片红"。此外，对于陈赛娟、陈竺这批被"文化大革命"耽误了学业的年轻人，王振义会利用工作之余为他们补习医学基础知识和理论，辅导他们进行专业外语的学习。[1]

爱因斯坦说，想象比知识重要，因为人对知识的掌握是有限的，而想象力包括着世界的一切，推动着进步，并且是知识进化

---

[1] 陈赛娟：《医学的导师，为人的楷模——写在王振义老师获国家最高科技奖之际》，《瑞音》2011年第1期。

2003年，王振义和音乐家周小燕一同获得首届"上海市教育功臣"称号

的源泉。王振义非常重视对创新的培养。他经常告诫学生，作为医学科学工作者，不能固守既有知识，应该结合临床上的实际问题，发挥创新能力，推动医疗技术的进步。

王振义认为，一个学生有没有科研的潜质，关键就是看有没有创新性。陈竺读研期间，王振义给他一个课题，他总能在此基础上，衍生出两三个课题，并发表学术论文。因此，王振义断定这个学生以后是有作为的。

在科研工作中遇到困难和挑战时，王振义不断教导学生要鼓足勇气，迎难而上。

冬天的一个夜晚，陈竺在动物房做关于白血病细胞分化的研究课题。他在给小鼠注射时，动物房突然断电了，小鼠四处逃窜。这下可把陈竺着急坏了。若小鼠跑掉的话，就相当于几个月的实验全都"泡汤"了！陈竺顾不了许多，赶忙摸着黑，趴在冰冷的地板上捉老鼠。东碰西撞了好一阵子，已是满头大汗，可结果却一无所获，这让他的心情非常沮丧。

王振义知道这件事后，将陈竺叫到身边，劝导他说："科研的道路上，遇到困难和挫折是再平常不过的事情。不要灰心，不要气馁，要怀着越挫越勇的精神，坚持下去，就一定能够获得丰硕的成果。"在王振义的鼓励下，陈竺重新振作精神，继续投入到工作中，最终顺利完成了这一课题研究。

除了医学专业上的言传身教，王振义谦逊豁达、淡泊名利的人格魅力也深深感染着陈竺。王振义虽然学识精深，但对学生的教导从不居高临下。他经常和学生平等地探讨学术问题，遇到一些难题，也总是心平气和地和大家一道商量。王振义每次都坚持把自己的学生列为论文的第一、第二作者，而把自己排在最后甚至不参加署名，目的是让比自己年轻的研究骨干承担更大责任。这对论资排辈习以为常的学术界，不啻为破天荒的惊人之举。

1983～1984年，陈竺在王振义的指导下完成了3篇论文。按照常规，作为论文方向的确定者和指导者，王振义完全可以用论文第一作者的身份署名。况且当时，王振义处在上升期，也需要论文，但他坚持将陈竺列为第一作者，把自己放在第二位。这是何等高尚的境界啊！

正因为这样，在王振义的带领下，当时年仅30岁的陈竺脱颖而出，陈赛娟亦获得了迅速成长的助推力，对白血病发病细胞和分子机制的研究做出了很大的贡献。1984年，王振义力荐陈竺夫妇赴法留学深造。1989年，陈竺夫妇学成归国，继续在恩师王振义的指导下工作，并最终开辟出一块令人瞩目的基因研究新天地。

王振义在传道解惑的过程中，仍然不断地学习，利用一切机会，探索新领域，掌握新理论，向身边的同事、国内外的医学

1982年，王振义（第一排右七）和陈竺（第四排左六）一起参加国内外出血性疾病学术交流会

同道们虚心请教，以提高自己的业务水平。20世纪90年代，他坦诚、谦逊地向自己的学生——学成归国的陈竺、陈赛娟学习，钻研新学科——分子生物学，并在较短的时间熟悉了该学科的新知识、新理论。

2002年，王振义指导的课题组在研究中发现有一个抗白血病药物的水溶性差，实验效果很不理想，课题组的实验陷入停滞期。王振义听说河南郑州大学的一位教授在这方面有深入的研究，便亲自上门请教。

当王振义来到了郑州大学，接待人员听了介绍后，怎么都不敢相信眼前这位老人就是著名的国内血液学领域的领军人物——王振义院士。他在看了王振义"中国工程院院士"的证件后，仍半信半疑，直到请来一位曾与王振义有过一面之交的老师来验证，才算是"验明正身"。王振义的诚意打动了对方，对方当即表示合作攻关，共破难题。

事后，郑州大学的接待人员问王振义："按照常理，德高望重的专家会用电子邮件或电话联系对方，或者派年轻学者前往拜访。您作为院士，为何要亲自来呢？"

"因为我自己在研究中遇到了难题，有需要请教贵校的地方。"

"您已经是院士了！是这个领域的权威专家了！还有什么问题需要请教别人的吗？"

王振义摇了摇头，说："我还在学习别人的经验，怎么算是权威呢？在科学研究中，一个人不可能永远是第一，即便是院士，在自己不懂的问题上也是一个学生。我只是在某个方面有点专长，别人好的地方我都要学习。"王振义接着风趣地说："在我看来，院士嘛，就是'医院的战士'，必须不断端正思想，不断探索钻研，保持干劲，不能有丝毫的懈怠。"

王振义始终虚怀若谷、低调谦逊。他虚心求教的举动，也令他的学生们再次领略到一名科学家应有的大家风范和高贵品格。

2. 甘为人梯，重视对青年人的培养

在科研工作中，王振义甘为人梯，重视对青年人的培养，给青年人机会，把青年科技人员推上第一线，让他们主动参与国内外竞争，参与到最具挑战性和前沿性的重大课题中来，通过竞争，不断完善研究设计，不断提高自身学术水平。在王振义的指导下，白血病分化诱导疗法已被公认为国际经典，但这一成果的具体承担者是当时年仅23岁的研究生黄萌珥。

黄萌珥是王振义1987级的博士研究生。读博期间，黄萌珥跟随王振义进行诱导分化治疗白血病的试验。为寻找临床病例、收集标本，黄萌珥骑着自行车四处奔波，几乎跑遍了上海各大医院。经过艰辛的探索，王振义带领黄萌珥终于在全反式维甲酸诱导分化治疗急性早幼粒细胞白血病方面取得成功。1988年，这一科研成果发表在著名权威杂志《血液》上，成为近20年来华人学

2010 年，王振义和黄萌珥合影

者在国际上最具影响的论文之一。

黄萌珥博士现为法国科学院终身研究科学家，居里实验室"基因组非稳定性实验室"主任、主任研究员，目前重点研究与遗传物质DNA复制、修复有关的基因功能。每每提起王振义，他心中涌出的除了崇敬，更多的是对恩师的感谢。

2011年1月14日，王振义获得国家最高科学技术奖。身处法国的黄萌珥得知这一喜讯，特意为王振义寄来一封热情洋溢的贺信，表达了对恩师深深的敬意。信中写道：

尊敬的王振义教授，亲爱的老师：

欣闻您荣获中国科技最高奖。我，承蒙您多年教导和帮助的弟子，满怀激情，向您献上衷心的祝贺。

20多年前，我十分有幸在上海瑞金医院成为您身边的硕士研究生。当时您身负第二医科大学校长重任，但仍不辞辛劳，带领和指导我在白血病研究领域中开启新的探索。以至于发现全反式维甲酸对早幼粒细胞性白血病的特殊的治疗作用。我又有幸与您在一起将此项结果发表在国际著名的血液学杂志《血液》上，在国际上引起很大反响。

20年后的今天，我仍为能在青年时代在您指导下参与这项极有意义的科研医疗工作感到骄傲，我也仍然清晰地记得在实验室、在您的办公室、在血液科病房以及在您的家中承受您悉心的指点、教导。在我离开瑞金医院的20年来，我们又有多次共同相处，促膝交谈的美好时光。今天我能成为法国科学院的一名科研人员，与您倾注的心血和教诲是分不开的。为此我再次表示深深的感谢和崇高的敬意。

亲爱的老师，今天您获得如此殊荣，身处远方的学生献上由衷的祝愿：老当益壮，健康长寿。为祖国科研、医疗培育人才事业上作出更大的贡献。[①]

"973计划"最年轻的首席科学家、上海市第九届十大杰出青年之一陈国强，是王振义的另一位得意门生。"博士研究生，我还是要考王振义教授的！"陈国强回忆当年报考王教授的研究生时的情形，"那瞬间的选择，源自于王教授修改我的硕士研究生论文的整个过程。"

王振义时任上海第二医科大学校长，白天工作繁忙，只有利用晚上时间修改学生的论文。在灯光下面，他将陈国强的论文翻来覆去地阅读，不停地标注修改的建议和理由。陈国强最初交给王振义的50多页文稿，被修改得密密麻麻，甚至不放过每一个标点符号。王振义还多次把他叫到家里一起吃晚饭。一放下碗筷，师生俩又一头扎进论文里。在当时写论文还不用电脑的年代，王振义一遍遍修改，陈国强根据修改的内容，重新整理、抄写。陈国强的硕士论文被王振义前前后后修改了10次之多，陈国强也将

---

① 黄萌珥：《感恩王老师》，《瑞音》2011年第1期。

近2万字的论文抄了10遍。多少个夜晚、多少次交流，王振义的谆谆教诲深深地刻在了陈国强的心中。王振义孜孜不倦的品格，时时激励着陈国强向更高、更险的医学高峰迈进。

每当想起王振义为自己修改论文的整个过程，陈国强对恩师就充满了无限感激。他回忆说："修改论文的过程，让我见识了王老师的严谨、认真、一丝不苟的科学态度。王老师的谆谆教诲，让我懂得了什么是科学精神、什么是真正有责任心的导师、什么是严师出高徒……我清楚地知道，这一切源自于王老师的感悟，潜移默化中改变了我，并真正成就了我之后将要走过的人生道路，乃至造就了我今天的人生态度。"

陈国强现已成为上海交通大学副校长、医学院院长。"我深深懂得，这些成绩是站在我的导师王振义、陈竺两位院士的肩膀上，在同事们的支持、帮助下取得的。今后，我一定继承传统，不断创新，为解除人们的病痛、促进人类健康做出更大的努力！"

周光飚是王振义的2000级博士研究生，也是王振义的"关门弟子"。早在他没有成为王振义的博士研究生之前，他就听很多圈内人说王振义的招生绝对公平、公正，只要是真正有能力的、有真才实学的，王振义一定会招收。跟随王振义的这几年，让周光飚时刻感受着一位著名医学家虚怀若谷、实事求是的大医精神。

有一次，周光飚在王振义指导下做实验，发现一种中药提取物具有较强的抗白血病活性，经过体内、体外实验，证实无明显副作用。这一发现令王振义欣喜不已。为了使其尽早通过临床实验，制成新药，他做出一个大胆的决定：自己尝试服用该药，以验证其安全性。周光飚得知后，赶忙劝说王振义："王老师，这太冒险了。万一这个药在您体内产生毒性反应，后果不堪设想。"但是，王振义满不在乎，他开玩笑地说自己是在仿效"神农尝百草"。他只想着为白血病患者找到新药，早把自己的安危置之度外。周光飚被老师崇高的医德深深感动。

为保险起见，周光飚提出，服用该药前，先在小鼠身上进行急性毒性实验。王振义同意了周光飚的建议。进行小鼠实验时，周光飚心想，若实验结果是小鼠没有毒性反应，王老师一定会坚持服用这个药的。但王老师年事已高，服药始终是不能令人放心的。若要王老师放弃服药的决定，只有让小鼠产生毒性反应才行。因此，周光飚在实验中使用了超大剂量，导致小鼠出现了中毒反应，王振义看到实验的结果和相关数据后，最终打消了之前服药的想法。

周光飚后来回忆说："王老师不知道我在实验中所用的药物剂量，因此，我这么做等于是欺骗了他。这是我唯一一次向王老师'隐瞒了真相'。但是，为了老师的健康着想，我只有这么去做……现在该药已开始临床实验，我也要对王老师说'对不起'了，期望能够得到老师的原谅。"

周光飚在王振义、陈竺、陈赛娟的共同指导下，深入研究了该药的抗白血病作用，论文被国际知名的《血液》杂志发表。陈竺请王振义做该论文的通讯作者。王振义谦让说："这个工作主要是年轻人做的，我就不做通讯作者了。"

博士毕业时，周光飚为留在科研单位还是到临床做医生而犹豫。这时候，王振义的一番话点醒了他："科学研究是很清贫的，也很枯燥，但是，你正在从事的研究是很有前途的。只要你努力，我相信你一定能在这里做出很好的成绩。"

周光飚留下后，王振义又主动关心他的生活问题，住处解决了吗？待遇怎样啦？王振义的关心，让这位只身在上海拼搏的年轻人倍感亲切。毕业后的几个月中，周光飚的动物实验毫无进展，他陷入了困惑之中。王振义观察到这一情况，语重心长地对他说："科学研究必须尊重客观规律与结果，不要急躁，也不要

2009年，王振义和周光飙一起参加第12届全国实验血液学学术会议

钻牛角尖。我们所做的一切对临床都是至关重要的，如果不能客观反映的话，就会对临床造成误导，就是对患者的不负责。"王振义的话犹如一针"清醒剂"，令周光飙茅塞顿开。此后，他重振自信和精神，全身心地投入到科研工作中。

几年来，在王振义的谆谆教诲下，周光飙在临床和科研上取得了许多成绩。2005年，周光飙离开上海，到中国科学院广州生物医药与健康研究院工作；后于2009年调到中国科学院动物研究所，任肿瘤分子机理与靶向疗法研究组组长。他主要研究肺癌、白血病等肿瘤的发病机理，研发靶向疗法筛选治疗药物，已在《血液》《美国科学院院报》《血液学》等著名医学杂志上发表20多篇论文，申请专利10项，先后承担了国家自然科学基金、中科院知识创新工程重要方向项目、科技部新药创制重大专项项目、"973"及"863"项目等多项课题的研究。

3. "开卷考试"，延续自己的医者之路

进入晚年以后，王振义常常思考的问题是，如何才能更好地发挥自己的余热？自己究竟能为第一线的医学研究和实践做出怎样的贡献？他发明了一种新的教学查房形式——"开卷考试"。由此，这位老人以充沛的精力，重新找到了发挥技术和才华的位置。

每个星期四上午，王振义都要到瑞金医院进行由他主讲的教学查房活动。他把这个查房看作是对自己的"开卷考试"，即在查房前三天，由年轻的临床医生出难题，将临床上的疑难杂症向王振义提问。王振义利用三天时间备课，上网查阅国内外最新医学文献资料，把该病的解析方法和治疗经验制成PPT（演示文稿），向大家展示和讲解。

"我的这个'开卷考试'不是考别人，而是考我自己。"王振义解释说，"如今的我就像是一匹'老马'，已不能拉出来与年轻人一同在赛场上遛了，但我这匹'老马'识途，年纪大的一个优点就是东西看多了以后综合能力要比年轻人强，从事医教研工作60余载，我有许多成功的经验和失败的教训。我要把这些都留给青年人，让他们少走一些弯路，也可以很好地体现我自身的价值。"

为准备"开卷考试"，严谨认真的王振义要花费很多的精力和心血。医学发展日新月异，新的疑难病例和诊疗方法层出不穷。他坚持上网搜集、查找国外最新的文献和进展，每天查阅文献就要用掉五六个小时，然后还要自己打字、下载粘贴图片，亲手制作PPT，一天忙下来，几乎没有休息的时间。

夜阑人静时，家人都休息了。为了不影响他人，王振义关掉了灯，伏在电脑前，继续准备着次日"开卷考试"要用的PPT。

王振义的妻子谢竞雄从床上起身，走到老伴身边，添满桌上的茶杯，为他披上了一件御寒的大衣。借着电脑屏幕的光，谢竞雄轻抚着爱人满头稀疏花白的发丝，顿时心疼不已，不知其中多少头发就是在这样日夜忙碌的工作中变白的。

"老王，时候不早了，你该休息了。" 谢竞雄对王振义说。

"好，好，马上就好。"王振义一边应着声儿，一边继续地敲击着键盘，"明天有我的一堂'开卷考试'，我把之前做好的PPT再修改完善一下。"

王振义的眼睛做过白内障手术，在电脑前工作太久容易流泪。谢竞雄叮嘱道："你可要当心你的眼睛啊！你现在年纪这么大了，不能像以前那样拼命工作了。为了自个儿的身体，你可要悠着点儿啊。"

王振义抬起头来，向妻子摆了摆手说："不打紧，不打紧。你先去休息吧。我心里有数的。忙完了，马上就去睡！"

"那你抓紧点时间啊！"

"遵命，老婆大人！" 王振义朝着妻子敬了个标准的军礼，并露出憨憨的微笑。

谢竞雄走开了，王振义埋头继续忙活起来。当"开卷考试"的准备工作结束，一个内容丰富、样式精美的PPT做好后，他才终于安心地靠在椅背上，撑了撑身体，并用手帕轻轻擦拭眼角的泪迹，用热毛巾去敷一敷已经开始发红、肿痛的眼睛。

每次王振义的"开卷考试"开始前，20多平方米的血液科会议室总是非常热闹，早早就挤满了人。晚来的人无法进入办公室，便只能在门外的走廊上伸着脑袋看、伸长耳朵听。他们中有血液科的专家和医生，也有临床实习的医学生、进修生，甚至还有外单位的医学同道。

"开卷考试"好似一个公开的学术研讨会。在王振义的引导和讲解下，在座的医务人员相互讨论，彼此交流，迸发出思想的火花。

　　王振义始终保持高强度的工作状态和脑力锻炼，准备工作细致、充分。凡是来聆听"开卷考试"的年轻医生都要提前多看一点新文献，多掌握一点新知识，聚精会神地听讲，否则无法跟上他的思路。即便如此，经常发生的情况是，回答难题的王振义，没有被大家难住，反而把大家考倒了。

　　有一次，问题取材于瑞金医院血液科病房的一个病例。患者是一个来自江苏无锡的中年男子，患了淋巴瘤，累及骨髓，并发白血病。这个患者的特殊之处在于病症看起来很轻，体重和免疫力状况保持良好；但治疗效果很差，关键数据始终降不下来。

　　王振义准时走进会议室。按照惯例，他首先要求提问的学生详细地介绍该病例的基本诊断情况。这次介绍患者情况的，是医学院法语班的一个女学生。第一次参加"开卷考试"，她有些小紧张，因为早就听说王振义要求严格，会问一些难以招架的问题。

　　在说到MDR（多药耐药基因）时，王振义突然扬起手臂，让她暂停："MDR的法语全名怎么说？"女学生顿时涨红了脸，嘀咕了半天，回答不出来。王振义看着她，严肃地说："你是法语班的学生，毕业以后有机会去法国学习深造。这个单词虽然考试不一定会考到，但外语水平的提高就是通过日常工作不断地积累。"

　　患者的情况介绍完毕之后，王振义带领大家来到病房。患者看上去身强力壮。主治医生介绍说，患者紧张得两天没睡觉。王振义微笑着安慰患者："不要紧张。越紧张，疾病越来找你；不紧张，它就害怕你。"

　　检查完患者，从病房再回到会议室。王振义请大家根据理论知识和临床表现，自由发表诊断意见。在座的医生们竞相发言。王振义跟着一步一步总结，并在投影仪上展示自己准备多日的

PPT：精致的图片、各种图表与表格、要点的提示，都是国外最权威网站上与这个病例相关的最新数据和资料。大家顿时被这个内容丰富翔实的PPT惊呆了。

在这种循循善诱中，在这种民主而又严谨的探讨气氛中，一个多小时过去了。王振义针对这一疑难病例提出了自己的治疗观点和方法，解答了之前提出的难题。

讲解结束了，会议室响起一阵热烈的掌声。王振义要求在座者为自己打分，询问大家对他的解答是否满意。得知听众反馈意见良好时，鹤发童颜的他绽放出灿烂的笑容。

王振义"开卷考试"的讲解内容中，既包含了国际上一些新的治疗理念、新的治疗方法的推广，又融入自己对疾病的分析，将多年临床从医经验与大家分享。很多听课的医生们都把王振义的PPT视为珍宝，纷纷请求拷贝回去，仔细研究。王振义总是毫不犹豫地倾囊相授，并谦虚、幽默地对大家说："我的PPT没有版权，承蒙大家赏识，欢迎大家多提宝贵意见。"

2014年，王振义在瑞金医院血液科会议室发表诊断意见

对于这种独特的教学查房方式，很多医生都认为，跟着王振义查房，就好比探索医学的矿藏，每次都带着珠宝满载而归。

许多医生都从"开卷考试"中受益匪浅。有的医生自第一次听王振义讲课，就再也舍不得落下一堂了，经常拿出随堂笔记复习、揣摩一番。有的医生认为，王振义的每一课都针对一种疑难杂症，几十课听下来，胜过当20年医生，它就像是一种"高级速成班"。

瑞金医院血液科曾收治过一位从哈尔滨来的50多岁的男性白血病患者，经过几个疗程的治疗，病情没有得到控制，实验室检查等也均无特异性。这位患者沮丧万分，如果在上海也治不好，生存的希望真的就很渺茫了。血液科的医生们最终决定，还是请教一下王振义吧！

得知大名鼎鼎的血液学专家王振义要来诊治自己的病，患者

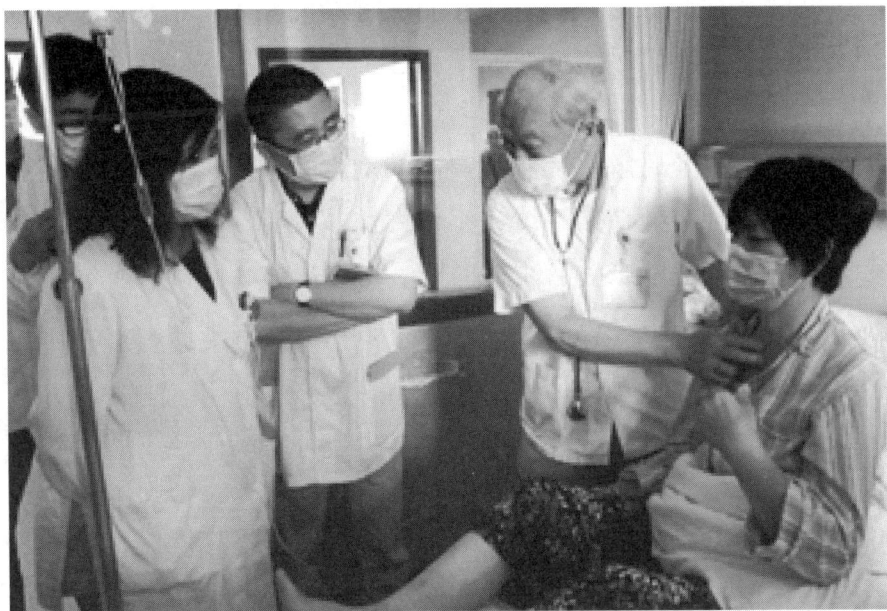

2014年，王振义和陈秋生（中）、吴文（左）等医师在瑞金医院血液科查房

心中的希望之火重新被点燃了，就像是沙漠里缺水的行者，突然发现一片绿洲一样，他甚至兴奋地一整夜没有合眼。

次日，病例讨论会上，医生们向王振义详细汇报了这名病患的临床表现以及入院以来的治疗情况。王振义仔细地聆听，认真地记录，发现该病例的确有很多不同于常见白血病症状的细节。他没有草率地下诊断结论，而是在接下来的一段日子里，开始查阅各种国内外最新文献。他偶然在网上浏览到英国学者发表过一篇论文，提出一种叫作"带有淋巴标记的单核细胞白血病"的白血病。结合这个病例的临床表现和实验室检查分析，王振义认定这名哈尔滨患者患的正是此型白血病。

这一诊断令所有医师为之诧异。"带有淋巴标记的单核细胞白血病"，这是之前从未接触过的新名词啊！医院根据王振义的这一诊断结果，尝试着调整了治疗方案。经过一段时间的治疗，患者的病情果然得到了有效控制。

后来，王振义直言不讳地把自己诊断的原委讲给众人，大家都对王振义不断学习的精神敬佩不已。

王振义总结自己的"开卷考试"有三个好处："第一有利于患者，可以及时解决临床上提出的疑难问题。第二，让年轻人得益。他们现在处在第一线，工作太忙，没有时间从网上看那么多东西。而我退下来后有很多时间，可以搜索、阅读、下载本领域最前沿的东西，经过汇总、分类，直接提供给他们。"王振义对此比喻道："这就相当于我帮他们把'饭烧好了'把'菜炒好了'，他们不用再'淘米''洗菜'了。谁要是对这个问题感兴趣，还可以进一步检索，深入地了解。""第三，呵呵……"，说到此，王振义露出一丝得意的微笑，语调里不忘调侃，"这第三是对自己有利。别看我已经90岁了，可头脑还不太糊涂。我就是靠这个方法使得我的头脑保持清醒。多动脑，多思索，能防止得老年痴呆症，呵呵！"

"看来，我这个'开卷考试'是一石多鸟，所以我还要继续下去。"王振义说。

二、桃李芬芳满园春

1.最得意的弟子：陈竺

陈竺，1953年8月生于上海。他的父亲陈家伦、母亲许曼音都是我国内分泌领域的知名专家，两人双双毕业于震旦大学医学院，曾与王振义一同师从内科学界泰斗邝安堃教授。

1970年4月，未满17岁的陈竺随着上山下乡的大军，来到江西省赣南地区信丰县山香村，开始了他在这里6年的知青生活。

1975年，陈竺被当地干部和群众推荐到江西省上饶地区卫生学校读书。毕业后，陈竺被安排在卫校留校任教。1978年，他又被推荐到上海第二医学院附属瑞金医院内科进修，踏入的第一个病房就是血液科病房。在那里，他结识了血液学专家王振义，开始了人生的重大转折。

来到瑞金医院后，陈竺对血液学有了系统深入的认识。王振义逐渐察觉到这个来自江西的进修医生工作勤奋、态度认真，不是在血液科病房观察患者，就是在办公室内埋首分析，与同行探讨病案。即便是普普通通的病史记录，他也从症状到治疗方案，再到患者的整个病情发展过程，记录得详细清楚，绝不潦草敷衍。勤奋努力的陈竺给王振义留下了深刻印象。

一次，王振义在病房外的走廊里碰到了手捧着厚厚一叠病案的陈竺。他将陈竺叫到自己的办公室，接过病案，放在桌上，并细细询问陈竺在血液科的进修体会。

陈竺略微有些胆怯，面前的可是血液学专家王振义啊！不过，王振义温和的语气和慈祥的神情很快消弭了他的紧张情绪。"王老师，我在瑞金医院学到了很多很多。我已下定决心，将来从事血液病学的治疗和研究。"

"搞血液研究可是一门苦差事啊！"王振义试探着陈竺。

"我不怕。我觉得困难多，挑战多，随之而来的办法更多、乐趣更多。"陈竺坚定地回答。

听到陈竺这样说，王振义露出了欣慰的笑容。这一刻，眼前

1977年，从江西省上饶地区卫生学校毕业时，陈竺（左一）和同学合影

的陈竺让王振义想起了年轻时的自己。

1978年10月，全国研究生招生考试恢复。梦想求学深造的青年迎来了一次宝贵的人生机遇。

王振义作为首批硕士研究生导师，对陈竺欣赏有加，便鼓励他报考自己的研究生。陈竺虽然只有中专学历，但长久以来的求学梦想，使他决心以同等学历身份报考上海第二医学院医学硕士研究生。

通过刻苦自学大学课程，陈竺在600多名考生中获得总分第二、血液学专业第一的好成绩，被录取为王振义的硕士研究生。令王振义欣喜的是，专业考试成绩第二的学生也顺利地考上了自己的研究生，这个人就是后来与陈竺结为伉俪的陈赛娟。

由于没有读过大学，刚刚进入到研究生学习阶段，陈竺感到医学基础知识与其他同学有较大差距。王振义开导他不要有心理负担，鼓励他勤奋学习，弥补自身不足。工作之余，王振义把他叫到办公室、叫到自己的家中，耐心帮助他温习专业知识，强化专业外语。陈竺回忆说："经过王振义老师的指导和帮助，我的专业知识得到了强化和完善，很快适应了研究生的学习生活，英文、法文的基础也是在那时积累起来的。"

陈竺从王振义那里受益匪浅。王振义带领他在探索诱导分化治疗白血病上做了大量的工作。陈竺的科研能力得到了很大锻炼和提升。

1981年，在王振义的谆谆教诲下，经过3年的勤奋努力，陈竺学业成绩斐然。他撰写的毕业论文《血友病甲携带者的检测和判别研究》，以优异的成绩通过了硕士论文答辩。陈竺先后在《中华医学杂志》英文版发表了3篇有关血友病的论文。他先是在国内首次将血友病甲、血友病乙按凝血因子Ⅷ、Ⅸ水平进行分型，然后进行血友病甲携带者的遗传咨询及血管性假血友病变异研究，为我国出血性疾病赶上国际先进水平做出重要贡献。该研究还引起国际医学界的关注，陈竺被接纳为国际血友病联盟的第一个中国会员。

3年的研究生时光里，陈竺不但在学业和科研上收获了佳绩，还与一同师从于王振义的陈赛娟在科研工作中互相勉励，互相扶持，渐生情愫，成就了一段美好的爱情。

硕士毕业后，陈竺与陈赛娟留在瑞金医院内科工作，继续跟随王振义进行血液病的治疗和研究。此时，两人的爱情也瓜熟蒂落，步入了婚姻的殿堂，3年后，他们迎来了宝贝儿子的诞生。

20世纪80年代，大批有识之士抱着科技强国的决心，陆续踏上海外求学之路。1984年，开始申报首批赴法担任外籍住院医生。王振义认为陈竺是一个合适的人选，"他本身具备非常好的科研潜质。研究生学习阶段，他的科研能力得到了进一步的提

1978年，王振义和时任瑞金医院血液科主任的陈淑容（前排左），以及陈竺（后排左四）、陈赛娟（后排左一）等青年医师合影

高。此外，他还有较好的英语和法语基础"。

恩师的信任和期许让陈竺备受鼓舞。1984年，经邝安堃等医学专家的推荐，陈竺以全国非法语专业法语考试第一名的成绩，获得了赴法深造的机会。他放下手头的工作，告别深爱的妻儿，来到法国巴黎第七大学圣·路易医院血液病研究所进修。

巴黎第七大学圣·路易医院血液病研究所，是全欧洲最大的血液学研究中心，设备先进、技术一流，汇集了包括1980年诺贝尔生理学或医学奖得主让·道塞在内的一大批著名学者。

陈竺凭借良好的法语基础，很快适应了法国的生活。"这得益于研究生时期，王振义老师对我法语学习的指导。"对师恩，陈竺念念不忘。

1985年，陈竺获得了圣·路易医院血液病研究所的住院医师资格。之后，他开始在这里攻读博士学位，主修分子生物学。

在法国的日子里，陈竺始终与祖国的恩师王振义保持着密切联系。他谨记王振义当年对自己的教诲，日以继夜地进行课题研究。他常常通过电话将课题进展情况汇报给王振义，听取老师的意见和建议。经过不懈的努力，陈竺在第一年的博士课程考试中，以题为《白血病T细胞受体基因的研究》的论文获得了全班第一名。

1989年1月，陈竺以最优评分通过博士论文答辩，获得法国巴黎第七大学科学博士文凭。在法国求学深造的时间里，他掌握了先进的分子生物学知识和理论，自身的科研能力得到进一步提升，为以后在医学尖端领域的探索奠定了坚实基础。

80年代中期，王振义在临床上用全反式维甲酸治疗白血病取得了重大突破。这让在法国求学的陈竺和陈赛娟激动不已。他们决定在完成法国的学业后，回到祖国，和王振义会师，从分子生物学的角度阐明恩师的临床效果，向白血病研究的更高层次挑战。王振义在他们回国前，为他们申请到霍英东基金的2万美金，为他们以后回国开展研究工作提供了起步的资金。

1989年8月，陈竺、陈赛娟夫妇回到上海血液学研究所。当时，血研所的科研条件非常艰苦。所里既缺人又缺设备。陈竺要建研究室，瑞金医院拿不出一间像样的房子。陈竺、陈赛娟两人小心翼翼从法国带回的试剂，没有低温冰箱来存放。一个星期后，价值10万美元的试剂全部报废。由于没有相关设备，陈竺、陈赛娟只能到外边的实验室"借做"；没有交通工具，陈竺只好骑着自行车，把贵重娇气的标本、试剂、试管及实验材料轻轻放在车筐里，四处奔走。

但是，艰苦的条件没有吓倒陈竺和陈赛娟。在王振义的带领下，血研所的科研工作有条不紊地进行。上海第二医科大学和瑞金医院非常重视他们的研究工作，在各方面给予全力支持。此外，上海市科委、上海市教委、国家自然基金委的经费在许多前辈科学家的关照下也陆续到位。

在各方面的支持与帮助下，陈竺、陈赛娟仅用了两年时间就建成了系统的白血病标本库、细胞遗传学实验室和分子生物学实验室。

在科研过程中，王振义根据师徒三人各自的专长，进行了分工。王振义主要从事白血病的临床研究工作，陈竺进行分子细胞遗传学的研究。陈赛娟就成了将王振义和陈竺连接起来的桥梁，用陈竺的研究成果，确定白血病患者的分类、分型，为王振义临床治疗不同患者时

1991年，陈竺、陈赛娟在做实验

提供适宜的治疗方法。[①]

"陈竺在法国是学有所成的"，王振义回忆说，"回来后，他很快地将分子生物学的理论和技术应用到白血病治疗研究中，这是不容易的。"虽然曾是陈竺的老师，但王振义深知学无止境。他常常向这位昔日的弟子请教，学习和钻研先进的分子生物学，并在较短的时间熟悉了该学科的知识及理论。

1990年，在王振义的极力推荐下，陈竺破格两级，直接由主治医生晋升为研究员。陈竺领导的课题组，开始承担国家重点科研项目的攻关任务。经过一段时间的探索，课题组在维甲酸分化治疗白血病的分子机制上有了突破性进展。他们和国际上的几个实验室同时发现，位于15号染色体上的早幼粒白血病基因与17号染色体上的维甲酸受体基因，互相交换，形成特定的融合基因，导致急性早幼粒细胞白血病。这个融合基因的发现，初步阐明了该疾病的发病原理和维甲酸治疗的分子机理。此后，通过进一步深入研究，陈竺的课题组终于系统地阐明了急性早幼粒细胞白血病诱导细胞分化的机制原理，使肿瘤诱导分化疗法由之前纯粹的临床经验发展到系统科学的理论体系，使我国白血病基础研究开始跨入世界先进行列。

然而，随着时间的推

1985年，王振义夫妇和陈竺夫妇等人在巴黎合影

① 樊云芳：《癌细胞能"改邪归正"吗？——记寻求此答案近半个世纪并找到了第一把"钥匙"的王振义院士》，《瑞音》2011年第1期。

移，临床上有近50%的急性早幼粒细胞白血病患者病情稳定了一段时间后又开始复发，并相继产生对维甲酸的耐药性。因此，从1995年5月起，陈竺、陈赛娟与哈尔滨医科大学第一附属医院合作攻关，用分子生物学的理论去揭示砒霜治疗白血病的内在机理。经过一年多的体外实验，陈竺发现三氧化二砷对维甲酸耐药复发的急性早幼粒细胞白血病患者，治疗的完全缓解率也达到80%以上。

结合先前探讨过的维甲酸治疗白血病的分子机理，陈竺提出全反式维甲酸和三氧化二砷两药共用"协同靶向治疗"的设想。临床结果证明，通过全反式维甲酸和三氧化二砷组合用药，急性早幼粒细胞白血病患者的5年存活率高达90%以上。

1990年，国际上启动"人类基因组计划"，希望认识并确定与疾病相关的基因，找到防治疾病和健康益寿的真正根源。[1]在临床分析治疗白血病的分子机制过程中，陈竺越来越意识到基因的重要性。他认为，要攻克白血病等恶性肿瘤疾病，就必须进行人类基因组的研究。

1993年，陈竺成为我国人类基因组研究项目的先行者和负责人之一，并在血研所申请成立了上海市人类基因组研究重点实验室。随着研究的不断深入，陈竺参与了该项目的筹划、协调和管理工作，并在国际一流杂志上发表了一批有影响的论文。1994年，该实验室被卫生部批准为卫生部人类基因组研究重点实验室。

1995年10月，王振义辞去上海血液学研究所所长职务，举荐陈竺作为接班人，担任第二任所长。在自己将要走下坡路时将岗位留给更优秀的年轻人，可以保证国家科学事业不断兴旺发展，这就是王振义的"抛物线理论"。所以，他毅然将上海血液学研

---

① 上海交通大学医学院组编：《绚丽的生命风景线——记陈竺、陈赛娟院士》，上海交通大学出版社2006年版，第33页。

究所交给陈竺，期盼陈竺将血液学研究推向新的高峰。肩负着恩师的嘱托，肩负着血研所进一步发展的重任，陈竺从王振义手中接过了所长职务。上海血研所从此进入由陈竺领导的"基因研究"新时代。

担任血研所所长后不久，陈竺又被选为中国科学院院士，成为当时中国医学界获得中科院院士称号的最年轻的科学家。基于基因研究取得的成就，他受命进入国家高技术研究发展计划（"863"计划）生物领域专家委员会。陈竺由之前主要负责白血病治疗机制等特定课题研究，转而从事参与策划、领导我国"人类基因组"工程，从一个"战术科学家"变成了一个"战略科学家"。

2008年，陈竺与世界卫生组织总干事陈冯富珍合影

从1993年起，在短短六七年时间里，陈竺牵头的上海血液学研究所及基因组重点实验室承担了一大批国家重点科研项目，包括"863"高科技项目、国家自然科学基金、国家攀登计划、国际合作项目以及欧共体项目等20余项，取得了一系列国际先进或领先的科研成果。陈竺逐渐成为国际医学界享有一定声望的青年学者，并相继当选中国科学院院士、第三世界科学院院士以及欧洲科学院、美国科学院、法国科学院和美国医学科学院的外籍院士。在他的带领下，上海血研所这个团结奋斗、充满活力的高科技群体，进一步发展壮大，成长为一支令国内外同行瞩目的科学劲旅，被称为"中国陈竺组"。

陈竺致力于白血病和人类基因组研究，取得了令人瞩目的成就，然而他没有止步于学者的功成名就。2000年10月，陈竺出任中国科学院副院长，分管国际合作局和生物技术局。从2000年到2007年，他在科技国际合作领域工作出色，成绩突出，获得了各方面的一致称赞。

2007年6月29日，全国人大常委会经过表决决定，任命陈竺为卫生部部长。知青的经历、海外留学背景、在专业领域的权威地位，以及之前在工作中所表现出的优秀素质，是陈竺成为这一人选的重要因素。①

接到任命通知时，陈竺担心自己没有足够的能力去胜任卫生部部长这一重要职位。王振义对他说："为了国家的医药事业，为了人民的医疗权益，你就去干吧。"

恩师的话语坚定了陈竺的信心，激励他接受未来更为艰巨的挑战和考验。

2013年3月，陈竺当选为第十二届全国人民代表大会常务委员会副委员长。

---

① 秦璇：《陈竺、陈赛娟：比翼双飞的夫妻院士》，《楚天金报》（副刊）2007年9月9日。

2014年，英国伦敦帝国理工学院院长 Keith O'Nions 爵士为陈竺颁发名誉博士学位证书

2014年7月21日，陈竺在北京接受了英国伦敦帝国理工学院①授予的名誉博士称号，成为首位获此殊荣的中国科学家。

帝国理工学院对陈竺的工作做出了高度评价：作为一名医学科学家，陈竺院士在白血病研究领域特别是白血病协同靶向治疗方面取得的重大突破造福了无数患者。同时，在任中国卫生部部长期间，他为医药卫生体制改革做出了重要贡献，推动了全民医保体系的覆盖与完善。

陈竺在答词中对帝国理工学院给予他个人的荣誉表示衷心感谢，同时感谢帝国理工学院对中国医学科学界在保护和增进人民健康方面所做贡献的肯定与鼓励。他表示将继续致力于医学科学

---

① 帝国理工学院成立于1907年。作为一所专精于科学技术和医学的大学，帝国理工校和美国麻省理工学院在世界上享有同等声誉，是代表英国最高学术水准的机构之一，也是世界排名前10位的大学之一。这里曾培养出14个诺贝尔奖得主和2个费尔兹奖得主。

和人类健康事业，并将积极为中英学术界的友好交流与合作贡献力量。

回顾陈竺一步一个脚印走过的路程，无论作为一名医学科技工作者，还是掌管国家医疗卫生事业的政府官员，他始终在自己的工作岗位中兢兢业业，勤勤恳恳，勇于超越，敢于创新，不断奉献着自己的智慧和汗水。学生获得的每一个成绩、取得的每一个进步，王振义作为老师都看在眼里、喜在心头。"过人的天分、无比的勤奋、不断接受挑战的性格和魄力，造就了他的许多成功"，王振义为自己最得意的弟子——陈竺感到由衷的骄傲。

2. 从纺织女工到院士的陈赛娟

陈赛娟，1951年出生于上海卢湾区一个石库门弄堂里。年幼的陈赛娟不但聪明好学，也很懂事。她从不向父母要这要那，心中唯有一个小小愿望。那就是在已经很狭小的屋子里放一张写字台，让自己有一个看书学习的地方。①

1964年，陈赛娟以优异的成绩考入市重点中学——向明中学。刚刚升至初中二年级，"文化大革命"便开始了，陈赛娟只能暂停学业，进入上海第五丝织厂，成为一名纺织女工。

和陈竺一样，艰难的时世无法阻挡陈赛娟追求梦想的脚步，反而将她历练得更加执着与坚强。1972年，厂里将唯一一个上大学的名额给了勤奋好学的陈赛娟，实现了她走进大学校园的梦想。

1975年，陈赛娟从上海第二医学院毕业后，开始在瑞金医院内科担任一名住院医师。

1978年，全国研究生考试恢复的消息传到了陈赛娟的耳中。

---

① 孟小捷、汪敏：《陈赛娟从女工到院士》，《科技文萃》2005年第3期。

她毫不犹豫就报了名，一面上班，一面加紧复习迎考。通过努力，她以仅仅落后于陈竺的第二名的好成绩，成为王振义的另外一名硕士研究生。

在医学科研的茫茫大海中，陈赛娟就像一条劈波斩浪的船，在王振义这座"灯塔"的指引下，开启了驶向成功彼岸的航程。王振义培养研究生怀有高度的责任心，处处身体力行。他用独特的方法进行教学，首先并不是在教室里滔滔不绝地讲课，而是教学生从最基本的做起：如何查阅文献、翻阅资料。每位写过论文的学者，都知道掌握信息、得到第一手资料的重要性。因此，王振义在开学的第一课，即带领学生走进图书馆，陈赛娟至今仍记忆犹新。

1972 年，陈赛娟（前排左二）和同学合影

在指导学生进行科研时，王振义采用"启发式"教学方法。他首先提出课题，让陈赛娟、陈竺自己去想办法实现研究的目的。王振义还对陈赛娟和陈竺提出了具体要求——"严谨""熟练"和"创新"。他教导学生：血液病的诊断主要依靠实验室的检测，每一项指标之间都有密切的联系，要对每一个数据和结论进行严密的观察、严谨的分析、综合的判断，才能做出正确的诊断。王振义常常在实验室手把手地指导陈赛娟、陈竺，进行各种血液病理生理的实验。他要求学生熟练运用医学实验仪器，细致地整理实验数据和结论，注重掌握实验中的要领和细节。王振义还经常告诫自己的两位爱徒，作为医学科学工作者，不能固守既有知识，应该结合临床上的实际问题，发挥创新能力，推动医疗

2004年，王振义（右二）和陈竺（左一）、陈赛娟（右一）一起与外国朋友合影

技术的进步。

辛勤的耕耘结果是丰硕的收获。1981年，陈赛娟交了一篇研究血液的高凝固状态的硕士论文。这一实验研究心血管、肾脏等疾病中的血液凝固状态，需要大量的标本。从建立方法到采集标本，直至论文完成，陈赛娟既掌握了独立思考的科研方法，又形成了跨学科交叉合作的能力，并最终通过论文答辩，获得了血液学研究硕士学位。

1986年，陈赛娟忍痛抛下不足两岁的儿子，赴巴黎圣·路易医院血液病研究所攻读细胞遗传学博士学位，与丈夫陈竺在科研求学的道路上"并肩作战"。与陈竺相比，陈赛娟的法语基础偏弱。初到法国，过语言关成了她的最大的问题。由于课题设计上的问题，陈赛娟的研究工作进展得很不顺利。加上对亲人和故土的思念，特别是对儿子的想念，这个一向无比坚强的女性也不由自主地黯然神伤。

帮助陈赛娟走出逆境的是恩师王振义。王振义通过电话不断给她鼓劲打气，劝诫她调整思绪，坚定科研工作的信念，学习陈竺的科研经验。王振义还要求陈竺尽量抽出时间辅导陈赛娟学习法语，帮助她迅速提高法语水平。

恩师的劝导给了陈赛娟重振精神的勇气。外表柔弱的陈赛娟变得愈加坚强。白天，她在图书馆、实验室和资料室里探索研究；晚上，就到陈竺的实验室里加班加点，与丈夫一起探讨实验课题。凭着对科研的痴情与执着，陈赛娟以惊人的速度通过了法语关。

1989年，取得法国医学博士学位的陈赛娟与丈夫陈竺回到了祖国，回到上海血液学研究所。在以后的10多年时间里，陈赛娟、陈竺和恩师王振义一道，结合基础研究与临床医学，携手开展白血病细胞分化和凋亡诱导的分子机制研究。

回国后，陈赛娟与陈竺克服了艰苦的科研条件，不断取得具

2003年，王振义和陈赛娟合影

有国际水准的科研成果。1991年，陈赛娟和同事们在临床上发现了一种急性早幼粒细胞白血病的"特殊亚型"。该类患者经过维甲酸治疗后，病情没有任何好转。陈赛娟发现，这是由于17号染色体的维甲酸受体与11号染色体上的一个基因发生融合，形成了一个新融合基因，正是这个新的基因导致癌细胞对维甲酸的耐药性。她继而克隆了这一新基因，并将之命名为"早幼粒细胞白血病锌指蛋白基因（PLZF）"。这是中国人在生命科学领域发现的第一个人类疾病基因，实现了"零"的突破。这一发现在国际上发表后，受到了世界各国肿瘤病专家的高度评价。此后，美国、法国等国的同行遇到同种病例，都要专程送到上海血研所，请陈赛娟、陈竺鉴定后才作定论。[1]

---

[1] 姜昌斌、周一鸣、于金德：《勇攀世界生物医学高峰——记年轻的中国科学院院士陈竺》，《中国科学院院刊》1997年第2期。

陈赛娟在治疗急性早幼粒细胞白血病方面获得的突破，为其他类型的白血病或肿瘤治疗提供了成功的范例。在肿瘤研究中，陈赛娟还建成并发展了一整套白血病分子细胞遗传学和分子生物学诊断标志体系；建立了移植性和转基因白血病动物模型，为从细胞和整体动物水平研究白血病发生的分子机制及白血病诱导分化的机制提供了良好的模型。陈赛娟先后在国内外重要期刊发表论文200余篇，被引证数达3000多次，获得包括国家自然科学二等奖在内的国家和省部级科技奖9项，并获全国劳动模范、全国"三八"红旗手、全国十佳女职工、全国十大杰出女青年等荣誉称号。

除了进行科学研究工作，陈赛娟身上也多了不少社会职务，如当选为第十届全国人大代表、中国科协副主席等。通过这些身份与平台，陈赛娟为社会公共卫生事业的发展贡献自己的力量。作为全国人大代表，她多次提交建议和议案，呼吁出台公共场所禁烟的全国性法规，将办公楼、餐厅等场所纳入到禁烟区范围，以有效减少"二手烟"的危害；由政府支付公立医院里医生的工资、奖金，彻底切断医生与创收的利益关系……她还呼吁多组织科普活动，把健康的生活方式传达给人们，从而远离癌症。[①]

2003年，陈赛娟当选为中国工程院院士。至此，上海血液学研究所拥有了王振义、陈赛娟两名中国工程院院士和陈竺一名中国科学院院士。师徒三人被誉为国内血液学领域的"梦之队"。成为院士后，陈赛娟在心里仍然牢牢记着恩师王振义院士对她和丈夫陈竺说过的一段话："评上院士很难，而要保持院士这个荣誉更难。虽然这顶'帽子'是终身的，但不代表你对国家的贡献是终身的，也不代表人们对你的赞誉是终身的。科学研究容不得

---

① 秦璇：《陈竺、陈赛娟：比翼双飞的夫妻院士》，《楚天金报》（副刊）2007年9月9日。

半点懈怠，每一项工作都要尽自己最大努力去做。"①

2003年，陈赛娟领衔的医学基因组学国家重点实验室正式获得科技部批准。由于陈竺担任中科院副院长以后，多数时间在北京，为了保证上海血研所的工作不受影响，校院领导决定，任命陈赛娟接替陈竺，担任血研所所长。陈赛娟成为继王振义、陈竺之后，血研所的第三任所长。

多年来，陈赛娟在科研工作中不停地工作着、探索着、忙碌着。支撑她的是钟爱无比的科研事业，是探索医学奥秘的执着，是战胜白血病恶魔的信念。

3. "鬼才" 陈国强

陈国强，1963年出生于湖南省株洲市攸县的一个小山村，自小好奇心强，对探索和解密悬疑的侦探生涯充满了向往。

陈家祖祖辈辈都是靠挖煤炭、烧木炭为生。生活条件虽然清苦，但陈国强的父母懂得知识改变命运的道理，他们一直供儿子读书，希望儿子将来能够有所作为。

然而，陈国强的求学道路并不顺利，1979年，16岁时，陈国强高考落榜，经过一年的复读，再次参加高考，才达到了普通本科的录取线。为了实现成为一名侦探的梦想，他在报考的志愿中填满了政法专业，最终却被衡阳医学院录取。

现实和理想渐行渐远。在学医的第一年里，陈国强基本是在茫然与混沌的思绪中度过的。就在他失却努力的目标和方向时，一个人将他从懵懂的状态中唤醒。这个人就是王振义。

有一次，王振义以上海第二医学院教授的身份来到衡阳医学院进行为期一周的学术讲座。陈国强与许多老师、同学一道去学

---

① 孟小捷、汪敏：《陈赛娟从女工到院士》，《科技文萃》2005年第3期。

院礼堂聆听。虽然对王振义的讲座几乎听不懂，但陈国强还是被讲台上王振义坦率而严谨的态度、清晰又通俗的讲解风格深深吸引。此后，每逢王振义的讲座时间，陈国强都会早早地赶到礼堂内，近距离地领略大家风范。一周过后，陈国强一场不落地听完了王振义关于止血与血栓的系列报告。王振义用科学家的光芒，点燃了陈国强蛰伏已久的梦想之火。陈国强暗自发愿：毕业后一定要师从王振义老师！从此，他刻苦努力，发奋读书，在剩下的4年时间里，成绩总保持在全系前五名，多次被评为院级"三好学生"。1985年本科毕业后，陈国强以"委托培养"的形式考上了王振义的硕士研究生。

在跟随王振义读研的日子里，陈国强忘不了恩师对自己的教导与帮助。那时，王振义已经担任上海第二医科大学校长，尽管非常忙碌，但他依然坚持每月都找陈国强讨论科研工作两三次。陈国强毕业前撰写硕士学位论文的3个多月中，王振义几乎每个晚上都为他修改论文。

硕士毕业后，陈国强回到了衡阳医学院工作。干了几年后，他决定再次用知识来改变命运。1993年，陈国强考取了王振义的博士研究生，再度来到上海第二医科大学，主攻血液学。

那时，王振义已经年近古稀了。由海外归国的陈竺在血研所的科研工作中不断取得突破性成果，逐渐成长为血液学领域新一代的领军人物。王振义便让陈竺做陈国强的带教老师。陈国强的科研工作虽交与陈竺指导，但是王振义并没有就此推卸辅导学生的责任，他仍然一如既往地耐心教导陈国强。在师生交流过程中，王振义发现陈国强的英语口语能力较差，就在研究生的宿舍里教陈国强英语发音，坚持了一个学期，使他的英语口语能力有了很大的进步。

通过王振义、陈竺的言传身教，陈国强在3年博士期间取得了丰硕的科研成果。他的三氧化二砷治疗急性早幼粒细胞白血

2001年，王振义和当选为"上海十大杰出青年"的陈国强合影

病的基础和临床研究工作，在国际血液学界开拓了一种全新的领域，并先后在《血液》等国际权威刊物发表4篇论文。毕业后，他继续攻关，又接连在《美国国立癌症研究所杂志》等专业刊物上发表系列论著。迄今，这些论文被引证达2000多次。陈国强的研究引起国际医学界的关注，一时间，国际同行都在重复着陈国强的实验，扩展着他的研究成果，相关药物也走近临床。陈国强渐渐成为国际白血病研究领域中的一颗璀璨新星。①

从硕士研究生到博士研究生，陈国强是幸运的。他两度接受王振义严谨、严格的教育，耳濡目染导师的高风亮节、品德情操。陈国强于1996年博士毕业后，留在上海血研所工作。同年，他就被选入上海青年科技启明星计划。1997年和1999~2001年，

① 顾筝：《陈国强的砒霜之旅》，《新闻晨报》2006年4月9日。

他作为高级访问学者，先后前往法国、美国学习和交流。回国后，他作为中国科学院百人计划入选者，组建了上海生命科学研究院健康科学中心的肿瘤功能基因组学研究室。从2002年开始，他担任了上海血研所副所长。

上海第二医科大学病理生理学教研室在王振义担任主任时，曾是学校的优势学科，但在后来的发展中遇到困难，整个教研室只剩下10余名职工，科研经费不足5000元。2002年，陈国强兼任病理生理教研室主任。为了使二医大病理生理学科重振雄风，延续恩师王振义创造的基业，陈国强向学校立下"军令状"：5年内，病生教研室的科研经费要达到500万元以上，科研设备价值在500万元以上，获得一批国家级的课题，在国际学术刊物上发表一批有影响的学术论文，创建一支志同道合、充满活力的青年科研团队。假如有一项没有达到，自己第一个下岗走人。

消息一传出，许多人都认为陈国强是夸下了海口："他在科学研究方面的勤奋与智慧已是不争的事实，但是，作为一个管理者，他能挑起重振病理生理学教研室发展的重担吗？"

陈国强通过积极倡导制度创新与以人为本相结合，狠抓教研室的制度建设和团队文化建设，打消了人们对他的疑虑。3年后，陈国强提前并超额地兑现了自己的承诺，使病理生理学成为学校最具活力的学科之一。病理生理学教研室先后成为国家重点学科、教育部重点实验室、上海市劳动模范集体；总固定资产超过3500万元；承担了包括国家重大基础研究计划"973"项目、国家重大科学研究计划在内的30多项国家和上海市的科研项目，总研究经费达3000万元；在国际重要专业学术刊物上发表40多篇论著，并获得国家自然科学二等奖、中华医学科技一等奖、上海市科技进步奖一等奖等；培养了一批青年骨干和正活跃于国际学术界的青年学子，拥有4位上海"青年科技启明星"，以及多位

2008年，王振义和陈国强合影

优秀的海外学者。①

　　通过大胆假设、果敢冒险、科学创新，陈国强缔造了重振病理生理教研室的传奇。这样的业绩，令同行们瞠目结舌。陈国强也由此获得一个外号："鬼才"。

　　陈国强作为首席科学家，先后承担国家重大基础研究"973"计划项目和国家重大科学计划项目，并多次承担国家自然科学基金重点项目和上海市重点研究项目，长期致力于白血病和肿瘤的化学生物学和细胞命运决定的分子机制研究，取得了一系列原创成果，在国际重要核心刊物如"*Nature Chemical Biology*" "*Nature Cell Biology*" "*Nature Communication*" "*Blood*" "*JNCI*" "*Leukemia*"等发表近120余篇学术论文，发表的论著被

① 《梦想 激情 原创》，上海教卫人才网，http://www.shjwrc.gov.cn/web/index.php?akm=main&aka=display&id=206。

他人总引用4000多次，先后作为第一完成人获得国家自然科学二等奖、中华医学科技一等奖、上海自然科学一等奖、上海科技进步奖一等奖等奖项，并获全国先进工作者、新世纪百千万人才工程首批国家级人选、中国青年科技奖、上海市劳动模范、上海十大杰出青年、上海科技英才、上海优秀留学回国人员、上海市医学领军人才、上海自然科学牡丹奖等荣誉称号。

2002年，陈国强被科技部聘为"973"计划首席科学家，与中科院上海药物研究所蒋华良研究员共同领衔"基于生物信息学的药物新靶标的发现和功能研究"项目，主要内容为建立和完善生物信息学技术平台，通过从基因组到药靶和从药物到药靶两种策略，以我国独立完成基因组测序的表皮葡萄球菌为模型，建立发现和验证药物靶标的技术体系。选择严重威胁人类健康，并已有良好研究基础的结核杆菌和白血病等重要疾病和病原体，结合我国中药资源的特色，开展基于生物信息学的药物新靶标的发现

2011年，陈国强为王振义佩戴上海交通大学医学院院徽

和验证研究，从而取得源头创新性成果，为突破我国自主创新药物研究开发的瓶颈奠定坚实基础。

勇于冒险和尝试的陈国强，没有将目光局限在病理生理教研室的团队内。为了最大限度地促进医学科研事业的发展，2005年7月，陈国强以他的团队为核心，组织、整合了原上海第二医科大学细胞生物学学科和原上海交通大学生命科学的有关资源，以强强联合的形式，组建了教育部细胞分化与凋亡重点实验室。2006年，陈国强担任了上海交通大学医学院副院长兼研究生院院长，2007年又兼任了基础医学院院长。这个医学科研领域的"鬼才"不断迎接着人生道路上更多的挑战。

2010年，陈国强开始担任上海交通大学副校长、医学院院长。他踌躇满志、豪情满怀地说："当我接任医学院院长的那一刻，我就把自己的命运和学院的发展联系在一起了。我愿为学院的发展贡献自己全部的智慧和力量。我坚信，通过全院同仁的努力奋斗，医学院的明天将会更加的美好！"

4. 英才辈出结硕果

王振义在60余年的从医、执教生涯里，共培养博士21名、硕士34名，其中1人被评为中国科学院院士，1人被评为中国工程院院士，多人次获得国家"973"科学家、中国青年科学家、长江学者奖励计划特聘教授、国家百千万人才工程入选者、上海市科技精英、上海市劳动模范等荣誉称号。如今，王振义的弟子们遍布海内外，绝大多数已成为所在领域的一流专家和中坚力量，共同为医学事业的发展做出贡献。

陆德炎是在1979年从新疆偏僻的县城考取了王振义的硕士研究生。和王振义初次相见时的情景，陆德炎至今历历在目："王老师50多岁，高个，一袭布衣，风度儒雅，略显严肃。"

作为王振义的硕士研究生，入学以后，陆德炎多次聆听王振义老师关于白血病细胞诱导分化研究的观点："既然正常细胞可以恶变为坏细胞，为什么不能使坏细胞改邪归正，改造成好细胞？既然化疗强攻不能杀灭所有敌人，那么，是否可以采取中庸的迂回战术呢？"

陆德炎也是最早跟随王振义从事白血病细胞诱导分化研究的硕士研究生。当他在科研中遇到难题和困惑的时候，王振义经常用这样一句话鼓励他："动动脑筋，克服困难，先做出成绩，经费慢慢会有的。"经过无数次的屡战屡败、屡败屡战、陆德炎终于完成了国内第一篇关于白血病细胞诱导分化的论文。这就是1982年8月发表在《国外医学·输血及血液学分册》1982年第4期上的《白血病细胞正常分化的诱导》。该文综合国外有关资料，就正常粒单细胞分化诱导蛋白（MGI）、白血病细胞恶变的起源、MGI和某些化合物在体外/体内的诱导分化作用以及新型治疗的展望等几个方面进行论述。在为陆德炎修改这篇文章时，王振义特别用心，字斟句酌，修改了好多处，令他心服口服。通过这篇文章的撰写，陆德炎真正了解到王振义不仅精通法语、英语，还深谙国际最新研究动态，而且有深厚的中文底子。

3年的研究生经历中，陆德炎不仅向王振义学会了科研的方法，更主要的是在潜移默化中学会了如何做人。陆德炎的研究生课题的实验既有阳性结果，也有阴性结果。王振义嘱咐他务必将两方面结果都写进硕士论文中，并加以客观讨论。王振义严谨务实的科研作风给陆德炎树立了典范。

毕业以后，陆德炎被分配到南通大学附属医院血液科工作。他精于各种血液病的诊断和治疗，尤其擅长贫血、血小板减少、骨髓增生异常综合征、白血病、淋巴瘤、多发性骨髓瘤等各种恶性血液肿瘤以及长期发热的诊断和治疗。

在王振义荣获国家最高科学技术奖之时，陆德炎曾献上贺

2011年，王振义在陆德炎（右二）等人陪同下参观南通风力发电厂

词："高山巍巍，象征您崇高的人格和划时代的医学伟业。"陆德炎认为，巍巍高山，峻峭挺拔，踞高望远，目标宏大，意如磐石，坚忍不拔。巍巍高山，心胸博大，平和稳重，淡泊宁静，滋养万物，无怨无悔。王振义在医学界、在无数学生和广大患者心中，就是一座巍巍挺立的高山。

韩忠朝是于1984年9月入学的王振义门下第一届博士研究生。由于他的刻苦努力和王振义的悉心指导，一年多后，他就完成了《人类巨核细胞集落形成细胞体外培养及其临床应用》一文，并发表在《国外医学·输血及血液学分册》1986年第2期上。

1986年6月，韩忠朝就被王振义、陈淑容送到法国西布列塔尼大学医学院继续从事巨核细胞研究，用了不到两年时间完成了通常需要4年完成的学业，获得了法国生命科学博士学位；随后应邀来到法国巴黎血管及血液学研究所，负责组建细胞分子生物学实验室。1991年，他的研究成果获得法国科学院的科技奖——

罗伯格奖；1996年，被巴黎第七大学聘为教授；2006年，当选为法国医学科学院外籍院士。

拳拳之心，游子思归。尽管在法国发展得很顺利，但韩忠朝一直在寻找为国服务的时机，因为只有祖国才是施展才华的最好舞台，带出一个成功的团队远比个人的成就更重要。机遇终于降临了。在韩忠朝出席国内一次学术会议时，中国医学科学院血液学研究所即将退休的老所长对他说："到天津来吧！"。

1997年8月，韩忠朝结束了11年旅居海外的游子生涯，没提任何个人要求，携家来到天津，应聘担任中国医学科学院血液学研究所所长。由于在同一血液学领域从事研究工作，王振义与韩忠朝的法国老师雅克·冈教授还是老朋友，因此，他们开展了一些合作研究。韩忠朝作为中法双方学术带头人共同带教的学生、研究项目的具体执行人之一，经常往返中法两地，有幸继续得到王振义的教诲与指导。2001年，他们共同完成的研究成果"巨核细胞核和血小板的生理病理特性"获得了国家自然科学二等奖。可以说，韩忠朝在学术上所取得的成就，与王振义的言传身教是密不可分的。韩忠朝充满深情地说："我对王老师除了学术上的崇敬之外，对他的人品，尤其是平等精神和严谨学风敬佩不已。他一直是我内心深处追随的榜样。"

在王振义的鼓励下，韩忠朝作为首席科学家申请的国家干细胞工程技术研究中心、国家干细胞工程产品产业化基地高技术示范工程建设项目以及细胞产品国家工程研究中心，分别获得科技部、国家发改委批准。经过艰苦探索，国家干细胞产品产业化基地示范工程建设项目在科学理念、市场运作模式以及社会经济效益等方面都取得了重大突破，成绩显著。天津市脐带血造血干细胞库成为世界最大的干细胞库之一，首批通过卫生部执业验收许可，作为亚洲脐血库组织主要成员，为全国乃至世界同行业提供了示范和标准。

2006年，王振义与韩忠朝合影

2012年5月，王振义和雅克·冈院士一起，在韩忠朝的陪同下，就组建国家干细胞工程技术研究中心江西产学研结合示范基地和国际干细胞再生人才培养基地，到江西省医学高等专科学校进行考察调研。该项目共分三期建设，总投资10亿元。第一期在江西医专老校区建设干细胞库、研究所和生物治疗中心，第二期将建设一个融科研、教学、生产、健康保健和生活于一体的生物科技园，第三期拟在广丰铜钹山建设国际健康养生基地。在考察中，院士们还同师生代表举行了院士校友见面会。王振义对于该校的办学水平给予了较高的评价，希望广大学生以杰出校友为榜样、志存高远、刻苦学习，努力报效祖国和社会。

2014年8月，韩忠朝作为国家干细胞工程技术研究中心主任、细胞产品国家工程研究中心主任、北京汉氏联合生物技术有限公司董事长，受邀做客新华网访谈进行访谈，通过自己多年的科研历程和临床实践，结合汉氏联合企业的发展，和广大网民一

2012年，王振义与雅克·冈院士（前排左三）及其夫人（前排左二），在韩忠朝（前排右一）的陪同下，前往江西省医学高等专科学校作报告

起畅谈干细胞研究的科研和产业价值。

韩忠朝在回顾自己的创业经历时，深深感悟到一个道理："要发展必须坚持走自主创新之路。自主创新需要良好的环境，需要一个鼓励创新的氛围，否则，就会丧失最有利的机遇。 在全球经济一体化和国家经济、科技快速发展的今天，国家怎样保持一个高效运行的机制，个人如何保持一份与时俱进、追求卓越的激情是关键。小胜凭智，大胜靠德，自强不息，厚德载物。我是专门研究干细胞的。大家知道，干细胞是具有多向分化潜能的种子细胞，是一种'干什么都行的细胞'。我愿能成为一个干细胞，在不同的环境和岗位上都能发挥作用， 为国家的医学事业和干细胞生物产业的发展、为中华民族的复兴不断地做出贡献！"

黄薇，党的十八大代表、国家人类基因组南方研究中心常务副主任、上海交通大学医学院教授。她所从事的基因组学和分子遗传学在人类疾病中的应用研究，形象地说，就是通过人类基因组记录的故事来解码生命玄机。

黄薇在做实验

1989年，黄薇成为王振义的研究生，主攻白血病发病机制的研究。同年，陈竺、陈赛娟从法国留学归来，随之带来了最新的理论和技术。黄薇和他们一起，在导师王振义的指导下，从实验室做起，一起投身白血病发病机制的研究。

1998年，在复旦大学教授、著名遗传学家谈家桢先生的呼吁下，科技部等相关部门组织筹建了国家人类基因组南方研究中心。当时，集结了上海多所高校、科研院所的优势力量，用最快的速度打造了一个基因研究的技术共享平台。黄薇非常幸运地加入了这一高端研究团队。

一项技术从无到有，打头阵的艰难是可想而知的。要从上万个样本的实验中获取关键数据，需要夜以继日地泡在实验室中；用现学的分析方法获得科学发现，要经得住失败的考验；功能验证后得到创新性发现，需要集思广益，更要耐得住寂寞。对于年轻的黄薇来说，她所经历的每个过程都很煎熬，而且随着研究的深入，难度也在递增。但是，当谜题一步步解开时，喜悦的心情也是无法形容的。从跟随别人学技术到自己的技术逐步完善，再到参与国际合作研究，中国的基因组研究在国际上有了话语权。黄薇也在这一过程中迅速成长起来。通过10多年的临床合作研究，她已累计发表学术论文200多篇，先后获得国家自然科学奖二等奖2项、国家科技进步奖二等奖2项、教育部科技进步奖一等奖4项、中华医学科技奖一等奖4项、上海市科技进步奖一等奖2

2011年，王振义和他的弟子，在上海交通大学医学院举办的"与国家最高科技奖获得者王振义院士面对面"大会上合影

项等多个奖项。

　　如今，在王振义的影响下，黄薇将目光转向了研究成果的转化应用。她认为："国家投入的科研经费来自纳税人，科研成果理所应当要服务民生，大量的科研人员都在为此拼搏。"她深信，在不久的将来，国人将会享受到基因组技术带来的一系列成果：医疗成本降低、治愈率提升、死亡率下降。此外，如何治愈高血压、糖尿病、免疫性疾病甚至肿瘤等，都能在基因和临床的联合攻关中，找到期待已久的答案。

第 | 十 | 章

相濡以沫：
为了共同的医学
事业而努力

成功的事业与和睦的家庭，共同勾画出王振义完整的人生图景。妻子谢竞雄教授，不仅是伴他一生的亲密爱人，更是他事业成功道路上最有力的支持者。他们怀揣着共同的理想，用自己的双手与智慧一同为人类的健康事业默默奉献。儿子是他们爱情的结晶，更是他们生命和精神的延续。如今，儿孙们纷纷继承了他们的事业，在医疗卫生工作和医学科学研究中孜孜以求，为促进人类医学的发展辛勤耕耘。

一、相伴一生的爱人

王振义与妻子谢竞雄相识于1942年的秋天。那时，日军已经全面控制了上海的租界，谢竞雄就读的东吴大学①也被迫南迁。出于对震旦大学医学院的向往，谢竞雄没有选择可以直接转入的国立上海医学院②，而是宁愿在震旦大学补学一年法语后，再入医学院学习。

当时，震旦大学法语补习班女生部设在徐家汇启明女中③（现上海市第四中学），震旦大学的法籍教员负责法语教学任务。同时，为了让这些学生能在一年的语言学习期间，尽可能多

---

① 东吴大学的渊源可以追溯到美国基督教监理会在苏州和上海创办的几所学校。1899年，监理会在苏州开办一所大学，1900年在上海组成学校董事会，1901年正式开学，设有文理、医学和神学三科，分别在苏州、上海和湖州办学。

② 国立上海医学院成立于1927年，当时名为国立中央大学医学院，是中国创办的第一所国立大学医学院。1932年，独立成为国立上海医学院。圣约翰大学校友颜福庆出任首任院长。

③ 启明女校创办于1904年，1931年更名为上海市私立启明女子中学，1952年与私立徐汇女子中学合并，组成汇明女子中学，1968年改称上海市第四中学。

地掌握和提高法语水平，补习班从震旦大学挑选出一部分法语成绩优秀的学生，作为辅助教员来帮助她们。当时正在震旦大学医学院二年级学习的王振义就是这些辅助教员中的一个。没想到，当辅助教员，竟让王振义找到了生活的另一半。

谢竞雄（摄于1942年）

一天，辅导课程结束后，王振义走在回家的路上，无意间发现有个女同学与他同向行走，端正的脸上嵌着一对乌黑的大眼睛，虽然比自己矮一个脑袋，但很健康、端庄。那不是补习班的谢竞雄吗？为什么王振义会记得她的名字？因为这个名字有着势与男子欲比高的气势，很阳刚。

此时，谢竞雄也发现了他，朝他微微一笑，算是打了招呼。两人不自觉地走在一起，聊起天来。王振义问道："你家住哪儿？""高恩路。""啊，你也住在高恩路！"事实上，两家之间仅相隔一条马路，共同的生活区域缩短了他俩的距离，地缘上的优势也为这扇爱情之门的开启提供了便利。此后，两个人时常在课后一同回家。一路上，拉拉话、探讨探讨学习、聊聊家庭和生活，志趣相投让两颗年轻的心不断靠近。说不清在什么时候，两人开始相爱，进入谈婚论嫁的阶段。

1950年11月19日，王振义和谢竞雄在上海复兴中路森内饭店举行了隆重的婚礼，新房就安在高安路59弄2号。

2010年11月19日上午，已经进入耄耋之年的王振义和笔者一起回到了60年前的旧居。望着当年的房屋，王振义思绪万千，脸上时时浮现出甜蜜的笑容。也许，在他耳畔响起了当时的婚礼进行曲；也许，在他眼前又呈现出新娘美丽、动人、端庄的身影；

王振义和谢竞雄的结婚照（摄于 1950 年）

也许，他回想起与新娘携手举杯，四目相视；也许……从他俩当年的结婚照片中，我们看到了甜美与幸福。

夫妻之间是心灵相通的，好比织布机上的经线和纬线，相互交织在一起，谁也离不开谁。在王振义眼中，妻子谢竞雄不仅是自己生活上的伴侣、工作中的伙伴，更是心灵上的知音。同样的追求，让他们走到一起；同样的刻苦、努力与钻研，让他们在不断的相互促进中，加深了对于对方的爱和依赖。

有一次，王振义在和学生谈起自己的恋爱经过时，深有体会地说，在法语辅导课程中，他与谢竞雄相识。爱情的甜蜜往往会给年少气盛的青年人带来一些负面的影响，因为爱情像花粉一样，会在年轻人的心中悄悄地播撒开去。他也不例外，在期末考试中，得了学习生涯中的最低分——唯一的一个60分。王振义是一个热情但又很理智的青年。很快，他就意识到问题的缘由所在。在随后的学习中，他及时进行了调整，妥善地处理了学习与情感生活间的关系。在与谢竞雄的更多接触与交流中，两人都从对方身上学到了很多东西。在相互促进中，他们的感情得到了进一步的加深与巩固。①

爱情犹如一株种在地里的鲜花，结婚以前需要共同来种植，

---

① 王振义：《我的医学人生》，未刊稿。

结婚以后更需要精心的灌溉。婚后，王振义与谢竟雄在生活上互相照顾，在工作中也是互相帮助、共同发展和进步。谢竟雄既是王振义的人生伴侣，又是他医学研究道路上的合作伙伴。回顾两人一起走过的医疗、教学和科研生涯，我们看到的是累累硕果。夫妇二人合作发表了一系列研究成果，包括《用凝血活酶生成试验以诊断血浆凝血活酶因子缺乏症》、"*Deficiencies in Plasma Thromlo plastin factors*"、《血友病的实验诊断》等论著。

最为突出的是，早在20世纪50年代，王振义和谢竟雄就特别关注出血性疾病。在查阅文献之后，他们发现这种在临床上比较常见的疾病，虽然在教科书及有关血液疾病的专著中已经有所阐述，但当时国际上在止血机制的研究方面又有了很多新的发现，原来的课本文献内容已不能满足临床诊断出血性疾病之用。而两位美国医生Stefanini和Dameshek根据自身临床经验及研究心得，

2010年，王振义在当年的新房回忆60年前的往事

并综合近代有关文献编写而成的《出血性疾病》一书内容新颖，颇适合临床及教学参考之用。因此，他俩决定利用业余时间把这本30万字的英文专著译成了中文，并由科技卫生出版社正式出版，成为当时国内止血凝血领域中唯一一本专业参考书。

1985年，全反式维甲酸的首次临床应用也是在两人共同的努力下、冒着极大风险进行的。可以说，王振义的成就离不开谢竞雄一生的支持。

60年来，这对医学伉俪一直是相濡以沫、相敬如宾。即使谢竞雄在晚年不幸成为老年痴呆症患者，也没有妨碍他们的交流与沟通，他们的生活仍然是幸福的，因为他们的心灵是相通的。多年来，王振义在坚持继续工作的同时，将自己的很大一部分精力投入到对妻子的精心照料之中。

人生就像一出戏，有时欢乐，有时悲哀。2010年10月，谢竞雄因病住院。这让王振义倍感心痛和焦虑，望着空床，他的心也是空空的。86岁高龄的王振义不仅亲自为她配制食谱，还坚持每天到医院探望妻子。在他心中，对妻子总有一些歉疚之情。他说，自己年轻时，一心扑在工作和研究上，对爱人关心不够，就连她分娩时，也没有陪在她身边。当时，妻子的确有点儿不高兴，但他知道，她打心底里是支持自己的工作的。王振义就像

1999年，王振义和谢竞雄在河北邯郸

一只勤劳的工蜂，用心采集生活中的花蜜，盼着妻子能够康复，衷心地希望分离的日子来得慢点、再慢点……

谢竞雄对王振义的支持同样是全方位的。1996年，王振义决定将自己获得的"求是杰出科学家奖"100万元奖金捐给研究工作时，谢竞雄不仅没有反对，而且还十分支持丈夫的决定。多年来，夫妻两人始终过着清贫简朴的生活，但他们从无怨言，因为在他们心中有着同样的医学理想。用王振义自己的话来说：搞医学的一定要有牺牲和奉献精神，没有这两者就做不到对患者生命的"爱"。

孩子是夫妻爱情的结晶，是他们的安慰，是他们的寄托，是他们的希望，也是他们生活旋律中的快乐音符。亲情联结着家庭中的每一个成员，父母是孩子们的第一位教员，每一句话、每一个行为都会影响孩子的成长。

王振义对妻子的关爱、对家庭的责任，也在子女的心中烙下了深刻的记忆。

正如王振义长子王志群回忆的那样：

父亲对母亲的精心照顾教会了我们什么是男人应尽的责任。母亲患病的6000个日日夜夜，他始终孜孜不倦地探究病因与治疗，不断地调整母亲的用药，希望能使母亲的病程再减慢一些。

当母亲已完全丧失交流能力时，父亲还是坚持每天拉着她的手陪她说话，揣摩她的心理，为她做各种事情。每次母亲吐了，他都仔细地趴在地上为她擦拭；当母亲大便困难的时候，父亲还亲自戴上手套为她抠出大便。家里虽然有保姆，但是父亲并不是把病重的母亲完全交给保姆自己撒手不管，而是每次关键时刻都挺身而出，细心地照料和呵护妻子，为我们子女做出榜样。他希望我们也能热爱家庭、爱护妻子、照顾子女。[1]

---

① 王志群：《我的父亲王振义》，《瑞音》2011年1月。

王振义、谢竞雄夫妇不仅为人类的医学事业做出了重要的贡献，他们还以自己真挚的爱情向我们展示了婚姻和家庭生活的真谛。

二、杰出的小儿血液学专家

谢竞雄，1921年出生于江苏吴江。谢氏家族是吴江地区的大户人家。她母亲费氏的娘家在当地同样享有很高的声望。中国社会学奠基人、曾任全国人大常委会副委员长的费孝通教授就是谢竞雄的表哥。家庭氛围的熏陶，让谢竞雄从小就立志要成为一名新时代的知识女性。

1928年，谢竞雄在家庭教师的带领下开始接受启蒙教育，1930年进入景海女子师范学校①附属小学接受正规教育，这是一间以对中国上等社会女子进行基督化教育为宗旨的教会学校。1935年，谢竞雄升入该校初中部。1937年，因抗战爆发，她被迫离开吴江，于1938年随全家迁居上海，不久便考入上海怀久女中②（现上海市第二中学）。然而，日军的入侵使学校的外部环境越发混乱，打破了校园的宁静，打乱了学习的节奏。于是，她在1939年再次选择转学，进入江苏省立常州中学沪校③学习。

---

① 1902年，美国基督教监理会在苏州天赐庄创建景海女塾，1916年，更名为景海女子师范学校。见苏州大学《承载百年光影，历尽岁月沧桑——苏州大学老校区概况》，《东吴导报》2010年6月22日，第10版；《苏州近代建筑的前尘往事》，《姑苏晚报》2010年9月6日。

② 上海市第二中学在上海沦陷期间改名为怀久女中，抗日战争胜利后恢复原名。

③ 江苏省立常州中学成立于1907年。1938年，因校舍在抗日战争中受到损坏，学校解散，部分教职员在上海租屋授课，称为"江苏省立常州中学沪校"。1941年，日军进驻租界，学校又宣告解散。

1949年，王振义、谢竞雄和同学王德芬（左一）、严铭山（左二）合影

　　1941年高中毕业后，出于对医生职业的可靠性和社会地位较高等方面的考虑，谢竞雄选择学医。巧合的是，当年的王振义也是出于相同的考虑而选择医学专业的。在谢竞雄看来，既然选择了医科，就应该到当时国内最好的医学院——北平协和医学院①去学习。因而，她选择报考了当时作为北平协和医学院预科学校之一的东吴大学理学院医学预科。

　　长期的战争与动乱的局面，再次打断了谢竞雄的求学之路。学校的解散让她不得不再次转学。这次，她选择了震旦大学。在补习了一年的法语后，谢竞雄在1943年成功插入震旦医科二年级学习。大学期间，与王振义一样，天主教哲学中与人为善、平等

① 前身为创办于1906年的协和医学堂。1915年，美国洛克菲勒基金会购得协和医学堂全部产业，并斥资进行新校建设，在1921年正式建成协和医学院。

待人、诚实守信、帮助弱者的思想对谢竞雄产生了深刻影响，她从中体会到了一名医生应具备的责任与使命。在这种价值观的影响下，平时并不热衷于学校各类政治活动和宗教活动的她，却常常主动地去参加一些服务社会、服务穷困百姓的公益性活动，比如每周一次为鲁班路难民免费诊病、发药的活动。

1948年，谢竞雄与王振义一同从震旦大学医学院毕业。在学校的介绍下，谢竞雄前往杭州仁爱医院担任内科住院医师。对一个初入社会的大学毕业生而言，她深感医生肩上责任的重大，时刻提醒自己要万分用心地对待这份工作。与王振义一样，谢竞雄也是一个善于发现问题、敢于提出问题的人。刚进入医院后不久，她就察觉到医院管理制度的混乱。例如，原本应该负责护理工作的修女可以任意对患者施药，相反，像她这样受过专门训练的年轻医师却被安排到护校从事教务工作。这样的工作安排显然不合理，而且也是对患者生命的不负责任。因此，谢竞雄大胆地

1948年，谢竞雄在杭州仁爱医院

向领导提出了这一问题，并力争要对不合理的管理制度进行改革与完善。

1949年解放前夕，因为工作环境不能充分发挥其专长，谢竞雄选择辞职返沪，并在夏天回到母校的附属医院广慈医院儿科工作，师从一代名医高镜朗。

1952年，上海第二医学院成立后，高镜朗出任上海第二医学院附属广慈医院儿科主任，参加筹建了上海第二医学院儿科系，并于1954年被聘任为上海第二医学院儿科系主任。

在筹建儿科系的同时，高镜朗深知，要想攀登医学高峰，仅靠他一人或者少数几个人是不行的，应该加快培养年轻人，使薪火代代相传。他不仅将学生领进了神圣的医学之国，而且让他们领略、尝试开创新的课题，希望他们能独树一帜。谢竞雄就是在恩师的指导下专攻血液，主要从事小儿血液、小儿肿瘤、小儿免疫等方面的基础和临床研究。

1958年10月，上海市自己设计、自己建设的第一家综合性教学医院新华医院建立以后，为进一步提升儿科专业的临床诊疗和教学科研能力，在组织的安排下，谢竞雄于1959年2月跟随恩师高镜朗等沪上一批名医，与二医儿科系一同转入新华医院。谢竞雄从事儿科专业的临床和教学科研工作，被评为教授、主任医师，并先后担任儿内科副主任、儿内科教研室副主任和上海医学会儿科学业组组长，成为新华医院第一代儿科学的开拓者和建设者，为新华医院的建设和儿科医学事业的发展做出重要贡献。

1980年退休后，谢竞雄继续担任新华医院儿内科教研组副主任，从事儿科学的教学任务，并被聘为新华医院高级医学顾问和上海市儿童医院血液科顾问，一如既往地热心指导儿科的医疗、教学和科研工作。

谢竞雄在儿科血液学领域有着深厚的造诣。20世纪70年代初，她在国内率先创建了儿科血液专业组，带领儿科血液学科团队在医院儿内科开展儿童白血病的临床研究。1972年，她开创了治愈儿童急性淋巴细胞白血病的先例。1980年，她又在国内率先从事儿童骨髓移植的实验性研究，为新华医院儿科骨髓移植的临床应用奠定了基础，成为我国儿童血液学学科的先驱者之一。

杜真是一位普通患者的母亲，回忆起谢竞雄30多年前对她女儿竭尽全力的抢救治疗，至今还是记忆犹新："我女儿小时候有凝血功能障碍。1979年的一天，她因急性阑尾穿孔，演变成弥漫性腹膜炎，不得不急诊动手术。那是在禁区上开刀，风险很大。第二天上午，我一直陪伴在旁，后因一个外地来实习的医生，不准我陪，我只能藏在另一个房间里。中午时，我趁人少，赶快去偷看女儿，发现她身上的血都快流光了，休克了，我失神惊叫。医生、护士都赶来了，谢医生和儿普外的余主任、李主任等相关科室的医生、护士都来了。当时，我只知道声嘶力竭地哭。我想，如果没留住女儿，我活着干什么？我悲痛欲绝。而谢医生马上指挥这场人命关天的战斗，让护士在女儿的手、脚两处同时输血和输液。尽管这时她的血管都已经瘪了，针很难扎进去，幸好新华医院高手多，第一步总算成功了。谢医生仔细叮嘱要用什么药等等，并向市血液中心求援和就地取血输入。我记得有个药不常用，有些医生还没听说过。在全院相关科室全力以赴的抢救和有关单位的通力配合下，终于从死神手中夺回了我女儿的生命。事后回想起来，都很害怕。但谢医生镇定自若、准确无误地指挥那次激战的场景，我是永远也忘不了的，她也让我真正懂得了鲁迅讲的'需仰视才能见'。我真的觉得谢医生特别高大。"

后来，杜真和谢竞雄成了好朋友。谢竞雄很关心她的小患者。杜真家从杨浦搬到徐汇，谢竞雄帮她们拜托瑞金同仁小儿科张主任继续诊治。孩子长大以后，谢竞雄又拜托成人血液科的陈主任继续医治。她说，要一级一级接上去，确保杜真女儿的健康成长。对自己的小患者，谢竞雄真是尽心尽力了。她让杜真在紧急情况下，任何时候，哪怕是半夜，都可以向她告急，她会尽力为杜真的女儿排难。如果患者的问题严重，谢竞雄还会搭上她的丈夫王振义。杜真在谈到谢竞雄几十年来对她女儿的关怀和帮助时说："我是一个极普通的老百姓，从来不曾向她送过任何礼物，但每次见到她，她看见我女儿长得好，很高兴。她是为了那崇高的为人类作贡献的医学事业。"

谢竞雄不仅是一位好医生，更是一位好教师。作为一名主任医师，谢竞雄不仅认真细致地诊治每一名患儿，而且还悉心教诲和指导下级医生，带领科室同仁一起，尽最大努力为儿童解除病痛的折磨。新华医院以及以后成立的上海儿童医学中心小儿血液学科有今天的发展和壮大，倾注了谢竞雄不懈的努力和毕生的奉献。

谢竞雄治学严谨，先后发表SCI论文和中文论著20余篇。其中，1982年发表在《中华血液杂志》上的《169例小儿急性白血病的疗效总结》是国内第一篇系统总结儿童白血病临床研究的重要论著，她也因此成为新华医院获得的首个卫生部科技进步奖二等奖"儿童急性淋巴细胞白血病的研究"项目的奠基者。

2010年12月12日，谢竞雄因病医治无效，不幸逝世，享年89岁。上海交通大学医学院附属新华医院对她的一生做出了很高的评价："谢竞雄教授热爱祖国，热爱科学，热爱卫生事业，热爱本职工作，一生勤恳工作、潜心治学，倾其毕

谢竞雄（摄于 2001 年）

生精力为患儿服务。她淡泊名利、诲人不倦的师者风范，她兢兢业业、严谨求实的治学精神，赢得了医院同事们的爱戴和敬重，是年轻一代医学工作者的优秀典范，是我们后辈学习的楷模。"

谢竞雄逝世后，骨灰安葬在上海福寿园人文纪念公园。王振义在每年清明节都要前往这个承载他记忆与情感的生命场所祭拜，缅怀自己的思念之情。他站在爱妻的墓碑前默默地念叨着："这些年"我们生活在一起。我时常想起我们相互依傍的日子，想起你的一切一切……你在远处微笑着，我在这儿微笑着，不想说再见……

三、儿子眼中的父亲

王振义、谢竞雄夫妇共育有3个儿子。

长子王志群，1951年出生，中共党员。1969年，他到安徽插队落户，由于表现出色，被推荐到安徽太和县化肥厂工作，后调往安徽马鞍山钢铁厂工作。他在工作期间不断努力充实自己，从动力车间的钳工、设备科的助理工程师，一直升任厂长。王志群在2001年回到上海，在一家外资企业从事中药提取物的生产、管理工作。2002年，他与几位合作者一起创建了上海兆维科技发展有限公司，任总经理。

创业的艰难，是王志群50岁后的人生道路所遇到的新挑战。他凭借自身的努力、坚持和智慧，抓住了机遇，走过了13年的历程。公司业务经历了从中药提取到PCR设备销售，到便携式植物精油蒸馏器的设计、生产，再到脱氧核苷、寡核苷单体的研发、生产的转变。上海兆维科技发展有限公司的规模也从注册资本200万元、12名员工、年销售额10万元的小微企业，成长为年销售额过亿元，拥有包括3名博士、6名硕士在内的180名员工，上海、美国两个研发中心的高新技术企业。现在，该公司已成为全球研发、生产寡核苷单体的三强之一。

次子王志勤，1953年出生，1969年到黑龙江嫩江县七星泡农场工作，后被推荐至吉林化工学校学习；1980年回沪，到二医生化教研室工作，后毕业于二医检验系；1991年赴美国纽约医学院微生物及免疫系进行博士后研究，主要研究方向是"HIV/AIDS中获得性免疫调控的机制"，以第一作者发表了20多篇SCI文章。他是中国最早参与艾滋病病理学研究的少数几名研究者之一，首次在人体内证明HIV病毒GP120蛋白的免疫复合物在CD4+T细胞缺

1955年，王振义夫妇和王志群（中）、王志勤（右一）、王志刚（左一）

失中的重要作用。在美国工作期间，他还证明了抗淋巴细胞自身抗体在CD8+T细胞缺失中的作用。2002年，王志勤回到祖国，在国家人类基因组南方研究中心担任副研究员，参与血吸虫病基因组免疫相关的研究。此外，他还在天然免疫负反馈调控机制于败血症及败血性休克中的调控作用研究中取得了重要进展。

三子王志刚，1954年出生，曾在上海焦化厂工作，1979年考入上海第二医学院医疗系本科，毕业后留校任病理系教师。1988年，王志刚赴美国纽约医学院进行博士后研究，并于1991年开始攻读微生物及免疫博士学位；1995年博士毕业后，先后在美国国立医学研究院（National Institutes of Health，NIH）和美国哈佛大学医学院（Harvard Medical School，Brigham & Women's Hospital）、美国哈佛大学医学院 Dana-Farber肿瘤研究中心（Harvard Medical School，Dana-Farber Cancer Institute）从事乳腺肿瘤"病理研究"。目前，王志刚是哈佛大学医学院副教授，在"*Nature Medicine*"，"*PNAS*"等国际一流杂志上发表了数篇关于乳腺肿瘤遗传学研究最新进展的论文。

在儿子们眼中，父亲王振义不仅是一名卓越的科学家，更是一名养育了三兄弟的伟大父亲。在他们的记忆中，王振义始终对他们保持着父亲的威严，以身作则，不苟言笑，对他们的学习、生活等各方面都严格要求。

王志群在回忆父亲时候，充满深情地说：

记得我读小学的一天，因为上课时和同学讲话而被老师点名，站起来却回答不出提问，那次得了一个零分，心里忐忑不安。那天，父亲正好买了一辆自行车，心情很好，可我却没有因为他的喜悦心情而躲过惩罚，最后被父亲打了手心。他对子女教育的严厉可见一斑。

我们小的时候，父亲还时常教我们练毛笔字，我们每个人都从大楷练起，然后学小楷，历经数年。父亲说练字如练人，希望我们对待生活要像写字，平心静气。

父亲给我们的教育是全面的。当时家里的经济条件完全可以用保姆，父亲为培养我们的独立生活能力，从小就让我们三兄弟学会做家务。后来，我们踏上社会，历经生活波折的时候，在生活上几乎没有碰到什么问题，可见父亲当时的用心。

虽然父亲对我们要求很严格，但是从来没有骂过我们"怎么这么笨"之类的话，因为他知道要保护孩子的自尊心，自尊才能自爱，自爱才能自强。他从不对我们撒谎，对于孩子们提出的无法回答的问题，他只是沉默以对，避而不谈，但绝不说谎，以此教我们做一个正直的人。

父亲对我们非常关爱。当我们三兄弟到黑龙江、到安徽等地上山下乡，他都不远千里，一个一个地看望自己的儿子，给我们

1967年，王振义夫妇和王志群（右一）、王志勤（中）、王志刚（左一）

鼓励，给我们勇气，告诉我们对生活不要过于挑剔，对工作也不要过于挑剔，只要善于学习，做任何事情都会有出息。

在我们的成长道路上，父亲身教重于言传，给我留下了深刻的印象。父亲做过很多工作，对每个工作都兢兢业业、从无怨言。我很小的时候，他在广慈医院内科四病区。因为心中放不下患者，所以每个周日，他都带我到医院来，认真地查看病史，调整用药，不放过任何一点疑问。他调到二医大病生教研组后，除了教学备课，对待实验用的兔子和荷兰鼠饲养也很认真。他非常关心兔子和小鼠的生长状况，每个周日都带我到实验室来给它们喂食。父亲因为忙，很少带我们出去玩，但是能够看看兔子和荷兰鼠，也给我们的童年增加了许多欢乐。

有一段时间，父亲调去嘉定卫校当老师，与做二医的老师比，到嘉定卫校似乎社会地位一下子降低了很多，但是我从来没有听到他有任何的沮丧、不满或者牢骚。"文化大革命"时，我去嘉定看他，他衣衫褴褛地在扫地，他看着我的眼神似乎在祈求我的理解。我被深深地打动了，我深信父亲是个好人。

后来，父亲又到了安徽皖南的"五七干校"。他当时做好了一辈子做赤脚医生的准备，认真学习中医中药理论，用草药治好了很多当地农民的疾病，也使他的科学思想中增加了中医辨证施治的理论。这些当初看起来毫无意义的事情，却都为他后来的成功奠定了基础。

父亲一直都在努力学习，他给我们最深的印象就是看书的时间特别多、上班的时间特别长。我记得他年过六旬后开始学英文，他利用一切时间听英文广播，练习英语发音。靠着电视和广播，父亲练出了一口好英文。他出任二医校长时已经可以不用翻译，直接与外宾交谈了。

父亲以他的行动教育我们不要眼高手低，只要心中有理想，其实做什么事情都不是浪费，做任何事情都是在为将来做准备，

2014 年，王振义和王志群合影

成功也永远只给有准备的人。

在"文化大革命"期间，没有人读书的时候，父亲鼓励我们自学，利用电视、收音机学习英文，翻看专业杂志来学习专业。所以恢复高考后，我们都能通过自学而顺利考取大学，走出了比同龄人更宽广的路。

父亲在事业上获得了崇高的荣誉，他在家庭中也为我们树立了学习的榜样。做正直的人，做高尚的人，做会学习的人，做一个对社会有用的人，这就是我们心目中的父亲——平凡而伟大。①

---

① 王志群：《我的父亲王振义》，《瑞音》2011年1月。

四、孙辈心中的爷爷

在王振义的孙辈中，有1个男孩、3个女孩。

王志群生有一子，取名王悦，2000年考入上海交通大学国际经济贸易系，毕业后加入安永会计事务所，2007年通过注册会计师的考试；2008年，进入一家专业财务咨询公司，为企业提供财务服务；2010年，加入格林豪泰（Green Tree Inns）酒店管理集团，任财务副总监。他秉承祖父那种认真负责的钻研精神和与人为善的传统美德，事业上已经奠定了一定的基础。

王悦已经结婚，生有一女，取名王曦怡。

王志勤生了一对双胞胎，都继承了爷爷的事业。

长女王蔚，从小立志学医，2009年毕业于上海交通大学医学院（临床医学七年制），获医学硕士学位。作为一名临床型医学生，她学习非常勤奋，在本科期间，就获得了高级口译证书，并于2007年赴美国内布拉斯加州立大学医学中心实习。在研究生期间，她积极参与临床实践，并在瑞金医院心血管病研究所进行了动脉瘤及冠状动脉粥样硬化病理生理研究，2009～2010年，以第一作者发表SCI文章4篇。毕业后，她进入瑞金医院住院医师培训基地，成为一名在临床第一线工作的医生。在工作期间，她也没有放弃科学研究，因为爷爷的经历让她明白科研对于临床工作的重要指导作用。通过自己的努力，她获得了美国洛克菲勒大学（Rockefeller University）血液和血管生物学实验室（Laboratory of Blood and Vascular Biology）的博士后工作机会，于2011年4月前往该校，在血小板IIB/IIIA受体拮抗剂（阿昔单抗）的发明者、Dr.
Barry Coller的实验室中，从事心肌及血管重构的机制研究，现已
获得博士学位。

次女王莹，从小立志成为一名科学家，2002年被上海复旦
大学医学院提前录取，并以本科成绩全年级前五的优异成绩进
入研究生阶段的学习。2008年，她毅然决定放弃临床型研究生的
学习，以优异的GRE、TOEFL成绩以及本科成绩，被美国哥伦比
亚大学（Columbia University）研究生院细胞生理及生物物理系
（Cellular Biology and Biophysics）PhD项目录取，并获得全额奖学
金以完成6年的硕博连读课程。目前，她在美国从事巨噬细胞的
凋亡及自噬在冠心病不稳定斑块中的病理生理研究。她在第一年

王振义夫妇和陈姿芳（第二排中）、王志群夫妇（后排两侧）、王志勤
夫妇（后排居中）、王悦（前排中）、王蔚（前排左）、王莹（前排右）

的硕士课程学习中，以A-的平均分获得了指导老师们的好评，并在第二年的实验室轮转中取得了不错的成绩。她参与的课题，已发表在影响因子14分左右的杂志"*The Journal of Experimental Medicine*"（JEM）和 "*Genes and Development*"上。她由于表现优秀，被学校推荐为申请美国心脏病学会（American Heart Association，AHA）和（Howard Hughes Medical Institute，HHMI）博士基金的候选人之一。王莹致力于成为一名优秀的转化医学科学家，就像她的爷爷一样，为临床医生提供更多的帮助。2014年5月，王振义亲自前往美国，参加了王莹的毕业典礼。

王志刚生有一女，取名王维，1991年出生在美国。在华盛顿大学（Washington University）读医学预科，并立志进入美国大学的医学院学习，今后成为一名神经外科医生。

在王蔚的心中，爷爷王振义不仅是一位让人尊敬的医生，更是一位和蔼可亲的老人。在她看来，这位可爱的老人时时刻刻在用自己的实际行动告诉下一代，如何去做一个对自己、对家庭、对社会负责的人。

爷爷是一个对自己充满责任感的人。他常说要做一个对社会有用的人，首先就必须对自己负责。人活在这个世界上就应该踏踏实实学习，勤勤恳恳工作，老老实实做人。作为震旦大学的毕业生，60岁之前，他的第二语言是法语，但是这位年过半百的老人家从不放松对自己的要求。60岁以后，他开始自学英语，为的就是能够阅读更多的英语文献，和不同国家的学者们交流。每次去爷爷家，都可以看见他放在写字台前的单词笔记本，上面记录着他每天背诵的英语单词。他还很时尚地买了文曲星来查字典，了解每个词的含义和用法。爷爷说，自己年纪大了，记性不好，只能多写多看多记。他还很幽默地说，我老啦，为了预防老年痴呆就只能多动脑子呀。作为一个年过八旬的老人，他还能熟练掌握PPT的制作，上网收发E-mail，甚至是用skype和国外的亲朋好

2011年，王蔚在王振义先进事迹报告会上发言

友通话，他看起来和别的老年人差别很大。每次发现我有什么好用的软件，爷爷就会很兴奋地要学习如何操作，就像一个对新事物永远抱有新鲜感的"小孩子"，因为他总是希望能够学习更多的东西。爷爷从来不在嘴上唠叨要求我们勤奋学习，但他的实际行动着实为我上了深刻的一课。年过花甲的他都在有生之年不断学习，更何况是我们这些刚刚踏上工作岗位的年轻人呢？他在学习上的惊人毅力和对自己的高要求，的确激励我不断充实自己。

在家庭生活中，爷爷为受疾病困扰的奶奶所做的一切，更是令人动容。每年他都会给奶奶庆祝生日。在结婚周年纪念日时，他会带着奶奶和我们全家出去吃饭庆祝。虽然奶奶患有老年痴呆症十几年，但在爷爷精心的照顾和陪伴下，奶奶的病情恶化速度明显减缓。奶奶每天三顿需要服用至少30颗药物，除了控制病情发展的药，还有维生素、鱼肝油等。爷爷每周都会把药物分配到药盒的每个小格里面，以防奶奶每次吃药的时候出错。在奶奶还能走动的时候，爷爷每天都带着她出去走走；她身体机能减退以后，只要天气好，爷爷就推着轮椅带她去家里附近的小花园晒晒太阳。奶奶病情发展的晚期，由于吞咽咀嚼功能减退，食物都需要用粉碎机打成糊状。她所吃的食物都是特别配置的，爷爷会精心挑选三文鱼、奶酪等高蛋白、高热量的食物，以保证每天机体所需能量；同时，每餐必备新鲜水果打成的鲜果汁以维持营养的均衡。爷爷说，这是他的责任，他也很乐意做这些事情。

在爷爷获得国家最高科学技术奖的前夕，奶奶安详地离开了人世。爷爷说，他最大的遗憾就是奶奶不能和她分享这份荣誉。他说，自己的成就离不开这位温柔贤淑的小儿血液科医生的默默支持。奶奶不仅默默承担起照顾家庭的重任，而且由于共同的事业，他们在工作上也合作默契。第一例全反式维甲酸诱导缓解的患者，就是奶奶在临床工作中遇到的一位小患者。因此，他们不仅是工作中的伙伴，更是人生道路上不可缺少的伴侣。爷爷对家人的付出，真真切切地让我感受到了，他就是这么用自己的行动而非语言，来告诉我们应该怎么去对待家庭。

对自己、对家庭有责任心的爷爷，对个人在整个社会中的贡献也有着自己独特而深刻的见解。"人生的意义在于他为社会做出了多大的贡献。"这是爷爷的座右铭，他也用自己的实际行动来教导我们下一代。

在医学知识的积累上，爷爷绝不逊色于现在的年轻医生。每周，他都要接受"开卷考试"，通过教学查房的形式进行疑难病例讨论，为医生们在临床工作中遇到的难题出出主意。每次拿到患者的基本资料后，爷爷总是要在网络上搜索大量相关文献。但他的阅读并非只是纯粹的了解，而是把多篇文章的研究结果进行综述和总结，归纳出针对患者个体情况的最佳治疗方案。他还会从基础理论层面为实习医生、住院医生、主治医生及血液科的主任医生们讲解疾病的发病机制，在开拓医生们的临床视野的同时，也给我们年轻医生在科学研究上提供了许多全新的思路。

每次去爷爷家，几乎都能看见他在查阅文献，为每周一次的教学查房做准备。他在临床工作中的态度是踏踏实实，丝毫没有马虎，他认为这才是对患者的真正负责。

记得我在血液科轮转期间，有一次的教学查房正巧讨论的是我所负责的床位患者。第一次在工作中直面爷爷，让我觉得有些紧张。这是一个三系下降原因待查的患者，经过询问病史、查询文献等前期工作以及在主治医生和主任医生的指导下，我们的团队对患者的诊断有了自己的一套思路，我也提出了自己的疑问。这个病例看起来的确是十分的复杂，诊断对我们来说很棘手。教学查房那天，爷爷带着我们一起去看了患者。我发现他询问病史比我们详细多了，甚至详细到每天吃什么、吃的荤素搭配如何。就是在这么细致的问题中，我们大家才找到了导致这个患者三系下降的原因，因为他是个素食主义者，导致维生素B12和铁摄入不足，造成了目前临床上不常见的维生素B12缺乏性贫血。基于这个患者同时缺少多种血红蛋白合成过程中的重要元素，他的贫血并不仅仅表现为典型的巨幼细胞性贫血，而是小细胞低色素性的维生素B12缺乏贫血，这也是造成我们临床诊断不明的主要原因。我顿时感叹，自己的临床工作怎会如此马虎大意呢？怎么就忽略了患者的饮食情况呢？

回家之后，爷爷特地打电话来和我探讨了这个问题，谈话中没有严厉的训斥，只有"轻描淡写"的教诲。他说，以后询问病史要详细详细再详细，通常，问题的答案就在其中。他用他自己的身体力行在教育着我们下一代医生，临床工作要严谨，要对患者有足够的责任心，这也让我十分惭愧。我想，作为他的孙女，我不仅能看见他每周四在教学查房中的精彩表现，更能够从他为

2007年春节，王振义的全家福

每次"开卷考试"的认真准备和对自身不断的提高中，看到一位令人尊敬的老人。

他并非像传说中的那样严厉，但他的每句话、他的身体力行都给人无形的震撼力。我想，这才是一位伟大的老师、有责任心的临床医生、尊敬的长辈给我这个下一代最宝贵的财富。在我眼中，爷爷就是这么一位可爱而令人敬佩的老人家。

每一个人都是生活的一个组成部分，都有他生活化的一面。通过王振义家人的叙述，展现在我们眼前的，就是这样一位正直、真诚、朴实而又平凡的医学大家。

原我、自我和超我：医学大师的人生真谛

对于人生，王振义有他自己的哲学理念和独创见解，并付诸实践，这就是"原我""自我"和"超我"。

"原我"即本能的我，就是人的本性，其道德观、价值观受本能欲望支配，表现在思想上就是要生活得好、工作轻松，等等。王振义认为，人的本性是贪得无厌的，甚至是罪恶的。人的一生就是管好人的本性。他说："我这一辈子就是在和另一个'自己'——'原我'不断地做思想斗争，不断挑战自己，改造自己，端正自身的思想和行为。"

"自我"，就是通过学习，受教育，意识到作为一个从事崇高职业的医生，应该发扬有利于患者的一面，淡泊不利于自己的一面，要有服务、同情患者之心，耐心对待患者，有时要有牺牲精神，要经得住受委屈的考验，树立正确的人生观。历经从医数十年的积累，王振义在一次次帮助患者战胜疾病、恢复健康的过程中，变"多为自己想"为"多为别人想"，逐步发展出一个真正的"自我"，认识到人生本来的意义和价值。他渐渐领悟到医生绝不是追逐名利的职业，而是这个世界上最仁爱的职业。他说："作为一个医生，不能光想着自己的收入、待遇，自己能够获得怎样的名气，关键在于认清从医的本义。我能够看好患者，患者的幸福、患者的健康就是我最大的乐趣。这样的乐趣是用多少金钱和名誉也换不来的。"

比"自我"更高的境界是"超我"，由"为自己想"变为"为他人想"，"为自己活"变为"为他人活"。对于医生，那就是为患者牺牲一切，甚至自己的生命。就是要像白求恩那样，把个人的理想、追求与祖国和人类的最高利益拴在一起，做一个"毫不利己，专门利人"、令世人景仰的医生。王振义认为，"超我"的境界，不一定每个人都能做得到，但应是人生努力的方向。"而要实现从"原我"到"自我""超我"的跨越，需要经历一个长期的教育、磨砺过程。"王振义就是通过孜孜以求的努力，来力争完成这一磨砺过程的。

这是王振义90年来，不断地在生活中思考的问题。他上升到哲学的高度上来剖析自己的思想，反思自己的实践，才有了今天的这些认识。

一、爱心和好的医术：医生必备的两个素质

在总结自己走过的医学和教育的人生历程时，王振义深深体会到，最重要的是要从实践中找出理论规律。他认为，作为一个医生，所从事的是一个崇高的职业，是一个最能体现爱心的职业。医生每天都要接触患者，要看好他们的病，要对他们有同情心、爱心，还要有足够的技术能力。有爱心，没有好的医术，救不了患者；有好的医术，没有爱心，可能还会害患者。这二者缺一不可。

王振义认为，医生应该不断学习，不断累积，不断思考，充实自己，提高自己的业务水平，才能解决困难。有了足够的知识，还要在别人研究的基础上多思考，要有科学想象力，才能进行医学上的创新。在学习中，要触类旁通，拓宽自身知识面，不能只限于常见病，要多学习和掌握其他的疾病，甚至其他专业的内容，才能提高自己的医术。在具体的行医实践中，医生应当以爱心为基础，关爱患者，正确对待医患关系，淡泊名利，注重医德修养，踏实工作。

1. 不断充实自己的知识

在学习、生活中会碰到很多事情，更会碰到不少疑难杂症，要解决困难，就要坚持学习，不断充实自己的知识。王振义认为，对一个医生来说，基础理论知识十分重要，基础打好了，临床上的思路就会开阔。做医生不要只做一个医匠，而要多思考，因为生命科学比一般的科学要复杂得多，治病不像鞋匠修鞋，修一下鞋子就好了，而是要更懂得此病的发生机制和药物的作用机制。比如说诱导分化治疗，不只是要会用，还要知道为什么有效，可能发生哪些副作用。

20世纪80年代，王振义第一次用全反式维甲酸，治愈了一名5岁的急性早幼粒细胞白血病患者。当时，这个孩子出血、高

2010年，王振义在办公室

热，病情十分严重，依据当时的医疗水平，治愈是无望的，但最终是用了这种新疗法把患者治好了。

有人产生过怀疑，问有何科学根据？其实，王振义在患者身上用药是非常谨慎的。之前，他的团队已进行过长时间的研究，证明全反式维甲酸在体外可使急性早幼粒细胞株和原代细胞向正常细胞分化，且该药已获批准用于治疗一些皮肤病。治疗第一个危重患者，获得了惊人效果，鼓励王振义和他的团队连续治疗了24个患者，结果23个被此法治好。此后，这种治疗白血病的方法在国内外引起巨大反响，因为这是一种新的疗法。过去的疗法都是用化学治疗杀掉肿瘤细胞，但它有一个缺点，即在杀死肿瘤细胞的同时，也会使正常细胞受到损害。而这种诱导分化的治疗，就是让肿瘤细胞"改邪归正"。

再比如"靶向疗法"这个名词，朝着一个靶点打靶子，效果好，在医学上也是一样。一个病的发生，关键原因（靶点）是什么？可能是一个蛋白质，也可能是一个基因，针对这个靶点用药就是靶向疗法。没有基础研究，就不知道什么是靶点；没有很好的基础理论知识，研究则很难奏效。所以，王振义特别强调，要想在临床上做一个好医生，没有知识储备是不行的。

每一种药物用于临床都存在一定的风险，怎么去克服这个风险？王振义认为，第一，要端正思想，这是临床工作的出发点。第二，用药一定要有科学依据。第三，给患者用药就得负责，一定要密切观察。克服风险需要谨慎有效的临床实践。医学是一门实践科学，只有实践、探索，才能理解、掌握和运用所学的知识，治好疾病。

王振义永无止境的学习劲头，还表现在他对新鲜事物的接受上。

在当今信息化、网络化的时代，人们阅读的方式更加多元化。除了传统的纸质书本，网络电子书籍逐渐成为人们获取知识和信息的重要渠道。王振义在1996年就开始上网，可称得上是个地道的"老网虫"。那时候，他虽然已年过古稀，但仍坚持学习操作电脑，掌握网络技术。他的电脑水平不比年轻人差，同龄人更是鲜有比肩者。闲暇的时候，他常常伏在电脑前，上网搜索最新的医学信息，学习PPT的制作，上网收发电子邮件，甚至用最新的语音软件同国外的亲朋通话。王振义耳聪目明，思维敏捷，电脑操作起来得心应手、非常娴熟。如果不是亲眼所见，很难相信他已是一位90岁高龄的老人。

医学科学就像大海一样，无边无际。在王振义看来，医学发展太快了，学习一刻也不能停。他说："我脑中还有一些老观念、老思想，这些不能传给学生。所以，我需要不断更新、不断充电。"现在，王振义仍然每天坚持读书、学习。他常常对别人说，自己是活到老、学到老。

如今的王振义，虽已功成名就，但心中还有未了的心愿。他说："几十年过去了，我们研究的只是攻克了白血病中的一种，很多白血病至今仍无法治疗，离治愈白血病还有很长的路要走。所以，我还要不断地学习和努力，再为人民做一些有益的事情。"他谦虚地说："我以前是领导我的团队一起攻关。现在，我年纪大了，我会跟着我的团队继续工作。我希望我的余生，还能够继续为攻克白血病发挥余热。"

2. 创新必须坚持不懈

医学研究和治疗过程会遇到很多困难，但总要看到光明的一面、人类进步的一面。王振义认为，医生要在社会中发挥应有的作用，要敢于创新和挑战医学难题，在已有研究的基础上多思考。

在王振义看来，创新首先是一个理念的问题，你对事物是就事论事地看，还是不断地探索背后的奥秘，不断地问一个"为什么"。他认为，创新，就是试图改变生活工作各个方面所碰到的问题，它多来自于我们的实践，医学上也是一样的。比如说面对那么多死于癌症的患者，他就会问：为什么会有癌症呢？然后就进行一系列的研究探索，研究后发现有很多相关基因，那么，这些基因之间有什么关系呢？如何来归纳总结这里面的关键问题，就需要想象。而从这方面努力，肯定可以找到一些答案，得到一些新的启发，这就是创新，就是会创新。

青霉素的发现者弗莱明（Fleming）在做实验的时候发现，细菌培养皿上有一块地方不长细菌。换别人也许会想，这是偶然现象，不足为奇，但他不这样想。他猜测，可能有一种未知的物质抑制了细菌的生长，结果发现了青霉素。所以，王振义认为，每一个异常现象的出现，都是值得注意的。比如说医生给患者看病，用药后，80%的患者好了，还有20%的患者无效。一般来说，主治的医生就到此为止，但有心的医生会问，这20%的患者为什么无效？这就会促使他进一步探索和研究，从而提高医疗水平。

有些医学上的创新就是建立在别人已有研究的基础上的，多问一个为什么，就有可能发现新的理论。比如以前的研究结果已提示，肿瘤干细胞是肿瘤生长、扩散和复发的根源，但如何将干细胞的性质和检测方法弄清楚，如何消灭它，使肿瘤根治，这就是一种想象。王振义特别强调，一个科学家要会科学地思考和想象，才能有所创新。全反式维甲酸治疗的创新就在于此。诱导分化的思路从何而来？并不是空想出来的。以色列科学家雷奥·萨克斯发现肿瘤细胞在某种化学物质作用下，可转变成为一种成熟的非肿瘤细胞，他的研究成果在1978年就发表在顶级科学杂志《自然》上。王振义看到别人的研究工作，就知道这条路我们可以走；而且，我们现在研究出的这种药比国外的更便宜。王振义认为，看到患者经济拮据，没有钱看病，这就促使医生产生两种动力：一种是自己研制出一些比较好的药，第二种就是考虑有没有另外一条路可以走。我们要面对现实，全国13亿人口，大部分人难以承受高额的医疗费用。面对困难，应该自力更生，自己研究，找出新的途径。

王振义对创新的条件也有自己独特的理解。他认为，创新的第一个非常重要的条件就是要有一个意识——敢去想。我们一直把创新的起点看得很高，其实创新就是比别人多想一些的能力，有的是设想，有的在当时看来可能就是幻想。比如说乔布斯，他先有一个设想——有一个平台可以综合人们了解信息、进行娱乐的各种需要，然后利用现有的科学技术将其实现，方便甚至改变人们的生活。如果是按部就班地去做，怎么可能创新呢？

创新的第二个条件就是要有个环境，这其中包括了小环境

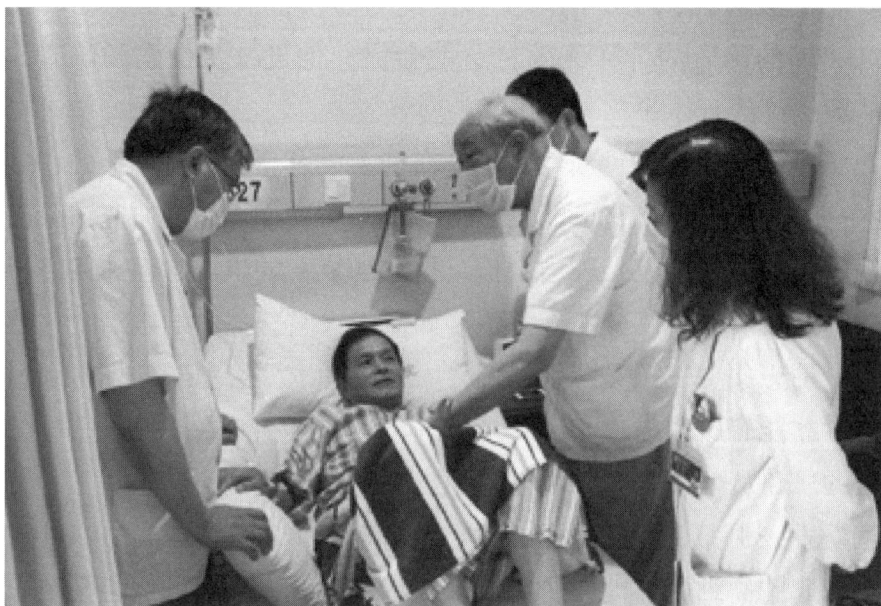

2014年，王振义和沈志祥（左一）、吴文（右一）等医师一起为患者仔细检查

和大环境。王振义认为，小环境包括家里的父亲、母亲或兄弟姊妹，若家庭里都有这种探索的精神，他们培养出的孩子，也会有这种探索的精神，这是家庭教育的影响。大的环境是要有一个具备创新思维的团队。例如，DNA双螺旋结构的发现，就是几个化学家、生物学家、物理学家在一起工作，在这样的一个环境当中，相互启发，才会产生这种设想。

第三，坚持精神和牺牲精神也是创新过程中非常必要的一个条件。王振义指出，坚持，就是要在一个问题上坚持下去。虽然有的时候是一种牺牲，可能努力了10年也没什么成果，但至少告诉世人，这条路是走不通的，那么，别人就不走这条路了，也算是一种贡献。因此，创新的成功在很多人看来好像是个机遇，但能够抓住这个机会要靠两个条件：第一是要端正自己的思想，钻研是为了解救患者，而不是为了个人的利益；第二就是必须能够坚持下去，不断地钻研、刻苦地钻研。机会是与坚持和不怕牺牲密不可分的。大家要始终牢记，创新不是一气呵成的，要敢于设想甚至是幻想，要创造环境，要肯坚持，还要善于把握机会！

3. 要有扎实的基础理论和知识

做基础研究，首先要打好基础，要不断地读书学习，因为很多内容都是来自书本的，有的还要查找文献。有时，你发现了一个基因，这个基因从哪里来？叫什么名字？有什么作用？如果不知道这些基础医学知识，这个病的发生过程就无法弄清楚，也就难以做到创新。

王振义指出，基础和临床是紧密结合的，二者其实没什么界限。现在很时髦的转化医学（Translation Medicine），就是从基础研究到临床，从临床研究到基础。我们研究全反式维甲酸治疗急性早幼粒细胞白血病，实际上就是转化医学的典范。因为我们从基础研究中知道可以使肿瘤细胞向好的方向分化，然后应用于临床，得到了证实，再回过头来研究它的作用规律，最后得出一些结论，指导临床实践。要在转化医学中有所创新，一定要有基础和临床两方面的知识。1993年，诺贝尔奖获得者穆利思（Mullis）发明了"PCR（聚合酶链式反应）测定方法"。他是一位生物化学家，有扎实和广泛的基础化学与分子生物学知识。他的发明广泛用于医学，尤其是分子生物学，对推动分子生物学和医学的发展起了很大的作用。因此，王振义强调，要在事业上有所成就，知识面一定要广，要触类旁通。有了广阔的基础知识才能创新。

现在的学习条件比较好，应该抓住机会努力充实自己。王振义认为，知识需要日积月累。医学院校的学生学习都比较忙，学校规定的书要看，但是规定之外的书也要看，不能受制于教学大纲。学习和掌握教学大纲之外的内容，才是过人之处。比如说一本《内科学》的某个章节讲了30种病，教了你25种，还有5种也要看一下。拿血液病来讲，大纲里大概只讲五六种，但是病有10多种，我们都要学习。这就是过人之处，也是拓宽思路的方法。有一次，王振义在查房时看到一个患者，他的这种病并不在教学大纲里。于是，王振义向学生提出了问题。这时，旁边一位好心的医生提醒王振义："王老师，我们的教学大纲里没有这种病。"王振义认为这位医生的想法是错误的，因为患者跑过来看病时不可能先问医生，我这种病是不是在你们的教学大纲里。

学习没有止境，每个阶段有不同的学习内容，要结合实际，遇到问题就看书学习。王振义说："我在做医生的时候，白天看什么病，晚上就看什么书，检查下的诊断是否正确，有没有漏掉什么。这样坚持几十年，肯定会有一个非常广阔的思路。得到国家最高科技奖的科学家一般都已70岁、80岁了，有人会叹息这么老才得这个奖，但这是知识积累的必经过程。只要踏踏实实地工作，有一天时机成熟了，就会得到一个公正的评价。"①

王振义认为，人生是一个不断学习、磨炼、加强自我修养和逐渐完善的过程。学习一生，不断用知识充实自己。一个人随着事业的发展，思想、行为、人生观也都在不断成熟。尽管会碰到很多困难，但应该鼓励自己克服困难，相信总有一天会看到美丽的前景。

二、大学精神：文化的传承与创新

王振义认为，作为一个医学院的管理工作者必须明白，传承大学精神，教师队伍是关键。团队的带头人很重要，整个团队就应该像一条船，有一个总的目标，知道该往哪里航行。船长、舵手虽然不断更换，但航行的目的始终清楚，事业的航程才能破浪前行。

1. 教师队伍是关键

王振义大学毕业以后就到广慈医院工作，师承我国著名的医学前辈邝安堃老师。几十年来，他也培养了一些出色的学生，包括陈竺、陈赛娟等人。他一直在思考：在医学乃至各个领域，如何更好地传授知识、传播思想、传承精神？其实，每个学校都

① 王振义：《爱心和好的医术是医生必备的两个素质》，《中国医学伦理学》2011年第24期。

有独特的文化传统和育人理念，比如清华、北大、交大、复旦，它们都有具备自己特色的校园文化。虽说不拘一格，但都有一个共同特点，就是想方设法地培养对国家有用的人才。在王振义看来，"有用的人才"包括两方面：一是在思想上，具有高尚的道德、创新的意识、探索的精神；二是在业务上、在学术上具有一定的水平。

如何才能培养出有用的人才，传承学校的文化精神？王振义认为，主要是由以下几方面因素决定的：

第一，就是这所学校要有一支优秀的教师队伍。如果一个教师不能以身作则，没有自己的观点，没有自己独特的地方，没有创新性和自己的理论，他怎能培养出好的学生？同时，教师也要有过硬的业务，而且这个业务不仅是自己掌握，还要表达出来并能够传授给学生。

第二，要有一个良好的氛围。一所大学要发展得好，单靠一个教师是不够的，要有一群教师。很多诺贝尔奖获得者，之所以能够获奖，就是因为整个团队间相互配合，物理、化学、生物等组合在一起，就可以有新的思想和发明出现。所以，王振义说的氛围，就是这所学校的教师队伍以学术水平提高为要务，大家对于科技发展与学术进步都有极大的兴趣，相互促进。这对学生而言，就能够起到非常重要的榜样作用。

第三，外部环境也很重要。比如经济的支持，它包括国家和地方政府的投入、支撑。这虽然不是唯一条件，却是很重要的条件之一。

第四，国际合作在传承思想过程中也扮演了很重要的角色，只有交流才能更好地发展。

如果要问，这4个要素哪一个为主？王振义最看重的还是教师队伍的建设。因为一旦拥有出色的教师队伍，即使经济条件不是太好、设备不是太好，还是可以在科学上做出很大贡献的，这样的例子在国外的大学中也是存在的。有的学校经济支持也不是特别到位，但他们的师资队伍非常强，学术气氛非常好，置身其中，就好像置身于一个堂堂正正的学术大熔炉，他们的成绩也就理所当然地突出了。

2. 团队带头人很重要

一个团队里面，不能说唯一重要的，但至少是很重要的人员，就是带头人。王振义认为，带头人的理念是什么，他是否清楚他的目标和目的是什么，是动脑筋去赚钱，还是为了科学、为了解决问题、为人类做出贡献，关乎这个团队的发展。为了赚钱而钻研，不是我们的目标。当年血研所创建的目的就是为了解决患者的问题，而把个人的名利放在第二位。因此，有了什么成果，大家也不会去争、去抢。

2012 年，王振义和华东师范大学校长俞立中畅谈团队精神

作为团队的领导人，如果不为团队的成员考虑，不为他们考虑前途、生活以及科研环境，有了成果以后，又和年轻人抢，那肯定是很难留住人才的。所以，王振义认为，作为带头人，第一要明确方向。第二要关心团队成员，要牢牢记住：一个人成功不是成功，我们需要的是整个团队的成功。

王振义特别强调，在团队建设中，选拔人才的机制和标准是一个关键的问题。他认为，不应以个人感情亲疏为标准，应该任人唯贤、唯才是举。这就需要一个团队的领导人头脑非常清楚，能够全面地、发展地看人。评定一个人不是看他讲得怎么样、写得怎么样，而是看他走得怎么样，即解决实际问题的能力怎么样。

1994年，王振义当选中国工程院院士。1995年，他就将血研所所长的位置让给了年轻人。很多人问他，你刚好在往上发展的时候，为什么一下子又退下来了呢？王振义回答说，要考虑年轻人个人的发展，同时，也考虑到血研所的前途。我觉得，年纪轻的人比我强，对于血研所的发展有好处，那么理所当然，就让贤，让他去领导。

在回忆当时的情景时，王振义深有体会地说："如果按照我原来的学问、原来的水平来领导这个血研所，这个血研所要走下坡路的。青出于蓝而胜于蓝，这是社会发展的规律。我曾提出一个'抛物线'的理论：一个人的事业总是往上走，但他到了顶点以后，受到年龄、体力等各方面的限制，总是要往下走的。一个人的整个成长过程是如此，事业也是如此。那有什么办法使事业始终保持向上呢？就是在当你看到或是感到往下走时，马上物色人才来顶替你。你的目的是事业，而不是个人。只有这样，个人虽然按照抛物线规律，到了高处总会往下，事业却永远向上发展。"

3. 坚持基础与临床的结合

转化医学是当今医学界很热的词。什么是转化医学？可以归结为很简单的一句话，就是基础研究与临床实践结合起来。问题来自临床，随后通过开展基础研究工作找到解决方案，再回归到临床，进一步提高临床的诊断、治疗水平。它的最终目标是要解决临床上的问题，使患者得益。

王振义认为，科学研究有两种：一种是纯理论的基础研究，但最终也要解决实际问题。比如现在研究得较多的质子、原子，这是基础研究，最终要解决能源问题。还有一种是实用的理论研究。就医学来说，就是将基础理论和临床实践结合起来，遇到问题去解决问题。举个血研所的例子：白血病的死亡率很高，当时世界上已经开始有一系列相关研究。我们用维甲酸治疗急性早幼粒细胞白血病时，就开始着手研究它的机制，为什么有效？也研究怎么做才能进一步提高疗效，是否可以把这个模式用于其他的白血病？这就是从临床中开拓出来的基础研究。虽然很可惜，我们这个模式无法有效地运用于其他的白血病，但因为我们解释清楚了为什么没有效，知道了这条路走不通后，大家就可以集中力量走另一条路，这也是一种收获。

王振义认为，开展转化医学需要大量的循证。上海交大医学院的优势之一就是附属医院比较多，附属医院之间的力量应该更好地联合起来。循证需要大量的材料，这个材料的收集整理就需要转化医学中心来解决。所以，既然要做转化医学，做大量的循证，就要有一个统一的计划，要有协作，要有中心。否则，如果因为病例在数量上不够，你所说的话、得出的结论就是片面的。王振义举例说："比如一个医生说：'我能够看好白血病，因为有一个患者在我这里吃了这个药就好了。'你信不信呢？有的人相信了，就去吃他的药，结果很难预料。为什么呢？因为他的结论是不科学的。如果他能提供证据，表明有几百个患者吃这个药都好了，那么别人就会相信，就会照做。像我们现在所用的维甲酸，没有人反对，大家都用，而且全世界都作为第一线的药物在应用，就是因为这个是科学的，是经过实践验证的。从临床中来，经过科学的研究，解决临床的问题。转化医学的概念看似是美国人提出来的，事实上，很多人都不自觉地践行着。就好像我，从毕业到现在为止，都是在做转化医学。"

科学就是这么来的，从实践中找出理论的规律，并上升到哲学的层面。王振义特别强调，他不是能力特别大，或者很早就有这个觉悟。他是从小到大，几十年来，不断地在生活中思考问题，并提升到哲学的高度上来分析自己的思想，反思自己的实践，总结自己的经验，才有了今天的这些认识。

三、行医为民：医患关系的真情演绎

医生必然要与患者打交道。在工作中，医生不可能什么缺点都没有，难免会有一些疏忽的事情；而且，医生不可能把所有患者的病都治好。那么，怎样来解决这个矛盾呢？王振义认为，治病是医患双方的事情。医生一方面要尽己所能，抱着爱心为患者服务，利用自己所掌握的知识为患者治病，解除病痛；另一方面，医生也要跟患者及其家属讲清楚有些病是治不好的，可能会发展到什么程度。很多医患纠纷的出现都是因为医生没有耐心地跟家属和患者沟通好、讲清楚，所以他们才会有很多意见。如果医生态度好一些、耐心一些，让患者理解这个病的现况，很多纠纷就可以避免。

此外，王振义也强调，对于社会舆论应该正确引导，不要对医疗纠纷轻易下结论。因为事物是复杂的，应该让事实、理智与法律来下结论和处理。随意污辱和伤害医务人员的做法是错误的，应当受到社会的谴责和法律的制裁。

王振义在60多年的从医生涯中，特别注重医患沟通，正确对待医患关系。他始终秉承广博慈爱的医者精神，时刻铭记毕业时的誓词："于任何患者，绝不索其力所不逮之诊金，并愿每日牺牲一部分时间，为贫苦患者免费之诊治"，并用自己的实际行动，为医患关系做出了最好的表率与诠释。

1. 廉洁行医倡正气

在瑞金医院，王振义不收"红包"、全心全意为患者服务的事迹人人皆知。

在人们心目中，医院是个纯洁、宁静的地方：白色的墙壁、白色的病床、白色的工作服……俨然一个白色的世界。人们习惯把医务人员尊称为"白衣天使"，这不仅因为医生能拯救人的生命，更因为那白大褂象征着纯洁的心灵、无私的奉献。

然而，20世纪90年代以来，社会上开始盛行看病、住院送"红包"的不良风气。尽管这种不正之风只是发生在少数医务人员身上，却令患者及其家属唯恐钱物不到，影响治病，那可是性命攸关的大事情呀！

因此，1993年7月30日，已经70岁的王振义和外科朱建新、灼伤科史济湘、儿科曾畿生、伤骨科汤耀卿等12位医生在瑞金医院召开的副主任以上医师职业道德建设教育大会上，联名发出了廉洁行医、拒收"红包"的倡议书，指出："为了维护绝大多数医务人员的形象，抵制个别人的行业不正之风，弘扬全心全意为人民服务的精神，我们郑重地联合倡议：全院医务人员要自尊自爱，自觉维护医务人员的崇高形象，自觉拒收'红包'，以良好的医德医风为患者服务，请社会各界和各位病家，爱护医生、尊重医生，不要给医生送钱送物，如发现医务人员有收受或索取

2014年11月，王振义参加华中抗日根据地反腐倡廉的历史经验和当代启示学术研讨会，右为上海市新四军历史研究会常务副会长刘苏闽将军

钱、物行为，请及时向院有关部门举报。"倡议书还说："我们坚持做到不收礼，愿全院更多的同行加入我们这支拒收礼的队伍，也愿更多的病员或家属，爱护医生，尊重医生，做到不送礼，用实际行动为廉洁行医、纠正行业不正之风树立榜样。"

这份倡议书张贴在门诊大楼和外科病房大楼的门前，医务人员和患者及其家属争相观看。大家纷纷赞扬这一创举，认为这是一封向社会不正之风的挑战书。

在倡议书贴出后半个月的时间里，瑞金医院组织全院各科医务人员进行医德规范和廉洁行医的学习。经过层层发动，约有近千名职工在倡议书上签名响应。他们中有医术精湛的教授、主任医师，也有年轻的医生和护士，全院上下形成了拒收礼品的良好风气。①

8月17日，《解放日报》头版头条以《12位教授发倡议，一石激起千层浪，瑞金医院兴起廉洁行医热潮》为题，赞扬这12位医师提出倡议、近千职工热烈响应的举动。《解放日报》还发表短评《可贵的精神》，指出："医疗队伍中的不正之风，和新闻队伍的'有偿新闻'，某些行政、执法部门的'有偿办事'一样，说到底是一种'权钱交易'。这是在发展商品经济过程中，西方腐朽没落的'金钱至上'思想对我们社会肌体的侵蚀。要抵制这种侵蚀，固然需要建立健全规章制度，固然需要各级部门持之以恒地开展职业道德教育，但更主要的，还是要树立崇高的责任感、使命感，形成自觉抵制侵蚀的'免疫力'。希望更多的医院，更多的单位和部门，都能像瑞金医院一样，从我做起，自觉纠正本行业本部门本单位的不正之风。"

在此后的3天里，《解放日报》分别以《我们为什么要联合发起倡议？——瑞金医院12位医师走访记》《廉洁行医过得

---

① 《解放日报》1993年8月17日。

硬——贴出倡议后的瑞金医院》等为题作了连续报道，并连续多日以通栏标题《向瑞金医院学习》，整版报道上海全市卫生系统开展学习瑞金医院廉洁行医报道后的行动与体会。广播、电视和《文汇报》等新闻媒体，也在之后的近一个月里作了多次、反复的宣传，为弘扬医疗卫生系统的行风正气起到了积极作用。翌年2月13日，《解放日报》又以《廉洁行医结硕果——来自瑞金医院的报告》报道半年多来在王振义等12位医师发出廉洁行医倡议后，瑞金医院在社会各界关怀下进一步取得的丰硕成果。

廉洁行医、不收"红包"，这是王振义作为医生从医几十年坚持的一个原则。一次，有一位外籍患者到病房请王振义看病，看完后拿出一个信封放在桌上，里面装的是厚厚的一叠钱。王振义将信封还给他说："我不能收，因为你是在我们科里看病，我又不是自己开诊所的私人医生，钱你必须拿回去。"过了一阵子，这位患者

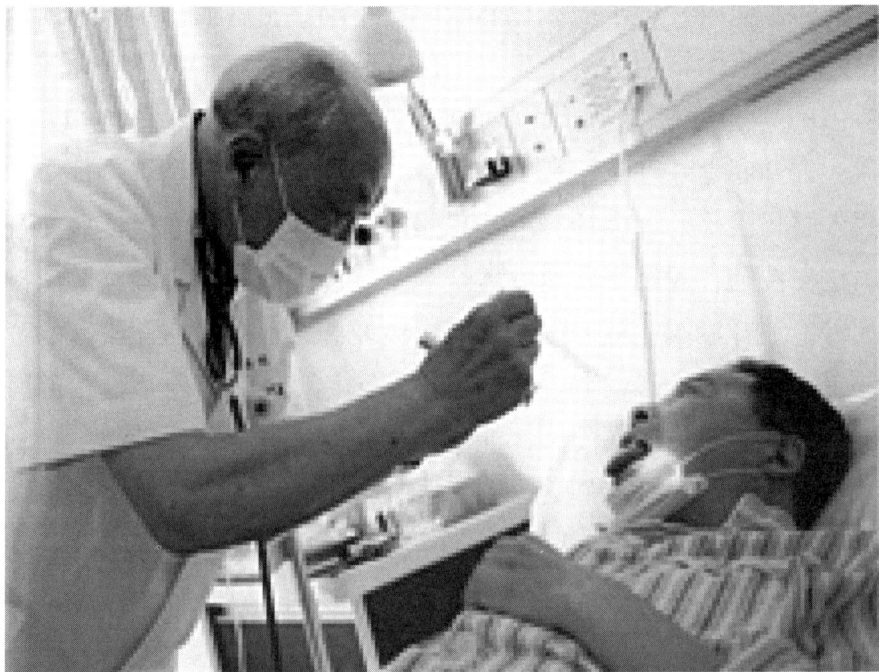

2013年，王振义在查房

又来了，王振义照样非常认真地给他看病。看完后，患者在桌上放了一些"金条"。王振义心里一惊，难道患者是误会上次的几万元现金送得不够，这次送来金条？患者笑着打开包装，原来里面是巧克力。王振义笑着拿给大家一起分享了。

据王振义的学生陆德炎回忆，有一次，王振义应邀去南通大学附属医院会诊，家属将一个装着4000元人民币的信封作为会诊费让陆德炎转交给了王振义。第二天，王振义就打电话给陆德炎，说按规定只能收下400元会诊费，余下的3600元已邮汇给他，嘱咐他退还家属。家属为此非常感动。老师的言传身教给陆德炎留下了深刻的印象。

姚旭是一位来自南通的年轻患者。1998年12月21日，对于新婚不久的他来说，是永远不会忘记的日子。这一天，他在南通大学附属医院经骨髓检查确认是白血病（M-3）。犹如晴天霹雳，他感到天都塌下来了。当日，他就住进了该院血液科病房。全家人心急如焚，不知所措，当时就一个心愿：请求医生无论如何要

2006年，姚旭及其母亲前往拜谢王振义

想办法治好他的病。医生告诉姚旭，他是不幸中的万幸。上海瑞金医院的王振义教授研究出来一种新的治疗方法，用全反式维甲酸治疗白血病（M-3）效果很好。姚旭听后很高兴，感到有希望了。用了40多天的全反式维甲酸后，病情果然缓解了，全家人非常高兴，接着就转入了正常的治疗。

谁知好景不长，姚旭的病情于2000年5月复发了。全家人再次陷入痛苦之中。姚旭很快住进了瑞金医院，经王振义亲自调整治疗方案，病情很快就缓解了。

2001年2月，姚旭的病再次复发了。全家人正在一筹莫展时，南通大学附属医院的杨景媛教授打电话到上海，请王振义进行电话会诊。王振义根据前期的治疗和当时的情况，提出了一个"诱导"的综合治疗方案，用了七八种药进行小计量化疗。果真奇迹出现了，姚旭的病情半个月就缓解了，全家人的心情再次平静下来。

谁也没有想到， 2005年上半年，姚旭的病第三次复发了，这几乎使他们全家人绝望。经商量，他们决定再次去上海瑞金医

2011年，王振义邀请姚旭（右二）及其父母，出席"光荣与力量——感动上海年度十大人物评选活动"颁奖典礼

院治疗。姚旭住进医院的第二天，年过80的王振义就亲自来到他的病床前，询问近期的病情，并安慰说："不要害怕，我不能保证百分之百，但我会百分之百地给你治疗，百分之九十以上的希望和把握会有的。"当时，王振义刚从国外参加一个学术研讨会回来，根据他的经验亲自制定了治疗方案。经过一段时间的治疗后，姚旭第三次复发的病情再次缓解了。

为彻底根治，王振义建议姚旭做自身骨髓移植。他还建议姚旭用"CD33抗体"治疗，在大面积杀死癌细胞的同时，再用"CD33抗体"把遗留的个别癌细胞追杀掉，做到双保险。因此，姚旭接受了王振义的建议，决定就在上海瑞金医院做自身骨髓移植。

在骨髓移植过程中，王振义对这个多次复发的病患付出了更多的关爱和帮助。有一次，正好是元旦，姚旭和家人不放心，深夜打电话向王振义咨询。王振义在电话里安慰他们说，不要担心，他已经给病房里的医生交代了。第二天一早，他就来到病房看望姚旭，询问情况，确定是正常反应，他才放了心。在整个骨髓移植过程中，他始终关切地询问病情，安慰姚旭及家属，使他们心里踏实多了。

经过一个多月的治疗，姚旭出院了，休养了一段时间，一切都很正常。王振义多次打电话询问情况，还写了一封信鼓励他。10多年过去了，姚旭一直没有忘记王振义给他的帮助和支持。他充满深情地说："我十分感谢王教授给了我第二次生命。我们永远不会忘记王教授的救命之恩，我们永远会记住王教授精湛的医术和高尚的医德。"

2. 慈行善举释真情

假如说，拒收"红包"对王振义来讲，是作为一位医者的本分；那么救病帮困，甚至是对患者"倒贴"，则是他医德医品中更值得称颂的地方。

早在1951年，王振义刚做住院医生的时候，广慈医院内科病房收进了年仅16岁的复兴中学高一学生邹兆芳，临床诊断为结核性胸膜炎、腹膜炎。她天天高烧不退，每天傍晚，体温就升高到39摄氏度以上，持续了2个月。当时，结核病好似现今的癌症，特效药是昂贵的链霉素，内地尚无生产，需从香港进口。邹兆芳是王振义的一位远亲，她的父亲收入微薄，要养活全家7口人，经济拮据，只有靠变卖家产和借贷为她治病，因此，根本没有钱去香港购买链霉素。邹兆芳也只有承受着天天高烧不退、卧床不起的痛苦。

王振义每次查房时细致地为邹兆芳听诊，在没有特效药的情况下，靠用针筒抽胸腔积液、用插管抽腹腔积液的方法治疗。随着大量积液抽出，高烧终于逐渐消退。出院结账时，靠借贷为女儿治病的邹兆芳的父亲无法支付全部费用，是王振义

2012年，王振义和邹兆芳谈人生追求

为她结清的。

1951年年底，王振义一位同学的妻子因病在广慈医院住院治疗。当病愈出院结账时发现，她根本付不出160元的医药费。王振义是担保人，只能用自己的工资帮她结算。那时候的160元钱可不是一个小数目，王振义从每月的工资中扣去10元，一共扣了16个月。为了这事，军代表朱瑞镛还特意将王振义找去，说："王医生，你有多少钱可以救人？"王振义说："尽我的可能吧。"

毛泽东有句名言："一个人做点好事并不难，难的是一辈子做好事，不做坏事，一贯地有益于广大群众，一贯地有益于青年，一贯地有益于革命，艰苦奋斗几十年如一日，才是最难最难的啊！"这席话提出了一个深刻的现实命题。怎样解决这一"难题"？王振义以自己的行动，回答了这个难解之谜。他从医半个多世纪，共帮助过多少患者，为他们垫付了多少医药费、寄送了多少生活费，还送这送那，谁都说不清，就连他自己也都记不清了。但是，被他帮助过的患者会铭记在心，终身难忘。

楼镑是浙江义乌的一位B型血友病患者，由于家庭经济条件拮据，没有在发病的时候及时输注凝血酶原复合物，14岁时就左腿残疾了。他对生活几近绝望的时候，了解到上海瑞金医院的血液病专家王振义的通信地址，在2002年3月18日抱着试试看的心态给王振义写信，诉说了自己的发病史、身体状况和残疾程度。

意想不到的是，3月23日，王振义就给他回信了：

接到你的信，知你患了血友病B（缺乏因子IX）。对你与疾病作斗争的毅力，尤其是"身患病心不病"的精神深为感动。遗憾的是你的病至今没有办法根治，只能注射因子IX制剂（发病时用），现在有卖的，是凝血酶原复合物（PPSB）。不知你县是否靠近杭州或温州。建议你到就近大医院找一位医生指导用此药。你应该把你的病，告诉老师，要避免外伤，压力过大。建议你学习计算机类技术，可以坐着工作和学习，对你可能有用，也可学其他坐着工作的技术。

过了5天，王振义又给楼镑写了第二封信：

看到你的来信，对你的处境十分同情。但除凝血酶原复合物之外，别的没有更好的办法（这是根据国内的情况），而且这种药品在发作时要用，不可能一直用。建议你依靠政府和社会帮助你解决一些困难，例如请当地政府或省卫生厅，请领导在经济上给你一些帮助。此外平时服用维生素C 100毫克，每天3次，同时

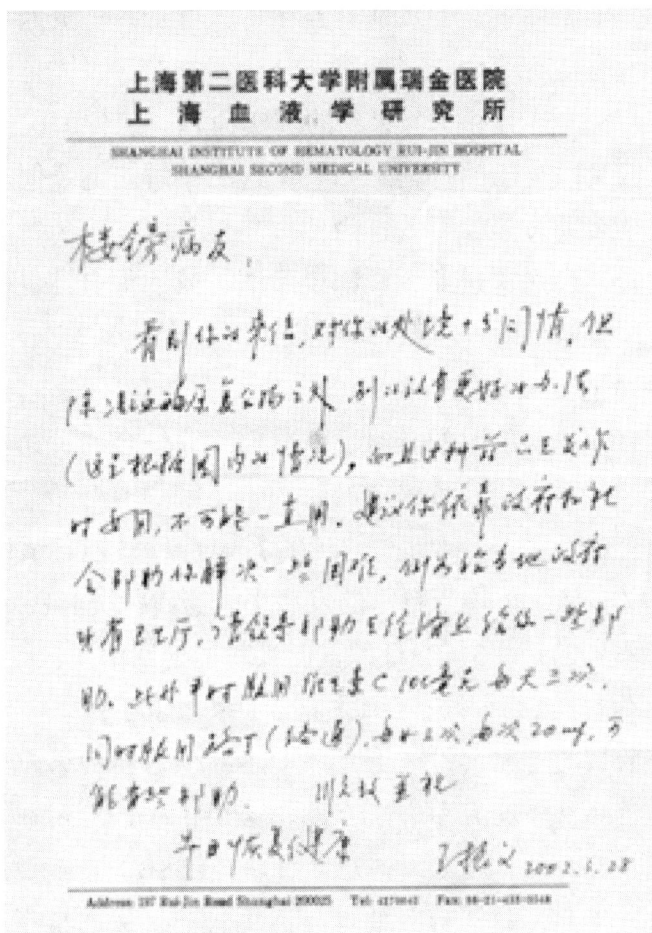

2002 年 3 月 28 日，王振义写给楼镑的信

服用路丁（络通），每日3次，每次20毫克，可能有些帮助。

此后，楼镑经常打电话或写信向王振义请教疾病的治疗等知识。王振义不但每次都耐心地指导楼镑如何做好自我保护、如何用药；而且每当他出血了需要用凝血因子治疗时，看到他家境困难，还想方设法替他找凝血因子，甚至时常自己掏钱给他买药。从2007年中秋节起，王振义每个月寄2000元帮助楼镑，2011年之后又增加到3000元。

2008年5月15日，楼镑坐着轮椅来到了王振义的办公室，第一次见到了这位鹤发童颜、风趣幽默、和蔼可亲、穿着白大褂的老医生。面对自己资助多年的小病友，王振义还是一如既往地鼓励他要积极乐观地面对生活："血友病是遗传病，你得了这病是父母不愿看到的，但是事情已经发生，那怎么办呢？我们的生活还得继续呀。也是因为血友病，我们才有机会认识，我才会在成千上万的患者中选择了帮助你。这都是老天的安排！要正确面对疾病，更要理解和开导你的母亲，因为你们都是人类基因发展道路上的受害者。"王振义还鼓励楼镑勇敢地、有选择性地向别人说出自己是血友病患者，要想办法用正确的方式让政府听到这些弱势群体的心声。楼镑在回忆此情此景时发自内心的声音是："这是王教授第一次将'信仰'两个字感染于我！他的话语总是能给我正确的指引。"

2010年6月9日，楼镑在给王振义的信中写道：

谢谢您这么多年对我默默地帮助与关心。在我一次次发病的时候帮助我、指导我，鼓励我要有信仰，希望我有一技之长，能独立地靠自己生活。我都记得您的好！病发了，病魔就会摧毁我的意志，令我变得消极。重度的血友病严重地影响了我的生活。从小我都是忍着疼痛过日子，这也让我在初二的时候就致残了。除了我妈，我还从来没感受到过别人对我的关心。说真的，王教授您对我比亲人对我要好上千倍。渐渐地，我也把您当成了我的亲人。只有您能了解我的痛。是您改变了我的人生观。也让我重新有了信心，渴望生活。每每想到您，拨通您的号码，我都会……只有泪水和那份感激。

这是一个从小就被血友病折磨致残的病患发自肺腑的声音。王振义以他的人格魅力、高尚情操和无私帮助，挽救了一个年轻病友的心灵，使他重新树立了生活的勇气和信心。

2010年7月11日，楼镗在弟弟的陪同下，再次来到上海瑞金医院，把自己亲手绣的十字绣"年年有鱼"送给王振义。王振义接过十字绣，开导他说："你回去之后应该选择一个适合自己的信仰。因为信仰是积极的，它能够在你最困难的时候支撑你走下去。" 他还更正了人们口中说的老天是公平的这一错误说法："其实，老天是不公平的。为什么你生下来就是生病的呢？难道是因为你生下来就做了坏事，老天要惩罚你？为什么别人是健康的？这就是老天的不公平。但是你要相信，天无绝人之路。生活

2011年，王振义和楼镗及其母亲合影

总是往好的方向发展，国家的政策也会越来越好。"王振义还承诺，只要他在世一天，就会帮助楼镕！这对于楼镕来说，不仅是给了他物质上必不可少的帮助，在精神上更是无法用金钱衡量的无限财富。每次回想起王振义的话，都让楼镕如沐春风，心灵上都会有豁然开朗的感觉！

在同年9月的一天晚上，王振义打电话给楼镕说，他已经把"年年有鱼"的十字绣义卖了，共计2万元人民币！实际上，是王振义以义卖的名义将钱汇给了楼镕。从医疗指导到物质帮助，到思想开导、精神支持，再到义卖，楼镕和他的家人已无法用言语来表达内心对王振义的感激之情。

2014年，楼镕和幼儿园的老师潘巍燕结婚了。王振义获悉后特别高兴，立刻寄上5000元表示祝贺。楼镕这位从孩提时代起就受到王振义帮助的患者充满深情地说："王振义教授的帮助10年如一日地做到今天。他给了一个全新的我，影响了我的人生，改变了我的人生轨迹，让我树立了正确的人生价值观！"10多年来，王振义不仅用高超的医术救了楼镕的命，更是10多年如一日地每年坚持汇款给他治病，使他和他的家人感受到人间的温暖，这真的就是"倒送红包"。

王振义不仅在医学专业领域出类拔萃，在公益慈善方面也起到了表率作用。多年来，他在每年春节前夕都会向上海市慈善基金会捐款1万~2万元，用以帮助贫困群众。无论遇上什么灾害，他都会慷慨解囊。10多年来，他不求回报，定期捐赠，展现了他崇高医德、高超医术之外充满爱心的一面。

30多年前的一天晚上，正在实验室工作的王振义突然接到一个求助电话。来电者是上海市的一名残疾少年，其双亲同为身患重病的残疾人。求助者哭诉自己的困境，恳求王振义帮帮自己。王振义心头一震，立刻记下了少年的联系方式，并告诉他："你再坚持一天，明天我就能给你消息。"第二天，在核实了求助者家庭的真实情况后，王振义一直接济这个少年，直到他的家庭纳入政府低保。

自上海市慈善基金会成立以来，王振义每年都会去基金会捐款、献爱心。2008年"5·12"地震发生后，他还特意委托卫生部部长陈竺，转交了他给四川残疾伤员的10万元捐款。四川省卫生厅相关负责人说："王振义院士虽然身在千里之外，但对灾区人民的安危十分牵挂，对四川残疾伤员的康复关怀备至，不仅大力给予医疗救援技术援助，还个人捐款专门用于残疾伤员康复。"

王振义坚持慈行善举30年，但刻意保持低调。自上海市慈善基金会成立后，王振义的捐款几乎都是通过它，不再涉及一对一的捐助个人。他一再强调不希望自己被宣扬。他说："我是个普通的科技工作者，帮助社会做点事情很普通，没什么值得宣扬的。善是一个人最基本的要求。我只是一个平凡的人，做了大家都在做的平凡的事情而已。"

王振义对医学科研领域的资助也不遗余力。1994年，王振义将在美国获得的奖金捐给上海第二医科大学，设立"白血病诱导分化疗法基金"（后改为"肿瘤治疗研究基金"）。捐款目的是为了奖励在白血病、癌症研究等领域做出突出成绩的研究人员，特别是刻苦钻研的年轻人。王振义说："获得荣誉和奖金，是对我们科学工作者工作的认可，并不能代表什么。我只是一个普通医生，患者痊愈才是对自己最大的奖励，荣誉和奖金并不具有多大意义。"

3. 医者仁心显大爱

作为一名医者，王振义身怀对病患的大爱之心。血液病患者的病情都比较重，生活质量都很差，很多患者甚至在死亡线上挣扎。王振义深刻地认识到，这些患者是将生命交给了自己，将求生的希望寄托于自己。因此，作为一名血液科的医生，一定要对病患有更多的爱心和责任心。

在几十年的行医生涯中，王振义始终如一，亲自查房，参加病例讨论，总结治疗经验。他不仅对自己要求十分严格，而且以同样的态度要求各级医生，要求他们对工作、对学习要有实事求是的科学态度，绝不允许有半点儿虚伪。

查房的时候，一身白衣的王振义总是微笑着望着患者的脸，声音轻柔而徐缓，亲切地询问患者的情况，俯身细细地为患者查体，静静地倾听他们诉说。他希望尽可能减轻患者身心的痛苦，患者也能够感受到他那份炽热的医者关怀。

王振义认为："一个医生应该把患者的需要放在首位，要做到这一点，我们唯有爱患者。有了爱，我们才能不断督促自己学习，充实自己，从中累积的经验才能成为给患者解除病痛的利剑。"

每个医务人员都要有爱心，有责任心，这样才会受到社会的尊重，得到患者真诚的回报。医生向患者付出仁爱的同时，也会得到患者的爱。

1974年的秋天，一个9岁的男孩昏迷在瑞金医院的急诊室里，似中风症状，却不明其因。正在值班的王振义立即全力以赴地进行抢救。男孩是什么原因导致昏迷的呢？王振义对患者仔细观察，认真思考，终于在男孩脚上不起眼处，发现了出血引起的并发症——过敏性紫癜。王振义根据这一诊断，对症下药，男孩最终获得治愈。

男孩的父母对王振义一直心存感激。但由于当时没留联系方式，王振义的工作又几经调动，他们找了整整30年，直到2004年9月，才辗转找到了王振义。如今，男孩已经长大成人，并已成家立业，在一家制袜厂工作。男孩的父母带着儿子一起登门道谢，并给王振义送了几双袜子。

2004年，王振义和过敏性紫癜患者（右一）及其父母合影

"我们儿子的命是您老捡回来的，他现在身体棒棒的。儿子没什么大出息，靠卖袜子维持生计。这些袜子给您暖暖脚。"夫妇俩朴素的话语，震撼着王振义。

虽然取得过无数的研究成果，赢得过无数的鲜花和掌声，对一切名利和荣誉，王振义都看得很淡，但患者送来的几双普普通通的袜子，他却偏偏欣然地收下了，并非常珍惜。王振义说："这是患者送给医生最珍贵的礼物，代表着患者的一片心意。这几双袜子，我一直舍不得穿，要把它们好好珍藏起来。"

如此感人的医患关系在王振义身上屡见不鲜。

如今，医学模式已经从传统的生物医学模式，发展为生物—心理—社会医学模式。救人要先治"心病"，这是王振义常常讲的一句话。他凭着心底无私的爱和强烈的医学职业精神，很早就认识到治病救人不只是疾病本身，更要帮助患者融入社会。绝症面前，医患之情亲如手足、水乳交融。王振义，以他深如江海的仁爱之心，驱散病魔肆虐的黑暗，让患者看到一片光亮。

陈辰是上海师范大学外语系的学生，不幸患上了急性早幼粒细胞白血病。强烈的恐惧感和失落感，使她情绪低落，无比伤心。女孩本有一头乌黑的长发，得知进行化疗要失去头发，她更是情绪异常激动，拒绝接受治疗。

王振义得知陈辰的情况后，亲自来到她的病床前耐心地疏导、安慰，用各种事例为她分析病情，鼓励她树立起与病魔抗争的信心。

"王爷爷，我不要死……不要死……我害怕看到自己化疗后失去头发的样子。我真没有活下去的勇气了……我感觉自己一个人面对着死神，好孤独……我还这么年轻，为什么偏偏是我得了这个病？我好难过啊！"陈辰撕心裂肺地向王振义哭诉着，一头长发散乱在额前。

是啊，对陈辰的心情，大家都能够理解。处在人生最美好的青春年华，本该是心怀梦想、畅想未来的时刻，她却要经历恶病的摧残和折磨。她的心像是坠入暗无天日的深渊，看不到一点儿光明和希望。

王振义为陈辰捋了捋头发，拭去她伤心的泪水。他安慰女孩："好孩子，你一点儿都不孤独。我们所有人都和你在一起。病魔就像是弹簧，你弱它就强。不要难过，保持坚强。振作起来，战胜病魔。别忘记了，老师和同学都等着你回学校上课，你的爸爸、妈妈都期盼着你恢复健康啊！"

在王振义苦口婆心的劝导下，陈辰开始信任这位白发苍苍的老医生，逐渐打开了心结，终于答应接受化疗。而在每次化疗结束后，王振义都会前来看望她，询问病情进展，与她交流谈心，继续鼓励陈辰增强面对生活困境的勇气和信念。在王振义的帮助下，陈辰的不良心理状态逐渐改变了。经过几次化疗之后，陈辰的病情终于稳定了下来。陈辰的母亲也明显地感觉到，面对病魔，女儿变得坚强了许多。

陈辰的病情缓解后，情绪有了新的波动，自卑感油然而生，认为自己是家庭和社会的负担，无法与外人交流，甚至患上了抑郁症。怎么办？王振义已经治好了她的生理疾病，剩下的难道就不归医生管了吗？不！王振义知道这个情况后，主动地鼓励她、开导她，甚至还替她联系安排，帮助她开了个小店。陈辰能够自食其力了，最终成为一个身心健全、能够为社会做出贡献的劳动者。

陈辰的病完全缓解，已经有 6 年多了。满怀感激之情的她经常来电，向王振义表示衷心的感谢。

2013 年，王振义和陈辰及其母亲合影

王振义说："我们要治病，更要尽力给患者指一条路。让他们在遇到人生困难和挫折时，去挖掘自己不同于别人的优点、长处，去发现自己的人生价值，进而帮助他们确立坚定地活下去的勇气，树立战胜病魔的信心，与疾病斗争到底。"他认为，使每个患者重新回归社会、回报社会，才算是真正的治愈。

王振义不仅关注本专业领域、本科室年轻医生的发展，他还常常深入医院其他科室会诊、指导。

瑞金医院乳腺疾病诊治中心是成立于2009年的年轻科室，在沈坤伟教授的带领下，从一站式诊疗模式的构建到相关软硬件的配备，从各类门诊的开设到MDT的实施，从社区义诊到慈善救助……中心的诊疗、护理工作在稳步前行中开展得颇有特色。

2012年11月21日，王振义冒雨来到乳腺疾病诊治中心，深入病房、门诊，耐心倾听沈坤伟主任等医生的介绍，毫无保留

2012年，王振义在瑞金医院乳腺疾病诊治中心，与沈坤伟主任、方琼护士长亲切交流

地结合自己丰富的临床、科研经验，针对乳腺肿瘤的诊疗、科研、转化研究等内容，提出很多建设性的建议和观点。同时，他还关切地询问年轻医生的生活及发展情况。言谈举止间，流露出他对一线科室发展的由衷关切，对乳腺专科发展的积极鼓励，对年轻医护人员工作、生活的深切关心。他建议中心领导应不拘一格选拔人才，不遗余力培养人才，不断开辟转化医学新领域；鼓励年轻医生要敢于创新，勇攀医学高峰，瞄准世界医学科学的前沿，把握国际医学发展趋势，敢于在最核心的医学科学领域挑战权威、标新立异。

倾听着王振义的谆谆教诲，中心医护人员倍感欢欣鼓舞，也深深感受到他敬业仁爱、淡泊名利、宠辱不惊的高尚医德，学习到他甘当人梯、乐于奉献、诲人不倦的高尚师德，领悟到他潜心学术、求真务实、勇于创新的治学精神。

上海市大团中学退休物理老师潘静曼是一位与血液病斗争了几十年的老患者，当在网上读了季光教授的博客《白血病杀手——王振义教授》一文后，心潮澎湃，深有体会地留下了一段发自肺腑的话："王教授是我最崇敬的医者，我感谢他救了我。每次我见到他，他总是笑嘻嘻地说：'小姑娘，现在很好吧。'最让我感动的是，一次在血研所的电梯里，他正在与一位外宾交谈，我叫了他一声，他马上介绍给外宾，这就是我的患者！我不仅由衷地佩服他的记忆，更是感觉到阵阵温暖！他还和我亲热地握手，拍拍我的肩膀连声说：'真的很好！'他是一个高尚的人！愿王教授长命百岁，青春永驻！"

潘静曼思绪万千，回忆起自己1977年在瑞金医院住院的日子：

我作为医学教学病例收入了瑞金医院血液科病房，主任就是王教授。血液科有两个大病房，里面住着来自祖国各地的患者，有来自农村的，有来自山区的，有来自边疆的，也有像我这样来自上海地区的，王教授从来都是一视同仁。

场景一：在病床边，王教授正在给一位浙江抓鱼的渔民患者剪头发，一边剪，一边安慰她："你又复发了是吗？这次好了，你要好好地休养，不能再去抓鱼了。"为了让渔民能安心治疗，王教授又说："钱不是问题，你老公会抓鱼卖的，你不要好了点就想走。"剪好了头发，还请大家看看，又风趣地说："剪了又干净又漂亮，大家说对吗？"王教授的心地真善良，知道渔民家生活因病拖累，现在经济十分困难，这位渔民已对治疗丧失信心！王教授就用这种善举来感动患者，唤起她对生活的渴望。

场景二：我是一个遗传病的血液病患者，此病在江南地区较少，一般发生在东南沿海一带或东南亚地区。为了确诊病因，也为了消除我的顾虑（那个年代，家庭出身还是蛮忌讳的），他叫我到他的办公室里，首先说，你的问题不涉及任何政治问题，你放一百个心！谈话就在很友好的气氛中进行，我也如实地告知了一切。王教授不但是一名医术精湛的医生，也是一名优秀的心理医生！

场景三：为了配合治疗，我做了切脾手术。术后，王教授亲自来帮我翻身，还给我鼓劲说："你会很快康复的，勇敢点！"为了让我早点恢复，他还给我进行中西医结合的治疗，要我在用西药的同时服中药。他认为，这样康复起来要快得多。我在观察室里，他一天不知道要来几次，我真不能光用一个"谢"字来表达我对他的感恩之心了。他真把患者当亲人！

场景四：不知道是哪一年了，反正是医疗系统组织在静安公园进行义诊，血液科的那张义诊桌子边坐着神采奕奕的王教授，一头白发，一脸微笑，慈祥地正在为咨询的群众一一解答。快要轮到我时，记者来采访他了："王老，您这么大年纪了，为什么还来义诊呢？"他用简单的语言回答了记者的话："我能为大家做点事是应该的。"我就在记者的边上，很想说点感想，但王教授就说："你也来了？有什么问题？现在血象如何？要坚持吃药。来，让我看看你的眼睛，看看你的指甲。"王教授就是这么低调、这么谦虚！

王教授，血液病患者都不会忘记您！您是我们这些人的福星！有了您，我们才有了生活的勇气和底气！

结语　清贫的牡丹：学术追求与人生姿态相映生辉

　　王振义从小受到严格的家教。父母一贯教育他要做一个正直的人，成为怀有一技之长、对社会有用的人。他在学生时期受到孔孟之道的熏陶，在大学时代受到宗教思想的影响，中华人民共和国成立之后，又长期受到党的教育。可以说，他的人生观是由孔孟之道、宗教思想和社会主义道德品质三者融合而成的，潜移默化中使他成为一个克己奉公、为人正直、把为患者服务放在首位、不断钻研业务、努力提高学术水平的人。

　　王振义在医学上的最主要贡献，是利用全反式维甲酸诱导急性早幼粒白血病细胞分化，在临床上极大地提高了急性早幼粒细胞白血病患者的完全缓解率和长期生存率。自1986年以来，王振义带领的课题组在国际上首先应用国产全反式维甲酸治疗急性早幼粒细胞白血病，取得重大突破，完全缓解率高达85%～90%，受到国内外医学界的高度评价和尊崇，为恶性肿瘤可以通过诱导分化治疗这一新的思路和理论提供了成功的范例，被国际医学界称为"一次革命性突破"的里程碑。

　　1988年，王振义在《血液》杂志上发表了第一篇关于全反应维甲酸临床应用的论文。该研究成果发表以后，在国际医学界引起了巨大的反响和兴趣。在短短的几年里，这篇论文被引用了370次以上，截至2010年5月，该论文被广泛引用达1713次。2000

2014年，王振义回顾自己的人生历程

年，该论文为1981～1998年全球引证率最高论文之一，获年度最佳引证论文奖。美国《20世纪具有标志性血液学论文》一书，收录该论文为全球百年86篇最具有影响的代表性论文之一。

王振义获得的国家和省部级各类科技奖共23项，自1980年以来发表论文320余篇，主编专著5部，参加编写著作17部。其中，与陈竺一起主编的《肿瘤的诱导分化和凋亡疗法》获国家图书奖，与李家增、阮长耿等人主编的《血栓与止血——基础理论与临床》成为国内这一领域的经典参考书。

2011年1月，王振义获得2010年度国家最高科学技术奖。

2012年1月20日，全美癌症研究基金会宣布，将第7届"圣捷尔吉癌症研究创新成就奖"授予中国工程院院士王振义和中国卫生部部长、中华医学会会长、中国科学院院士陈竺，以表彰他们在联合使用全反式维甲酸和三氧化二砷（俗称砒霜）治疗急性早幼粒细胞白血病研究中取得的原创性成果，所开发的全新疗法将急性早幼粒细胞白血病患者的"5年无病生存率"从大约25%提高到95%，成为目前全球的标准疗法。本届奖项遴选委员会联合主席、美国福克斯蔡斯癌症治疗中心科学家贝亚特丽

2012年，王振义获得第7届"圣捷尔吉癌症研究创新成就奖"

斯·明茨说，王振义和陈竺"完全改变了急性早幼粒细胞白血病患者的医疗状况，他们联手取得的成果已经并将在未来继续拯救千千万万患者的生命"。

全美癌症研究基金会成立于1973年，是美国最大的癌症研究公益机构。"圣捷尔吉癌症研究创新成就奖"，由全美癌症研究基金会以曾获诺贝尔生理学或医学奖的匈牙利籍科学家纳扎波尔蒂·圣捷尔吉·阿尔伯特（Nagyrápolti Szent-Gy・rgyi Albert）的名义设立，旨在奖励对癌症研究有非凡贡献的开创型科学家及其杰出科研成果。2012年是该奖首次授予美国之外的科学家。

2012年3月5~7日，王振义和陈竺在美国纽约参加了全美癌症基金会颁发第7届"圣捷尔吉癌症研究创新成就奖"活动。

全美癌症研究基金会主席富兰克林·萧伯瑞（Franklin Salisbury）在颁奖仪式上说，"圣捷尔吉奖"奖励的是癌症研究

方面的突破。这种突破是使新的癌症疗法成为可能的突破，是给千百万人带来癌症可以治愈的希望的突破。中国两位科学家取得的正是这样的突破。

陈竺在颁奖仪式上表示，癌症预防、控制和治疗是一个充满挑战、急需研究前沿取得突破的领域，攻克白血病一直是他们几代人的梦想。这一研究成就是中国相关学术机构以及国际合作的结晶，是应用中国传统文化和中医实践与现代科学相结合的成果，是从实验室到临床，以及从临床到实验室的双向转化医学研究的例证。

陈竺强调，科学基础研究、临床研究和卫生政策紧密相关。科研成果可以转化为可推广普及的、具有成本效益的诊疗方法或干预手段。医学研究成果可以通过循证决策机制成为卫生服务和保障体系的有机组成部分，造福患者和人民群众，并推动医学科技的进步。没有一个公平、可靠的卫生体制，是无法防治任何疾病的。中国正在开展医药卫生体制改革，在 3 年内初步建立健全了覆盖13亿人口的基本医疗保险体制和基层卫生服务体系，挽救了上百万人的生命。

陈竺指出，中美两国应针对慢性非传染病等全球健康卫生问题，进一步加强医学卫生领域的合作，为建设一个和平、和谐的世界做出贡献。

同年3月30日，王振义和陈竺师徒俩再次共同获得一个大奖——"影响世界华人大奖"[a]。站在领奖台上，王振义说："刚才在想，我还可以做些什么，因为我仔细看了一下，今天领奖的人，头发全白的就我一个人。算一下年龄，我比最年轻的两位大4倍。那么，我这个老年人，还可以做些什么呢？但是我想，我

---

① "世界因你而美丽——影响世界华人盛典2011～2012"由凤凰卫视及凤凰网策划发起，并联合10余家华文媒体和机构共同主办。由来自主办机构的百名资深媒体人推选出本年度身处新闻大事核心、在不同领域成就卓著、对世界具有影响力并受全世界关注的10余位杰出华人。

2012年，王振义在"影响世界华人大奖"领奖台上

是医生，医生就是为了解除患者的痛苦，我的发现也就是在这种指导思想之下不断学习和研究取得的。虽然我的年龄比较大，但是我还有我的经历，可以做我力所能及的工作。比如说，为患者解除一些诊断的困境，与年轻人交流一些经验。我已经88岁了，很多东西不可能再研究了，但是我想，还有年轻的一代。我也看到很多的年轻人，放假的时候还在实验室工作，晚上很晚，灯还亮着。这种精神就告诉我们，我们可以把希望寄托在年轻的这一代科学家身上。他们只要把患者放在第一位，为了解除患者的痛苦，为了使更多的患者能够治愈、长期存活，这就是非常好的。想到年轻人，我就信心百倍，他们肯定会为我们人类做出更大的贡献。"

2012年6月4日，国家最高科学技术奖获得者小行星命名仪式

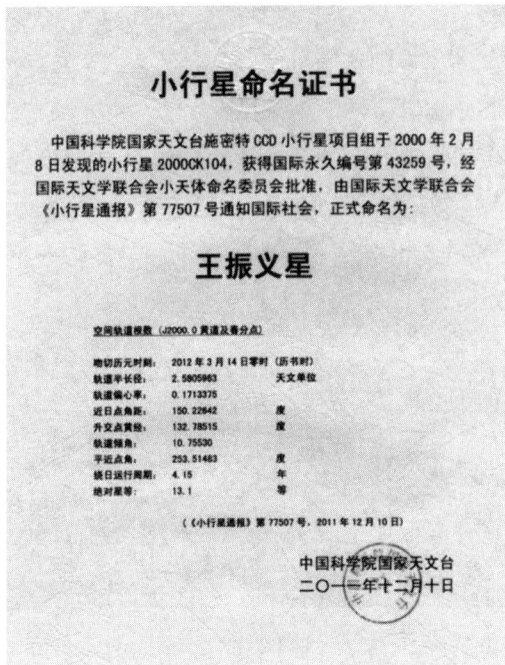

"王振义星"命名证书

在北京举行。王振义获得命名小行星的崇高荣誉[a]。全国政协副主席、科技部部长万钢和中国科学院副院长詹文龙，向王振义颁发了小行星命名证书与小行星运行轨道图。根据国际小行星中心第77507号公报，将第43259号小行星永久命名为"王振义星"。

广博慈爱，大医精诚，正因为强烈的爱和坚定的核心价值观，王振义用一言一行告诉了我们什么是医学服务的内涵、什么是医学的职业精神。他是每一位医务人员和医学生心中的"王振义星"，他将承载着中国医学的学术成就和崇高精神，光耀寰宇。

几十年的求索路途上，王振义已经获得过数不清的奖励。对于名与利，他一直看得很淡。他认为，人生第一重要的问题是树立正确的人生观。

如何看待自己的人生？人活着究竟是为了什么？仅仅是为了赚更多的钱？抑或是为了获取他人的赞誉？王振义认为都不是。

对于名和利，王振义从不轻蔑它们。他认为，"名"就是荣誉。每个人都想得到别人的褒奖和认可，验证自己的成功，所

① 此次以国家最高科学技术奖获得者王振义等5位中国科学家名字命名的小行星，由中国科学院国家天文台施米特CCD小行星项目组发现并获得国际永久编号，经过国际天文联合会批准而获正式命名。由于小行星命名的唯一性和永不可更改性，获得小行星命名是国际公认的殊荣。

以，争取"名"无可厚非。"利"，就是金钱。人要生活，首先要有这个物质基础。要想让自己生活得更好一些，那就需要多挣一些钱。因此，想得到"利"、赚更多钱也是正常的事。

但是，王振义从不过分重视名与利。他说："人生中，钱够用即可，别人褒奖也不过是对自己过往的肯定。所以，太多的名和利不是人生的真正意义，甚至有时候会成为生命的负累。我认为，人生的价值在于为人类做了些什么事情、做出了怎样的贡献。"

王振义特别强调，作为医生一定要淡泊名利、勤劳务实。王振义用全反式维甲酸治疗急性早幼粒细胞白血病取得成功后，获得了国际肿瘤医学研究领域的最高奖——"凯特林奖"。当时就有外国记者问：您为什么没有申请专利？王振义的回答是，申请专利的目的就是为了保护自己的权益。当患者需要看病，但又付不起医疗费用时，作为医生就要从患者的角度出发，应免费给他看病。有的医生为了挽救患者的生命，在关键时刻，甚至慷慨解囊，予以资助。我始终恪守我在毕业时的誓言："余于任何患者，绝不索其力所不逮之诊金，并愿每日牺牲一部分时间，为贫苦患者免费之诊治。余于正当诊金外，绝不接受不义之财。"

王振义认为："医生追求的是一种崇高的境界，为人类健康事业做贡献。捍卫生命是一种职责和义务，不计较名利得失，做医生就要有这样的思想境界，并且对名利要有正确的认识。搞科研也要淡泊名利，得奖是一个机会，是大多数人一起工作的结果，不能归功于一个人。有的人为了追名逐利，弄虚作假，这是绝对要不得的。"

王振义还是像一个普通的老人一样，认认真真地工作、平平淡淡地生活。

2011年春季里的一个周日，上午8时左右，邹兆芳接到88岁的王振义的电话。他问："哪里有卖录音磁带、看图识字卡片

清贫的牡丹：学术追求与人生姿态相映成辉

的？"，邹兆芳想了想说："大概福州路的上海书城有，我下周去买买看。"

当天中午，邹兆芳又接到王振义的电话，他说："我已去福州路上海书城买到了。"邹兆芳问："谁陪您去的？"王振义说："我一个人去的。"她问："坐出租车去的？"他答："不！公交车。"邹兆芳担心地说："真让人不放心啊！这样着急买看图识字卡片派什么用处啊？"王振义淡淡地回答："新来的钟点工不认字。我周日有空，想教教她。"

此时此刻，邹兆芳彻底无语了！她在内心深深责备自己，为什么不即刻就去书城买呢？

邹兆芳的丈夫胡曰龙是位画家。有一次，王振义到他家做客。胡曰龙拿出一幅刚刚完成的得意之作给他欣赏。画上画的是数朵绽放着的牡丹，但特别的一点是，牡丹的颜色不是一般大红大紫的，而是淡淡的粉色。王振义看了很是好奇。他请教胡曰龙这幅画作的含意。

胡曰龙解释说："牡丹在中国文化里象征着富贵，给人的感觉是大红大紫、尊享荣华。而我专门把牡丹画成淡粉色，显得恬淡清雅，表现出一种不计名利、甘于清贫的志向。"

胡曰龙创作的《清贫的牡丹》

"画得好，表达的内涵更好！这幅画叫作什么名字呢？"王振义感兴趣地问。

"我就叫它'清贫的牡丹'，"胡曰龙说。

"'清贫的牡丹'，

华丽却显得低调，高贵却甘于清贫。很好，很好！"王振义仔细端详着这幅画作，不住地点头称赞。

胡曰龙看到王振义非常喜欢，便把这幅画作送给了他。

回到家，王振义将这幅《清贫的牡丹》挂在客厅的正中。这幅画成为他的最爱。每逢亲朋好友到家中做客，他都会将这幅画介绍给大家。

久而久之，王振义对这幅钟爱的画作有了新的解读："牡丹嘛，一般都象征着荣华高贵。我们每个人总是要追求卓越，如果一个人没有这样的动力，我想他不会不断地努力。所以，追求卓越就是要追求牡丹花的这种高贵、这种荣华……但我的这幅牡丹

2012 年，王振义和《清贫的牡丹》的作者胡曰龙及其夫人邹兆芳合影

不像一般牡丹那样大红大紫，而是粉白中带红，很恬淡、清雅，表达的是清静向上的意思。做人要有不断攀高的雄心，但又要有一种正确对待荣誉和自我约束的要求与力量，对事业看得很重，对名利看得很淡。追求卓越、淡泊名利，这是我人生当中最主要的准则。"

如今，王振义已是荣获国家最高科学技术奖的著名科学家。对于获得国家最高科技奖，他依然很淡然："对待这个荣誉得一分为二地看。一方面，很想获奖，因为荣誉是对自己的肯定；另一方面，获奖是一个过程。我一直说自己是'清贫的牡丹'，我要做好一个'牡丹'，追求最好、最高。但是，这个荣誉得通过自身努力，用正当方式得到，这一点很重要。"

胸膺填壮志，荣华视流水。"清贫的牡丹"是王振义虚怀若谷、淡泊坚定的人生观和价值观的真实写照，也揭示了这位德高望重的科学家的成功之道。

穿行于王振义为人、为师、为医、为学的这些故事里，令我们感叹的不只是医学技术的进步。我们更加感动于他作为长者的人格魅力，感动于他作为师者的言传身教，感动于他作为医者的妙手仁心，感动于他作为医学科学家的智慧和毅力。在王振义走过的医学道路上，必定会有更多的后辈继续坚定地走下去；在神圣的医学殿堂里，必将会有更多的年轻人献身科学，造福人类。

王振义大事年表

1924年

11月30日，出生于上海公共租界陈家浜珍福里。父亲王文龙，母亲陈姿芳。

1931年

9月，就读于私立兴中小学。

1933年

祖母庄氏不幸因患伤寒去世，对王振义产生很大影响，他开始对从医产生浓厚兴趣。

1934年

9月，转入萨坡赛小学学习。

1936年

7月，小学毕业。

9月，进入震旦大学附属中学初中部学习。

1939年

9月，进入震旦大学附属中学高中部学习。

1942年

8月，与陈佐舜、杨建廷、曹仲华、吴福铸、罗远俊、张传钧结拜为兄弟。

9月，免试进入震旦大学医学院学习。

是年，与陈佐舜、杨建廷、曹仲华、吴福铸、罗远俊、张传钧先后受洗，信奉天主教，并都名为"John"。此后，就以"Seven John"（"七个约翰"）的名义定期组织活动。

1944年

夏天，在上海天主教南教会创办的救济医院见习。

1945年

9月，参与为期两周的联合国救济总署与上海天主教组织联合主办的救济贫民活动。

1946年

担任上海南市救济医院值班医师，每周日代替该院住院医师值班，有时前往闵行疗养院代替住院医师值班。

1947年

7月，被推荐为震旦大学天主教公教青年会会长，参与天主教会组织开展的一系列社会救济与访病问苦活动。

是年，在外科临床学习时，因病史写得好而获学校奖励——一本名为《急诊诊断学》的原文参考书。

1948年

6月，由上海震旦大学医学院毕业，获医学博士学位。6年总成绩列班级第一名，获奖励。

7月，任广慈医院住院医师。

1949年
7月，作为医生代表参加广慈医院工会筹备工作。

1950年
2月，参加抢救"二六轰炸"伤员工作。

1~4月，参加震旦大学为军服务医疗队，任嘉兴东大营队长，出色完成为军队防治血吸虫病任务，受到华东军政委员会和第三野战军的表扬，荣立三等功。

10月，被推选为广慈医院工会副主席。

11月19日，与谢竞雄在上海复兴中路森内饭店举行婚礼。

1951年
1月，被推选担任卢湾区第一届各界人民代表大会代表。

2月，参加上海各界人民反对美国武装日本代表会议，担任示威游行活动嵩山、卢湾区医务大队副队长。

6月，被推选为华东和上海各界青年纪念"五四"筹备委员会委员。

7月，任广慈医院内科总住院医师。

7月，任震旦大学医学院内科助教。

9月，上海市军事管制委员会正式征用广慈医院时，参加医院资产的清点工作。

9月，被推选为上海市抗美援朝天主教支会委员。

10月，在《中华医学杂志》外文版上首次发表论文《嗜酸性白细胞在外科休克中的预后意义》（为第三作者）。

1952年

1月，在"三反"斗争中担任"打虎队"副队长。

11月，晋升为主治医师。

1953年

4月，参加上海市第五批抗美援朝志愿医疗队，来到位于长白山麓二道江的解放军第十一陆军医院，负责战地分诊工作。

6月，在东北军区后勤卫生部内科巡回医疗组担任内科主治医生，在东北各后方医院开展巡回医疗工作。

10月，随巡回医疗组在勃利后方医院参加会诊，发现一种前所未见的怪病，正确判断出病因并由此解决了困扰志愿军部队多时的肺吸虫病问题，及时诊断一大批患病战士，被中国人民解放军东北军区司令部、组织部授予二等功。

1954年

7月，当选为卢湾区第一届人民代表大会代表。

是年，首创用石蜡代替硅胶开展凝血活酶生成实验，成为国内成功使用凝血活酶生成实验进行血友病检测的第一人。

1955年

担任上海第二医学院医疗系教学秘书。

1956年

1月，与谢竞雄合作，在《中华医学杂志》发表《血浆中凝血活酶因子缺乏症》，在国内第一次报告了3例血浆凝血活酶因子乙缺乏症。

6月12日，晋升为讲师。

是年，被评为广慈医院先进工作者。

1957年

先后报道轻型血友病甲2例、轻型血友病乙1例，并对血友病的实验诊断进行了深入研究。

1958年

9月，与谢竞雄合译的《出血性疾病》由科技卫生出版社出版。

是年，《血浆中凝血活酶因子缺乏症》在《中华医学杂志》外文版上发表。

1959年

调往中医科学习、工作一年。参加为期3个月的中医学习班，后担任教师，向其他医生讲授中医知识。

鉴于党为人民大众服务、办事公正，向组织提出入党申请，但未被批准。

1960年

年初，被评为上海第二医学院社会主义建设先进工作者。

8月1日，调上海第二医学院基础部担任病理生理学教研组第二副主任。

1961年

7月，当选为卢湾区第四届人民代表大会代表。

9月，参加中国生理科学会主办的第一次全国病理生理学学术讨论会，就病因学相关研究做了大会发言。

1963年

7月15日，晋升为副教授。

是年，担任上海第二医学院法语班的法语教学工作。

1964年

3～5月，被派往上海金山县金卫公社新光大队参加"社教运动"。

1965年

被抽调到上海半农半读医学专科学校，担任教研组内科小组组长，负责临床教学任务。除教学外，大部分时间在嘉定县人民医院开展临床与医疗工作，并带领学生下乡巡回医疗。

1969年

7月，被派往位于安徽歙县无名山的上海第二医学院皖南干校做保健医生，同时参加体力劳动。

1971年

9月，回到上海第二医学院教材组参加教材编写工作，担任上海市大学教材《内科学》的主编之一。

1973年

6月，重回瑞金医院内科，从事血液病的治疗与研究工作。

是年，与胡庆澧、徐福燕、王鸿利一起编写供进修医师学习使用的《血液学讲义》。

1977年

瑞金医院内科血液组与儿内科合作，正式成立血液病研究室，任主任。

瑞金医院内科四病区和血液组被评为上海第二医学院先进集体。

被评为上海第二医学院先进工作者。

1978年

7月6日，重回上海第二医学院，任病理生理教研室主任。

9月，招收了恢复研究生招生制度后的第一批硕士研究生：陈竺、陈赛娟。

1979年

与卫生部上海生物制品研究所的张天仁教授合作，在国内首先提纯因子Ⅷ相关抗原（即vW因子），并制成抗血清应用于临床，在国内推动了对血管性血友病（vWD）和血友病携带者等的研究。

1980年

6月，当选为卢湾区第七届人民代表大会代表。

12月8日，晋升为教授。

1981年

11月6日，调任上海第二医学院基础医学部第二主任。

是年，"因子Ⅷ的基础与临床研究"获卫生部科技成果奖乙级奖。

1982年

2月，任上海第二医学院基础医学部主任。

2月，任上海第二医学院学位评定委员会委员。

10月，参加在杭州召开的、由浙江医科大学郁知非教授组织的国内外出血性疾病学术交流会，与会的有著名的美国波士顿麻省大学医学院Peter教授及其团队等，在会上作了有关国内血友病及因子Ⅷ的报告，引起国内外学者的注意。

是年，"因子Ⅷ相关抗原抗血清的制备和临床应用"获卫生部科技成果奖二等奖。

1983年

10月，参加中国生理科学会病理生理学会召开的全国造血、血栓与止血专题学术会议。

是年，应邀去美国波士顿麻省大学医学院访问。随后，参加在瑞典斯德哥尔摩召开的第15届国际血友病联盟学术会议，并在大会宣读题为《有关因子Ⅷ在中国研究的现况》的论文。

1984年

1月11日，当选为卢湾区第八届人民代表大会代表。

3月24日，任上海第二医学院院长。

4月，受聘担任《国外医学输血及血液学分册》副主编。

9月，招收第一批博士研究生：赵基、韩忠朝。

10月，来自新加坡、法国、中国香港和上海的"七约翰"相隔30年后在厦门首次会面。

是年，任中华医学会上海分会副理事长。

1985年

1月4日，上海第二医学院《院长负责制工作试行条例》经教职工代表大会讨论通过，开始全面负责学院工作。

1月18日，任上海第二医学院学术委员会主任。

3月，任中华医学会代表团副团长，赴法国巴黎参加第6次"中法医学日"活动。其间，访问法国里昂、南锡、马赛等地与上海第二医学院建立了校际关系的几所大学的医学院。获法国巴黎市市长授予的银质勋章及证书，获里昂"中法学院通讯会员"

证书、里昂"名誉市民"称号。

6月15日，上海第二医学院改名为上海第二医科大学，任校长。

7月，随天主教上海教区主教金鲁贤率队的天主教代表团去香港访问。

7月，参加上海市教委在福建武夷山召开的教育工作会议，与会者为上海部分大学校长。

9月23日，被授予美国心脏研究学会名誉会员称号。

12月7日，动员上海第二医科大学师生开展第一次教育思想大讨论。

是年，被推选为上海市第六届政协委员。

1986年

4月7日，任上海第二医科大学第二届学报编委会主任委员。

4月，当选为上海市政协常务委员。

6月26日，参加在镇江召开的全国血栓与止血学术会议。

7月，应邀访问日本岛根医科大学，参加日本第18届医学教育会议，并宣读论文。

9月，组织创建上海市科学技术委员会医学专业委员会，任主任委员。

10月，与同道共同主持由上海第二医科大学、中国科学院上海生化所和美国圣母大学共同举办的国际血栓与止血纤溶会议。

12月，"血小板球蛋白分离提纯抗血清制备和放射免疫测定'药箱'的研制"，获上海市科技进步奖三等奖。

1987年

3月，任上海第二医科大学校务委员会主任。

4月17日，任上海血液学研究所所长。该研究所由上海第二医科大学各附属医院，包括瑞金、仁济、新华、九院的血液科和基础医学院病理生理教研室共5家单位联合成立。

5月，应法国法兰西学院邀请，在巴黎讲学一个月，作专题报告4次；参加法国第9届血液学学术会议；先后到里昂大学、斯特拉斯堡大学医学院讲学；与巴黎第七大学达成合作研究诱导分化治疗急性早幼粒细胞白血病的协议，由中方提供全反式维甲酸。

7月，参加在比利时布鲁塞尔召开的第11届国际血栓与止血学术会议。

10月下旬，应美国旧金山州立大学、宾夕法尼亚大学、堪萨斯大学、内布拉斯加大学、圣母大学等学校邀请，与徐家裕一起赴美访问，就建立校际联系取得共识。

12月，在"Chinese Medical Journal"1987年第100卷第12期上，与黄萌珥一起首次报道维甲酸与小剂量阿糖胞苷治疗急性早幼粒细胞白血病6例，全部缓解。

1988年

1月16日，上海第二医科大学校长任期期满，返回瑞金医院血液科工作。

1月24日，当选为第七届全国人民代表大会代表。

8月，在《血液》杂志上发表第一篇关于全反式维甲酸临床应用的论文《全反式维甲酸治疗急性早幼粒细胞白血病的研究》，引起国际血液界高度关注，并由此奠定了诱导分化的临床基础。

10月30日，上海第二医科大学校友会成立，当选为第一届理事会常务理事。

11月，任中华血液学会副主任委员。

是年，赴意大利参加第3届国际诱导分化治疗学术会议。

是年，主编的《血栓与止血——基础与临床》第一版由上海科学技术出版社出版。

1989年

7月，"中药蒲黄防治动脉粥样硬化机制的研究"获得国家教委科技进步奖二等奖。

8月，参加在日本京都举行的国际血栓形成与止血学会学术会议。

12月，"全反式维甲酸诱导分化治疗急性早幼粒细胞性白血病的研究"获卫生部科学技术进步奖三等奖。

1990年

4月，在浙江省医学会协助下，瑞金医院在杭州召开全国第一届维甲酸治疗急性早幼粒细胞白血病（APL）临床研究会议，有66个单位参加，汇总544例APL的治疗效果（论文发表在《中华血液学杂志》1992年第13卷），这是国内外第一次大量临床总结的报道。

5月，获上海市卫生系统青年人才奖励基金会颁发的1989年度"银蛇奖"特别荣誉奖。

1991年

2月，荣获法国1990年"突出贡献医生"称号，法国卫生部部长等人出席颁奖仪式。

2月，在《中华血液学杂志》发表《试论我国的血栓与止血研究工作》。

10月，参加在青岛召开的第5届华东血液病学术会议。

11月，应邀参加香港第5届国际血液学会议亚太分会，作题为《全反式维甲酸治疗APL的现状》的专题报告。

是年，获美国人物传记研究所人物名人录纪念证书。

是年，主编的《临床医学概要》由人民卫生出版社出版。

1992年

4月，瑞金医院在浙江绍兴召开全国第二届维甲酸治疗急性早幼粒细胞白血病（APL）会议，总结维甲酸治疗APL的远期疗效。

6月，"急性早幼粒细胞白血病维甲酸诱导分化治疗的机制研究"获得国家教委科技进步奖二等奖。

9月，被法国政府批准成为法国科学院外籍通讯院士，授予仪式在上海第二医科大学举行。

11月，在胡应洲基金资助下，应邀在香港大学医学院玛丽医院任客座教授，查房、讲学。

12月，参加在美国加州Anenheim召开的美国血液学会第34届学术会议。

是年，被录入剑桥国际名人词典。

是年，获美国魏克斯曼癌肿研究基金会肿瘤研究奖。

1993年

6月，在*The New England Journal of Medicine*上发表*Acute promyeloytic Leukemia*。

6月，"急性早幼粒细胞白血病全反式维甲酸诱导分化治疗的机制研究"获国家教委科技进步奖二等奖。

7月30日，与瑞金医院史济湘等12位副主任以上医师联名发出廉洁行医、拒收"红包"的倡议书，贴在瑞金医院门诊大楼和外科病房大楼门前，引起医院近千名职工签名响应。

9月，被批准成立上海血液学研究所上海市人类基因组研究重点实验室。

10月21日，维甲酸类药物在恶性血液病中的应用国际学术会议在上海召开。

12月3日，参加在日本东京召开的中日血液学学术会议，作有关全反式维甲酸的报告。

12月，应台湾大学医学院邀请，访问台湾，参观台湾大学医院、"中央研究院"、故宫博物馆，并作学术报告。

是年，获法国政府颁发的"荣誉军团骑士勋章"。

是年，获教育部颁发的"培养优秀青年教师工作成绩显著"荣誉证书。

是年，获上海市"培养优秀青年教师工作成绩显著"荣誉证书。

是年，"急性早幼粒细胞白血病中t（15：17）染色体易位的分子生物学研究"获卫生部科技进步奖一等奖。

是年，美籍华人胡应洲开始资助上海血液学研究所，每年2万~5万美金，奖励有成绩的研究生，每年发放一次。

1994年

1月，"急性早幼粒细胞白血病全反式维甲酸诱导分化治疗的机制研究"获国家自然科奖学三等奖 。

1月，获中华国际医学交流基金会颁发的"林宗杨医学教育奖"证书。

1月，在《微循环技术杂志》发表《溶栓疗法的临床应用及其问题》。

2月，在《中华血液学杂志》发表《诱导分化疗法应用的现状》。

6月15日，获国际肿瘤学界最高奖——凯特林癌症医学奖，成为荣获该奖的第一个中国人。评委会称王振义为"人类癌症治疗史上应用诱导分化疗法获得成功的第一人"。

10月，获"上海市首届医学荣誉奖"。

11月，在《生物化学与生物物理进展》发表《纤维粘连蛋白的分子生物学研究》。

12月，当选为中国工程院院士。

12月，获"首届上海市科技功臣"称号。

12月，获首届"何梁何利基金科学与技术进步奖"。

12月，"PH1 染色体相关白血病细胞和分子生物学研究"获上海市科技进步奖一等奖。

1995年

5月，邀请哈尔滨医科大学第一附属医院张亭栋教授访问上海血液学研究所，提出合作意向，采用三氧化二砷治疗白血病。

6月，"PH1 染色体相关白血病细胞和分子生物学研究"获得国家教委科技进步奖一等奖。

9月，被聘任为上海第二医科大学终身教授。

10月，辞去上海血液学研究所所长职务，举荐陈竺任所长。

1996年

1月，"人类白血病分子机制及其临床应用"获得国家科技进步奖二等奖。

4月12日，参加台湾高雄学术会议并作报告，后去台北，参观台湾大学医院。

8月30日，获香港求是科技基金会"杰出科学家奖"，授奖仪式在北京举行。

10月2日，参加在西安举行的中日血液学术会议，并作学术报告。

10月12日，在北京参加全球震旦校友会，会后同去承德游览。

11月，应邀赴日本参加学术会议。

是年，《血栓与止血》第二版由上海科学技术出版社出版。

1997年

3月13日，获瑞士布鲁巴赫基金会国际肿瘤研究奖，授奖仪式在瑞士苏黎世大学举行。

6月29日~7月5日，去联邦德国汉堡、Tubingen、Heidelberg参加学术会议和参观访问。

9月，《血栓与止血》第二版获华东地区科技出版社第10届优秀科技图书一等奖。

12月，"人类白血病诱导分化和凋亡的细胞及分子机制研究"获得上海市科技进步奖一等奖。

1998年

5月26日，应邀访问安徽医科大学，并作有关攻克肿瘤的报告。

6月，"白血病诱导分化治疗的作用机制研究及意义"获教育部科技进步奖二等奖。

9月，"血栓与止血的检测与应用"获卫生部科技进步奖二等奖。

10月，在法国巴黎获1998年度法国世界（国际）祺诺台尔杜加科学奖。

10月16日，在中国医学科学院天津血研所参加学术会议，作题为《肿瘤治疗的策略》的报告。

12月，"血栓与止血的检测与应用"获上海市科技进步奖二等奖。

是年，被聘任为上海第二医科大学附属瑞金医院终身教授。

是年，和陈竺合著的《肿瘤的诱导分化和凋亡疗法》由上海科技出版社出版。

1999年

1月，"血栓止血的检测和应用方法研究"获国家科技进步奖三等奖。

3月，参加在日本东京召开的血液病学现代疗法亚洲会议。

5月，为国家级继续教育学习班第一期学生讲白血病MICM分类总论。此后每年一次，共12次。

6月，"白血病诱导分化治疗的作用机制研究及意义"获教育部科技进步奖二等奖。

8月，"抗癌药物研究与实验技术"获卫生部科技进步奖三等奖。

11月，在*Chinese Medical Journal*上发表*Differentiation therapy for acute promyelocytic leukemia with all-trans retinoic acid—10-year experience of its clinical application*。

10月，《肿瘤的诱导分化和凋亡疗法》获第四届国家图书奖。

2000年

1月，"血栓与止血的检测与应用"获国家科技进步奖三等奖。

1月，主编的《临床医学卷·内科学》由黑龙江科学技术出版社出版。

2月，出席在西班牙举行的欧洲血液学学术会议。

6月，"血友病和血管性血友病的基础"获中国高校自然科学奖二等奖。

9月30日，《全反式维甲酸治疗急性早幼粒细胞白血病的研究》这一发表在《血液》杂志上的第一篇关于全反式维甲酸临床应用的论文，被评为全球百年86篇最具有影响的代表论文之一，获美国20世纪具有标志性血液学论文评选活动"经典引文奖"。

10月，"巨核细胞和血小板的系统研究"获天津市自然科学奖三等奖。

10月，在THE LANCET上发表*Differentiation and apoptosis induction therapy in acute promyelocytic leukaemia*。

是年，获美国ISI信息科学学会论文引证证书。

2001年

1月，"全反式维甲酸与三氧化二砷治疗恶性血液疾病的分子机制研究"获国家自然科学奖二等奖。

5月16日，在美国哥伦比亚大学接受该校授予的荣誉科学博士学位。

6月，出席在天津召开的我国第一届中西医结合血栓止血与血管生物学研讨会。

10月27日，应邀去日本名古屋参加日本血液学学术会议。

12月，"血友病基础与临床研究"获首届中华医学科技奖三等奖。

12月，"血友病基础与临床研究"获上海市科技进步奖二等奖。

12月，"巨核细胞和血小板的病理生理学特征及其生长调节"获国家自然科学奖二等奖。

2002年

4月18日，参加并主持在韩国首尔召开的亚太血栓与止血会议。

7月27~29日，组织和主持中加（加拿大）法语多学科（血液、烧伤、高血压、内镜外科、妇产科、急诊）学术会议，致欢迎辞，并作题为《急性早幼粒细胞白血病的诱导和促凋亡治疗》的报告。

12月，参加震旦校友会组织的纪念震旦大学100周年活动。

12月，"急性白血病出血的基础与临床研究"获中华医学科技奖二等奖。

2003年

1月，"急性白血病出血的基础与临床研究"获上海市科技进步奖三等奖。

8月，获首届"上海市教育功臣"奖章。

10月，参加上海血液学会年会，作关于白血病凋亡疗法的报告。

12月，应邀在美国血液学年会上作专题报告，这是至今亚洲唯一获此殊荣的学者，获美国"海姆瓦塞曼演讲奖"。

12月，"重要脏器血栓栓塞的基础与临床研究"获上海市科技进步奖一等奖。

是年，开始试行"开卷考试"。

2004年

1月，"重要脏器血栓栓塞的基础与临床研究"获国家科技进步奖二等奖。

2月，获"全国卫生系统先进工作者"荣誉称号。

2月，应邀在海南三亚亚太肿瘤峰会学术会议上作关于白血病靶向治疗的专题报告。

4月，在上海参加由上海血液学研究所筹备和组织的第10届国际分化会议。

6月，参加在北京召开的第二届亚洲血液学学术会议。

12月，"遗传性凝血因子缺陷症和抗凝因子缺陷症的基础与临床研究"获上海市科技进步奖一等奖。

是年，"三氧化二砷单用及联合全反式维甲酸治疗急性早幼粒细胞白血病作用机制及临床研究"获上海医学科技奖一等奖。

是年，《血栓与止血》第三版由上海科技出版社出版。

2005年

1月，"遗传性凝血因子缺陷症和抗凝因子缺陷症的基础与临床研究"获国家科技进步奖二等奖。

4月，应邀参加在法国里昂举行的中法学术会议，并作关于ATRA诱导分化疗法20年经验的报告。

6月，参加上海第二医科大学组织的"中法医学日"学术会议。

8月，参加在长春召开的第8届全国暨国际诊断学术交流会，并作题为《淋巴增生性疾病的分类及其检查的进展》的报告。

12月，"三氧化二砷单用及联合全反式维甲酸治疗急性早幼粒细胞白血病作用机制及临床研究"获中华医学科技奖一等奖。

12月，"遗传性凝血因子缺陷症和抗凝因子缺陷症的基础与临床研究"获中华医学科技奖二等奖。

2006年

1月，在《内科理论与实践》发表《急性白血病细胞遗传和分子发病机制以及相关靶向治疗》。

8月，应邀在广州召开的亚太地区国际肿瘤生物和医学会议上，作题为《肿瘤的分化和凋亡疗法》的专题报告。

9月，应邀参加在苏州召开的第4届亚太血栓止血学术会议。

11月，应邀参加在法国巴黎召开的第11届国际分化疗法会议，并发言。

2007年

9月，参加在哈尔滨召开的全国肿瘤会议，作题为《肿瘤治疗途径的探讨》的报告。

9月，瑞金医院为庆祝建院100周年组织"中法医学日"学术会议，应邀作有关APL的报告。

12月，"遗传性出血病的基础研究和临床应用"获国家科技进步奖二等奖。

是年，在"CTMI"发表"*Treatment of acute promyelocytic leukemia by retinoids*"。

2008年

2月，在《内科理论与实践》发表《白血病和淋巴瘤的靶向免疫治疗》。

3月，应邀为美国血液学会成立50周年撰写专题论文"*Acute promyelocytic leukemia: From highly fatal to highly curable*"，发表在2008年的《血液》杂志上。

7月，在《上海交通大学学报》（医学版）发表《基础与临床研究密切结合的科研理念》。

2009年

9月，在上海参加中国工程院医药卫生学部组织的我国转化医学发展战略研讨会，并发言。

11月5日，在成都出席第12届全国实验血液学学术会议。

2010年

8月，参加在西安召开的全国血液学学术会议，并作题为《急性白血病治疗和研究中存在的问题和对策》的报告。

10月，为上海交通大学医学院学生作专题讲座，题目是《在医学的大道上茁壮成长》。

12月12日，夫人谢竞雄去世。

2011年

1月14日，获"2010年度国家最高科学技术奖"。在北京人民大会堂召开的国家科学技术奖励大会上，由中共中央总书记、国家主席、中央军委主席胡锦涛颁发证书。

1月15日，为上海交通大学转化医学研究院揭牌。同日，上海交通大学召开王振义院士荣获国家最高科学技术奖庆祝表彰大会，号召全校师生和医护员工向他学习。

2月11日，向国家最高科技奖获得者王振义院士学习座谈会在京举行，全国政协副主席王志珍、卫生部部长兼中华医学会会长陈竺、卫生部副部长尹力出席。

3月2日，王振义院士先进事迹报告会在上海展览中心友谊会堂举行，上海市副市长沈晓明主持，中共上海市委常委、宣传部部长杨振武讲话。

4月9日，荣获"上海交通大学杰出校友终身成就奖"。

4月10日，《走近王振义》一书首发式暨出版座谈会在瑞金医院举行。卫生部部长陈竺、上海市副市长沈晓明等人出席并讲话。

5月21日，应家乡江苏省兴化市邀请，为医务人员讲怎样做好医生，并回答兴化市人民医院血液科医生提出的问题。

9月，当选为中共上海市委宣传部、上海市精神文明建设委员会办公室主办的首届"光荣与力量——感动上海年度十大人物"之一。

9月19日，参加在澳门召开的国际肿瘤会议，作题为"*Challenges in cancer treatment*"的专题报告。

9月，在华东师大作题为《在人生康庄大道上阔步前进》的报告。

11月12日，在中华实验血液学会年会上作题为"*Leukemia*

Stem Cell"的专题报告。

12月，赴贵阳医学院、贵阳中医学院、遵义医学院讲学，并参观遵义会议会址。

12月，在《中国医学伦理学》上发表《爱心和好的医术是医生必备的两个素质》。

2012年

1月20日，与陈竺一起获得由全美癌症研究基金会颁发的第7届"圣捷尔吉癌症研究创新成就奖"。

2月25日，在上海市卫生系统核心价值观与医院文化建设研讨会上作题为《弘扬医学职业精神》的主题报告。

4月2日，与陈竺一起获凤凰卫视及凤凰网策划发起，并联合10余家华文媒体和机构共同主办的"影响世界华人大奖"。

4月11日，做客上海交通大学"大师讲坛"，与500多位学子分享自己的科研之路。

6月4日，接受全国政协副主席、科技部部长万钢和中国科学院副院长詹文龙颁发的小行星命名证书与小行星运行轨道图。根据国际小行星中心第77507号公报，将第43259号小行星永久命名为"王振义星"。

9月12日，在台北"2012 Cross-Strait Conference on Cancer Prevention and Control"学术会议上，作题为"*Studies on the treatment of acute myeloid leukemia in mainland China*"的专题报告。

9月24日，在中华血液学年会上作题为《病毒相关恶性血液病研究的现状》的专题报告。

2013年

5月24日，应邀在广州2013年国际肿瘤论坛上，作题为《肿瘤干细胞》的专题报告。

5月31日，应邀在新华儿童医学中心召开的国际儿童血液及肿瘤进展高峰论坛上，作题为"*Contempory treatment and its problem in APL*"的专题报告。

11月，在国家级继续教育学习班第12期学习班上，讲白血病及淋巴瘤当代分类与分型。

12月，回顾并总结"开卷考试"10年经验。

2014年

3月21日，应邀在江苏省靖江市人民医院作题为《怎样做一位好医生》的报告。

6月，应邀在"International J Hematology"上发表题为"*Progress in the treatment of APL, optimization and obstruction*"的专题报告。

6月18日，应邀在新疆医科大学主办的学术会议上，作题为《急性早幼粒细胞白血病治疗研究中的启示》的专题报告。

9月9日，参加上海市庆祝第30个教师节座谈会，以《大学的目标是培养德才兼备的人才》为题作了发言。

9月15日，在上海交通大学医学院新生开学典礼上，讲如何在学医的道路上健康前进。

王振义主要学术论文目录

王振义、谢竞雄：《血浆中凝血活酶因子缺乏症》，《中华医学杂志》1956年第1期。

王振义、徐福燕、谢竞雄、邝安堃：《用红血球素代替血小板进行凝血活酶生成试验以诊断血浆凝血活酶因子缺乏症》，《中华内科杂志》1958年第7期。

王振义、徐福燕、邝安堃：《轻型血浆凝血活酶因子乙缺乏症一例报告》，《中华内科杂志》1958年第7期。

Wang ZY, Xie JX, Xu FY, Kuang AG, Deficiencies in plasma thromboplastin factors, *Chinese Medical* Journal, 1958, 76（3）.

王振义、徐福燕：《骨髓抽吸活体组织检查在临床诊断上的应用》，《天津医学杂志》1963年第12期。

王振义、陈赛娟、王鸿利：《血栓弹力图在临床上的应用》，《中华血液学杂志》1981年第2卷第3期。

王鸿利、王振义、付积祥、支立民、陈赛娟、黄雅萍：《血小板无力症10例临床分析》，《中华内科杂志》1982年第21卷第3期。

费冲、王振义、王鸿利：《因子Ⅷ相关抗原在妊娠期中的变化》，《中华妇产科杂志》1982年第17卷第4期。

陈竺、王振义、陈淑容、王鸿利：《血友病甲携带者的研究》，《中华血液学杂志》1982年第3卷第2期。

熊谊民、王振义、徐也鲁：《猪心组织纤溶酶原活化物（t–PA）的纯化及其性质的鉴定》，《生物化学与生物物理学报》1987年第19卷第6期。

黄萌珥、叶裕春、陈淑容、王振义（通讯作者）：All-trans retinoic acid with or without low dose cytosine arabinoside in acute promyelocytic leukemia.Report of 6 cases, *Chinese Medical* Journal, 1987, 100（12）。

Huang Meng-er, Ye Yu-chen, Chen shu-rong, Wang Zhen-yi, Use of All-Trans Retinoic Acid in the Treatment of Acute Promyelocytic Leukemia, *Blood*, 1988, 72（2）.

Hu Chang-jun, Wang Zhen-yi, Xu Ye-lu, Idiopathic thrombocytopenic perpura antiplatelet autoantibodies and their related antigens studied by using monclonal antibodies against platelet glycoproteins, *Chinese Medical* Journal, 1988, 101（2）.

王振义：《大力开展血栓与止血研究工作》，《国外医学输血及血液学分册》1988年第11卷第4期。

吴兴中、陈淑容、王振义（通讯作者）：《蛋白激酶C在维甲酸诱导早幼粒细胞白血病分化机制中所起作用的初步探讨》，《白血病及其他》研究工作汇编（二）。

邵国英、王振义：《维甲酸诱导HL-60细胞向粒细胞分化时蛋白激酶C的作用》，《生理科学》1989年第9卷第4期。

赵莲、王振义：《癌基因在各型白血病中的表达及其意义》，《肿瘤》1989年第9卷第2期。

王振义：《试论我国的血栓与止血研究工作》，《中华血液学杂志》1991年第12卷第2期。

胡钧培、王振义等：《原发性血小板减少性紫癜发病机理的研究》，《上海医学》1991年第14卷第1期。

毛申蓝、王振义：《丹参对平滑肌抑制内皮细胞PA活性的影响》，《中国病理生理杂志》1991年第7卷第2期。

王振义：Current status of Studies on the treatment of APL with all-trans retinoic acid, *Abstracts of fifth Congress Asian-Pacific Division International Society of Haematology* Hong Kong Nov 17-21 1991。

顾杨洪、王振义：Effects of Radix Salviae Miltiorrhizae and its component "Danshensu" on the production of PA, PAI, PGI2 and expression of TM by bovine endothlial cells in culture, *Journal Shanghai Second Medical University* 1992, 6（1）。

王振义：《凝血因子研究进展》，《基础医学与临床》1992年第12卷第4期。

Warrell R P Jr, de The H, Wang ZY, Degos L, Acute promyeloytic Leukemia, *New England Journal Medicine*, 1993, 329（3）.

杨景文、王振义：《蝮蛇抗栓酶-3治疗下肢深静脉血栓形成》，《上海第二医科大学学报》1993年第13卷第3期。

毛申蓝、王振义：The effect of Radix Salviae Miltorrhizae on the inhibitory activity of Vascular SMC to the PA secreted by EC, *Journal Shanghai Second Medical University* 1993, 7（1）。

黄桂秋、王振义：《人、牛内皮细胞组织型纤溶酶原激活物活性的比较》，《中国病理生理杂志》1993年第9卷第1期。

耿解萍、王振义：《PML基因的组织结构及在APL中的分子重组》，《中国科学（B辑）》1993年第23卷第6期。

Wang ZY, Chen Z, Huang W, Chen SJ, Problems existing in differentiation therapy of acute promyelocytic leukemia

（APL） with all-trans retinoic acid （ATRA）, *Blood Cells*. 1993; 19（3）.

　　李军民、沈志祥、王振义等：《成人慢性血小板减少性紫癜患者骨髓巨核细胞的研究》，《中华血液学杂志》1994年第15卷第5期。

　　王振义：《溶栓疗法的临床应用及其问题》，《微循环技术杂志》1994年第1期。

　　王玲、王振义、戚正武：《纤维粘连蛋白的分子生物学研究》，《生物化学与生物物理进展》1994年第21卷第2期。

　　王振义、孙关林、陈竺：《诱导分化疗法应用的现状》，《中华血液学杂志》1994年第15卷第2期。

　　王振义：《维甲酸类药物在恶性血液病中应用——国际学术讨论会简介》，《上海第二医科大学学报》1994年第14卷第1期。

　　MAO MAO, ZHEN-YI WANG, RIG-E, a human homolog of the murine Ly-6 family, is induced by retinoic acid during the differentiation of acute promyelocytic leukemia cell, *Proc. Natl.Acad.* Sci.USA, 1996（93）.

　　Zhi-Xiang Shen, Guo-Qiang Chen, Jian-Hua Ni, Zhen-Yi Wang, Use of arsenic trioxide in the treatment of APL. II.Clinical efficacy and pharmacokinetics in relapsed patients, *Blood*, 1997, 89（9）.

　　MAN YU, ZHEN-YI WANG, Cloning of a gene （RIG-G） associated with retinoic acid-induced differentiation of acute promyelocytic leukemia cells and representing a new member of a family of interferonstimulated genes, *Proc.Natl. Acad.Sci.*USA, 1997.

　　陈国强、朱军、王振义：《氧化砷诱导早幼粒细胞白血病细胞凋亡及其分子机制的初步研究》，《中华血液学杂志》1997年第18卷第1期。

J Zhu, W-M Guo, Y-Y Yao, Z-Y Wang, Tissue factors on acute promyelocytic leukemia and endothelial cells are differently, *Leukemia*, 1999, 13.

Zhen-yi Wang, GL Sun, ZH Shen et al, Differentiation therapy for acute promyelocytic leukemia with all-trans retinoic acid-10-year experience of its clinical application, *Chinese Medical Journal*, 1999, 112.

Wang ZY, Chen Z, Differentiation and apoptosis induction therapy in acute promyelocytic leukemia, *The Lancet Oncology*, 2000, 1.

朱海青、陈竺、王振义、童建华：《细胞蛋白质相互作用的结构基础》，《生命的化学》2001年第21卷第2期。

Zhen-Yi Wang, Arsenic compounds as anti-cancer agents, *Cancer Chemother Pharmacol*, 2001, 48（Suppl 1）.

Zhen-Yi Wang, Ham-Wasserman lecture: treatment of acute leukemia by inducing differentiation and apoptosis, *Hematology Am Soc Hematol Educ Program*, 2003.

Duan B, Wang X, Chu H, Hu Y, Huang X, Qu B, Wang H, Wang Z, *Deficiency of factor XIII gene in Chinese*: 3 novel mutations, Int J Hematol. 2003 Oct; 78（3）.

Wu Wen, Wang Zhen-yi, Retinoids and their applications in clinic, *Chin J Cancer* Res 2004, 16.

王振义、陈秋生：《急性白血病免疫治疗的研究现状和前景》，《中国实验血液学杂志》2005年第13卷第2期。

方怡、王鸿利、王学锋、王振义（通讯作者）：《纤维蛋白原Bβ链复合杂合突变导致的遗传性无纤维蛋白原血症》，

《中国实验血液学杂志》2005年第13卷第6期。

王振义：《白血病靶向治疗的应用》，《中国实用内科杂志》2005年第25卷第6期。

王振义：《淋巴增生性疾病的分类及其检查的进展》，《中国实验诊断学》2005年第9卷第4期。

糜坚青、王振义：《急性白血病细胞遗传和分子发病机制以及相关靶向治疗》，《内科理论与实践》2006年第1卷第1期。

丁秋兰、王学锋、许冠群、王振义（通讯作者）：《遗传性凝血因子VII缺陷症伴组织因子异常的研究》，《中华血液学杂志》2006年第27卷第3期。

Zhou GB, Wang ZY, Chen Z, Oridonin, a diterpenoid extracted from medicinal herbs, targets AM:1-ETO fusion protein and shows potent antitumor activity with low adverse effects on t（8；21） leukemia in vitro and in vivo, *Blood* , 2007, 109（8）.

Fenauz P， ZY Wang， L Degos, Treatment of acute promyelocytic leukemia by retinoids, *Current topics in Microbiology and Immunology.*2007.

ZY Wang， Z Chen, Acute Promyelocytic Leukemia: From highly fatal to highly curable, *Blood*， 2008, 111（5）.

王振义：《白血病和淋巴瘤的靶向免疫治疗》，《内科理论与实践》2008年第2期。

王振义、王鸿利、陈赛娟：《基础与临床研究密切结合的科研理念》，《上海交通大学学报（ 医学版）》2008年第28卷第7期。

王振义：《加强基础研究，进一步开发肿瘤治疗的新药物和方法》，《内科理论与实践》2009年第4卷第1期。

Jiong Hu, Zhen-Yi Wang, Sai-Juan Chen, Zhz Chen,

Long-term Efficacy and Safety of all-trans Retinoic acid/arsenic Trioxide-based Therapy in Newly Diagnosed Acute Promyelocytic Leukemia, *PNAS* 2009, 106（9）.

王振义：《病毒相关恶性血液病研究的现状》，《中华血液学杂志》2012年9月增刊上册，专题报告1。

王振义：《深入开展肿瘤干细胞的研究》，《内科理论与实践》2013年第3期。

Li J, Zhu H, Hu J, Mi J, Chen S, Chen Z, Wang Z, Progress in the treatment of acute promyelocytic leukemia: optimization and obstruction, *Int J Hematol*. 2014 Jul; 100.

后 记

　　我和王振义老师的缘分应该是开始于20世纪80年代。

　　1984年9月，我大学毕业不久，有幸调到王振义任院长的上海第二医学院马列主义教研室工作。

　　1987年，我代表上海第二医科大学人文社科部青年教师，向校领导汇报学生的思想动态以及为加强学生思想政治教育所作的努力。王振义校长仔细听了我的汇报以后，发表了他的意见。这是我和王振义老师第一次面对面的交流。

　　1994年，王振义老师获得美国凯特林癌症医学奖以后，全校师生员工都为之振奋。给王振义老师写书的念头，在我心中油然而生。我开始有意识地关注和搜集有关王振义老师的报道。

　　1996年，我应北京《中华英才》画报约稿，为王振义老师写专访。在时任上海第二医科大学校长王一飞教授的安排下，我第一次正式采访了王振义老师。当时，他已经获得了凯特林奖，并当选为中国工程院院士。在和他的交流中，我谈起了患者严怡君康复的故事，"您治好了她的病"。王老师严肃地纠正："不能说是治好了，只能说她的病情得到了缓解。你应该去看看严怡君，她现在的情况怎么样？"王老师这种严谨、低调的科学精神，给我留下了深刻的印象。

　　在查阅了大量资料的基础上，我撰写的《心事化尽尘缘中：荣获国际癌肿研究最高奖的中国工程院院士王振义》一文发表在《中华英才》1997年第5期上。

2005年，上海第二医科大学和上海交通大学合并以后，我开始研究和撰写原上海第二医科大学的校史，对包括王振义院士在内的学校历史上的杰出人物有了更多的认识和了解。

2009年5月26日，我应邀参加了瑞金医院团委主办的"铭记终身——瑞金青年与终身教授面对面之王振义教授访谈会"，再次聆听了王振义老师的为人、为医、为师之道。他以"在医学道路上茁壮成长"为主题，同青年医生们讲故事、谈人生、说理想。我也和他作了深入交谈。

此后，在时任瑞金医院党委副书记杨伟国的大力支持下，我决定正式进行为王振义老师写传记的第一阶段工作。为此，我初定了编写大纲，开始全力以赴地投入到相关资料的搜集、整理和研究工作中。

我和同事宋霁一起，多次前往王老师的办公室和家里进行采访，到他曾经学习、工作和生活过的地方进行实地考证，到档案馆查阅有关的档案资料，力求做到口述回忆与历史档案的统一。在收集档案资料的过程中，我们得到了中共上海市委组织部干部档案室、上海工商银行档案资料中心、华东电力建设公司干部人事档案资料室、华东电力试验所干部人事档案资料室和上海隧道设计研究院干部人事档案资料室，以及上海市档案馆、上海交通大学医学院档案馆、瑞金医院档案室、新华医院人事档案资料室的支持与帮助。

整个撰写过程中，王振义老师给予了很好的配合。他不厌其烦地追忆往事、整理资料、收集照片、修改稿件。王振义老师的大姐王妙珍、五弟王振信以及子女等亲属，时任卫生部部长陈竺，中国科协副主席、上海血液学研究所所长陈赛娟，上海交通大学副校长兼医学院院长陈国强，瑞金医院副院长郑民华，瑞金医院血液科主任沈志祥，以及李军民、糜坚青、赵维莅、胡炯、蒋益、王立顺等王振义老师的学生，章央芬、潘家琛、王一飞、程鸿璧、林荫亚等上海第二医科大学的老领导，胡庆澧、龚静德、陈凤生、徐也鲁、严中馥、梁蒲芳、周凤鑫、邵慧珍、黄桂秋等王振义老师的老同事，都接受了我们的采访，提供了许多重要的资料。

宋霁和葛鹏程在整理访谈记录、搜集档案资料以及撰写初稿等方面，做了许多工作；著名作家丁言昭作为特邀编辑，为稿件作了润色；魏洲阳、陈杰、南德红、卢立波也在资料收集和整理方面，贡献了力量。

2011年4月，王振义老师的第一本传记《走近王振义》由上海交通大学出版社出版。时任卫生部部长陈竺、上海市副市长沈晓明和上海交通大学、上海交通大学医学院以及瑞金医院的领导，参加了首发仪式。陈竺部长在充满深情的讲话中指出：

《走近王振义》一书的出版，让我们得到了一本宝贵的教材，使我们能更好地学习王振义老师的为人、为学，更加走近他的思想、他的从医生涯的灵魂所在。

走近王老师的思想，实际上是需要通过更多地了解王老师的医学实践作为一个切入口。王老师的医学实践的最大特点到底是什么？是发表论文？是得奖？是鲜花和掌声？都不是！王老师的医学之路，实际上是充满艰辛、挑战，但是又以极强的自信心迎接艰辛，战胜挑战，不断为患者解除痛苦，为中国医学和世界医学积累宝贵经验，这样一条道路。这里面最核心的是，他的一切所思、所想、所为，都是以维护人的生命，以人道、人性为最高原则，以践行人道主义、治病救命为他所有行动的出发点和归宿点。在这个过程当中，王老师也有了我们国家医学界引证率最高的论文。用王老师自己的话说："这只是副产品的"，我们面对的是奄奄一息的病人，我们无法去炫耀我们的论文。一个医生、一个好的医生，能够留给世界的、最好的是什么？就是能够提供解决问题的，一个好的预防、诊断和治疗方法。这就是我们讲的转化医学的核心所在。从这样一个境界和高度来理解王老师、走近王老师，我们才能够更加正确地摆正我们医学人的行为。而作为管理者来说，也才能够更加摆正我们的评价体系，包括对医学教育、科研，特别是对医疗的评价体系。

当前，我们国家一方面在推动深化医疗卫生体制改革，另一方面在建设创新型国家。在这样的伟大进程中，中国人需要什么？中国的医务界、科学界，推而广之说，中国的知识界需要什么？需要自信心。需要一个民族走向伟大振兴历程中的坚忍不拔的毅力。毕竟，1840年以后，我们国家逐渐沦为半殖民地半封建社会。我们的健康、我们的卫生事业，曾经被讥笑为是"东亚病夫"的这样一个体系。这个自信心，既要靠全球第二的经济总量来支撑，但是更重要的是走向创新型国家的过程，就是要敢于藐视，同时又敬畏现有的人类知识体系和成果。我不是狂妄，实际上，人类还有这么多疾病没有解决，怎么能认为医学已经到头了呢？并不因为每年增加多少诺贝尔奖获得者，年轻人就没有创新的机会了。王老师在研究全反式维甲酸时，就是抱着一份不甘心，他就不甘心看着患者这样一个个死去。当时，还没有外面的药可用，王老师用的是国产药，才会便宜到13元人民币一瓶，所以，才会有香港报纸报道的2欧元治愈一个病人的说法。这样的成果基于什么？就是基于自信心。但是，这样的自信心是需要勇气的。因为医学的实践是充满风险的，尤其是在医患关系还非常不尽如人意、医学伦理学问题被社会广泛关注的情况下。这种自信心不是从天上掉下来的，它就是我们说的第一个伦理原则——一切为病人服务。为病人解除病痛是一切行动的出发点和归宿，是从大医精诚的思想出发的。其实，王老师也有过失败，他的成功是从无数次的失败中总结教训，逐渐地发现、把握规律的。

让我们永远走近王老师、学习王老师、宣传王老师，让医务人员有尊严地工作、创造群众的健康，对世界提供一点来自于中国的、有分量的、留得下历史印迹的思想，为世界的医学做出贡献。

陈竺部长的讲话给了我很大的鼓舞和鞭策。

此后，我开始了为王振义老师写传记的第二阶段工作。我几乎每周都要和王老师见面、沟通，与王老师的亲属、学生也有了更多的接触，还和瑞金医院血液科的党员一起过组织生活。我尽可能多地参加王振义老师的一些活动。我陪同王老师到上海的部分高校演讲；和王老师一起参加学术报告会；和王老师一起查房，参加血液科的病例讨论。我和宋霁一起，陪同王老师到贵阳、遵义讲学，并看望他的大姐王妙珍；到北京采访了王振义老师的小妹王冀，并查阅了她的档案资料。在和王振义老师频繁的接触和坦诚的交流中，我更加深刻地理解了他的为人和思想。我们也成了无话不谈的忘年交。

我还专程赴浙江义乌，采访了王振义老师长期资助的血友病患者楼镕；采访了来自南通的白血病患者姚旭；采访了王老师的外甥女邹兆芳，以及画作《清贫的牡丹》的作者、画家胡曰龙。王老师的学生、全国政协常委、实验血液学国家重点实验室主任、国家干细胞工程技术研究中心主任韩忠朝，国家人类基因组南方研究中心常务副主任黄薇，南通大学医学院教授陆德炎等人，也接受了我们的采访，提供了许多重要信息。

我还到法国巴黎耶稣会档案馆，查阅了有关震旦大学和广慈医院的一些历史资料，为我们进一步把握王振义老师早年求学及工作的历史背景和时代特点，提供了第一手的材料。我也在法国先后采访了巴黎第七大学和斯特拉斯堡大学曾经和王振义老师合作过的专家教授，聆听了法国朋友对于王振义老师为促进中法两国在高等医学教育领域的交流与合作所做出的高度评价。

在3年多时间里，我搜集到包括王振义老师30多年前给他大姐王妙珍的信、20年多前给邹兆芳的信，以及10多年前给楼镕的信在内的许多新的难得的资料。

其间，我还承担了由中国科协主持的"老科学家学术成长资料采集工程"王振义院士学术成长资料采集项目研究报告的撰写工作。宋霁、葛鹏程、朱凡等人，参与了该报告初稿的撰写。

2013年年底，我主编的《中国医学院士文库——王振义院士集》由人民军医出版社出版。该文集收录了包括王振义老师代表性学术论文在内的大量文献资料。宋霁和葛鹏程也参与了这项工作。

在多年的资料搜集和研究基础上，《王振义传》终于在王振义老师90寿辰的时候完成了。在该书的写作过程中，宋霁提供了第一至第五章以及第十章的部分初稿，葛鹏程提供了第六至第九章的部分初稿，丁言昭再次为书稿作了润色，宋霁参与了校订工作，王振义老师亲自作了最后审定。

上海交通大学医学院和瑞金医院的领导以及有关部门，对于《王振义传》的编写工作给予了很大的帮助。

中国工程院原秘书长葛能全老师、吴晓东处长，人民出版社有关同志，都为本书提出了宝贵的意见。

在此，一并表示衷心的感谢。

陈 挥

2014年11月18日